AF821883

Kausalanalyse makroökonomischer Zusammenhänge mit latenten Variablen

Wirtschaftswissenschaftliche Beiträge

Band 1: Ch. Aignesberger, Die Innovationsbörse als Instrument zur Risikokapitalversorgung innovativer mittelständischer Unternehmen, XVIII/308 Seiten, 1987

Band 2: U. Neuerburg, Werbung im Privatfernsehen, XIII/302 Seiten, 1988

Band 3: J. Peters, Entwicklungsländerorientierte Internationalisierung von Industrieunternehmen, IX/155 Seiten, 1988

Band 4: G. Chaloupek, J. Lamel, J. Richter (Hrsg.), Bevölkerungsrückgang und Wirtschaft, VIII/470 Seiten, 1988

Band 5: P. J. J. Welfens, L. Balcerowicz (Hrsg.), Innovationsdynamik im Systemvergleich, XIX/446 Seiten, 1988

Band 6: K. Fischer, Oligopolistische Marktprozesse, XI/169 Seiten, 1988

Band 7: M. Laker, Das Mehrproduktunternehmen in einer sich ändernden unsicheren Umwelt, IX/209 Seiten, 1988

Band 8: I. von Bülow, Systemgrenzen im Management von Institutionen, XII/278 Seiten, 1989

Band 9: H. Neubauer, Lebenswegorientierte Planung technischer Systeme XII/171 Seiten, 1989

Band 10: P. M. Sälter, Externe Effekte: „Marktversagen" oder Systemmerkmal? VII/188 Seiten, 1989

Band 11: P. Ockenfels, Informationsbeschaffung auf homogenen Oligopolmärkten, X/163 Seiten, 1989

Band 12: O. Jacob, Aufgabenintegrierte Büroinformationssysteme, VII/177 Seiten, 1989

Band 13: J. Walter, Innovationsorientierte Umweltpolitik bei komplexen Umweltproblemen, IX/208 Seiten, 1989

Band 14: D. Bonneval, Kostenoptimale Verfahren in der statistischen Prozeßkontrolle, V/180 Seiten, 1989

Band 15: T. Rüdel, Kointegration und Fehlerkorrekturmodelle, VIII/138 Seiten, 1989

Band 16: K. Rentrup, Heinrich von Storch, das „Handbuch der Nationalwirthschaftslehre" und die Konzeption der „inneren Güter", X/146 Seiten, 1989

Band 17: M. A. Schöner: Überbetriebliche Vermögensbeteiligung, XVI/417 Seiten, 1989

Band 18: P. Haufs, DV-Controlling, IX/166 Seiten, 1989

Band 19: R. Völker, Innovationsentscheidungen und Marktstruktur, XI/221 Seiten, 1990

Band 20: P. Bollmann, Technischer Fortschritt und wirtschaftlicher Wandel, VIII/184 Seiten, 1990

Band 21: F. Hörmann, Das Automatisierte, Integrierte Rechnungswesen, XI/408 Seiten, 1990

Band 22: W. Böing, Interne Budgetierung im Krankenhaus, XIV/274 Seiten, 1990

Band 23: G. Nakhaeizadeh, K.-H. Vollmer (Hrsg.), Neuere Entwicklungen in der Angewandten Ökonometrie, X/248 Seiten, 1990

Band 24: T. Braun, Hedging mit fixen Termingeschäften und Optionen, VII/167 Seiten, 1990

Band 25: G. Inderst, P. Mooslechner, B. Unger, Das System der Sparförderung in Österreich, VIII/126 Seiten, 1990

Band 26: Th. Apolte, M. Kessler (Hrsg.), Regulierung und Deregulierung im Systemvergleich, XIII/313 Seiten, 1990

Band 27: J. Lamel, M. Mesch, J. Skolka (Hrsg.), Österreichs Außenhandel mit Dienstleistungen, X/335 Seiten, 1990

Band 28: I. Heinz, R. Klaaßen-Mielke, Krankheitskosten durch Luftverschmutzung, XVI/147 Seiten, 1990

Band 29: B. Kalkofen, Gleichgewichtsauswahl in strategischen Spielen, XIII/214 Seiten, 1990

Band 30: K. G. Grunert, Kognitive Strukturen in der Konsumforschung, X/290 Seiten, 1990

Band 31: S. Felder, Eine neo-österreichische Theorie des Vermögens, X/118 Seiten, 1990

Band 32: G. Uebe (Hrsg.), Zwei Festreden Joseph Langs, VII/116 Seiten, 1990

Band 33: U. Cantner, Technischer Fortschritt, neue Güter und internationaler Handel, XVI/289 Seiten, 1990

Band 34: W. Rosenthal, Der erweiterte Maskengenerator eines Software-Entwicklungs- Systems, XIV/275 Seiten, 1990

Band 35: U. Nessmayr, Die Kapitalsituation im Handwerk, XII/177 Seiten, 1990

Band 36: H. Wüster, Die sektorale Allokation von Arbeitskräften bei strukturellem Wandel, IV/148 Seiten, 1990

Band 37: R. Hammerschmid, Entwicklung technisch-wirtschaftlich optimierter regionaler Entsorgungsalternativen, X/239 Seiten, 1990

Band 38: P. Mitter, A. Wörgötter (Hrsg.), Austro-Keynesianismus, V/102 Seiten, 1990

Band 39: A. Katterl, K. Kratena, Reale Input-Output Tabelle und ökologischer Kreislauf, VIII/114 Seiten, 1990

Band 40: A. Gehrig, Strategischer Handel und seine Implikationen für Zollunionen, XII/174 Seiten, 1990

Band 41: G. Nakhaeizadeh, K.-H. Vollmer (Hrsg.), Anwendungsaspekte von Prognoseverfahren, IX/169 Seiten, 1991

Band 42: C. Fantapié Altobelli, Die Diffusion neuer Kommunikationstechniken in der Bundesrepublik Deutschland, XXIV/319 Seiten, 1991

Band 43: J. Richter, Aktualisierung und Prognose technischer Koeffizienten in gesamtwirtschaftlichen Input-Output Modellen, VII/376 Seiten, 1991

Band 44: E. Spranger, Expertensystem für Bilanzpolitik, VIII/228 Seiten, 1991

Band 45: F. Schneider, Corporate-Identity-orientierte Unternehmenspolitik, XXI/295 Seiten, 1991

Band 46: B. Gygi, Internationale Organisationen aus der Sicht der Neuen Politischen Ökonomie, XI/258 Seiten, 1991

Band 47: L. Hennicke, Wissensbasierte Erweiterung der Netzplantechnik, VII/194 Seiten, 1991

Band 48: T. Knappe, DV-Konzepte operativer Früherkennungssysteme, VII/176 Seiten, 1991

Band 49: P. Welzel, Strategische Handelspolitik, XIII/207 Seiten, 1991

Band 50: H. Wiethoff, Risk Management auf spekulativen Märkten, XIV/202 Seiten, 1991

Band 51: R. Riedl, Strategische Planung von Informationssystemen, XII/227 Seiten, 1991

Band 52: K. Sandmann, Arbitrage und die Bewertung von Zinssatzoptionen, VIII/172 Seiten, 1991

Band 53: P. Engelke, Integration von Forschung und Entwicklung in die unternehmerische Planung und Steuerung, XVII/352 Seiten, 1991

Band 54: F. Blumberg, Wissensbasierte Systeme in Produktionsplanung und -steuerung, XVII/268 Seiten, 1991

Fortsetzung auf Seite 409

Matthias Hillmer

Kausalanalyse makroökonomischer Zusammenhänge mit latenten Variablen

Mit einer empirischen Untersuchung des Transmissionsmechanismus monetärer Impulse

Mit 46 Abbildungen

Physica-Verlag
Ein Unternehmen
des Springer-Verlags

Reihenherausgeber
Werner A. Müller

Autor
Dr. Matthias Hillmer
Leiter Research
SGZ BANK
Südwestdeutsche Genossenschafts-
Zentralbank AG
Postfach 6960
D-76049 Karlsruhe 1

CIP-Titelaufnahme der Deutschen Bibliothek
Hillmer, Matthias:
Kausalanalyse makroökonomischer Zusammenhänge mit latenten Variablen : mit einer empirischen Untersuchung des Transmissionsmechanismus monetärer Impulse / Matthias Hillmer. - Heidelberg : Physica-Verl., 1993
(Wirtschaftswissenschaftliche Beiträge; Bd. 82)
Zugl.: Karlsruhe, Univ., Diss., 1992

ISBN-13: 978-3-7908-0703-5 e-ISBN-13: 978-3-642-46944-2
DOI: 10.1007/978-3-642-46944-2

NE: GT

7120/7130-543210 - Gedruckt auf säurefreiem Papier

Zu wissen, daß unser Verstand
zur Erfassung der tatsächlichen Gründe
niemals hinreichen wird,
und dennoch nicht müde zu werden,
nach den Gesetzmäßigkeiten
des Lebens zu suchen.

Für Gesa, Saskia und Stefanie

VORWORT

Die vorliegende Ausarbeitung wurde im Dezember 1992 als Dissertation von der Fakultät für Wirtschaftswissenschaften der Universität Fridericiana zu Karlsruhe genehmigt. Sie beschäftigt sich auf grundlegende und umfassende Weise mit den Möglichkeiten und Schwierigkeiten der Gewinnung von kausalen Schlußfolgerungen aus empirischen Wirkungsuntersuchungen in der Makroökonomie. Neben den traditionellen ökonometrischen und zeitreihenanalytischen Verfahren steht dabei im besonderen der psychometrische Ansatz der Kausalanalyse im Vordergrund, der auf die Gegebenheiten makroökonomischer Problemstellungen übertragen wird.

Die Arbeit ist im Rahmen des Forschungsprojekts "Neue Modelle zur Kausalanalyse" der Deutschen Forschungsgemeinschaft am Institut für Statistik und Mathematische Wirtschaftstheorie der Universität Karlsruhe, sowie im Zusammenhang mit meiner beruflichen Tätigkeit bei der SGZ BANK, Südwestdeutsche Genossenschafts-Zentralbank AG, Frankfurt a.M./Karlsruhe, entstanden.

Zu großem Dank bin ich meinem wissenschaftlichen Betreuer, Herrn Prof. Dr. Georg Bol, verpflichtet, der mir nach dem frühzeitigen Tod des Gründers und langjährigen Leiters des Instituts für Statistik und Mathematische Wirtschaftstheorie, Herrn Prof. Dr. Rudolf Henn, die Weiterführung an der Arbeit ermöglicht und mich in jeder Hinsicht unterstützt hat. Daneben bedanke ich mich herzlich bei Herrn Prof. Dr. Wolfgang Eichhorn für die Übernahme des Korreferats.

Weiterhin gilt mein besonderer Dank Herrn Dr. Karl-Heinz Vollmer, Mitglied des Vorstands der SGZ BANK, der mir durch frühzeitige Förderung und Schaffung hervorragender Arbeitsbedingungen die Möglichkeit gegeben hat, mich lange Jahre intensiv mit dem grundlegenden Konzept der Kausalität, wie dessen praktischer Umsetzung in der empirischen Sozialforschung, zu beschäftigen.

Ohne die Unterstützung und das Verständnis meiner Familie wäre die Erstellung der Arbeit aber unmöglich gewesen. Meiner Ehefrau Stefanie Woischke-Hillmer schulde ich großen Dank für die mir verliehene Kraft und für unsere beiden Mädchen Gesa und Saskia, die sie seit nunmehr eineinhalb Jahren mit bewundernswerter Energie aufzieht.

Für einige wichtige Anregungen bin ich Herrn Prof. Dr. Jürgen Wolters, Freie Universität Berlin, zu Dank verpflichtet. Daneben bedanke ich mich herzlich bei Herrn Dipl.-Wi.-Ing. Tilmann Gerhards und Herrn Dipl.-Volkswirt Jürgen Graf für ihre besondere Mühe beim Korrekturlesen der umfangreichen Ausarbeitung. Alle verbliebenen Fehler gehen selbstverständlich zu meinen Lasten.

Karlsruhe, im Februar 1993 Matthias Hillmer

ZUSAMMENFASSUNG

Die Ausarbeitung gibt im ersten Teil einen umfassenden Überblick über die verschiedenen empirischen Ansätze zur Erfassung kausaler Wirkungszusammenhänge in der Makroökonomie. Es wird herausgearbeitet, daß die traditionellen statistischen Verfahren wie Regressionsanalyse (lineares simultanes Gleichungsmodell, Modelle mit verteilten Verzögerungen, Fehler-in-den-Variablen-Modell) oder Zeitreihenanalyse (multivariate Ansätze, Kausalitätstests) nicht den Anforderungen eines Analyseinstruments genügen, welches auf ein grundlegendes Verständnis der kausalen Zusammenhänge des Untersuchungsobjekts zielt und nicht auf eine bloße Wiedergabe assoziativer Beziehungen. Außerdem werden ausführlich die Schwierigkeiten behandelt, die eine unkritische Anwendung klassischer Inferenzmethoden auf Zeitreihendaten mit sich bringt (Stichworte: dynamisches Spezifikationsproblem, integrierte und kointegrierte Zeitreihen, Scheinkorrelationen und das *spurious regressions*-Problem).

Diesen traditionellen Verfahren wird der psychometrische Ansatz einer kausalanalytischen Modellierung mit der Methode der Kovarianzstrukturanalyse gegenübergestellt. Kernstück der Kausalanalyse ist die Einbeziehung von unbeobachtbaren Variablenkonstrukten der Wissenschaftstheorie in den empirischen Modellansatz in Form von sogenannten latenten Variablen. Durch diese Vorgehensweise ist es möglich, den hypothetischen Generierungsmechanismus beobachtbarer Phänomene explizit zu modellieren und auf diese Weise theoretische Modellvorstellungen, die sich bislang einer empirischen Überprüfung entzogen haben, mit statistischen Mitteln zu testen (konfirmatorischer Analyseansatz).

Durch die Kombination der drei Analysetraditionen Ökonometrie, Psychometrie und Zeitreihenanalyse schlagen wir ein neuartiges Verfahren vor, mit dem unverzerrt Wirkungsbeziehungen zwischen makroökonomischen Variablenkonzepten untersucht werden können. Operationalisierungsprobleme empirischer Studien werden dabei genauso gelöst wie die dynamischen Eigenschaften der Modellvariablen angemessen durch die Konzentration auf Zeitreihen-Innovationen berücksichtigt. Zudem werden ökonomische Erwartungen in Form von schwacher Rationalität einbezogen.

In einem ausführlichen empirischen Teil wird das vorgeschlagene Verfahren auf zahlreiche geldtheoretisch und -politisch relevante Problemstellungen angewendet und daran die Eignung der Methodik zur Erfassung kausaler Wirkungsbeziehungen demonstriert. Durch die Verwendung von latenten Variablen (latente Geldmenge, geldpolitischer Impuls, Konstrukt zur realwirtschaftlichen Aktivität) und der expliziten Einbeziehung der institutionellen Gegebenheiten in der Bundesrepublik (Endogenität der Geldmenge) werden neuartige Einblicke in die Funktionsweise der Geldpolitik und die Transmission monetärer Impulse in den realen Sektor der deutschen Volkswirtschaft vermittelt.

INHALTSVERZEICHNIS

II Empirischer Teil

KAPITEL 0: Einführung

0.1 Problemstellung

Als latente Variablen werden hypothetische Variablenkonstrukte bezeichnet, die nicht direkt beobachtet werden können, aber in theoretischen Modellvorstellungen als relevant für Beziehungen zwischen exakt zu erhebenden, sogenannten manifesten Variablen, angesehen werden und demnach in empirischen Strukturgleichungsansätzen zur Erfassung des kausalen Generierungsmechanismus beobachtbarer Phänomene Eingang finden sollten. In der Nationalökonomie seien als Beispiele für derartige abstrakte Variablen die Konzepte permanentes und transitorisches Einkommen, human capital, natürliche Arbeitslosenquote, Konjunktur, technischer Fortschritt oder allgemeines Preisniveau angeführt. Daneben sind unscharfe, komplexe Sachverhalte wie Erwartungen, Haltungen, Motivationen, Stimmungen etc. zu nennen, welche im ökonomischen Prozeß eine große Rolle spielen und zunehmend auch in der Modellbildung berücksichtigt werden.

In der Psychometrie wurde die Bedeutung von latenten Variablen für empirische Wirkungsuntersuchungen seit langem erkannt. Mit der Entwicklung des Modells der konfirmatorischen Faktorenanalyse wurde es möglich, Beziehungen zwischen beobachtbaren Variablen auf zugrundeliegende latente Ursachen in Form von theoretischen Variablenkonstrukten zurückzuführen. Aufbauend auf diese Tradition, die Erfahrungen der quantitativen soziologischen Forschung mit linearen Strukturgleichungsmodellen, auf die Pfadanalyse von *Wright* [1934, 1960] sowie auf die ökonometrischen Verfahren zur Modellierung und Identifizierung simultaner Variablenbeziehungen wurde zu Beginn der siebziger Jahre von K.G. *Jöreskog* [1970, 1973, 1977, 1978a] ein allgemeines Analyseinstrument geschaffen, welches die strukturelle Untersuchung sozialwissenschaftlicher Zusammenhänge unter Einbeziehung von latenten Variablen erlaubt. Zielsetzung dieses Ansatzes ist die explizite Modellierung des Generierungsprozesses beobachtbarer Zusammenhänge mittels linearer Strukturgleichungsrelationen zwischen latenten Modellgrößen, deren Einwirkung auf manifeste Indikatoren sowie die Überprüfung der empirischen Relevanz der jeweiligen Strukturhypothese. Aufgrund des konfirmatorischen Ansatzpunktes einer Konfrontation von theoretischen Modellvorstellungen mit der Wirklichkeit hat sich hierfür die Bezeichnung Kausalanalyse eingebürgert. Angestrebt wird eine "kausale" Erklärung beobachtbarer Phänomene, nicht eine bloße Beschreibung assoziativer Zusammenhänge.

Das von *Jöreskog* [1973, 1977, 1978a] vorgeschlagene und in dem gleichnamigen Computerprogramm von *Jöreskog/Sörbom* [1984] implementiere **LISREL**- Modell ist bis heute der bekannteste Ansatz zur Kausalanalyse linearer Strukturbeziehungen geblieben. Das spezielle **LISREL**-Modell stellt aber nur eine Möglichkeit dar, lineare Relationen zwischen latenten Variablen und deren Auswirkungen auf beobachtbare Zusammenhänge zu modellieren. Ein verallgemeinerter Modellansatz ist von *Bentler/Weeks* [1980] entwickelt worden und liegt dem Programmpaket **EQS** von P.M. *Bentler* [1985] zugrunde.

Ausgangspunkt jeder dieser praktisch verfügbaren Ansätze zur Kausalanalyse ist die Konkretisierung vorhandener a-priori Vorstellungen über die Wirkungszusammenhänge im betrachteten Ausschnitt der realen Welt in Form eines linearen Strukturgleichungsmodells auf der Ebene von latenten Variablen. Zusammem mit theoretisch fundierten Restriktionen an die Modellparameter impliziert dieser hypothetische Generierungsmechanismus eine spezielle Parametrisierung der Kovarianzmatrix der manifesten Indikator-Variablen (Kovarianzstrukturmodell). Da der Strukturansatz danach beurteilt werden soll, wie er in der Lage ist, die in der Realität zu beobachtenden Beziehungen zu erklären, werden allein die restringierten zweiten Momente der manifesten Variablen zur Grundlage der Modell-Identifikation und -Schätzung gemacht. Auf diese Weise sind Rückschlüsse auf Wirkungszusammenhänge zwischen den nichtbeobachtbaren Variablenkonstrukten der Theorie möglich, ohne daß konkrete Ausprägungen der latenten Größen bekannt sein müßten.

Der allgemeine Ansatz zur Schätzung und statistischen Überprüfung von linearen Modellen, die über die zweiten Momente der Modellvariablen identifiziert sind, wird als Kovarianzstrukturanalyse bezeichnet. Die statistischen Grundlagen der Kovarianzstrukturanalyse gehen insbesondere auf *Jöreskog* [1969, 1978], *Jöreskog/Goldberger* [1972] und M.W. *Browne* [1974, 1982, 1984] zurück. Zwei alternative Schätzmethoden stehen zur Verfügung: Der auf der multivariaten Normalverteilung beruhende **ML**-Ansatz (**LISREL**) und der **GLS**-Ansatz (**EQS**), welcher eine Ausweitung auf den Fall beliebig verteilter Modellvariablen zuläßt. Anhand einer Stichprobe über die manifesten Variablen erlauben beide Verfahren eine konsistente und asymptotisch effiziente Schätzung identifizierter Parameter beliebiger Kovarianzstrukturmodelle. Bildet der unterstellte Generierungsmechanismus die Wirkungszusammenhänge in der Realität korrekt ab, so müssen die überidentifizierten Restriktionen der Kovarianzmatrix auch in der Stichprobe erfüllt sein. Die erzielte Anpassungsgüte des Kovarianzstrukturmodells an die frei geschätzten Varianzen und Kovarianzen der manifesten Variablen erlaubt somit eine statistische Überprüfung der Bedingungen und damit der gesamten strukturellen Modellierung.

Auch die Ökonometrie hat sich als quantitativer Zweig der Wirtschaftswissenschaften zum Ziel gesetzt, nicht bei einer reinen Beschreibung beobachtbarer Phänomene stehen zu bleiben, sondern zum Verständnis der Struktur ökonomischer Prozesse beizutragen. So ist es beispielsweise eine der Hauptaufgaben der Ökonometrie, Modellvorstellungen der ökonomischen Theorie mit dem realen wirtschaftlichen Geschehen zu konfrontieren, um auf diese Weise die Erklärungsgüte der Modelle beurteilen zu können und den Weg für eine verbesserte Hypothesenbildung zu ebnen. Sämtliche empirischen Modellierungsversuche zielen daher auf die Erfassung von kausalen Wirkungszusammenhängen ab. Die Bedeutung des Konzepts der Kausalität für die Ökonometrie wird beispielsweise auch daran deutlich, daß sich das *Journal of Econometrics* in einer Sonderausgabe vom September/ Oktober 1988 ausschließlich diesem Thema gewidmet hat.

Ausgehend von ökonomischen Theorievorstellungen versucht die traditionelle Ökonometrie über das Strukturmerkmal der Exogenität, im kausalen Sinne interpretierbare und nur durch stochastische Störeinflüsse überlagerte funktionale Beziehungen zwischen

Variablen zu schätzen. Aus mehreren Gründen wird aber der klassische ökonometrische Analyseansatz (lineares Regressionsmodell, lineäres simultanes Gleichungsmodell) dem Anspruch "kausaler" Wirkungsuntersuchungen kaum gerecht. So vermittelt der übliche statistische Modellansatz nur Aussagen zum *mittleren* Wert der abhängigen Variablen, da die stochastischen Eigenschaften der erklärenden Größen durch die alleinige Betrachtung von bedingten Zusammenhängen bewußt aus dem Modellansatz ausgeklammert werden. Das multivariate Regressionsmodell erhebt zudem keinerlei Restriktionen an die zu schätzenden Parameter (keine Freiheitsgrade der Modellierung), so daß die Daten immer perfekt an die unterstellte Modellstruktur anpassen und damit keine Möglichkeit eines statistischen Tests der Strukturvorstellungen gegeben ist. Auf diese Weise werden allein assoziative Beziehungen erfaßt und abgebildet.

Neben diesen eher methodischen Unzulänglichkeiten sind mit den traditionellen ökonometrischen Analyseverfahren eine Reihe von praktischen Spezifikations-problemen verbunden. Zu nennen ist hier an erster Stelle das Operationalisierungs- und Fehler-in-den-Variablen-Problem. Den in der Theorie verwendeten Begriffen entsprechen auf empirischer Seite in den seltensten Fällen einfache, direkt zu beobachtende Größen. Außerdem ist davon auszugehen, daß die meisten erhobenen Daten meßfehlerbehaftet sind. Der klasssichen Ökonometrie ist es aber nur möglich, eindimensionale Proxy-Variablen für die theoretischen Variablenkonstrukte zu verwenden. Desweiteren wird in der Regel von meßfehlerfreien Variablen ausgegangen, da die in der Ökonometrie entwickelten Ansätze zur Berücksichtigung von Fehlern in den Variablen wenig praktikabel sind. Beide Umstände haben außerordentlich negative Konsequenzen auf die Gültigkeit klassischer statistischer Inferenz.

Im Rahmen von makroökonomischen Untersuchungen, die in der Regel mit Zeitreihendaten arbeiten, kommt die gesamte Problematik der dynamischen Spezifikation hinzu. Der klassische ökonometrische Ansatz ist ein grundsätzlich statischer Ansatz, indem allein die Residualvariablen für die stochastischen Eigenschaften verantwortlich gemacht werden. Der Generierungsprozeß der eigentlichen Modellvariablen, von denen die zu untersuchenden Beobachtungsdaten stammen, bleibt dagegen vollkommen ausgeklammert. Die Einbeziehung dynamischer Relationen ist folglich nur auf die Weise möglich, den Residuen spezielle Zeitstrukturen zu unterlegen oder für die endogenen bzw. exogenen Variablen ad hoc bestimmte Lagstrukturen anzunehmen (lag-endogene Variablen, Modelle mit verteilten Verzögerungen). Neben der Beliebigkeit und theoretisch kaum fundierten Grundlage dieser Ansätze sind damit eine Reihe von statistischen Problemen verbunden, z.B. die Gefahr hoher Multikollinearität zwischen Einflußfaktoren, die allein zeitlich versetzte Werte ein und derselben Größe darstellen. Eine angemessene Erfassung und damit Erklärung von dynamischen Wirkungszusammenhängen der Realität ist mit diesen traditionellen Modellansätzen auf jeden Fall nicht möglich.

Viel schwerwiegender als dieser Einwand ist allerdings, daß bei einer Vernachlässigung der stochastischen Eigenschaften der Modellvariablen, insbesondere auch der Stichprobeneingenschaften, die Gefahr eines vollkommenen Versagens der üblichen statistischen Inferenz besteht. Schon *Yule* [1926] und *Bartlett* [1935] haben darauf hingewiesen, daß Korrelations- bzw. Regressionsschätzungen mit zeitabhängigen Größen reine "*non-*

sense-correlations" bzw. "*-regressions*" darstellen können. Mit dem Entstehen der modernen Zeitreihenanalyse zu Beginn der siebziger Jahre rückte dieses Problem erneut ins Blickfeld: *Granger/Newbold* [1974] zeigten, daß im Fall von Zeitreihen mit stochastischem Trendverhalten (integrierte Zeitreihen) mit vollkommen zufälligen Regressionsergebnissen im Datenniveau zu rechnen ist ("*spurious regressions*"). Ähnliche Probleme treten auf, wenn die Regressionen zwischen fälschlicherweise (linear-)trendbereinigten Größen vorgenommen werden ("*spurious detrending*"). Die zeitreihenanalytischen Erkenntnisse haben damit deutlich gemacht, daß es ohne Berücksichtigung der individuellen Zeitreihencharakteristika und Trendeigenschaften der Modellvariablen unmöglich ist, irgendwelche statistisch abgesicherten Schlußfolgerungen aus empirischen Wirkungsuntersuchungen zu ziehen.

So hat sich der Schwerpunkt empirischer Analysen in den letzten Jahren immer mehr auf die rein zeitreihenanalytischen Ansätze verlagert. Neben der allgemeinen Verbreitung der univariaten **ARIMA**-Methodik von *Box/Jenkins* [1970] sind auch entsprechende multivariate Modellansätze entwickelt worden (multivariates **ARMA**-Modell, **VAR**-Zeitreihenmodell, dynamisches simultanes Gleichungsmodell). Merkmal dieser Analyseverfahren ist, daß sie hauptsächlich auf Informationen in den zu untersuchenden Zeitreihendaten zurückgreifen, weniger dagegen auf ökonomische Verhaltenshypothesen. Diese Ansätze eignen sich damit hervorragend zur flexiblen Abbildung des stochastischen Generierungsprozesses der Modellvariablen. Für Strukturuntersuchungen und damit kausale Wirkungsaussagen sind diese Methoden aber aufgrund ihrer Theorielosigkeit und fehlenden Eindeutigkeit der Parametrisierung kaum geeignet (vgl. z.B. *Leamer* [1985], *Cooley/LeRoy* [1985], *Zellner* [1988]). Außerdem kommen sie nur für relativ kleine ökonomische Systeme von maximal drei bis vier Variablen in Frage. Bereits für derartige Zusammenhänge sind eine Vielzahl von Modellparametern zu schätzen bzw. treten beim Versuch einer Strukturidentifizierung mittels Parameterrestriktionen erhebliche praktische Probleme auf.

Auch die auf dem Operationalisierungsversuch von *Granger* [1969] aufbauenden sogenannten Kausalitätstests sind mit dem Manko behaftet, rein zeitreihenanalytische Ansätze zu sein. Der Kausalitätsbegriff wird hier allein auf zeitliche Zusammenhänge und Regelmäßigkeiten reduziert, ohne ökonomische Theoriebildung mit in Betracht zu ziehen. Aufgrund ihrer einfachen Anwendbarkeit und geringen Voraussetzungen in Bezug auf theoretische Vorkenntnisse sind diese Verfahren in der Praxis sehr beliebt. Die mit den verschiedenen Implementierungsversuchen verbundenen Schwierigkeiten schränken die Interpretationsfähigkeit der Ergebnisse aber stark ein.

Das dynamische Spezifikationsproblem für makroökonomische Wirkungsuntersuchungen mit der Zielsetzung kausaler Schlußfolgerungen muß damit als bis heute nicht gelöst bezeichnet werden. Die beiden empirischen Richtungen Ökonometrie und Zeitreihenanalyse stehen sich nach wie vor relativ unvereinbar gegenüber. Eine praktikable Methodologie zur Integration der zeitlichen Abhängigkeitsstrukturen der Modellvariablen in einen ökonometrischen Modellrahmen steht nicht zur Verfügung. Durch die Einbeziehung von Erwartungen der Wirtschaftssubjekte in empirische Wirkungsanalysen werden die erwähnten Schwierigkeiten noch erheblich vergrößert. In den letzten Jahren wird diesem

Themengebiet in der Folge der Diskussion um die Hypothese rationaler Erwartungen nach *Muth* [1961] zunehmende Aufmerksamkeit geschenkt. Im Vordergrund der Debatte steht eine strikte Unterscheidung in antizipierte und unerwartete Variablenbestandteile und deren unterschiedliche Auswirkungen auf den ökonomischen Prozeß. So postuliert die Neue Klassische Makroökonomie (vgl. z.B. *Lucas* [1975], *Sargent/Wallace* [1975], *Barro* [1976], *Sargent* [1976a]), daß nur unvorhergesehene Ereignisse bzw. neue Informationen in der Lage sind, Änderungen bei abhängigen ökonomischen Variablen hervorzurufen (Neutralitätshypothese zielgerichteter Wirtschaftspolitik). Für die ökonometrische Modellbildung bringen diese grundlegend vom keynesianischen Theoriegebäude abweichenden Vorstellungen naturgemäß weitreichende Konsequenzen mit sich. Die empirische Implementierung von vollständigen Strukturmodellen unter rationalen Erwartungen steht allerdings noch in den Anfängen.

0.2 Zielsetzung und Abgrenzung der Arbeit

In der vorliegenden Arbeit wird der Versuch unternommen, die drei Analysetraditionen Ökonometrie, Psychometrie und Zeitreihenanalyse miteinander zu kombinieren, um zu einem geschlossenen empirischen Ansatz zu gelangen, mit dem unverzerrt kausale Wirkungsbeziehungen zwischen zeitabhängigen Variablenkonstrukten der makroökonomischen Theorie untersucht und entsprechende Modellvorstellungen getestet werden können. Aufbauend auf den ökonometrischen Ansatz einer theoriegestützten Modellierung simultaner Variablenbeziehungen steht dabei die angemessene Berücksichtigung der Zeitreihencharakteristika der Modellvariablen sowie die Einbeziehung von latenten Variablen im Vordergrund. Ausgangspunkt der Arbeit war die Überlegung, die in der Hauptsache auf psychometrische Wurzeln zurückgehende Kausalanalyse auch zur empirischen Untersuchung makroökonomischer Problemstellungen einzusetzen. Insbesondere das Konzept der latenten Variablen erscheint uns dabei auch in der Makroökonomie überaus vielversprechend zu sein. Angewendet wird die Methode der Kovarianzstrukturanalyse bislang hauptsächlich in sozialempirischen Quer- und Längsschnittsstudien mit soziologischem und psychologischem Hintergrund, in jüngster Zeit auch im Marketing bzw. vereinzelt im mikroökonomischen Bereich. Auf diesen Feldern hat sich der kausalanalytische Ansatz einer expliziten Modellierung des Generierungsprozesses beobachtbarer Phänomene mittels latenter Variablen bereits durchgesetzt (vgl. z.B. *Bentler* [1980, 1986], *Kenny* [1985] und *Rudinger* [1985] für die Psychologie sowie *Bielby/Hauser* [1977] und *Jagodzinski* [1986] für die Soziologie), bzw. sind dessen Möglichkeiten und Vorzüge deutlich geworden (vgl. z.B. *Bagozzi* [1980], *Hildebrandt* [1983], *Förster* et al. [1984], *Gaul/Homburg* [1986] und *Homburg* [1989] für das Marketing sowie *Knepel* [1981] für eine mikroökonomische Anwendung).

Im makroökonomischen Bereich sind dagegen nur sehr wenige Studien bekannt, die sich mit latenten Variablen im Rahmen des Instrumentariums der Kovarianzstrukturanalyse beschäftigen. Zu nennen sind in diesem Zusammenhang die Arbeiten von *Frey/Weck* [1984] zur Messung der Schattenwirtschaft und von *Avery* [1979] zur Modellierung der Geldpolitik. Hintergrund dieses geringen Bekanntheitsgrades ist zum einen die lange Abgeschiedenheit der beiden Disziplinen Ökonometrie und Psychometrie voneinander, die zu einer grundsätzlichen Skepsis von Ökonometrikern in Bezug auf die psychometrischen Ansätze für den Umgang mit "unbeobachtbaren" Variablen geführt hat. Zum anderen ist die Methodik der Kovarianzstrukturanalyse als modernstes Verfahren der multivariaten Statistik natürlich nicht ohne weiteres auf die Gegebenheiten von makroökonomischen Zeitreihendaten anzuwenden – obwohl ökonometrische Ansätze wie lineares Regressionsmodell und simultanes Gleichungsmodell von der Kausalanalyse umfaßt werden, vgl. *Hillmer* [1990]. Aufgrund der erforderlichen statistischen Voraussetzungen sind hier erst gewisse Vorüberlegungen und Modifikationen erforderlich.

In den Wirtschaftswissenschaften gibt es zwar eine Reihe von Anwendungen wie z.B. *Engle/Watson* [1981] (Lohnniveau), *Enge/Lilien/Watson* [1985] (Immobilienmarkt), *Aigner/Schneider/Gosh* [1986] (Schattenwirtschaft) und *Folmer/Karmann* [1991] (permanentes Einkommen), die auf das Konzept der latenten Variablen zurückgreifen. Allerdings arbeiten diese Studien nicht mit dem Ansatz der Kovarianzstrukturanalyse, sondern verwenden in der Regel eine dynamische Version (**DYMIMIC**) des auf *Goldberger* [1972b] und *Jöreskog/Goldberger* [1975] zurückgehenden *multiple indicator multiple cause*–Modells, vgl. *Watson/Engle* [1983], oder greifen die Erweiterung von *Jöreskog* [1978b] für den Fall von multivariaten Paneldaten auf. Mit dynamischen Strukturmodellen unter indirekter Beobachtung im Rahmen der Systemtheorie (allgemeines *state space*–Modell) beschäftigt sich *Otter* [1986, 1988]. In diesem Zusammenhang ist desweiteren der Versuch zu nennen, das Modell der konfirmatorischen Faktorenanalyse zu dynamisieren, vgl. z.B. *Geweke/Singleton* [1981] und *Molenaar* [1985]. All diese Ansätze verlassen aber die Tradition der klassischen Ökonometrie und Psychometrie, indem sie komplizierte methodische Verfahren für spezielle Modelltypen implementieren. So erwähnen bezeichnenderweise auch *Glymour/Spirtes* [1988], die ein eigenes Computerprogramm zur exploratorischen Analyse von Kovarianzstrukturen unter dem Namen **TETRAD** geschrieben haben, mit keinem Wort die lange Tradition der Psychometrie auf diesem Gebiet oder den allgemeinen Ansatz zur Kausalanalyse von Jöreskog.

Wir verfolgen mit unserem Ansatz dagegen die Absicht, einen konzeptionell einfachen Lösungsweg zur Einbeziehung latenter Variablen in empirische Wirkungsuntersuchungen einzuschlagen, der unmittelbar auf bekannte ökonometrische, psychometrische und zeitreihenanalytische Verfahren aufbaut und damit langjährige Forschungserkenntnisse integriert. Unser Ziel ist folglich die direkte Anwendung des erfolgreichen Verfahrens der Kovarianzstrukturanalyse auf makroökonomische Problemstellungen, indem die Zeitreiheneigenschaften der Modellvariablen explizit im Modellansatz berücksichtigt werden. Im einzelnen sollen die folgenden Charakteristika der drei relevanten Analyseansätze miteinander kombiniert werden:

• Ökonometrie	Modellierung von linearen simultanen Relationen unter Einbeziehung ökonomischer Theorievorstellungen und daraus abgeleiteter (überidentifizierter) a–priori Parameterrestriktionen
• Zeitreihenanalyse	Analyse und explizite Modellierung der Trendeigenschaften und univariaten Abhängigkeitsstrukturen in den Modellvariablen zur

	Sicherstellung der Gültigkeit klassischer statistischer Inferenz und zur Berücksichtigung von schwach rationalen Erwartungen
• Psychometrie	Explizite Modellierung eines hypothetischen Generierungsmechanismus der beobachteten Zusammenhänge unter Einbeziehung von latenten Variablen zur Lösung des Operationalisierungsproblems abstrakter Variablenkonstrukte und Gewinnung von Freiheitsgraden zur statistisch fundierten Überprüfung theoretischer Modellvorstellungen (konfirmatorischer Ansatzpunkt)

Das von uns vorgeschlagene Verfahren besteht aus zwei Schritten. In einem ersten Schritt werden die beobachtbaren Modellvariablen einer univariaten Zeitreihenanalyse unterzogen, um die rein zeitbedingten Abhängigkeitsstrukturen in den *einzelnen* Modellvariablen zu eliminieren (individuelles *prewhitening*) und damit den Blick frei zu machen für die relevanten Beziehungen zwischen verschiedenen Zeitreihen. Die auf diese Weise gewonnenen Zeitreihen-Innovationen entsprechen als unkorrelierte stochastische Perioden-Impulse gerade den Ein-Schritt-Vorhersagefehlern unter schwach rationalen Erwartungen. Die eigentliche Wirkungsuntersuchung erfolgt dann im zweiten Analyseschritt im Einklang mit den Erkenntnissen der Neuen Klassischen Makroökonomie nur noch zwischen diesen nichtantizipierten Variablenbestandteilen. Das Verfahren steht damit in der Tradition der ökonometrischen Modellierung unter schwach rationalen Erwartungen, vgl. z.B. *Feige/Pearce* [1976], *Barro* [1977, 1978]. Wir beabsichtigen damit aber weniger, die eine oder andere theoretische Richtung zu unterstützen. Unser Ansatz zielt vor allem darauf ab, unter Ausschaltung des verzerrenden Einflusses der univariaten Abhängigkeitsstrukturen mittels der Kausalanalyse statistisch abgesicherte Schlüsse aus einer unkorrelierten Datengrundlage zu ziehen.

Der Vorteil einer Konzentration auf die Zeitreihen-Innovationen liegt darin, daß klassische statistische Inferenz angewendet werden kann und damit der kausalanalytische Ansatz der Kovarianzstrukturanalyse direkt übertragbar ist. Probleme mit der individuellen Zeitreihencharakteristik wie z.B. *spurious regressions*- Phänomene oder Multikollinearitäten bei der Untersuchung auf Wirkungsverzögerungen treten nicht mehr auf. Scheinkorrelationen, die allein auf den Einfluß des Faktors Zeit zurückzuführen sind, werden wirksam ausgeschlossen. Die Vorzüge einer konfirmatorischen Analyse unter Einbeziehung von latenten Variablen kommen dagegen voll zum Tragen. Gleichzeitig werden Erwartungen in die Modellierung integriert. Insgesamt sind wir mit diesem Ansatz in der Lage, unverzerrt dynamische Wirkungsbeziehungen zwischen abstrakten makroökonomischen Modellvariablen zu schätzen und auf diese Weise theoretische Modellvorstellungen, die sich bislang einer empirischen Überprüfung entzogen haben, mit statistischen Mitteln zu testen.

Die vorliegende Ausarbeitung verfolgt die Absicht, einen umfassenden Überblick über die verschiedenen empirischen Ansätze zur Erfassung kausaler Zusammenhänge in der Makroökonomie zu geben. Obwohl die traditionellen ökonometrischen und zeitreihenanalytischen Verfahren nicht den Anforderungen eines Analyseinstruments genügen, das auf eine strukturelle Untersuchung und damit kausale Erklärung beobachtbarer Phönomene zielt, werden diese Ansätze aus zwei Gründen mit betrachtet. Zum einen sollen die

Schwächen und Gefahren dieser Methoden zur Gewinnung kausaler Erkenntnisse herausgearbeitet werden, um davon die psychometrische Tradition einer kausalanalytischen Untersuchung abgrenzen zu können. Zum anderen baut das von uns vorgeschlagene Verfahren direkt auf diese weitverbreiteten Ansätze auf. Insbesondere zur Zeitreihenanalyse (Trendeigenschaften, Einheitswurzeltests) und zur ökonometrischen Modellierung unter rationalen Erwartungen sind daher detailliertere Ausführungen erforderlich. Der Schwerpunkt der Arbeit liegt aber auf der Darstellung des modernen Instruments der Kausalanalyse und deren vielversprechenden Anwendungsmöglichkeiten auf makroökonomische Fragestellungen.

Das erste Kapitel ist aus diesem Grund dem Konzept der latenten Variablen (Kapitel 1.1), der Kausalanalyse mittels expliziter Modellierung von hypothetischen Generierungsprozessen in Form von linearen Strukturgleichungsansätzen (Kapitel 1.3) sowie den statistischen Grundlagen des Schätz- und Testverfahrens der Kovarianzstrukturanalyse gewidmet (Kapitel 1.4). Zielsetzung dieses Kapitels ist es, den ökonometrisch arbeitenden Wissenschaftler mit der psychometrischen Tradition konfirmatorischer Analysen von theoretischen Strukturvorstellungen unter Verwendung von latenten Variablen vertraut zu machen. Dies erscheint uns vordringlich zu sein, da die Ökonometrie bis heute kaum Notiz von dieser erfolgsversprechenden Untersuchungsmethodik genommen hat. Obwohl bereits *Goldberger* [1971, 1972a, 1974] auf die engen Beziehungen zwischen Ökonometrie und Psychometrie hingewiesen hat, liegen aus ökonometrischer Sicht bislang keine Monographien oder umfassende Einführungstexte vor. Das gleiche gilt für die mathematisch orientierte Gesamtdarstellung des allgemeinen Ansatzes zur Kovarianzstrukturanalyse, dessen Aussagen nur über zahlreiche Originalartikel verstreut vorliegen. Diesen Aufgaben versuchen wir – in gegebener Kürze – im ersten Kapitel gerecht zu werden. Neben den ökonometrischen Ansätzen zur Behandlung der Meßfehler-Problematik (Fehler-in-den-Variablen-Modell, Kapitel 1.1) und dem Modell der konfirmatorischen Faktorenanalyse wird außerdem im Kapitel 1.2 auf den zentralen Begriff der Kausalität aus philosophischer wie aus Sicht der empirischen Sozialforschung eingegangen.

Für unser zweistufiges Verfahren der Kausalanalyse makroökonomischer Zusammenhänge ist es von entscheidender Bedeutung, die Abhängigkeitsstrukturen und Trendeigenschaften in den einzelnen Modellvariablen sorgfältig zu analysieren, um die von jeglicher univariaten Dynamik bereinigten stochastischen Änderungsimpulse der Zeitreihen (Innovationen) zu gewinnen. In den letzten Jahren wird über die angemessene Modellierung der Trendcharakteristika von makroökonomischen Zeitreihen eine engagierte Diskussion geführt. Es hat sich gezeigt, daß die lange Zeit routinemäßig angewendete (lineare) Trendbereinigung in vielen Fällen nicht angemessen ist und zu ernsten Inferenzproblemen führt. Die alternative Vorgehensweise der zeitlichen Differenzenbildung (integrierte Zeitreihen) modelliert ein stochastisches Trendverhalten mit gänzlich anderen Langfrist-Eigenschaften. Zur Erzielung statistisch abgesicherter Resultate ist es demnach erforderlich, explizit die stochastischen Charakteristika der Variablen zu untersuchen, insbesondere auf den Integrationsgrad der Zeitreihen zu testen. Zu diesem Zweck sind in jüngster Zeit in der Literatur sogenannte Einheitswurzeltests entwickelt worden.

Wir tragen der Bedeutung einer zuverlässigen Unterscheidung stochastischen und deterministischen Trendverhaltens dadurch Rechnung, daß wir in Kapitel 2 auf die univariate Zeitreihenanalyse und speziell auf die (Test-)Verfahren zur Bestimmung des Integrationsgrades eingehen. Die zahlreich vorliegenden Textbücher zur **ARIMA**-Methodik von *Box/Jenkins* [1970] behandeln diesen grundlegenden Aspekt bislang kaum. Der Schwerpunkt unserer Darstellung liegt daher – neben einer Einführung in die Analyse stationärer Zeitreihen in Kapitel 2.1 und 2.2 – auf methodischen Fragen der Modellierung trendhaften Verhaltens (Kapitel 2.3) sowie auf den statistischen Grundlagen des *Dickey/Fuller*-Einheitswurzeltests (Kapitel 2.4). In zahlreichen empirischen Arbeiten wird dieses Testverfahren falsch angewendet. Wir behandeln die korrekte Vorgehensweise und machen einen eigenen Vorschlag des Tests auf Anwesenheit deterministischer Elemente im Zusammenhang mit der Nullhypothese des Einheitswurzeltests. In Kapitel 2.5 wird desweiteren auf die Prognose von **ARIMA**-Prozessen eingegangen, da die Residuen dieser Modelle als Ein-Schritt-Vorhersagefehler unter schwach rationalen Erwartungen in unserem Ansatz eine große Rolle spielen.

Das zentrale Kapitel 3 unserer Arbeit gibt einen Überblick über die traditionellen Ansätze der Ökonometrie und Zeitreihenanalyse zur Modellierung von Wirkungsbeziehungen zwischen zeitabhängigen Variablen, macht deren Schwachpunkte und Grenzen zur Erfassung kausaler Zusammenhänge deutlich sowie beinhaltet die Synthese aus den drei dargestellten Analysetraditionen in Form unseres Vorschlags zur Kausalanalyse mittels Zeitreihen-Innovationen. In Kapitel 3.1 wird auf die zahlreichen Schwierigkeiten einer Analyse von zeitabhängigen Variablen mit klassischen ökonometrischen Verfahren eingegangen. Im Vordergrund stehen dabei statistische Inferenz-Probleme sowie die Gefahr der Ermittlung reiner Scheinkorrelationen aufgrund des Einflusses des Faktors Zeit (*nonsense correlations*-, *spurious regressions*-, *spurious detrending*-Probleme). Außerdem wird der interessante Ansatz der kointegrierten Zeitreihen und der Fehler-Korrektur-Modelle kurz dargestellt. Die Modelle zur multivariaten Zeitreihenanalyse werden in Kapitel 3.2 nur zur Abgrenzung von unserem Verfahren einführend behandelt. Ausführlich gehen wir dagegen auf den Kausalitätsbegriff von *Granger*, die diesbezüglichen operationalen Kausalitätstests sowie auf die Bedeutung der univariaten Innovationsreihen im Rahmen der multivariaten Zeitreihenanalyse ein.

Inhalt des Kapitels 3.3 ist die Darstellung der in den letzten Jahren in den Vordergrund gerückten makroökonomischen Modellierung unter rationalen Erwartungen. Das Konzept der rationalen Erwartungen wird diskutiert, von einfachen Erwartungsbildungsmodellen abgegrenzt sowie auf die angemessene Operationalisierung in der Form ökonomischer Rationalität eingegangen. Hintergrund dieses Abschnitts ist die Verdeutlichung der engen Beziehungen unseres Analyseverfahrens mit den empirischen Modellansätzen unter schwach rationalen Erwartungen. Im abschließenden Kapitel 3.4 werden die zuvor behandelten ökonometrischen, psychometrischen und zeitreihenanalytischen Analyseansätze zu unserem zweitstufigen Vorschlag einer Kausalanalyse makroökonomischer Zusammenhänge kombiniert. Die entsprechenden Vorzüge wie Schwachpunkte werden noch einmal explizit aufgezeigt. Dabei wird deutlich, daß dieser Ansatz durch die Einbeziehung von latenten Variablen, die Berücksichtigung der stochastischen Eigenschaften sämtlicher Modellvariablen und die konfirmatorische Ausrichtung weit über traditionelle öknometrische und zeitreihenanalytische Verfahren hinaus geht.

Aufgrund des umfassenden Charakters der Arbeit und der Einbeziehung dreier Analysetraditionen ist die Ausarbeitung – auch im theoretischen Teil – sehr umfangreich geworden. Für den eiligen Leser seien die folgenden Abschnitte empfohlen, die losgelöst von statistischen Detailproblemen einen guten Überblick über das vorgeschlagene Verfahren vermitteln:

- Kapitel 1.1 (Latente Variablen, konfirmatorische Faktorenanalyse)
- Kapitel 1.2 b) (empirisches Kausalitätskonzept, Kausalanalyse)
- Kapitel 1.3 (Lineare Strukturgleichungsansätze, **LISREL**–Modell, allgemeiner Schätzansatz der Kovarianzstrukturanalyse)
- Kapitel 3.1 a)/b) (Ökonometrische Ansätze und dynamische Spezifikation)
- Kapitel 3.4 (Kausalanalyse makroökonomischer Zusammenhänge)

Zusammenfassungen:

- Kapitel 3.4 (Verfahren der Kausalanalyse makroökonomischer Zusammenhänge)
- Kapitel 5.5 (Anwendungsbeispiel: Die Geldmenge als latente Variable, Kausal–analyse des Transmissionsmechanismus monetärer Impulse)

0.3 Hintergrund für die Wahl des empirischen Anwendungsbeispiels

Im zweiten Teil der Arbeit wird der Versuch unternommen, den vorgeschlagenen Ansatz zur Kausalanalyse makroökonomischer Zusammenhänge auf das Problem des Transmissionsmechanismus monetärer Impulse anzuwenden. Zum einen sollen damit die Eigenschaften und Möglichkeiten der Kovarianzstrukturanalyse unter schwach rationalen Erwartungen demonstriert und die Relevanz des Konzepts der latenten Variablen in der Makroökonomie aufgezeigt werden. Zum anderen ist mit der Wahl des Anwendungsbeispiels aus dem Bereich der Geldpolitik und –theorie auch eine inhaltliche Motivation verbunden. Seit Anbeginn der wissenschaftlichen Auseinandersetzung wird in der Nationalökonomie hinsichtlich der Wirkungsweise der Geldpolitik und insbesondere der Beziehung zwischen der Geldmenge und dem realwirtschaftlichen Sektor der Volkswirtschaft eine kontroverse Diskussion geführt. Im Vordergrund steht dabei die Frage, ob, in welcher Weise und wie dauerhaft von monetären Impulsen Auswirkungen auf Variablen wie Zinssätze, Preisniveau, gesamtwirtschaftliche Nachfrage und Beschäftigung ausgehen. Grundsätzlich geht es bei dieser Debatte um die Wirksamkeit zielgerichteter geldpolitischer Maßnahmen (Stichwort: Neutralität der Geldmenge).

Obwohl eine Vielzahl theoretischer wie empirischer Studien zu diesem Thema unternommen wurden (vgl. z.B. Übersicht in *Stein* [1982], *Duwendag/Ketterer* [1985], *Thieme/Vollmer* [1987]), ist bislang noch relativ wenig über den genauen Mechanismus und die zeitliche Abfolge der Transmission monetärer Impulse in die Realwirtschaft bekannt. *Laidler* [1978] z.B. spricht in diesem Zusammenhang immer noch von einer '*black box*'. Als Grund für diese Erkenntnisschwierigkeiten ist einmal der besondere Charakter des Mediums Geld zu nennen. Geld steht im Zentrum einer modernen arbeitsteiligen Volkswirtschaft und erfüllt verschiedene Funktionen wie Recheneinheit, allgemeines Zahlungsmittel und Wertaufbewahrungsmittel. Diese Vielseitigkeit bringt es aber mit sich, daß es keine allgemein anerkannte Definition von Geld gibt und damit keinen einheitlichen Geldvolumensbegriff. In der Theorie wird zwar viel über Auswirkungen monetärer Impulse nachgedacht, aber keine geeignete Operationalisierung zur Verfügung gestellt. Die Praxis behilft sich daher mit der gleichzeitigen Verwendung mehrerer Geldmengenkonzepte wie der Geldbasis, M1, M2, M3 usw. Wenn man sich aber schon nicht darüber einig ist, was Geld eigentlich ist, sind auch keine konsistenten Aussagen zum Geldwirkungsprozeß zu erwarten.

Die zweite Schwierigkeit betrifft die ausschließlich indirekte Wirkungsweise geldpolitischer Maßnahmen. Die zins – und liquiditätspolitischen Instrumente der Deutschen Bundesbank beeinflussen unmittelbar nur die Zinsbedingungen und Spannungsverhältnisse am Geldmarkt. Ausgehend von einer derartigen Störung der als optimal angesehenen Vermögensstruktur der Wirtschaftssubjekte werden Portfolioanpassungen ausgelöst, die sich in einem ersten Schritt in Änderungen der volkswirtschaftlichen Geldbestände niederschlagen (nachfrageorientierte Geldmengensteuerung). Dabei kommt der Geldschöpfungsmöglichkeit des monetären Katalysators Geschäftsbankensystem und der Geldnachfrage der Nichtbanken eine entscheidende Rolle zu. Die Geldpolitik ist somit schon nicht in der Lage, das Geldangebot rein exogen zu kontrollieren (Endogenität der Geldmenge). In theoretischen wie empirischen Untersuchungen wird aber in der Regel die Geldpolitik und die Geldmenge als exogen gegeben angesehen.

Auch die weitere Übertragung des monetären Impulses in die realwirtschaftliche Sphäre geht indirekt über den Mechanismus einer Vermögensanpassung an sich ändernde Preisrelationen vonstatten (Substitutions – und Vermögenseffekte). Da eine Vielzahl von Märkten (Geldmarkt, Bankeinlagen – und Kreditmarkt, Kapitalmarkt, Markt für Sachvermögen und Humankapital) berührt werden, kommt es dabei zu vielfältigen Wirkungsverzögerungen und Rückkopplungseffekten. Darüberhinaus beruht die Einflußmacht der Geldpolitik – insbesondere in der Bundesrepublik – in nicht zu unterschätzender Weise auch auf psychologischen Aspekten und einer Politik der *'moral suasion'* (hohes Ansehen der Währungsautoritäten bei den Wirtschaftssubjekten, Lenkung von Erwartungen mittels Ankündigungen und Zielfestlegungen).

Angesichts dieses komplexen und zeitlich nur verzögert wirksamen Übertragungsweges versucht die Geldpolitik über Zwischenziele ihrem stabilitätspolitischen Auftrag gerecht zu werden. Als zentrales Bindeglied zwischen geldpolitischem Instrumenteneinsatz und den realwirtschaftlichen Endzielen wird dabei von der Bundesbank auf die Variable Geldmenge zurückgegriffen. Anhand vorangekündigter Ziele bezüglich des Geldmengenwachstums und einer Steuerung dieses monetären Indikators auf Sicht, hofft die Bundesbank entsprechende Wirkungen auf die eigentlichen Zielgrößen der Geldpolitik wie Preisniveaustabilität, Vollbeschäftigung, wirtschaftliches Wachstum und außenwirtschaftliches Gleichgewicht auszuüben (mehrstufiges Wirkungs – und Kontrollproblem über Indikatoren und Zwischenziele). Diese seit dem Jahr 1974 verfolgte Politik ist auch vor dem Hintergrund des Monetarismus zu sehen, einer geldtheoretischen Richtung, welche der Geldmenge die entscheidende Rolle zuweist. Wie bei der Mehrzahl der Theorien des Geldwirkungsprozesses werden dabei aber die institutionellen Gegebenheiten der Geldpolitik vernachlässigt und von einer exogenen Geldmenge, d.h. von einer direkten Kontrolle des Geldvolumens durch die Notenbank, ausgegangen. Kaum beachtet wird in der theoretischen Auseinandersetzung außerdem die Frage, wie geldpolitische Impulse überhaupt ausgelöst werden, d.h. auf welche (Fehl–)Entwicklungen bei Zielvariablen die Geldpolitik reagiert und welche Maßnahmen mit welcher Zeitverzögerung ergriffen werden (Reaktionsfunktion der Geldpolilik, vgl. *Johnson* [1974]).

Die vorstehenden Bemerkungen verdeutlichen, daß die Anwendung des Konzepts der latenten Variablen und der Kausalanalyse auf Problemstellungen der Geldtheorie und –politik überaus vielversprechend erscheint. Ausgangspunkt unserer Studie ist daher der Versuch, die zentrale Größe Geldmenge bzw. monetärer Impuls als latente Variable über ein faktoranalytisches Konstrukt der üblichen Geldmengenkomponenten zu modellieren. Im Unterschied zu den herkömmlichen additiven Geldaggregaten M1, M2, M3 oder Zentralbankgeldmenge kann damit zum einen die Frage beantwortet werden, ob es überhaupt mit der Realität vereinbar ist, monetäre Schwankungen nur durch einen eindimensionalen Geldindikator abzubilden. Zum anderen kann mit der latenten Geldmenge das monetäre Operationalisierungsproblem gelöst und unverzerrt auf Wirkungen monetärer Impulse untersucht werden, ohne sich der Beliebigkeit und Schwachpunkte der additiven Abgrenzungen auszusetzen. Das Hauptaugenmerk unserer empirischen Untersuchung richtet sich dabei auf die Analyse der Zeitverzögerungen monetärer Impulse, entsprechender kausaler Wirkungszusammenhänge, sowie der expliziten Einbeziehung des endogenen Charakters der Geldmenge.

Ausgehend vom geldpolitischen Instrumenteneinsatz erhalten wir Aussagen über die dynamische Beeinflussung von Variablen wie Zinsen, Preise und konjunkturelle Indikatoren (Bruttosozialprodukt, Industrieproduktion, Auftragseingang, Beschäftigung, Umsatz, Kapazitätsauslastung), können Beziehungen zwischen den einzelnen Zielvariablen kausalanalytisch aufklären und vermögen Antworten auf die Frage der Bedeutung des monetären Zwischenziels bei der Übertragung geldpolitischer Impulse zu geben. Unter Einbeziehung weiterer latenter Variablen wie z.B. Konstrukte der realen und nominellen Wirtschaftsaktivität und der Zinspolitik der Deutschen Bundesbank geht unsere Studie weit über bisherige empirische Arbeiten zum Transmissionsmechanismus hinaus. Insbesondere zum Liquiditätseffekt der Zinstheorie, der Geldmarktsteuerung der Bundesbank und des monetären Übertragungskanals auf die stabilitätspolitischen Endziele können Einblicke in die Wirkungsweise geldpolitischer Impulse gewonnen werden, die mit traditionellen Verfahren nicht möglich sind. Außerdem wird auf die Endogenisierung des Bundesbankverhaltens über Reaktionsfunktionen der Geldpolitik eingegangen. Die entsprechenden Ergebnisse sind auch vor dem Hintergrund der aktuellen Diskussion um die Indikatorqualitäten des offiziellen Geldmengenziels M3 von besonderer Brisanz. Durch einen Vergleich der Eigenschaften der latenten Geldmenge mit denen der herkömmlichen additiven Konstrukte sind hier aufschlußreiche Erkenntnisse zu gewinnen.

Die Zielsetzung unserer empirischen Untersuchung ist damit allerdings nicht die Bereitstellung eines neuartigen, in irgendeinem Sinne 'optimalen' Geldmengenaggregats, sondern die konfirmatorische Untersuchung der zeitverzögerten Wirkungen geldpolitischer Maßnahmen über die geeignete Modellierung von geldmengen- und zinspolitischen Impulsen als empirisch zu testende Konstrukte. Natürlich erhalten wir auch mit unserem Ansatz keine abschließenden und allgemeingültigen Aussagen zum Transmissionsmechanismus. Wir denken aber, mit unserer Analysemethode den herkömmlichen Verfahren der Ökonometrie (Operationalisierungs- und Fehler-in-den-Variablen-Problem, Multikollinearitätsgefahr bei verteilten Wirkungsverzögerungen) sowie den zeitreihenanalytischen Ansätzen der Kausalitätstests (keine detaillierte Erfassung dynamischer Reaktionen) überlegen zu sein. Diesbezügliche Ergebnisse werden gegenübergestellt. Außerdem gibt es eine Vielzahl klassischer ökonometrischer Untersuchungen zur Wirkung monetärer Impulse auf realwirtschaftliche Größen, denen gleichfalls die mit unserem Verfahren verbundene Hypothese der schwach rationalen Erwartungsbildung zugrunde liegt. Hintergrund ist die zunehmende Bedeutung, welche auch in der empirischen Arbeit der Unterscheidung zwischen erwarteten und unerwarteten Anteilen von Einflußgrößen zuerkannt wird (Neue Klassische Makroökonomie).

Aus Gründen einer möglichst homogenen Datengrundlage wird die Analyse auf die achtziger Jahre beschränkt. Aus vielen empirischen Arbeiten (vgl. Kapitel 4.2) ist bekannt, daß die Ergebnisse von Schätzungen im Bereich der monetären Makroökonomie sehr sensitiv auf Variationen des Untersuchungszeitraumes reagieren. Zum einen kommt darin die hohe Variabilität der Wirkungsverzögerungen zum Ausdruck. Zum anderen spielen verschiedene monetäre Regime eine große Rolle (*Laidler* [1978], *Peek/Wilcox* [1987]). Die achtziger Jahre können dagegen in der Bundesrepublik als Periode einheitlicher Geldpolitik nach dem Übergang zur Geldmengensteuerung im Jahre 1974 und der Ablösung der Ausrichtung der Bundesbank an den freien Liquiditätsreserven der Geschäftsbanken durch die feingesteuerte Bereitstellung von Liquidität über den Geldmarkt angesehen werden, vgl. Kapitel 4.1. Auf der anderen Seite sind mit dem kurzen Anpassungszeitraum natürlich Schwierigkeiten hinsichtlich der Verwendung der oftmals nur asymptotisch gültigen Teststatistiken verbunden. Als Periodenabgrenzung wird auf das Quartal abgestellt, da der Einfluß der Geldpolitik auf den realwirtschaftlichen Sektor als erst auf längere Sicht wirksam angesehen wird und die Bundesbank ihre Politik in der Folge des Monetarismus ebenfalls mittelfristig ausrichtet. Der Kausalanalyse liegen 27 saisonbereinigte Zeitreihen des Zeitraumes Q3/1979 – Q4/1989 zugrunde, welche weitgehend den Statistiken der Bundesbank entnommen wurden.

Die erzielten Resultate unterstreichen die Eignung des vorgeschlagenen zweistufigen Ansatzes zur Kausalanalyse makroökonomischer Zusammenhänge. Daneben können eine Reihe aufschlußreicher Ergebnisse gewonnen werden, die neuartige Einblicke in die Wirkungsweise der Übertragung geldpolitischer und monetärer Impulse in den realen Sektor der Volkswirtschaft vermitteln. Mit unserer Arbeit hoffen wir, einen Beitrag in dieser theoretisch wie empirisch überaus spannenden Auseinandersetzung zu leisten, dem einige der Schwachpunkte bisheriger statistischer Überprüfungen nicht anhaften. Für eine kurze Zusammenfassung der empirischen Ergebnisse sei auf das abschließende Kapitel 5.5 verwiesen.

Im Kapitel 4 werden zunächst die theoretischen Grundlagen der Geldpolitik und die institutionellen Gegebenheiten in der Bundesrepublik Deutschland behandelt. Wie wir bereits betont haben, baut die Kausalanalyse als konfirmatorisches Verfahren auf theoretischen a-priori Hypothesen über mögliche Wirkungszusammenhänge auf. Aus diesem Grund muß vor einer empirischen Analyse der theoretische Hintergrund abgesteckt werden. Im zweiten Teil dieses Kapitels wird auf statistische Ansätze eingegangen, die im Umfeld des Transmissionsmechanismus monetärer Impulse bislang angewendet wurden. Neben einfachen ökonometrischen Arbeiten mit verteilten Lagstrukturen sind dies Kausalitätstests und Untersuchungen unter rationalen Erwartungen. Der Schwerpunkt liegt dabei auf der Darstellung der jeweiligen empirischen Ergebnisse, wobei zum einen der Einfluß der Geldmenge auf die realwirtschaftlichen Zielvariablen Volkseinkommen/Produktion und Preise, zum anderen auf die Zinsen im Vordergrund steht.

Inhalt des Kapitels 5 ist die eigene empirische Untersuchung des Transmissionsmechanismus mittels des Instrumentariums der Kausalanalyse. Im ersten Abschnitt 5.1 wird die univariate Aufbereitung der Zeitreihendaten gemäß des ersten Schrittes unseres Ansatzes vorgenommen. Die sorgfältige Diagnose und Berücksichtigung der Trendeigenschaften unter Benutzung des *Dickey/Fuller*-Einheitswurzeltests ist notwendig, um unverzerrte Innovationsterme aus der Anpassung von **ARIMA**-Modellen gewinnen zu können. Der Abschnitt 5.2 behandelt dann die kausalanalytische Modellierung der Geldmenge als latente Variable. Neben aufschlußreichen Erkenntnissen allein aus der Faktorenanalyse werden Wirkungen des derart operationalisierten monetären Impulses auf Zinsen, Preise und realwirtschaftliche Variablen dargestellt sowie Zusammenhänge zwischen den verschiedenen Zielvariablen analysiert (Preiseffekt, Einkommenseffekt). Ein Unterabschnitt beschäftigt sich außerdem mit latenten Konstrukten der allgemeinen Wirtschaftstätigkeit.

In Kapitel 5.3 wird explizit die Endogenität der Geldmenge und die institutionellen Gegebenheiten in der Bundesrepublik berücksichtigt. Über die Zinsabhängigkeit der Geldmenge kommt zum einen die Beteiligung der Banken und Nichtbanken am Geldschöpfungsprozeß zum Tragen, zum anderen setzt die Geldmengensteuerung der Bundesbank am Geldmarkt an. Neben der Modellierung der praktischen Geldpolitik werden in diesem Abschnitt die gewonnenen Erkenntnisse über Auswirkungen monetärer Impulse unter dem Aspekt endogener Geldschwankungen auf ihre Haltbarkeit hin überprüft (Synthese der beiden Teilaspekte: geldpolitischer Instrumenteneinsatz ⟶ Geldmenge und monetäres Zwischenziel ⟶ stabilitätspolitische Endziele). Interessante Ergebnisse können z.B. bezüglich des Liquiditätseffekts und der Bedeutung des monetären Zwischenziels bei der Übertragung geldpolitischer Impulse in die Realwirtschaft erzielt werden. Das Unterkapitel 5.4 beschäftigt sich mit dem Reaktionsverhalten der Bundesbank auf Abweichungen von der angestrebten Entwicklung bei den Zielgrößen der Geldpolitik. Den Abschluß bildet eine Zusammenfassung des empirischen Teils unserer Arbeit.

Im Anhang sind einige ausgewählte Variablen der Kausalanalyse graphisch im untersuchten Zeitraum dargestellt.

KAPITEL 1 : Latente Variablen und Kausalanalyse von Kovarianzstrukturen

In den Sozialwissenschaften werden theoretische Vorstellungen über Wirkungsweisen und Beziehungen in der realen Welt in Form von Modellen konkretisiert. Angesichts unseres unzureichenden Wissens über menschliches Verhalten und der Komplexität gesellschaftlicher Prozesse liegt die einzige Möglichkeit zur Gewinnung wissenschaftlicher Erkenntnisse in einer stark vereinfachenden Repräsentation, d.h. Modellierung eines klar abgegrenzten, in aller Regel kleinen Ausschnitts der Wirklichkeit. Hierzu wird eine gewisse Anzahl von Variablen identifiziert, die zum Verständnis des Untersuchungsgegenstandes beitragen und daher in das Modell eingehen sollen. Ideen und Vorstellungen der substantiellen Theorie über bestimmte Wirkungszusammenhänge finden dann ihren Niederschlag in Relationen und funktionellen Abhängigkeiten zwischen den betrachteten Modellvariablen.

Die empirisch orientierten Zweige in den Sozialwissenschaften, wie etwa Ökonometrie und Psychometrie, sehen sich damit der Aufgabe gegenüber, die Modellwelten der Theorie in angemessener Weise in eine explizite mathematische Darstellungform zu übertragen, so daß diese mit Daten der Wirklichkeit konfrontiert werden können. Da theoretische Modelle in den seltensten Fällen den Erfordernissen des Empirikers genügen, treten dabei eine Vielzahl von Spezifikationsproblemen auf, z.B. hinsichtlich der genauen funktionalen Form, des stochastischen Charakters der einfließenden Variablen oder der dynamischen Abhängigkeitsstrukturen. Während wir uns dem letztgenannten Aspekt der Modellierung zeitabhängiger Wirkungsabläufe ausführlich in Kapitel 3 widmen, soll uns im folgenden vor allem das Operationalisierungsproblem und damit zusammenhängend die Frage nach einer statistisch abgesicherten Überprüfung von theoretischen Modellvorstellungen interessieren. Jede empirische Untersuchung sieht sich zunächst einmal dem Problem gegenüber, die in der Theorie verwandten Begriffe und Modellvariablen mit geeigneten beobachtbaren Daten in Einklang zu bringen. Zum einen ist bei jeglichem statistischen Datenmaterial von der Existenz von Meßfehlern auszugehen. Zum anderen fließen in theoretische Modellvorstellungen häufig Variablenkonstrukte ein, die sich auf einen rein abstrakten Inhalt beziehen und denen somit in der Wirklichkeit überhaupt keine direkt zu beobachtenden Größen gegenüberstehen. Eine angemessene Operationalisierung der Modellvariablen ist aber Vorbedingung für eine aussagekräftige empirische Überprüfung theoretisch postulierter Zusammenhänge.

In ökonometrischen Wirkungsuntersuchungen wird allerdings bis heute in der Regel von fehlerfrei gemessenen Variablen ausgegangen. Außerdem ist es der klassischen Ökonometrie nur möglich, eindimensionale Indikatoren (Proxy-Variablen) für theoretische Variablenkonstrukte zu verwenden. Eine Möglichkeit der Überprüfung der Zuverlässigkeit der gewählten Indikatorvariable (Reliabilität) und der Übereinstimmung mit dem abzubildenden theoretischen Inhalt (Validität) ist dabei nicht gegeben. Die ökonometrische Forschungsarbeit wie die empirische Anwendung hat sich in der Vergangenheit überwiegend auf das klassische lineare Regressionsmodell und seine Erweiterung zum simultanen Gleichungsmodell konzentriert, vgl. hierzu auch die Einleitung zu Kapitel 3. Die negativen Auswirkungen fehlerbehafteter Variablen auf die statistische Inferenz wurden zwar mehrfach untersucht und werden auch in den meisten ökonometrischen Lehrbüchern behandelt (*Schönfeld* [1969], *Theil* [1971], *Johnston* [1972], *Dhrymes* [1978], *Schneeweiß* [1978], *Fomby* et al. [1984], *Hübler* [1989]). Auch sind Modellansätze (sogenannte Fehler–in–den–Variablen Modelle) und entsprechende Schätzverfahren (z.B. Instrumentenschätzer) entwickelt worden, um dem Meßfehlerproblem zu begegnen. Größere Beachtung haben diese Verfahren in der Praxis allerdings nicht gefunden. Der Hauptgrund hierfür ist, daß eine Berücksichtigung von Meßfehlern nach dem Erkenntnisstand dieser ökonometrischen Ansätze mit grundsätzlichen Schwierigkeiten verbunden zu sein scheint (nicht zu identifizierende Modellparameter), vgl. hierzu *Goldberger* [1974], *Griliches* [1974].

Ganz anders stellte sich die Situation in der Psychometrie dar. Die lange Tradition der Faktorenanalyse (*Spearman* [1904]) wie auch die Bedeutung von multiplen Messinstrumenten (Reliabilität und Validität von Messungen, *classical test score theory*) führte dazu, daß sich die psychometrische Theorie und Praxis schon seit langem ausführlich mit nicht direkt beobachtbaren Größen, sogenannten latenten Variablen, auseinandersetzte. So gelangte man zu der Erkenntnis, daß sich das Problem unbeobachtbarer Variablenkonstrukte oder fehlerbehafteter Variablen in einem multiplen Kontext viel leichter lösen läßt. Die (konfirmatorische) Faktorenanalyse blieb aber lange Zeit von der Ökonometrie völlig unbeachtet, wohl auch aus dem Grund, weil man sie mit der Hauptkomponentenmethode verwechselte. Ein weiterer Forschungszweig fand wenig Resonanz in den angewandten statistischen Disziplinen: die Pfadanalyse von *Wright* [1934, 1960]. Erst durch *Duncan* [1966] wurde die pfadanalytische Methode der Behandlung latenter Variablen in der empirischen Sozialforschung, insbesondere in der Soziologie, verbreitet.

Erst zu Beginn der siebziger Jahre wurden auch Ökonometriker auf die psychometrischen Analysetraditionen mit latenten Variablen aufmerksam. Insbesondere A.S. *Goldberger* [1971, 1972a, 1974] wies darauf hin, daß es sehr lohnenswert sein würde, einen Blick über die Grenzen der Ökonometrie zu werfen. Zum einen sah er so viele Gemeinsamkeiten mit der Psychometrie, daß die lange Abgeschiedenheit der beiden Disziplinen voneinander nur verwundern könne. Zum anderen griff er die Erkenntnisse der Faktorenanalyse auf und zeigte, daß auch ökonometrische Modelle mit nicht direkt beobachtbaren Variablen sehr wohl ohne willkürliche a–priori Annahmen identifiziert sein können, insbesondere wenn die latenten Größen in mehreren Gleichungen – als erklärende aber auch zu erklärende – Variablen auftreten. Vor allem im von den Ökonometrikern bevorzugten simultanen Modellkontext sah Goldberger vielfältige Anwendungsmöglichkeiten, da überidentifizierte Restriktionen an die Parameter der reduzierten Form auch zur Einbeziehung von latenten Variablen genutzt werden können. Weitere frühe Arbeiten von Ökonometrikern mit fehlerbehafteten Variablen im Rahmen multipler Modellansätze sind von *Zellner* [1970], *Griliches* [1974], *Jöreskog/Goldberger* [1975], *Hsiao* [1976] und *Geraci* [1976, 1977] vorgelegt worden.

In der Hauptsache ist es aber das Verdienst von K.G. *Jöreskog* [1970, 1973, 1977, 1978a], die verschiedenen Traditionen der Ökonometrie und Psychometrie in ein allgemeines Modell zur strukturellen Analyse sozialwissenschaftlicher Zusammenhänge, ein–

schließlich der entsprechenden Schätzmethode (Kovarianzstrukturanalyse), zusammengeführt zu haben. Durch die Kombination der konfirmatorischen Faktorenanalyse als Meßmodell für die nicht direkt beobachtbaren Modellvariablen mit dem linearen simultanen Gleichungsmodell für Beziehungen zwischen den latenten Variablen wurde ein Modellrahmen geschaffen, der zum einen durch den Rückgriff auf bekannte psychometrische und ökonometrische Verfahren langjähriges Erfahrungswissen integrieren und sich damit – zumindest in der empirischen Sozialforschung – schneller verbreiten konnte. Zum anderen wurde aber der Schwerpunkt der empirischen Modellierung weg vom rein explorativen, auf korrelativen Beziehungen zwischen beobachtbaren Größen beruhenden Ansatz, hin zu einer eher konfirmatorischen Vorgehensweise verschoben. Mittels expliziter Modellierung der Generierungsstruktur beobachtbarer Phänomene durch zugrundeliegende latente Ursachen (lineare Strukturgleichungsmodelle) eröffnete sich die Möglichkeit, abstrakte theoretische Modellvorstellungen statistisch zu überprüfen. Aus diesem Grund hat sich auch die Bezeichnung Kausalanalyse für diesen Ansatz eingebürgert.

Erstaunlicherweise hat aber die Ökonometrie bis heute noch immer wenig Notiz von linearen Strukturgleichungsmodellen mit latenten Variablen genommen. Die ökonometrische Literatur zur Einbeziehung unbeobachtbarer Variablen in empirische Untersuchungen ist nach wie vor hauptsächlich in der Meßfehler-Problematik verhaftet. So behandeln mittlerweile zwar z.B. *Hujer/Knepel* [1982], *Judge* et al. [1985], *Schneeweiß/Mittag* [1986] ausführlich fehlerbehaftete Variablen im Rahmen von multiplen Ansätzen. Die weit umfassendere Bedeutung von Strukturmodellen mit latenten Variablen als Möglichkeit der Operationalisierung theoretischer Konstrukte und der konfirmatorischen Analyse von Strukturvorstellungen bleibt aber weitgehend unberücksichtigt, obwohl sich in diesen allgemeinen Modellrahmen viele ökonometrische Spezialansätze einordnen lassen. Erwähnenswerte Ausnahmen in Handbüchern oder Lehrbuchtexten sind allenfalls *Aigner* et al. [1984] und *Kmenta* [1986], die zumindest den kausalanalytischen Ansatz und die Kovarianzstrukturanalyse erwähnen. Ganz im Gegensatz dazu sind inzwischen von Psychologen und Soziologen in so großer Zahl methodische und praktische Arbeiten erschienen (vgl. z.B. die Übersichtsartikel von *Bentler* [1980, 1986]), daß man von einem Durchbruch der Kausalanalyse und von Strukturgleichungsmodellen mit latenten Variablen in der empirischen Sozialforschung sprechen kann.

Monographien über diesen umfassenden Analyseansatz liegen somit bislang auch hauptsächlich aus psychologischer und soziologischer Sicht vor (z.B. *Long* [1983], *Pfeifer/Schmidt* [1987], *Bollen* [1989]). Auch in der Lehrbuchliteratur zur multivariaten Statistik ist die Kausalanalyse noch kaum vertreten, eine Ausnahme ist beispielsweise *Backhaus* et al. [1989]. Übersichtarbeiten mit ökonomischem Bezug stammen, soweit uns bekannt, nur von *Bagozzi* [1980], *Knepel* [1981], *Hildebrandt* [1983], *Förster* et al. [1984] und *Homburg* [1989], deren Ausrichtung allerdings ausschließlich betriebswirtschaftliche (Marketing, Konsumentenverhalten) bzw. mikroökonomische (Arbeitsmarktanalyse) Themen umfaßt. Ziel unserer Darstellung soll es daher im folgenden sein, die Bedeutung des Konzepts der latenten Variablen und des konfirmatorischen Ansatzpunktes auch in makroökonomischen Wirkungsuntersuchungen aufzuzeigen. Hierzu werden einige Bemerkungen über latente Variablen und deren Einbeziehung in Strukturgleichungsmodelle sowie über den Kausalitätsbegriff in der empirischen Sozialforschung gemacht. Der

Schwerpunkt des Kapitels liegt auf der Behandlung des kausalanalytischen Ansatzes aus methodischer Sicht. Neben den statistischen Grundlagen der Kovarianzstrukturanalyse stehen die Möglichkeiten zur Erzielung statistisch abgesicherter Aussagen über die empirische Relevanz theoretischer Modellvorstellungen im Vordergrund.

1.1 Latente Variablen in den Wirtschaftswissenschaften

a) Das Konzept der latenten Variablen

Eine geeignete Definition des Konzepts "latente Variablen" zu geben fällt nicht leicht, obwohl die Bedeutung dieses Begriffes intuitiv klar zu sein scheint. Eine einfache Gleichsetzung mit nicht beobachtbaren Variablen kommt jedenfalls nicht in Frage. Unbeobachtbare Größen gibt es in empirischen Modellansätzen viele, wie z.B. die stochastischen Fehlerterme oder auch die unbekannten Parameter des Modells. Mit der Vokabel latente Variablen zielen wir eher auf die substantiellen Begriffe von theoretischen Modellvorstellungen, denen in der Realität keine einfachen, direkt zu beobachtenden Größen entsprechen. Erschwerend kommt hinzu, daß dem Begriff der latenten Variablen bis heute in der Ökonometrie eine andere, eingeschränktere Bedeutung zugemessen wird als in der empirischen Sozialforschung mit soziologischem oder psychologischem Hintergrund. In der Ökonometrie wird diese Bezeichnung in der Hauptsache allein für meßfehlerbehaftete Größen verwendet oder allenfalls mit Variablen identifiziert, denen auf empirischer Seite eine Proxy-Variable als Indikator gegenübergestellt werden muß. Die Psychometrie faßt den Begriff weiter und bezeichnet damit die unbeobachtbaren Variablen der Theorie, die in der Regel nur durch ein multiples Indikatorensystem angemessen zu erfassen sind.

Nach dem bisher ausgeführten lassen sich latente Variablen verbal als hypothetische Variablenkonstrukte definieren, die nicht direkt beobachtet werden können, aber in theoretischen Modellvorstellungen als relevant für Beziehungen zwischen exakt zu erhebenden, sogenannten manifesten Variablen, angesehen werden. Mit dieser Charakterisierung ist aber die Bedeutung des Begriffes latente Variablen noch nicht ganz abgedeckt. Latente Variablen sind immer im Zusammenhang mit empirischen Strukturmodellen zu sehen. Sie sind nicht mit den jeweiligen theoretischen Variableninhalten gleichzusetzen, denen sie entsprechen sollen. Latente Variablen können immer nur Operationalisierungsversuche im Rahmen des verwendeten Meßmodelles sein, eine Überprüfung der Übereinstimmung mit dem prinzipiell nicht beobachtbaren, "wahren" theoretischen Konstrukt ist in der Regel nicht möglich. Insofern ist das Konzept der latenten Variablen ein relativer Begriff, abhängig vom empirischen Modellrahmen. P. *Bentler* [1982] hat aus diesem Grund folgende technische Definition vorgeschlagen.

Definition 1.1 (Latente Variablen, nach *Bentler* [1982, Seite 106]) :

> Eine Variable in einem linearen Strukturgleichungsmodell wird latente Variable genannt, wenn die Modellgleichungen nicht so umgeformt werden können, daß sich die Variable allein als Funktion der meßfehlerfrei zu beobachtenden manifesten Modellvariablen darstellen läßt.

Mit dieser Definition wird somit explizit der Bezug auf die Modellumgebung hergestellt, in der die latente Variable auftritt. Gleichzeitig lässen sich unbeobachtbare Größen wie Regressionsresiduen oder auch Hauptkomponenten klar von latenten Variablen abgrenzen, da sich jene (in der Grundgesamtheit) explizit als Funktion der manifesten Modellvariablen schreiben lassen.

Ohne Zweifel kommt latenten Variablen nach dieser Abgrenzung eine entscheidende Rolle auch in wirtschaftswissenschaftlichen Wirkungsuntersuchungen zu. Über die Bedeutung des Problems meßfehlerbehafteter Größen (Fehler-in-den-Variablen Problem) muß man dabei nicht viele Worte verlieren. Es ist davon auszugehen, daß sämtliche ökonomischen Datenreihen mit einem unbekannten Fehler behaftet sind, vgl. z.B. *Schneeweiß/Mittag* [1986]. Genannt seien nur einige Stichworte wie z.B. fehlerhafte Antworten bei Befragungsdaten, unzureichende Abgrenzung des Variableninhalts, der unvermeidliche Stichprobenfehler, falsche Wahl der Grundgesamtheit oder der Stichprobe, Doppelzählungen oder Auslassungen bei der Erhebung, Übertragungs- bzw. Rundungsfehler, Aggregationsprobleme, spätere Revisionen von amtlichem Datenmaterial etc.. Unser Augenmerk gilt vor allem makroökonomischen Variablen und damit in der Regel Zeitreihendaten. Bei dieser Art von Variablen kommt vor allem das Problem zum Tragen, daß sich die Daten nur in Ausnahmefällen direkt erheben lassen sondern erst durch Aggregation von Einzeldaten über einen gewissen Zeitraum hinweg entstehen, wodurch wiederholte Messungen wie in den experimentellen Wissenschaften von vornherein ausgeschlossen sind. Aussagen zum möglichen Meßfehler sind somit kaum sinnvoll oder kontrolliert zu machen.

Nach *Griliches* [1974] liegt das Hauptproblem von makroökonomischen Variablen darin, daß die Datenproduktion und die Datenanalyse institutionell getrennt ist und daß die zu messenden Phänomene überaus komplex sind. In der Tat ist es dem Ökonometriker in der Regel nur möglich, von der amtlichen Statistik oder speziellen Instituten veröffentlichte Daten kritiklos zu übernehmen, ohne nähere Informationen zur Erhebungsmethode und dem möglichen Meßfehler zu haben, oder auf die Variablenabgrenzung Einfluß nehmen zu können. Darüberhinaus ist bei volkswirtschaftlichen Aggregaten oftmals überhaupt kein Konsens darüber zu erzielen, was überhaupt und in welcher Abgrenzung gemessen werden soll. Vor diesem Hintergrund erscheint eine Übereinstimmung zwischen den für eine empirische Wirkungsuntersuchung benötigten Daten und dem zur Verfügung stehenden Beobachtungsmaterial – auch abgesehen von jeglichem Meßfehler im engeren Sinne – allenfalls zufällig möglich zu sein (Adäquationsproblem).

Hinzu kommt die Problematik, daß sich eine Vielzahl von in theoretischen Modellvorstellungen auftretenden Variablenkonzepten vollkommen einer direkten Quantifizierung entziehen, da sie prinzipiell nicht meßbar sind (Operationalisierungsproblem). Gerade die makroökonomische Theorie scheint besonders kreativ in der Erfindung und Argumentation mit abstrakten Begriffen zu sein. Beispiele für derartige Variablen sind permanentes und transitorisches Einkommen, human capital, natürliche Arbeitslosenquote, Konjunktur, technischer Fortschritt, allgemeines Preisniveau oder Schattenwirtschaft. Diese Variablenkonstrukte sind dadurch gekennzeichnet, daß sie sich definitorisch kaum exakt abgrenzen lassen und zumeist mehrdimensionale Phänomene repräsentieren. Neben diesen Variablen können desweiteren unscharfe, komplexe Sachverhalte wie Erwartungen,

Haltungen, Motivationen, Stimmungen etc. genannt werden, welche im ökonomischen Prozeß eine große Rolle spielen und zunehmend auch in die Modellbildung Eingang finden, vgl. auch *Menges* [1975]. Diese Beispiele haben deutlich gemacht, daß die Ökonometrie mit einer Einengung des Begriffes der latenten Variablen auf meßfehlerbehaftete Größen nicht gut beraten ist. Das psychometrische Konzept von latenten Variablen, welches die "einfache" Meßfehler-Problematik natürlich mit umfaßt, ist auch in den Wirtschaftswissenschaften von größter Relevanz.

Es erhebt sich natürlich die Frage, ob mit dem umfassenderen Begriff von latenten Variablen überhaupt sinnvoll empirisch gearbeitet werden kann – immerhin handelt es sich um unbeobachtbare, oftmals abstrakte Konstrukte. Doch gerade die Psychometrie, für die Konzepte wie Intelligenz, Bildung, sozialer Status, Anspruchsniveau, Zufriedenheit etc. im Zentrum der Modellbildung stehen, hat in diesem Punkt bewiesen, daß die Erfassung derartiger Variablen durch multiple Indikatorenstrukturen durchaus möglich ist und damit Wirkungsuntersuchungen auf der Ebene von latenten Variablen durchgeführt werden können. Entscheidend für diesen Ansatz ist, daß die latenten Variablen gemäß substantieller Theorievorstellungen Auswirkungen auf die Beziehungen zwischen den direkt zu beobachteten Modellgrößen entfalten, sich somit in manifesten Variablen widerspiegeln. Beobachtbare Größen sind damit in der Lage, zumindest Teilaspekte der latenten Modellvariablen zu charakterisieren. Ohne die Ausprägungen der latenten Variablen explizit zu kennen oder zu modellieren, ist man somit über die Verwendung von Indikatoren für die verschiedenen Komponenten oder Dimensionen einer latenten Variable in der Lage, Wirkungszusammenhänge mit anderen Modellgrößen empirisch zu analysieren. In Abschnitt c) widmen wir uns ausführlich dem psychometrischen Ansatz für den Umgang mit latenten Variablen.

Zum Abschluß sei aber nochmals darauf hingewiesen, daß latente Variablen nicht mit den zu operationalisierenden theoretischen Inhalten zu verwechseln sind, sondern immer nur im Rahmen des jeweils betrachteten Modellzusammenhangs zu sehen sind. So betont auch *Sörbom* [1982], daß latente Variablen keine real existierenden Variablen sind, die nur nicht beobachtet werden können. Er sieht in ihnen vielmehr Konstrukte, die "... will never be anything more than is contained in the observed variables and will never be anything beyond what has been specified in the model" (Seite 183). Der Auswahl geeigneter Indikatoren für abstrakte Variablen kommt damit die Schlüsselrolle zu. In vielen Fällen sind dabei Zweifel angebracht, ob jenes, was in sozialwissenschaftlichen Strukturgleichungsmodellen als latente Variable spezifiziert ist, auch wirklich den theoretischen Variableninhalt abdeckt, der quantifiziert werden soll. Im allgemeinen gibt es keine Möglichkeit, die Korrespondenz zwischen theoretischem Konzept und wirklicher Modellvariable zu belegen. Vorsicht ist somit insbesondere bei der Bezeichnungsfrage angebracht. Latente Variablen werden in Modelldarstellungen im allgemeinen mit dem gleichen Namen belegt, der auch für den zu operationalisierenden Begriff steht. Dadurch wird eine Gleichsetzung mit dem theoretischen Konstrukt suggeriert, die in den seltensten Fällen gerechtfertigt sein dürfte.

b) Latente Variablen und Ökonometrie

Für die klassische Ökonometrie stellt sich das Problem der unbeobachtbaren Variablen anscheinend nur in der Form fehlerbehafteter Modellvariablen, seien es Meßfehler oder "Adäquationsfehler" durch die Verwendung von Proxy-Variablen. So wird in der ökonometrischen Lehrbuchliteratur diesem Thema bis heute auch nur ein untergeordneter Stellenwert zugeordnet. Die negativen Auswirkungen fehlerbehafteter Variablen auf die statistische Inferenz werden zwar zumeist behandelt, aber über das klassische Fehler-in-den-Variablen Modell und einfache diesbezügliche Schätzansätze hinaus werden kaum praktikable Lösungsvorschläge vermittelt. So verbleibt beim Leser der Eindruck, daß dieses Problem zwar jegliche empirische Arbeit tangiert, ob seiner grundsätzlichen Schwierigkeit – Stichwort Nichtidentifizierbarkeit – aber kaum handhabbar ist. Demzufolge spielt die Berücksichtigung von Meßfehlern in praktischen Anwendungen bislang auch kaum eine Rolle. Wir tragen im folgenden kurz die entsprechenden klassischen Resultate zusammen.

Grundlage der Diskussion über unbeobachtbare Variablen im Rahmen ökonometrischer Analysen ist das sogenannte Fehler-in-den-Variablen Modell. Insbesondere die "*permanent income*"-Hypothese von *Friedman* [1957] wirkte hier als auslösendes Moment. Unterstellt wird ein linearer Zusammenhang zwischen den beiden "wahren" aber unbeobachtbaren Variablen ξ_t (z.B. permanentes Einkommen) und η_t (permanenter Konsum), welche durch die beiden direkt messbaren Größen X_t (Perioden-Einkommen) bzw. Y_t (Perioden-Konsum) nur fehlerhaft und unter Inkaufnahme stochastischer Abweichungen U_t (transitorisches Einkommen) bzw. V_t (transitorischer Konsum) erfasst werden können :

$$\eta_t = \alpha + \beta\,\xi_t + \zeta_t\,, \qquad (1.1)$$
$$X_t = \xi_t + U_t\,, \qquad (1.2)$$
$$Y_t = \eta_t + V_t\,. \qquad (1.3)$$

Die eigentlich interessierende Strukturbeziehung liegt damit auf Ebene der latenten, nicht direkt beobachtbaren Variablen vor. Transformiert man die Relation mittels der Beobachtungsgleichungen (1.2) und (1.3) in ein Modell zwischen den messbaren Größen, so erhält man :

$$Y_t = \alpha + \beta X_t + \zeta_t + V_t - \beta\,U_t =: \alpha + \beta X_t + W_t\,. \qquad (1.4)$$

Über die Störgrößen werden folgende stochastischen Annahmen gemacht: $E\zeta_t = EU_t = EV_t = 0$, $E\zeta_t^2 = \sigma_\zeta^2$, $EU_t^2 = \sigma_u^2$, $EV_t^2 = \sigma_v^2$, $E\zeta_t\xi_t = EU_t\xi_t = EV_t\eta_t = 0$, $EU_t\eta_t = EV_t\xi_t = 0$ und $EU_t\zeta_t = 0$, $EV_t\zeta_t = 0$, $EU_tV_t = 0$, d.h. wir unterstellen die üblichen Voraussetzungen des linearen Regressionsmodells, zusammen mit der Annahme rein stochastischer Meßfehler sowie Unkorreliertheit zwischen sämtlichen Fehlertermen. Zunächst stellt man fest, daß der übliche **OLS**-Schätzer von β in einer Regression der beobachtbaren Größen aufeinander nicht erwartungstreu ist, da mit $Cov(W_t,X_t) = EW_tX_t =$

$-\beta\sigma_u^2$ die Residualvariable W_t in (1.4) nicht unabhängig vom Regressor ist. Genauso ist der **OLS**–Schätzer $\hat{\beta}$ inkonsistent; für die asymptotische Verzerrung gilt $plim\,\hat{\beta} = (1-\sigma_u^2/\sigma_x^2)\,\beta$, vgl. z.B. *Judge* et al. [1985]. Der **OLS**–Schätzer für den relevanten Koeffizienten β ist damit in Richtung der Null verzerrt, d.h. der Betrag des wahren Parameters wird stets unterschätzt.

Aus dem bislang dargestellten folgt, daß die klassische Regressionsanalyse zu verzerrten Ergebnissen führt, wenn die Variablen meßfehlerbehaftet sind. Das Ausmaß der Verzerrung ist vor allem vom Verhältnis der Fehlervarianz σ_u^2 zur Varianz der beobachtbaren Variablen X_t abhängig. Wird dagegen nur die abhängige Variable η_t mit Fehler gemessen, die unabhängige aber fehlerfrei, so sind die **OLS**–Parameterschätzer von (1.4) mit $U_t \equiv 0$ erwartungstreu und konsistent. In diesem Fall besteht die Störgröße des zu schätzenden Modelles mit $W_t = \zeta_t + V_t$ lediglich aus zwei unkorrelierten Bestandteilen, der Fehler in der endogenen Variable geht bei der Modellanpassung ganz im Gleichungsfehler auf. In einigen Lehrbüchern (z.B. *Maddala* [1977], *Fomby* et al. [1984]) wird daraus der Schluß gezogen, daß somit in diesem Fall überhaupt keine Probleme mit der Existenz von Meßfehlern gegeben sind. Dies ist aber nicht ganz korrekt, da mit der Meßfehlervarianz die Standardfehler der Regressionskoeffizienten aufgebläht werden, die tatsächliche Signifikanz der Parameter somit aufgrund zu kleiner t–Werte unterschätzt wird, vgl. z.B. *Hübler* [1989].

Das prinzipielle Problem des Fehler–in–den–Variablen Modells (1.1)–(1.3) wird am besten deutlich, wenn man versucht, die Parameter mittels des üblichen Maximum–Likelihood Ansatzes zu schätzen. Hierzu wird angenommen, daß die unbeobachtbaren Modellvariablen η_t und ξ_t sowie die Meßfehler U_t und V_t zusätzlich zu den obigen Voraussetzungen normalverteilt sind. Ohne Einschränkung sei desweiteren von zentrierten Variablen, d.h. $\boldsymbol{E}\eta_t = \boldsymbol{E}\xi_t = 0$ und folglich einem Modellansatz mit $\alpha = 0$ ausgegangen. Die messbaren Größen X_t und Y_t genügen dann ebenfalls Normalverteilungen mit Erwartungswert Null und sämtliche Informationen über die Modellparameter sind bereits in den zweiten Momenten der Beobachtungen enthalten. Für diese gelten die folgenden Beziehungen :

$$\boldsymbol{Var}(X_t) = \sigma_\xi^2 + \sigma_u^2 \,, \tag{1.5}$$

$$\boldsymbol{Var}(Y_t) = \beta^2\sigma_\xi^2 + \sigma_\zeta^2 + \sigma_v^2 \,, \tag{1.6}$$

$$\boldsymbol{Cov}(X_t, Y_t) = \beta\,\sigma_\xi^2 \;. \tag{1.7}$$

Damit stehen für die fünf unbekannten Modellparameter β, σ_ξ^2, σ_ζ^2, σ_u^2 und σ_v^2 nur drei unabhängige Bestimmungsgleichungen zur Verfügung – das Modell ist klar nicht identifiziert. Auch wenn man die Hoffnung aufgibt, den Meßfehler in der abhängigen Variable getrennt vom Gleichungsfehler untersuchen zu können und demnach mit der Annahme einer fehlerfrei zu messenden Variable $\eta_t = Y_t$ arbeitet ($\sigma_v^2 \equiv 0$), sind die verbleibenden Parameter nicht identifizierbar. Die klassische Analyse des Meßfehlerproblems kommt damit zu dem Schluß, daß weitere a–priori Restriktionen an die Modellparameter erforderlich sind, um das Fehler – in – den – Variablen Modell schätzbar machen zu können.

Der Anwender wird damit vor die Aufgabe gestellt, Aussagen beispielsweise über das Ausmaß der Varianz des Meßfehlers σ_u^2 in der unabhängigen Größe, der relativen Bedeutung des Meßfehlers zur Variablenvarianz σ_u^2/σ_ξ^2 oder relativ zur Varianz des Gleichungsfehlers $\sigma_u^2/\sigma_\zeta^2$ machen zu müssen. Nur unter diesen a-priori Voraussetzungen sind für die verbleibenden freien Modellparameter sinnvolle Schätzer abzuleiten, vgl. z.B. *Schneeweiß/Mittag* [1986]. In dem uns hier interessierenden makroökonomischen Rahmen stehen derartige Vorinformationen aber kaum zur Verfügung, vgl. den vorhergehenden Abschnitt. Auch ein weiterer Vorschlag der ökonometrischen Literatur hilft uns kaum weiter: stehen wiederholte, voneinander unabhängige Beobachtungen der meßfehlerbehafteten Variablen zur Verfügnug, so lassen sich daraus die Modellparameter des Fehler-in-den-Variablen Modells ebenfalls konsistent schätzen.

Die Darstellung der ökonometrischen Behandlung der Meßfehlerproblematik verdeutlicht, warum dieses Gebiet in ökonometrischen Anwendungen bislang so vernachlässigt wurde. Da mit fehlerbehafteten Einflußgrößen im Rahmen des klassischen Einzelgleichungsmodells so große grundsätzliche Schwierigkeiten verbunden sind, scheint eine Berücksichtigung von Meßfehlern im Modellansatz, bis auf Spezialfälle, kaum sinnvoll möglich zu sein, vgl. hierzu auch *Goldberger* [1974], *Griliches* [1974]. Angesichts dieser Erkenntnis ist es nicht verwunderlich, daß man sich an das vermeintlich noch schwierigere Problem der Einbeziehung "echter" latenter Variablen als Operationalisierungen abstrakter Variablenkonstrukte in Mehrgleichungsmodellen lange Zeit überhaupt nicht heranzutrauen wagte. So werden unbeobachtbare theoretische Begriffe bis heute in der Regel durch eindimensionale Proxy-Variablen ersetzt, obwohl man sich der mangelhaften Indikatorqualitäten wohl bewußt ist. Viel einschneidender sind dabei aber die schätztechnischen Konsequenzen: Eine Verwendung von Proxies hat nicht nur negative Auswirkungen auf die statistische Inferenz über die Wirkung der zu operationalisierenden Variable. Vielmehr werden die Schätzungen sämtlicher Modellparameter tangiert, vgl. z.B. *Judge* et al. [1985]. Nur im seltenen Fall, daß das theoretische Konstrukt unkorreliert mit den weiteren Einflußfaktoren ist, werden deren Regressionskoeffizienten bei Anwesenheit einer Proxy-Variablen nicht verzerrt und sind konsistente Schätzer zumindest für die exakt zu erhebenden Erklärungsvariablen zu erhalten. In der Regel ist diese Voraussetzung aber nicht erfüllt, und statistisch gesicherte Aussagen sind folglich über keine der Einflußvariablen mehr zu machen.

Die klassische Behandlung des Problems fehlerbehafteter Variablen muß man somit als vollkommen ungeeignet bezeichnen, der Aufgabe einer empirischen Modellierung makroökonomischer Theorievorstellungen gerecht zu werden. Sollen theoretische Überlegungen an der Wirklichkeit getestet werden, so ist eine angemessene Operationalisierung ökonomischer Begriffe und Variablen unabdingbare Voraussetzung. Sind wir an einer Analyse von realen Wirkungszusammenhängen interessiert, so kann es uns nicht primär um die oberflächlichen, korrelativen Beziehungen zwischen messbaren Datenreihen gehen. Auf was es uns vielmehr ankommen muß, ist die Untersuchung des Generierungsprozesses der beobachteten Phänomene. Diese Aufgabe kann nur durch eine Strukturmodellierung unter Einschluß von latenten Variablen gelöst werden, wobei wir den Begriff der latenten Variablen im folgenden nur noch im umfassenden Sinne des vorhergehenden Abschnittes verwenden wollen. Die ökonometrische Beschränkung auf stochastische Meßfehler und das Fehler-in-den-Variablen Modell hat hier ganz offensichtlich nichts zur Lösung des Spezifikationsproblems empirischer Wirkungsuntersuchungen beizutragen.

c) Multiple Gleichungsansätze und die Analysetradition der Psychometrie

Bereits zu Beginn der siebziger Jahre wurde auch von Ökonometrikern erkannt, daß sich das Problem latenter Variablen im Rahmen von multivariaten Modellansätzen leichter lösen läßt als im Kontext des klassischen Regressionsmodells. So demonstrierten *Zellner* [1970] und *Goldberger* [1972a, 1972b] die Möglichkeit der Ableitung konsistenter und effizienter Schätzer für die Strukturgleichung (1.1) des herkömmlichen Fehler-in-den-Variablen Modells, wenn weitere Gleichungen in den Modellansatz einbezogen werden, welche die unbeobachtbare Größe ξ_t enthalten. In der Folge wurden auch erfolgreiche Versuche unternommen, meßfehlerbehaftete Variablen in das ökonometrische simultane Gleichungsmodell zu integrieren, z.B. von *Goldberger* [1974], *Hsiao* [1976] und *Geraci* [1976, 1977]. Doch nur A.S. *Goldberger* [1971] erkannte die enge Beziehung dieser erweiterten Modellansätze mit der faktoranalytischen Analysetradition der Psychometrie. Die ökonometrische Diskussion über latente Variablen blieb so bis heute weitgehend in der reinen Meßfehler-Problematik verhaftet. Die Erkenntnisse der Psychometrie und insbesondere der darauf aufbauende konfirmatorische Analyseansatz von linearen Strukturgleichungen mit latenten Variablen (moderne Kausalanalyse) warten somit immer noch darauf, in das Blickfeld der allgemeinen ökonometrischen Methodenlehre zu gelangen.

In Erweiterung des klassischen Fehler-in-den-Variablen Modells (1.1)- (1.3) nehmen wir zunächst an, daß wir einen weiteren Indikator Z_t der unbeobachtbaren exogenen Variablen zur Verfügung haben, der mit ξ_t in der linearen Beziehung :

$$Z_t = \gamma \xi_t + \epsilon_t \tag{1.8}$$

steht. Für die Residualvariable ϵ_t seien dabei die analogen stochastischen Annahmen gemacht wie für die restlichen Fehlerterme. Ohne Einschränkung gehen wir wieder vom Fall zentrierter Modellvariablen und folglich $\alpha = 0$ aus. Desweiteren verzichten wir auf die Gleichung (1.3), indem wir eine fehlerfrei gemessene endogene Variable $\eta_t = Y_t$ unterstellen, was gleichbedeutend damit ist, daß der Gleichungsfehler ζ_t mögliche Meßfehlereffekte in η_t subsummiert. Unter diesen Voraussetzungen erhält man für die zweiten Momente der manifesten Variablen folgende Relationen :

$$\mathbf{Var}(X_t) = \sigma_\xi^2 + \sigma_u^2 , \qquad \mathbf{Var}(Y_t) = \beta^2 \sigma_\xi^2 + \sigma_\zeta^2 , \tag{1.9}$$

$$\mathbf{Var}(Z_t) = \gamma^2 \sigma_\xi^2 + \sigma_\varepsilon^2 , \qquad \mathbf{Cov}(X_t, Y_t) = \beta \sigma_\xi^2 , \tag{1.10}$$

$$\mathbf{Cov}(X_t, Z_t) = \gamma \sigma_\xi^2 , \qquad \mathbf{Cov}(Y_t, Z_t) = \gamma\beta \sigma_\xi^2 . \tag{1.11}$$

Es läßt sich leicht zeigen, daß die sechs unbekannten Modellparameter β, γ, σ_ξ^2, σ_ζ^2, σ_u^2 und σ_ε^2 aus diesen sechs unabhängigen Gleichungen eindeutig bestimmt sind (z.B. erhält man $\beta = Cov(Y_t,Z_t) / Cov(X_t,Z_t)$ aus (1.11) usw.) . Das Modell ist somit exakt identifiziert und kann z.B. mit der **ML**-Methode (unter Normalverteilungshypothese) konsistent und effizient geschätzt werden.

Der Ansatz läßt sich leicht zum allgemeinen *multiple indicator*-Modell erweitern, indem eine beliebige Anzahl von beobachtbaren Variablen berücksichtigt wird. Dabei wird schnell deutlich, daß eine Sonderstellung der Variablen η_t formal überhaupt nicht gegeben ist. Vielmehr sind sämtliche manifesten Modellvariablen linear von dem latenten Konstrukt ξ_t abhängig, haben damit eine gemeinsame Ursache. Allein bei der Variablen X_t tritt die Besonderheit auf, daß sie der latenten Variablen direkt zugeordnet ist. Doch auch diese Ausnahme ist allein auf eine Normierungsbedingung zurückzuführen, welche der latenten Variable die Meßskala der Variablen X_t zuweist und damit die Varianz von ξ_t als freien Modellparameter definiert. Äquivalent kann man die Normierung über eine Varianzrestriktion, z.B. mittels $Var(\xi_t) = \sigma_\xi^2 \equiv 1$ vornehmen und folglich auch für die lineare Beziehung von X_t mit der latenten Größe einen zu schätzenden Modellparameter einführen. Wir haben damit eine vollkommen symmetrische Situation vorlieren und können den Modellansatz des *multiple indicator*-Modelles für m direkt beobachtbare Variablen gleich in Vektorschreibweise mit $\mathbf{Y}_t = (Y_{1t}, Y_{2t}, .., Y_{mt})'$, dem Parametervektor $\boldsymbol{\beta} = (\beta_1,\beta_2, .., \beta_m)'$, dem Fehlervektor $\mathbf{U}_t = (U_{1t}, U_{2t}, .., U_{mt})'$ und dem latenten Skalar ξ_t , $\sigma_\xi^2 = 1$, angeben zu :

$$\mathbf{Y}_t \;=\; \boldsymbol{\beta}\,\xi_t + \mathbf{U}_t \;,\quad \mathbf{E}(\xi_t \mathbf{U}_t) = 0 \;,\quad \mathbf{E}(\mathbf{U}_t \mathbf{U}_t') = \Psi \text{ diagonal} . \tag{1.12}$$

Die aus dem Ansatz resultierenden zweiten Momente der manifesten Variablen sind dann einfach durch die Kovarianzmatrix von $\mathbf{Y}_t$ gegeben zu $\mathbf{K}(\mathbf{Y}_t) = \mathbf{E}(\mathbf{Y}_t \mathbf{Y}_t') = \boldsymbol{\beta}\boldsymbol{\beta}' + \Psi$. Da diese Matrixrelation $m(m+1)/2$ unabhängige Bestimmungsgleichungen für die $2m$ Modellparameter in $\boldsymbol{\beta}$ und Ψ enthält, ist das Modell (1.12) für $m > 3$ überidentifiziert, d.h. es steht sogar mehr Information zur Verfügung, als zur Sicherstellung konsistenter Parameterschätzer erforderlich ist. Auf der anderen Seite bedeutet dies, daß einfache Momentenschätzer in geschlossener Form nicht mehr angegeben werden können. Für eine effiziente Modellschätzung müssen sämtliche Überidentifikationsrestriktionen berücksichtigt werden. In *Goldberger* [1974] wird der entsprechende **ML**-Schätzer abgeleitet, den wir hier aber nicht weiter behandeln müssen, da er dem in Abschnitt 1.4 behandelten Schätzansatz für allgemeine Kovarianzstrukturmodelle entspricht.

Mit dem *multiple indicator*-Modell (1.12) haben wir damit das einfachste Beispiel eines linearen Strukturgleichungsmodells mit latenten Variablen kennengelernt: Die Beziehungen zwischen den m manifesten Modellvariablen $Y_{1t},..,Y_{mt}$ lassen sich nach Modellannahme durch eine zugrundeliegende nichtbeobachtbare Ursache ξ_t charakterisieren. Die Modellparameter sind auch ohne willkürliche a-priori Annahmen über die Fehlervarianzen identifiziert und lassen sich konsistent und effizient schätzen – ohne die Ausprägungen der latenten Variable zu kennen! Damit geht der Ansatz weit über das Fehler-in-den-Variablen Modell hinaus, welches zu sehr in der Tradition der klassischen Regressionsanalyse verhaftet ist. Auf der anderen Seite ist das Modell (1.12) nichts anderes als das konfirmatorische Modell der Faktorenanalyse für den Spezialfall eines einzigen Faktors. Die Faktorenanalyse kann somit auch als Verallgemeinerung des klassischen Fehler-in-den-Variablen Modelles angesehen werden. Die engen Beziehungen zwischen Ökonometrie und Psychometrie sind damit offensichtlich. Dennoch sind bislang nur wenige Ökonometriker bereit, sich mit der psychometrischen Analysetradition auseinanderzusetzten. Wir geben im folgenden eine kurze Zusammenfassung der konfirmatorischen Faktorenanalyse.

Die Faktorenanalyse gründet auf einen Artikel von C. *Spearman* [1904], der sich mit der Messung der Intelligenz in der Psychometrie beschäftigt. Im Kern geht es der Faktorenanalyse um die Reduzierung einer Vielzahl von Variablen auf wenige zugrundeliegende unbeobachtbare Größen, Faktoren genannt. Ziel ist es dabei, die Beziehungen zwischen den manifesten Variablen derart auf eine möglichst geringe Anzahl von Faktoren zurückzuführen, daß die beobachteten Relationen dennoch hinreichend gut reproduziert werden können und somit die den manifesten Größen zugrundeliegenden Strukturen aufgedeckt werden. Latente Variablen in unserem Sinne sind die unbeobachtbaren Faktoren allerdings erst mit der Ausrichtung der Faktorenanalyse als konfirmatorisches Analyseinstrument. Dieser Ansatz wurde hauptsächlich durch die Arbeiten von *Bock/Bargmann* [1966], *Jöreskog* [1969, 1970] und *Lawley/Maxwell* [1971] bekannt.

Das Grundmodell der Faktorenanalyse nimmt an, daß sich m beobachtbare Variablen $Y_{1t}, .., Y_{mt}$ linear auf k unbeobachtbare Größen (sogenannte gemeinsame Faktoren) $f_{1t}, .., f_{kt}$ unter Einschluß von m Zufallsfehlern $U_{1t}, .., U_{mt}$ mit Erwartungswert Null zurückführen lassen. In Matrixschreibweise gilt dann :

$$\boldsymbol{Y}_t = \Lambda \boldsymbol{f}_t + \boldsymbol{U}_t , \quad \boldsymbol{E}(\boldsymbol{f}_t \boldsymbol{U}_t') = 0 , \quad \boldsymbol{E}(\boldsymbol{U}_t \boldsymbol{U}_t') = \Psi , \tag{1.13}$$

wobei die $m \times k$-Matrix $\Lambda = (\lambda_{ij})$ aus den unbekannten, zu schätzenden Koeffizienten, den sogenannten Faktorladungen, besteht. Da nach der Grundidee der Faktorenanalyse die k Faktoren die Beziehungen zwischen den beobachtbaren Variablen widerspiegeln sollen und Kovarianzstrukturen invariant gegenüber Verschiebungen des Ursprungs der zugrundeliegenden Meßskala sind, ist ohne Einschränkung von zentrierten Modellvariablen und damit $\boldsymbol{E}\boldsymbol{Y}_t = 0$ wie auch $\boldsymbol{E}\boldsymbol{f}_t = 0$ auszugehen. Die Kovarianzmatrix der manifesten Variablen $\Sigma = \boldsymbol{K}(\boldsymbol{Y}_t)$ liegt dann auf Basis der Modellannahmen in folgender speziellen Form vor :

$$\Sigma = \boldsymbol{E}(\boldsymbol{Y}_t \boldsymbol{Y}_t') = \Lambda \boldsymbol{E}(\boldsymbol{f}_t \boldsymbol{f}_t') \Lambda' + \boldsymbol{E}(\boldsymbol{U}_t \boldsymbol{U}_t') = \Lambda \Phi \Lambda' + \Psi , \tag{1.14}$$

wobei die Kovarianzmatrix der latenten Faktoren mit $\Phi = \boldsymbol{K}(\boldsymbol{f}_t)$ bezeichnet ist. In der Faktorenanalyse wird allein die Relation (1.14) zur Grundlage der Modellanpassung gemacht. Obwohl (1.14) auch der Kovarianzmatrix der endogenen Variablen im multivariaten linearen Regressionsmodell mit stochastischen Regressoren entspricht, ist das Faktoranalysemodell natürlich kein Regressionsmodell, da die Faktoren $f_{1t}, .., f_{kt}$ nichtbeobachtbare Zufallsvariablen sind. Eine Regressionsschätzung ist demnach nicht möglich. Der allgemeine Schätzansatz besteht vielmehr darin, über die Stichproben-Kovarianzmatrix der manifesten Variablen und den funktionalen Beziehungen (1.14) geeignete Schätzer für die Modellparameter zu erhalten.

Bevor aber eine konsistente Modellschätzung versucht werden kann, muß die Identifikation des Modellansatzes, d.h. die eindeutige Lösbarkeit des Faktorisierungsproblems (1.14) gesichert sein. Da die Gesamtanzahl möglicher freier Parameter in den Matrizen Λ, Φ und Ψ mit $mk + k(k+1)/2 + m(m+1)/2$ die Anzahl der unabhängigen Gleichungen in (1.14) mit $m(m+1)/2$ weit übersteigt, sind hierfür mindestens $mk + k(k+1)/2$ Parameterrestriktionen erforderlich. Dies ist aber nur eine notwendige Bedingung für die Identifikation des Faktormodelles (1.13). Das Eindeutigkeitsproblem kann zunächst einmal auch als Problem der Unbestimmtheit der Meßskala der Faktoren interpretiert werden. Den latenten Größen im unrestringierten Modellansatz (1.13) kann eine beliebige Skala und eine willkürliche Ausrichtung des Koordinatensystems unterlegt werden, ohne die abgeleitete Kovarianzstruktur zu verletzen: die Multiplikation der Faktoren mit einer beliebigen regulären $k \times k$-Matrix M zu $\tilde{f}_t = Mf_t$ ist aufgrund von $K(Y_t) = \Lambda \Phi \Lambda' + \Psi = \Lambda M^{-1} M \Phi M' M^{-1'} \Lambda' + \Psi =: \tilde{\Lambda} K(\tilde{f}_t) \tilde{\Lambda}' + \Psi$ mit der gleichen Kovarianzstruktur verbunden wie das Ausgangsmodell, die beiden Darstellungen sind nicht unterscheidbar. Das Normierungsproblem wird in der Praxis im allgemeinen dadurch gelöst, daß in jeder Spalte der Ladungsmatrix Λ ein Element auf einen festen Wert ungleich Null, in der Regel 1.0, restringiert wird, um so jedem einzelnen Faktor die Meßskala einer bestimmten direkt beobachtbaren Variable zuzuordnen. Eine alternative Vorgehensweise hierzu ist, die Varianzen der latenten Variablen, d.h. die Diagonalelemente der Kovarianzmatrix $K(f_t) = \Phi$ zu normieren.

Damit ist das Identifikationsproblem allerdings noch nicht gelöst. An dieser Stelle ist nun auch eingehender auf den Unterschied zwischen dem exploratorischen (erklärenden) und dem konfirmatorischen (bestätigenden) Analyseansatz einzugehen. Ziel der exploratorischen Faktorenanalyse ist die Modellierung der Kovarianzbeziehungen zwischen den m beobachtbaren Variablen durch eine möglichst geringe, im vorab nicht genau spezifizierte, Anzahl von Faktoren – bei begrenztem Informationsverlust bezüglich der Kovarianzmatrix der manifesten Größen. Aus diesem Grund werden an die Elemente der Ladungsmatrix Λ keine expliziten Restriktionen gestellt, vielmehr orthonormale Faktoren ($\Phi = I_k$), unkorrelierte Störvariablen (Ψ = Diagonalmatrix) sowie weitere Bedingungen an die Modellparamter (z.B. $\Lambda' \Psi^{-1} \Lambda$ = Diagonalmatrix) unterstellt, die eine eindeutige Lösung des Faktorisierungsproblems (1.14) sicherstellen. Hauptschwierigkeit dieses Ansatzes ist damit aber, daß die ermittelten relationsaufklärenden Faktoren kaum mehr zu interpretieren sind. Aus diesem Grund versucht die exploratorische Faktorenanalyse im Anschluß an die Modellschätzung, die Parametrisierung durch eine Reihe von Transformationen, auch Rotationen genannt, einfacher und damit interpretierbar zu machen. Diese Rotationsphase nimmt in Standardlehrbüchern zur Faktorenanalyse breiten Raum ein, vgl. z.B. *Harman* [1976].

Hierin liegt aber auch ein Grund dafür, warum die Ökonometrie der Faktorenanalyse lange Zeit so kritisch gegenübergestanden ist: die Rückführung der beobachtbaren Variablen auf fragwürdige Faktoren, die zudem zusammen mit den Modellparametern ex post beliebig umdefiniert werden, entspricht nicht den Vorstellungen einer Datenanalyse, die gewohnt ist, in Termen wohldefinierter Variablen und a-priori spezifizierter Wirkungsbeziehungen zu denken (*Goldberger* [1972a]). Hinzu kommt, daß die Faktorenanalyse von Ökonometrikern oftmals mit der Hauptkomponentenmethode verwechselt wird, die sich zwar auch mit der Reduktion großer Datenmengen beschäftigt, aber auf keinerlei statistischem Modell wie beispielsweise (1.13) beruht, sondern einen rein deskriptiven Ansatz darstellt. Für eine ausführliche und mathematisch fundierte Darstellung der exploratorischen Faktorenanalyse siehe das Buch von *Lawley/Maxwell* [1971] oder auch *Anderson/ Rubin* [1956] .

Im Gegensatz dazu geht die konfirmatorische Faktorenanalyse davon aus, daß man anhand substantieller Theorievorstellungen in der Lage ist, begründete Hypothesen über die Anzahl der Faktoren, die Struktur der Ladungsmatrix, und die Korrelation der Faktoren wie der Residualvariablen zu treffen. Vor der Modellschätzung bekommen demzufolge zahlreiche Parameter des Modells feste, bekannte Werte in einer Weise zugewiesen, daß das Modell identifiziert und gleichzeitig theoretischen Überlegungen verpflichtet ist. Im Vordergrund stehen somit explizite Restriktionen an die Elemente der Ladungsmatrix Λ , vor allem Nullrestriktionen als Ausdruck abwesender Effekte und zur Sicherstellung einer klaren Indikatorstruktur. Die auf diese Weise unterstellten Faktoren sind demnach keine ungewissen und beliebig transformierbaren Größen, sondern strukturell eindeutig definierte und interpretierbare latente Variablen, die mit theoretischen Variablenkonstrukten in Verbindung gebracht werden können.

Neben der Schätzung der verbleibenden freien Modellparameter ist es somit das Ziel der konfirmatorischen Faktorenanalyse, theoretische Modellvorstellungen über die Beziehungen in der Wirklichkeit mit den Daten einer Stichprobe zu konfrontieren, um auf diese Weise Aussagen über die empirische Relevanz von Strukturhypothesen zu erhalten. Der konfirmatorische Ansatzpunkt in der Datenanalyse steht hier somit für die Möglichkeit, ein vorgeschlagenes Strukturmodell aufgrund ungenügender Anpassungsfähigkeit an die Daten als nicht konsistent mit der Realität abzulehen. Als einfaches Beispiel hierfür kann auf das *multiple indicator*–Modell (1.12) verwiesen werden. Als Strukturhypothese wurde dabei unterstellt, daß sich die Relationen zwischen den manifesten Modellvariablen auf einen *einzigen* latenten Faktor zurückführen lassen, außerdem die Residualvariablen unkorreliert miteinander sind. Zum einen ist in diesem Fall der Faktor eindeutig als gemeinsame Ursache der Beobachtungen spezifiziert. Zum anderen kann die Modellvorstellung für $m > 3$ statistisch getestet werden, da für die Gültigkeit des Modelles die Überidentifikationsrestriktionen in der Stichprobe erfüllt sein müssen.

Auf geeignete Schätzansätze für das Faktormodell (1.13) muß hier nicht weiter eingegangen werden, da sie im Rahmen allgemeiner Kovarianzstrukturmodelle in Abschnitt 1.4 behandelt werden. Zum Abschluß der Diskussion über die psychometrische Tradition der Faktorenanalyse seien nur noch einige Bemerkungen zum Identifikationsproblem gemacht. Zur Sicherstellung sinnvoller Modellanpassungen ist es unbedingt erforderlich, die Identifikation der freien Parameter aus den zweiten Momenten der manifesten Variablen über die Relationen (1.14) geklärt zu haben. Für den allgemeinen Fall stehen hier leider keine umfassenden Kriterien zur Verfügung. Ausgangspunkt können natürlich immer notwendige Abzählbedingungen sein wie die Regel, daß die Anzahl der zu schätzenden Modellparameter nicht die Anzahl unabhängiger Bestimmungsgleichungen übersteigen darf. In der Literatur bei *Howe* [1955], *Anderson/Rubin* [1956], *Jöreskog* [1969] aber auch *Arminger* [1979] anzutreffende einfache "hinreichende" Bedingungen haben sich allerdings bereits frühzeitig als falsch erwiesen, vgl. *Dunn* [1973] und *Jennrich* [1978].

Desweiteren entwickelt *Jöreskog* [1979] zwei Kriterien für spezielle Faktormodelle, für die aber von *Hauschild* [1991] ebenfalls Gegenbeispiele angegeben werden. Für den einfachen Fall eines einzigen latenten Faktors (*multiple indicator*–Modell) ist der Identifikationsstatus wie oben behandelt leicht nachzuprüfen. Im allgemeinen Fall des klassischen Faktoranalysemodells (1.13) verbleibt allerdings als einzige Möglichkeit der direkte Nachweis der Auflösbarkeit von (1.14) nach den freien Modellparametern in den Matrizen Λ, Φ und Ψ. Da dieser Weg in der Regel zeitaufwendig und schwierig ist verwundert es nicht, daß das Identifikationsproblem in der Praxis häufig übergangen wird. Im Rahmen von Strukturansätzen mit latenten Variablen wie z.B. dem in Abschnitt 1.3 behandelten **LISREL**–Modell ist es *Hauschild* [1991] allerdings gelungen, praktikable Methoden für den Nachweis der Identifikation von Meßmodellen zu entwicklen, welche die Gestalt von konfirmatorischen Faktorenansätzen haben.

Mit der konfirmatorischen Faktorenanalyse haben wir damit einen Ansatz kennengelernt, der es erlaubt, Variablenkonstrukte der Theorie in Form von latenten Variablen einer empirischen Wirkungsuntersuchung zugänglich zu machen. Durch die Betrachtung multipler Indikatorensysteme ist es möglich, Modelle mit latenten Variablen zu identifizieren, indem die unterstellten latenten Kräfte die Variablenbeziehungen auf der beobachtbaren Ebene restringieren. Was uns natürlich noch fehlt, ist die Möglichkeit einer strukturellen, d.h. ökonometrischen Modellierung von faktoranalytisch identifizierten latenten Variablen. Die Faktorenanalyse und damit die psychometrische Tradition hat in diesem Punkt bis auf die Untersuchung korrelativer Zusammenhänge zwischen latenten Variablen (oder auch Faktormodellen höherer Ordnung, vgl. *Jöreskog* [1970]) wenig zu bieten. Die Behandlung des Problems simultaner Variablenbeziehungen ist vielmehr die Domäne der klassischen Ökonometrie. Somit ist es ist nur naheliegend, zu versuchen, die beiden Analyserichtungen Ökonometrie und Psychometrie miteinander zu verbinden. Genau dies ist K.G. *Jöreskog* [1970, 1973, 1978a] gelungen, indem er einen Modellrahmen für lineare Strukturgleichungsmodelle mit latenten Variablen geschaffen und die dazugehörige allgemeine Schätzmethode (Kovarianzstrukturanalyse) nicht nur ausgebaut sondern auch anwenderfreundlich implementiert hat (**LISREL**–Computerprogramm, vgl. *Jöreskog/Sörbom* [1984]). Bevor wir darauf in den Abschnitten 1.3 und 1.4 eingehen werden, sei zum Abschluß des Kapitels über latente Variablen in den Wirtschaftswissenschaften noch kurz auf die Beiträge der Ökonometriker A. *Zellner* [1970] und A.S. *Goldberger* [1972b, 1974] zur Kombination des faktoranalytischen Ansatzes mit ökonometrischen Strukturgleichungen eingegangen, obwohl sich diese Ansätze gleichfalls leicht in das allgemeine Modell von *Jöreskog* integrieren lassen.

Ausgangspunkt der Diskussion sei wieder das klassische Fehler–in–den–Variablen Modell (1.1)–(1.3) mit $V_t \equiv 0$ und $\alpha = 0$, allerdings gleich in der verallgemeinerten Darstellung als *multiple indicator*–Modell von (1.12). Im Unterschied zu den bisherigen Ansätzen wird nun aber angenommen, daß die unbeobachtbare Variable ξ_t linear von einer Reihe erklärender, exakt zu messender Größen $Z_{1t}, .., Z_{gt}$ abhängt. Der Vektor $\mathbf{Z}_t$ dieser Variablen wird damit im Modellansatz als multiple Ursache der latenten Variable angesehen. Das sogenannte *multiple indicator multiple cause*–Modell (**MIMIC**) schreibt sich damit zu:

$$Y_t = \beta \xi_t + U_t \,, \quad \xi_t = \gamma' Z_t + \delta_t \,, \tag{1.15}$$

wobei $\gamma = (\gamma_1, .., \gamma_g)'$ der zusätzliche Parametervektor und δ_t eine mit den Vektoren Z_t und U_t unkorrelierte skalare Fehlervariable ist und sonst die Voraussetzungen von (1.12) erfüllt seien. Setzt man die Bestimmungsgleichung für die latente Variable in die erste Gleichung ein, so erhält man die Relation $Y_t = \beta\gamma' Z_t + \beta\delta_t + U_t =: \Pi Z_t + V_t$ zwischen den beobachtbaren Variablen, welche formal einem multivariaten Regressionsmodell entspricht. Die Koeffizientenmatrix Π der reduzierten Form ist aber nicht frei zu schätzen sondern durch die beiden Vektoren β und γ parametrisiert. Dies sind Restriktionen, wie sie typischerweise auch im ökonometrischen simultanen Gleichungsmodell auftreten und damit Ökonometrikern wohl bekannt sind. Auf der anderen Seite liegt der von Z_t unabhängige Fehlervektor V_t in Gestalt eines psychometrischen Faktormodelles mit eindimensionalem Faktor δ_t vor. Das **MIMIC**-Modell erhebt damit spezielle (überidentifizierte) Restriktionen an die Parameter der reduzierten Form und eine einfache **OLS**-Schätzung kommt nicht in Frage.

Die Grundidee des Modellansatzes (1.15) ist nichts anderes als eine Strukturversion des in der Ökonometrie weitverbreiteten Verfahrens der Instrumentvariablen-Schätzung, welches auf *Reiersol* [1945] zurückgeht. Zur Schätzung z.B. des klassischen Fehler-in-den-Variablen Modelles (1.1)/(1.2) kann versucht werden, auf sogenannte Instrumente zurückzugreifen, die mit der unbeobachtbaren Variablen ξ_t in einer möglichst engen Beziehung stehen, aber unkorreliert mit den Störvariablen U_t sind. Über einen zweistufigen **OLS**-Ansatz (**2SLS**) sind auf diese Weise konsistente Schätzer für die Modellparameter zu erhalten, indem zuerst die direkt mit ξ_t verbundene Variable X_t auf die Instrumente regressiert wird um Ausprägungen für die latente Variable zu gewinnen, die dann im zweiten Schritt als Erklärungsfaktoren für die abhängige Variable Y_t verwendet werden können, vgl. z.B. *Judge* et al. [1985]. Nichts anderes stellt aber der Ansatz (1.15) dar, mit dem großen Unterschied und auch Vorteil, daß die als "Instrumente" dienenden Variablen $Z_{1t}, .., Z_{gt}$ bereits explizit in den Strukturansatz integriert sind und damit effizientere Schätzverfahren eingesetzt werden können als ein **2SLS**-Verfahren.

Zum ersten Mal tritt ein Modellansatz gemäß (1.15) bei *Zellner* [1970] auf, der vom klassischen Fehler-in-den-Variablen Modell mit zwei Indikatoren ($m = 2$), aber von einer exakten linearen Beziehung zwischen latenter Variable und den g erklärenden Größen $\xi_t = \gamma' X_t$ ($\delta_t = 0$) ausgeht. Dieses Modell ist für $g = 1$ exakt und für $g > 1$ überidentifiziert. *Zellner* [1970] entwickelt für diesen Fall einen trickreichen **GLS**-Schätzansatz und zeigt die Überlegenheit gegenüber einem reinen Instrumenten-Schätzer, indem die Restriktionen beider Gleichungen simultan einbezogen werden. *Goldberger* [1972b] betrachtet den gleichen Modelltyp, allerdings unter Einschluß einer stochastischen Fehlervariablen δ_t und leitet den **ML**-Schätzer bei voller Information ab.

Beide Autoren demonstrieren damit für das klassische Fehler-in-den-Variablen Modell, wie durch Aufnahme weiterer Informationen in den Strukturansatz in Form von exogenen Erklärungsvariablen das Modell identifiziert und außerdem effizienter geschätzt werden kann als mit einem Instrumenten-Schätzer. Das allgemeine **MIMIC**-Modell (1.15) wird in *Goldberger* [1974] und *Jöreskog/Goldberger* [1975] behandelt. Der verwendete **ML**-Schätzansatz entspricht dem in Kapitel 1.4 ausführlich dargestellten Verfahren der Kovarianzstrukturanalyse unter einer Normalverteilungshypothese. Damit wären auch von ökonometrischer Seite erfolgsversprechende Ansätze zur Einbeziehung von latenten Variablen in die strukturelle Modellierung zur Verfügung gestanden. Dennoch wird das Problem unbeobachtbarer Variablen in der allgemeinen ökonometrischen Methodenlehre bis heute allein mit der Meßfehlerproblematik und damit nichtidentifizierten Modellen gleichgesetzt. Infolgedessen finden auch die modernen kausalanalytischen Modellansätze kaum Resonanz, die das simultane Gleichungsmodell der Ökonometrie mit dem psychometrischen Modell der konfirmatorischen Faktorenanalyse verbinden, um statistisch abgesicherte Aussagen über Wirkungsbeziehungen zwischen theoretischen Variablenkonstrukten aus linearen Strukturgleichungen mit latenten Variablen zu gewinnen. Wir behandeln diesen allgemeinen Analyseansatz in Kapitel 1.3 .

1.2 Der Kausalitätsbegriff in der empirischen Sozialforschung

a) Kausalität und Empirismus

Ökonometrische Untersuchungen sind aufs engste mit dem Begriff der Kausalität verbunden. Dies liegt bereits im Wesen der wissenschaftlichen Disziplin Ökonometrie begründet, quantitative Analysen ökonomischer Zusammenhänge unter Verwendung ökonomischer Theorie, empirischen Datenmaterials und Methoden der statistischen Inferenz vorzunehmen (*Samuelson* et al. [1954]). Dabei geht es der Ökonometrie nicht um eine reine Beschreibung beobachtbarer Phänomene. Unter Rückgriff auf theoretische Vorstellungen und statistische Schlußweisen sollen vielmehr Erkenntnisse über die Struktur und quantitative Wirkungszusammenhänge der Ökonomie gewonnen werden, um damit die Realität zu erklären, Prognosen wichtiger ökonomischer Größen zu erstellen und wirtschaftspolitische Entscheidungen zu unterstützen. Begriffe wie "kausal" und "Ursache" werden aus diesem Grund in fast jeder ökonometrischen Arbeit verwendet. Ganz im Gegensatz zu ihrer Bedeutung werden diese Konzepte in der angewandten aber auch der methodisch orientierten Literatur kaum näher erläutert oder gar definiert. Was dagegen in den wenigsten ökonometrischen Lehrbüchern fehlt ist der Hinweis, daß Kausalität auf keinen Fall mit Korrelation verwechselt werden dürfe und damit empirische Beziehungen mit größter Vorsicht zu interpretieren seien. Positive Aussagen und Erklärungen zum zentralen Begriff der Kausalität sucht man dagegen meist vergeblich.

Hintergrund für diesen unbefriedigenden Zustand ist natürlich, daß Kausalität ein überaus komplexer, kaum exakt zu fassender Begriff ist. So steht die Frage nach dem "Warum" nicht nur am Anfang jeden wissenschaftlichen Denkens. Jeder Mensch ist vielmehr ob seiner schlichten Existenz gezwungen, sich mit dieser Frage auseinanderzusetzen und hat damit zumindest eine intuitive Vorstellung von dem was man mit Kausalität zu bezeichnen versucht. Insbesondere die Philosophie beschäftigt sich daher seit Aristoteles intensiv mit dem Konzept der Kausalität – ohne bis heute eine umfassende, breit anerkannte Definition verlegen zu können. In seiner allgemeinsten Form bezeichnet Kausali–

tät (*causalitas* = Ursächlichkeit) den Zusammenhang zwischen Ursache und Wirkung, was die Problematik nur auf den genauso unbestimmten Begriff der Ursache verlagert. Dennoch prägt die Vorstellung eines allgemeingültigen Kausalitätsprinzips, wonach jedes Geschehen seine (zeitlich vorangehende) Ursache hat (*nihil fit sine causa*), in entscheidenem Maße jedes menschliche Denken. Ob der "kausale" Zusammenhang zwischen zwei Ereignissen aber überhaupt in den Dingen vorgegeben ist, somit einem realen Gegenstand der Natur entspricht, oder ob er nur ein "Gedankenprinzip" (*Skotnicky* [1976]) ist – ein Begriff der menschlichen Denkökonomie, welcher zwischen zwei Erscheinungen eine inhaltliche Beziehung herstellt, ist in der geisteswissenschaftlichen Ideengeschichte vollkommen strittig, vgl. z.B. *Bunge* [1963], *Bunch* [1963], *Young* [1978]. Einen knappen historischen Überblick der verschiedenen Ansätze und Denkrichtungen zum Kausalbegriff gibt *Bagozzi* [1980].

Philosophische Überlegungen zur Kausalität sind zumeist eng mit den Erfahrungen der klassischen Naturwissenschaften verbunden. Infolgedessen spielt die Diskussion von eindeutigen Ursachen im Rahmen deterministischer Systeme eine große Rolle. Im Sinne der formalen Logik werden dabei die beiden Fälle unterschieden, daß ein Ereignis B niemals eintritt, ohne daß vorher A gegeben ist (Notwendigkeit von A : $B \Longrightarrow A$), und zum zweiten, daß aus dem Auftreten von A immer B folgt (A hinreichende Bedingung : $A \Longrightarrow B$). Für die Naturwissenschaften ist es insbesondere das wissenschaftliche Experiment, welches zu der Erkenntnis des Kausalitätsgesetztes "Gleiche Ursachen haben gleiche Wirkungen" geführt hat. Unter Konstanthaltung der Rahmenbedingungen sollte es danach im Prinzip immer möglich sein, ein Experiment beliebig oft mit jeweils gleichem Ausgang zu wiederholen.

Doch auch in den Naturwissenschaften sind kausale Untersuchungen im strengen Sinne unmöglich. Hierfür wäre es notwendig, die Wirkung eines bestimmten Ereignisses X auf eine Variable Y in einer konkreten Situation *gleichzeitig* mit dem Variablenwert von Y zu beobachten, der ohne Wirksamwerden von X eingetreten wäre. Man kann aber nicht etwas tun und gleichzeitig nicht tun, um das unterschiedliche Ergebnis miteinander vergleichen zu können (Fundamentalproblem von Kausaluntersuchungen, vgl. *Holland* [1986]). Im experimentellen Umfeld kann man zumindest anstreben, die gleichen Rahmenbedingungen zu schaffen, um die beiden Experimente hintereinander auszuführen, oder man macht den Versuch zur gleichen Zeit mit zwei verschiedenen Objekten, die möglichst homogen sind (z.B. "identische" Proben). Die zugrundeliegende Annahme gleicher Bedingungen ist aber prinzipiell nicht zu beweisen. Abgesehen von diesen eher philosophischen Überlegungen ist zu bemerken, daß auch die modernen Naturwissenschaften im Zuge der Quantenphysik (Heisenbergsche Unschärferelation) zu einer differenzierten Betrachtung von kausalen Zusammenhängen gezwungen sind.

In den Sozialwissenschaften gestaltet sich die Suche nach Gesetzmäßigkeiten, um daraus Schlüsse über die Ursachen von sozialen, kulturellen, politischen oder ökonomischen Ereignissen und deren voraussichtliche Weiterentwicklung ziehen zu können, dagegen noch ungemein schwieriger. Die Möglichkeit des wiederholten Experiments unter annähernd gleichen Bedingungen steht den Sozialwissenschaften nur stark eingeschränkt zur Verfügung, da menschliches Verhalten zumeist nicht im notwendigen Umfang kontrolliert und beobachtet werden kann. Dies gilt im besonderen für die Wirtschaftswissen–

schaften, die – zumindest in der Makroökonomie – als eigentliche Erkenntnisquelle allein auf historisch einmalige Beobachtungen zurückgreifen können, die sich unter stetig ändernden Bedinungen vollziehen. Hinzu kommt, daß die Sozialwissenschaften kaum hoffen können, Erkenntnisse über ihren Untersuchungsgegenstand zu gewinnen, die ähnlich fundamentale Zusammenhänge repräsentieren wie beispielsweise die "Naturgesetze" der klassischen Physik – ist doch das menschliche Verhalten in seiner Unberechenbarkeit und ständigem Wandel Grundlage aller gesellschaftlichen Phänomene. Für die Wirtschaftswissenschaften bemerkt hierzu z.B. *Hicks* [1979, Seite 1,2]: "Economic knowledge, though not negligible, is so extremely imperfect. ... There are few economic 'laws' which can be regarded as at all firmly based".

Die besonderen Voraussetzungen in den Sozialwissenschaften können nicht ohne Auswirkungen auf den zugrundezulegenden Kausalitätsbegriff bleiben. Es war in der Hauptsache der Philosoph David *Hume* (1711 – 1776), der dem kausalen Prinzip in seinem Hauptwerk "A Treatise of Human Nature" (1739/1740) die vermeintliche Objektivität nahm. Hume sah in der Kausalität nur eine Erfahrungstatsache, die aus der wiederholten Beobachtung derselben Ereignisse resultiert: "These relations are nothing else but qualities, by which the imagination is conveyed from one idea to another" (*Hume* [1972, Seite 62]). Das Wesen der Kausalität wird damit auf die empirische Ebene beschränkt, demzufolge wir von einer notwendigen Verknüpfung in den Dingen nichts wissen können (klassischer Empirismus, weitere Vertreter John *Locke* und George *Berkely*). Mit dieser Auffassung legte Hume den Grundstein für einen Kausalitätsbegriff, wie er in die heutigen, auf die Empirie ausgerichteten Sozialwissenschaften Eingang gefunden hat.

Der empirischen Sozialforschung ist es nur möglich, begründete Aussagen über den *mittleren* Effekt aus einer Vielzahl von Einzel-"Experimenten" (Beobachtungen) zu machen. So besteht beispielsweise der wirtschaftswissenschaftliche Erkenntnisgegenstand aus dem sich in der realen Welt abspielenden Wirtschaftsprozeß, an dem eine Vielzahl von Wirtschaftssubjekten mit unterschiedlichsten Interessen und Handlungsweisen teilhat. Kausale Schlußfolgerungen können hier allenfalls über eine große Zahl von Individuen getroffen werden, wenn deren Verhalten nach dem Gesetz der großen Zahl vorhersehbar erscheint. Durch die Vielzahl von Einzelentscheidungen entsteht ein Geflecht von Interdependenzen, das in seinen einzelnen Wirkungszusammenhängen kaum mehr wahrgenommen werden kann. Möglich sind allenfalls noch Erkenntnisse über dominierende Einflußfaktoren: Ein Ereignis ist in den Sozialwissenschaften nie mit einem Ausschließlichkeitsanspruch Ursache einer bestimmten Erscheinung, man spricht ihm unter einer Vielzahl, häufig nicht eindeutig identifizierbarer Faktoren allenfalls eine maßgebliche Rolle zu. Nicht die Frage nach *der* (eindeutigen) Ursache realer Phänomene steht damit im Vordergrund, sondern die Analyse von Wirkungenen gegebener Impulse. In diesem Zusammenhang ist auch die *ceteris paribus*-Klausel von großer Bedeutung. Aussagen zu den Folgen eines bestimmten Ereignisses sind immer nur unter Konstanthaltung sämtlicher nicht betrachteter Einflüsse und Rahmenbedingungen möglich.

Die Ausführungen verdeutlichen, daß kausale Schlußweisen in der empirischen Sozialforschung aufs engste mit statistischer Inferenz zusammenhängen: Aussagen werden nur zur durchschnittlichen Wirkung über eine bestimmte Grundgesamtheit hinweg gemacht, nicht zu Einzeleffekten. Ist die Grundgesamtheit zu groß für eine Totalerhebung, so bietet die Statistik die Lösung an, über Stichproben in Form von zufälligen Ziehungen auf Eigenschaften der Grundgesamtheit zurückzuschließen. Da aber nur Informationen (Beobachtungen) zur Verfügung stehen, die grundsätzlich unter verschiedenen Situationen entstanden sind (unterschiedliche Zeitpunkte, Versuchspersonen etc.), ist die Wahl der Stichprobe entscheidend. Nur unter sehr starken Voraussetungen an die zeitliche und räumliche Homogenität der einzelnen Beobachtungen (Stabilität der zugrundeliegenden Beziehung, konstante Rahmenbedingungen) und ihrer statistischen Eigenschaften (z.B. Unabhängigkeit, Stationarität, identische Verteilung) sind statistisch abgesicherte Erkenntnisse über Wirkungsbeziehungen in der Grundgesamtheit zu erhalten.

Daneben ist der stochastische Charakter von Gesetzmäßigkeiten in den Sozialwissenschaften deutlich geworden. Der bestehenden Unsicherheit über Strukturrelationen in mathematisch formulierten Modellzusammenhängen (Vernachlässigung von Einflußfaktoren, die als weniger bedeutend angesehen werden; Unsicherheit über die genaue funktionale Form; generelle Unbestimmheit menschlichen Verhaltens; Meßfehler in den Modellvariablen etc.) wird beispielsweise explizit durch die Einführung von Störtermen in Gestalt von Zufallsvariablen Rechnung getragen. Kausale Aussagen sind unter diesen Bedingungen allenfalls in der folgenden Form sinnvoll: "Falls A gegeben ist, erhöht oder verändert sich die Wahrscheinlichkeit dafür, daß B eintritt". In der Tat gibt es in der Literatur mehrere Versuche, dem Kausalitätsbegiff über die Wahrscheinlichkeitstheorie näher zu kommen. Entsprechende Ansätze sind beispielsweise von *Good* [1961/62] und *Suppes* [1970] vorgelegt worden, vgl. auch *Skryms* [1988]. So könnte man z.B. ein zum Zeitpunkt s auftretendes Ereignis A_s genau dann als Ursache von Ereignis B_t definieren, wenn $s < t$, $\mathbf{Prob}(A_s) > 0$ und $\mathbf{Prob}(B_t | A_s) > \mathbf{Prob}(B_t)$ gilt. Derartige Abgrenzungen laufen aber immer Gefahr, sich auf rein assoziative Beziehungen zwischen beobachteten Phänomenen zu beziehen und weniger auf theoretisch fundierte Gesetzmäßigkeiten, welche den Beobachtungen zugrundeliegen. Im besonderen ist hier das Problem zu nennen, reinen Scheinkorrelationen aufzusitzen. Eine isolierte statistische Betrachtung verleitet sehr schnell dazu, aus einer bloßen zeitlichen Aufeinanderfolge von Ereignissen auf kausale Beziehungen zu schließen, die in unzulässiger Weise gemäß dem Prinzip "*post hoc, ergo propter hoc*" in die Zukunft projiziert werden, vgl. dazu auch den folgenden Abschnitt. Die Grenze zum reinen Empirismus ist hier nicht immer leicht zu ziehen.

Zum Abschluß sei aus diesem Grund noch kurz auf zwei philosophische Ansätze eingegangen, welche der umfassenderen Bedeutung von Kausalität eher gerecht werden, aber dennoch auf die Mehrzahl der Wissenschaften übertragbar sind und zugleich operationale Elemente enthalten. Zum einen ist die Arbeit von *Holland* [1986] zu erwähnen, der aufbauend auf *Rubin* [1974, 1978] die grundlegende Bedeutung von (randomisierten) Experimenten für kausale Schlußfolgerungen betont, d.h. von der Möglichkeit des Menschen, zumindest theoretisch Kontrolle über sein Beobachtungsobjekt auszuüben. *Holland* [1986] folgert demnach, daß Ursachen nur Dinge sein können, die – im Prinzip – in einem experimentellen Umfeld studiert werden können, d.h. man muß jedes Individuum einer Grundgesamtheit zumindest gedanklich den Bedingungen der Ursache aussetzen können (z.B. Untersuchung der Wirkung von staatlichen Maßnahmen durch die Betrachtung einer Volkswirtschaft unter kontrollierten Laborbedingungen). Nach dieser Abgrenzung können beispielsweise Attribute wie Rasse oder Geschlecht eines Menschen oder auch die

Zeit keine Ursachen von Ereignissen sein, da diese Merkmale auch in "hypothetischen" Experimenten nicht beeinflußt werden können. *Holland* [1986] gibt Bedingungen an, unter denen auch bei reinen Beobachtungsdaten mittels statistischer Inferenz kausale Aussagen zur mittleren Wirkung einer "Versuchskonstellation" möglich sind, vgl. auch *Rosenbaum* [1984]. Zur praktischen Anwendung dieses Ansatzes, insbesondere für makroökonomische Wirkungsanalysen, müssen diese Bedingungen allerdings abgeschwächt werden, weswegen an der Nützlichkeit der Auffassung von Holland auch Zweifel aufgekommen sind, vgl. z.B. *Granger* [1986], *Swamy/von zur Muehlen* [1988] .

Der zweite interessante Definitionsversuch stammt von *Feigl* [1953], der Kausalität mit "predictability according to a law or set of laws" gleichsetzt. Dieser Ansatz wird insbesondere von *Zellner* [1979a, 1988] favorisiert, da die besondere Bedeutung von Gesetzen oder allgemein anerkannten theoretischen Wirkungshypothesen explizit betont wird. Rein auf statistischen Kriterien beruhende Aussagen über Beziehungen zwischen beobachtbaren Phänomenen bleiben auf diese Weise ausgeklammert. Auf der anderen Seite sind natürlich auch die Begriffe "Prognostizierbarkeit" und "Gesetz" erst näher zu präzisieren, vgl. die diesbezüglichen Versuche von *Zellner* [1979a, 1988] und *Nelson* [1979]. Der große Vorteil von Feigls Abgrenzung liegt aber sicher darin, daß sie zugleich logisch schlüssig und methodologisch befriedigend, wie auch umfassend genug ist, in der Philosophie genauso wie in anderen Wissenschaften, z.B. den Sozialwissenschaften, Verwendung zu finden. Ein besonderer Vorzug ist natürlich auch darin zu sehen, daß die Definition von Feigl sprachlich einfach und leicht verständlich ist. Zu erwähnen ist noch, daß *Basmann* [1963] ein ähnliches Konzept vertritt. Kritiker wie z.B. *Granger* [1980] zweifeln vor allem an der Existenz einer ausreichenden Anzahl von "Gesetzen" oder theoretisch fundierten Erkenntnissen, so daß die Auffassung von Feigl von dieser Seite her viel von ihrem praktischen Nutzen verlieren würde.

b) Statistische Ansätze und das konfirmatorische Konzept der Kausalanalyse

Die bisherigen Überlegungen haben deutlich gemacht, daß in den Sozialwissenschaften ein anderer, schwächerer Kausalitätsbegriff zugrunde gelegt werden muß als in der Philosophie oder den Naturwissenschaften. Sozialwissenschaftliche Erkenntnisse stehen im besonderen unter dem Zwang einer ständigen empirischen Überprüfung an der tatsächlichen Entwicklung. Eine Theoriebildung ohne jegliche Einbeziehung von realen Beobachtungen und Erfahrungen, und ohne entsprechende Konfrontation mit der Wirklichkeit erscheint damit kaum denkbar. Vor diesem Hintergrund ist es nicht verwunderlich, daß auch das Kausalitätskonzept in den Sozialwissenschaften stark von der Empirie geprägt ist. So fordert z.B. *Basmann* [1988, Seite 72], daß Kausalität "must be defined in the context of empirically interpretable systems", d.h. sich auf die beobachtbare Welt beziehen müsse. Bei *Young* [1978, Seite 23f] ist zu lesen, daß "seeking for causes is an empirical, practical matter". Damit steht in den Sozialwissenschaften die Operationalisierbarkeit des zugrundezulegenden Kausalitätsbegriffes im Vordergrund, und nicht ein Konzept mit möglichst umfassender Gültigkeit wie in der Philosophie.

Diesem Grundgedanken sind auch die wenigen Definitionen verpflichtet, die in der ökonometrischen Literatur zu finden sind. Sämtliche Versuche zur Abgrenzung des Kausalitätsbegriffes gehen von der statistischen Betrachtungsweise aus und bauen auf Analysetraditionen der empirischen Sozialforschung auf. Damit handelt es sich um relativ enge Begriffe, mit geringem Anspruch an ihre Allgemeingültigkeit. Zum ersten ist der Ansatz von *Simon* [1952, 1953] zu nennen, der Kausalität als Ordnung von Teilen empirischer Gesetze definiert, welche im Vorfeld aufgestellt sein müssen. *Simon* [1953, Seite 49] bemerkt, daß für ihn "causal orderings are simply properties of the scientist's model" und weiter, daß "... the concepts to be defined all refer to a model – a system of equations – and not to the 'real' world the model purpots to describe" *Simon* [1953, Seite 51]. Damit ist klar, daß ganz im Sinne von Hume auch für Simon Kausalität nicht notwendigerweise etwas mit realen Beziehungen zu tun haben muß, sondern an erster Stelle mit menschlichen Vorstellungen, hier in Form von Modellen. Eng verwandt mit diesem Konzept ist die Diskussion von *Strotz/Wold* [1960], *Strotz* [1960] und *Wold* [1960] über die kausale Interpretierbarkeit einzelner Parameter im Rahmen des klassischen simultanen Gleichungsmodells. Die Autoren geben allerdings keine eigene Definition von Kausalität, sondern benutzen das Wort in der – nach ihrer Meinung – in den empirischen Wissenschaften gebräuchlichen Weise. Zielrichtung bei ihnen ist vielmehr die eher technische Diskussion der algebraischen Manipulierbarkeit von Gleichungssystemen zur Gewinnung "kausaler" Aussagen. Die Autoren gelangen zu dem Ergebnis, daß nur rekursive Systeme, in denen die Koeffizientenmatrix der endogenen Variablen Dreiecksgestalt hat, kausal sind. *Basmann* [1963] zeigt dagegen, daß auch allgemeine nicht-rekursive Systeme einer kausalen Interpretation zugänglich sind.

Die vorstehende Diskussion zeigt, daß es in der Ökonometrie kaum ein schlüssiges Konzept von Kausalität gibt. Sämtliche Ansätze beziehen sich auf bekannte Analyseverfahren und behandeln daher im Grund nur die Natur und Eigenschaften von ökonometrischen Modellansätzen. In *Zellner* [1979a] werden die Zusammenhänge dieser engen Kausalitätsbegriffe mit philosophischen Vorstellungen diskutiert, desweiteren ist der Überblick von *Basmann* [1988] zu nennen. Zu bemerken ist, daß der in Modellen abgebildeten ökonomischen Theorie in den erwähnten Abgrenzungsversuchen eine zentrale Rolle zugewiesen wird. Ohne die Vorstellungen und a-priori Strukturhypothesen der Theorie sind nach Meinung von Simon, Strutz und Wold keine Kausalitätsaussagen möglich: aus oberflächlichen Korrelationsbeziehungen können nur unter Einbeziehung von ökonomischen Strukturinformationen kausale Schlußfolgerungen gezogen werden. Wir haben es hier somit mit dem <u>klassischen ökonometrischen Ansatz</u> zu tun, über Exogenitätsannahmen und Struturrestriktionen zu versuchen, statistisch abgesicherte Aussagen über Wirkungszusammenhänge zu erhalten. Den mit dieser Vorgehensweise verbundenen praktischen und methodologischen Problemen widmen wir uns im folgenden Abschnitt. Zunächst sei noch auf den alternativen Ansatz von *Granger* [1969] einer rein <u>zeitreihenanalytischen Definition</u> von Kausalität eingegangen.

Granger [1969] schlägt eine Abgrenzung von Kausalität vor, die als Gegenpol zu den bislang behandelten Ansätze angesehen werden kann, indem er den stochastischen Charakter der Variablen und den Einfluß des Faktors Zeit in den Vordergrund stellt, auf ökonomische Strukturvorstellungen dagegen ganz verzichtet. Die Definiton ist damit aber auch nur auf Zeitreihendaten anzuwenden und schließt deterministische Größen aus. Ausgangspunkt von Grangers Operationalisierungsversuch ist das Axiom, daß die Zukunft nicht die Vergangenheit beeinflussen könne, somit die Ursache zeitlich vor der Wirkung auftreten muß. Kausale Zusammenhänge sind damit nach Meinung von Granger immer durch gewisse zeitliche Regelmäßigkeiten und Asymmetrien von Ereignissen gekennzeichnet. Nach *Granger* [1969] wird einer Variablen X_t genau dann ein kausaler Einfluß auf die Variable Y_t zugesprochen, wenn Y_{t+1} unter Zuhilfenahme vergangener Werte von X_t besser prognostiziert werden kann als ohne Verwendung dieser Werte, wobei den Prognosen in beiden Fällen eine gewisse Informationsmenge Ω_t zugrundeliegt, von der im zweiten Fall die Werte $\{X_t, X_{t-1}, ..\}$ ausgeschlossen sind. Kausalität wird also nach Granger auf Prognostizierbarkeit in einem rein zeitreihenanalytischen Rahmen beschränkt und damit auf ein statistisches Kriterium. Theoretische Überlegungen zu den möglichen Wirkungsweisen zwischen den beiden Variablen spielen keine Rolle – die Spezifikation eines kompletten Strukturmodelles ist damit nicht mehr erforderlich. Es ist nicht verwunderlich, daß dieser Ansatz aufgrund seiner konzeptionellen Einfachheit weite Verbreitung gefunden hat. Die entsprechenden operationalen Testverfahren sind in der ökonometrischen Literatur als Kausalitätstests nach Granger bekannt. Dieses Kausalitätskonzept wie auch die eher praktischen Probleme der Testverfahren werden in Kapitel 3.2 b) und 3.2 d) ausführlich behandelt, weswegen wir uns im folgenden nur noch mit einigen grundsätzlichen Fragen der Eignung der Definition von Granger beschäftigen wollen.

Hauptkritikpunkt an diesem Ansatz ist natürlich, daß ohne jegliche substanzwissenschaftliche Gesetze oder Theorievorstellungen Aussagen zu kausalen Relationen versucht werden. Wir haben es damit mit einem rein empirischen Konzept zu tun, welches im vollem Umfang auf dem "post hoc, ergo propter hoc"-Prinzip beruht, vgl. z.B. *Zellner* [1979a]. Problemtisch ist dabei insbesondere die Relativität des Begriffes: Es kann leicht der Fall eintreten, daß für eine Variable X_t im Rahmen einer bestimmten Informationsmenge Ω_t (die in der Praxis in der Regel nur die Vergangenheitswerte der beiden zu untersuchenden Variable umfaßt) ein "kausaler" Einfluß auf Y_{t+1} festgestellt wird, bei einer Erweiterung der Informationsmenge aber jegliche zusätzliche Prognosefähigkeit von X_t verlorengeht. Für die anscheinende Relation zwischen X_t und Y_t ist damit vielmehr eine dritte Variable verantwortlich und kein kausaler Mechanismus. Der klassische Fall von Scheinkorrelationen ist demzufolge im Zusammenhang mit Kausalitätstests nach Granger von besonderer Tragweite. Ein weiteres Problem ist, daß gleichzeitig wirksame Kausalbeziehungen von der zeitreihenanalytischen Definition nicht abgedeckt werden. Zur statistischen Erfassung der Richtung von Wirkungszusammenhängen nach Granger ist der zeitliche Vorlauf einer der beiden Variablen erforderlich. Spielen Erwartungen – wie in der Ökonomie – eine große Rolle, so kann es aber sein, daß die eigentliche Ursache zeitlich erst nach der durch Antizipation bereits frühzeitig hervorgerufenen Wirkung auftritt. Eine statistische Kausaluntersuchung nach Granger würde in diesem Fall u.U. genau die falsche "Kausal"-Richtung ergeben.

Es muß somit die Schlußfolgerung gezogen werden, daß die Begriffsbestimmung von *Granger* [1969] zwar im Rahmen von stochastischen Zeitreihen einen operationalen Ansatzpunkt zur Analyse von assoziativen Beziehungen mit Vorlaufcharakter darstellt (vgl. auch die in Kapitel 3.2 b) diskutierte enge Verwandschaft der Abwesenheit von

Granger–Kausalität mit dem ökonometrischen Exogenitätskonzept). Die definierenden Merkmale von Granger sind aber eher als notwendige Bedingung für kausale Beziehungen im engeren Sinne anzusehen, nicht aber als hinreichende. Wird die Spezifikation der Informationsmenge Ω_t nicht mit größter Sorgfalt vorgenommen, so geraten Kausalitätstests nach Granger leicht in die Nähe rein mechanischer Verfahren des "measurement without theory" (*Zellner* [1979a]). Die Bezeichnung "kausale" Relationen für ermittelte Zusammenhänge nach Granger sollte vor diesem Hintergrund äußerst vorsichtig verwendet werden. Mit philosophischen Vorstellungen über einen grundlegenden Ursache–Wirkungsbegriff hat die Abgrenzung von Granger kaum mehr etwas gemein.

Festzuhalten bleibt somit, daß zur Gewinnung aussagekräftiger Erkenntnisse aus statistischen Wirkungsuntersuchungen im sozialwissenschaftlichen Bereich die Einbeziehung von theoretischen Gesetzen und Hypothesen in die Analyse unerläßlich ist. Nur unter Aufnahme von expliziten Strukturannahmen in den Modellansatz erscheint es möglich zu sein, die Ebene der rein assoziativen Beziehungen zwischen beobachtbaren Phänomenen zu verlassen und zu grundlegenderen Kausalaussagen zu gelangen. Dies ist der Ansatz der konfirmatorischen Kausalanalyse in der empirischen Sozialforschung. Aufbauend auf die psychometrische Tradition der Faktorenanalyse, die Erfahrungen der quantitativen soziologischen Forschung mit linearen Strukturgleichungsmodellen, die Pfadanalyse von *Wright* [1934, 1960] sowie auf die ökonometrischen Verfahren der Modellierung und Identifizierung von simultanen Variablenbeziehungen wurde die moderne Kausalanalyse vor allem von *Jöreskog* [1970, 1973, 1978a] begründet. Ein Übersichtsband über den frühen Entwicklungsstand der kausalen Modellierung und die entsprechenden Ansätze der verschiedenen empirischen Wissenschaften ist von *Blalock* [1971] herausgegeben worden. Desweiteren kann auf den Tagungsband von *Goldberger/Duncan* [1973], die Einführung von *Duncan* [1975] und den Artikel von *Bielby/Hauser* [1977] über lineare Strukturgleichungsmodelle verwiesen werden. In *Aigner/Goldberger* [1977] sind eine Reihe grundlegender Arbeiten auf diesem Gebiet zusammengestellt. An neueren Übersichtsarbeiten seien *Bagozzi* [1980], *Bentler* [1980, 1986] und *Bollen* [1989] genannt.

Zielsetzung der Kausalanalyse ist es, den hinter den beobachteten Phänomenen vermuteten Generierungsmechanismus *explizit* zu modellieren und damit zu erklären. Grundlage eines Kausalmodelles sind damit theoretische Strukturvorstellungen über Beziehungen zwischen abstrakten Variablen, sowie deren Auswirkungen auf messbare Größen und Zusammenhänge. Folglich ist das Konzept der latenten Variablen ein entscheidendes Instrument der kausalen Modellierung. Zum einen können damit theoretische Variablenkonstrukte angemessen operationalisiert werden. Zum anderen ist es möglich, assoziative Zusammenhänge zwischen manifesten Variablen auf latente Ursachen zurückzuführen. Die theoretischen Vorkenntnisse über das Untersuchungsobjekt fließen damit in ein Strukturgleichungsmodell mit latenten Variablen ein, welches nach der Modellhypothese die beobachteten Daten generiert haben soll. Der Schritt zur Realität und statistischen Überprüfung der Strukturvorstellungen besteht dann darin, das Erklärungspotential des Modelles für Beziehungen der Wirklichkeit und die Verträglichkeit der erhobenen Restriktionen mit konkretem Datenmaterial zu untersuchen.

Durch den konfirmatorischen Ansatz wird es somit möglich, theoretische Modellvorstellungen mit statistischen Mitteln zu testen. Erweist sich eine bestimmte Struktur–

hypothese als nicht mit den Daten vereinbar, so ist sie abzulehnen oder zu modifizieren. Ergeben die Implikationen der modellierten Zusammenhänge zwischen latenten Variablen dagegen keine Widersprüche auf der Ebene der beobachteten Beziehungen, so ist das Strukturmodell – bis zur Aufstellung einer Hypothese mit noch besserem Erklärungspotential – als ein möglicher Generierungsmechanismus der beobachteten Variablenbeziehungen anzusehen. Die Feststellung von "kausalen" Relationen in diesem Zusammenhang heißt also, den Prozeß, der den manifesten Größen zugrundeliegt, derart charakterisiert zu haben, daß das Strukturmodell in Hinblick auf die beobachteten Zusammenhänge als plausible Repräsentation der Realität nicht abgelehnt werden kann. Natürlich hat auch dieser Kausalitätsbegriff wenig mit einem umfassenden Ursache-Wirkungsbegriff der Philosophie zu tun. In den Sozialwissenschaften kann aber – wie wir gesehen haben – kein strengerer Begriff angelegt werden. Unter strikter Beachtung der konfirmatorischen Ausrichtung und Einbeziehung theoretischer Vorkenntnisse und a-priori Hypothesen sind aber Aussagen über die Relevanz gefundener Zusammenhänge und die "wahre" Struktur möglich.

1.3 Lineare Strukturgleichungsmodelle mit latenten Variablen

a) Lineare Strukturgleichungsmodelle und Regressionsanalyse

Der übliche Ansatz zur empirischen Untersuchung von Zusammenhängen zwischen sozialwissenschaftlichen Variablen ist die klassische lineare Regressionsanalyse. Die Vielzahl von ökonometrischen Lehrbüchern und Monographien, welche dieses Modell zur Grundlage ihrer Darstellung machen, ist beinahe unüberschaubar geworden. Exemplarisch seien die Autoren *Schönfeld* [1969], *Theil* [1971], *Johnston* [1972], *Dhrymes* [1978], *Schneeweiß* [1978], *Chow* [1983], *Assenmacher* [1984], *Fomby* et al. [1984], *Judge* et al. [1985] und *Hübler* [1989] genannt. Ausgangspunkt des klassischen Regressionsmodells ist die Vorstellung einer linearen Beziehung zwischen einer zu erklärenden (abhängigen) Variablen Y_t und k Erklärungsgrößen $x_{1t}, .., x_{kt}$ (unabhängige Variablen), wobei die Relation durch die Anwesenheit eines stochastischen Fehlerterms U_t gestört wird :

$$Y_t \;=\; \alpha_0 + \alpha_1 x_{1t} + \ldots + \alpha_k x_{kt} \;+\; U_t \;, \quad 1 \leq t \leq n \;. \tag{1.16}$$

Die reellen Parameter $\alpha_0, \alpha_1, .., \alpha_k$ stellen dabei die unbekannten, zu schätzenden Regressionskoeffizienten dar. Gemäß der Entstehungsgeschichte des Regressionsmodells werden die erklärenden Variablen $\mathbf{x}_t = (x_{1t}, .., x_{kt})'$ zunächst als nichtstochastische, fest gegebene Größen angesehen. Damit übertragen sich die stochastischen Eigenschaften, welche dem Störterm $\boldsymbol{U} := (U_1, .., U_n)'$ mit $\boldsymbol{EU} = \mathbf{0}$ und $\boldsymbol{E}(\boldsymbol{UU}') = \sigma_u^2 \boldsymbol{I}_n$ unterstellt werden, direkt auf die abhängigen, sog. endogenen Variablen. Schätzverfahren wie die Methode der Kleinsten Quadrate (**OLS** = *ordinary least squares*) oder das Maximum Likelihood-(**ML**-) Verfahren können angewendet werden und liefern unmittelbar erwartungstreue, konsistente und effiziente Schätzer für die Modellparameter.

Diese sogenannte funktionale Form des Regressionsmodell ist auf den ersten Blick ungeeignet für Wirkungsuntersuchungen im nichtexperimentellen Umfeld wie z.B. in den Wirtschaftswissenschaften. Die Einflußgrößen können nicht beliebig kontrolliert und damit kaum als deterministisch angesehen werden wie in (1.16) vorausgesetzt, sondern müssen ebenso wie Y_t als Zufallsvariable behandelt werden. Damit wird auch dem Umstand Rechnung getragen, daß die Hypothese von Beziehungen wie (1.16), die abgesehen vom Fehlerterm direkte funktionale und damit gesetzesgleiche Abhängigkeiten widerspiegeln, in den Sozialwissenschaften kaum gerechtfertigt sein dürfte. Um die Notwendigkeit einer genauen Spezifikation der stochastischen Eigenschaften der Zufallsvariablen $X_{1t}, .., X_{kt}$ zu umgehen, wird in der ökonometrischen Literatur aber dazu übergegangen, nur noch bedingte Aussagen bezüglich Realisierungen der unabhängigen, nun auch exogen genannten Variablen zu treffen. Das Modell (1.16) schreibt sich dann zu :

$$Y_t = E(Y_t | X_t = x_t) + U_t = \alpha_0 + \alpha_1 x_{1t} + ... + \alpha_k x_{kt} + U_t \,, \qquad (1.17)$$

$E(U|X) = 0$ und $E(UU'|X) = \sigma_u^2 I_n$ mit $X := (X_1, .., X_n)'$, insbesondere gilt damit auch $EU = 0$ und $E(U_t X_t) = 0$, d.h. der Störterm ist unkorreliert mit den exogenen Variablen. Es zeigt sich, daß durch den Übergang zu bedingten Erwartungen bezüglich X nichts anderes vorliegt als ein klassisches lineare Regressionsmodell mit festen Regressoren. Die beiden Modelltypen sind damit schätztechnisch völlig analog zu behandeln und werden aus diesem Grund in ökonometrischen Darstellungen oftmals überhaupt nicht strikt unterschieden.

Die empirischen Ergebnisse beider Ansätze sich aber vollkommen anders zu interpretieren. Mit dem üblichen Regressionsmodell (1.17) macht man nur Aussagen zum *erwarteten* Wert der endogenen Variablen Y_t in Abhängigkeit von Realisierungen der erklärenden Größen, nicht aber zum Wert von Y_t an sich wie in (1.16). Damit bietet der Ansatz (1.17) keinerlei Grundlage für Strukturaussagen in dem Sinne, daß exogene Änderungen von unabhängigen Größen eine bestimmte Wirkung bei der endogenen Variablen hervorrufen würden. Das bedingte Regressionsmodell ist damit allein zur Erfassung von assoziativen Beziehungen zwischen den Variablen geeignet. Für Prognosezwecke mag das ausreichen. Aber für echte Strukturanalysen und folglich kausale Schlußfolgerungen ist das Regressionsmodell (1.17) ungeeignet, vgl. hierzu z.B. *Goldberger* [1973], *Madansky* [1976], *Spanos* [1986]. Das Hauptproblem besteht darin, daß die Eigenschaften der exogenen Variablen im Modellansatz bewußt ausgeklammert worden sind. Damit sind natürlich erhebliche Vereinfachungen der praktischen Modellierung und Schätzung verbunden. So treten z.B. die notwendigen Annahmen über die Stichprobeneigenschaften der Modellvariablen in den Hintergrund, vgl. auch Kapitel 1.3 a). Aussagen über den (kausalen) Generierungsmechanismus der beobachteten Variablen werden aber erst möglich, wenn die stochastischen Prozeßeigenschaften der exogenen Größen explizit im Modell mitberücksichtigt werden.

Zur Gewinnung von Strukturaussagen und damit echter Erklärungen für beobachtbare Phänomene müssen folglich andere Wege beschritten werden. *Goldberger* [1973] nennt drei Fälle, in denen Regressionsparameter nicht den fundamentalen Strukturparametern entspechen, welche den eigentlich interessierenden Generierungsprozeß der Beobachtungen charakterisieren.

(1) Die beobachteten Variablenwerte enthalten Meßfehler von nicht zu vernachlässigendem Ausmaß, und die Untersuchung ist an den Beziehungen zwischen den "wahren", fehlerfreien Größen interessiert (Fall der Fehler-in-den-Variablen).

(2) Die Beziehung zwischen den beobachteten Variablen ist interdependent (Fall rekursiver Kausalität).

(3) Der Modellansatz ist fehlspezifiziert, da wichtige erklärende Variablen fälschlicherweise ausgeschlossen wurden (Fall der Scheinkorrelation).

Die ökonometrische Methodenlehre hat sich diesen Schwachpunkten mehr oder weniger intensiv gewidmet. So wurde mit der Entwicklung des simultanen Gleichungsmodells dem Umstand Rechnung getragen, daß ökonomische Zusammenhänge häufig in Form von Systemen interdependenter Relationen anzunehmen sind. Das einfache Regressionsmodell muß zu diesem Zweck dahingehend erweitet werden, daß zum einen gleichzeitig ein Vektor von m endogenen Variablen $Y_t = (Y_{1t}, .., Y_{mt})'$ betrachtet wird, zum anderen die abhängigen Variablen nicht nur durch die k exogenen Größen $\mathbf{x}_t = (x_{1t}, .., x_{kt})'$ allein erklärt werden, sondern auch gegenseitige Einflüsse zugelassen sind. Mit den zwei $m \times m$- bzw. $m \times k$-dimensionalen Koeffizientenmatrizen B und Γ schreibt sich das simultane Gleichungsmodell wie folgt: [1]

$$Y_t = B\,Y_t + \Gamma\,\mathbf{x}_t + U_t\,, \quad 1 \leq t \leq n\,. \qquad (1.18)$$

Für den m-dimensionalen stochastischen Störterm U_t seien die Annahmen $E(U_t | X) = 0$, $E(U_t U_t' | X) = \Psi$ und $E(U_s U_t' | X) = 0$, $s \neq t$, unterstellt. Einige der Elemente in den Koeffizientenmatrizen sind außerdem a-priori zu Null restringiert, etwa aus Normierungsgründen die Diagonalelemente von B. Weitere Restriktionen schließen bestimmte Einflüsse aus einzelnen Gleichungen aus und spiegeln damit theoetische Vorkenntnisse über die Beziehungen wider. Unter der Voraussetzung, daß das Modell vollständig ist, d.h. sich nach den endogenen Variablen eindeutig auflösen läßt, ist die reduzierte Form des Systems gegeben zu:

$$Y_t = (I_m\text{-}B)^{-1}\,\Gamma\,\mathbf{x}_t + (I_m\text{-}B)^{-1}\,U_t =: \Pi\,\mathbf{x}_t + V_t\,. \qquad (1.19)$$

Die reduzierte Form erinnert an ein lineares Regressionsmodell, in dem dieselben exogenen Größen gleichzeitig zur Erklärung mehrerer endogener Variablen herangezogen werden (multivariates Regressionsmodell). In der Tat lassen sich die reduzierte Form-Parameter in der Koeffizientenmatrix $\Pi = (I\text{-}B)^{-1}\,\Gamma$ mit den üblichen Verfahren erwartungstreu und konsistent schätzen, da die Voraussetzungen an die Störvariablen auch von den transformierten Größen $V_t = (I\text{-}B)^{-1}\,U_t$ erfüllt werden. Wir sind aber eigentlich an den Strukturparametern in den Matrizen B und Γ interessiert. Die bezüglich X bedingte Verteilung der endogenen Variablen ist nach (1.19) allerdings in Abhängigkeit der reduzierte Form-Parameter direkt nur von der Verteilung der V_t mit unbekannter Kovari-

[1] Ohne Einschränkung sei im folgenden auf die explizite Einbeziehung eines konstanten Absolutgliedes verzichtet. Durch die Setzung einer exogenen Größe als Scheinvariable identisch auf den Wert 1.0 ist dieser Fall mit abgedeckt.

anzmatrix $K(V_t) = (I-B)^{-1}\, \Psi\, (I-B)^{-1} =: \Omega$ bestimmt. Nur unter der Voraussetzung, daß von der reduzierten Form eindeutig auf die zugrundeliegenden freien Strukturparameter zurückgeschlossen werden kann, sind strukturelle Aussagen gemäß des Ansatzes (1.18) möglich. Dies bezeichnet man als Identifikationsproblem des simultanen Gleichungsmodells. Da die Anzahl der reduzierte Form-Koeffizienten deutlich kleiner ist als die Gesamtanzahl möglicher freier Elemente in den Matrizen B und Γ, sind spezielle Restriktionen an das Strukturmodell (1.18) erforderlich, welche die Identifikation der Strukturparameter aus der reduzierten Form sicherstellen. Im Rahmen allgemeiner Strukturgleichungsmodelle beschäftigen wir uns in Abschnitt 1.3 c) ausführlich mit dieser Problematik.

Neben dem Identifikationsproblem treten auch bei der Schätzung der Strukturparameter des simultanen Gleichungsmodells erhebliche Schwierigkeiten auf. Während die Parameter des Strukturmodells (1.18) umfangreichen a-priori Einschränkungen unterworfen sind, wird die reduzierte Form (1.19) durch eine **OLS**-Schätzung als unrestringiertes Regressionsmodell behandelt. Nur in dem Fall, daß das Modell exakt identifiziert ist, d.h. das Gleichungssystem zur Bestimmung der freien Strukturparameter aus den Parametern der reduzierten Form eindeutig lösbar ist, lassen sich aus einer konsistent geschätzten Matrix Π unmittelbar entsprechende Schätzer für die Sturkturkoeffizienten ableiten (indirekter **OLS**-Ansatz). Dieser Fall dürfte aber allenfalls zufällig gegeben sein. In der Regel werden überidentifizierte Parameter auftreten, d.h. es steht zu viel Information zur Verfügung und das Gleichungssystem ist überbestimmt: ein bestimmter Strukturparameter läßt sich auf mehr als eine Weise als Funktion der reduzierte Form-Parameter darstellen. Sinnvolle und effiziente Modellschätzungen sind dann nur möglich, wenn die sich widersprechenden Lösungen geeignet gewichtet werden bzw. die überidentifizierenden Strukturrestriktionen von vornherein bei der Modellschätzung mit berücksichtigt werden. Dieser Aufgabe werden die in der Literatur entwickelten Schätzverfahren unterschiedlich gerecht. Neben konsistenten Einzelgleichungs-Ansätzen (z.B. zweistufige **OLS**-Methode), welche nur a-priori Informationen der jeweils zu schätzenden Strukturgleichung berücksichtigen, sind System-Schätzverfahren entwickelt worden, die sämtliche Informationen und Restriktionen über alle Gleichungen hinweg einbeziehen und damit effiziente Schätzer ermöglichen. Erwähnt sei hier nur der auf dem allgemeinen **ML**-Prinzip beruhende Maximum-Likelihood Ansatz bei voller Information (**FI/ML**), der von *Koopmans/Rubin/Leipnik* [1950] entwickelt wurde. Ausführliche Darstellungen sind in jeder Monographie über ökonometrische Methoden zu finden.

Wir haben das simultane Gleichungsmodell aus zwei Gründen noch einmal kurz behandelt. Zum einen geht dieser Ansatz zur Modellierung interdependenter Variablenbeziehungen direkt in das allgemeine von *Jöreskog* [1973] vorgeschlagene Strukturgleichungsmodell ein. Zum anderen stellen die in aller Regel mit simultanen Gleichungsmodellen verbundenen – schätztechnisch eher unerwünschten – Überidentifikationsrestriktionen gerade den entscheidenden Ansatzpunkt einer konfirmatorischen Datenanalyse dar. Unter der Hypothese, daß die aufgestellte Modellstruktur den Zusammenhängen in der Wirklichkeit entspricht, d.h. das Strukturmodell den "wahren" Generierungsmechanismus abbildet, müssen sämtliche Restriktionen auch von den Daten einer Stichprobe über die Modellvariablen erfüllt sein. Überidentifizierte Parameter eröffnen auf diese

Weise die Möglichkeit einer statistischen Überprüfung der Strukturvorstellungen. Sind dagegen alle Parameter exakt identifiziert, so weist das Modell keinerlei Freiheitsgrade auf und statistisch abgesicherte Aussagen zur Übereinstimmung zwischen theoretischer Modellstruktur und Wirklichkeit sind nicht mehr möglich. Dies ist gerade der große Nachteil des klassischen linearen Regressionsmodells. Da es keinerlei überidentifizierenden Restriktionen erhebt, passen die Daten immer perfekt an die unterstellte Modellstruktur an, vgl. auch *Hillmer* [1990]. Auf diese Weise werden allein korrelative Zusammenhänge abgebildet, Aussagen über kausale Wirkungsbeziehungen sind nicht möglich.

Obgleich ein Ansatz in die richtige Richtung, ist auch das ökonometrische simultane Gleichungsmodell mit den gleichen Problemen behaftet, die bereits im Zusammenhang mit dem klassischen Regressionsmodell ausgeführt wurden. Die Annahme rein deterministischer exogener Einflußgrößen (funktionale Form) ist in ökonomischen Anwendungen vollkommen unrealistisch. Auf der anderen Seite ist auch der übliche ökonometrische Ansatz einer alleinigen Betrachtung von bedingten Aussagen zur Gewinnung von kausalen Schlußfolgerungen ungeeignet, da in diesem Fall nur die *mittlere* Wirkung der exogenen Größen auf die endogene Variable betrachtet wird. Notwendig ist die explizite Einbeziehung der stochastischen Eigenschaften sämtlicher Variablen in den Modellansatz. Damit sind wir wieder beim obigen Problemkatalog von *Goldberger* [1973] angelangt. Da wir nicht auf eine bloße Wiedergabe empirisch gefundener Zusammenhänge zielen, sondern auf eine echte Erklärung der beobachteten Relationen, liegt der einzig sinnvolle Ansatz in der Spezifikation eines hypothetischen, den Beobachtungen zugrundeliegenden, kausalen Mechanismus und der Konfrontation der Implikationen dieser strukturellen Modellierung mit der Wirklichkeit. Dies ist der Grundgedanke von linearen Strukturgleichungsmodellen mit latenten Variablen.

Nach *Goldberger* [1973] ist hierfür zunächst einmal die Meßfehlerproblematik zu lösen, mit der wir uns ausführlich in Kapitel 1.1 beschäftigt haben. Durch die Einbeziehung von latenten Variablen in den Modellansatz ist es aber nicht nur möglich, fehlerbehaftete Größen angemessen zu behandeln. Durch multiple Indikatorensysteme kann vielmehr auch dem Operationalisierungsproblem für abstrakte Variablenkonstrukte der Theorie erfolgreich begegnet werden, welche über Proxy-Variablen nur höchst unzureichend zu erfassen sind. Zudem werden durch die Annahme derartiger latenter Variablen Freiheitsgrade gewonnen, die eine statistisch fundierte Überprüfung von Strukturvorstellungen erst möglich machen. Damit hängt auch unmittelbar der dritte Kritikpunkt von *Goldberger* [1973] zusammen. Beschränkt man sich auf die Abbildung assoziativer Zusammenhänge, so gibt es keinerlei Möglichkeiten, Scheinkorrelationen zu erkennen. Erst der kausalanalytische Ansatz bietet hierfür aufgrund der Einbeziehung latenter Ursachen und dem Testen von Überidentifikationsrestriktionen einen Ansatzpunkt. Fehlspezifikationen des Generierungsprozesses werden durch die konfirmatorische Vorgehensweise aufgedeckt.

Zu bemerken ist noch, daß die Liste von Goldberger aus heutiger Sicht um den Punkt des dynamischen Spezifikationsproblems zu erweitern ist. Wie sich durch die zeitreihenanalytische "Revolution" der siebziger Jahre gezeigt hat, kann eine Vernachlässigung der Zeitreihen-Charakteristika von makroökonomischen Variablen zu vollkommen zufälligen Regressionsergebnissen führen. Ohne die Berücksichtigung der Prozeßeigenschaften sämtlicher Modellvariablen auch in der zeitlichen Dimension sind keinerlei statistisch abgesicherten Schlußfolgerungen aus empirischen Wirkungsuntersuchungen zu ziehen. Wir widmen uns ausführlich in Kapitel 3.1 dieser Problematik. Wie sich zeigt, ist der klassische regressionsanalytische Ansatz auch in dieser Hinsicht wenig geeignet.

Wir schließen diesen Abschnitt ab, indem wir uns noch einmal linearen Strukturgleichungsmodellen mit latenten Variablen zuwenden. Die Zielsetzung von Strukturgleichungsmodellen ist mit der obigen Diskussion der Schwachpunkte klassischer Regressionsanalysen deutlich geworden: Angestrebt wird eine explizite Modellierung des Generierungsprozesses der manifesten Variablen und damit eine "kausale" Erklärung beobachteter Phänomene, nicht eine bloße Beschreibung assoziativer Zusammenhänge. *Goldberger* [1972, Seite 979] schreibt über Strukturgleichungsmodelle: "By structural equation models, I refer to stochastic models in which each equation represents a causal link, rather than a mere empirical association" und *Bielby/Hauser* [1977, Seite 141] definieren wie folgt: "A structural equation model specifies the process underlying the joint distribution of a set of observable variables". Dies sind natürlich angesichts unserer sehr beschränkten Erkenntnisfähigkeit über die "wahren" Zusammenhänge ziemlich weitgehende Aussagen, deren Berechtigung sich in der Praxis erst erweisen muß. Bereits die bisherige Darstellung hat aber gezeigt, daß Schritte in diese Richtung durchaus möglich sind. Als charakterisierende Elemente von Strukturgleichungsmodellen mit obigem Anspruch sind auf jeden Fall die folgenden zu nennen :

- Einbeziehung theoretischer Vorstellungen zur Formulierung begründeter Strukturhypothesen über das Untersuchungsobjekt
- Explizite Berücksichtigung der stochastischen Eigenschaften sämtlicher Variablen im Modellansatz
- Zulassung und Modellierung interdependenter Wirkungszusammenhänge
- Einführung von latenten Variablen zur Lösung des Fehler-in-den-Variablen und des Operationalisierungs-Problems theoretischer Konstrukte
- Gewinnung von Freiheitsgraden durch überidentifizierende Parameter-Restriktionen

Damit ist eine empirische Analyse anhand von Strukturgleichungsmodellen klar auf den konfirmatorischen Ansatzpunkt ausgerichtet. Ausgehend von substantiellen Theorievorstellungen muß die Erklärungsfähigkeit beobachtbarer Zusammenhänge durch die strukturelle Modellierung statistisch zu beurteilen sein. Notwendige Voraussetzung der Arbeit mit Strukturgleichungsmodellen ist folglich aber auch, daß auf dem betreffenden Gebiet ausreichend fundierte Vorinformationen, d.h. plausible theoretische Erklärungsansätze, zur Verfügung stehen. Eine weitere Einschränkung stellt die unterstellte lineare Form der Strukturrelationen dar. Neben der Vereinfachung der Darstellungsform von Strukturmodellen durch die Nutzbarmachung der Matrizenrechnung ist die Linearitätsannahme entscheidende Voraussetzung für die Anwendung effizienter statistischer Verfahren zur Parameterschätzung und zum Test der Modellanpassung.

b) Der LISREL-Modellansatz

Empirische Untersuchungen im Bereich der Sozialwissenschaften greifen in den letzten Jahren zunehmend auf anspruchsvollere multivariate Datenanalyseverfahren zurück. Hintergrund hiervon ist, daß zum einen den immer komplexer werdenden Problemstellungen der Soziologie, Psychologie, Politologie, der Erziehungs- und Wirtschaftswissenschaften nicht mehr mit herkömmlichen Analysemethoden begegnet werden kann. Zum anderen ist in der empirischen Modellierung die Tendenz zu beobachten, von der reinen Erfassung assoziativer Beziehungen auf der Ebene beobachtbarer Phänomene weg und hin zu einem grundlegenderen Verständnis der kausalen Zusammenhänge auch im nichtexperimentellen Umfeld zu gelangen. In den Vordergrund des Interesses ist daher der eigentliche Generierungsmechanismus beobachteter Variablen und dessen Abbildung in linearen Strukturgleichungsmodellen mit latenten Variablen gerückt. Diese stellen Versuche dar, die Kausalstruktur in einer Menge latenter Variablen, welche auf manifeste Größen und deren Wechselbeziehungen einwirken, derart linear zu modellieren, daß die beobachteten Phänomene bestmöglich erklärt werden können. Strukturgleichungsmodelle gehen damit weit über das hinaus, was konventionelle Verfahren wie z.B. die Regressionsanalyse zu leisten vermögen, weswegen auch der Begriff Kausalanalyse für diesen konfirmatorischen Ansatz verwendet wird.

Strukturgleichungsmodelle mit latenten Variablen und die darauf basierende Schätzmethode der Kovarianzstrukturanalyse werden mittlerweile erfolgreich in unüberschaubarer Zahl in sozialempirischen Wirkungsuntersuchungen eingesetzt, obwohl ihre korrekte Handhabung einiges an statistischen Vorkenntnissen verlangt. In der Überblicksarbeit von *Bielby/Hauser* [1977] werden bereits zahlreiche soziologische Anwendungen erwähnt, vgl. auch den von *Goldberger/Duncan* [1973] herausgegebenen Tagungsband über Strukturgleichungsmodelle in den Sozialwissenschaften und die neuere Übersicht von *Jagodzinski* [1986]. Aus psychologischem Blickwinkel sind die Surveys von *Bentler* [1980, 1986] geschrieben, die Hinweise auf entsprechende praktische Studien und umfangreiche Literaturverzeichnisse enthalten. Für die Psychologie seien desweiteren die Handbuchaufsätze von *Kenny* [1985] und *Rudinger* [1985] genannt, für die Sozialpsychologie *Reis* [1982]. In den Wirtschaftswissenschaften sind dagegen bislang erst wenige Anwendungen kausalanalytischer Methoden bekannt. Entsprechende Versuche sind vor allem im Marketing anzutreffen, vgl. z.B. *Bagozzi* [1980], *Hildebrandt* [1983], *Förster* et al. [1984], *Gaul/Homburg* [1986] und *Homburg* [1989].

Strukturgleichungsmodelle mit latenten Variablen stellen eine Kombination aus ökonometrischen und psychometrischen Analysetraditionen dar, die in der Vergangenheit relativ unabhängig voneinander bestanden. Der Ökonometriker A.S. *Goldberger* [1971, 1972a, 1973] war einer der ersten, der den möglichen Nutzen einer Zusammenfassung ökonometrischer und psychometrischer Ansätze erkannte. Aber erst die Schaffung eines allgemeinen Modellrahmens mit der entsprechenden Schätzmethode durch *Jöreskog* [1970, 1973, 1977, 1978a] verhalf dem kausalanalytischen Ansatzpunkt zum Durchbruch. Die allgemeine Schätztheorie für derartige Modelle – die Kovarianzstrukturanalyse – wurde zwar nicht allein von Jöreskog initiiert, vgl. auch *Bock/Bargmann* [1966], *Jöreskog/*

Goldberger [1972], *Browne* [1974, 1982, 1984]. Er ermöglichte aber die weite Verbreitung des neuen Ansatzes durch die Bereitstellung eines Computerprogrammes unter dem Namen **LISREL**, welches in modifizierten Versionen bis heute das Standardpaket zur linearen Kausalanalyse geblieben ist (*Jöreskog/Sörbom* [1984]). Dies verdeutlicht wieder einmal die Bedeutung einer anwendungsorientierten Realisierung von Neuentwicklungen auf dem Gebiet der multivariaten Datenanalyse: ohne verfügbare Implementierung findet ein neues Verfahren kaum Resonanz.

Das Akronym **LISREL** ("LInear Structural RELationships") hat sich mittlerweile so fest eingebürgert, daß es oftmals synonym für den gesamten Ansatz der Kausalanalyse verwendet wird. Das dem gleichnamigen Computerprogramm zugrundeliegende Strukturmodell stellt aber nur eine Möglichkeit dar, lineare Kausalbeziehungen zwischen latenten Variablen und deren Auswirkungen auf beobachtbare Variablen zu modellieren. Ein verallgemeinerter Modellansatz ist von *Bentler/Weeks* [1980] entwickelt worden, der die (formale) Beschränkung des Meßmodells in **LISREL** auf ein Faktoranalysemodell erster Ordnung überwindet und so alle denkbaren linearen Strukturgleichungsmodelle umfaßt. Die eigentlich bedeutsame Weiterentwicklung von P.M. Bentler stellt aber die Implementierung einer bezüglich der Verteilungsvoraussetzung flexibleren Schätztheorie (**GLS**-Schätzansatz, vgl. Kapitel 1.4) in dem alternativen Computer-Programmpaket **EQS** ("Equations") dar, vgl. *Bentler* [1985]. Den Begriff Kovarianzstrukturanalyse verwenden wir dagegen nach wie vor für den allgemeinen Schätzansatz, der beliebige Kovarianzstrukturmodelle einer konfirmatorischen Analyse unterzieht.

Aufgrund seiner besonderen Bedeutung in der Praxis und seiner direkten Wurzeln in bekannten psychometrischen und ökonometrischen Modellansätzen behandeln wir im folgenden das in **LISREL** implementierte Strukturgleichungsmodell, welches wir als **LISREL**-Modell bezeichen wollen. Es sei nochmals explizit darauf verwiesen, daß wir damit allein den Gleichungsansatz meinen, der vor allem auf *Jöreskog* [1973], aber auch auf *Wiley* [1973] und *Keesling* [1972] zurückgeht. Das **LISREL**-Modell soll also nur als Beispiel eines linearen Strukturgleichungsmodelles mit latenten Variablen dienen, an dem die Grundidee der Kausalanalyse und des Schätzansatzes gut verdeutlicht werden kann. Die eigentliche Modellschätzung und Testung wird dann erst in Kapitel 1.4 für beliebige Kovarianzstrukturmodelle behandelt. Wir verfolgen damit die Absicht, die Kovarianzstrukturanalyse vollkommen losgelöst von einem speziellen Strukturgleichungsansatz wie dem **LISREL**-Modell darzustellen, um den allgemeinen Charakter dieser Schätzmethode besser herauszuarbeiten.

Das **LISREL**-Modell steht in der direkten Tradition der multivariaten Analyseverfahren der Ökonometrie und der Psychometrie, indem es die beiden Konzepte lineares simultanes Gleichungsmodell und Modell der konfirmatorischen Faktorenanalyse zusammenführt. Die Relationen des simultanen Gleichungsmodells werden nun aber als eigentlicher Strukturteil auf der Ebene der nicht direkt beobachtbaren latenten Variablen angesiedelt. Das Modell der konfirmatorischen Faktorenanalyse dient auf der anderen Seite dazu, als Meßmodell die latenten Variablen auf entsprechende manifeste Beobachtungsvariablen zu beziehen. Für jede latente Modellvariable sind damit mehrere Indikatoren oder auch eindeutige und fehlerfreie Zuordnungen möglich, und das **LISREL**-Modell erlaubt beides: Fehler-in-den-Variablen (Meßfehler, Adäquationsfehler) und Fehler in den Gleichungen (stochastische Störvariablen). Der in der klassischen Ökonometrie oft unrealistischen Annahme der Fehlerfreiheit der Variablen und dem Operationalisierungsproblem kann damit genauso begegnet werden wie der mit Faktormodellen nicht zu handhabenden Einbeziehung von Strukturrelationen zwischen den nichtbeobachtbaren Faktoren.

Die beiden Modellteile haben wir bereits separat in den Abschnitten 1.1 c) und 1.3 a) kennengelernt. Neben der Interpretation der Variablen im simultanen Strukturteil als latente Größen und zusätzlich erforderlichen Annahmen über die Beziehungen der Variablen verschiedener Modellteile ändert sich nun aber eines entscheidend: sämtliche Modellvariablen werden gleichermaßen als Zufallsvariablen behandelt, deren stochastische Eigenschaften explizit in den Modellansatz einfließen. Im Unterschied zur traditionellen ökonometrischen Vorgehensweise werden die Modellrelationen damit in strukturreller Form und damit in der für den Zweck einer kausalen Interpretierbarkeit einzig angemessenen Weise angenommen. Um die allgemein gebräuchliche Notation zu verwenden, schreiben wir das **LISREL**-Modell im folgenden in der in der Psychometrie üblichen Repräsentationsform, d.h. nur für einen einzelnen Zufallsvektor einer Stichprobe. Als letzte Vorbemerkung sei noch darauf hingewiesen, daß wir nur an den Relationen zwischen Variablen interessiert sind. Da Kovarianzstrukturen invariant gegenüber Verschiebungen des Ursprunges der Meßskalen sind, gehen wir ohne Einschränkung von Modellvariablen mit Erwartungswert Null aus; so seinen z.B. die beobachteten Größen als Abweichungen von ihren jeweiligen Mittelwerten gemessen.

Sei η ein Vektor von m latenten endogenen und ξ ein Vektor von k latenten exogenen Variablen mit unbekannter Kovarianzmatrix $K(\xi) = \Phi$ sowie ζ ein m-dimensionaler stochastischer Fehlerterm mit unbekannter Kovarianzmatrix $K(\zeta) = \Psi$. Dann schreibt sich der Strukturteil des LISREL-Modells zu :

$$\eta = B\eta + \Gamma\xi + \zeta\ , \quad E\xi\zeta' = 0\ , \tag{1.20}$$

wobei B und Γ unbekannte, zu schätzende $m{\times}m$- bzw. $m{\times}k$-dimensionale Koeffizientenmatrizen sind, deren Elemente gewissen, theoretisch begründeten Restriktionen genügen. Außerdem seien die üblichen Eindeutigkeitsrestriktionen $diag(B) = 0$ und I_m-B regulär unterstellt. Die Verbindung zwischen den latenten endogenen bzw. exogenen Variablen und den entsprechenden p beobachtbaren endogenen Y bzw. den q beobachtbaren exogenen Variablen X stellt das Meßmodell in Gestalt zweier konfirmatorischer Faktorenmodelle her zu :

$$Y = \Lambda_y\eta + \epsilon\ , \quad E\eta\epsilon' = 0\ , \tag{1.21}$$

$$X = \Lambda_x\xi + \delta\ , \quad E\xi\delta' = 0\ , \tag{1.22}$$

mit den beiden unbekannten, zu schätzenden $p{\times}m$- bzw. $q{\times}k$-dimensionalen Ladungsmatrizen Λ_y und Λ_x, sowie den stochastischen Fehlertermen ϵ und δ mit unbekannten Kovarianzmatrizen $K(\epsilon) = \Theta_\varepsilon$ bzw. $K(\delta) = \Theta_\delta$. Bislang stellen die beiden Modellteile nichts anderes dar als ein lineares simultanes Gleichungssystem in struktureller

Form auf Ebene der latenten Variablen η, ξ und zwei konfirmatorische Faktorenmodelle für die endogenen und exogenen manifesten Modellvariablen X und Y. Zur Betrachtung der Teile als einen geschlossenen Modellansatz sind folglich noch statistische Annahmen bezüglich der Variablen verschiedener Gleichungen vonnöten :

$$E\eta\delta' = 0 \ , \quad E\xi\epsilon' = 0 \ , \quad E\epsilon\delta' = 0 \ . \tag{1.23}$$

Insgesamt gehen damit die acht zu schätzenden Parametermatrizen B, Γ, Λ_y, Λ_x, Φ, Ψ, Θ_ε und Θ_δ in den Modellansatz ein. Doch die Elemente dieser Matrizen sind nicht alle unbekannt bzw. frei zu schätzen, sondern unterliegen einer Vielzahl von Parameterrestriktionen. Neben Normierungsbedingungen (an die Matrix B sowie an die Parameter der Faktormodelle zur Festlegung von Maßeinheiten für die latenten Variablen, vgl. Abschnitt 1.1c)) spiegeln diese Restriktionen in der Hauptsache die aus theoretischen Vorüberlegungen abgeleiteten Struktur–Hypothesen wider, die sich speziell in den Koeffizientenmatrizen B, Γ, Λ_y, Λ_x niederschlagen. Durch a–priori Fixierung eines Parameters in diesen Martizen auf den Wert Null wird der direkte kausale Einfluß einer Variablen auf eine andere ausgeschlossen. Möglich sind aber genauso Restriktionen auf beliebige andere feste, bekannte Werte oder auch beispielsweise Gleichheitsbedingungen, welche unbekannte Parameter an die Werte von anderen unbekannten Parametern binden. Insbesondere das Design der Ladungsmatrizen Λ_y, Λ_x ist aufgrund des konfirmatorischen Analyseansatzes und der Indikatorfunktion der beobachtbaren Variablen in der Regel eindeutig vorgegeben. Desweiteren fließen aber auch Annahmen über die Korrelationsbeziehungen der einzelnen Fehlervariablen in ζ, ϵ und δ sowie der exogenen Variablen in ξ in den Modellansatz ein. Durch Restriktion von Elementen der Kovarianzmatrizen Ψ, Θ_ε, Θ_δ, Φ, auf den Wert Null werden entsprechende Unkorreliertheitshypothesen zwischen diesen Variablen im Modell zum Ausdruck gebracht.

Lineare Strukturgleichungsmodelle wie (1.20) – (1.22) verfolgen die Absicht, die korrelativen Beziehungen auf der Ebene der beobachtbaren Variablen durch zugrundeliegende latente Strukturen zu erklären. Zur Beurteilung des Ausmaßes, inwieweit die strukturelle Modellierung diesem Ziel gerecht wird, ist demnach vor allem die Kovarianzmatrix des $r := p+q$–Vektors der manifesten Variablen $Z := (Y',X')'$ zu betrachten. Unter Beachtung der statistischen Annahmen über die beiden Faktormodelle und das simultane Gleichungsmodell sowie der weiteren Annahmen (1.23) erhält man über die reduzierte Form von (1.20) folgenden Ausdruck für diese Kovarianzmatrix :

$$K(Z) = \begin{pmatrix} K(Y) & K(YX') \\ K(XY') & K(X) \end{pmatrix} = \begin{pmatrix} \Lambda_y K(\eta)\Lambda_y' + \Theta_\varepsilon & \Lambda_y K(\eta\xi')\Lambda_x' \\ \Lambda_x K(\xi\eta')\Lambda_y' & \Lambda_x K(\xi)\Lambda_x' + \Theta_\delta \end{pmatrix} =$$

$$\begin{pmatrix} \Lambda_y (I-B)^{-1} (\Gamma\Phi\Gamma' + \Psi) (I-B)^{-1\prime} \Lambda_y' + \Theta_\varepsilon & \Lambda_y (I-B)^{-1} \Gamma\Phi\Lambda_x' \\ \Lambda_x\Phi\Gamma' (I-B)^{-1\prime} \Lambda_y' & \Lambda_x\Phi\Lambda_x' + \Theta_\delta \end{pmatrix} \tag{1.24}$$

Man erkennt, daß die Kovarianzmatrix $\Sigma = \boldsymbol{K(Z)}$ der beobachteten Modellvariablen in direkter Abhängigkeit der unbekannten, zu schätzenden Matrizen $B, \Gamma, \Lambda_y\ \Lambda_x, \Phi, \Psi, \Theta_\varepsilon$ und Θ_δ parametrisiert ist. Faßt man die freien und unabhängigen Modellparameter in den t-dimensionalen Vektor $\boldsymbol{\vartheta}$ zusammen, so ist mit der Abbildung $\boldsymbol{\vartheta} \longrightarrow \Sigma(\boldsymbol{\vartheta})$ ein sogenanntes Kovarianzstrukturmodell gegeben. Durch seine aus den Modellvorstellungen abgeleitete spezielle Gestalt spiegelt das Kovarianzstrukturmodell die unterstellten Hypotesen über die Beziehungen zwischen den Modellvariablen wider. Der statistische Ansatz der Kovarianzstrukturanalyse beruht nun darauf, allein diese strukturelle Form der Kovarianzmatrix der manifesten Variablen zur Grundlage der Identifikation und damit Schätzung der unbekannten Modellparamter zu machen. Voraussetzung hierfür ist natürlich, daß alle notwendigen Informationen bezüglich der wirklichen Zusammenhänge bereits ausreichend in den zweiten Momenten von $\boldsymbol{Z}$ enthalten sind. Auf der anderen Seite ist es durch diesen Ansatz möglich, mittels Anpassung auf Ebene der verfügbaren Beobachtungen – die Kovarianzmatrix von $\boldsymbol{Z}$ ist aus einer Stichprobe über die manifesten Variablen konsistent zu schätzen – Rückschlüsse auf die Modellparameter auch bezüglich Relationen zwischen latenten und damit nichtbeobachtbaren Größen zu ziehen.

Wir behandeln den allgemeinen Schätzansatz der Kovarianzstrukturanalyse ausführlich im folgenden Abschnitt. Zu bemerken ist noch, daß das **LISREL**-Modell (1.20) – (1.22) durch geeignete Matrixrestriktionen sämtliche bisher behandelten linearen Modelle wie einfaches Regressionsmodell, simultanes Gleichungsmodell oder konfirmatorisches Faktoranalysemodell als Spezialfälle umfaßt. Die vorhandene Software im **LISREL**-Computerpaket kann also auch zur Schätzung und ggf. statistischen Beurteilung der Anpassungsgüte dieser einfacheren ökonometrischen und psychometrischen Strukturmodelle verwendet werden.

Zum Abschluß dieses Teils gehen wir noch kurz auf die anschauliche graphische Darstellung von Strukturgleichungsmodellen in Gestalt sogenannter Pfaddiagramme ein. Aufbauend auf die pfadanalytische Tradition (*Wright* [1934, 1960]) ist es in der Kausalanalyse üblich, die unterstellten Strukturhypothesen wie auch die Ergebnisse einer Modellschätzung in Pfaddiagrammen zu visualisieren. Als Abgrenzung von den stochastischen Fehlertermen werden dabei manifeste Variablen durch Quadrate bzw. Rechtecke und latente Variablen durch Kreise bzw. Ellipsen gekennzeichnet. Direkte kausale Einflüsse werden durch Pfeile dargestellt, deren Spitze in Richtung der abhängigen Größe weist. Gebogene Doppelpfeile stehen für Korrelationsbeziehungen zwischen den beiden markierten Variablen. An den Pfeilen können je nach Bedarf die theoretischen Symbole für die abgebildeten Strukturbeziehungen in Form der Modellparameter oder die konkreten Zahlen einer statistischen Modellanpassung vermerkt werden. Derartige Pfaddiagramme tragen sehr zur Veranschaulichung komplexer Strukturen mit latenten Variablen und mehreren Stukturgleichungen bei.

Wir wollen im folgenden das in Abschnitt 1.1 c) behandelte **MIMIC**-Modell von *Jöreskog/Goldberger* [1975] als einfachstes Beispiel eines Strukturgleichungsmodelles mit nur einer einzigen latenten Variable in der geschilderten Weise graphisch wiedergeben. Als Strukturhypothese sei z.B. angenommen, daß sich die drei beobachtbaren Variablen Y_1, Y_2 und Y_3 auf eine gemeinsame latente Ursache η zurückführen lassen, und daß diese latente Variable von den vier manifesten exogenen Größen $X_1, .., X_4$ beeinflußt wird.

Als weitere Annahme sei unterstellt, daß die "Meß"-Fehlerterme des Indikatorensystems für η bis auf die Störvariablen der ersten beiden endogenen Größen unkorreliert sind. Die Meßskala der latenten Variablen soll mit der von Y_1 übereinstimmen. Damit schreibt sich das Beispielsmodell analytisch in der Form :

$$Y_1 = \eta + \epsilon_1 \,, \qquad Y_2 = \lambda_2 \eta + \epsilon_2 \,, \qquad Y_3 = \lambda_3 \eta + \epsilon_3 \,,$$
$$\eta = \gamma_1 X_1 + \gamma_2 X_2 + \gamma_3 X_3 + \gamma_4 X_4 + \zeta \,, \qquad E\epsilon_1\epsilon_2 \neq 0 \,. \tag{1.25}$$

An dem in Graphik 1.1 wiedergegebenen Pfaddiagramm wird die unterstellte Modellstruktur sofort deutlich. Die Vorteile einer graphischen Darstellung sind offensichtlich.

Graphik 1.1
Pfaddiagramm des **MIMIC**-Modelles (1.25)

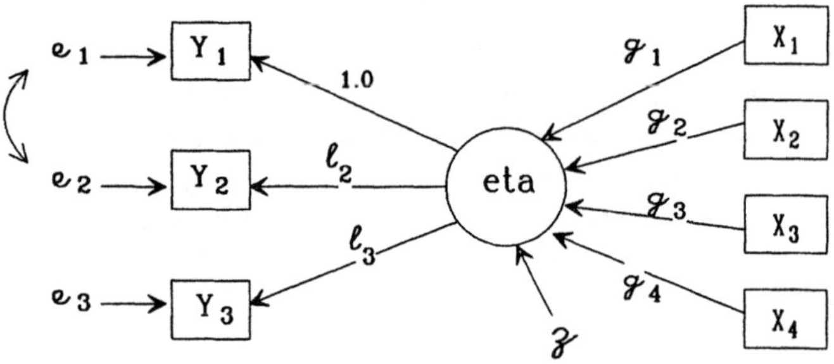

c) Allgemeiner Schätzansatz der Kovarianzstrukturanalyse und die Identifikation von Kovarianzstrukturmodellen

Das im vorangegangenen Abschnitt behandelte **LISREL**-Modell diente uns nur als Beispiel für eine mögliche lineare Repräsentation von strukturellen Modellvorstellungen unter Einbeziehung latenter Variablen. Wir verlassen damit wieder diese Ebene und wenden uns dem allgemeinen Schätzansatz der Kovarianzstrukturanalyse zu, der zur statistischen Untersuchung beliebiger linearer Strukturbeziehungen zwischen nicht direkt beobachtbaren Variablen entwickelt worden ist, welche sich über die zweiten Momente der manifesten Modellgrößen identifizieren lassen. Der Begriff "*analysis of covariance structures*" geht auf *Bock/Bargmann* [1966] zurück, welche ihn allerdings für die Analysemethode eines Modelles verwenden, das in heutiger Terminologie unter den Ansatz eines konfirmatorischen Faktorenmodells fallen würde. Kovarianzstrukturanalyse steht für *Bock/Bargmann* [1966, Seite 507] für "a method for analyzing a sample covariance matrix in order to detect and assess the potency of latent sources of variation and covariation in multivariate normal data".

Ausgangspunkt der Kausalanalyse von Wirkungszusammenhängen in einem gewissen Ausschnitt der realen Welt ist die Konkretisierung vorhandener a-priori Vorstellungen in einem linearen Strukturgleichungsmodell für den r-dimensionalen Zufallsvektor $\boldsymbol{Z}$ der direkt beobachtbaren manifesten Variablen :

$$\boldsymbol{Z} = \boldsymbol{f}_{\text{lin}}(\boldsymbol{\xi}, \boldsymbol{U}, \boldsymbol{\vartheta}) \quad , \tag{1.26}$$

wobei $\boldsymbol{\xi}$ einen Vektor von (latenten) erklärenden und $\boldsymbol{U}$ den Vektor der stochastischen Störvariablen bezeichnet. Die Strukturgleichungen in (1.26) enthalten eine Reihe von unbekannten, frei zu schätzenden Modellparametern, die in den t-dimensionalen Parametervektor $\boldsymbol{\vartheta}$ zusammengefaßt seien. Nach dem Anspruch von Strukturgleichungsmodellen soll der Modellansatz sämtliche Hypothesen über strukturelle Beziehungen zwischen beobachtbaren Größen wie zugrundeliegenden latenten Ursachen-Variablen wiedergeben und damit als kausaler Generierungsprozeß für die statistischen Eigenschaften der manifesten Modellvariablen angesehen werden können. Grundlegend für die Kovarianzstrukturanalyse ist dabei die konfirmatorische Ausrichtung. Theoretische Vorkenntnisse fließen explizit in Form von zahlreichen Parameterrestriktionen in das Modell ein. Neben der Schätzung der verbleibenden freien Parameter $\boldsymbol{\vartheta}$ steht die Beurteilung der Anpassungsgüte der strukturellen Modellierung an die Verhältnisse in der Wirklichkeit im Vordergrund, d.h. des Erklärungspotentials des Modells für beobachtbare Phänomene.

Die strukturelle Repräsentation der beobachtbaren Variablen $\boldsymbol{Z}$ mit den modelltheoretisch fundierten Restriktionen an die Parameter impliziert eine spezielle Momentstruktur der manifesten Variablen. Die Bezeichnung Kovarianzstrukturanalyse bezieht sich nun darauf, daß nur die Varianzen und Kovarianzen der manifesten Größen zur Grundlage der Modell-Identifikation und -Schätzung gemacht werden. Die Momente erster Ordnung (Erwartungswerte) werden hierbei genausowenig herangezogen wie Momente höherer als zweiter Ordnung. Voraussetzung der Kovarianzstrukturanalyse ist damit, daß alle notwendigen Informationen bezüglich der wirklichen Zusammenhänge bereits ausreichend in den zweiten Momenten der beobachtbaren Variablen vorhanden sind und daß die Erwartungswerte von $\boldsymbol{Z}$ strukturell nicht modelliert sind. [2]

Das Modell (1.26) soll folglich danach beurteilt werden, wie es in der Lage ist, die wahren aber unbekannten Kovarianzbeziehungen zwischen den beobachtbaren Variablen, zusammengefaßt in der Kovarianzmatrix $\Sigma_0 := \boldsymbol{K}(\boldsymbol{Z})$, durch den unterstellten kausalen Mechanismus zu erklären. Basis dieser Beurteilung ist damit die aus den Modellannahmen abgeleitete spezielle <u>Kovarianzstruktur der manifesten Variablen</u> :

$$\Sigma := \boldsymbol{K}_{\vartheta}(\boldsymbol{Z}) = \Sigma(\boldsymbol{\vartheta}) \; , \quad \boldsymbol{\vartheta} \in \Theta \subset \mathbb{R}^t \; . \tag{1.27}$$

---

[2] In allgemeinen Momentstrukturmodellen muß das dagegen nicht so sein: auch die Erwartungswerte der manifesten Variablen können von Strukturparametern abhängen. Diese Modelle sind insbesondere bei Longitudinal-(Panel-) und bei Mehrgruppen-Untersuchungen sowie zur Analyse von experimentellen Daten von Interesse, siehe z.B. *Sörbom* [1982], *Bentler* [1983a]. Die Ausweitungsmöglichkeiten des Ansatzes auf höhere als zweite Monente wird von *Bentler* [1983b] diskutiert.

d.h. die modelltheoretisch unterstellte Parametrisierung der unbekannten Kovarianzmatrix Σ_0 in Abhängigkeit des Parametervektors ϑ, der im Parameterbereich Θ variieren kann. Die funktionellen Abhängigkeiten der Elemente der Kovarianzmatrix der manifesten Variablen von den freien, zu schätzenden Modellparametern spiegeln damit die gemachten Annahmen über die Strukturbeziehungen auf Ebene der zweiten Momente wider. Die strukturelle Form (1.27) wird daher Kovarianzstrukturmodell genannt. Im folgenden, eine formale Definition.

Definition 1.2 (Kovarianzstrukturmodell) :

Sei $\Delta^r \subset \mathbb{R}^{r \times r}$ der Raum der reellen, positiv definiten $r \times r$-Matrizen und $\Theta \subset \mathbb{R}^t$ ein Parameterbereich. Ein Kovarianzstrukturmodell ist eine matrixwertige Funktion $\Sigma = \Sigma(\vartheta)$ eines $\mathbb{R}^t$-Vektors $\vartheta \in \Theta$ in den Raum Δ^r.

Das Kovarianzstrukturmodell $\Sigma = \Sigma(\vartheta)$ heißt gültig für eine Matrix $\Sigma_0 \in \Delta^r$, wenn es ein $\vartheta_0 \in \Theta$ gibt, so daß $\Sigma_0 = \Sigma(\vartheta_0)$ gilt; ϑ_0 heißt dann (ein) wahrer Parameter(-vektor).

Entsprechen die in die Strukturmodellierung (1.26) einfließenden a-priori Hypothesen den Verhältnissen in der Wirklichkeit, d.h. bildet das Modell den tatsächlichen Generierungsmechanismus ab, so erfüllt auch die wahre Kovarianzmatrix der manifesten Variablen die den Wertebereich $\Sigma(\Theta)$ von (1.27) einschränkenden Restriktionen: das Kovarianzstrukturmodell ist gültig für Σ_0. Unter der Nullhypothese einer korrekten Modellierung ist damit ein naheliegender statistischer Schätzansatz dadurch gegeben, die aus den Modellannahmen abgeleitete strukturelle Form der Kovarianzmatrix $\Sigma = \Sigma(\vartheta)$, $\vartheta \in \Theta$, bestmöglich in Θ an einen unrestringierten und konsistenten Schätzer S der wahren Kovarianzmatrix Σ_0 anzupassen. Zusätzlich ist mit der minimalen Abweichung des angepassten Kovarianzstrukturmodelles von S ein statistisch zu bewertendes Maß für die Erklärungsgüte des Modellansatzes gegeben. Dies ist der allgemeine Schätz- und Testansatz der Kovarianzstrukturanalyse.

Die Grundidee der Kovarianzstrukturanalyse ist damit ganz einfach die Konfrontation der aus der strukturellen Modellierung implizierten speziellen Parametrisierung der Kovarianzmatrix (1.27) mit der unrestringierten "wahren" Kovarianzmatrix der manifesten Variablen. Die Matrix Σ_0 ist zwar genauso unbekannt, sie kann aber über die Erhebung einer Stichprobe $Z_1, .., Z_n$ vom Umfang $n \in \mathbb{N}$ über die manifesten Variablen Z konsistent geschätzt werden. In der Regel wählt man hierfür die erwartungstreue Stichprobenkovarianzmatrix :

$$S = \frac{1}{n-1} \sum_{j=1}^{n} (Z_j - \bar{Z})(Z_j - \bar{Z})' \ , \quad \bar{Z} := \frac{1}{n} \sum_{j=1}^{n} Z_j \ . \tag{1.28}$$

Zur Schätzung des wahren Parametervektors ϑ_0 wird dann einfach der Wert $\hat{\vartheta} \in \Theta$ bestimmt, welcher die Abweichung zwischen $\Sigma(\vartheta)$ und S minimiert, wobei die Abweichung zweier quadratischer Matrizen voneinander geeignet definiert werden muß. Im folgenden Kapitel stellen wir diesen Schätzansatz ausführlich in formaler Weise dar. Dabei zeigt sich, daß unter sehr allgemeinen Bedingungen die Konsistenz des Verfahrens gilt, d.h. unter der Nullhypothese der Gültigkeit des Kovarianzstrukturmodelles konvergiert der Schätzer $\hat{\boldsymbol{\vartheta}}$ bei wachsendem Stichprobenumfang n stochastisch gegen $\boldsymbol{\vartheta}_0$.

Bevor der Versuch einer konsistenten Schätzung des wahren Parametervektors gemacht werden kann, muß aber ein Identifikationsproblem folgender Art gelöst werden. Es ergibt nur Sinn, das Kovarianzstrukturmodell $\Sigma = \Sigma(\boldsymbol{\vartheta})$, $\boldsymbol{\vartheta} \in \Theta$ an die Stichprobenkovarianzmatrix S anzupassen, wenn der Schätzwert $\hat{\boldsymbol{\vartheta}}$ eindeutig durch die Matrix $\hat{\Sigma} \in \Sigma(\Theta)$ mit minimaler Abweichung von S determiniert ist. Hat man eine Kovarianzstruktur $\hat{\Sigma}$, die von zwei verschiedenen Parametervektoren $\boldsymbol{\vartheta}^1, \boldsymbol{\vartheta}^2 \in \Theta$, $\boldsymbol{\vartheta}^1 \neq \boldsymbol{\vartheta}^2$ erzeugt werden kann, so ist kein eindeutig bestimmter Schätzwert $\hat{\boldsymbol{\vartheta}}$ abzuleiten. Hinreichend für das Vorliegen der erforderlichen Situation ist, daß die Funktion $\boldsymbol{\vartheta} \longmapsto \Sigma(\boldsymbol{\vartheta})$ injektiv ist. Dies bezeichnet man als Identifikation eines Kovarianzstrukturmodelles.

Definition 1.3 (Identifikation eines Kovarianzstrukturmodelles) :

Sei $\boldsymbol{\vartheta} = (\vartheta_1, .., \vartheta_t)'$ der Vektor der zu schätzenden freien Strukturparameter des Kovarianzstrukturmodelles $\Sigma = \Sigma(\boldsymbol{\vartheta})$, $\boldsymbol{\vartheta} \in \Theta$.

Dann heißt der Parameter ϑ_i genau dann identifiziert in Θ, wenn für alle $\boldsymbol{\vartheta}^1$, $\boldsymbol{\vartheta}^2 \in \Theta$ mit $\Sigma(\boldsymbol{\vartheta}^1) = \Sigma(\boldsymbol{\vartheta}^2)$ folgt, daß $\vartheta_i{}^1 = \vartheta_i{}^2$ gilt, $1 \leq i \leq t$. Das Kovarianzstrukturmodell $\Sigma = \Sigma(\boldsymbol{\vartheta})$, $\boldsymbol{\vartheta} \in \Theta$, heißt genau dann identiziert, wenn alle Parameter $\vartheta_1, .., \vartheta_t$ in Θ identifiziert sind.

Wir haben damit ein Identifikationsproblem vorliegen, dem wir bereits im Zusammenhang mit dem ökonometrischen Fehler-in-den-Variablen Modell, dem Modell der konfirmatorischen Faktorenanalyse sowie dem linearen simultanen Gleichungsmodell begegnet sind. Im vorliegenden Fall einer alleinigen Modellanpassung über die Kovarianzmatrix der beobachtbaren Variablen spricht man auch von "*second order identifiability*", da zur Identifikation der Modellparameter allein auf die strukturelle Form (1.27) der zweiten Momente von $\boldsymbol{Z}$ zurückgegriffen wird. Weitere mögliche Informationen aus der Verteilung der manifesten Variablen werden zur Modellidentifikation nicht berücksichtigt. Es zeigt sich aber, daß dieser Identifikationsbegriff identisch ist mit dem, der in ökonometrischen Modellen Verwendung findet. Beim simultanen Gleichungsmodell (vgl. Abschnitt 1.3 a)) ist die Wahrscheinlichkeitsverteilung der Modellvariablen direkt nur von den Parametern der reduzierten Form abhängig, die bereits über die zweiten Momente der Beobachtungen identifiziert und konsistent zu schätzen sind. Dies kommt auch darin zum Ausdruck, daß üblicherweise mit dem **ML**-Schätzansatz gearbeitet wird, der von der Normalverteilungshypothese ausgeht und damit prinzipiell nur die ersten beiden Momente der Variablen zur Modellanpassung benötigt. Genau dieser Argumentation sind wir bereits bei der Diskussion der Identifikation des Fehler-in-den-Variablen- bzw. *multiple indicator*-Modells gefolgt, vgl. Kapitel 1.1 c) . Somit bleibt festzuhalten, daß die Identifikation von Kovarianzstrukturmodellen keine grundsätzlich anderen Probleme aufwirft, wie jene, die in der Ökonometrie seit langem wohl bekannt sind.

Der Nachweis der Identifikation fällt in der Praxis allerdings in der Regel recht schwer. Da die Identifikation eines konkreten Kovarianzstrukturmodelles von dem zugrundeliegenden, substantiellen Strukturgleichungssystem mit seinen individuellen

Parameterrestriktionen abhängt, sind hierfür allgemeingültige Regeln kaum zu erwarten. Eine notwendige Bedingung ist natürlich unmittelbar anzugeben: Da die Parametrisierung $\Sigma = \Sigma(\boldsymbol{\vartheta})$, $\boldsymbol{\vartheta} \in \Theta$ der (symmetrischen) Kovarianzmatrix der r manifesten Variablen aus höchstens $h := r(r+1)/2$ unabhängigen Gleichungen in den t Unbekannten $\vartheta_1, .., \vartheta_t$ besteht, darf die Anzahl t der zu schätzenden Parameter grundsätzlich nicht größer als h sein. Diese Bedingung ist natürlich nicht hinreichend für die Identifikation eines einzigen Parameters. In der Praxis wird daneben ein anderes Kriterium verwendet, das im **LISREL**-Handbuch von *Jöreskog/Sörbom* [1984, Seite I.24] nur unvollständig angeführt ist. Die Autoren beziehen sich auf die bei einer **ML**-Schätzung der Modellparameter anfallende Informationsmatrix und geben als notwendige Identifikationsbedingung die positive Definitheit dieser Matrix an. Diese Aussage geht auf *Rothenberg* [1971] zurück, bezieht sich aber ausschließlich auf lokale Identifikation in einem einzelnen Parameterpunkt, d.h. auf die Existenz einer offenen Umgebung dieses Punktes, in der das Modell identifiziert ist. Mit diesem Kriterium ist demnach nichts über die globale Identifikation auszusagen. Ausfürlich widmet sich *Andres* [1990] der lokalen Identifikation. Von *Seidel/Eicheler* [1990] stammt eine Computer-Implementation im Rahmen von **LISREL**-Modellen, mit der es möglich ist, den lokalen Identifikationsstatus ohne Modellschätzung in sämtlichen Punkten des Parameterbereiches zu überprüfen.

Mit diesen Ansätzen ist es zwar möglich, nichtidentifizierte Kovarianzstrukturen als solche zu erkennen – die Identifikation eines Strukturmodelles über die zweiten Momente ist damit aber nicht zu zeigen. Hierfür ist es in allgemeinen Modellansätzen in der Regel notwendig, das nichtlineare Gleichungssystems $\Sigma = \Sigma(\boldsymbol{\vartheta})$ des Kovarianzstrukturmodelles (1.27) explizit nach $\boldsymbol{\vartheta}$ aufzulösen bzw. die prinzipielle Auflösbarkeit zu zeigen. Läßt sich dabei ein Parameter auf genau eine Weise als Funktion der Varianzen und Kovarianzen von Z darstellen, so ist der Parameter exakt identifiziert und sein Schätzwert der Kovarianzstrukturanalyse läßt sich anhand der Stichprobenmomente unmittelbar angeben. Treten dagegen überidentifizierte Parameter auf, für die mehr Information (Auflösungsmöglichkeiten) zur Verfügung steht als zur Identifikation erforderlich, so ist in Θ in der Regel keine exakte Anpassung mehr zwischen $\Sigma(\boldsymbol{\vartheta})$ und S möglich, und die in Kapitel 1.4 behandelten Schätzverfahren müssen angewendet werden.

Gerade derartige Modelle sind allerdings hinsichtlich der Beurteilung der Erklärungsgüte vorgeschlagener Strukturmodelle von besonderem Interesse. Mit der Kovarianzstrukturanalyse als konfirmatorischem Verfahren muß die Möglichkeit bestehen, ein Strukturmodell als nicht konsistent mit den Daten statistisch abzulehnen. Hierfür ist es notwendig, daß nicht jede beliebige positiv definite Matrix mit der implizierten Kovarianzstruktur (1.27) reproduziert werden kann, d.h. der Fall $\Sigma(\Theta) = \Delta^r$ ist auszuschließen. Erst einschränkende Parametrisierungen der Kovarianzmatrix eröffnen die Möglichkeit einer statistischen Testung der strukturellen Modellierung, da die in diesem Fall auftretenden Überidentifikationsbedingungen unter der Hypothese der Gültigkeit des Modelles von der wahren Kovarianzmatrix erfüllt sein müssen. Die kausalanalytische Modellierung zielt damit auf Strukturansätze, deren Überidentifikationsrestriktionen in den zweiten Momenten der manifesten Variablen bestmöglich in der Stichprobe erfüllt sind, d.h. die gemessen an der Anzahl ihrer Freiheitsgrade die beste Anpassungsgüte erreichen.

In diesem Zusammenhang ist ein weiterer Gesichtspunkt der Identifikation und Schätzung von latenten Strukturen allein über die zweiten Momente der beobachtbaren Modellvariablen zu diskutieren. Auch wenn das unterstellte Strukturmodell mit den Daten einer Stichprobe konsistent ist, d.h. das implizierte Kovarianzstrukturmodell hinreichend gut an die frei geschätzte Stichprobenkovarianzmatrix S angepaßt werden kann, so ist nicht auf die Korrektheit des zugrundegelegten kausalen Mechanismus zu schließen, da die gleiche Kovarianzstruktur auch aus anderen Modellstrukturen abgeleitet sein könnte. *Ein bestimmtes Strukturgleichungssystem ist zwar hinreichend für das Kovarianzstrukturmodell, nicht aber notwendig.* Dies ist das Problem äquivalenter Modelle, welches nichts mit dem Identifikationsstatus der strukturellen Modellierung zu tun hat. Wir betonen diesen Punkt hier besonders, da ihm in den meisten praktischen Anwendungen zu wenig Aufmerksamkeit geschenkt wird: die Kausalanalyse ist ein konfirmatorischer Ansatz, d.h. Ausgangspunkt ist die Falsifikationsmöglichkeit substantieller Theorievorstellungen. Hat man dagegen ein Strukturmodell spezifiziert, welches über die zweiten Momente identifiziert werden kann und die "wahren" Kovarianzbeziehungen hinreichend gut reproduziert, so liegt *eine* plausible Generierungshypothese vor. Damit ist aber noch nichts darüber auszusagen, ob es möglicherweise andere Strukturen gibt, welche entweder aufgrund identischer Kovarianzrestriktionen die gleiche Anpassungsgüte erreichen, oder sogar ein noch besseres Erklärungspotential aufweisen. Mit dem ersteren Fall äquivalenter Modelle beschäftigt sich z.B. *Stelzl* [1986]. Daß es sich dabei um kein zu vernachlässigendes Phänomen handelt, vielmehr in der Praxis häufig auftritt, wird auch bei unseren eigenen kausalanalytischen Untersuchungen in Kapitel 5.2 a) und 5.3 b) deutlich.

Zum Abschluß wenden wir uns nochmals kurz dem speziellen LISREL-Modell (1.20) – (1.22) zu, da sich zur Identifikationsproblematik im Rahmen dieses weitverbreiteten Strukturansatzes einige nützliche Aussagen machen lassen. Zuerst einmal ist offensichtlich, daß die Gesamtanzahl möglicher freier Parameter in den acht Matrizen B, Γ, Λ_y, Λ_x, Φ, Ψ, Θ_ε und Θ_δ die Anzahl der unabhängigen Gleichungen des Kovarianzstrukturmodelles (1.24) für die $r = p+q$ manifesten Modellvariablen um ein Vielfaches übersteigt. Damit sind zahlreiche Parameterrestriktionen erforderlich, um die Identifikation des Modelles über die zweiten Momente sicherzustellen. Durch die Kombination der beiden bekannten Ansätze simultanes Gleichungsmodell und konfirmatorisches Faktorenmodell kann man aber bei der Überprüfung des Identifikationsstatus eines konkret vorliegenden **LISREL**-Modells auf die entsprechenden Ergebnisse der ökonometrischen und psychometrischen Literatur zurückgreifen. Naheliegender Ansatzpunkt hierfür ist, nicht direkt die Identifikation der Strukturparameter anhand der zweiten Momente der beobachtbaren Variablen $\boldsymbol{Z} = (\boldsymbol{Y}',\boldsymbol{X}')'$ zu überprüfen, sondern in zwei Schritten vorzugehen, indem zuerst die Identifikation des Strukturteils in Abhängigkeit der Varianzen und Kovarianzen der latenten Variablen $(\eta',\xi')'$ und dann die Identifikation der freien Parameter der Meßmodelle einschließlich der Elemente von $\boldsymbol{K}(\eta)$, $\boldsymbol{K}(\xi)$ und $\boldsymbol{K}(\eta\xi')$ aus den Elementen der Kovarianzmatrix $\boldsymbol{K}(\boldsymbol{Z})$ untersucht wird. Wie aus der Kovarianzstruktur (1.14) des **LISREL**-Modells unmittelbar ersichtlich, ist dieser Lösungsweg hinreichend für die Identifikation sämtlicher Modellparameter.

Der große Vorteil der zweistufigen Vorgehensweise liegt darin, daß wir es im ersten Schritt mit einem gewöhnlichen linearen simultanen Gleichungsmodell zu tun haben, dessen Identifikation in der Ökonometrie seit langem ausführlich diskutiert wird. Für den Spezialfall, daß die Kovarianzmatrix Ψ der Störvariablen unrestringiert ist, sind beispielsweise mit den klassischen Abzähl- und Rangbedingungen notwendige und hinreichende Identifikationskriterien für das gesamte Gleichungssystem wie für einzelne Gleichungen entwickelt worden, vgl. z.B. *Koopmans* et al. [1950], *Richmond* [1974]. Daneben ist leicht zu beweisen, daß rekursive Modelle, bei denen die Parametermatrix B der endogenen Variableneffekte Dreiecksgestalt hat und Ψ eine reine Diagonalmatrix ist, immer identifiziert sind. Der allgemeine Fall einschließlich Restriktionen an die Kovarianzmatrix der Fehlervariablen wird in jüngster Zeit z.B. von *Becker/Pollock* [1986] und *Hausman* et al. [1987] behandelt.

Beim Identifikationsnachweis im zweiten Schritt tritt neben den zwei Kovarianzgleichungen für die Variablen Y und X, welche gerade der Struktur (1.14) des üblichen konfirmatorischen Faktorenmodells entspechen, als zusätzliche Anforderung nur noch die Identifikation der Kovarianzen zwischen den latenten Modellgrößen η und ξ auf. Auf der anderen Seite hat man mit den Elementen der Kovarianzmatrix $K(YX')$ aber auch weitere $p+q$ Bestimmungsgleichungen für die Modellparameter zur Verfügung. Gerade diese Zusatzinformationen sind von besonderer Bedeutung und Nützlichkeit für die Identifikation der freien Parameter der beiden Ladungsmatrizen Λ_y und Λ_x des aus zwei Teilen bestehenden **LISREL**-Meßmodells. Auf diese Relationen aufbauend gibt *Hauschild* [1990] hinreichende Bedingungen für die Identifikation des gesamten Meßmodells an, die keinesfalls nur seltene Spezialfälle abdecken und zudem in der Praxis leicht nachzuprüfen sind. Mit diesem Ansatz ist der Identifikationsnachweis im zweiten Schritt in der Regel leicht zu führen.

Zusammengenommen liegt damit ein für praktische Zwecke in den meisten Fällen gut geeignetes Verfahren vor, da die Identifikation des Strukturteils bereits in der ökonometrischen Literatur ausführlich behandelt wurde und die Identifikation des speziellen **LISREL**-Meßmodells mit den von *Hauschild* [1990] entwickelten Kriterien leicht gezeigt werden kann. Hingewiesen werden muß aber noch darauf, daß die beschriebene zweistufige Vorgehensweise nicht immer zum Ziel führt, da sie nicht notwendig zur Identifikation der gesamten strukturellen Modellierung ist. Die Identifikation des Strukturteils ist zwar auf jeden Fall notwendig, die des Meßteils aber nicht, vgl. *Hauschild* [1990]. So sind ohne weiteres **LISREL**-Modelle zu konstruieren, die insgesamt identifiziert sind, nicht aber deren Meßmodell für sich allein genommen. Die Mehrzahl der in der Literatur anzutreffenden Modellansätze fallen aber unter die hier betrachtete Modellklasse, so daß die Überprüfung des Identifikationsstatus im Rahmen von **LISREL**-Modellen in der Praxis keine größeren Schwierigkeiten mehr aufwerfen sollte.

Erweist sich dabei ein zur kausalen Modellierung der Kovarianzbeziehungen zwischen beobachteten Variablen vorgeschlagenes Kovarianzstrukturmodell als nicht identifiziert, so muß versucht werden, die Identifikation des Modelles durch weitere Parameterrestriktionen und/oder Modellvariationen (z.B. Aufnahme weiterer manifester Indikatoren) auf der Ebene der Strukturrelationen zu erreichen. Die Modellspezifikation muß sich dabei allerdings strikt an den Strukturhypothesen orientieren, die durch theoretische Wirkungsvorstellungen vorgegeben sind. Stellt man ein Modell hauptsächlich in Hinblick auf die Identifikation des resultierenden Kovarianzstrukturmodelles und eine möglichst gute

Anpassung an die Daten einer Stichprobe auf, so verläßt man den konfirmatorischen Rahmen und Aussagen zu kausalen Wirkungsmechanismen und damit echte Erklärungen realer Zusammenhänge sind nicht mehr möglich. Exploratorisch ausgerichtete und z.B. in **LISREL** implementierte Strategien zur Modifikation von Strukturmodellen sind damit sehr enge Grenzen gesetzt und sollten nur mit größter Vorsicht Verwendung finden, will man den Anspruch einer kausalanalytischen Modellierung nicht aufgeben.

1.4 Mathematische Grundlagen der Kovarianzstrukturanalyse

In diesem Kapitel soll die Schätz- und Testtheorie des statistischen Verfahrens der Kovarianzstrukturanalyse dargestellt werden. Wir stützen uns dabei im wesentlichen auf die mathematische Ausarbeitung von *Hillmer* [1988] und gehen daher vom ganz allgemeinen Ansatzpunkt eines beliebigen Kovarianzstrukturmodelles aus. Beispiele für konkrete lineare Strukturgleichungsmodelle mit ihren implizierten Kovarianzstrukturmodellen haben wir in den vorangegangenen Abschnitten kennengelernt und an ihnen die Grundideen der Kovarianzstrukturanalyse herausgearbeitet. Nur im Falle eines unrestringierten multivariaten Regressionsmodelles in struktureller Form sind über die Kovarianzstruktur der Modellvariablen unmittelbar Parameterschätzer abzuleiten, da Regressionsstrukturen exakt über die zweiten Momente identifiziert sind. Die auf diese Weise gewonnenen Schätzer sind identisch mit den üblichen **OLS**- bzw. **ML**-Schätzern der Regressionsanalyse, vgl. z.B. *Hillmer* [1990]. Sobald aber überidentifizierte Parameter im Modellansatz auftreten, z.B. im Zusammenhang mit simultanen Relationen oder latenten Variablen, ist eine explizite Angabe von Schätzern der Kovarianzstrukturanalyse nicht mehr möglich. In diesem Fall muß zur Ableitung des Parameterschätzers die Abweichung zwischen Kovarianzstrukturmodell und unrestringierter Stichprobenkovarianzmatrix bewertet und minimiert werden. Unsere Aufgabe ist es daher im folgenden, geeignete Abweichungsmaße zwischen zwei Matrizen zu definieren und deren statistische Eigenschaften zu untersuchen.

Die historische Entwicklung der Kovarianzstrukturanalyse vollzog sich natürlich nicht in der hier dargestellten Weise, ausgehend von der Definition allgemeiner Anpassungsmaße. Ausgangspunkt waren vielmehr konkrete Schätzansätze wie der **ML**-Ansatz zur konfirmatorischen Faktorenanalyse (*Jöreskog* [1969, 1970]) oder das alternative **GLS**-Verfahren von *Jöreskog/Goldberger* [1972] und *Browne* [1974]. Wir stützen uns im folgenden hauptsächlich auf die Arbeiten von M.W. *Browne* [1982, 1984], der den **GLS**-Schätzansatz zu einer asymptotisch verteilungsfreien Theorie bzw. elliptischen Verteilungstheorie ausgebaut hat. Dieser Schätzansatz ist in dem Computerprogramm **EQS** von *Bentler* [1985] implementiert. Einen Überblick über weitere bedeutende Arbeiten und Weiterentwicklungen auf dem Gebiet der Kovarianzstrukturanalyse (linearisierte Schätzansätze, nichtlineare Nebenbedingungen, konsistente Startschätzer, numerisches Minimierungsproblem), die hier ausgeklammert werden, ist in *Hillmer* [1988] zu finden.

Desweiteren sei darauf hingewiesen, daß wir auf praktische Anwendungsfragen nicht eingehen. Hierzu zählen z.B. die Behandlung von konkreten Beispielen, der Umgang mit den verfügbaren Computerprogrammen, die Diskussion möglicherweise auftretender schätztechnischer Schwierigkeiten, die inhaltliche Interpretation der Parameterschätzungen (z.B. Unterscheidung direkter vs. indirekter Beeinflussungseffekte, standardisierter vs. unstandardisierter Lösungen), die Verwendung von deskriptiven Testkriterien und Maßen zur Anpassungsgüte der Struturmodellierung (z.B. *goodness-of-fit-index* GFI, *adjusted* GFI, *root-mean-square-residual* RMR, normalisierte Residuen NR, *Bentler/ Bonett* [1980]-*normed fit index* BBN), die exploratorische Variation des Modelldesigns zur Verbesserung der Anpassungsgüte (Modifikationsindices) etc. Diese Punkte werden z.B. in den Einführungen von *Long* [1983], *Pfeiffer/Schmidt* [1987], *Backhaus* et al. [1989] und *Bollen* [1989] ausführlich behandelt; vgl. hierzu natürlich auch die Handbücher der kommerziellen Computerimplementationen *Jöreskog/Sörbom* [1984] und *Bentler* [1985]. Eine geschlossene und mathematisch fundierte Darstellung des allgemeinen Schätzansatzes der Kovarianzstrukturanalyse ist dagegen nach unserem Wissen bislang noch nicht verfügbar. Aus diesem Grund konzentrieren wir uns im folgenden auf diesen Punkt.

a) Konsistenz des allgemeinen Minimalabweichungs-Schätzers

Der Schätzansatz der Kovarianzstrukturanalyse besteht darin, die Abweichung zwischen dem in Abhängigkeit der unbekannten Parameter gegebenen Kovarianzstrukturmodell und einem unrestringierten Schätzer der wahren Kovarianzmatrix zu minimieren. Ziel muß es dabei sein, daß der auf diese Weise abgeleitete Minimalabweichungs-Schätzer unter der Nullhypothese der Gültigkeit des Kovarianzstrukturmodelles konsistent für den wahren Parameter ist. In diesem Abschnitt wollen wir dieses Problem in vollständiger Allgemeinheit behandeln und erst in den weiteren Abschnitten konkrete Anpassungsfunktionen untersuchen. Hierzu gehen wir von einer Folge $\{Z_j\}$ unabhängiger, identisch verteilter $\mathbb{R}^r$-Zufallsvariablen mit endlichen multivariaten Momenten bis einschließlich vierter Ordnung, unbekanntem, strukturell nicht modelliertem Erwartungswert $EZ_1 = \mu_0$ und unbekannter, positiv definiter Kovarianzmatrix $K(Z_1) = \Sigma_0$ aus. Sei S ein beliebiger, auf einer Stichprobe $Z_1, .., Z_n$ von festem Umfang n beruhender konsistenter Schätzer der Kovarianzmatrix Σ_0, z.B. die erwartungstreue Stichprobenkovarianzmatrix (1.28) oder der asymptotisch erwartungstreue ML-Schätzer $\tilde{S} := (n-1/n)\, S$. Den $\mathbb{R}^r$-Zufallsvariablen Z_j entsprechen die manifesten Variablen der Strukturgleichungsansätze der vorangegangenen Abschnitte, denen somit nach Modellhypothese ein kausaler Generierungsmechanismus unterlegt wird, der in einer Parametrisierung der Kovarianzmatrix von Z_1 in Abhängigkeit von $t \leq h := r(r+1)/2$ freien und unabhängigen Modellparametern ϑ resultiert. Wir gehen daher im folgenden von einem Kovarianzstrukturmodell $\Sigma = \Sigma(\vartheta)$, $\vartheta \in \Theta$, aus, welches unter der Hypothese einer korrekten Modellierung gültig für die wahre Kovarianzmatrix Σ_0 ist. Das Schätzproblem besteht somit darin, den unbekannten wahren Parameter $\vartheta_0 \in \Theta$ konsistent aus einer bestmöglichen Anpassung von $\Sigma(\vartheta)$ an S zu schätzen. Hierfür ist es notwendig, ein Abweichungsmaß zwischen zwei quadratischen und positiv definiten Matrizen zu definieren.

Definition 1.4 (Anpassungsfunktion) :

Eine Funktion $F: \Delta^r \times \Delta^r \longrightarrow \mathbb{R}$ mit den Eigenschaften : (1.29)

i) $F(\Sigma_1,\Sigma_2) \geq 0$ für alle $\Sigma_1, \Sigma_2 \in \Delta^r$,

ii) $F(\Sigma_1,\Sigma_2) = 0 \iff \Sigma_1 = \Sigma_2$ und

iii) $F(\Sigma_1,\Sigma_2)$ zweimal stetig differenzierbar in allen Elementen von Σ_1, Σ_2 ,

heißt Anpassungsfunktion (*Browne* [1984]: "*discrepancy function*", *Jöreskog* [1977]: "*fitting function*") .

Setzt man S und $\Sigma(\vartheta)$ in eine solche Anpassungsfunktion F ein, so erhält man mit $F(S,\Sigma(\vartheta))$ eine nicht-negative Zahl als Maß für die Abweichung der durch $\vartheta \in \Theta$ parametrisierten Kovarianzmatrix $\Sigma(\vartheta)$ vom unrestringierten Schätzer S. Zur Ermittlung eines Schätzers für den wahren Parametervektor ϑ_0 ist diese Abweichung – in der Regel numerisch – in Θ zu minimieren. Um Aussagen über die statistischen Eigenschaften eines solchen Schätzers treffen zu können, sind vier Regularitätsannahmen vonnöten.

(A1) $\Theta \subset \mathbb{R}^t$ ist kompakt.

(A2) Die Funktion $\vartheta \longrightarrow \Sigma(\vartheta)$ ist zweimal stetig differenzierbar.

(A3) $\Sigma = \Sigma(\vartheta),\ \vartheta \in \Theta$ ist identifiziert und gültig für Σ_0 .

(A4) Der mit (A3) eindeutig bestimmte wahre Parameter $\vartheta_0 \in \Theta$ ist innerer Punkt von Θ .

Der Minimalabweichungs-Schätzer $\hat{\vartheta}_F \in \Theta$ der Kovarianzstrukturanalyse ergibt sich dann in Abhängigkeit einer konkreten Ausgestaltung der Anpassungsfunktion F aus dem wohldefinierten Minimierungsproblem :

$$F(S,\Sigma(\hat{\vartheta}_F)) = \min_{\vartheta \in \Theta} F(S,\Sigma(\vartheta)) . \tag{1.30}$$

Die statistischen Eigenschaften von $\hat{\vartheta}_F$ hängen in der Regel von der Wahl einer speziellen Anpassungsfunktion F ab. Es ist aber zu bemerken, daß mit den Eigenschaften (1.29) sowie der Gültigkeit und Identifizierbarkeit des Kovarianzstrukturmodelles die folgende Äquivalenz gilt :

$$\{ F(\Sigma_0,\Sigma(\hat{\vartheta}_F)) = 0 \} \iff \{ \hat{\vartheta}_F = \vartheta_0 \} . \tag{1.31}$$

Da der Schätzer S mit wachsendem Stichprobenumfang stochastisch gegen die wahre Kovarianzmatrix Σ_0 konvergiert, kann man vermuten, daß durch die Lösung des Minimierungsproblems (1.30) auch ein konsistenter Schätzer für den wahren Parameter ϑ_0 zu erhalten ist. Wie sich in Satz 1.1 zeigt, trifft dies zu.

Satz 1.1 (Konsistenz des Minimalabweichungs-Schätzers) :

> Sei S ein konsistenter Schätzer der wahren Kovarianzmatrix Σ_0, F eine Anpassungsfunktion nach Definition 1.4 und die Annahmen (A1), (A2) und (A3) erfüllt. Dann ist der Minimalabweichungs-Schätzer $\hat{\vartheta}_F$ aus (1.30) ein konsistenter Schätzer für den wahren Parametervektor ϑ_0, d.h.
>
> $$\hat{\vartheta}_F \xrightarrow{st} \vartheta_0 \tag{1.32}$$

Den Beweis des Satzes führt man über die Stetigkeit von Minimalfunktionen und der Tatsache, daß sich die stochastische Konvergenz unter einer stetigen Abbildung auf die Bildfolge überträgt, vgl.. *Browne* [1974] und *Hillmer* [1988]. Im allgemeinen ist Annahme (A1) nicht in dieser Form von in der Praxis auftretenden Kovarianzstrukturmodellen erfüllt. Häufig wird der Parameterbereich als nicht beschränkt angenommen. Kann man aber den Bereich, in dem effektiv die Minimierung stattfindet, durch eine kompakte Teilmenge von Θ überdecken, so ist dies hinreichend für die Konsistenz des Minimal-Abweichungsschätzers. In *Hillmer* [1988] wird eine Bedingung angegeben, unter der auf die Voraussetzung der Beschränktheit ganz verzichtet werden kann, vgl. auch *Shapiro* [1984]. Annahme (A2) ist bei Kovarianzstrukturmodellen, die aus linearen Strukturgleichungsansätzen abgeleitet sind, immer gegeben. Annahme (A3) ist unter dem üblichen Ansatz, bei der statistischen Schätzung von der Nullhypothese einer korrekten Modellierung auszugehen, selbstverständlich. Die Regularitätsannahme (A4) spielt erst im folgenden Abschnitt eine Rolle.

Mit diesem zentralen Ergebnis ist die Konsistenz des allgemeinen Schätzansatzes der Kovarianzstrukturanalyse für jede (1.29) genügende Funktion F gesichert. Da an die Anpassungsfunktion kaum einschränkende Voraussetzungen unterstellt wurden, ist man bei der Wahl eines konkreten Abweichungsmaßes ziemlich frei. Im Hinblick auf weitere wünschenswerte Eigenschaften wie Optimalitätskriterien bezüglich der statistischen Güte des abgeleiteten Schätzers (z.B. Effizienz) wird man aber versuchen, zu einer spezielleren Ausgestaltung der Anpassungsfunktion zu gelangen. Desweiteren sollte die erzielte Minimalabweichung zwischen $\Sigma(\hat{\vartheta}_F)$ und S statistisch zu bewerten sein, um abgesicherte Aussagen über die Güte der Anpassung und damit über die gesamte strukturelle Modellierung treffen zu können (Anpassungstests). Dies wird der Inhalt der folgenden Abschnitte sein. Als weiteren Gesichtspunkt, den wir hier aber nicht weiter verfolgen wollen, ist das Komplexitätsproblem einer numerischen Minimierung nach (1.30) zu erwähnen.

b) Parameterschätzung mit dem GLS-Ansatz

Der **GLS**-Schätzansatz zur Kovarianzstrukturanalyse geht auf *Jöreskog/Goldberger* [1972] und *Browne* [1974] zurück, die in ihren Arbeiten aber zunächst von speziellen Verteilungsannahmen ausgehen. Der hier dargestellte allgemeine Ansatz ist eng mit *Browne* [1982, 1984] verbunden. Im folgenden unterstellen wir die in Abschnitt a) gegebene allgemeine Situation eines an die Stichprobenkovarianzmatrix S anzupassenden Kovarianzstrukturmodells $\Sigma = \Sigma(\vartheta)$, $\vartheta \in \Theta$. Außerdem seien die Annahmen (A1) – (A4) gegeben, d.h. zu schätzen ist der eindeutig bestimmte wahre Parameter $\vartheta_0 \in \Theta$ mit $\Sigma_0 = \Sigma(\vartheta_0)$.

Es liegt nahe, das Prinzip der Kleinsten Quadrate auch auf die hier notwendige Bewertung der Abweichung zwischen den beiden Matrizen $S = (s_{ij})$ und $\Sigma(\vartheta) = (\sigma_{ij}(\vartheta))$ anzuwenden. Als einfachsten Ansatz bietet sich hierfür zunächst einmal an, die ungewichtete Quadratsumme der Differenzen $s_{ij} - \sigma_{ij}(\vartheta)$ korrespondierender Matrixelemente zu betrachten. Wie sofort einsichtig ist, erfüllt die auf diese Weise gegebene Funktion :

$$F_{ULS}(S,\Sigma(\vartheta)) := \sum_{i,j=1}^{r} (s_{ij} - \sigma_{ij}(\vartheta))^2 = sp[(S - \Sigma(\vartheta))^2] , \qquad (1.33)$$

die Bedingungen von Definition 1.4 , und vermittelt so auf jeden Fall konsistente Minimalabweichungs-Schätzer (mit $sp(\cdot)$ sei die Spur einer quadratischen Matrix als Summe ihrer Diagonalelemente bezeichnet). Dieser sogenannte <u>ULS-Schätzansatz</u> (*unweighted least squares*) ist aufgrund seiner Einfachheit zwar in **LISREL** wie **EQS** implementiert. Der entscheidende Nachteil ist aber, daß der **ULS**-Schätzer allenfalls zufällig statistischen Optimalitätskriterien genügt und damit keine Teststatistiken über die Anpassungsgüte des Kovarianzstrukturmodells abgeleitet werden können, vgl. Satz 1.3 und Abschnitt d). Dieser Schätzansatz ist daher für konfirmatorisch orientierte Kausalanalysen ungeeignet.

Wie auch in der klassischen Regressionsanalyse (Aitken-Schätzer für das verallgemeinerte lineare Regressionsmodell), so erhält man mit dem Ansatz der Kleinsten Quadrate auch hier erst dann Schätzer mit wünschenswerten Eigenschaften, wenn man die Kovarianzbeziehungen der "Residuen" $U := S - \Sigma(\vartheta)$ als Wichtungsfaktoren in einer verallgemeinerten Quadratsumme berücksichtigt (in *Browne* [1982] werden die Gemeinsamkeiten und Unterschiede unseres Schätzproblems mit dem der Regressionsanalyse eingehend behandelt). Zur Darstellung des allgemeinen **GLS**-Ansatzes (*generalized least squares*) ist in unserem Fall aber erst die Umwandlung des Anpassungsproblems zwischen Matrizen in eine vektorielle Form vonnöten. Mit dem **vecs**-Operator wird hierzu aus der symmetrischen $r{\times}r$-Matrix $S = (s_{ij})$ der h-dimensionale Vektor $\underset{\sim}{s} := \mathbf{vecs}(S) = (s_{11}, s_{12}, s_{22}, s_{13}, s_{23}, s_{33}, .., s_{1r}, .., s_{rr})'$ gebildet, der aus den $h := r(r+1)/2$ unabhängigen Elementen von S in spaltenweiser Anordnung besteht. Genauso seien die nicht-redundanten Elemente der Matrix $\Sigma(\vartheta)$ in den Vektor $\underset{\sim}{\sigma}(\vartheta) := \mathbf{vecs}(\Sigma(\vartheta))$ zusammengefaßt. Mit einer beliebigen, positiv definiten $h{\times}h$-Wichtungsmatrix W schreibt sich der <u>GLS-Schätzansatz</u> dann als verallgemeinerte Quadratsumme zu:

$$F_{GLS,W}(S,\Sigma(\vartheta)) := (\underset{\sim}{s} - \underset{\sim}{\sigma}(\vartheta))' \, W \, (\underset{\sim}{s} - \underset{\sim}{\sigma}(\vartheta)) . \qquad (1.34)$$

Es ist wieder unmittelbar zu sehen, daß dieser Ansatz für alle $W \neq 0$ eine Anpassungsfunktion im Sinne von Definition 1.4 darstellt, und somit der durch die Minimierung von (1.34) in Abhängkeit von ϑ gewonnene **GLS**-Schätzer $\hat{\vartheta}_{GLS,W}$ konsistent für ϑ_0 ist. Zwei Punkte sind im folgenden zu klären. Wie sieht die (asymptotische) Verteilung des **GLS**-Schätzer aus, dessen Kenntnis erforderlich ist, um Aussagen über die Signifikanz einzelner geschätzter Parameter machen zu können. Und zum zweiten: Wie soll die Wichtungsmatrix W gewählt werden, damit die Schätzung möglichst effizient erfolgt. Auf beide Fragen sind operationale Antworten zu erhalten. Für die Matrix W, die vom Stichprobenumfang n abhängen und entweder deterministisch oder stochastisch sein kann, sei unterstellt, daß sie für $n \longrightarrow \infty$ (stochastisch) gegen eine feste, positiv definite Matrix W_+ konvergiert.

Wie bereits bei der Motivierung des **GLS**–Ansatzes über Analogien unseres Anpassungsproblems zum verallgemeinerten Regressionsmodell angeklungen ist, wird zur geeigneten Wahl der Wichtungsmatrix W die (asymptotische) Verteilung bzw. die zweiten Momente der Abweichungen $\underset{\sim}{u} := \underset{\sim}{s} - \underset{\sim}{\sigma}(\vartheta)$ eine große Rolle spielen. Wir bezeichnen die Kovarianzmatrix von $\underset{\sim}{u}$ mit $K(\underset{\sim}{u}) = K(\underset{\sim}{s}) =: V/n$. Nach dem Aitken–Prinzip zur Ableitung effizienter **GLS**–Schätzer würde damit eine Festlegung von $W = V^{-1}$ naheliegen (Invertierbarkeit von V vorausgesetzt). Wie sich zeigen wird, überträgt sich dieses Resultat auf unseren Fall, allerdings nur asymptotisch.

Satz 1.2 (asymptotische Verteilung von $\sqrt{n-1}\,(\underset{\sim}{s} - \underset{\sim}{\sigma}_0)$) :

Seien die Voraussetzungen von Abschnitt 1.4 a) gegeben, $\underset{\sim}{s}$ die in einen $h{\times}1$–Vektor transformierte Stichprobenkovarianzmatrix (1.28) und analog $\underset{\sim}{\sigma}_0 = \mathbf{vecs}(\Sigma_0)$ die vektorisierte Kovarianzmatrix von Z_1.

Dann ist $\sqrt{n-1}\,(\underset{\sim}{s} - \underset{\sim}{\sigma}_0)$ asymptotisch multivariat normal verteilt mit Mittelwert **0** und $h{\times}h$–Kovarianzmatrix V_+. Für V_+ gilt elementweise :

$$[V_+]_{ij,kl} = \overset{0}{\sigma}_{ijkl} - \overset{0}{\sigma}_{ij}\,\overset{0}{\sigma}_{kl}\ , \tag{1.35}$$

wobei $\overset{0}{\sigma}_{ijkl}$ bzw. $\overset{0}{\sigma}_{ij}$ die zentrierten multivariaten Momente vierter bzw. zweiter Ordnung von Z_1 bezeichnet, $1 \leq i \leq j \leq r$, $1 \leq k \leq l \leq r$.

Der Beweis von Satz 1.2 ergibt sich unmittelbar aus dem multivariaten zentralen Grenzwertsatz (vgl. z.B. *Anderson* [1958]) und wird in *Hillmer* [1988] ausgeführt. Die in (1.35) verwendete Doppel–Indizierung geht auf *Browne* [1974] zurück und ist gemäß der Nummerierung des $\mathbf{vecs}(\cdot)$–Operators zu verstehen. Der entscheidende Punkt an Satz 1.2 ist der, daß sich die asymptotische Verteilung des normierten Vektors $\underset{\sim}{s} = \mathbf{vecs}(S)$ der Stichprobenkovarianzmatrix allein durch die Momente zweiter und vierter Ordnung der Zufallsvariablen $Z_1, Z_2, \ldots$ beschreiben läßt – ohne den Beobachtungen eine konkrete Verteilung unterlegen zu müssen. Mit diesem Ergebnis sind wir nun in der Lage, die asymptotische Verteilung des **GLS**–Schätzers anzugeben. Hierzu sind zwei weitere Annahmen notwendig.

(A5) Die asymptotische Kovarianzmatrix V_+ von $\sqrt{n-1}\,\underset{\sim}{s}$ aus Satz 1.2 ist positiv definit.

(A6) Die $h{\times}t$–Jacobi–Matrix Δ_0 der Funktion $\underset{\sim}{\sigma} = \underset{\sim}{\sigma}(\vartheta)$ hat an der Stelle $\vartheta = \vartheta_0$ den vollen Spaltenrang t ($\leq h$).

<u>Satz 1.3</u> (asymptotische Verteilung des **GLS**-Schätzers) :

Unter den Voraussetzungen von Satz 1.2 sowie (A1) – (A6) gilt :

$\sqrt{n-1}\,(\hat{\vartheta}_{\mathrm{GLS,W}} - \vartheta_0)$ ist asymptotisch multivariat normal verteilt mit Mittelwert 0 und $t{\times}t$-Kovarianzmatrix :

$$\Omega := (\Delta_0' W_+ \Delta_0)^{-1} \Delta_0' W_+ V_+ W_+ \Delta_0 (\Delta_0' W_+ \Delta_0)^{-1} . \qquad (1.36)$$

Desweiteren ist Ω durch $\Omega_* := (\Delta_0' V_+^{-1} \Delta_0)^{-1}$ nach unten beschränkt, d.h. die Matrix $\Omega - \Omega_*$ ist positiv semidefinit. Wird die Wichtungsmatrix W der **GLS**-Anpassungsfunktion derart gewählt, daß $W_+ = k\, V_+^{-1}$ mit einer beliebigen Konstanten $k>0$ gilt, so ist $\Omega = \Omega_*$, d.h. die untere Schranke wird erreicht.

Der vorstehende Satz ist der Schlüssel zum gesamten **GLS**-Schätzansatz. Der entsprechende Beweis wird in *Browne* [1984, Seite 67] geführt und verwendet entscheidend das Resultat von Satz 1.2 . Die Kenntnis der asymptotischen Verteilung des **GLS**-Schätzers erlaubt insbesondere die konsistente Schätzung der Kovarianzmatrix Ω/n und damit der Standardfehler der geschätzten Parameter. Hierfür ist es nur erforderlich, die unbekannten Matrizen Δ_0 und V_+ in (1.36) durch entsprechende konsistente Schätzer zu ersetzen. Gleichzeitig eröffnet Satz 1.3 aber auch die Möglichkeit, die Wichtungsmatrix mit $W_+ = k\, V_+^{-1}$ derart festzulegen, daß die asymptotischen Varianzen der so vermittelten **GLS**-Schätzer sämtlich kleiner oder gleich denen aller anderen Schätzer sind, die Funktionen der Gestalt (1.34) minimieren. Die auf diese Weise gewonnen Schätzer sind damit <u>asymptotisch effizient</u> in der Klasse aller **GLS**-Schätzer und werden mit Browne als <u>BGLS-Schätzer</u> $\hat{\vartheta}_{\mathrm{BGLS}}$ (*best generalized least squares*) bezeichnet.

Wir haben den **GLS**-Schätzansatz zur Kovarianzstrukturanalyse aus dem Grund detaillierter dargestellt, da verdeutlicht werden sollte, daß es ohne jegliche Zugrundelegung einer bestimmten Verteilung für die Modellvariablen $\{Z_j\}$ möglich ist, konsistente und asymptotisch in einer recht allgemeinen Klasse effiziente Parameterschätzungen zu erhalten, deren Standardfehler asymptotisch bekannt sind. *Browne* [1984] spricht bei diesem allgemeinen Ansatz von <u>asymptotisch verteilungsfreien **ADF**-Schätzern</u> (*asymptotic distribution free*) . Zur praktischen Anwendung dieses Verfahrens ist es allerdings notwendig, die asymptotische Kovarianzmatrix V_+ von Satz 1.2 konsistent zu schätzen, das Ergebnis der Schätzung zu invertieren, und die auf diese Art gewonnene optimale Wichtungsmatrix $\hat{W}$ in der **GLS**-Anpassungsfuktion (1.34) zu verwenden. Hierfür ist nach (1.35) die Schätzung von vierten Momenten der Beobachtungen erforderlich, was eine große Anzahl von Beobachtungen voraussetzt. Der verteilungsfreie **BGLS**-Schätzer ist zwar im Programm-Paket **EQS** von Bentler in der dargestellten Weise implementiert. Er ist allerdings nur für relativ kleine Modelldesigns anwendbar, da die numerische Berechnung des Schätzers schnell an Kapazitätsgrenzen stößt (man bedenke die Dimension der zu schätzenden und zu invertierenden Matrizen).

Es liegt daher nahe, nach Wegen zu suchen, die optimale Wahl von W und damit die (B)**GLS**-Anpassungsfunktion (1.34) durch die Annahme spezieller Verteilungsklassen für die Modellvariablen zu vereinfachen, um damit die Komplexität des Minimierungsproblems zu verringern. Man gelangt dann zu den in der Praxis weitverbreiteten **GLS**–Ansätzen unter elliptischer wie unter Normal–Verteilungsannahme, wobei der letztere ein Spezialfall des ersteren darstellt. Zielsetzung dieser Verteilungsannahmen ist, die nach (1.35) und Satz 1.3 erforderliche Schätzung von vierten Momenten der beobachteten Variablen zu umgehen. Wir diskutieren diese Vereinfachungen nur noch in aller Kürze, da diese Ansätze in allen Monographien zur Kausalanalyse behandelt werden. Für eine ausführliche mathematische Darstellung sei wieder auf *Hillmer* [1988] verwiesen. Die verschiedenen **GLS**–Schätzansätze sind im Computer–Programmpaket **EQS** von *Bentler* [1985] verfügbar.

Charakteristikum von multivariaten elliptischen Verteilungen (siehe z.B. *Muirhead* [1982]) ist, daß sie zwar genauso wie multivariate Normalverteilungen symmetrisch sind (verschwindende zentrierte Momente dritter Ordnung), aber im Vergleich zu diesen einen positiven (leptokurtische Verteilungen) oder negativen (platykurtische Verteilungen) Kurtosis aufweisen können. Der Kurtosis (auch Exzeß oder Steilheit genannt) der eindimensionalen Randverteilungen einer $\mathbb{R}^r$–Zufallsvariablen $\mathbf{Z} = (Z_1,..,Z_r)'$ mit existierenden Momenten bis einschließlich vierter Ordnung ist definiert zu $\kappa_i := E(Z_i - EZ_i)^4 / (3\,\mathbf{Var}(Z_i)^2) - 1, \; 1 \le i \le r$. So ist zum Beispiel bei leptokurtischen Verteilungen im Vergleich zur Normalverteilung die Masse mehr zu den Enden der Dichtefunktion hin verschoben. Die multivariate Normalverteilung ist mit dem Sonderfall $\kappa_i \equiv 0$ aber in dieser Verteilungsklasse ebenso enthalten wie die multivariate t–Verteilung. Für unsere Zwecke ist die entscheidende Eigenschaft von elliptischen Verteilungen die, daß sämtliche Randverteilungen den gleichen Kurtosis κ aufweisen und daß sich mit Hilfe dieses Koeffizienten die vierten Momente der Verteilung direkt durch die zweiten Momente beschreiben lassen zu (Bezeichnungen von Satz 1.2):

$$\overset{0}{\sigma}_{ijkl} = (\kappa+1)\,(\overset{0}{\sigma}_{ij}\,\overset{0}{\sigma}_{kl} + \overset{0}{\sigma}_{ik}\,\overset{0}{\sigma}_{jl}), \quad 1 \le i,j,k,l \le r. \tag{1.37}$$

Mit dieser Relation ist es demnach möglich, einen **BGLS**–Schätzer mit optimaler Wichtungsmatrix anzugeben, der in der Praxis nur die Schätzung sämtlicher Momente zweiter Ordnung der Variablen erfordert. Zusätzlich notwendig ist allein die Angabe eines konsistenten Schätzers für den gemeinsamen Kurtosis–Koeffizienten. Genauso vereinfacht sich die zu minimierende **GLS**–Anpassungsfunktion und der Ausdruck für die asymptotische Kovarianzmatrix des Schätzers ganz erheblich. So läßt sich die optimale Wahl der Wichtungsmatrix W nach Satz 1.3 explizit in Matrizennotation angeben, und man erhält unter elliptischer Verteilungsvoraussetzung folgende EGLS–Anpassungsfunktion :

$$F_{\mathrm{BGLS},\kappa}(S,\Sigma(\vartheta)) := \frac{1}{2(\kappa+1)}\,\mathbf{sp}[\,((S-\Sigma(\vartheta))\,S^{-1})^2\,] - b\,\mathbf{sp}^2[\,(S-\Sigma(\vartheta))\,S^{-1}\,], \tag{1.38}$$

mit $b := \kappa / (4(\kappa+1)^2 + 2r\kappa(\kappa+1))$, vgl. *Browne* [1984]. Das numerische Minimierungsproblem ist damit wesentlich vereinfacht, da im Unterschied zu (1.34) nur noch Matrizen der Ordnung $r{\times}r$ eingehen. Zu bemerken ist aber, daß in *Hillmer* [1988] gezeigt wird, daß die (1.38) zugrundeliegende Wichtungsmatrix genau dann (P–*fs*) positiv definit ist, wenn $\kappa > r(r+2) - 1$ gilt. Wird diese Ungleichung somit nicht erfüllt, was bei platykurtischen Verteilungen leicht der Fall sein kann, so ist (1.38) nicht notwendig mehr nach unten durch Null beschränkt und damit keine Anpassungsfunktion mehr. In diesem Fall ist eine konsistente Schätzung des wahren Parameters somit nicht mehr gewährleistet und die Anpassungsgüte wird in der Regel zu hoch bewertet. In der Literatur wird auf diesen Punkt bislang nicht hingewiesen.

Abgesehen von diesem Problem ist es mit diesem Ansatz aber ohne großen Mehraufwand im Vergleich zum Spezialfall einer Normalverteilung möglich, Kurtosis-Korrekturen für den **BGLS**-Schätzer, dessen asymptotischer Kovarianzmatrix wie für die in Abschnitt d) zu behandelnde Teststatistik auf Anpassungsgüte vorzunehmen. Das Schätzproblem für den gemeinsamen Kurtosiskoeffizienten wird z.B. in *Mardia* [1970] und *Browne* [1982, 1984] behandelt, vgl. auch *Bentler* [1985]. Zum Abschluß der Darstellung des **GLS**-Schätzansatzes sei noch auf den einfachsten Fall einer den Modellvariablen unterstellten multivariaten Normalverteilung verwiesen. Hierzu sind aber keinerlei neuen Überlegungen erforderlich, da in (1.37) und (1.38) lediglich der Kurtosiskoeffizient κ auf Null gesetzt werden muß. Die zur Ableitung der optimalen Wichtungsmatrix erforderliche Matrix V_+ nach (1.35) ist damit bereits über die zweiten Momente der Beobachtungen bestimmt. Die entsprechende NGLS-Anpassungsfunktion ergibt sich zu :

$$F_{\mathrm{BGLS}}(S,\Sigma(\vartheta)) := \frac{1}{2}\, sp\,[\,((S-\Sigma(\vartheta))\,S^{-1})^{2}\,]\;. \qquad (1.39)$$

Unter Normalverteilungsannahme sind demnach aus der Minimierung von (1.39) asymptotisch effiziente **BGLS**-Schätzer zu gewinnen. Damit wären wir auch wieder bei der Form angelangt, die den frühen Arbeiten zum **GLS**-Schätzansatz von *Jöreskog/ Goldberger* [1972] und *Browne* [1974] zugrunde liegt. Ein Vergleich des entsprechenden Ausdrucks für die asymptotische Kovarianzmatrix des Schätzers mit der Informationsschranke von Cramér-Rao-Fréchet zeigt außerdem, daß der **BGLS**-Schätzer unter dieser Verteilungsvoraussetzung sogar asymptotisch effizient in der Klasse aller Minimalabweichungs-Schätzer ist, vgl. die folgende Diskussion.

c) Parameterschätzung mit dem ML-Ansatz

Naheliegender Ansatz zur Schätzung von linearen Strukturmodellen, die über die zweiten Momente identifiziert sind, ist die Anwendung des in der Statistik weitverbreiteten **ML**-Prinzips der Maximierung der Likelihood-Funktion (gemeinsame bedingte Dichte) der beobachtbaren Modellvariablen $\{Z_j\}$. Voraussetzung hierfür ist demnach, daß den Beobachtungen explizit eine Verteilung zugrundegelegt wird, die durch eine von den zu schätzenden Parametern abhängende Dichtefunktion zu beschreiben ist. Die multivariate Normalverteilung hat in diesem Zusammenhang den großen Vorteil, daß sie bereits durch ihre ersten beiden (multivariaten) Momente charakterisiert ist. Wir setzten daher im folgenden voraus, daß die Modellvariablen unabhängig und identisch multivariat $N(\mu_0,\Sigma_0)$-verteilt sind und daß der unbekannten, wahren Kovarianzmatrix mit $\Sigma = \Sigma(\vartheta)$, $\vartheta \in \Theta$ ein identifiziertes und für Σ_0 gültiges Kovarianzstrukturmodell zugrundegelegt ist. Aufbauend auf einer Stichprobe $\mathbf{Z}_1, .., \mathbf{Z}_n$ von festem Umfang n besteht unser Problem in der konsistenten Schätzung des eindeutig bestimmten wahren Parameters $\boldsymbol{\vartheta}_0 \in \Theta$. Unter den unterstellten Annahmen ist die Likelihood-Funktion der Stichprobe gegeben zu :

$$L(\mathbf{Z}_1,..,\mathbf{Z}_n \mid \mu_0,\Sigma_0) = (2\pi)^{-\frac{1}{2}nr} \,|\Sigma_0|^{-\frac{1}{2}n} \,\mathbf{exp}\{ -\frac{1}{2} \sum_{i=1}^{n} (\mathbf{Z}_i-\mu_0)' \,\Sigma_0^{-1} (\mathbf{Z}_i-\mu_0) \} \,. \quad (1.40)$$

Nach dem **ML**-Prinzip ist diese Funktion für feste Argumente in Abhängigkeit der unbekannten Parameter μ_0 und Σ_0 zu maximieren. Da (1.40) für positiv definite Kovarianzmatrizen immer echt größer als Null ist, kann äquivalent auch die logarithmierte Likelihood-Funktion $\tilde{L}(\mu_0,\Sigma_0) := \mathbf{ln}[\, L(\mathbf{Z}_1,..,\mathbf{Z}_n \mid \mu_0,\Sigma_0)\,]$ betrachtet werden. Diese kann unter Einbeziehung des üblichen unrestringierten **ML**-Schätzers der Kovarianzmatrix Σ_0 :

$$\tilde{\mathrm{S}} := \frac{1}{n} \sum_{i=1}^{n} (\mathbf{Z}_i-\bar{\mathbf{Z}})(\mathbf{Z}_i-\bar{\mathbf{Z}})' = \frac{1}{n} \sum_{i=1}^{n} (\mathbf{Z}_i-\mu_0)(\mathbf{Z}_i-\mu_0)' - (\bar{\mathbf{Z}}-\mu_0)(\bar{\mathbf{Z}}-\mu_0)' \,, \quad (1.41)$$

und unter Benutzung der Relation $\mathbf{x}' A\, \mathbf{y} = sp(A\mathbf{y}\mathbf{x}')$ für $\mathbb{R}^r$-Vektoren $\mathbf{x}, \mathbf{y}$ und eine $r{\times}r$-Matrix A auf folgende Form gebracht werden :

$$\tilde{L}(\mu_0,\Sigma_0) = -\frac{1}{2} nr\, \mathbf{ln}(2\pi) - \frac{1}{2} n\, \mathbf{ln}|\Sigma_0| - \frac{1}{2} \mathbf{sp}[\, \Sigma_0^{-1} \sum_{i=1}^{n} (\mathbf{Z}_i-\mu_0)(\mathbf{Z}_i-\mu_0)'\,] =$$

$$-\frac{1}{2} nr\, \mathbf{ln}(2\pi) - \frac{1}{2} n\, \mathbf{ln}|\Sigma_0| - \frac{1}{2} n\, \mathbf{sp}[\, \Sigma_0^{-1} \tilde{\mathrm{S}}\,] - \frac{1}{2} n\, (\bar{\mathbf{Z}}-\mu_0)' \,\Sigma_0^{-1} (\bar{\mathbf{Z}}-\mu_0) \,. \quad (1.42)$$

Man ersieht unmittelbar aus der Darstellung (1.42) , daß zur Schätzung des Erwartungswertes mit dem **ML**-Prinzip nur der letzte Term eine Rolle spielt und die quadratische Form aufgrund der positiven Definitheit von Σ_0^{-1} bei $\hat{\mu}_{\mathrm{ML}} = \bar{\mathbf{Z}}$ ihr Minimum annimmt. Unter Vernachlässigung des konstanten ersten Termes verbleibt somit nur noch der Ausdruck :

$$L^* := \tilde{L}(\bar{\mathbf{Z}},\Sigma_0) + \frac{1}{2} nr\, \mathbf{ln}(2\pi) = -\frac{1}{2} n \,\{\, \mathbf{ln}|\Sigma_0| + \mathbf{sp}[\, \Sigma_0^{-1} \tilde{\mathrm{S}}\,]\,\} \quad (1.43)$$

in Abhängigkeit der Kovarianzmatrix Σ_0 zu maximieren. Die Lösung für den **ML**-Schätzer ist bekanntlich durch den Ausdruck (1.41) gegeben. Allerdings geht es uns gar nicht primär um eine unrestringierte Schätzung von Σ_0 , sondern um die Definition einer Anpassungsfunktion zweier positiv definiter Matrizen. Das **ML**-Prizinp der Maximierung von (1.43) ist aber direkt auf unsere Problemstellung zu übertragen, indem man für Σ_0 die spezielle Parametrisierung $\Sigma = \Sigma(\boldsymbol{\vartheta})$, $\boldsymbol{\vartheta} \in \Theta$ des Kovarianzstrukturmodells einsetzt und damit zu einer Schätzung im restringierten Raum $\Sigma(\Theta)$ unter nichtlinearen Nebenbedingungen übergeht. Die in **LISREL** verwendete ML-Anpassungsfunktion ist dann direkt aus (1.43) abzuleiten, indem man die in Definiton 1.4 geforderte Normierung in Form zweier additiver Terme vornimmt :

$$F_{ML}(S,\Sigma(\vartheta)) := ln|\Sigma(\vartheta)| - ln|S| + sp[\Sigma(\vartheta)^{-1}S] - r . \quad (1.44)$$

Wir haben den **ML**-Schätzansatz zur Kovarianzstrukturanalyse damit über die Ableitung des unrestringierten **ML**-Schätzers $\tilde{S}$ für die wahre Kovarianzmatrix motiviert. Mit (1.44) haben wir aber ein Ergebnis vorliegen, das unabhängig von der speziellen Wahl eines konsistenten Schätzers für Σ_0 ist. Aus diesem Grund haben wir auch wieder die allgemeine Notation mit S gewählt. Zum Beweis dafür, daß (1.44) die Eigenschaften (1.29) einer Anpassungsfunktion erfüllt, vergleiche z.B. *Seber* [1984, Seite 523]. Der durch Minimierung von $\vartheta \longrightarrow F_{ML}(S,\Sigma(\vartheta))$ in Θ gewonnene **ML**-Schätzer $\hat{\vartheta}_{ML}$ ist damit unter den Voraussetzungen von Satz 1.1 ein konsistenter Schätzer für den wahren Parametervektor ϑ_0. Es sei ausdrücklich darauf hingewiesen, daß diese Aussage unabhängig davon ist, ob den Modellvariablen eine spezielle Verteilung unterlegt worden ist oder nicht. Andere statistische Eigenschaften wie die Effizienz sowie die Korrektheit der geschätzten Standardfehler des **ML**-Schätzers können dagegen sehr wohl von der unterstellten Verteilungsannahme abhängen.

Unter Normalverteilungshypothese besitzt der aus (1.44) resultierende Minimalabweichungs-Schätzer die bekannten günstigen Eigenschaften von **ML**-Schätzern: er ist asymptotisch effizient und normal verteilt mit bekannter Kovarianzmatrix, vgl. z.B. *Kendall/Stuart* [1973]. Es liegt nun nahe, die beiden vorgestellten Schätzmethoden **ML**-Ansatz und **GLS**-Ansatz miteinander zu vergleichen, um Aussagen über die relative statistische Güte der beiden Schätzer machen zu können. Beide Verfahren vermitteln konsistente und damit asymptotisch erwartungstreue Minimalabweichungs-Schätzer. Zu fragen ist demnach, ob Unterschiede bezüglich der Standardfehler der Parameterschätzung, d.h. der (asymptotischen) Kovarianzmatrix der Schätzer ermittelt werden können. Nach Satz 1.3 kennen wir die asymptotische Kovarianzmatrix eines **BGLS**-Schätzers. Unterstellt man den Modellvariablen eine multivariate Normalverteilung, so kann diese Matrix mit der maximal erreichbaren unteren Schranke verglichen werden, die nach der Informationsungleichung von Cramér-Rao-Fréchet für erwartungstreue Schätzer durch die Inverse der Informationsmatrix gegeben ist, vgl. z.B. *Rao* [1965, Seite 265]. Dabei zeigt sich, daß die asymptotische Kovarianzmatrix des **BGLS**-Schätzers diese untere Schranke tatsächlich erreicht, vgl. *Browne* [1974] und *Hillmer* [1988]. **BGLS**-Schätzer sind damit unter der Normalverteilungshypothese asymptotisch effizient in der Klasse *aller* asymptotisch erwartungstreuen Schätzer für ϑ_0, sie sind sogenannte "*minimum-variance unbiased estimators*".

Damit ist der Problemstellung der Ableitung von Minimalabweichungs-Schätzern mit möglichst "guten" statistischen Eigenschaften – zumindest asymptotisch und unter der Normalverteilung – erfolgreich zu begegnen: Beide vorgestellten und in den Programmpaketen **LISREL** und **EQS** implementierten Schätzansätze liefern in diesem Fall konsistente und asymptotisch effiziente Schätzer für die freien Parameter des Kovarianzstrukturmodells. In *Browne* [1974] wird desweiteren explizit gezeigt, daß die **ML**- und **BGLS**-Schätzer asymptotisch äquivalent sind , d.h. $\hat{\vartheta}_{ML}$ und $\hat{\vartheta}_{BGLS}$ für große Stichprobenumfänge P-fs übereinstimmen. Bezüglich der asymptotisch abzuleitenden statistischen Eigenschaften unterscheiden sich beide Schätzansätze damit nicht. Für endliche

Stichprobenumfänge gilt dies natürlich nicht notwendigerweise. Die gesamte Kovarianzstrukturanalyse stellt bislang einen asymptotischen Ansatz dar, so daß für diesen Fall keine theoretischen Erkenntnisse zur Verfügung stehen.

d) Statistische Tests auf Anpassungsgüte von Kovarianzstrukturmodellen

Die Methode der Kovarianzstrukturanalyse beruht auf der Hypothese, daß der hinter den beobachtbaren Korrelationsbeziehungen der manifesten Modellvariablen stehende Generierungsprozeß, unter Einbeziehung substantieller Hypothesen und theoretischer Konstrukte, derart in einem linearen Strukturgleichungssystem zu modellieren ist, daß die resultierende Parametrisierung der Kovarianzmatrix eine Reproduktion der wahren Beziehungen mit akzeptabler Güte ermöglicht. Für diesen konfirmatorischen Ansatz ist es demzufolge von entscheidender Bedeutung, die mögliche Anpassung des Kovarianzstrukturmodelles $\Sigma = \Sigma(\vartheta)$, $\vartheta \in \Theta$ an den konsistenten Schätzer S der wahren Kovarianzmatrix statistisch beurteilen zu können. Bildet das vorgeschlagene strukturelle Modell die Wirkungszusammenhänge in der Wirklichkeit richtig ab, so ist das Kovarianzstrukturmodell gültig für Σ_0, und die speziellen (Überidentifikations–)Restriktionen der Parametrisierung sollten auch von den aus einer Stichprobe geschätzten empirischen zweiten Momenten erfüllt sein. Für die mit einem Minimal–Abweichungsschätzer $\hat{\vartheta}_F$ erzielte und durch die Funktion F quantifizierte Anpassung gilt dann unter den Voraussetzungen von Abschnitt a) :

$$F(S,\Sigma(\hat{\vartheta}_F)) \xrightarrow{st} F(\Sigma_0,\Sigma(\vartheta_0)) = 0 \quad , \tag{1.45}$$

da S stochastisch gegen Σ_0 und $\Sigma(\hat{\vartheta}_F)$ aufgrund der Konsistenzeigenschaft des Minimalabweichungs–Schätzers stochastisch gegen $\Sigma(\vartheta_0)$ konvergiert. Je geringer der erzielte minimale Abweichungs–Wert, desto besser ist die Modellanpassung. Der Ausdruck $F(S,\Sigma(\hat{\vartheta}_F))$ ist allerdings erst dann eine aussagekräftige Maßzahl für die Erklärungsgüte der strukturellen Modellierung, wenn sie in Relation zur Anzahl $s := h - t$ der Freiheitsgrade des Kovarianzstrukturmodells statistisch bewertet werden kann. Notwendig ist hierfür die – zumindest asymptotische – Kenntnis der Verteilung von $F(S,\Sigma(\hat{\vartheta}_F))$ unter der Nullhypothese der Gültigkeit des Modelles. Wie der folgende Satz zeigt, ist dies bei einschränkenden Parametrisierungen der Kovarianzmatrix und damit einer echt positiven Anzahl von Freiheitsgraden für beide dargestellten konkreten Schätzansätze möglich.

<u>Satz 1.4</u> (asymptotische Verteilung der Testgröße) :

Sei $\hat{\vartheta}_{BGLS}$ der konsistente **BGLS**–Schätzer bei optimaler Wahl der Wichtungsmatrix in der **GLS**–Anpassungsfunktion $F_{GLS,W}$ zu $plim\ W = V_+^{-1}$. Dann gilt unter den Voraussetzungen von Satz 1.3 :

$$(n-1)\ F_{GLS,W}(S,\Sigma(\hat{\vartheta}_{BGLS})) \overset{asy}{\sim} \chi^2_{h-t} \tag{1.46}$$

Sind die Modellvariablen Z_j zudem multivariat normal verteilt, so gilt mit dem konsistenten ML-Schätzer $\hat{\vartheta}_{ML}$ unter der Anpassungsfunktion F_{ML} :

$$(n-1)\ F_{ML}(S,\Sigma(\hat{\vartheta}_{ML}))\ \overset{asy}{\sim}\ \chi^2_{h-t}\ . \tag{1.47}$$

Der Beweis von (1.46) wird in *Browne* [1974] unter Benutzung einer Aussage über die χ^2-Verteilung von quadratischen Formen geführt; (1.47) entspricht gerade dem bekannten Likelihood-Quotiententest, der auf dem Vergleich der maximalen Werte der Likelihood-Funktionen im unrestringierten Parameterbereich Δ^r, mit dem durch die Nullhypothese eingeschränkten Bereich $\Sigma(\Theta)$ beruht.

Mit diesem Ergebnis ist man demnach in der Lage, die Anpassung des vorgeschlagenen Kovarianzstrukturmodelles an die wahre Kovarianzmatrix Σ_0 statistisch zu testen. Die Nullhypothese unterstellt die Gültigkeit des Kovarianzstrukturmodelles für Σ_0, d.h. daß die spezielle Parametrisierung $\Sigma = \Sigma(\vartheta)$ optimal in Θ an Σ_0 angepaßt werden kann. Die Fehlerwahrscheinlichkeit erster Art – Ablehnen der Nullhypothese, obwohl sie richtig ist – kann dann vermöge der asymptotischen Verteilung der Teststatistik (1.46) bzw. (1.47) für große Stichproben kontrolliert werden, d.h. $\Sigma(\hat{\vartheta}_F)$ ist auf ein signifikantes Abweichen von S zu testen. Übersteigt die Teststatistik bei einem vorgegebenen Signifikanzniveau $\alpha \in [0,1]$ das $(1-\alpha)$-Quantil der χ^2_{h-t}-Verteilung, so ist das Kovarianzstrukturmodell, d.h. die t freien Parameter ϑ zur ausreichenden Reproduzierung und damit Erklärung der $h = r(r+1)/2$ unabhängigen Kovarianzbeziehungen S in der Stichprobe nicht ausreichend. Die unterstellte strukturelle Modellierung muß als nicht kompatibel mit der Wirklichkeit verworfen werden. Liegt die Statistik unter diesem kritischen Wert, so ist der Modellansatz als *eine mögliche* Darstellung des "wahren" Generierungsprozesses der beobachtbaren Variablen anzusehen. Da diesem Testansatz nur die unspezifizierte Gegenhypothese $\Sigma_0 \in \Delta^r$ zugrundeliegt, sind allerdings zum in diesem Fall möglicherweise auftretenden Fehler zweiter Art und folglich zur Macht des Verfahrens keine Aussagen zu machen.

Der Vorteil des Anpassungstests liegt darin, daß sich die Teststatistik direkt aus dem normierten Wert der Anpassungsfunktion im durch den konsistenten Schätzer erzielten Minimum ergibt. Zur strikten Interpretation des Ansatzes (1.46) bzw. (1.47) als statistische Tests sind allerdings einige Anmerkungen zu machen, vgl. auch *Bentler/Bonett* [1980]. Der wahre, den Beobachtungen zugrundeliegende kausale Mechanismus ist im konkreten Anwendungsfall natürlich unbekannt und kann nur ansatzweise modelliert werden. Empirische Strukturmodelle erheben in der Regel auch nicht den Anspruch, die Beziehungen in der Wirklichkeit vollkommen erklären zu können. Gewisse Abweichungen zwischen theoretisch restringierter und frei geschätzter Kovarianzmatrix wird man daher bei allen, den Anpassungsbereich einschränkenden, Strukturmodellen erwarten dürfen. Dies wird dann zum Problem, wenn der Stichprobenumfang sehr groß ist. In diesem Fall muß gleichzeitig auch die Anpassungsgüte im Vergleich zur Anzahl der Freiheitsgrade sehr gut sein, um unter der Nullhypothese eine vernünftige Irrtumswahrscheinlichkeit einzuhalten – asymptotisch dürfen sich die beiden Matrizen überhaupt nicht mehr voneinander unterscheiden. Dieser Umstand schlägt sich auch in der direkten Abhängigkeit der Teststatistiken vom Stichprobenumfang n nieder.

Relativ zur Anzahl der Freiheitsgrade $s = h - t$ der Modellierung hat man aber mit dieser Statistik ein vernünftiges globales Maß zur Beurteilung der Erklärungsgüte vorgeschlagener Strukturmodelle. Insbesondere zur Modellselektion konkurrierender Modelle, die aufgrund derselben Stichprobe getestet werden sollen, sind Aussagen über das Signifikanzniveau der erzielten minimalen Abweichungswerte sehr hilfreich. Die Bestimmung eines bestmöglich angepaßten Strukturmodelles in einer gewissen, theoretischen Vorstellungen verpflichteten Menge sinnvoller Strukturen, wird statistisch abgesichert. Bei hierarchisch voneinander abhängenden Modellen (sog. "*nested models*") wird eine derartige Vorgehensweise zusätzlich durch eine χ^2–Differenzen–Teststatistik unterstützt. In naheliegender Verallgemeinerung der Vorgehensweise beim allgemeinen Anpassungstest wird hierzu neben dem eingeschränkten $\Sigma(\Theta)$ und dem unrestringierten Bereich Δ^r ein weiterer betrachtet, der eine Teilmenge oder umgekehrt eine Obermenge von $\Sigma(\Theta)$ im Raum Δ^r ist. Im einfachsten Fall legt man die gleiche strukturelle Modellierung der zweiten Momente zugrunde, arbeitet aber mit zwei unterschiedlichen Parameterbereichen $\Theta_1 \subset \mathbb{R}^{t_1}$ und $\Theta_2 \subset \mathbb{R}^{t_2}$ mit $t_2 > t_1$, wobei das erste Modell aus dem zweiten durch Restriktion weiterer, bislang freier Strukturparameter entsteht. Unter der Nullhypothese der Gültigkeit des ersten, eingeschränkteren Kovarianzstrukturmodelles $\Sigma = \Sigma_1(\vartheta_1)$, $\vartheta_1 \in \Theta_1$ und normalverteilten Modellvariablen gilt dann mit den jeweiligen **ML**–Schätzern $\hat{\vartheta}_1$ bzw. $\hat{\vartheta}_2$:

$$(n-1) \{ F_{ML}(S,\Sigma_1(\hat{\vartheta}_1)) - F_{ML}(S,\Sigma_2(\hat{\vartheta}_2)) \} \overset{asy}{\sim} \chi^2_{t_2-t_1} , \tag{1.48}$$

d.h. die erzielten Minimalabweichungen können direkt miteinander verglichen werden. Erweist sich dabei die normierte Differenz im Vergleich zur Anzahl der Freiheitsgrade als zu groß, so führen die zusätzlichen Erklärungsparameter in Θ_2 zu einer statistisch signifikanten Verbesserung der Modellanpassung. Dem allgemeineren Modell muß also der Vorzug gegeben werden – immer unter Beachtung, daß die Identifikation des Kovarianzstrukturmodells gewahrt bleiben muß. Im umgekehrten Fall wird man auf die Hinzunahme der weiteren Parameter verzichten, da grundsätzlich das Ziel anzustreben ist, die Anzahl der freien Modellparameter möglichst gering zu halten.

e) Abschließende Bemerkungen

Mit der Kovarianzstrukturanalyse haben wir einen allgemeinen Schätz– und Testansatz kennengelernt, der für beliebige lineare Strukturgleichungsmodelle, deren Parameter über die zweiten Momente der manifesten Variablen identifiziert werden können, konsistente und asymptotisch effiziente Schätzwerte vermittelt. Zudem ist die Möglichkeit gegeben, die Anpassungsgüte des aus der strukturellen Modellierung implizierten Kovarianzstrukturmodelles an die Verhältnisse in der Wirklichkeit statistisch zu testen. Unter strikter Beachtung des konfirmatorischen Charakters dieses Analyseinstruments sind damit Aussagen zum Generierungsmechanismus beobachtbarer Phänomene möglich, auch vor allem aus dem Grund, da Strukturrelationen auf der Ebene latenter Variablen angesiedelt werden können.

Zu bemerken ist aber auch, daß dieser Ansatz die traditionellen ökonometrischen Verfahren wie **OLS**– oder **ML**–Schätzung multivariater linearer Regressionsmodelle mit umfaßt. Aufgrund der exakten Identifiziertheit der Modellparameter dieser unrestringierten Modelle sind die Minimalabweichungs–Schätzer der Kovarianzstrukturanalyse – unabhängig vom verwendeten Schätzverfahren – identisch mit den klassischen Schätzern, vgl. *Hillmer* [1990]. Auch im Rahmen des ökonometrischen linearen simultanen Gleichungsmodells stehen mit der Kovarianzstrukturanalyse effiziente Schätzverfahren bei voller Information zur Verfügung. So entspricht der diesbezügliche **ML**–Ansatz einer Minimierung der Anpassungsfunktion (1.44) der üblichen **FI/ML**–Schätzung unter Normalverteilungshypothese von *Koopmans/Rubin/Leipnik* [1950]. Damit sind die kommerziellen Programm–Pakete **LISREL** und **EQS** auch für diese ökonometrischen Modelle von großem praktischen Nutzen. Darüberhinaus wird deutlich, daß sich der allgemeine Schätzansatz der Kovarianzstrukturanalyse nur wenig von vertrauten Verfahren unterscheidet und damit bei Ökonometrikern eigentlich auf wenig Akzeptanzprobleme stoßen sollte.

Zwei kritische Punkte sollen im folgenden noch angesprochen werden. Zum einen ist zu betonen, daß die Theorie der Kovarianzstrukturanalyse sämtlich auf asymptotischen Aussagen beruht. Die Konsistenz wie die asymptotische Effizienz sind statistische Gütekriterien, die sich auf Eigenschaften von Schätzern bezüglich Stichproben beziehen, deren Umfang n gegen Unendlich geht. Genauso sind die ermittelten Standardfehler der Parameterschätzung wie der χ^2–Anpassungstests nur asymptotisch gültig. In praktischen Anwendungen hat man es natürlich mit endlichen, in der Regel kleinen Stichproben zu tun. Aussagen darüber, wie groß eine Stichprobe sein sollte, um sinnvoll mit den asymptotischen Resultaten arbeiten zu können, sind in der Literatur nur spärlich zu finden und darüberhinaus wenig einheitlich. Der Grund hierfür ist, daß über die exakten Eigenschaften von Minimalabweichungs–Schätzern in endlichen Stichproben nichts bekannt ist. Entsprechende Erkenntnisse beruhen daher ausschließlich auf Simulationsstudien, deren Ergebnisse naturgemäß sehr stark vom zugrundegelegten Modelldesign abhängen und damit kaum verallgemeinert werden können.

Der zweite Punkt betrifft die Annahme einer speziellen Verteilungsklasse für die Modellvariablen. In empirischen Studien zur Kausalanalyse wird hier in aller Regel von der Normalverteilung ausgegangen – in weitestgehender Übereinstimmung mit der traditionellen Ökonometrie. Diese Wahl ist bereits aus praktischen Erwägungen heraus wohl zu begründen. Das zu lösende Minimierungsproblem weist in diesem Fall im Vergleich zu allgemeineren Verteilungshypothesen den geringsten Komplexitätsgrad auf und es kann auf die gut bekannte **ML**–Schätztheorie, wie z.B. den Likelihood–Quotiententest, zurückgegriffen werden. Wie wir ausgeführt haben, ist unter der Normalverteilung die asymptotische Effizienz des **ML**– wie **BGLS**–Minimalabweichungs–Schätzers zu zeigen.

Doch auch methodische Argumente sprechen für die Normalverteilung. Da die Kovarianzstrukturanalyse zur Modellidentifikation und –schätzung allein auf die Kovarianzmatrix der manifesten Modellvariablen zurückgreift, ist es erforderlich, daß die strukturrelevanten Informationen bereits ausreichend in den zweiten Momenten der Beob–

achtungen vorhanden sind. Diese Eigenschaft erfüllt im besonderen die multivariate Normalverteilung, die allein durch ihre ersten beiden Momente voll beschrieben werden kann. Vor diesem Hintergrund ist daher die Frage zu stellen, ob ein allzuweites Abgehen von der Normalverteilung überhaupt sinnvoll ist. Läßt man allgemeine Verteilungen wie z.B. mittels des verteilungsfreien **ADF**-Ansatzes von *Browne* [1984] zu, so sollten konsequenterweise auch höhere als zweite Momente strukturell modelliert und in die Modellanpassung einbezogen werden. Diesen Weg allgemeiner Momentstrukturmodelle schlägt zum Beispiel *Bentler* [1983b] ein – allerdings allein im theoretischen Rahmen. Praktische Anwendungen dieses Ansatzes sind uns jedenfalls bislang nicht bekannt. So bleibt bei einer Beschränkung auf die zweiten Momente nach unserer Überzeugung wenig Spielraum für allzu umfassende Verteilungsannahmen.

Deutlich zu machen ist aber natürlich, daß die abgeleiteten Aussagen über die asymptotische Kovarianzmatrix der Minimalabweichungs-Schätzer und die Verteilung der Teststatistiken auf Anpassungsgüte von Kovarianzstrukturmodellen unter Verwendung der **ML**- bzw. **NGLS**-Anpassungsfunktionen (1.44) bzw. (1.39) im allgemeinen nur dann gültig sind, wenn die Modellvariablen auch wirklich multivariat normal verteilt sind – von der Effizienz einmal ganz abgesehen. Allein die Konsistenz-Eigenschaft ist davon unabhängig immer gegeben. Mit dem **BGLS**-Schätzansatz ist es zwar prinzipiell möglich, die asymptotischen Standardfehler der Schätzer sowie die Anpassungs-Teststatistik auch dann konsistent anzugeben, wenn die Verteilung der Modellvariablen stark von der multivariaten Normalverteilung abweicht. Neben den schätz- und rechentechnischen Problemen, die mit dem verteilungsfreien Ansatz verbunden sind, haben wir aber bereits oben methodische Argumente gegen eine derartige Vorgehensweise vorgebracht. Die **GLS**-Schätztheorie unter elliptischer Verteilungsannahme erscheint uns dagegen eine sinnvolle Verallgemeinerung zu sein. Im Falle eines signifikant von Null abweichenden Kurtosiskoeffizienten einer ansonsten symmetrischen empirischen Verteilung der Modellvariablen, sind mit diesem Ansatz ohne großen Mehraufwand Kurtosis-Korrekturen für die Standardfehler und Teststatistiken vorzunehmen.

Darüberhinaus sind in jüngster Zeit Ergebnisse bekannt geworden, die darauf hindeuten, daß für spezielle Modelle die übliche **ML**-Schätzung der asymptotischen Kovarianzmatrix der Parameterschätzer auch dann noch konsistent ist, wenn die Variablen in Wirklichkeit nicht multivariat normal verteilt sind. Diese Erkenntnisse beziehen sich vor allem auf die geschätzten Strukturparameter und Faktorladungen von linearen Modellansätzen, nicht aber auf die Fehlervarianzen der Meß- und Strukturgleichungen. So zeigen *Satorra/Bentler* [1986] und *Anderson/Amemiya* [1988], daß im konfirmatorischen Faktorenmodell (1.13) mit unabhängigen Meßfehlern $U_1, .., U_m$ und unrestringierter Kovarianzmatrix der Faktoren $K(f) = \Phi$ die asymptotischen **ML**-Standardfehler der Faktorladungen für eine sehr große Verteilungsklasse für die Modellvariablen korrekt sind. Ein ähnliches Ergebnis wird von *Anderson/Amemiya* [1988] für lineare Strukturgleichungsmodelle erzielt. Auch hier ist die asymptotische Kovarianzmatrix sämtlicher geschätzter Strukturparameter für eine große Klasse von tatsächlichen Verteilungen identisch mit der unter Normalverteilungs-Annahme abgeleiteten, falls die Meßfehler verschiedener Gleichungen unabhängig sind und die Kovarianzmatrix der exogenen Variablen unrestringiert ist. *Satorra/Bentler* [1986] machen eine vergleichbare Aussage für rekursive lineare Modelle. Für die in aller Regel interessierenden Strukturkoeffizienten sind damit auch bei nicht normal verteilten Modellvariablen mit dem üblichen ML-Schätzansatz in vielen Fällen korrekte Standardfehler zu erhalten.

Zum Abschluß sei noch auf einen weiteren Vorschlag hingewiesen, der vor kurzem zur Lösung der Verteilungs-Problematik der Modellvariablen gemacht wurde. Aufbauend auf die Arbeiten von *White* [1982] und *Gourieroux/Monfort/Trognon* [1984] übertragen *Arminger/Schoenberg* [1989] den **PML**-Ansatz ("*pseudo maximum likelihood*") auf die Schätzung von Kovarianzstrukturen. *Arminger/Schoenberg* [1989] zeigen, daß eine konsistente Schätzung der asymptotischen Kovarianzmatrix von **ML**-Parameterschätzern möglich ist, auch wenn die Variablen nicht multivariat normal verteilt sind und damit das Schätzmodell eigentlich fehlspezifiziert ist. Die **PML**-Schätzung der Standardfehler kommt dabei ohne die Momente vierter Ordnung der Modellvariablen aus. Dieser interessante Ansatz liegt implementiert in dem Computerprogramm **LINCS** vor, vgl. *Schoenberg* [1989].

KAPITEL 2 : Zeitreihenmodelle für stationäre und integrierte Zeitreihen

2.1 Zeitreihen und stationäre stochastische Prozesse

Als Zeitreihe bezeichnet man eine Folge zeitlich geordneter (stochastischer) Beobachtungen einer numerischen Variablen. Das Charakteristikum der Analyse von Zeitreihen besteht, im Unterschied zu anderen statistischen Verfahren, welche auf Zufallsstichproben beruhen, in der expliziten Berücksichtigung dieser Anordnung und Untersuchung der zeitlichen Abhängigkeiten, da aufeinanderfolgende Beobachtungen in aller Regel nicht als stochastisch unabhängig anzusehen sind. Die Gründe für die Beschäftigung mit Zeitreihen sind vielfältig. Zum einen kann man an der Prognose zukünftiger Werte einer Größe unter Zuhilfenahme von Informationen aus deren eigenen Vergangenheit interessiert sein. Oder man will die typischen Eigenschaften der beobachteten Reihenwerte nur beschreiben, um etwaige Regelmäßigkeiten abzuleiten. Hat man eine Vorstellung darüber, welcher generierende Mechanismus den zeitabhängigen Beobachtungen zugrundeliegt, kann ein Modell für die Zeitreihe entwickelt werden. Damit besteht dann die Möglichkeit, die Entwicklung der Reihe in der Zukunft bewußt zu kontrollieren, um im Sinne eines Zielsystems bestimmte Ergebnisse zu erzielen.

Die meisten makroökonomischen Variablen können nur zu gewissen diskreten Zeitpunkten beobachtet werden oder definieren sich erst über ein bestimmtes Zeitintervall hinweg. Aus diesem Grund seien hier nur Zeitreihen betrachtet, die in diskreter Zeit ablaufen, obwohl man den Beobachtungen auch zeitkontinuierliche Prozesse zugrundelegen könnte. Daneben beschränkt man sich in der Regel auf die Analyse von zeitabhängigen Größen, die äquidistant beobachtet werden, d.h. die Zeitabstände zwischen zwei aufeinanderfolgenden Beobachtungen seien als gleich angenommen. Im allgemeinen definiert man deswegen eine Zeitreihe für Zeitpunkte aus der Menge $\mathbb{Z}$ der ganzen Zahlen. Zur Analyse von Zeitreihen, deren dynamisches Verhalten im wesentlichen auf stochastischen Einflüssen beruht, hat sich insbesondere die mathematische Theorie der stationären stochastischen Prozesse als sehr fruchtbar erwiesen. Mit deren Begriffsbildungen soll auf den univariaten Fall beschränkt begonnen werden.

<u>Definition 2.1</u> (stochastischer Prozeß) :

Eine Familie X_t, $t \in \mathbb{Z}$, von Zufallsgrößen auf dem Wahrscheinlichkeitsraum $(\Omega,\mathfrak{A},\mathbb{P})$ mit Werten in $\mathbb{R}$ heißt <u>eindimensionaler diskreter stochastischer Prozeß</u>. Die für jedes $\omega \in \Omega$ durch $t \longrightarrow X_t(\omega)$ definierte Funktion von $\mathbb{Z}$ in $\mathbb{R}$ heißt <u>Pfad</u>, <u>Realisation</u> oder <u>Trajektorie</u> des stochastischen Prozesses X_t, $t \in \mathbb{Z}$.

Ein stochastischer Prozeß ist also eine vom Zeitparameter $t \in \mathbb{Z}$ abhängige Folge von reellen Zufallsvariablen. Er stellt das mathematische Modell zur Beschreibung von Vorgängen in Natur, Technik und Ökonomie dar, die in der Zeit ablaufen und deren Ausgang vom Zufall abhängt. Der Funktionswert $X_t(\omega)$ repräsentiert dabei die Beobachtung zum Zeitpunkt $t \in \mathbb{Z}$ für eine bestimmte von $\omega \in \Omega$ abhängende Realisation. Das stochastische Verhalten eines Prozesses ist charakterisiert durch die zugehörige Familie der endlichdimensionalen Verteilungen, die z.B über die gemeinsamen Verteilungsfunktionen beliebiger endlicher Zusammenstellungen von Zufallsvariablen X_t, $t \in \mathbb{Z}$ gegeben ist zu :

$$F_{t_1,t_2,..,t_n}(x_1,..,x_n) = \mathbb{P}(X_{t_1} \leq x_1,.., X_{t_n} \leq x_n) \;, \quad n \in \mathbb{N} \;, \; t_1,..,t_n \in \mathbb{Z} \;, \; x_1,..,x_n \in \mathbb{R} \,.$$

In konkreten Anwendungsfällen wird man die Eigenschaften des Prozesses nicht sinnvoll in dieser Allgemeinheit spezifizieren können. Einschränkende Annahmen über das Vorliegen eines gewissen stochastischen Gleichgewichtszustands unterstellt die folgende Begriffsbestimmung.

<u>Definition 2.2</u> (streng stationärer stochastischer Prozeß) :

Eine stochastischer Prozeß X_t, $t \in \mathbb{Z}$ heißt <u>streng stationär</u>, falls für alle $h \in \mathbb{Z}$ gilt :

$$F_{t_1+h,..,t_n+h}(x_1,..,x_n) = F_{t_1,..,t_n}(x_1,..,x_n) \;, \quad n \in \mathbb{N} \;, \; t_i \in \mathbb{Z} \;, \; x_i \in \mathbb{R} \;.$$

Bei einem streng stationären Prozeß sind somit sämtliche endlichdimensionalen Verteilungen invariant gegenüber Verschiebungen auf der Zeitachse. Als unmittelbare Folge ergibt sich, daß die stochastischen Eigenschaften der einzelnen Zufallsvariablen X_t nicht vom Zeitindex t abhängen und somit sämtliche X_t identisch verteilt sind. Setzt man die Existenz der ersten beiden Momente für diese Verteilung voraus, so ergibt sich daraus, daß $\mathbf{E}X_t = \mathbf{E}X_{t+h} \equiv \mu \in \mathbb{R}$ für alle $t,h \in \mathbb{Z}$ und $\mathbf{Cov}(X_s,X_t) = \mathbf{E}(X_s-\mu)(X_t-\mu) = \mathbf{E}(X_0-\mu)(X_{t-s}-\mu) =: \gamma(t-s)$ für alle $s,t \in \mathbb{Z}$ gilt. Der Erwartungswert ist damit unabhängig vom Zeitpunkt t konstant für alle X_t und die Kovarianz zwischen X_s und X_t ist nur eine reelle Funktion $\gamma(h)$ der Zeitdifferenz $h = t-s$ der beiden Zeitpunkte; sie wird <u>Autokovarianzfunktion</u> des stochastischen Prozesses genannt. Für die Varianz von X_t gilt damit $\mathbf{Var}(X_t) = \mathbf{Cov}(X_t,X_t) \equiv \gamma(0) =: \sigma^2$. Dividiert man die Autokovarianzfunktion durch die für alle $t \in \mathbb{Z}$ konstante Varianz σ^2, so erhält man die <u>Autokorrelationsfunktion</u> $\rho(h) := \gamma(h)/\sigma^2$, $h \in \mathbb{Z}$. Sie gibt die serielle Korrelation zwischen zeitversetzten Werten des Prozesses wieder. Da Kovarianzen reeller Zufallsvariablen symmetrisch sind, genügt es, Autokovarianzen bzw. –korrelationen nur für Zeitdifferenzen (=lags) $h \geq 0$ zu betrachten. Nur im Falle, daß die endlichdimensionalen Verteilungen als multivariate Normalverteilungen angenommen werden (sog. Gaußsche Prozesse), ist die Kenntnis der Werte von μ und $\gamma(h)$ suffizient zur Charakterisierung der stochastischen Eigenschaften des Prozesses.

Die Voraussetzung, daß sämtliche endlichdimensionalen Verteilungen und damit die stochastische Struktur des Prozesses zeitinvariant sind, ist im allgemeinen eine für die Praxis zu strikte Annahme. In vielen Anwendungen wird man über die relevante Verteilungsfunktion nichts aussagen können. Betrachtet man dagegen nur die ersten beiden Momente eines stochastischen Prozesses und benutzt die oben abgeleitete Charakterisierung, so gelangt man zu dem wichtigen Begriff des <u>schwach stationären</u> oder <u>mittel</u>–

wert –/kovarianzstationären Prozesses. Dies sind somit Prozesse, die um einen konstanten Mittelwert unter gleichbleibender Streuung und zeitinvarianter Autokorrelationsstruktur schwanken. Die mathematische Theorie stellt für diese Klasse von stationären Prozessen eine Vielzahl hilfreicher Eigenschaften und Aussagen zur Verfügung. So lassen sich z.B. derartige Prozesse als Integral bezüglich eines dem Prozeß zugeordneten Spektralmaßes darstellen. Über die zugehörige Spektraldichte sind eine Vielzahl neuer Einsichten in das Verhalten stochastischer Prozesse zu gewinnen. Wir wollen im folgenden den Begriff des stationären Prozesses ausschließlich im Sinne der schwachen Stationarität folgender Definition benutzen.

Definition 2.3 (schwach stationärer stochastischer Prozeß) :

Ein quadratisch integrierbarer stochastischer Prozeß X_t, $t \in \mathbb{Z}$ heißt schwach stationär, falls für alle $t,h \in \mathbb{Z}$ gilt :

- $EX_t \equiv \mu$ und
- $Cov(X_t,X_{t+h}) = \gamma(h) = \sigma^2 \rho(h)$ mit $\sigma^2 = \gamma(0) \equiv Var(X_t)$.

Grundlegende Annahme der statistischen Zeitreihenanalyse ist nun, daß beobachtete Zeitreihenwerte einer Variablen Realisierungen eines bestimmten stochastischen Prozesses darstellen, der somit die Wahrscheinlichkeitsstruktur des betrachteten Systems beschreibt. Ziel der Analyse ist es, Aussagen über die stochastischen Eigenschaften dieses Prozesses zu gewinnen. Da es in ökonomischen Anwendungsfällen im allgemeinen nur möglich ist, eine *einzige* Realisation in einem *endlichen* Zeitabschnitt zu beobachten, kann man nur auf eine sehr beschränkte Informationsgrundlage zurückgreifen. Die Annahme der Stationarität einer Zeitreihe ist aus diesem Grund für viele Zwecke der statistischen Inferenz über den zugrundeliegenden Prozeß von entscheidender Bedeutung. Liegen z.B. die n zeitlich geordneten Beobachtungen $x_1,..,x_n$ einer ökonomischen Variable X vor, so unterstellt man, daß $x_t = X_t(\omega)$, $1 \leq t \leq n$ für ein bestimmtes $\omega \in \Omega$ eines unbekannten stochastischen Prozesses X_t erfüllt ist, der im allgemeinen auf ganz $\mathbb{Z}$ definiert ist. Dies hat den Vorteil, daß die Realisation in einem Zeitabschnitt $t = 1,..,n$ beobachtet wird, in dem man annehmen kann, daß sich der Prozeß unabhängig von jeglichen Anfangsbedingungen in einem gewissen stochastischen Gleichgewichtszustand wie der Stationarität befindet. Die Festlegung auf einen bestimmten Zeitausschnitt ist in diesem Fall unnötig. Legt man den Generierungsprozeß der Daten dagegen nur auf einer linksseitig beschränkten Zeitmenge zugrunde, der z.B. mit dem Startpunkt t_0 (< 0) $\in \mathbb{Z}$ in der Vergangenheit beginnt, so sind die Zufallsvariablen X_t für $t \geq t_0$ in der Regel von der Wahl gewisser Anfangsbedingungen an den Prozeß abhängig. Nimmt man in einem derartigen Fall die Daten aus einem genügend weit vom Anfangspunkt t_0 entfernten Zeitabschnitt an, so spielt dieser Einfluß im Falle der Stationarität zwar keine große Rolle mehr. Wie noch zu sehen sein wird, gewinnen jedoch für Zeitreihen, denen im Zeitablauf kein stabiles Verhalten unterstellt werden kann (nicht–stationäre Zeitreihen), die Wahl und Bedingungen des Startpunktes des Prozesses größere Bedeutung.

Der Begriff der Zeitreihe hat damit zwei mathematisch grundlegend verschiedene Bedeutungen. Zum einen liegt eine Zeitreihe als endliche Realisation vor, d.h. als äqui–

distante Beobachtungswerte einer Variablen zu gewissen Zeitpunkten $t = 1,..,n$. Zum anderen identifiziert man eine Zeitreihe mit dem zugrundeliegenden stochastischen Prozeß X_t, $t \in \mathbb{Z}$ als Folge zeitlich geordneter Zufallsvariablen mit gewissen stochastischen Eigenschaften. Im allgemeinen wird zwischen den beiden Begriffsinhalten sprachlich nicht unterschieden. Wenn wir im folgenden von einer Zeitreihe als Daten generierenden Prozeß sprechen, benutzen wir die funktionelle Schreibweise mit großen Buchstaben. Realisierungen stellen reelle Zahlenfolgen (Zeitreihenwerte) dar, und werden demzufolge mit kleinen Buchstaben bezeichnet.

Unterstellt man, daß gegebene Zeitreihendaten $x_1,..,x_n$ durch einen stationären Prozeß generiert wurden, so sind in einer ersten Charakterisierung der stochastischen Eigenschaften des zugrundeliegenden Prozesses Aussagen über den Erwartungswert und die Autokovarianzfunktion von besonderer Bedeutung. Dafür ist es notwendig, die Parameter μ, σ^2 und $\gamma(h)$ konsistent aus den Daten schätzen zu können. Dies bezeichnet man als Ergodizität des Prozesses. Eine stationäre Zeitreihe ist genau dann mittelwert-ergodisch, wenn folgende Bedingung von den Autokovarianzen $\gamma(h)$, $h \geq 0$ des Prozesses erfüllt ist:

$$\lim_{n \to \infty} \left(\frac{1}{n} \sum_{h=0}^{n-1} \gamma(h) \right) = 0 \quad . \tag{2.1}$$

Die Eigenschaft (2.1) läßt sich dahingehend interpretieren, daß die Korrelationsbeziehungen zwischen den Variablen für größer werdende Zeitabstände genügend rasch abnehmen und allmählich ganz verschwinden müssen. Hinreichend für (2.1) ist, daß die Kovarianzfunktion mit zunehmendem Zeitlag h gegen Null konvergiert. Eine notwendige und hinreichende Bedingung für die Ergodizität der zweiten Momente der Zeitreihe ist unter der Voraussetzung der Stationarität vierter Ordnung (d.h. die entsprechenden Momente müssen existieren und nur von den Zeitdifferenzen abhängen) dadurch gegeben, daß die $\gamma(h;t) := EX_0X_tX_hX_{t+h} - \gamma(t)^2$, $h \geq 0$ für alle festen t die Eigenschaft (2.1) erfüllen (vgl. *Hannan* [1970], Seite 206ff.). Die Ergodizität einer Zeitreihe kann nur vorausgesetzt werden, da mit einer endlichen Realisation natürlich nicht auf diese Eigenschaften getestet werden kann. Einen guten Eindruck von den Korrelationseigenschaften des Prozesses vermittelt das Korrelogramm einer Zeitreihe, indem man die ersten geschätzten Autokorrelationskoeffizienten in einem Diagramm gegen die dazugehörigen Zeitlags aufträgt.

Der zweite Schritt der Analyse einer Zeitreihe besteht darin, ein Modell für den Generierungsprozeß der vorliegenden Daten aufzustellen. Insbesondere für die Prognose und Kontrolle von Zeitreihen ist es notwendig, eine Klasse von Modellen zu identifizieren, welche die stochastischen Eigenschaften des Prozesses angemessen zu beschreiben vermag. Über das Schätzen eines parametrischen Modells gelangt man schließlich zu einem speziellen Modell, mit dem versucht werden kann, zukünftige Werte der Zeitreihe vorherzusagen bzw. zu beeinflussen. Im folgenden wird die in vielen Monographien (z.B. *Fuller* [1976], *Brockwell/Davis* [1987]) behandelte Klasse von parametrischen Zeitreihenmodellen im Zeitbereich beschrieben, welche die Hauptgrundlage zur Anlayse von stationären Zeitreihen darstellt, die keine deterministischen Komponenten (mehr) enthalten.

2.2 Das ARMA-Modell für stationäre Zeitreihen

Seit dem Erscheinen des einflußreichen Buches von *Box/Jenkins* [1970] haben eine Vielzahl empirischer Studien die Eignung von univariaten autoregressiv–integrierten–moving average (**ARIMA**) Modellen zur Beschreibung der stochastischen Eigenschaften ökonomischer Zeitreihen gezeigt. Diese Klasse parametrischer Zeitreihenmodelle im Zeitbereich zeichnet sich durch ihre Einfachheit und geringen Anzahl zu schätzender Parameter aus und ist gleichzeitig ausreichend flexibel, um praktischen Erfordernissen zu genügen. Die Beschränkung auf lineare Systeme führt bei stationären Zeitreihen dazu, daß die Haupteigenschaften der Prozesse in den ersten beiden Momenten enthalten sind. Der Ansatz von Box/Jenkins baut aus diesem Grund im entscheidenden Maße auf der Autokorrelationsfunktion bzw. den geschätzten seriellen Korrelationen auf.

a) Weißes Rauschen und moving average-Darstellung stationärer Prozesse

Grundlegender Begriff der von *Box/Jenkins* [1970] populär gemachten Analysemethode ökonomischer Zeitreihen ist der des weißen Rauschens (*white noise*).

Definition 2.4 (weißes Rauschen):

Ein quadratisch integrierbarer stochastischer Prozeß $V_t,\ t \in \mathbb{Z}$ heißt weißes Rauschen, falls für alle $t,h \in \mathbb{Z}$ gilt:

- $EV_t \equiv 0$ und
- $$Cov(V_t, V_{t+h}) = EV_t V_{t+h} = \gamma(h) = \begin{cases} \sigma_V^2 = Var(V_t) & \text{für } h = 0 \\ 0 & \text{sonst} \end{cases} .$$

Ein white noise-Prozeß besteht somit aus einer Folge unkorrelierter Zufallsvariablen mit verschwindendem Erwartungswert und identischer endlicher Varianz. Dieses Zeitreihenmodell stellt das einfachste Beispiel eines stationären stochastischen Prozesses dar. Unterstellt man zudem, daß die Variablen normal verteilt sind, so bezeichnet man den Prozeß als Gaußsches weißes Rauschen und Unkorreliertheit bedeutet gleichzeitig Unabhängigkeit. In diesem Fall folgt demnach aus der schwachen auch die Stationarität im strengen Sinne. Manchmal definiert man den Prozeß des weißen Rauschens – auch ohne Annahme einer Normalverteilung – als Folge unabhängiger und identisch verteilter Zufallsvariablen. Der Name hat seinen Ursprung in der Tatsache, daß in der Spektraldarstellung dieses stationären Prozesses sämtliche Frequenzen aufgrund einer konstanten Spektraldichte mit gleichen Gewichten auftreten, eine Eigenschaft, die auch dem weißen Licht als eine Mischung aller Frequenzen zukommt.

Der im folgenden betrachteten Klasse von Zeitreihenmodellen liegt die Vorstellung zugrunde, daß sich der Generierungsprozeß der Beobachtungsdaten als relativ einfache

Funktion elementarer stochastischer Prozesse wie dem weißen Rauschen darstellen läßt. Das Zeitreihenmodell besteht somit aus einem Filter (Transferfunktion), der einen white noise- Prozeß $V_t, t \in \mathbb{Z}$ als Input in die beobachtete Zeitreihe X_t als Output überführt. Nimmt man den Filter als linear an, so stellt sich das Modell in seiner allgemeinen Form als unendliche Linearkombination einer Folge unkorrelierter Zufallsvariablen dar :

$$X_t = \sum_{i=0}^{\infty} b_i V_{t-i} = b_0 V_t + b_1 V_{t-1} + b_2 V_{t-2} + \dots \quad , \ t \in \mathbb{Z} , \tag{2.2}$$

wobei der Koeffizient b_0 ohne Einschränkung der Allgemeinheit auf Eins normiert wird. Die Darstellung (2.2) wird als (einseitiger) unendlicher gleitender Durchschnitt oder moving average MA(∞) bezeichnet, die Folge der (b_i) stellt reelle Gewichte dar. Die white noise-Variable V_t zum Zeitpunkt $t \in \mathbb{Z}$ wird dabei als zufällige '*Innovation*' mit gewisser Wahrscheinlichkeitsverteilung interpretiert. Die Zeitreihe X_t, $t \in \mathbb{Z}$ stellt damit eine gewichtete Summe gegenwärtiger und vergangener Werte unkorrelierter Zufallseinflüsse V_t dar. Sie enthält keine deterministischen Komponenten, die dynamischen Eigenschaften des Prozesses entstehen durch lineare Aggregation rein stochastischer Größen.

Soll das Zeitreihenmodell (2.2) einen stationären Output-Prozeß X_t, $t \in \mathbb{Z}$ erzeugen, so sind Einschränkungen an die Gewichte der moving average-Darstellung notwendig. Die Folge (b_i) wird absolut summierbar genannt, falls die Reihe $\Sigma_{i=0}^{\infty} |b_i|$ konvergent ist, d.h. aufgefaßt als Folge (s_n) der Partialsummen $s_n := \Sigma_{i=0}^{n} |b_i|$, $n = 0,1,2,\dots$ einen Grenzwert in $\mathbb{R}$ besitzt. Daraus ergibt sich unmittelbar, daß $\Sigma_{i=0}^{\infty} b_i^2 < \infty$ gilt. Unter dieser Voraussetzung an die (b_i) hat die Zufallsreihe (2.2) einen eindeutig bestimmten Grenzwert im quadratischen Mittel; Summation und Erwartungswertbildung sind vertauschbar und für die ersten beiden Momente des Prozesses X_t folgt :

$$EX_t = E\Big[\lim_{n\to\infty} \sum_{i=0}^{n} b_i V_{t-i}\Big] = \lim_{n\to\infty} \sum_{i=0}^{n} b_i EV_{t-i} = 0 \ ,$$

$$Var(X_t) = \sum_{i=0}^{\infty}\sum_{j=0}^{\infty} b_i b_j EV_{t-i}V_{t-j} = \sum_{i=0}^{\infty} b_i^2 Var(V_{t-i}) = \sigma_V^2 \sum_{i=0}^{\infty} b_i^2 \ ,$$

$$Cov(X_t, X_{t+h}) = \sum_{i=0}^{\infty}\sum_{j=0}^{\infty} b_i b_j EV_{t-i}V_{t+h-j} = \sigma_V^2 \sum_{i=0}^{\infty} b_i b_{i+h} \ , \quad h \geq 0 \ .$$

Die Zeitreihe ist damit stationär im Sinne der Definition 2.3 . Der verschwindende Erwartungswert von X_t, $t \in \mathbb{Z}$ bedeutet keine Einschränkung. Durch Einfügen eines additiven Terms $\mu \in \mathbb{R}$ in (2.2) erhält man einen stationären Prozeß mit entsprechendem Mittelwert. Der Zerlegungssatz von *Herman Wold* [1954, Seite 89] zeigt, daß die Vorstellung einer stationären Zeitreihe als gewichtete Summe aus zeitverzögerten white noise-Variablen für derartige Prozesse charakteristisch ist. Ein beliebiger stationärer stochastischer Prozeß läßt sich nämlich nach *Wold* immer als Summe aus zwei eindeutig bestimmten unkorrelierten Prozessen schreiben. Der eine weist eine absolut summierbare moving average-Darstellung der Form (2.2) auf, und der andere ist ein rein deterministischer Prozeß, der im Sinne des mittleren quadratischen Prognosefehlers perfekt aus seinen eigenen Vergangenheitswerten vorhergesagt werden kann, vgl. Kapitel 2.5 . Eine stationäre

Zeitreihe, die keine derartigen deterministischen Komponenten (mehr) enthält (rein nicht-deterministische Zeitreihe), kann man sich somit immer als unendlichen moving average eines bestimmten white noise-Prozesses vorstellen.

Die Klasse von Zeitreihenmodellen der allgemeinen moving average-Gestalt (2.2) ist ohne weitere Annahmen über den stochastischen Prozeß für praktische Zwecke noch nicht geeignet. Auch unter den gemachten Einschränkungen zur Sicherstellung der Stationarität geht in die Darstellung eine unendliche Anzahl von unbekannten Parametern ein. Die im folgenden zu behandelnden Modelle zielen aus diesem Grund auf Vereinfachungen ab, die unter Aufrechterhaltung des Beschreibungspotentials für reale Zeitreihen zu sparsameren Parametrisierungen führen. [1]

b) Der MA(q)-Prozeß

Für einen stationären Prozeß in der moving average-Darstellung (2.2) folgt aus der absoluten Summierbarkeit der Gewichte, daß die Folge (b_i) gegen Null konvergieren muß. Bricht man die gewichtete Summe nach dem $(q+1)$-ten Summanden ab und setzt $b_q \neq 0$ voraus, so erhält man den endlichen moving average-Prozeß der Ordnung $q \in \mathbb{N}$, in der von Box/Jenkins vorgeschlagenen Schreibweise als **MA**(q)-Prozeß bezeichnet:

$$X_t = \mu + \sum_{i=0}^{q} b_i V_{t-i} = \mu + V_t + b_1 V_{t-1} + \ldots + b_q V_{t-q} \quad . \tag{2.3}$$

Die Zeitreihe X_t, $t \in \mathbb{Z}$ stellt eine endliche Linearkombination aus dem gegenwärtigen und den letzten q vergangenen Werten des white noise-Prozesses V_t, $t \in \mathbb{Z}$ dar. Ohne jegliche Beschränkungen an die Gewichte $b_1, b_2, .., b_q \in \mathbb{R}$ ist dieser Prozeß stationär mit Erwartungswert $EX_t = \mu$ und Varianz $Var(X_t) = \sigma_V^2\,(1 + b_1{}^2 + .. + b_q{}^2\,)$. Das Charakteristikum des **MA**(q)-Prozesses besteht darin, daß die entsprechende Autokovarianzfunktion für alle $h > q$ identisch verschwindet. Für $0 \leq h \leq q$ gilt dagegen: $\gamma(h) = \sigma_V^2 \, \Sigma_{i=0}^{q-h} b_i b_{i+h}$ mit $b_0 = 1$. So ist die Autokorrelation für den moving average-Prozeß 1. Ordnung nur zum Zeitlag von Eins mit $\rho(1) = b_1/(1+b_1{}^2)$ verschieden von Null und fällt für alle Werte von b_1 ins Intervall zwischen -0.5 und +0.5 .

Gibt man umgekehrt einen stochastischen Prozeß X_t, $t \in \mathbb{Z}$ mit zugehöriger Autokovarianzfunktion $\gamma(\cdot)$ vor, für die $\gamma(h) = 0$ für alle $h > q \in \mathbb{N}$ und $\gamma(q) \neq 0$ gilt, dann stellt X_t eine **MA**(q)-Zeitreihe dar, d.h. es existiert ein white noise-Prozeß V_t, $t \in \mathbb{Z}$, so daß (2.3) erfüllt ist. Im folgenden wollen wir immer den Fall $\mu = 0$ betrachten, der keinerlei Einschränkung der Allgemeinheit bedeutet.

Für den Umgang mit Linearkombinationen der Form (2.2) oder (2.3) ist eine Operatorenschreibweise sehr hilfreich. Für eine Zeitreihe X_t, $t \in \mathbb{Z}$ bewirkt der Lag-Operator

---

[1] Die in jüngster Zeit diskutierten sogenannten fraktionell integrierten Zeitreihenmodelle (vgl. z.B. *Granger/Joyeux* [1980]) stellen Versuche dar, die *Wold*-Repräsentation einer speziellen Art stationärer Prozesse (Prozesse mit langem Gedächtnis bzw. langanhaltender Abhängigkeit) mit einer geringen Anzahl von zu schätzenden Parametern möglichst gut auf alternative Weise zu approximieren.

L den Shift sämtlicher Variablen zurück um eine Zeiteinheit. Entsprechend werden höhere Potenzen des Operators definiert zu $L^d X_t = X_{t-d}$, $t \in \mathbb{Z}$, $d \in \mathbb{N}$. Polynome in L als zusammengesetzte Operatoren beschreiben dann Linearkombinationen zeitlich verschobener Variablen. So kann man den moving average–Prozeß (2.2) mittels des unendlichen Polynoms $\Theta(L) = 1 + b_1 L + b_2 L^2 + \ldots = \Sigma_{i=0}^{\infty} b_i L^i$, $L^0 \equiv 1$ ausdrücken zu $X_t = \Theta(L)\, V_t$. Für den **MA**(q)–Prozeß mit $\mu = 0$ erhält man mit dem moving average–Operator $\Theta_q(L)$ als Polynom q-ten Grades die Darstellung :

$$X_t \;=\; (1 + b_1 L + \ldots + b_q L^q)\, V_t \;=:\; \Theta_q(L)\, V_t \;, \quad t \in \mathbb{Z} \;. \tag{2.4}$$

Nimmt man die Folge der X_t, $t \in \mathbb{Z}$ als gegeben an, so stellt (2.4) eine lineare Differenzengleichung der Ordnung q für den Prozeß V_t mit Inhomogenität X_t dar. Es erhebt sich die Frage, ob diese Gleichung allein als Funktion von $\{X_s, s \leq t\}$ nach $V_t$aufgelöst werden kann. Unterstellt man, daß die Nullstellen des charakteristischen Polynoms dieser Differenzengleichung $P(z) = z^q + b_1 z^{q-1} + \ldots + b_{q-1} z + b_q$, $z \in \mathbb{C}$, sämtlich *innerhalb* des Einheitskreises der komplexen Zahlenebene liegen, so ist diese Frage positiv zu beantworten (vgl. den folgenden Abschnitt) und es gilt :

$$V_t \;=\; \Theta_q(L)^{-1} X_t \;=\; X_t \;-\; \sum_{i=1}^{\infty} \alpha_i X_{t-i} \;, \quad t \in \mathbb{Z} \,. \tag{2.5}$$

Die Koeffizientenfolge $(\alpha_i)_{i \geq 1}$ genügt dabei der homogenen Differenzengleichung :

$$\alpha_i \;+\; b_1\, \alpha_{i-1} \;+\; b_2\, \alpha_{i-2} \;+ \ldots +\; b_q\, \alpha_{i-q} \;=\; 0 \;, \quad i > q$$

mit den Anfangsbedingungen $\alpha_1 = b_1$, $\alpha_i = -\Sigma_{j=1}^{i-1} b_j\, \alpha_{i-j} + b_i$, $2 \leq i \leq q$ an die ersten q Folgenglieder. Der aktuelle Wert des white noise–Prozesses V_t läßt sich demzufolge ausdrücken als (einseitige) unendliche Linearkombination der stationären Zeitreihe X_t, $t \in \mathbb{Z}$. Eine derartige Lösung der Differenzengleichung (2.3) heißt kausal, da sie von zukünftigen Werten der Inhomogenität X_t unabhängig ist. Die Eigenschaft nennt man Invertierbarkeit des **MA**(q)–Prozesses, und deren Voraussetzung an die Nullstellen (Wurzeln) des charakteristischen Polynoms der Differenzengleichung (2.3) Invertierbarkeitsbedingung. Schreibt man (2.5) in der Form

$$X_t \;=\; \sum_{i=1}^{\infty} \alpha_i\, X_{t-i} \;+\; V_t \;, \quad t \in \mathbb{Z} \,, \tag{2.6}$$

so erkennt man, daß sich der **MA**(q)–Prozeß X_t als spezielle gewichtete Summe sämtlicher zeitlich verzögerter Terme X_s, $s < t$ unter additiver Überlagerung der Innovation V_t zum Zeitpunkt t darstellen läßt. Die Gestalt (2.6) bezeichnet man als unendlich autoregressiven Prozeß.

c) Der AR(p)-Prozeß

Der autoregressive-Prozeß der Ordnung $p \in \mathbb{N}$ ist unter Benutzung des autoregressiven Operators $\Phi_p(L)$ als Polynom p-ten Grades gegeben durch die Beziehung:

$$\Phi_p(L)\, X_t \;:=\; (1 - a_1L - \ldots - a_pL^p)\, X_t \;=\; a_0 + V_t\,, \quad t \in \mathbb{Z}\,, \tag{2.7}$$

wobei die $a_0, a_1,\ldots, a_p$ reelle Koeffizienten mit $a_p \neq 0$ sind, und die Zufallsvariablen V_t, $t \in \mathbb{Z}$ einen white noise-Prozeß mit Varianz $Var(V_t) = \sigma_V^2$ darstellen. Der aktuelle Wert der Zeitreihe X_t, $t \in \mathbb{Z}$ ist in dieser Modellvorstellung als endliche Linearkombination der vorausgegangenen p Werte von X_t und einer white noise Variablen V_t gegeben zu $X_t = a_0 + a_1X_{t-1} + \ldots + a_pX_{t-p} + V_t$, $t \in \mathbb{Z}$. Das Modell enthält mit der Varianz des white noise-Prozesses $p+2$ unbekannte Parameter. Der autoregressive Generierungsmechanismus wird durch unkorrelierte Zufallseinflüsse mit Erwartungswert Null überlagert und demnach V_t, $t \in \mathbb{Z}$ als Störprozeß angesehen. Im folgenden betrachten wir zunächst nur den Fall $a_0 = 0$.

Die Frage der Existenz und Eindeutigkeit einer kausalen Lösung des AR(p)-Prozesses (2.7), d.h. einer Funktion die unabhängig von zukünftigen Innovationen V_t ist, bedarf einiger Überlegungen. Aus der Theorie der linearen Differenzengleichungen p-ter Ordnung ist bekannt (vgl. z.B. *Rommelfanger* [1977]), daß sich die allgemeine Lösung der zugehörigen homogenen Gleichung in der Gestalt $X_t^1 = \Sigma_{j=1}^{p} C_j\, y_j(t)$ mit reellen Zufallsvariablen C_j darstellen läßt. Je nachdem, ob die p nicht notwendig verschiedenen Nullstellen (Wurzeln) $z_1,..,z_p$ des charakteristischen Polynoms $P(z) = z^p - a_1z^{p-1} - ..$ $.. - a_{p-1}z - a_p$, $z \in \mathbb{C}$, der Differenzengleichung reell oder komplex sind, nehmen die p Funktionen $y_j(t)$ eine der beiden Formen $y_j(t) = t^s z_j{}^t$ oder $y_j(t) = t^s r_j{}^t \cdot$ $\cos(\phi_j t)$ bzw. $y_j(t) = t^s r_j{}^t \sin(\phi_j t)$ an. Komplexe Nullstellen treten nur in komplex konjugierten Paaren z_j, $z_{j+1} = z_j{}^*$ auf, wodurch die beiden Ausprägungen der zweiten Form bedingt sind. Desweiteren bezeichnet bei komplexen Wurzeln r_j den Absolutbetrag $\sqrt{z_j z_j{}^*}$ und ϕ_j das zugehörige Argument in Polarkoordinaten. Treten Nullstellen mehrfach auf, z.B. die j-te Wurzel k-fach, so unterscheiden sich die entsprechenden k Funktionen darin, daß der Index s zwischen Null und $(k-1)$ läuft. Bei einfachen reellen oder komplexen Nullstellen ist $s = 0$.

Die allgemeine Lösung der Gleichung $\Phi_p(L)\, X_t = 0$ stellt damit eine Linearkombination aus exponentiell dominierten Polynomen $(C_j + C_{j+1}t + .. + C_{j+k-1}\, t^{k-1})\, z_j{}^t$ (bei k-facher reeller Nullstelle $z_j = .. = z_{j+k-1}$) und entsprechend gewichteten sinusförmigen Schwankungen $(C_j + C_{j+2}t + .. + C_{j+2k-2}\, t^{k-1})\, r_j{}^t \cos(\phi_j t) + (C_{j+1} + C_{j+3}t + ..$ $+ C_{j+2k-1}\, t^{k-1})\, r_j{}^t \sin(\phi_j t)$ bei $2k$-facher komplexer Nullstelle $z_j = .. = z_{j+2k-1}$ dar. Das asymptotische Verhalten der Lösung wird durch die exponentiellen Faktoren $z_j{}^t$ bzw. $r_j{}^t$ bestimmt, insbesondere durch den Faktor mit der betragsmäßig größten Wurzel $r_{max} := \max\{\, |z_1|,..,|z_p|\,\}$ der charakteristischen Gleichung.

An dieser Stelle wird es bedeutsam, ob man für den zugrundeliegenden stochastischen Prozeß einen Startpunkt $t_0 \in \mathbb{Z}$ annimmt, oder die Zeitreihe X_t auf ganz $\mathbb{Z}$ definiert. Im ersten Falle hat die Differenzengleichung (2.7) nur unter Vorgabe von p aufeinanderfolgenden Anfangswerten X_j , $j = t_0-1,..,t_0-p$ eine eindeutig bestimmte kausale Lösung. Die in die allgemeine Lösung der homogenen Gleichung eingehenden Zufallsvariablen $C_1,..,C_p$ stellen Funktionen dieser Anfangsbedingungen dar. Tritt in der charakteristischen Gleichung eine Wurzel vom Betrag größer als Eins auf, so divergiert die homogene Lösung mit wachsendem Zeitindex. Gilt dagegen $r_{max} < 1$, so folgt mit einem λ , $r_{max} < \lambda < 1$ die Existenz einer reellen Konstanten K mit $|y_j(t)| \leq (1+t)^p r_{max}{}^t < K\lambda^t$ für alle $t \geq 0$, $1 \leq j \leq p$. Läßt man den Zeitindex gegen plus unendlich gehen, so klingen demnach unter dieser Voraussetzung die Polynom – bzw. sinusförmigen Schwankungen exponentiell ab und die homogene Lösung konvergiert gegen Null. Hierdurch wird der Sinn der Vorstellung deutlich, die beobachtete Zeitreihe als aus einem Zeitabschnitt stammend anzunehmen, der genügend weit vom Startwert t_0 entfernt liegt. In einem derartigen Fall spielen die homogene Lösung und die Anfangsbedingungen aufgrund der Konvergenzeigenschaft nur noch eine untergeordnete Rolle. Die Gesamtlösung der Differenzengleichung wird langfristig von der partikulären Lösung dominiert.

Verschiebt man dagegen den Startpunkt t_0 nach minus unendlich, d.h. legt man einen stochastischen Prozeß auf ganz $\mathbb{Z}$ zugrunde, so müssen die Zufallsvariablen $C_1,..,C_p$ der homogenen Lösung Nullfunktionen darstellen, wenn der **AR**(p)–Prozeß X_t beschränkt bleiben soll. In diesem Fall gehen nämlich die dominierenden Faktoren $z_j{}^t$ bzw. $r_j{}^t$ der einzelnen Summanden gegen plus oder minus unendlich, falls $r_j = |z_j| \neq 1$ für ein $j \in \{1,..,p\}$ gilt. Existiert ein $|z_j| < 1$, so wächst $|y_j(t)|$ für t gegen minus unendlich über alle Grenzen und für $|z_j| > 1$ wenn der Zeitindex gegen plus unendlich geht. Der Fall $|z_j| = 1$ für alle $1 \leq j \leq p$ wird im kommenden Abschnitt behandelt. Die homogene Lösung spielt für derartige Prozesse somit überhaupt keine Rolle mehr. Die Gesamtlösung von (2.7) hängt nicht mehr von den Anfangsbedingungen ab. Eine derartige Modellierung ist damit nur für solche Prozesse geeignet, die sich in einem gewissen stochastischen Gleichgewichtszustand wie der Stationarität befinden. Unbeschränkte Wachstumsprozesse sind nur unter Vorgabe eines Startwertes und entsprechenden Anfangsbedingungen sinnvoll zu behandeln.

Eine partikuläre Lösung des **AR**(p)–Prozesses (2.7) ist von der Gestalt :

$$X_t^2 = \Phi_p(L)^{-1} V_t = \sum_{i=0}^{t-t_0} \beta_i V_{t-i} , \quad t \geq t_0 \quad (a_0 = 0) . \tag{2.8}$$

Im Falle der Definition des Prozesses auf ganz $\mathbb{Z}$ ergibt sich für (2.8) die unendliche moving average–Darstellung $X_t = X_t^2 = \Sigma_{i=0}^{\infty} \beta_i V_{t-i}$ für alle $t \in \mathbb{Z}$. Die in jedem Fall im Grenzwert gegebene Koeffizientenfolge (β_i) erfüllt die gleiche homogene Differenzengleichung :

$$\beta_i - a_1 \beta_{i-1} - a_2 \beta_{i-2} - \ldots - a_p \beta_{i-p} = 0 , \quad i \geq p \tag{2.9}$$

wie die Zeitreihe X_t nach (2.7) , was sich direkt mittels Koeffizientenvergleich ergibt. Als Anfangsbedingungen errechnet man $\beta_0 = 1$, $\beta_1 = a_1$, $\beta_i = \Sigma_{j=1}^{i-1} a_j \beta_{i-j} + a_i$, $2 \leq i \leq (p-1)$, welche sich durch $\beta_0 = 1$, $\beta_{-1} = .. = \beta_{1-q} = 0$ und (2.9) für alle $i \geq 1$ ausdrücken lassen. Die Lösung dieser Gleichung ist demnach von der gleichen Gestalt β_i

$= \Sigma_{j=1}^{p} c_j y_j(i)$ wie die allgemeine Lösung der homogenen Gleichung $\Phi_p(L) X_t = 0$. Unter der Annahme, daß sämtliche Wurzeln des charakteristischen Polynoms betragsmäßig kleiner als Eins sind, folgt für die Folge der Partialsummen unter Benutzung obiger Abschätzung für die $y_j(t)$: $s_n := \Sigma_{i=0}^{n} |\beta_i| = \Sigma_{i=0}^{n} |\Sigma_{j=1}^{p} c_j y_j(i)| \leq \Sigma_{i=0}^{n} \Sigma_{j=1}^{p} |c_j|\; |y_j(i)| \leq \Sigma_{j=1}^{p} |c_j| \; \Sigma_{i=0}^{n} K \lambda^i \leq \Sigma_{j=1}^{p} |c_j| \; K/(1-\lambda)$ für alle $n \geq 0$. Die Gewichtsfolge (β_i) ist damit absolut summierbar und aus obiger Voraussetzung folgt nach Abschnitt 2.2 a) die Stationarität der autoregressiven Zeitreihe X_t, $t \in \mathbb{Z}$. Sie weist einen verschwindenden Erwartungswert auf und für die zeitunabhängige Varianz gilt $\mathbf{Var}(X_t) = \mathbf{Var}(V_t) \; \Sigma_{i=0}^{\infty} \beta_i^2 = \sigma_V^2 \; \Sigma_{i=0}^{\infty} \beta_i^2$.

Die Bedingung an die Beträge der Nullstellen der charakteristischen Gleichung von (2.7) läßt sich äquivalent über die Wurzeln des autoregressiven Polynoms $\Phi_p(z)$, $z \in \mathbb{C}$ ausdrücken zu $\Phi_p(z) \neq 0$ für alle $z \in \mathbb{C}$ mit $|z| \leq 1$. Diese Forderung stellt eine notwendige und hinreichende Bedingung für die Stationarität der Zeitreihe X_t, $t \in \mathbb{Z}$ dar, d.h. für eine kausale Darstellung in moving average–Form. Ein stationärer $\mathbf{AR}(p)$–Prozeß kann demnach immer als spezieller $\mathbf{MA}(\infty)$–Prozeß geschrieben werden, wobei die Koeffizienten der moving average Darstellung die homogene Differenzengleichung (2.9) erfüllen. Multipliziert man die Differenzengleichung (2.7) für X_t mit dem um $h \geq 0$ Perioden zurückliegenden Term X_{t-h} und bildet den Erwartungswert, so folgt unter Beachtung von $\boldsymbol{E} V_t X_{t-h} = \boldsymbol{E}\, V_t \; \Sigma_{i=0}^{\infty} \beta_i V_{t-h-i} = 0$, $h > 0$, die Beziehung :

$$\gamma(h) - a_1\gamma(h-1) - a_2\gamma(h-2) - \ldots - a_p\gamma(h-p) = \begin{cases} \sigma_V^2 & \text{für } h = 0 \\ 0 & \text{für } h \geq 1 \end{cases}, \tag{2.10}$$

für die Autokovarianzfunktion $\gamma(\cdot)$, welche man als Yule–Walker Gleichungen bezeichnet. Die $\gamma(h)$ wie auch äquivalent die Autokorrelationen $\rho(h)$ genügen somit für $h \geq 1$ ebenfalls der homogenen Differenzengleichung, welche der autoregressiven Zeitreihe zugrundeliegt. Das Lösungsverhalten von (2.10) entspricht dem der oben behandelten homogenen Gleichung $\Phi_p(L) X_t = 0$. Die Autokorrelationsfunktion des stationären $\mathbf{AR}(p)$–Prozesses stellt damit eine Mischung aus exponentiell dominierten Polynomen in h und entsprechend gewichteten sinusförmigen Schwankungen dar. Für h gegen unendlich konvergieren die Autokovarianzen bzw. –korrelationen exponentiell gegen Null.

Aufgrund der Symmetrieeigenschaft $\gamma(h) = \gamma(-h)$ stellt (2.10) mit $0 \leq h \leq p$ ein lineares Gleichungssystem für die ersten $p+1$ Autokovarianzen/–korrelationen dar. Unter Benutzung dieser Startwerte können die weiteren Werte rekursiv berechnet werden. Liegen umgekehrt geeignete Schätzungen für $\gamma(0), \ldots, \gamma(p)$ vor, so erhält man aus dem Gleichungssystem Schätzwerte für die Koeffizienten $a_1, a_2, \ldots, a_p$ und den Parameter σ_V^2 (Yule–Walker Schätzer). Division von (2.10) für den Fall $h = 0$ durch $\gamma(0) > 0$ und Auflösung nach der Varianz des Prozesses führt unter der Voraussetzung, daß der Nenner ungleich Null ist zu der Beziehung :

$$\mathbf{Var}(X_t) = \frac{\sigma_V^2}{1 - a_1\,\rho(1) - \ldots - a_p\,\rho(p)} . \tag{2.11}$$

Bezieht man ein Absolutglied $a_0 \neq 0$ mit in die Untersuchung des autoregressiven Prozesses p-ter Ordnung ein, so folgt als stationäre Lösung von $\Phi_p(L)\,X_t = a_0 + V_t$, $t \in \mathbb{Z}$ der unendliche moving average-Prozeß :

$$X_t = \Phi_p(L)^{-1}(a_0 + V_t) = \frac{a_0}{1 - a_1 - .. - a_p} + \sum_{i=0}^{\infty} \beta_i V_{t-i}\,, \tag{2.12}$$

mit der Koeffizientenfolge (β_i) nach (2.9). Als Erwartungswert errechnet sich damit $EX_t = a_0/(1-a_1-..-a_p)$. Definiert man den Prozeß $\tilde{X}_t$, $t \in \mathbb{Z}$ als Abweichung $\tilde{X}_t = X_t - EX_t$ vom Mittelwert, so genügt der transformierte Prozeß der autoregressiven Darstellung $\Phi_p(L)\,\tilde{X}_t = V_t$ ohne Absolutglied. Ohne Beschränkung der Allgemeinheit kann daher immer von diesem Fall ausgegangen werden.

Die Lösung der Differenzengleichung (2.7) für einen explizit vorgegebenen Anfangspunkt $t_0 \in \mathbb{Z}$ setzt sich additiv aus der allgemeinen Lösung der homogenen Gleichung und der partikulären Lösung (2.8) zusammen. Mit diesem autoregressiven Zeitreihenmodell kann ein stationäres oder nicht-stationäres Verhalten beschrieben werden. Die Bedingung an die Beträge der Wurzeln $z_1,..,z_p$ der charakteristischen Gleichung ist in diesem Fall aber noch nicht hinreichend zur Stationarität der Zeitreihe X_t, $t \geq t_0$. Zusätzlich müssen auch die Startwerte X_j, $j = t_0-1,..,t_0-p$ des Prozesses notwendig die oben errechneten zeitinvarianten Momente aufweisen sowie die Kovarianzbeziehung $Cov(X_t, X_{t+h}) = \sigma_V^2 \sum_{i=0}^{\infty} \beta_i \beta_{i+h}$ für $t \geq t_0 - p$, $h \geq 0$ erfüllen und außerdem unabhängig von allen V_t, $t \geq t_0$ sein. Die homogene Lösung und damit die Anfangsbedingungen üben für alle $t \geq t_0$ einen Einfluß auf die Gesamtlösung aus. Im Falle des stationären **AR**(p)-Prozesses kann der Definitionsbereich jedoch auf ganz $\mathbb{Z}$ ausgedehnt werden und Startwerte mit den notwendigen Eigenschaften sind als Generierungen der unendlichen moving average-Gestalt zu erhalten. Aus diesem Grund ist es für stationäre Zeitreihen immer vorteilhaft, den zugrundeliegenden Prozeß auf ganz $\mathbb{Z}$ anzunehmen. Die Eigenschaften derartiger autoregressiver Prozesse lassen sich dann am besten anhand der **MA**(∞)-Darstellung studieren.

Als einfachstes Beispiel eines autoregressiven Zeitreihenmodells sei der **AR**(1)-Prozeß $X_t = a_0 + a_1 X_{t-1} + V_t$, $t \in \mathbb{Z}$ betrachtet. Die Stationaritätsbedingung an die Nullstellen der charakteristischen Gleichung ist in diesem Fall durch $|a_1| < 1$ gegeben. Durch sukzessives Einsetzen erhält man die moving average-Darstellung $X_t = a_0 \sum_{i=0}^{n-1} a_1^i + a_1^n X_{t-n} + \sum_{i=0}^{n-1} a_1^i V_{t-i} = a_0/(1-a_1) + \sum_{i=0}^{\infty} a_1^i V_{t-i}$, $n \in \mathbb{N}$, da $\sum_{i=0}^{n-1} a_1^i V_{t-i}$ im quadratischen Mittel gegen $X_t - a_0/(1-a_1)$ konvergiert. Der autoregressive Prozeß erster Ordnung stellt damit den speziellen **MA**(∞)-Prozeß mit geometrisch abnehmenden Gewichten $\beta_i = a_1^i$, $i \geq 0$ dar. Die absolut summierbare Koeffizientenfolge weist als Reihe den Grenzwert $\sum_{i=0}^{\infty} \beta_i = \sum_{i=0}^{\infty} a_1^i = 1/(1-a_1)$ auf. Für die ersten beiden Momente des **AR**(1)-Prozesses folgt nach Abschnitt 2.2 a): $E(X_t) = a_0/(1-a_1)$, $Var(X_t) = Var(V_t) \sum_{i=0}^{\infty} (a_1^2)^i = \sigma_V^2/(1-a_1^2)$, $\gamma(h) = Cov(X_t, X_{t+h}) = \sigma_V^2 \sum_{i=0}^{\infty} a_1^i a_1^{i+h} = \sigma_V^2 a_1^h/(1-a_1^2) = a_1^h \gamma(0)$, $h \geq 0$. Die Folge der Korrelationen $\rho(h) = a_1^h$, $h \geq 0$ nimmt im Betrag geometrisch ab und konvergiert gegen Null.

Stellt man die Lösung des **AR**(1)-Prozesses dagegen mit einem Startpunkt, z.B. $t_0 = 1$ dar, so muß für endliches t auch die homogene Lösung $X_t^1 = a_0\,(1-a_1^t)/(1-a_1) +$

$a_1^t X_0$ berücksichtigt werden, wobei die Zufallsvariable X_0 obige Momente aufweisen und unabhängig von $V_t, t \geq 1$ sein muß. Nur unter Benutzung dieser stochastischen Eigenschaften gilt dann beispielsweise für die Varianz der Gesamtlösung: $\mathbf{Var}(X_t) = \mathbf{E}[a_1^t(X_0-\mathbf{E}X_0) + \Sigma_{i=0}^{t-1} a_1^i V_{t-i}]^2 = a_1^{2t}\,\mathbf{Var}(X_0) + 2a_1^t \Sigma_{i=0}^{t-1} a_1^i\,\mathbf{Cov}(X_0, V_{t-i}) + \sigma_V^2 \Sigma_{i=0}^{t-1} (a_1^2)^i = \sigma_V^2\, a_1^{2t}/(1-a_1^2) + \sigma_V^2\,(1-a_1^{2t})/(1-a_1^2) = \sigma_V^2/(1-a_1^2)$ für alle $t \geq 1$. Schreibt man die unendliche moving average-Darstellung um zu $X_t = a_0 \Sigma_{i=0}^{t-1} a_1^i + a_0 \Sigma_{i=t}^{\infty} a_1^i + \Sigma_{i=0}^{t-1} a_1^i V_{t-i} + \Sigma_{i=t}^{\infty} a_1^i V_{t-i} = a_0 (1-a_1^t)/(1-a_1) + \Sigma_{i=0}^{t-1} a_1^i V_{t-i} + a_1^t \{ a_0/(1-a_1) + \Sigma_{i=0}^{\infty} a_1^i V_{-i} \} = X_t^1 + \Sigma_{i=0}^{t-1} a_1^i V_{t-i}$, $t \geq 1$, so erkennt man, daß sich ein Startwert X_0 mit den erforderlichen Eigenschaften in natürlicher Weise als Ausdruck in der geschweiften Klammer generieren läßt zu $X_0 = a_0/(1-a_1) + \Sigma_{i=0}^{\infty} a_1^i V_{-i}$.

d) Das ARMA(p,q)-Zeitreihenmodell

Der im Abschnitt b) dieses Kapitels behandelte endliche moving average-Prozeß läßt sich unter der Annahme der Invertierbarkeit als spezielles **AR**(∞)-Modell darstellen. Zeitreihen denen ein invertierbarer moving average-Generierungsmechanismus zugrunde gelegt werden kann, sind damit approximativ auch autoregressiv zu parametrisieren – um den Preis einer in aller Regel großen Anzahl von Parametern. Umgekehrt stellt ein stationärer autoregressiver Prozeß endlicher Ordnung eine spezielle Form eines unendlichen linearen Filters dar, der nur in der autoregressiven Darstellung sparsam zu parametrisieren ist. Es liegt demnach nahe, beide Modelltypen zusammenzuführen, um für die Praxis zu einer Klasse von Zeitreihenmodellen zu gelangen, die mit einer möglichst geringen Anzahl von Parametern stationäre ökonomische Reihen angemessen zu beschreiben vermögen. Um ähnliche Anpassungsgüten mit reinen **AR**- bzw. **MA**-Modellen zu ereichen, sind insbesondere in dem Fall, daß sich Nullstellen der charakteristischen Gleichungen betragsmäßig der Eins nähern, ungleich mehr Parameter erforderlich.

Das gemischt autoregressive moving average-Zeitreihenmodell mit den Ordnungen $p \in \mathbb{N}_0$ bzw. $q \in \mathbb{N}_0$, abgekürzt als **ARMA**(p,q), schreibt sich als Kombination aus **AR**(p)- und **MA**(q)-Prozeß in der Form :

$$X_t = a_1 X_{t-1} + \ldots + a_p X_{t-p} + V_t + b_1 V_{t-1} + \ldots + b_q V_{t-q}\ , \quad t \in \mathbb{Z}, \tag{2.13}$$

wobei die Koeffizienten a_p und b_q als ungleich von Null vorauszusetzen sind. In der Operatorenschreibweise läßt sich (2.13) kürzer darstellen zu :

$$\Phi_p(L)\,X_t = \Theta_q(L)\,V_t\ , \quad t \in \mathbb{Z}. \tag{2.14}$$

Desweiteren sei angenommen, daß die charakteristischen Polynome der beiden Seiten von (2.14) keine gemeinsamen Nullstellen aufweisen. Die Einschränkung der allgemeinen moving average-Repräsentation für stationäre Zeitreihen besteht damit bei **ARMA**(p,q)-Modellen darin, daß der white noise-Prozeß $V_t, t \in \mathbb{Z}$ durch den Quotienten $\Theta(L) := \Theta_q(L)/\Phi_p(L) = (1 + b_1 L + \ldots + b_q L^q)/(1 - a_1 L - \ldots - a_p L^p)$ der beiden Polynome im Lagoperator L in Form einer *rationalen* Transferfunktion in die Zeitreihe X_t, $t \in \mathbb{Z}$ überführt wird.

Die im Vergleich mit dem reinen **AR**(p)–Modell additiv durch weitere **MA**–Terme zusammengesetzte rechte Seite von (2.14) führt zwar zu einer neuen partikulären Lösung der Differenzengleichung. Nach dem Superpositionssatz läßt sich diese aber als Summe der Einzellösungen schreiben. Die Bedingungen zur Erfüllung der Stationaritätseigenschaften bleiben davon unberührt, und die Resultate des vorangegangenen Abschnitts lassen sich unmittelbar auf den **ARMA**–Fall übertragen. Die Zeitreihe X_t, $t \in \mathbb{Z}$ nach (2.13) ist damit stationär, wenn die Wurzeln der charakteristischen Gleichung des autoregessiven Teils der Differenzengleichung sämtlich betragsmäßig kleiner als Eins sind. Das gleiche Argument gilt durch die Vertauschung der Rollen von X_t und V_t für die Invertierbarkeit der moving average–Komponente. Die durch die Stationarität gesicherte Darstellung des **ARMA**(p,q)–Prozesses als unendlicher moving average ist gegeben durch die Beziehung :

$$X_t = \frac{\Theta_q(L)}{\Phi_p(L)} V_t = \frac{1+b_1L+..+b_qL^q}{1-a_1L-..-a_pL^p} V_t = \sum_{i=0}^{\infty} \beta_i V_{t-i} . \qquad (2.15)$$

Durch Koeffizientenvergleich ergibt sich die absolut summierbare Koeffizientenfolge (β_i) für $i \geq q+1$ als Lösung der homogenen Differenzengleichung $\beta_i - \Sigma_{j=1}^{g} a_j \beta_{i-j} = 0$ mit $g := \mathbf{min}\{i,p\}$. Die Parameter des moving average– Polynoms $b_1,..,b_q$ gehen direkt nur in die q Anfangsbedingungen $\beta_i = b_i + \Sigma_{j=1}^{g} a_j \beta_{i-j}$, $1 \leq i \leq q$ mit $\beta_0 = 1$ ein. Der Unterschied zur moving average-Darstellung des reinen **AR**(p)–Prozesses liegt damit in modifizierten Startwerten; das langfristige Verhalten der Koeffizientenfolge von (2.15) entspricht dem des autoregressiven Modells. Ist zudem die Invertierbarkeitsbedingung vom moving average–Teil von (2.13) erfüllt, so ist der **ARMA**–Prozeß in äquivalenter Weise nach den Innovationen V_t auflösbar zu $V_t = \Phi_p(L) X_t / \Theta_q(L) = X_t - \Sigma_{i=1}^{\infty} \alpha_i X_{t-i}$. Die ersten p Koeffizienten $\alpha_1,..,\alpha_p$ folgen keinem festen Bildungsgesetz, die weiteren Glieder der Folge (α_i) genügen einer homogenen Differenzengleichung mit stabiler Lösung gleicher Bauart wie jene für die Folge (β_i). In rein autoregressiver Form läßt sich somit der gemischte Prozeß schreiben als $X_t = \Sigma_{i=1}^{\infty} \alpha_i X_{t-i} + V_t$, $t \in \mathbb{Z}$.

Aus (2.15) folgt mit der absoluten Summierbarkeit der Folge (β_i), daß der stationäre **ARMA**(p,q)–Prozeß den Erwartungswert Null aufweist. Die zweiten Momente lassen sich ebenfalls direkt über die unendliche moving average–Darstellung angeben. Die Eigenschaften der Autokovarianzen bzw. –korrelationen sind aber leichter anhand folgender Differenzengleichung (2.16) für die $\gamma(h)$, $h \geq 0$ zu studieren, die sich in gleicher Weise wie die Yule–Walker Beziehung (2.10) für den **AR**(p)–Prozeß herleiten läßt ($b_0 = 1$) .

$$\gamma(h) - a_1\gamma(h-1) - \ldots - a_p\gamma(h-p) = \begin{cases} \Sigma_{i=h}^{q} b_i \boldsymbol{E} V_{t-i} X_{t-h} & \text{für } 0 \leq h \leq q \\ 0 & \text{für } h \geq q+1 \end{cases} .$$

Man ersieht unmittelbar, daß die Autokovarianzen oder äquivalent die Autokorrelationen für Zeitlags $h \geq q+1$ das gleiche Verhalten aufweisen wie die des reinen autoregressiven Prozesses. Sie stellen damit eine Kombination aus exponentiell abklingenden Polynomen in h und entsprechend abnehmenden sinusförmigen Schwankungen dar. Das Charakteristikum des **ARMA**(p,q)-Prozesses im Vergleich zum **AR**(p)-Modell besteht aber darin, daß sich die ersten q Autokovarianzen/korrelationen nicht in dieser Weise verhalten. Die $\gamma(1),..,\gamma(q)$ hängen direkt von den Parametern des moving average-Teils $b_1,..,b_q$ ab. Errechnet man mittels des linearen Gleichungssystems (2.16) die Varianz $\gamma(0)$ des Prozesses sowie die ersten p Autokovarianzen $\gamma(1),..,\gamma(p)$, so erhält man rekursiv die weiteren Werte.

Als Beispiel betrachten wir den stationären **ARMA**$(1,1)$-Prozeß $X_t = a_1X_{t-1} + V_t + b_1V_{t-1}, t \in \mathbb{Z}$, mit $|a_1| < 1$. Die moving average-Darstellung dieses Prozesses ergibt sich aus (2.15) zu $X_t = V_t + (a_1+b_1)\Sigma_{i=1}^{\infty} a_1^{i-1} V_{t-i}$. Für die Varianz des Prozesses errechnet sich daraus $\gamma(0) = \mathbf{Var}(X_t) = \mathbf{Var}(V_t)\{1 + (a_1+b_1)^2 \Sigma_{i=1}^{\infty} (a_1^2)^{i-1}\} = \sigma_V^2\{1 + (a_1+b_1)^2/(1-a_1^2)\} = \sigma_V^2(1+2a_1b_1+b_1^2)/(1-a_1^2)$. Wird zudem $|b_1| < 1$ vorausgesetzt, so ist der Prozeß invertierbar mit $V_t = X_t - (a_1+b_1)\Sigma_{i=1}^{\infty}(-b_1)^{i-1}X_{t-i}$ bzw. als **AR**(∞) darstellbar zu $X_t = (a_1+b_1)\Sigma_{i=1}^{\infty}(-b_1)^{i-1}X_{t-i} + V_t$. Aus dem Gleichungsystem (2.16) folgt für diesen Fall $\gamma(1) = a_1\gamma(0) + b_1\sigma_V^2 = \sigma_V^2 (a_1+b_1)\cdot(a_1b_1+1)/(1-a_1^2)$ und $\gamma(h) = a_1\gamma(h-1) = a_1^{h-1}\gamma(1)$ für alle $h \geq 2$. Die Autokovarianzen/korrelationen klingen demnach für $h \geq 1$ exponentiell ab, wobei der moving average-Parameter b_1 in den Startwert $\gamma(1)$ direkt eingeht.

2.3 Integrierte Zeitreihen und Trendverhalten ökonomischer Zeitreihen

a) Nicht-stationäre Zeitreihen

Stationäre stochastische Prozesse können mit dem **ARMA**-Ansatz des vorangegangenen Abschnitts mit einer geringen Anzahl von Parametern sinnvoll modelliert werden. Auf die praktische Anpassung von **ARMA**(p,q)-Modellen an gegebene reale Zeitreihendaten über die Identifikation der Ordnungen und Schätzung der unbekannten Modellparameter wird im Anwendungs-Kapitel 5.1 d) eingegangen. In der Praxis treten aber in der überwiegenden Zahl der Fälle Zeitreihen auf, die nur schwerlich mit dem stochastischen Gleichgewichtszustand der Stationarität in Einklang zu bringen sind. Diese Annahme erweist sich häufig als zu restriktiv. Zeitreihen können auf vielfältigste Weise ein nicht-stationäres Verhalten aufweisen. Der Mittelwert der Reihe kann eine Funktion der Zeit t statt einer Konstanten sein (trendhaftes Verhalten), genauso die Variabilität vom Zeitpunkt abhängen. Desweiteren sind in unterjährigen ökonomischen Zeitreihen in der Regel saisonale oder andere zyklische Schwankungen anzutreffen, die gleichfalls im Zeitablauf nicht konstant sein müssen.

Die klassische Zeitreihenanalyse trägt diesem Umstand mit dem Komponenten-Modell Rechnung. Sie geht dabei von der Vorstellung aus, daß sich die realisierte Entwicklung einer nicht-stationären Zeitreihe $Y_t, t \geq t_0$ gedanklich auf verschiedene Ursachen-Komplexe zurückführen läßt. Eine sich nur langsam ändernde glatte Komponente T_t, interpretiert als Trend einschließlich längerfristiger konjunktureller Schwankungen, wird in dieser Modellvorstellung überlagert von saisonalen und kalenderbedingten Einflüssen S_t sowie einer irregulären Zufallskomponente X_t. Nimmt man eine additive Verknüpfung der einzelnen systematischen Bewegungsabläufe der beobachteten Zeitreihe an, so schreibt sich die Komponentenzerlegung (additives Modell) in der Form :

$$Y_t = T_t + S_t + X_t , \quad t \geq t_0 . \tag{2.17}$$

Bereinigung der Zeitreihe Y_t, $t \geq t_0$ um die als deterministisch vorausgesetzten Komponenten Trend und Saison führt somit in diesem Modell zu einer Rest – Komponente X_t, welche man als stationären stochastischen Prozeß annehmen kann. Die oben dargestellten Modelle zur Analyse stationärer Zeitreihen können somit für den stochastischen Bestandteil herangezogen werden, um im Zusammenspiel mit den restlichen Komponenten die Eigenschaften der gesamten Reihe angemessen zu beschreiben. Das einfachste Beispiel für diese Vorgehensweise stellt die Elimination des Mittelwertes einer als stationär angenommenen Zeitreihe Y_t, $t \geq t_0$ mit $\boldsymbol{E}Y_t = \mu \neq 0$ dar. Für die Analyse der mittelwertbereinigten Reihe $X_t = Y_t - \mu$ ist es dann ausreichend, rein nicht-deterministische **ARMA**-Modelle ohne Absolutglied zu verwenden.

Desweiteren ist in ökonomischen Zeitreihen häufig zu beobachten, daß die Variabilität der Reihe im Zeitablauf oder mit dem Niveau der Zeitreihenwerte zunimmt. Mit nichtlinearen Transformationen wie sie von *Box/Cox* [1964] vorgeschlagenen wurden, kann versucht werden, die Heteroskedastizität in den zeitabhängigen Zufallsvariablen zu beseitigen und eine empirische Verteilung der Variablen zu erhalten, die symmetrisch ist und möglichst der Normalverteilung nahe kommt. Im allgemeinen wird man versuchen, mit dem Spezialfall der logarithmischen Transformation eine stabile Varianz des Prozesses zu erreichen, vgl. Kapitel 5.1 . Die weitere Analyse benutzt dann nur noch die entsprechend transformierte Zeitreihe. Für eine weitergehende Darstellung und empirische Illustration dieses Punktes vgl. *Nelson/Granger* [1979] . Im folgenden unterstellen wir immer, daß die betrachteten Zeitreihen bereits geeignet transformiert sind.

In unserer Darstellung der Theorie der Zeitreihenanalyse wollen wir uns hauptsächlich auf solche nicht-stationäre Zeitreihen beschränken, die direkt auf die Modelle für stationäre Prozesse aufbauen und somit keine grundsätzlich neuen Methoden erfordern. Die Klasse der <u>integrierten</u> Zeitreihen besteht aus Prozessen, welche durch einfache oder fortgesetzte zeitliche Differenzenbildung stationär gemacht werden können. Sie stellt eine direkte Alternative zum Komponentenmodell (2.17) dar, wobei die entsprechenden Reihen abgesehen von lokalen Trends/Niveaus kein typisches Wachstumsverhalten in Mittelwert und/oder Varianz aufweisen müssen. Obwohl die integrierten Zeitreihen nur einen kleinen Teil möglicher Nicht-Stationarität abdecken, kann das Verhalten tatsächlich beobachter Reihen in vielen Fällen hinreichend innerhalb dieser Klasse beschrieben werden. Da die Differenzenmethode geeigneter Ordnung zudem polynomiale Trends beseitigt, sind neben stochastischen Trendeigenschaften auch derartige deterministische Trends zu beschreiben (vgl. Unterabschnitt d) . Auf die weitere Möglichkeit der Behandlung saisonbehafteter Zeitreihendaten mit saisonalen Differenzen wird nicht eingegangen; siehe hierzu *Box/Jenkins* [1970] . Wir gehen demnach für die gesamte weitere Darstellung von geeignet (saison-)bereinigten Zeitreihen aus. Einen Überblick über Saisonbereini–

gungsverfahren gibt z.B. *Stier* [1985]. Das klassische Komponentenmodell wird in *Anderson* [1971] ausführlich behandelt. In den folgenden beiden Unterabschnitten betrachten wir zunächst den Fall rein nicht-deterministischer Zeitreihen.

b) Nicht-stationäre ARMA-Prozesse

Im Abschnitt 2.2 c) über den **AR**(p)-Prozeß wurde deutlich, daß Stationarität der Zeitreihe nur unter bestimmten Bedingungen an die Parameter des Modells gegeben ist. Treten Nullstellen der charakteristischen Gleichung des autoregressiven Prozesses vom Betrag größer oder gleich Eins auf, so ist die Zeitreihe nicht mehr stationär. Wir wollen diesen Fall in die Untersuchung von Zeitreihenmodellen der gemischten **ARMA**-Form einbeziehen und gehen demnach von dem Prozeß $\Phi_p(L)\,Y_t = \Theta_q(L)\,V_t$ aus, der nur für $t \geq t_0$ definiert wird. Vorgegeben werden müssen dann p Anfangswerte Y_j, $j = t_0-1,..,t_0-p$ mit existierenden zweiten Momenten die unkorreliert mit sämtlichen white-noise Variablen V_t, $t \geq t_0$ sind. Notwendig ist desweiteren die Festlegung der q Zufallsvariablen V_j, $j = t_0-1,..,t_0-q$, die wir hier als identisch verschwindend voraussetzen wollen. Die allgemeine Lösung des gemischen **ARMA**-Prozesses ist dann als Summe aus homogener und partikulärer Komponente gegeben zu :

$$Y_t \;=\; Y_t^1 + Y_t^2 \;=\; \sum_{j=1}^{p} C_j\, y_j(t) + \sum_{i=0}^{t-t_0} \beta_i V_{t-i}\,, \quad t \geq t_0\,. \tag{2.18}$$

Die p Funktionen $y_j(t)$ bestehen dabei wie in Abschnitt 2.2 c) dargestellt – in Abhängigkeit der Nullstellen $z_1,..,z_p$ des charakteristischen Polynoms des autoregressiven Operators – aus Polynom- und trigonometrischen Termen, welche durch die exponentiellen Faktoren $z_j{}^t$ bzw. $|z_j{}^t|$ dominiert werden. Die Zufallsvariablen $C_1,..,C_p$ stellen Funktionen der p Anfangsbedingungen dar, und die Koeffizientenfolge der (β_i) genügt entsprechend (2.15) für $i \geq q+1$ der homogenen Differenzengleichung $\beta_i - \Sigma_j{}_{=1}^{g} a_j \beta_{i-j} = 0$ mit $g := \mathit{min}\{i,p\}$ und den Startwerten $\beta_i = b_i + \Sigma_j{}_{=1}^{g} a_j \beta_{i-j}$, $1 \leq i \leq q$, $\beta_0 = 1$.

Nur im Fall der Stationarität liegen sämtliche Wurzeln $z_1,..,z_p$ innerhalb des Einheitskreises der komplexen Zahlenebene. Die homogene Lösung konvergiert dann für t gegen unendlich gegen Null und die Koeffizienten der verbleibenden moving average-Darstellung sind absolut summierbar. Als Charakteristikum des stationären **ARMA**-Prozesses nehmen die Autokovarianzen/korrelationen mit zunehmender zeitlicher Distanz exponentiell ab. Existiert dagegen eine Wurzel z_j vom Betrag echt größer als Eins, so divergiert die homogene Lösung und die Folge der (β_i) aufgrund des dominierenden Faktors $z_j{}^t$ bzw. $|z_j{}^t|$. Derartige Zeitreihen weisen ein exponentiell trendhaftes Verhalten auf, was klar aus den Daten zugehöriger Realisationen zu erkennen ist. Sinnvolle Anwendungen dieses Modells unbegrenzten explosiven Wachstums wird es in der Ökonomie nur wenige geben.

Von eigentlichem Interesse ist hier der Grenzfall beider Alternativen. Treten genau d reelle Nullstellen vom Betrag Eins auf, wobei die restlichen Wurzeln innerhalb des Einheitskreises liegen, so wird die homogene Lösung langfristig von einem polynomialen Trend $C_j + C_{j+1}t + .. + C_{j+d-1} t^{d-1}$ dominiert. Im Falle von $z_j = .. = z_{j+d-1} = -1$ alterniert das Polynom. Bei komplex konjugierten Nullstellen entsprechender Vielfachheit auf dem Einheitskreis dominieren sinusförmige Schwankungen, deren Amplituden polynomial mit t zunehmen. Entsprechend entwickeln sich die Koeffizienten β_i, welche den Einfluß der Innovationen $V_t, V_{t-1},.., V_{t_0}$ auf den gegenwärtigen Wert Y_t beschreiben.

Der Fall einer einfachen reellen Nullstelle bei $z_j = 1$, einer sogenannten Einheitswurzel, bedarf besonderer Aufmerksamkeit, da sich viele ökonomische Zeitreihen derart modellieren lassen. Die homogene Lösung geht dann langfristig gegen die von den Anfangsbedingungen bestimmte Zufallsvariable C_j; genauso konvergiert die Folge (β_i) gegen einen konstanten Wert, d.h. weit zurückliegende Innovationen wirken sämtlich mit gleichem Gewicht auf den aktuellen Zeitreihenwert ein. Einfache konjugiert komplexe Wurzeln vom Betrag Eins führen dazu, daß die homogene Lösung sowie die Koeffizientenfolge von sinusförmigen Schwankungen fester Amplitude und Frequenz dominiert wird.

Als Beispiel sei erneut der **ARMA**(1,1)–Prozeß $X_t = a_1X_{t-1} + V_t + b_1V_{t-1}$ für $t \geq 1$ mit Anfangswert X_0, $\boldsymbol{E}X_0 = 0$, $\boldsymbol{Var}(X_0) < \infty$, $\boldsymbol{Kov}(X_0, V_t) = 0$ für alle $t \geq 1$ und $V_0 \equiv 0$ betrachtet. Aus der allgemeinen Lösung (2.18) folgt direkt die Darstellung $X_t = a_t^t C_1 + \Sigma_{i=0}^{t-1} \beta_i V_{t-i} = a_t^t C_1 + V_t + (a_1+b_1) \Sigma_{i=1}^{t-1} a_1^{i-1} V_{t-i}$. Aus $X_1 = a_1X_0 + V_1 + b_1V_0$ ersieht man direkt, daß $C_1 = X_0$ gesetzt werden muß. Für alle endlichen t verschwindet damit der Erwartungswert des **ARMA**(1,1)–Prozesses und für die Varianzen gilt $\boldsymbol{Var}(X_t) = a_1^{2t}\, \boldsymbol{Var}(X_0) + \sigma_V^2 + (a_1+b_1)^2 \sigma_V^2\, \Sigma_{i=1}^{t-1} (a_1^2)^{i-1}$. Im Falle der Nichtstationarität mit $|a_1| \geq 1$ und unterschiedlicher Wurzeln der **AR**– und **MA**–Operatoren (d.h. $a_1 \neq -b_1$) wächst somit die Varianz des Prozesses über alle Grenzen. Der Einfluß des Startwertes X_0 und weit zurückliegender Innovationen V_t wird mit zunehmendem t nicht geringer, sondern im Gegenteil für $|a_1| > 1$ immer größer, wobei die Zeitreihe aufgrund der Dominanz von $a_1^tX_0$ explosiv wächst.

Sei nun der Grenzfall $a_1 = 1$ betrachtet. Die Lösung des Prozesses schreibt sich dann zu $X_t = X_0 + V_t + (1+b_1)(V_{t-1} + V_{t-2} + .. + V_1)$, $t \geq 1$ mit linear in t zunehmenden Varianzen $\boldsymbol{Var}(X_t) = \boldsymbol{Var}(X_0) + \sigma_V^2 + (1+b_1)^2 \sigma_V^2 (t-1)$ und Autokovarianzen $\boldsymbol{Kov}(X_t, X_{t+h}) = \boldsymbol{E}X_tX_{t+h} = \boldsymbol{Var}(X_0) + (1+b_1)\sigma_V^2 + (1+b_1)^2 \sigma_V^2 (t-1)$, $h \geq 1$. Die Autokorrelationen für nicht allzugroße Zeitlags liegen demzufolge in der Nähe von Eins, da Zähler und Nenner von $\rho(h)$ für $t >> h$ durch den gleichen Faktor $(1+b_1)^2 \sigma_V^2 t$ dominiert werden. Dies läßt auch der Grenzübergang für die Autokorrelationsfunktion des stationären **ARMA**(1,1)–Prozesses $X_t = a_1X_{t-1} + V_t + b_1V_{t-1}$ erkennen, der im Abschnitt 2.2 d) behandelt wurde. Für $a_1 \longrightarrow 1$ gehen sämtliche Autokorrelationen $\rho(1) = (a_1+b_1)(a_1b_1+1) / (1+2a_1b_1+b_1^2)$, $\rho(h) = a_1 \rho(h-1)$, $h \geq 2$ gegen Eins. Dies ist das Charakteristikum derartiger Prozesse. Sie weisen trotzt Nicht–Stationarität ein 'glattes' Verhalten auf. Der Startwert und sämtliche zurückliegenden white–noise Variablen gehen zeitinvariant mit gleichen Gewichten in den aktuellen Zeitreihenwert von $X_t = X_{t-1} + V_t + b_1V_{t-1}$, $t \geq 1$ ein, der somit eine Akkumulation aus Zufallseinflüssen darstellt. Wir haben hier den Fall eines random–walks vorliegen. Wird dem Prozeß zusätzlich ein Absolutglied $a_0 \neq 0$ unterstellt, so erweitert sich die Lösung additiv um den linearen deterministischen Trend a_0t, dem dann auch der Erwartungswert der nicht–stationären Zeitreihe folgt. Man spricht von einem random–walk mit drift, vgl. Abschnitt d).

c) Integrierte Zeitreihen und das ARIMA(p,d,q)-Modell

Diejenigen nicht-stationären stochastischen Prozesse, die durch Einheitswurzeln im autoregressiven Teil von **ARMA**-Modellen $\Phi_{p+d}(L)\, Y_t = \Theta_q(L)\, V_t$, $t \geq t_0$ entstehen, lassen sich in einfacher Weise mittels der für stationäre Zeitreihen entwickelten Verfahren analysieren. Genauso wie gewöhnliche Polynome kann der **AR**-Operator $\Phi_{p+d}(L)$ faktorisiert werden zu $\Phi_{p+d}(L) = (1 - a_1 L - .. - a_{p+d} L^{p+d}) = (1-\lambda_1 L) .. (1-\lambda_{p+d} L)$, wobei die $\lambda_1,..,\lambda_{p+d}$ die reziproken Werte der Nullstellen des Polynoms $\Phi_{p+d}(z)$, $z \in \mathbb{Z}$ darstellen. Da sich die Wurzeln $z_1,..,z_{p+d}$ der charakteristischen Gleichung der autoregressiven Komponente von Y_t, $t \geq t_0$ wiederum als Kehrwerte der Lösungen von $\Phi_{p+d}(z) = 0$ ergeben, gilt $\lambda_i = z_i$, $1 \leq i \leq p+d$ und damit die Faktorisierung $\Phi_{p+d}(L) = (1-z_1 L) .. (1-z_{p+d}(L)$. Im Falle <u>d-facher Einheitswurzeln</u> (unit roots) der charakteristischen Gleichung (d.h. d Nullstellen sind genau gleich Eins und die restlichen liegen innerhalb des Einheitskreises), kann demnach das autoregressive Polynom in der Form $\Phi_{p+d}(L) = \Phi_p^*(L)\,(1-L)^d$ geschrieben werden. Für den nicht-stationären Prozeß Y_t, $t \geq t_0$ hat man somit:

$$\Phi_p^*(L)\,(1-L)^d\, Y_t = \Theta_q(L)\, V_t\,, \quad t \geq t_0\,, \tag{2.19}$$

mit $\Phi_p^*(z) \neq 0$ für alle $z \geq 1$. Der aus Y_t gebildete Prozeß $X_t := (1-L)^d\, Y_t = (\Theta_q(L) / \Phi_p^*(L))\, V_t$, $t \geq t_0(+d)$ stellt damit eine stationäre **ARMA**(p,q)-Zeitreihe dar, deren Eigenschaften im Abschnitt 2.2 d) behandelt wurden. Der Operator $\Delta^d := (1-L)^d$, $d \geq 1$ bewirkt die d-malige zeitliche Differenzenbildung. So gilt z.B. $\Delta Y_t = Y_t - Y_{t-1}$ und entsprechend für höhere Differenzen $\Delta^d Y_t = \Delta^{d-1} Y_t - \Delta^{d-1} Y_{t-1}$, $\Delta^0 Y_t := Y_t$. Allgemein werden stochastische Prozesse, die durch fortgesetzte Anwendung des Differenzenoperators Δ stationär gemacht werden können, als integrierte Zeitreihen bezeichnet.

<u>**Definition 2.5**</u> (integrierte Zeitreihen):

Ein stochastischer Prozeß Y_t, $t \geq t_0$ heißt <u>integriert</u> vom Grade $d \in \mathbb{N}$, abgekürzt als $Y_t \sim I(d)$ bezeichnet, falls Y_t die Darstellung:

$$\Delta^d Y_t := (1-L)^d Y_t = \sum_{i=0}^{\infty} b_i V_{t-i} =: \Theta(L)\, V_t\,, \quad t \geq t_0 + d$$

mit absolut summierbarer Koeffizientenfolge (b_i) und einem white-noise Prozeß V_t, $t \in \mathbb{Z}$ hat, wobei $\Theta(1) \neq 0$ gilt.

Eine $I(d)$-Zeitreihe Y_t kann demnach durch d-malige Differenzenbildung in einen rein nicht-deterministischen stationären Prozeß überführt werden, wobei $\Delta^{d-1} Y_t$ nicht-stationär ist. Das letztere folgt aus der Bedingung $\Theta(1) = \Sigma_{i=0}^{\infty} b_i \neq 0$. Wäre die Reihe $\Delta^{d-1} Y_t$ stationär, so hätte sie nach *Wold* eine unendliche moving average Repräsentation und die Koeffizienten der Entwicklung von $\Delta^d Y_t = \Delta^{d-1} Y_t - \Delta^{d-1} Y_{t-1}$ würden sich notwendig zu Null aufsummieren. Weiteres Differenzieren des stationären stochastischen Prozesses $\Delta^d Y_t$ führt mit $\Delta^{d+1} Y_t = \Sigma_{i=0}^{\infty} b_i V_{t-i} - \Sigma_{i=0}^{\infty} b_i V_{t-1-i} = b_0 V_t + \Sigma_{i=1}^{\infty} (b_i - b_{i-1}) V_{t-i}$ aber nicht mehr aus der Klasse der stationären Zeitreihen heraus. Die Bezeichung für derartige Prozesse läßt sich dadurch motivieren, daß sie sich immer in der Form :

$$Y_t = C_1 + C_2 t + .. + C_d t^{d-1} + \sum_{i_1=0}^{t-t_0} \sum_{i_2=i_1}^{t-t_0} .. \sum_{i_d=i_{d-1}}^{t-t_0} X_{t-i_d}, \quad t \geq t_0 \qquad (2.20)$$

als d-faches 'Integral' des stationären Prozesses $X_t := \Delta^d Y_t$ schreiben lassen, da Y_t der Differenzengleichung $(1-L)^d Y_t = X_t$ mit d-facher Einheitswurzel im charakteristischen Polynom genügt. Die homogene Lösung für den Prozeß Y_t, $t \geq t_0$ besteht nach Abschnitt 2.2 c) aus einem polynomialen Trend der Ordnung $(d-1)$, wobei die Zufallsvariablen $C_1,..,C_d$ wieder Funktionen von d Anfangswerten Y_j , $j = t_0-1,..,t_0-d$ sind. Die d-malige Anwendung des Differenzenoperators ist demzufolge in der Lage, einen entsprechenden deterministischen Trend zu eliminieren. Wir gehen im folgenden Abschnitt weiter auf diesen Punkt ein. Der partikuläre Lösungsanteil in (2.20) läßt sich leicht mittels vollständiger Induktion nach $d \in \mathbb{N}$ zeigen.

Für praktische Zwecke bietet sich zuförderst die Klasse der stationären und invertierbaren **ARMA**(p,q)–Prozesse zur Parametrisierung der moving average–Repräsentation $X_t = \Delta^d Y_t$ von integrierten Zeitreihen an. Man erhält dann Prozesse Y_t, $t \geq t_0$ der Form (2.19), welche sich durch eine d-fache Einheitswurzel im autoregressiven Teil auszeichnen, die durch entsprechende Differenzenbildung beseitigt werden kann. Wird weniger als d-mal differenziert, so verbleibt im **AR**–Polynom mindestens eine Nullstelle vom Wert Eins und die Zeitreihe ist nicht stationär. Derartige nicht-stationäre Zeitreihen werden in Anlehnung an *Box/Jenkins* als autoregressiv integrierte moving average–Prozesse bezeichnet, deren Ordnungen in der Abkürzung als **ARIMA**(p,d,q) zum Ausdruck kommen. Zur Analyse von **ARIMA**–Prozessen bekannter Integrationsgrade kann direkt auf die oben dargelegte Theorie stationärer Zeitreihenmodelle zurückgegriffen werden. In der Praxis sind in der Regel Werte für d von 0, 1 oder maximal 2 ausreichend. Zur Problematik der empirischen Bestimmung von d siehe Kapitel 2.4 .

ARIMA(p,d,q)–Prozesse zeichnen sich dadurch aus, daß die Varianzen der Zeitreihenvariablen gegen unendlich gehen, was direkt aus (2.20) ersichtlich ist. Sie verhalten sich damit wie '*random walks*', die reine Akkumulationen von Zufallseinflüssen darstellen und langfristig nicht prognostizierbar sind. Geht man von rein nicht–deterministischen Prozessen aus, so haben derartige Zeitreihen aber einen zeitinvarianten Erwartungswert von Null. Das Charakteristikum der nicht–stationären **ARIMA**–Zeitreihen besteht darin, daß die theoretischen Autokorrelationen für nicht allzu große Zeitlags nahe der Eins liegen (vgl. *Granger/Newbold* [1986], Seite 42) , da die Autokovarianzen in gleicher Weise asymptotisch dominiert werden wie die Varianzen. Dies hat einen 'glatten' Verlauf mit lokalen Trends/Niveaus zur Folge. Typisches globales Trendverhalten in Mittelwert und Varianz wie bei anderen nicht–stationären Prozessen muß dagegen nicht gegeben sein. Box/Jenkins sprechen auch von homogener Nicht–Stationarität, da einzelne Abschnitte von Realisationen der Zeitreihe $\Phi_p^*(L) \Delta^d Y_t = \Theta_q(L) V_t$, $t \geq t_0$, einander ähnlich sehen. Das lokale Verhalten des Prozesses ist – im Unterschied zu stationären oder explodierenden **ARMA**–Zeitreihen – unabhängig vom Niveau der Reihe Y_t, was sich aus $\Phi_p^*(L)\,\Delta^d\,(Y_t+c) = \Phi_p^*(L)\,\Delta^d\,Y_t + \Phi_p^*(L)\,\Delta^d\,c = \Phi_p^*(L)\,\Delta^d\,Y_t + 0 = \Theta_q(L)\,V_t$ für $d \geq 1$, $c \in \mathbb{R}$ ergibt.

Die Einheitswurzeln im autoregressiven Operator von **ARIMA**–Prozessen haben zur Folge, daß die Wirkung jeglicher Zufallsstörung des Prozesses auf die weitere Entwicklung der Reihe nie mehr abklingt – sämtliche zurückliegenden Innovationen V_t üben einen permanenten Einfluß auf den gegenwärtigen Wert der Zeitreihe aus (Persistenz–Eigenschaft von Einheitswurzeln). Dies erkennt man daran, daß auch die Koeffizienten der moving average–Darstellung die homogene Differenzengleichung des **AR**–Operators erfüllen und damit im Grenzübergang von einem polynomialen Trend dominiert werden (vgl. hierzu auch das **ARIMA**(0,1,1) = **IMA**(1,1)–Beispiel des vorangegangenen Abschnitts). Langfristige Prognosen werden unmöglich, da der Drift der Zeitreihe durch Kumulation vergangener Störungen rein stochastischer Natur ist und zukünftige Werte durch Zufallseinflüsse dominiert werden, die heute noch nicht bekannt sind.

Die Differenzenbildung beseitigt die Einheitswurzeln und damit den stochastischen Teil des Trendverhaltens integrierter Prozesse. Lokale Eigenschaften derartiger Zeitreihe können somit gut analysierbar und prognostizierbar sein. Dies hat dazu geführt, daß viele empirische Untersuchungen ökonomischer Zusammenhänge zwischen mehreren Variablen auf Strukturgleichungen zwischen ersten bzw. zweiten Differenzen zurückgreifen. Eine derartige Analyse richtet das Augenmerk allerdings vor allem auf kürzerfristige Beziehungen. Erst in jüngster Zeit eröffnet das Konzept der Kointegration (vgl. *Engle/ Granger* [1987]) die Möglichkeit, vom gleichen Grade integrierte Zeitreihen in langfristige Relationen miteinander zu setzen. Kointegrierte Variablen weisen gemeinsame stochastische Trends auf. In Fehlerkorrekturmodellen können kurzfristige Anpassungsmechanismen an diese Gleichgewichtsbeziehungen spezifiziert werden bzw. durch Kointegrationsrestriktionen die Eigenschaften von multivariaten Zeitreihenmodellen verbessert werden. Vergleiche hierzu Kapitel 3.1 c).

Aufbauend auf die grundlegende Arbeit von *Box/Jenkins* [1970] haben eine Vielzahl empirischer Studien die Eignung von univariaten **ARIMA**–Modellen zur Darstellung makroökonomischer Zeitreihen gezeigt. Darin kommt zum Ausdruck, daß sich ökonomische Prozesse vielfach derart realsisieren, als ob sie weitgehend von Zufallseinflüssen bestimmt würden. In den Wirtschaftswissenschaften hat die unit root–Hypothese aber bedeutsame Auswirkungen. Nicht nur bezüglich der statistischen Eigenschaften der Schätzung und insbesondere der Prognose unterscheiden sich stationäre und integrierte Prozesse fundamental voneinander. Für die Konjunkturtheorie und Wirtschaftspolitik ist es darüberhinaus von einschneidender Bedeutung, wenn einmalige Zufallseinflüsse (Schocks) einen permanenten Einfluss auf den gesamten weiteren Reihenverlauf einer ökonomischen Größe ausüben (Persistenz). Zur Debatte über permanente und transitorische Komponenten in makroökonomischen Zeitreihen und dem Konjunkurzyklus vgl. z.B. *Beveridge/ Nelson* [1981], *Campbell/Mankiw* [1987], *Cochrane* [1988] und *Wolters* [1990a].

Zeitreihen, die aufgrund von Einheitswurzeln ein random walk–Verhalten aufweisen, sind darüberhinaus oftmals die theoretische Folgerung von ökonomischen Modellen, welche die rationale Nutzung sämtlicher verfügbarer Information durch die Wirtschaftssub–

jekte postulieren (Theorie die rationalen Erwartungen, vgl. auch Kapitel 3.3). Unerwartete Änderungen in ökonomischen Variablen können in derartigen Modellen nur noch durch neue Informationen bzw. nicht vorhersehbare Ereignisse bewirkt werden. Insbesondere für Preise in hochspekulativen Märkten stellen random walks vielfach ein geeignetes Beschreibungsmodell dar. Theoretische und empirische Studien zur random walk-Hypothese finden sich z.B. in *Fama* [1970] (effiziente Kapitalmärkte), *Samuelson* [1973] (Aktienkurse), *Hall* [1978] (reale Konsumausgaben) und *Meese/Singleton* [1982] (Wechselkurse). Die Diskussion hat sich in jüngster Zeit vor allem am Integrationsgrad wichtiger volkswirtschaftlicher Größen wie dem US-Bruttosozialprodukt entzündet (Arbeiten in der Folge von *Nelson/Plosser* [1982]), wobei die Entwicklung formaler Tests auf Vorliegen von Einheitswurzeln eine zentrale Rolle gespielt hat (siehe Abschnitt 2.4). Man darf aber trotz einiger Evidenz für dieses Modell zur Beschreibung realer Zeitreihen nicht aus den Augen verlieren, daß es auf einer sehr speziellen Annahme beruht: das charakteristische Polynom des autoregressiven Schemas besitzt Nullstellen genau beim Wert von Eins (ob man die Konsequenz einer unendlichen Varianz auch für ökonomische Größen wie z.B. Zinssätze, Aktien- und Wechselkurse akzeptiert, ist zudem zweifelhaft).

d) Stochastisches und deterministisches Trendverhalten ökonomischer Zeitreihen

In makroökonomischen Zeitreiten ist häufig ein über die Zeit hinweg charakteristisches Wachstumsverhalten zu beobachten (Nicht-Stationarität im Mittelwert). Dies ist bei der Analyse damit verbunden, daß die ersten Autokorrelationskoeffizienten sehr nahe der Eins geschätzt werden und mit zunehmendem Zeitabstand nur langsam kleiner werden. In der klassischen Zeitreihenanalyse wurde diesem Umstand mit dem im Unterabschnitt a) kurz dargestellten Komponenten-Modell Rechnung getragen. Geht man von saisonal nicht beeinflussten bzw. entsprechend bereinigten nicht-stationären Zeitreihen aus, so ist die realisierte Entwicklung anhand dieses Modells in eine glatte Komponente (längerfristiger Trend) sowie eine Rest-Komponente zu zerlegen, die auf irregulären Zufallsschwankungen beruht und eventuell mittels Modellen für stationäre stochastische Prozesse weiter analysiert werden kann.

Entscheidender Punkt bei einer derartigen Analyse einer Zeitreihe ist aber, ob das beobachtete trendhafte Verhalten stochastischer oder deterministischer Natur ist. Beschreibt man das Wachstumsverhalten durch stationäre Fluktuationen um einen deterministischen, z.B. linearen Trend (trend-stationäres Modell), so wirken sich Zufallseinflüsse nur temporär aus. Im Falle von integrierten Reihen ist der Trend dagegen (zum Teil) stochastisch und ökonometrische Strukturmodelle, die auf Abweichungen der Variablenwerte von einem deterministischen Zeittrend basieren, sind fehlspezifiziert.[1] Insbesondere für die Vorhersage von Zeitreihen führen die beiden Modelle zu sehr unterschiedlichen Aussagen über die Prognoseunsicherheit. Random walks mit positivem drift

[1] Über die Sensitivität geschätzter Beziehungen bezüglich der Modellierung von Trendeigenschaften berichten z.B. *Stock/Watson* [1989] im Zusammenhang mit dem Granger-Kausalitätstest zwischen Geldmenge und Volkseinkommen.

weisen aber in typischen Realisationen ganz ähnliche Trajektorien auf wie das trendstationäre Modell. Von großer Bedeutung und Problematik ist damit die empirische Unterscheidung beider Modelle in konkreten Anwendungsfällen. Statistische Testverfahren auf den Integrationsgrad d von Zeitreihen sind notwendig, um die Natur der Nichtstationarität aufzuklären.

Trendverhalten in ökonomischen Zeitreihen kann durch zwei Modelle mit grundsätzlich verschiedenen Eigenschaften beschrieben werden. Das trend–stationäre Modell geht von der Zerlegung der nicht–stationären Zeitreihe $Y_{1t},\ t \geq t_0$ in einen deterministischen Trend T_{1t} und einen stationären stochastischen Prozeß $X_{1t} = \Sigma_{i=0}^{\infty} b_{1i} V_{1,t-i} = \Theta(L)\, V_{1t}$ mit verschwindenem Erwartungswert aus. Oftmals wird zur Beschreibung des deterministischen Trends ein polynomialer Ansatz in t mit geeignet erscheinendem Polynom–Grad $r \in \mathbb{N}$ herangezogen. Desweiteren kann man eine invertierbare **ARMA**–Parametrisierung für die stationäre Zeitreihe X_{1t} annehmen. *Nelson/Plosser* [1982] haben für diese Klasse von nicht–stationären Prozessen die Bezeichnung **TS**–Modelle für '*trend stationary*' eingeführt. Bei additiv angenommener Überlagerung der beiden Bestandteile schreiben sich derartige Modelle zu :

$$Y_{1t} = T_{1t} + X_{1t} = c_0 + c_1 t + .. + c_r t^r + \frac{\Theta_1(L)}{\Phi_1(L)} V_{1t}\ , \quad t \geq t_0\ . \tag{2.21}$$

Die Klasse der integrierten Zeitreihen ist ebenfalls in der Lage, (zumindest lokales) Trendverhalten zu modellieren. Wie im vergangenen Abschnitt behandelt, zeichnen sich auch rein nicht–deterministische **ARIMA**–Prozesse dadurch aus, daß sie Autokorrelationen in der Nähe von Eins aufweisen. Unabhängig vom Niveau der Zeitreihe, werden in diesem Modell durch Akkumulation von zufälligen Einflüssen auch über längere Zeit hinweg typische glatte Verläufe generiert, die sich als stochastischen Trend interpretieren lassen. Das allgemeine Modell derartiger Prozesse ist in der Form (2.19) gegeben zu $\Phi_2(L)\, \Delta^d\, Y_{2t} = \Theta_2(L)\, V_{2t}\ ,\ t \geq t_0$ mit stationären und invertierbaren d-fachen Differenzen $X_{2t} := \Delta^d\, Y_{2t} = \Sigma_{i=0}^{\infty} b_{2i} V_{2,t-i}$ (Klasse der **DS**–Modelle für '*difference stationary*') . Wie wir schon im vorangegangenen Abschnitt anhand von (2.20) bemerkt haben, werden polynomiale deterministische Trends der Ordnungen kleiner gleich $(d-1)$ durch die Anwendung des Differenzenoperators in $Y_{2t},\ t \geq t_0$ eliminiert. Das Modell der integrierten Zeitreihen ist demnach in der Lage, stochastische und deterministiche Trendeigenschaften gleichzeitig zu beschreiben, wenn man für die Originalzeitreihe entsprechende deterministische Elemente zuläßt.

Beide Modelltypen lassen sich auch zu einer Mischform zusammenführen. Wenn d-maliges Differenzieren zu einer Zeitreihe $X_{3t} = \Delta^d\, Y_{3t}$ führt, die noch deterministisches Trendverhalten aufweist, so kann für diese ein trend–stationäres Modell $X_{3t} = \Sigma_{j=0}^{s} c_j\, t^j + (\Theta_3(L) / \Phi_3(L))\, V_{3t}\ ,\ t \geq t_0$ angenommen werden. Die Original–Zeitreihe $Y_{3t},\ t \geq t_0$ weist dann einen polynomialen Trend der Ordnung $(d+s)$ auf, da die partikuläre Lösung der Differenzengleichung $\Delta^d Y_{3t} = c_s\, t^s\ ,\ c_s \neq 0$ ein Polynom vom Grade $(d+s)$ darstellt. Insbesondere der Modellansatz $\Delta^d Y_{3t} = c_0 + c_1 t + (\Theta_3(L)/\Phi_3(L))\, V_{3t}$ mit $d = 1$ oder $d = 2$ findet in praktischen Anwendungen große Bedeutung. Soll das Verhalten eines quadratischen deterministichen Trends mit überlagerten stochastischen Trendeigenschaften beschrieben werden, so sind zwei derartige Modelle möglich, einmal mit $d = 2 \,/\, c_1 = 0$ und zum zweiten mit $d = 1 \,/\, c_1 \neq 0$. Weist der einmal differenzierte Prozeß $(d = 1)$ nur einen Erwartungswert von $c_0 \neq 0$ auf, so entspricht dies dem Fall eines linearen Trends in der Reihe $Y_{3t},\ t \geq t_0$.

Um die Unterschiede beider Modellansätze (**TS**) bzw. (**DS**) besser herauszuarbeiten, sei auf die trend–stationäre Zeitreihe $Y_{1t},\ t \geq t_0$ nach (2.21) gleichfalls d-fach der Differenzenoperator Δ angewendet. Im Falle, daß der Polynom–Grad r des deterministischen Trends größer oder gleich d ist, verbleibt noch ein polynomialer Trend der Ordnung $(r-d)$ in $\Delta^d Y_{1t}$ und es gilt :

$$\Delta^d Y_{1t} = \sum_{j=0}^{r-d} \tilde{c}_j\, t^j + \frac{(1-L)^d\, \Theta_1(L)}{\Phi_1(L)}\, V_{1t}\ , \quad t \geq t_0 + d\ . \tag{2.22}$$

Die d-malige Differenzierung des stationären Teils X_{1t} führt zu einem stochastischen Prozeß, der zwar stationär bleibt, aber eine d-fache Einheitswurzel im moving average Teil seiner **ARMA**–Parametrisierung enthält. Die stochastische Restkomponente der **TS**–Zeitreihe $\Delta^d Y_{1t}$ ist damit nicht invertierbar, d.h. besitzt keine **AR**(∞)–Darstellung. Gilt dagegen $r < d$, so erhält man eine rein nicht–deterministische d-fach differenzierte Reihe, die im Unterschied zu **DS**–Prozessen Einheitwurzeln im **MA**–Operator aufweist. Diese Eigenschaft überdifferenzierter stationärer Prozesse kann Hinweise auf das Vorliegen eines bestimmten Typs der beschriebenen Modelle geben, vgl. Abschnitt 2.4 .

Die einfachsten Beispiele der dargestellten Modelltypen zur Beschreibung trendhaften Verhaltens erhält man, indem für die stationären Bestandteile der Zeitreihen nur weißes Rauschen angenommen wird. Der Fall des einfachen random walks $\Delta Y_{2t} = V_{2t}\ ,\ t \geq t_0$ wurde bereits im Unterabschnitt b) behandelt. Nimmt man $t_0 = 1$ mit Anfangswert $Y_0 := c_0 + X_0$, $\boldsymbol{E}X_0 = 0$, $\boldsymbol{Var}(X_0) < \infty$, $\boldsymbol{Kov}(X_0, V_t) = 0$ für alle $t \geq 1$ an, so erhält man den Prozeß $Y_{2t},\ t \geq 1$ als Summation sämtlicher zurückliegender stochastischer Innovationen zu :

$$Y_{2t} = Y_{2,t-1} + V_{2t} = .. = c_0 + X_0 + \sum_{i=0}^{t-1} V_{2,t-i}\ , \quad t \geq 1\ . \tag{2.23}$$

Bei einem Erwartungswert von $\boldsymbol{E}Y_{2t} = c_0$ hat man eine Zeitreihe, die rein durch einen (lokalen) stochastischen Trend durch Akkumulation von Zufallseinflüssen bestimmt wird. Die Varianzen $\boldsymbol{Var}(Y_{2t}) = \boldsymbol{Var}(X_0) + \sigma_V^2\, t$ nehmen linear mit der Zeit zu und für die Autokovarianzen gilt : $\gamma(h) = \boldsymbol{Var}(X_0) + \sigma_V^2\, t$, $h \geq 1$, d.h. die Autokorrelationen für im Vergleich zu t kleine Lags liegen in der Nähe von Eins mit $\rho(h)^2 = 1 - \sigma_V^2\, h \,/\, (\boldsymbol{Var}(X_0) + \sigma_V^2\, (t+h)\,)$.

Führt erst zweimaliges Differenzieren von $Y_{2t},\ t \geq 1$ auf weißes Rauschen, so ergibt sich die allgemeine Lösung der Differenzengleichung $Y_{2t} = 2Y_{2,t-1} - Y_{2,t-2} + V_{2t}$ mit den zwei Anfangswerten $Y_0,\ Y_{-1}$ zu : $Y_{2t} = C_1 + C_2 t + \Sigma_{i=0}^{t-1} \Sigma_{j=i}^{t-1} V_{2,t-j} = C_1 + C_2 t + \Sigma_{i=0}^{t-1} (i+1)\, V_{2,t-i}$. Zur Bestimmung der beiden Zufallsvariablen C_1 und C_2 erhält man aus $\Delta^2 Y_{2t} = V_{2t}$ für $t = 1$ bzw. $t = 2$ das lineare Gleichungssystem $C_1 + C_2 = 2Y_0 - Y_{-1}$ und $C_1 + 2C_2 = 3Y_0 - 2Y_{-1}$. Als Lösung errechnet sich $C_1 = Y_0$ und

$C_2 = Y_0 - Y_{-1}$. Je nachdem, ob man die beiden Anfangswerte als Zufallsgrößen oder feste reelle Konstanten annimmt, kann ein stochastisches oder ein gemischtes Trendverhalten beschrieben werden. Setzt man $Y_0 := c_0 + X_0$ und $Y_{-1} \equiv c_0 - c_1$, so erhält man das Modell eines stochastischen Trends, überlagert durch ein deterministisches lineares Polynom. Der Erwartungswert dieses Prozesses entspricht dem linearen Trend mit $\boldsymbol{E}Y_{2t} = c_0 + c_1 t$. Die Gesamtlösung der zweimal differenzierten Reihe schreibt sich damit zu :

$$Y_{2t} = 2Y_{2,t-1} - Y_{2,t-2} + V_{2t} = \ldots = c_0 + c_1 t + X_0 + \sum_{i=0}^{t-1} (i+1)\, V_{2,t-i} \quad . \tag{2.24}$$

Die einfachste Form eines nur durch Zufallsschwankungen überlagerten globalen deterministischen Trends ist durch das linear trend-stationäre Modell $Y_{1t} = c_0 + c_1 t + V_{1t}$, $t \geq t_0 := 1$ gegeben. Der lineare Trend kann zwar durch zweimaliges Differenzieren eliminiert werden, man erhält dann allerdings die Zeitreihe $\Delta^2 Y_{1t} = \Delta^2 V_{1t}$, $t \geq 3$ als einen nicht invertierbaren **MA**(2)-Prozeß mit doppelter Einheitswurzel. Zum Vergleich mit einem random walk mit drift sei daneben das Modell $Y_{1t} = c_0 + c_1 t + (1/(1-a_1 L))\, V_{1t}$, $t \geq 1$, $|a_1| < 1$ betrachtet, d.h. der stochastische Teil der **TS**-Zeitreihe sei durch den stationären **AR**(1)-Prozeß $X_{1t} = a_1 X_{1,t-1} + V_{1t} = a_1^t X_0 + \Sigma_{i=0}^{t-1} a_1^i V_{1,t-i}$ gegeben (der Startwert des autoregressiven Schemas ist als Generierung der unendlichen white noise Folge V_{1t}, $t \in \mathbb{Z}$ gegeben zu $X_0 = \Sigma_{i=0}^{\infty} a_1^i V_{1,-i}$). Das Modell ergibt sich damit zu :

$$\begin{aligned} Y_{1t} &= c_0(1-a_1) + c_1 a_1 + c_1(1-a_1)\, t + a_1 Y_{1,t-1} + V_{1t} \\ &= c_0 + c_1 t + a_1^t X_0 + \sum_{i=0}^{t-1} a_1^i V_{1,t-i} \;, \quad t \geq 1 \end{aligned} \tag{2.25}$$

Die erste Zeile in (2.25) erhält man, indem der Operator $(1-a_1 L)$ auf beide Seiten der trend-stationären Darstellung von Y_{1t} angewendet wird. Es zeigt sich ein autoregressives Bildungsgesetz für Y_{1t}, $t \geq 1$ mit **AR**(1)-Parameter von a_1, wobei für den Anfangswert $Y_0 = c_0 + X_0$ gesetzt werden muß. Der Einfluß des Startwertes und zurückliegender stochastischer Impulse auf Y_{1t} klingt mit zunehmender Zeit exponentiell ab. Unter Benutzung von $\boldsymbol{E}X_0 = 0$ weist auch dieses Zeitreihen-Modell den linear in der Zeit wachsenden Erwartungswert $\boldsymbol{E}Y_{1t} = c_0 + c_1 t$ auf. Wird auf (2.25) einmal der Differenzenoperator angewendet, so ergibt sich $\Delta Y_{1t} = c_1 + a_1^{t-1}(a_1-1) X_0 + V_{1,t} + (a_1-1) \cdot \Sigma_{i=1}^{t-1} a_1^{i-1} V_{1,t-i} = c_1 + V_{1,t} + (a_1-1)\, \Sigma_{i=1}^{\infty} a_1^{i-1} V_{1,t-i}$, $t \geq 2$. Die Koeffizienten der moving average-Darstellung des stochastischen Bestandteils summieren sich zu $1 + (a_1-1)\, \Sigma_{i=0}^{\infty} a_1^i = 1 + (a_1-1)/(1-a_1) = 0$ auf, was die Überdifferentiation der stationären Komponente zum Ausdruck bringt.

Vergleicht man das trend-stationäre Modell (2.25) mit dem gemischten Modell eines random walks mit drift $\Delta Y_{3t} = c_1 + V_{3t}$, $t \geq 1$, $c_1 \neq 0$, so wird der Unterschied der beiden Ansätze deutlich. Gibt man für den Zeitpunkt $t_0 - 1 = 0$ den gleichen Anfangswert $Y_0 = c_0 + X_0$, $\boldsymbol{E}X_0 = 0$ wie für (2.25) vor, so erhält man für Y_{3t} die Darstellung :

$$Y_{3t} = c_1 + Y_{3,t-1} + V_{3t} = .. = c_0 + c_1 t + X_0 + \sum_{i=0}^{t-1} V_{3,t-i} \;, \quad t \geq 1 \quad . \tag{2.26}$$

Das Absolutglied c_1 in der Darstellung für erste Differenzen erweist sich im Niveau des integrierten Prozesses als Steigungsparameter eines linearen Trends. Im Gegensatz zum TS-Modell mit linearem Trend (2.25) gehen aber in (2.26) der Startwert und sämtliche zurückliegenden Innovationen mit zeitinvarianten Gewichten von Eins ein. Der Erwartungswert des random walks mit drift von $EY_{3t} = c_0 + c_1 t$ wird durch den stochastischen Trend eines einfachen random walks überlagert, dessen Varianz schon allein gegen unendlich strebt. Der Gesamtprozeß kann sich demzufolge auch beliebig weit von der linearen Trendlinie entfernen.

Als letztes Beispiel sei ein random walk mit linearem Trend betrachtet. Unter Voraussetzung eines Startwertes von $Y_0 = c_0 + X_0$ ergibt sich für dieses Modell die Lösung :

$$\begin{aligned} Y_{3t} &= c_1 + c_2 t + Y_{3,t-1} + V_{3t} = .. \\ &= c_0 + (c_1 + \frac{c_2}{2})\, t + \frac{c_2}{2} t^2 + X_0 + \sum_{i=0}^{t-1} V_{3,t-i} \,, \quad t \geq 1 \,. \end{aligned} \tag{2.27}$$

Im Niveau der Zeitreihe wird durch diesen Ansatz ein quadratischer Trend modelliert, der durch den nicht-stationären stochastischen Teil $X_0 + \Sigma_{i=0}^{t-1} V_{3,t-i}$ überlagert wird.

Zur Charakteristik deterministischer Trendeigenschaften in Form von Polynomen der Zeit t sollte noch angemerkt werden, daß der additive Ansatz (2.25) oder (2.26) einem multiplikativen Verknüpfungsmodell zwischen den Trendkomponenten entspricht, wenn die Ausgangsdaten mit dem natürlichen Logarithmus tranformiert wurden, um z.B. eine mit dem Niveau der Reihe größer werdende Varianz des stochastischen Bestandteils zu stabilisieren. Ein additiver linearer Zeittrend im Generierungsprozeß der logarithmierten Zeitreihe entspricht dann einem exponentiellem Wachstumsprozeß für die Ausgangsreihe.

2.4 Testverfahren auf den Differentiationsgrad integrierter Zeitreihen

a) Probleme der empirischen Unterscheidung zwischen stationären und integrierten Zeitreihen

Für die praktische Arbeit mit den in den vorangegangenen Abschnitten vorgestellten Zeitreihen-Modellen ist es von entscheidender Bedeutung, ob die stochastischen Eigenschaften gegebener Zeitreihen-Daten durch einen (trend-)stationären Prozeß beschrieben werden können, oder ob erst nach einmaliger oder mehrfacher Anwendung des Differenzenoperators stationäres Verhalten angenommen werden kann. Obwohl sich die stochastischen Charakteristika beider Modell-Klassen grundlegend voneinander unterscheiden, ist die empirische Diskriminierung zwischen (trend-) stationären und integrierten Zeitreihen in der Regel nicht einfach. Dies gilt auch für den Fall rein nicht-deterministischer Zeitreihen.

Wie wir gesehen haben, zeichnen sich **ARIMA**–Prozesse mit weit zurückliegenden Startpunkten dadurch aus, daß ihre theoretischen Autokorrelationskoeffizienten für nicht allzu große Zeitlags sehr nahe der Eins liegen. *Granger/Newbold* [1986, Seite 80] zeigen allerdings, daß sich anhand eines endlichen Zeitreihen–Ausschnitts geschätzte Autokorrelationen nicht unbedingt so verhalten müssen. Dies liegt schon allein daran, daß die Korrelationen zwischen **ARIMA**–Zufallsvariablen fester Zeitabstände nicht zeitinvariant wie im stationären Fall sind. Die ersten Stichproben–Autokorrelationen integrierter Prozesse können deutlich kleiner als Eins ausfallen. Auf jeden Fall zeigen Sie aber ein typisches glattes, nur langsam abklingendes Verhalten bei größer werdenden Zeitlags (lang anhaltende Abhängigkcit). Bci stationären Zeitreihen ist dagegen ein exponentielles Abklingen der Autokorrelationsfunktion zu beobachten. Als Indiz für das Vorliegen einer integrierten Zeitreihe hat man demnach, daß geschätzte Autokorrelationen für größere Zeitabstände nicht schnell genug abnehmen. Da **ARIMA**–Prozesse aber Grenzfälle von stationären Zeitreihen mit Einheitswurzeln im autoregressiven Teil darstellen, können auch derartige Prozesse ein ähnliches Verhalten aufweisen.

Betrachten wir den stationären **ARMA**(p,q)–Prozeß $\Phi_p(L)\, X_t = \Theta_q(L)\, V_t$, $t \in \mathbb{Z}$, so gilt nach Kapitel 2.2 d) für die Autokorrelationsfunktion $\rho(h)$ die Beziehung $\Phi_p(L)\,\rho(h) = 0$ für $h \geq q+1$. Sie erfüllt damit für größere Lags die homogene Differenzengleichung der autoregressiven Zeitreihe mit einem Lösungsverhalten, das von den Nullstellen $z_1,..,z_p$ des charakterischen Polynoms des **AR**–Operators bestimmt wird. Liegt eine reelle Nullstelle, o.E. die erste, in der Nähe von Eins, wobei die restlichen betragsmäßig kleiner als z_1 ausfallen, so wird die Autokorrelationsfunktion langfristig vom ersten Summanden $c_1 z_1^{\,h}$ der Lösung dominiert. Mit $z_1 = 1-\epsilon$, $\epsilon > 0$ klein, gilt damit asymptotisch $\rho(h) = c_1(1-\epsilon)^{h} = c_1 \Sigma_{j=0}^{h} (-1)^h \binom{h}{j} \epsilon^j \approx c_1(1-\epsilon h)$. Geht z_1 gehen Eins, so nehmen die Autokorrelationen des stationären Prozesses folglich nur sehr langsam, und zwar annähernd linear, ab. Vergleiche hierzu auch das Beispiel des **ARMA**$(1,1)$–Prozesses in Kapitel 2.2 d), dessen Autokorrelationen gegen Eins konvergieren, wenn sich der autoregressive Parameter dem integrierten Grenzfall nähert. Die empirische Unterscheidung zwischen den beiden Modellklassen in endlichen Stichproben ist demnach allein anhand der Begutachtung des Korrelogramms unter Umständen schwierig, da ein stationärer Prozeß mit Wurzeln knapp innerhalb des Einheitskreises ein ähnliches Verhalten aufweist wie ein nicht–stationärer **ARIMA**–Prozeß.

Wird auf eine stationäre Zeitreihe der Differenzenoperator Δ angewendet, so bleibt der Prozeß stationär. Unnötiges Überdifferenzieren führt aber zu ernsten Problemen. Die Charakteristik des stochastischen Prozesses kann verdeckt und die empirische Identifikation des Zeitreihenmodells unmöglich werden. Die ökonomische Theorie legt zudem nahe, nur Beziehungen zwischen Variablen mit möglichst geringem Integrationsgrad zu untersuchen. Wird eine Zeitreihe überdifferenziert, so kann allein durch diese Transformation Struktur in die empirische Autokorrelationsfunktion induziert werden, die im zugrundeliegenden tatsächlichen Modell überhaupt nicht signifikant ist. Wird auf eine stationäre **ARMA**–Zeitreihe der Differenzenoperator angewendet, so entsteht dadurch eine Einheitswurzel im moving average Teil des Prozesses, vgl. Abschnitt 2.3 d). Die differenzierte Zeitreihe ist damit nicht mehr invertierbar und die empirische Anpassung benötigt einen **MA**–Parameter mehr als der eigentliche Generierungsmechanismus erforderlich macht. Typischerweise wird bei einer derart überdifferenzierten Reihe der erste Autokorrelationskoeffizient signifikant negativ geschätzt (vgl. *Plosser/Schwert* [1977]).

Als Beispiel sei der **IMA**(1,1)-Prozeß $X_t = X_{t-1} + V_t + b_1 V_{t-1}$, $t \geq 1$ mit $|b_1| < 1$ und zeitabhängigen Varianzen von $\mathbf{Var}(X_t) = \mathbf{Var}(X_0) + \sigma_V^2 + \sigma_V^2 (1+b_1)^2 (t-1)$ betrachtet, vgl. 2.3 b). Die Varianz der stationären ersten Differenzen beträgt $\mathbf{Var}(\Delta X_t) = \sigma_V^2 (1+b_1^2)$ mit einem ersten Autokorrelationskoeffizienten von $\rho(1) = b_1 / (1+b_1^2)$. Der nicht invertierbare zweimal differenzierte Prozess $\Delta^2 X_t = (1-L)(1+b_1 L) V_t = V_t + (b_1-1) V_{t-1} - b_1 V_{t-2}$, $t \geq 2$ hat dagegen eine Varianz von $\mathbf{Var}(\Delta^2 X_t) = \sigma_V^2 \cdot (1+b_1^2) + \sigma_V^2 (1-b_1)^2$, die um den zweiten Summanden größer ist als die Varianz von ΔX_t. *Anderson* [1976] hat gezeigt, daß überdifferenzierte Reihen in der Regel eine größere Stichprobenvarianz aufweisen als die entsprechenden stationären Zeitreihen. Varianzen von integrierten Zeitreihen sind gleichfalls größer im Vergleich zu den mit den richtigen Differentiationsgraden transformierten Reihen. In unserem Falle gilt $\mathbf{Var}(\Delta^2 X_t) > \mathbf{Var}(\Delta X_t)$ und $\mathbf{Var}(X_t) > \mathbf{Var}(\Delta X_t)$, $t \geq 2$ für alle $-1 < b_1 < 1$. Mit dem Kriterium der kleinsten Stichprobenvarianz hat man demnach ein weiteres Indiz, um auf den zugrundeliegen Integrationsgrad schließen zu können. Berechnet man die erste Autokorrelation des zu unrecht zweimal differenzierten **IMA**(1,1)-Prozesses, so erhält man $\rho^*(1) = -(1-b_1)^2 / (1+b_1^2+(1-b_1)^2) < 0$. Der Korrelationskoeffizient $\rho^*(1)$ ist damit negativ für alle $-1 < b_1 < 1$ und liegt durchweg unter dem der ersten Differenzen.

Die knappen Bemerkungen zum Problem der Bestimmung des Integrationsgrades konkreter Zeitreihen haben die Notwendigkeit eines formalen statistischen Testverfahrens deutlich gemacht. Die folgenden Unterabschnitte behandeln in der Hauptsache den Einheitswurzel-Test von Dickey/Fuller, der in jüngster Zeit weite Verbreitung gefunden hat. Wir gehen dabei zunächst – bis auf einen nicht notwendig verschwindenden Mittelwert der stationären Alternative – vom rein nicht-deterministischen Fall aus. Das Problem der Unterscheidung trend-stationärer Zeitreihen von solchen mit stochastischen und deterministischen Trendeigenschaften wird in Abschnitt d) und e) behandelt.

b) Der Dickey/Fuller-Einheitswurzeltest

Durch die einflußreiche Arbeit von *Nelson/Plosser* [1982] wurde ein formaler Test auf Vorliegen einer Einheitswurzel im autoregressiven Teil von **ARMA**-Zeitreihenmodellen populär. Die Autoren fanden mit der Methodologie von Dickey/Fuller (vgl. *Fuller* [1976], *Dickey/Fuller* [1979]), daß bei sämtlichen untersuchten US-amerikanischen makroökonomischen Reihen, mit Ausnahme der Arbeitslosenrate, die Hypothese einer Einheitswurzel nicht verworfen werden konnte. Die Einbeziehung stochastischer Trends beschrieb das nicht-stationäre Verhalten der Reihen besser als das Modell stationärer Schwankungen um einen rein deterministischen Trend. Ausgehend von diesem Resultat ist in den letzten Jahren eine engagierte Diskussion über die Bedeutung des Integrationsgrades in makroökonomischen Zeitreihen geführt worden, die bis heute andauert (vgl. *Stock/Watson* [1986], *Wasserfallen* [1986], *Perron/Phillips* [1987], *Schwert* [1987], *Sims* [1988], *Cochrane* [1988], *Haldrup/Hylleberg* [1989]). Mehrere alternative Einheitswurzeltests sind mittlerweile vorgeschlagen worden, z.B. von *Phillips* [1987], *Phillips/Perron*

[1988], *Stock/Watson* [1988]; *Schwert* [1989] vergleicht die verschiedenen Testverfahren in einer Simulationsstudie. Wir wollen uns aber in dieser Darstellung hauptsächlich auf den ursprünglichen Ansatz von Dickey/Fuller beschränken, wobei wir in Abschnitt c) auf die Erweiterungen dieses Tests und jüngste Ergebnisse bezüglich seiner statistischen Eigenschaften eingehen.

Im Abschnitt 2.3 d) wurde aufgezeigt, daß stationäre **ARMA**-Zeitreihen mit nicht verschwindendem Erwartungswert die natürliche Alternative zu **ARIMA**$(p,1,q)$-Prozessen ohne drift darstellen, da durch den Differenzenoperator entsprechende Absolutglieder in den Niveaudarstellungen eliminiert werden. Wir unterstellen im folgenden den bis auf die reelle Konstante μ rein nicht-deterministischen **ARMA**$(p+1,q)$-Prozeß Y_t, $t \geq t_0$ (vgl. *Dickey/Bell/Miller* [1986]) mit:

$$\Phi_p(L)\,(1-aL)\,(Y_t-\mu) \;=\; \Theta_q(L)\,V_t\,, \qquad \Phi_p(L) = 1-a_1L-..-a_pL^p\,. \tag{2.28}$$

Die Wurzeln des charakteristischen Polynoms des **AR**-Operators $\Phi_p(L)$ seien als betragsmäßig kleiner als Eins vorausgesetzt, so daß die durch die Relation $\Phi_p(L)\,X_t = \Theta_q(L)\,V_t$ gegebene **ARMA**-Zeitreihe X_t, $t \in \mathbb{Z}$ stationär ist und einen Erwartungswert von Null aufweist. Mit diesem Prozeß schreibt sich Gleichung (2.28) zu:

$$\begin{aligned} Y_t &= (1-a)\mu + aY_{t-1} + \frac{\Theta_q(L)}{\Phi_p(L)}\,V_t = (1-a)\mu + aY_{t-1} + X_t \\ &= (1-a)\mu + aY_{t-1} + a_1X_{t-1}\,..+a_pX_{t-p} + \Theta_q(L)\,V_t\,. \end{aligned} \tag{2.29}$$

Alternativ ist der Datengenerierungsprozeß von Y_t für $t \geq 1$ $(\geq t_0)$ gegeben durch $Y_t = (1-a)(1+a+..+a^{t-1})\,\mu + a^tY_0 + \Sigma_{i=0}^{t-1} a^iX_{t-i} = (1-a^t)\,\mu + a^tY_0 + \Sigma_{i=0}^{t-1} a^iX_{t-i}$, wobei sich der Anfangszustand zum 'Startpunkt' $t_0 = 1$ als Generierung der stationären Zeitreihe X_t, $t \in \mathbb{Z}$ annehmen läßt zu $Y_0 = (1-a)\mu\,\Sigma_{i=0}^{\infty} a^i + \Sigma_{i=0}^{\infty} a^iX_{-i} = \mu + \Sigma_{i=0}^{\infty} a^iX_{-i}$. Im Falle von $|a| < 1$ ist die Reihe (2.29) stationär und auf ganz $\mathbb{Z}$ darstellbar zu $Y_t = \mu + \Sigma_{i=0}^{\infty} a^iX_{t-i}$, $EY_t = \mu$. Wird dagegen $a = 1$ gesetzt, so hat man mit $X_t = (1-L)\,(Y_t-\mu) = \Delta Y_t$ die rein nicht-deterministische $I(1)$-Zeitreihe Y_t, $t \geq t_0$ vorliegen mit:

$$Y_t = Y_{t-1} + \frac{\Theta_q(L)}{\Phi_p(L)}\,V_t = Y_{t-1} + a_1\Delta Y_{t-1}\,..+a_p\Delta Y_{t-p} + \Theta_q(L)\,V_t\,, \tag{2.30}$$

welche sich für $t \geq 1$ zu $Y_t = Y_0 + \Sigma_{i=0}^{t-1} X_{t-i}$ als Summation sämtlicher zurückliegender X_t darstellen läßt.

Das Vorliegen einer einfachen Einheitswurzel im autoregressiven Teil der Zeitreihe Y_t, $t \geq t_0$ wird damit durch die Null-Hypothese $a = 1$ beschrieben. Als Alternativ-Hypothese wollen wir nur den stationären Fall $|a| < 1$ betrachten, obwohl genauso zwischen integrierten und explodierenden Prozessen diskriminiert werden kann. Die unit root-Hypothese kann unter Einhaltung einer vorgegebenen Irrtumswahrscheinlichkeit dann zugunsten der stationären Alternative verworfen werden, wenn die konkret beobachteten Zeitreihen–Daten unter der Null statistisch signifikante Evidenz für die Gegenhypothese aufweisen. Mit diesem Vorgehen wird nur der Fehler 1. Art (Ablehnen der Nullhypothese, obwohl sie richtig ist) kontrolliert und damit des integrierte Modell präferiert. Untersuchungen zeigen aber, daß negative Auswirkungen auf die statistische Inferenz in größerem Maße beim Nichterkennen von Einheitswurzeln auftreten als im umgekehrten Fall der unnötigen Differenzenbildung stationärer Zeitreihen (*Plosser/Schwert* [1977,1978], *Harvey* [1981]). Insbesondere werden bei der Abschätzung der Prognosegüte von Zeitreihenmodellen mittels Konfidenzintervallen viel zu enge Schranken unterstellt, wenn ein integrierter Prozeß irrtümlich als stationär angenommen wird, vgl. Kapitel 2.5 .

Die unterstellte Situation der Hypothesentestung unterscheidet nur zwischen dem Fall einer $I(1)$–Zeitreihe und dem der Stationarität. Man kann aber annehmen, daß die Zeitreihe Y_t bereits eine durch den Differenzenoperator transformierte Reihe darstellt, so daß auch höhere Differentiationsgrade behandelt werden können, wobei das Testverfahren auf die letzte Einheitswurzel abstellt. Arbeiten zur direkten Identifikation und Schätzung nichtstationärer Zeitreihen mit unit roots (*Findley* [1980], *Tiao/Tsay* [1983]) zeigen, daß gerade die empirische Erkennung der letzten Einheitwurzel vor der Stationarität die größten Schwierigkeiten bereitet.

Zur Ableitung einer geeigneten Statistik zum Test auf die Hypothese $a = 1$ in (2.29) ist es nützlich, das Modell so umzuparametrisieren, daß die Einheitswurzel direkt als Koeffizient auftritt. Löst man (2.28) nach Y_t auf und faßt die verzögerten Terme nach Differenzen zusammen, so erhält man für $t \geq t_0$:

$$\begin{aligned}
Y_t &= \Phi_p(1)(1-a)\mu + [1-\Phi_p(L)]Y_t + \Phi_p(L)\,aY_{t-1} + \Theta_q(L)\,V_t \\
&= \Phi_p(1)(1-a)\mu + (a+a_1)Y_{t-1} + (a_2-aa_1)Y_{t-2} + .. \\
&\quad .. + (a_p-aa_{p-1})Y_{t-p} - aa_pY_{t-p-1} + \Theta_q(L)\,V_t \\
&= \Phi_p(1)(1-a)\mu + (a+a_1)Y_{t-1} + (a_2-aa_1)Y_{t-2} + .. \\
&\quad .. + (a_{p-1}-aa_{p-2})Y_{t-p+1} - [a_p(a-1)+aa_{p-1}]\,Y_{t-p} + aa_p\Delta Y_{t-p} + \Theta_q(L)\,V_t \\
= .. &= \Phi_p(1)(1-a)\mu + (a+a_1)Y_{t-1} - [aa_1+(a-1)(a_2+..+a_p)]\,Y_{t-2} + \\
&\quad + [aa_2+(a-1)(a_3+..+a_p)]\,\Delta Y_{t-2} + .. + aa_p\,\Delta Y_{t-p} + \Theta_q(L)\,V_t \\
&= \Phi_p(1)(1-a)\mu + [(a-1)\Phi_p(1) + 1]\,Y_{t-1} + [aa_1+(a-1)(a_2+..+a_p)]\,\Delta Y_{t-1} \\
&\quad + .. + [aa_{p-1}+(a-1)a_p]\,\Delta Y_{t-p+1} + aa_p\,\Delta Y_{t-p} + \Theta_q(L)\,V_t \\
&= \tilde{a}_0 + (\tilde{a}+1)\,Y_{t-1} + \tilde{a}_1\,\Delta Y_{t-1} + .. + \tilde{a}_p\,\Delta Y_{t-p} + \Theta_q(L)\,V_t\,,
\end{aligned} \tag{2.31}$$

mit den Koeffizienten $\tilde{a}_0 := \Phi_p(1)(1-a)\,\mu$, $\tilde{a} := \Phi_p(1)(a-1)$ und $\tilde{a}_i := a_i + (a-1) \cdot \Sigma_{j=i}^{p}\, a_j$, $1 \leq i \leq p$. Im Falle von $a = 1$ reduziert sich die Darstellung zu $Y_t = Y_{t-1} + a_1\Delta Y_{t-1} + .. + a_p\Delta Y_{t-p} + \Theta_q(L)\,V_t$. Aufgrund der angenommenen Stationarität des autoregressiven Operators gilt $\Phi_p(1) = 1 - \Sigma_{i=1}^{p}\, a_i \neq 0$, da sonst im Widerspruch zur

Stabilitätsvoraussetzung eine Nullstelle des charakteristischen Polynoms gleich Eins und damit die Zeitreihe X_t integriert wäre. Es ist leicht zu zeigen (vgl. *Smithies* [1942]), daß sich auch die Annahme $\Sigma_{i=1}^{p} a_i > 1$ nicht mit der Stationarität des **AR**–Operators vereinbaren läßt. In unserem Fall der Hypothesentestung einer $I(1)$–Zeitreihe gegen die Stationarität gilt demnach notwendig die Beziehung $\Phi_p(1) > 0$. Unter der Alternative ist damit der Koeffizient $\tilde{a}$ kleiner als Null, wohingegen unter der Nullhypothese $\tilde{a} = 0$ gilt.

Eine naheliegende Test–Möglichkeit auf Vorliegen einer Einheitswurzel besteht darin, die Parameter der Relation (2.31) anhand gegebener Realisationen $y_1,..,y_n$ des Prozesses Y_t zu schätzen, und den entsprechenden Koeffizienten von Y_{t-1} auf die Hypothese $\tilde{a}+1 = 1$ zu testen. Erweist sich der geschätzte Parameter als unter der Null signifikant kleiner als Eins, so ist die stationäre Gegenhypothese mit vorgegebener Irrtumswahrscheinlichkeit anzunehmen. Im umgekehrten Fall kann die Einheitswurzel nicht mit entsprechender Sicherheit verworfen werden.

Alternativ zu der Parametrisierung (2.31) ist das Modell für Y_t , $t \geq t_0$ auch in ersten Differenzen darzustellen mit :

$$\Delta Y_t \;=\; \tilde{a}_0 + \tilde{a}\, Y_{t-1} + \tilde{a}_1\, \Delta Y_{t-1} + .. + \tilde{a}_p\, \Delta Y_{t-p} \;+\; \Theta_q(L)\, V_t \;. \qquad (2.32)$$

Der Koeffizient von Y_{t-1} kann in diesem Fall direkt auf Signifikanz getestet werden (signifikante Abweichung von der Null). Es bietet sich an, für diesen Hypothesentest die aus der klassischen Regressionsanalyse bekannte t–Statistik (Schätzwert dividiert durch dessen geschätzte Standardabweichung, vgl. *Hübler* [1989], Seite 57ff.) zu verwenden, da dieser Wert von allen Statistik–Paketen zur Verfügung gestellt wird.

Das beschriebene Test–Verfahren auf die Nullhypothese einer Einheitswurzel führt allerdings auf zwei Schwierigkeiten. Zum einen ist der mit entsprechenden Methoden zu schätzende (geeignet normierte) Koeffizient von Y_{t-1} in (2.31) unter der Null nicht wie im Standard–Fall asymptotisch normal verteilt. Desgleichen ist der 't–Wert' in der Parametrisierung (2.32) bei Vorliegen einer Einheitswurzel nicht t–verteilt bzw. genügt nicht approximativ einer Normalverteilung. Klassische statistische Hypothesen–Tests auf Parameterrestriktionen sind hier nicht anwendbar, da sie Stationarität voraussetzen (vgl. *Fuller* [1976]). Zum anderen ist der stochastische Prozeß (2.28) für konkret gegebene Zeitreihen–Daten unbekannt. Die Identifikation eines Modelles in der angenommenen allgemeinen Form ist aber schwierig, da unter der Null eine $I(1)$–Zeitreihe vorliegt, die erst nach einmaliger Anwendung des Differenzenoperators an ein stationäres **ARMA**–Modell anzupassen ist. Die stationäre Alternative benötigt kein derartiges Differenzieren. Der ursprüngliche Test von Dickey/Fuller beschränkt sich aus diesem Grund auf rein autoregressive Prozesse mit $\Phi_p(L)\, X_t = V_t$, d.h. der moving average Teil wird zu $\Theta_q(L) \equiv 1$ angenommen. Die Parameter der Relation (2.31) bzw. (2.32) können in diesem Fall mit herkömmlichen **KQ**–(Kleinste Quadrate) bzw. Maximum–Likelihood–Methoden geschätzt werden.

Fuller [1976] und *Dickey/Fuller* [1979] untersuchen die beschriebenen Teststatistiken unter der Nullhypothese $a = 1$ für einen Prozeß (2.29) ohne moving average–Kompo–

nente. Sie gehen dabei zunächst von dem einfachsten Fall $\Phi_p(L) \equiv 1$ aus, der durch das Modell $Y_t = (1-a)\mu + aY_{t-1} + V_t = \tilde{a}_0 + aY_{t-1} + V_t$, $t \geq 1$, $Y_0 \equiv 0$ gegeben ist. Die Situation unterscheidet zwischen einem einfachen random walk ohne drift und einem (asymptotisch) stationären **AR**(1)–Prozeß mit Absolutglied. Die Parameter $\tilde{a}_0$ und a sind mit der **KQ**–Methode bzw. dem Maximum–Likelihood Verfahren (unter Normalverteilungsannahme) für alle Werte von a konsistent zu schätzen, $\sqrt{n}\,\hat{a}$ ist aber unter der Null nicht asymptotisch normal verteilt wie im stationären Fall der Gegenhypothese. Erst die Normierung mittels des Stichprobenumfangs n führt auf eine nicht degenerierte asymptotische Verteilung, die allerdings nicht in einfacher geschlossener Form dargestellt werden kann (vgl. *Fuller* [1985]). Insbesondere ist diese Verteilung nicht symmetrisch um $a = 1$, sondern weist eine negative Schiefe auf, d.h. hat mehr Masse im Bereich kleiner als Eins. Die Verwendung der Standard–Werte bei Untersuchung auf Signifikanz von $(\hat{a}-1)$ würde in dieser Situation auf eine viel zu häufige Ablehnung der Null–Hypothese $a = 1$ führen.

Die empirische Verteilung von $n(\hat{a}-1)$ unter der Null wurde von Dickey tabelliert und ist in *Fuller* [1976, Seite 371, mittlerer Abschnitt] für ausgewählte Stichprobengrößen zugänglich gemacht. Da die asymptotische Verteilung des geschätzten Koeffizienten a nicht von der Varianz des white noise–Prozesses V_t abhängt, kann die Signifikanz von $\hat{a}-1$ mittels der simulierten Quantile untersucht werden. *Dickey/Fuller* [1981] behandeln die Beziehung dieser Statistik zum Likelihood–Quotienten Test auf die Hypothese $(\tilde{a}_0, a) = (0,1)$ in $Y_t = \tilde{a}_0 + aY_{t-1} + V_t$. Alternativ zu diesem Vorgehen kann der 't–Wert' des Koeffizienten $\tilde{a} = (a-1)$ in einer Regression von ΔY_t auf 1 und Y_{t-1} zum Test der Nullhypothese herangezogen werden. Die empirische Verteilung dieser Statistik unter der Null ist gleichfalls in *Fuller* [1976, Seite 373, mittlerer Abschnitt] tabelliert. Sie weist im Vergleich zur t–Verteilung bzw. der in großen Stichproben approximativen Normalverteilung mehr Masse im Bereich kleiner als Null auf und hat einen negativen Erwartungswert. So ist z.B. auf dem Signifikanzniveau von 5% für $n = 100$ ein kritischer Wert von -2.89 zu unterschreiten, wohingegen $t_{100}(0.05) = -1.66$ gilt und die Standard–Normalverteilung ein 5%–Quantil von -1.64 aufweist.

In einem zweiten Schritt verallgemeinern Dickey/Fuller diese Resultate auf Prozesse mit weiteren autoregressiven Termen. Sie zeigen, daß der mit dem Faktor $n / \Phi_p(1)$ normierte Koeffizient $(\tilde{a}+1) - 1 = \tilde{a}$ von Y_{t-1} in der Regression von Y_t auf 1, Y_{t-1}, $\Delta Y_{t-1},..,\Delta Y_{t-p}$ unter der Nullhypothese asymptotisch genauso verteilt ist wie $n(\hat{a}-1)$ im einfachen Fall mit $\Phi_p(L) \equiv 1$. Bis auf die von den autoregressiven Parametern abhängende Normierung ist die asymptotische Verteilung des geschätzten Koeffizienten somit unabhängig von der Anzahl p der **AR**–Faktoren. Da die in $\Phi_p(1)$ eingehenden Parameter $a_1,..,a_p$ unter der Null konsistent durch die entsprechenden Regressionskoeffizienten von $\Delta Y_{t-1},..,\Delta Y_{t-p}$ geschätzt werden können, ist die Test–Statistik zu errechnen und kann mit den in *Fuller* [1976, Seite 371] tabellierten Quantilen verglichen werden.

Im Fall der Parametrisierung in der Form (2.32) mit $\Theta_q(L) \equiv 1$ zeigen die Autoren, daß die Erweiterung des Ansatzes durch autoregressive Elemente überhaupt keinen Einfluß auf die asymptotische Verteilung des 't–Wertes' von $\tilde{a}$ hat. Die mit jeder Standard–Software zu errechnende t–Statistik des geschätzten Koeffizienten von Y_{t-1} in einer Regression von ΔY_t auf 1, Y_{t-1}, $\Delta Y_{t-1},..,\Delta Y_{t-p}$ weist unter der Null die gleiche approximative Verteilung nach *Fuller* [1976, Seite 373] auf wie im oben behandelten einfachen Fall. Zahlreiche Beispiele der Verwendung der dargestellten Test–Verfahren finden sich in *Dickey/Bell/Miller* [1986] und *Schwert* [1987]. Aufgrund der einfacheren Handhabung der t–Statistik wird in den meisten Anwendungen auf diesen Einheitswurzeltest zurückgegriffen, für den sich die Terminologie Dickey/Fuller–(DF–)Test verbreitet hat. *Dickey/Fuller* [1979] haben aber für den einfachen Fall ohne autoregressive Erweiterung gezeigt, daß der Test basierend auf der asymptotischen Verteilung des geschätzten Koeffizienten mehr Macht für die stationäre Alternative aufweist als der 't–Test' (vgl. dagegen die unten diskutierten Simulationsresultate zur Einhaltung der nominellen Signifikanzniveaus von *Schwert* [1989]).

c) Der verallgemeinerte Dickey/Fuller-Test und Simulationsresultate

Der im vorangegangenen Unterabschnitt dargestellte Testansatz auf Vorliegen einer Einheitswurzel im Generierungsprozeß der Zeitreihe Y_t setzt einen rein autoregressiven Prozeß *bekannter* Ordnung $\Phi_p(L)\,(1-aL)\,(Y_t-\mu) = V_t\,,\ t \geq t_0$ mit $\Phi_0(z) \neq 0$ für alle $|z| \leq 1$ voraus. Zur angemessenen Beschreibung makroökonomischer Zeitreihen ist es aber nicht ausreichend, nur autoregressive Modelle zu betrachten. Neben empirischen Beispielen argumentiert *Schwert* [1987, Seite 77] mit einer Vielzahl ökonomischer und statistischer Gründe, daß Zeitreihen moving average–Komponenten enthalten können. *Said/Dickey* [1985] erweitern aus diesem Grund den rein autoregressiven Ansatz von Dickey/Fuller auf das allgemeine Modell (2.28) mit moving average–Teil $\Theta_q(L)$. Ausgehend von Anfangsschätzern für die Parameter in $\Phi_p(L)$ und $\Theta_q(L)$, die unter der Nullhypothese $a = 1$ wie der stationären Alternative konsistent sein müssen, zeigen sie, daß die t–Statistik einer Ein–Schritt Gauss/Newton–Iteration von $\hat{a}_{(1)} = 1$ die in *Fuller* [1976, Seite 373] tabellierte asymptotische Verteilung aufweist. Eine ähnliche Prozedur wird in *Solo* [1984] vorgeschlagen.

In der Praxis ist die Charakteristik einer vorliegenden Zeitreihe indessen unbekannt. Die zur Identifikation der Ordnungen p und q von *Box/Jenkins* [1970] vorgeschlagene Vorgehensweise setzt aber die Kenntnis des Differentiationsgrades d voraus. *Schwert* [1987] macht deutlich, daß die dargestellten Testverfahren sensitiv auf Fehlspezifikation des tatsächlich zugrundeliegenden Prozesses reagieren. Insbesondere das Vorliegen einer moving average–Komponente kann die Verteilung der Teststatisiken in großem Maße beeinflussen. Der alternative Ansatz von *Phillips* [1987] / *Phillips/Perron* [1988] geht daher von der ursprünglichen Dickey/Fuller–Regression $\Delta Y_t = \tilde{a}_0 + (a-1)\,Y_{t-1} + \tilde{V}_t$ ohne autoregressive Erweiterung aus, und versucht die Statistiken über $(\hat{a}-1)$ um autokorrelierte und heteroskedastische Elemente im Fehlerglied $\tilde{V}_t$ zu korrigieren. Die asymptotischen Verteilungen der bereinigten Teststatistiken führen unter der Nullhypothese wieder auf die kritischen Werte in *Fuller* [1976].

Einen anderen Weg zur Lösung des Problems, daß der Datengenerierungsprozeß unbekannt ist, schlagen *Said/Dickey* [1984] ein. Unter der Annahme, daß der stationäre Prozeß $\Phi_p(L)\,X_t = \Theta_q(L)\,V_t\,,\ t \in \mathbb{Z}$ einen invertierbaren moving average–Teil hat, ist

$X_t = (1-aL)(Y_t-\mu)$ in unendlicher **AR**–Repräsentation darstellbar als $X_t = \Sigma_{i=1}^{\infty} \alpha_i X_{t-i} + V_t$, vgl. Abschnitt 2.2 d). Die Zeitreihe Y_t der allgemeinen Gestalt (2.29) kann daher approximativ auch rein autoregressiv parametrisiert werden zu :

$$Y_t = (1-a)\mu + aY_{t-1} + \sum_{i=1}^{k} \alpha_i X_{t-i} + \tilde{V}_t , \quad t \geq t_0 , \tag{2.33}$$

wenn die unendliche **AR**–Darstellung von X_t nach k Summanden abgebrochen wird zu $\Phi_k^*(L) X_t := (1 - \Sigma_{i=1}^{k} \alpha_i L^i) X_t = \tilde{V}_t$. Um den Preis einer eventuell großen Anzahl von Parametern hat man damit für den Generierungsprozeß von Y_t eine Approximation ohne moving average–Komponente, wie sie für den Dickey/Fuller–Ansatz des Abschnitts b) vorausgesetzt wird. Analog (2.31) / (2.32) umparametrisierte Relationen mit k autoregressiven Erweiterungstermen erster Differenzen von Y_t können mit Standard–Methoden geschätzt und auf das Vorliegen einer Einheitswurzel mit den beschriebenen Verfahren getestet werden.

Said/Dickey [1984] zeigen, daß die **KQ**–Schätzer der Koeffizienten in einer Regression von ΔY_t auf 1, Y_{t-1}, $\Delta Y_{t-1},..,\Delta Y_{t-k}$ unter der Null konsistent sind, wenn die autoregressive Ordnung k in Abhängigkeit des Stichprobenumfangs n so gewählt wird, daß asymptotisch $k(n)^3/n \rightarrow 0$ gilt und Konstanten $c > 0$, $r > 0$ existieren mit $c\,k(n)^r > n$ für alle n. Unter dieser Voraussetzung ist die t–Statistik des Koeffizienten von Y_{t-1} genauso nach *Fuller* [1976, Seite 373] verteilt wie im Fall bekannter autoregressiver Ordnung. [1] Mit diesem Vorgehen ist es demnach möglich, auf die Nullhypothese $a = 1$ zu testen, ohne die Ordnungen p und q zu kennen. Für die praktische Bestimmung einer geeigneten Anzahl von Lags k enthält obige Bedingung allerdings kaum Anhaltspunkte. In der Regel geht man in Anwendungen so vor, daß der geschätzte Residuenprozeß der Regression empirisch weißes Rauschen darstellt, vgl. Abschnitt 2.5 . *Schwert* [1987] verwendet dagegen eine feste Regel und schlägt vor, $k(n)$ gleich den ganzzahligen Anteilen von $4(n/100)^{0.25}$ bzw. $12(n/100)^{0.25}$ zu setzten. Aufgrund der Erweiterung durch zusätzliche autoregressive Komponenten spricht man vom ADF–Test (*augmented Dickey/Fuller*). Problematisch wird dieser Ansatz, wenn auch das **MA**–Polynom Wurzeln betragsmäßig in der Nähe der Eins enthält. Zur Sicherstellung einer hinreichenden autoregressiven Approximation ist in einem derartigen Fall eine große Anzahl von Parametern erforderlich, wobei sich außerdem pro zusätzlichem Lag von ΔY_t die effektive Stichprobengröße um Eins verringert. Enthält auch die moving average–Komponente eine Einheitswurzel, so bricht das Verfahren ganz zusammen und unter der Null liegt eine stationäre Zeitreihe vor.

In einer Simulationsstudie vergleicht *Schwert* [1989] die dargestellten Einheitswurzeltests. Er geht dabei von dem **IMA**(1,1)–Prozeß $Y_t = Y_{t-1} + V_t - \theta V_{t-1}$ mit verschie–

---

[1] Die Verwendung des Koeffizientenschätzers von Y_{t-1} in einer Regression von Y_t auf 1, Y_{t-1}, $\Delta Y_{t-1},..,\Delta Y_{t-k}$ als zweite mögliche Teststatistik des Dickey/Fuller–Ansatzes ist in diesem Zusammenhang etwas problematisch. Die erforderliche Normierung zum Gebrauch der kritischen Werte für das einfache **AR**(1)–Modell in *Fuller* [1976, Seite 371] hängt mit $n\,\Theta_q(1)/\Phi_p(1) = n/(1 - \Sigma_{i=1}^{\infty} \alpha_i)$ von der gesamten **ARMA**–Struktur des Datengenerierungsprozesses ab. Als endliche Approximation kommt wieder $n/\Phi_k^*(1) = n/(1 - \alpha_1 - .. - \alpha_k)$ in Betracht.

denen Werten für den **MA**–Parameter θ aus und ermittelt bei unterschiedlichen Stichprobengrößen die empirischen Signifikanzniveaus der kritischen Werte der Test–Statistiken für ein nominelles Niveau von 1% und 5%. Es erweist sich, daß der einfache **DF**–Test ohne autoregressive Erweiterung bei Vorliegen einer moving average–Komponente θ mit positivem Vorzeichen das tatsächliche Signifikanzniveau bei weitem unterschätzt. Die empirische Verteilung der Teststatistik ist in diesem Fall weit von der in *Fuller* [1976] entfernt, mit der Konsequenz, daß die Nullhypothese einer Einheitswurzel fälschlicherweise viel zu häufig abgelehnt wird. [2] Die Testverfahren von Phillips/Perron weisen ein ähnliches, unzureichendes Verhalten auf. Auch in sehr großen Stichproben nähern sich die korrigierten Statistiken nicht ihren asymptotischen Verteilungen. Im Falle negativer Werte für den Parameter θ liegen die empirischen Signifikanzniveaus für beide Einheitswurzeltests dagegen unter den asymptotischen Niveaus und sind damit zu konservativ.

Der von *Said/Dickey* [1985] vorgeschlagene Test der gleichzeitigen Schätzung des **MA**–Koeffizienten weist zwar bessere Eigenschaften auf, für die meisten Werte des moving average–Parameters ist er aber gleichfalls nicht in der Lage, das nominelle Signifikanzniveau der asymptotischen *Dickey/Fuller*–Verteilung einzuhalten. Wenn der Stichprobenumfang über $n = 250$ hinausgeht, entfernt sich die empirische Verteilung der t–Statistik sogar wieder von ihrer Asymptotik, wobei die empirischen Niveaus durchweg über den der verwendeten kritischen Werte liegen.

Die Resultate des **ADF**–Tests sind dagegen für **MA**–Koeffizienten von 0.5, 0.0, -0.5 und -0.8 zufriedenstellend, wobei bei einer autoregressiven Approximation höherer Ordnung ($k(n) = \mathbf{int}\{12(n/100)^{0.25}\}$, z.B. $k(100) = 12$, $k(25) = 8$) die nominellen Niveaus sogar eher zu konservativ sind. Nur bei einer geringeren Anzahl autoregressiver Erweiterungsterme ($k(100) = 4$, $k(25) = 2$) und $\theta = 0.8$ liegt das tatsächliche Signifikanzniveau deutlich über dem nominellen. Die entsprechende Teststatistik basierend auf der asymptotischen Verteilung des geschätzten Koeffizienten weist – bezüglich der Einhaltung der Signifikanzniveaus – durchweg schlechtere Eigenschaften auf als die t–Statistik [3]. Resümierend schreibt *Schwert* [1989, Seite 158] : "The best test, in the sense that it has size close to its nominal level for all values for the **MA** parameter θ, is the Said and Dickey (1984) high–order autoregressive t–test for the unit root."

Einheitswurzeltests zur simultanen Untersuchung auf mehrere Einheitswurzeln sind von *Hasza/Fuller* [1979] vorgeschlagen worden. Sie gehen dabei in gleicher Weise wie beim **DF**–Verfahren vor, indem sie die Regression von $\Delta^2 Y_t$ auf $Y_{t-1}, \Delta Y_{t-1}, \Delta^2 Y_{t-1}, \ldots, \Delta^2 Y_{t-p}$ betrachten und mit der üblichen F–Statistik auf gleichzeitige Signifikanz der Koeffizienten von Y_{t-1} und ΔY_{t-1} testen. Unter der Nullhypothese einer zweifachen Einheitswurzel ist die Verteilung dieser Statistik von den Autoren tabelliert worden.

---

[2] Vergleiche hierzu auch die Ergebnisse von *Magnus/Pesaran* [1990] bezüglich der exakten Verteilung der **KQ**–Schätzer und Teststatistiken in endlichen Stichproben, wenn ein **ARMA**$(1,1)$–Prozeß (mit und ohne Einheitswurzel) durch ein **AR**(1)–Regressionsmodell fehlspezifiziert wird.

[3] *Schwert* [1989] verwendet allerdings in seiner Studie den nur mit dem Stichprobenumfang n normierten Koeffizientenschätzer und korrigiert die Statistik nicht um die autoregressiven Parameter in $\Phi_k^*(1)$.

d) Inferenzprobleme deterministischer Trendeigenschaften

Bei einer Vielzahl makroökonomischer Zeitreihen ist davon auszugehen, daß sie mehr oder weniger deutliches Trendverhalten zeigen. Bevor Einheitswurzeltests für trendbehaftete Zeitreihen durchgeführt werden können, ist es aber von entscheidender Bedeutung festzustellen, ob die Daten deterministische Trendeigenschaften aufweisen oder nicht. Der in den vorangegangenen Abschnitten behandelte Dickey/Fuller-Test auf Existenz einer Einheitswurzel im autoregressiven Teil von **ARMA**-Zeitreihen basiert auf der Nullhypothese eines rein nicht-deterministischen integrierten Prozesses. Das deterministische Element eines nicht verschwindenden Mittelwertes wurde nur unter der stationären Alternative zugelassen. Trendhaftes Verhalten ist daher mit diesem Ansatz allein stochastisch zu modellieren. Das einfache **DF**-Verfahren ist nur in dem Fall korrekt zu verwenden, daß keine deterministischen Trends vorliegen, vgl. Abschnitt e). Die empirische Unterscheidung zwischen trend-stationären Zeitreihen und solchen mit stochastischen und deterministischen Trendeigenschaften erfordert dagegen eine modifizierte Vorgehensweise. Da gemischte Zeitreihenmodelle (z.B. random walks mit drift) in typischen Realisierungen ähnliche Trajektorien aufweisen wie das trend-stationäre Modell, ist dieser Fall aber gerade von besonderer Problematik und praktischer Relevanz.

Die Modellvorstellung stationärer stochastischer Fluktuationen um einen deterministischen Trend wurde im Abschnitt 2.3 d) kurz dargestellt. In einer Vielzahl empirischer Arbeiten mit Zeitreihendaten wird explizit oder implizit von diesem Zerlegungsmodell ausgegangen (vgl. *Nelson/Plosser* [1982]). Mittels einer Regression der Datenreihen auf beispielsweise ein Polynom der Zeit werden die als deterministisch angenommenen Trendeigenschaften eliminiert ('detrending' von Zeitreihen) und die weitere Untersuchung auf den verbleibenden Residuen als stationäre Prozesse aufgebaut. Es liegt nahe, ein ähnliches Verfahren zur Durchführung von Einheitswurzeltests bei trendbehafteten Daten anzuwenden. So betrachtet z.B. *Pierce* [1975] additive Zeitreihenmodelle der gemischten Form :

$$Y_t = \sum_{j=0}^{s+d-1} c_j\, t^j + \frac{\Theta_q(L)}{(1-L)^d\, \Phi_p(L)}\, V_t\,, \quad t \geq t_0\,,\; s \geq 1\,. \tag{2.34}$$

Zur Diskriminierung zwischen dem Fall des linearen trend-stationären Modells mit $(s,d) = (2,0)$ und dem gemischten Modell $(s,d) = (1,1)$ schlägt *Pierce* [1975] vor, die Zeitreihe Y_t auf das Polynom $c_0 + c_1 t$ zu regressieren, und den geschätzten Residuenprozeß anhand der empirischen Autokorrelationsfunktion auf Stationarität zu untersuchen. Die Entscheidung ob die Residuen $I(1)$-Zeitreihen oder stationär sind, könnte heute allerdings mit Hilfe des in Abschnitt b)/c) dargestellten Einheitswurzeltests nach Dickey/Fuller vorgenommen werden.

Ein derartiges Vorgehen bringt allerdings erhebliche Probleme mit sich. Nur wenn der Datengenerierungsprozeß ein Element der trend-stationären (**TS**-) Modellklasse ist und vorhandene Autokorrelation in den Residuen bei der Schätzung berücksichtigt wird, führt die Regression auf ein Polynom der Zeit zu korrekten Ergebnissen. Liegt dagegen in

Wirklichkeit ein gemischter oder integrierter Datengenerierungsprozeß vor, so wirkt sich dies auf die statistische Inferenz bezüglich der Signifikanz der deterministischen Elemente wie der (u.U. unnötig) trendbereinigten Reihe sehr negativ aus. In der Literatur ist dieses Problem des '*spuriously detrending*' ausführlich diskutiert worden. *Nelson/Kang* [1981 und 1984] enthalten Simulationsstudien über die Auswirkungen derartiger Fehlspezifikation. *Durlauf/Phillips* [1988] untersuchen das asymptotische Verhalten von Parameterschätzung und Teststatistiken, wenn integrierte Prozesse fälschlicherweise trendbereinigt werden.

Die Ergebnisse von *Nelson/Kang* [1981, 1984] zeigen, daß die Regression eines einfachen random walks auf das Polynom $c_0 + c_1 t$ unabhängig vom Stichprobenumfang n im Mittel ein Bestimmtheitsmaß von $\mathbf{R}^2 = 0.44$ ergibt, obwohl der tatsächliche Datengenerierungsprozeß keinen deterministischen Trend enthält. Legt man dagegen ein random walk mit drift wie (2.26) zugrunde, so erhält man mit wachsendem n – unabhängig von den sonstigen Charakteristika des Prozesses – ein rasch gegen den Wert Eins strebendes $\mathbf{R}^2$. Die übliche t–Statistik auf Signifikanz des Zeitkoeffizienten c_1 erweist sich dabei als wenig geeignet, die Fehlspezifikation im ersten Fall zu erkennen. Die Nullhypothese keiner Abhängigkeit von der Zeit t wird bei **KQ**–Schätzung der Regression und einem Signifikanzniveau von 5% fälschlicherweise im Mittel in 87% der Fälle verworfen (n=100). Auch wenn bei der Schätzung für die Residuen korrekterweise ein **AR**(1)–Prozeß unterstellt wird, ergibt sich noch in 58% der Fälle die falsche Schlußfolgerung, daß ein deterministischer Trend in den Daten vorhanden ist.

Der durch Trendelimination gewonnene Residuen–Prozeß erweist sich zudem als ungeeignet für die weitere Untersuchung, [4] da durch die Bereinigungsprozedur Struktur in die Reihe induziert wird, die in Wirklichkeit nicht vorhanden ist. Die Autokorrelationen der fehlspezifiziert geschätzten Residuen sind vom Stichprobenumfang der Trend–Regression abhängig und zeigen ein artifizielles, sinusförmiges Schwingungsverhalten. Die Stichprobenvarianz der Residuen beträgt unabhängig von n im Mittel nur noch 14% der tatsächlichen (stochastischen) Stichprobenvarianz des datengenerierenden random walks.

Durlauf/Phillips [1988] kommen für eine große Klasse von *I*(1)–Prozessen zu vergleichbaren asymptotischen Resultaten. Werden integrierte Zeitreihen – mit oder ohne Drift–Term – mit der Methode der Kleinsten Quadrate fälschlicherweise als linear trend–stationäre Modelle geschätzt, so ist die t–Statistik auf Signifikanz des Zeitkoeffizienten asymptotisch unbeschränkt, und das Bestimmtheitsmaß konvergiert schwach gegen eine nichtdegenerierte Grenzverteilung. Zur Erkennung dieser Fehlspezifikation erweist sich der Durbin–Watson Test auf **AR**(1)–Residuen in Regressionsmodellen als

---

[4] *Nelson/Kang* [1984], *Mankiw/Shapiro* [1985] und *Durlauf/Phillips* [1988] zeigen außerdem, daß das gängige Verfahren der Trendbereinigung zur Erlangung stationär aussehender Zeitreihen auch hinsichtlich der statistischen Inferenz über Beziehungen zwischen mehreren makroökonomischen Variablen negative Auswirkungen hat, wenn in Wirklichkeit stochastische Trendeigenschaften vorliegen ('*spurious regression*'–Problem, vgl. Kapitel 3.1 b)). Geschätzte Beziehungen weisen große Sensitivität bezüglich der Trendspezifikation der Daten auf (*Stock/ Watson* [1989], *Wasserfallen* [1988]), i.a. erweisen sich Abhängigkeiten als weniger signifikant, wenn sie zwischen differenzierten anstatt trendbereinigten Zeitreihen untersucht werden.

aussagekräftig. Er geht asymptotisch mit Wahrscheinlichkeit Eins gegen Null, wenn das Trendverhalten des Datengenerierungsprozesses rein deterministisch modelliert wird. Für große Stichprobenumfänge kann somit die irrtümliche Behandlung eines integrierten Prozesses als trend-stationär erkannt werden. Auch im Fall, daß die Trendregression mit einem verallgemeinerten zweistufigen Verfahren zur Berücksichtigung der Autokorrelation in den Residuen vorgenommen wird, besteht die Gefahr falscher Inferenz, da die üblichen Teststatistiken asymptotisch nicht standardmäßig verteilt sind.

Der umgekehrte Fall unnötiger Differenzenbildung (trend-)stationärer Prozesse hat dagegen auf die statistische Inferenz in Regressionsmodellen weit weniger negative Auswirkungen (vgl. z.B. *Harvey* [1981]). *Plosser/Schwert* [1977,1978] beschäftigen sich ausführlich mit diesem Fall und präsentieren Simulationsergebnisse. Fortgesetzte Anwendung des Differenzenoperators führt zwar zu nicht-invertierbaren moving average-Bestandteilen im Fehlerglied der transformierten Gleichung, die Regressionsparameter sind aber weiterhin erwartungstreu und konsistent mit der Methode der kleinsten Quadrate zu schätzen, da der Residuen-Prozeß stationär ist. Die Fehlspezifikation drückt sich in einem Effizienzverlust der Schätzer aus. Korrekte t- und F-Werte für die Parameterschätzer sind allerdings nur dann zu erhalten, wenn die induzierte Autokorrelationsstruktur in den Residuen bei der Schätzung geeignet berücksichtigt wird, vgl. Kapitel 3.1 a). Aufgrund der Einheitswurzeln in der moving average-Struktur des Fehlergliedes, können dabei numerische Schätzprobleme auftreten.

Die letzten Abschnitte haben deutlich gemacht, daß die Überprüfung auf Anwesenkeit deterministischer Elemente im Datengenerierungsmechanismus (2.34) große Probleme mit sich bringt, wenn (noch) integrierte Elemente vorliegen könnten. Ein naheliedender Ansatz besteht aus diesem Grund darin, die Zeitreihe Y_t, $t \geq t_0$ vor Anpassung an ein Polynom der Zeit hinreichend oft zu differenzieren, um alle etwaigen Einheitswurzeln im autoregressiven Polynom zu beseitigen. Dies entspricht dem ursprünglichen Vorschlag von *Box/Jenkins* [1970] und *Granger/Newbold* [1974], alle Variablen vor Schätzung der Modellparameter solange zu differenzieren, bis sie einen konstanten, unbedingten Mittelwert aufweisen. Bei genau d-facher Anwendung des Differenzenoperators ist der Prozeß (2.34) durch das trend-stationäre Modell (vgl. Abschnitt 2.3 d))

$$\Delta^d Y_t = \sum_{j=0}^{s-1} \dot{c}_j t^j + \frac{\Theta_q(L)}{\Phi_p(L)} V_t , \quad t \geq t_0 + d , \; s \geq 1 , \tag{2.35}$$

gegeben. Dabei wird angenommen, daß $\Phi_p(z) \neq 0$ und $\Theta_q(z) \neq 0$ für alle $|z| \leq 1$ gilt, d.h. der stochastische Anteil in (2.35) ist invertierbar und stationär. Wird häufiger als d-mal differenziert, so entsteht eine Einheitswurzel entsprechender Vielfachheit im moving average Teil der stochastischen Komponente. So verbleibt z.B. bei $k := (s+d-1)$-facher Differenzenbildung als einziges deterministisches Element die Konstante $\ddot{c}_0 = \Delta^k \Sigma_{j=0}^{k} c_j t^j = \Delta^k c_k t^k = k! \, c_k$ und es gilt:

$$\Delta^k Y_t = \ddot{c}_0 + \frac{(1-L)^{s-1} \Theta_q(L)}{\Phi_p(L)} V_t , \quad t \geq t_0 + k , \; s \geq 1 . \tag{2.36}$$

Für praktische Zwecke ist es ausreichend, sich auf die Fälle (s,d) mit $1 \leq s+d \leq 3$, $s \geq 1$ zu beschränken (vgl. die Beispiele in Abschnitt 2.3 d)). Höhere Integrations-Ordnungen als $d = 2$ und über quadratische Trends hinausgehende deterministische Polynome kommen in makroökonomischen Zeitreihen in aller Regel nicht vor. Unterstellt man daher, daß spätestens nach zweimaligem Differenzieren alle Einheitswurzeln im autoregressiven Polynom des Datengenerierungsprozesses gegebener Zeitreihen beseitigt sind, so kann auf Anwesenheit eines quadratischen Trends im Niveau von Y_t mittels einer Regression von $\Delta^2 Y_t$ auf 1 und weitere Terme getestet werden, ohne die oben ausgeführten Inferenzprobleme befürchten zu müssen. Weiterhin Schwierigkeiten bereitet allerdings die Tatsache, daß in der stochastischen Komponente von $\Delta^2 Y_t$ Einheitswurzeln im moving average–Polynom enthalten sein könnten (in den Fällen, daß der tatsächliche Prozeß ein Integrationsgrad $d < 2$ aufweist).

e) Einheitswurzeltests bei trendbehafteten Zeitreihen

In unserem Zusammenhang sind wir an der Erkennung deterministischer Trendeigenschaften und deren Auswirkungen auf die statistische Inferenz im Zusammenhang mit Einheitswurzeltests für makroökonomische Zeitreihen interessiert und gehen aus diesem Grund von der Nullhypothese einer integrierten Zeitreihe bestimmter Ordnung aus, d.h. von $Y_t \sim I(d)$. Einheitswurzeln im moving average-Teil von $\Delta^d Y_t$ sind demnach ausgeschlossen, da sonst eine Zeitreihe mit geringerem Integrationsgrad vorliegen würde. Unter der Null haben wir es immer mit dem Fall (2.35) einer angemessen differenzierten Reihe zu tun. Zur Durchführung von Tests auf autoregressive unit roots erscheint daher folgende Vorgehensweise in zwei Schritten als angemessen. Mittels einer geeigneten Regressionsgleichung wird zuerst daraufhin untersucht, ob unter der Null deterministische Elemente im Generierungsprozeß der Daten vorliegen. In einem zweiten Schritt wird dann der Dickey/Fuller-Ansatz der Abschnitte b) und c) dahingehend modifiziert angewendet, daß die Resultate des ersten Schrittes zum einen in die Wahl einer geeigneten Gegenhypothese einfließen, zum anderen adäquate kritische Werte der **ADF**-Teststatistik bestimmt werden. Der letzte Punkt ist ausschlaggebend für die korrekte Anwendung des Dickey/Fuller-Testverfahrens, da je nachdem, ob als Nullhypothese von einem gemischten oder einem rein integrierten Prozeß ausgegangen wird, die Teststatistiken unterschiedliche asymptotische Verteilungen aufweisen.

Zur Überprüfung auf die Anwesenheit deterministischer Elemente unter der Null $Y_t \sim I(d)$ kann im ersten Schritt auf die Form (2.35) zurückgegriffen werden. Aufgrund der Invertierbarkeit des **MA**-Operators ist der stochastische Bestandteil $\Phi_p(L) X_t = \Theta_q(L) V_t$ von (2.35) auch rein autoregressiv zu parametrisieren mit $X_t = \Sigma_{i=1}^{\infty} \alpha_i X_{t-i} + V_t$. Bricht man diese unendliche **AR**-Darstellung nach k Summanden ab, so erhält man für (2.35) eine approximative Regressionsgleichung, die mit Standard-Methoden geschätzt werden kann. Die zu untersuchende Ordnung $(s-1)$ des deterministischen Polynoms richtet sich nach anwendungsbezogenen Gesichtspunkten. Für makroökonomische Zeitreihen sind die Fälle $(s,d) = (1,2)$, $(s,d) = (2,1)$ und $(s,d) = (1,1)$ von besonderer Bedeutung.

Geht man von obiger Argumentation aus, so wird man die Untersuchung auf Vorliegen autoregressiver Einheitswurzeln im Generierungsprozeß von Y_t, $1 \leq t \leq n$ mit der Hypothese einer $I(2)$–Zeitreihe beginnen. Ein möglicherweise im Niveau von Y_t vorhandener quadratischer Trend wird dann durch zweifache Differenzenbildung auf die Konstante $\dot{c}_0 = 2c_2$ reduziert. Die Relation (2.35) schreibt sich zu $\Delta^2 Y_t = \dot{c}_0 + X_t = \dot{c}_0 + \Sigma_{i=1}^{\infty} \alpha_i X_{t-i} + V_t = (1 - \Sigma_{i=1}^{\infty}) \dot{c}_0 + \Sigma_{i=1}^{\infty} \alpha_i \Delta^2 Y_{t-i} + V_t = (\Phi_p(1) / \Theta_q(1))\, \dot{c}_0 + \Sigma_{i=1}^{\infty} \alpha_i \Delta^2 Y_{t-i} + V_t$. Man erhält folgende approximative Regressionsgleichung zur Beurteilung des Vorliegens eines gemischten Prozesses :

$$\Delta^2 Y_t = \frac{\Phi_p(1)}{\Theta_q(1)} \dot{c}_0 + \sum_{i=1}^{k_1} \alpha_i \Delta^2 Y_{t-i} + V_{1t}, \quad 3 \leq t \leq n . \tag{2.37}$$

Unter der Annahme, daß eine autoregressive Erweiterung um k_1 Lags zur Charakterisierug des tatsächlichen Datengenerierungsprozesses hinreicht, sind die üblichen Teststatistiken anwendbar. Aufgrund der Stationarität und Invertierbarkeit der Operatoren $\Phi_p(L)$ und $\Theta_q(L)$ gilt $(\Phi_p(1) / \Theta_q(1)) > 0$. Erweist sich der t–Wert des Absolutglieds der Regression (2.37) als auf sinnvollem Niveau signifikant verschieden von Null, so muß für den zweiten Schritt des Tests auf die Hypothese $Y_t \sim I(2)$ von dem gemischten Prozeß $(s,d) = (1,2)$ mit quadratischem Trend im Niveau der Zeitreihe ausgegangen werden. Als Gegenhypothese ist ein $I(1)$–Prozeß mit überlagertem linearen Trend anzunehmen. Die **ADF**–Regression des Einheitswurzeltests von Dickey/Fuller ist demnach dahingehend zu erweitern, daß als Alternative linear trend–stationäre Modelle zugelassen werden. Siehe hierzu die Ausführungen der folgenden Seiten.

Nur in dem Fall, daß sich das Absolutglied von (2.37) als nicht signifikant herausstellt, haben wir unter der Null die Situation des Dickey/Fuller–Ansatzes von Abschnitts b) vorliegen, wenn man sich die bereits einmal differenzierte Zeitreihe $\tilde{Y}_t := \Delta Y_t$ vorgibt. Die Gegenhypothese für den Test auf Vorliegen einer (weiteren) autoregressiven Einheitswurzel im Generierungsprozeß von $\tilde{Y}_t$ besteht in diesem Fall aus einer stationären Zeitreihe mit nicht notwendig verschwindendem Erwartungswert (d.h. einem $I(1)$–Prozess mit Drift im Niveau von Y_t). Der 't–Wert' des entsprechenden Koeffizienten in der **ADF**–Regression von $\Delta^2 Y_t$ auf 1, ΔY_{t-1}, $\Delta^2 Y_{t-1}, .. \Delta^2 Y_{t-k}$ kann direkt mit den kritischen Werten in *Fuller* [1976, Seite 373, mittlerer Abschnitt] verglichen werden.

Kann eine zweifache Einheitswurzel im Generierungsprozeß von Y_t verworfen werden, so ist zu untersuchen, ob die Anwendung des Differenzenoperators zur Erzeugung einer stationären stochastischen Komponente in den Daten überhaupt erforderlich ist. Die gesamte Testprozedur ist für die einmal differenzierte Reihe zu wiederholen. Ausgehend von der neuen Hypothese $Y_t \sim I(1)$ wird auf Vorliegen eines quadratischen Trends im Niveau der Zeitreihe mittels folgender Regressionsgleichung untersucht :

$$\Delta Y_t = \tilde{c}_0 + \frac{\Phi_p(1)}{\Theta_q(1)} \dot{c}_1 t + \sum_{i=1}^{k_2} \alpha_i \Delta Y_{t-i} + V_{2t}, \quad 2 \leq t \leq n . \tag{2.38}$$

Aufgrund von $(\Phi_p(1) / \Theta_q(1)) > 0$ ist ein Test auf Signifikanz des Koeffizienten von t

in (2.38) gleichzeitig ein Test auf Signifikanz des Parameters $\dot{c}_1$, der mit $\dot{c}_1 = 2c_2$ das quadratische deterministische Element im Prozeß Y_t, $t \geq 1$ widerspiegelt. Übersteigt der t-Wert des Zeitkoeffizienten diesbezügliche kritische Werte (hinreichende autoregressive Approximation vorausgesetzt), so liegt unter der Null das gemischte Modell $(s,d) = (2,1)$ mit quadratischen Trend vor. Die geeignete Gegenhypothese stellt ein entsprechendes trend-stationäres Modell dar, d.h. in die **ADF**-Regression muß ein quadratisches Polynom der Zeit t aufgenommen werden. Erweist sich der Zeitkoeffizient in (2.38) als nicht signifikant, so ist unter der Null noch auf Vorliegen des Falles $(s,d) = (1,1)$ einer $I(1)$-Zeitreihe mit drift zu untersuchen. Die an die Daten anzupassende Regressionsgleichung schreibt sich mit $\dot{c}_0 = c_1$ zu:

$$\Delta Y_t = \frac{\Phi_p(1)}{\Theta_q(1)} \dot{c}_0 + \sum_{i=1}^{k_2} \alpha_i \Delta Y_{t-i} + V_{2t}, \quad 2 \leq t \leq n. \tag{2.39}$$

Wird das Absolutglied als signifikant verschieden von Null geschätzt, so muß als Nullhypothese für den Einheitswurzeltest von einem linearen Trend im Niveau der integrierten Zeitreihe ausgegangen werden. Als Alternative ist ein linear trend-stationäres Modell anzunehmen. Nur im Fall, daß sich die relevanten Koeffizienten in den Regressionen (2.38) und (2.39) als nicht signifikant herausstellen, besteht die Null aus einem rein nicht-deterministischen $I(1)$-Prozeß und der Dickey/Fuller-Test des Abschnitts b) ist direkt anwendbar.

Zur Durchführung des zweiten Test-Schrittes auf Vorliegen autoregressiver Einheitswurzeln bei trendbehafteten Zeitreihen ist der Dickey/Fuller-Ansatz entsprechend der aufgezeigten Erfordernisse zu modifizieren. Zur Einbeziehung deterministischer Elemente in die Nullhypothese ist der Datengenerierungsprozeß (2.28) für die Zeitreihe Y_t durch das Modell

$$\Phi_p(L)\,(1-aL)\,(Y_t - c_0 - c_1 t - c_2 t^2) = \Theta_q(L)\, V_t, \quad t \geq t_0, \tag{2.40}$$

zu erweitern. Mit dem stationären und invertierbaren Prozeß $X_t = (\Theta_q(L) / \Phi_p(L))\, V_t$ schreibt sich Gleichung (2.40) zu $Y_t = (1-a)(c_0+c_1t+c_2t^2) + a(c_1-c_2) + 2ac_2t + aY_{t-1} + X_t$. Im Fall der Gegenhypothese $|a| < 1$ erhält man das gemischte Zeitreihen-Modell mit quadratischem Trend und überlagerter stationärer Komponente:

$$Y_t = c_0 + c_1 t + c_2 t^2 + \frac{\Theta_q(L)}{(1-aL)\,\Phi_p(L)} V_t, \quad t \geq t_0, \tag{2.41}$$

wohingegen unter der Null $a = 1$ das linear trend-stationäre Modell in ersten Differenzen $\Delta Y_t = (c_1-c_2) + 2c_2t + X_t$, $t \geq t_0+1$ vorliegt. Parametrisiert man den Datengenerierungsprozeß von Y_t analog (2.31) um, so erhält man die Relation (2.42):

$$\begin{aligned} Y_t &= \Phi_p(L)(1-aL)(c_0+c_1t+c_2t^2) + [1-\Phi_p(L)]Y_t + \Phi_p(L)\, aY_{t-1} + \Theta_q(L)\, V_t \\ &= \Phi_p(1)(1-a)(c_0+c_1t+c_2t^2) + (1-a)(a_1+2a_2+..+pa_p)(c_1+2c_2t) - (1-a)\cdot \end{aligned}$$

$$(a_1+4a_2+..+p^2a_p)\,c_2 + (a_1+..+pa_p)\,2ac_2 + a\Phi_p(1)(c_1-c_2+2ac_2t) +$$
$$+ [(a-1)\,\Phi_p(1) + 1]\,Y_{t-1} + [aa_1+(a-1)(a_2+..+a_p)]\,\Delta Y_{t-1} + ..$$
$$.. + [aa_{p-1}+(a-1)a_p]\,\Delta Y_{t-p+1} + aa_p\,\Delta Y_{t-p} + \Theta_q(L)\,V_t$$
$$= \tilde{c}_0 + \tilde{c}_1 t + \tilde{c}_2 t^2 + (\tilde{a}+1)\,Y_{t-1} + \tilde{a}_1\,\Delta Y_{t-1} + .. + \tilde{a}_p\,\Delta Y_{t-p} + \Theta_q(L)\,V_t\ ,$$

mit den Koeffizienten $\tilde{a}, \tilde{a}_1, .., \tilde{a}_p$ entsprechend (2.31) und $\tilde{c}_0 := \Phi_p(1)(1-a)\,c_0 + (a_1+2a_2+..+pa_p)(2ac_2+(1-a)c_1) - (1-a)(a_1+4a_2+..+p^2a_p)\,c_2 + a\Phi_p(1)(c_1-c_2)$, $\tilde{c}_1 := \Phi_p(1)(1-a)\,c_1 + (1-a)(a_1+2a_2+..+pa_p)\,2c_2 + a\Phi_p(1)\,2ac_2$ und $\tilde{c}_2 := \Phi_p(1)(1-a)\,c_2$. Unter der Null reduziert sich (2.42) auf $Y_t = (a_1+2a_2+..+pa_p)\,2c_2 + \Phi_p(1)\cdot[(c_1-c_2) + 2c_2t] + Y_{t-1} + a_1\Delta Y_{t-1} + .. + a_p\Delta Y_{t-p} + \Theta_q(L)\,V_t$. Als Teststatistik auf die Hypothese $a = 1$ gegen die (trend-)stationäre Alternative $|a| < 1$ kommt wieder der geeignet normierte Schätzer von $(\tilde{a}+1) - 1 = \tilde{a}$ in (2.42) bzw. sein 't-Wert' in Betracht. Ist die Gestalt der stochastischen Komponente von ΔY_t, $t \geq t_0+1$ nicht bekannt, so kann der Generierungsprozeß mittels der im Abschnitt c) dargestellten **ADF**-Methode nach *Said/Dickey* [1984] autoregressiv approximiert werden, wobei vorauszusetzen ist, daß die Anzahl der Erweiterungsglieder verzögerter erster Differenzen mit dem Stichprobenumfang n unter einer kontrollierten Rate von $n^{1/3}$ wächst. Aufgrund des Normierungsproblems sollte in diesem Fall allerdings nur auf die 't-Statistik' zurückgegriffen werden, die sich in direkter Weise für den Koeffizienten $\tilde{a} = \Phi_p(1)(a-1)$ in der alternativen Darstellung von (2.42) in ersten Differenzen von Y_t errechnen läßt:

$$\Delta Y_t = \tilde{c}_0 + \tilde{c}_1 t + \tilde{c}_2 t^2 + \tilde{a}\,Y_{t-1} + \tilde{a}_1\,\Delta Y_{t-1} + .. + \tilde{a}_p\,\Delta Y_{t-p} + \Theta_q(L)\,V_t\ . \qquad (2.43)$$

Aufbauend auf die Resultate des ersten Schrittes nimmt die **ADF**-Regression zum Test der Null $a = 1$ jedoch verschiedene Formen an. Sind unter der jeweiligen Nullhypothese $Y_t \sim I(2)$ bzw. $Y_t \sim I(1)$ keine deterministischen Elemente festzustellen, d.h. erweist sich das Absolutglied in der Regressionsbeziehung (2.37) bzw. (2.39) als nicht signifikant, so ist von einem Datengenerierungsprozeß (2.40) mit $c_1 = c_2 = 0$ auszugehen. Im Fall der Hypothese $Y_t \sim I(2)$ bezieht sich diese wie die folgenden Aussagen immer auf den einmal differenzierten Prozeß. Das Verfahren von Dickey/Fuller zum Test auf die Nullhypothese einer (weiteren) Einheitswurzel nach Abschnitt b) und c) ist dann unmittelbar anwendbar. Mit einer hinreichenden Anzahl autoregressiver Erweiterungsterme kann (2.42) bzw. (2.43) rein autoregressiv mit herkömmlichen Regressionsmethoden geschätzt und der 't-Wert' des entsprechenden Koeffizienten mit den kritischen Werten in *Fuller* [1976, Seite 373, mittlerer Abschnitt] verglichen werden.

In der diskutierten Situation des Abschnitts b)/c) ist unbekannt, ob die stationäre Alternative einen Erwartungswert ungleich Null aufweist oder nicht. Aus diesem Grund wird ein Absolutglied mit in die **ADF**-Regression aufgenommen. Ist dagegen basierend auf ökonomische Theorie der Mittelwert der Zeitreihe bekannt, so kann er von jeder Beobachtung abgezogen werden und die resultierende Regressionsgleichung ist ohne Absolutglied $\tilde{c}_0$ zu schätzten, da auch $c_0 = 0$ zu setzten ist. Die Nutzung dieser a-priori Information bewirkt aber, daß sich die empirische Verteilung des geschätzten Regressionskoeffizienten $(\tilde{a}+1)$ bzw. $\tilde{a}$ ändert. Simulierte Quantile für diesen Fall sind gleichfalls in *Fuller* [1976, Seite 371 bzw. 373, oberere Abschnitte] veröffentlicht.

Die beiden Fälle $(s,d) = (1,1)$ und $(s,d) = (1,2)$ sind ebenso zusammen abzuhandeln, da als Gegenhypothese jeweils stationäre Fluktuationen um eine lineare Trendkomponente anzunehmen sind, wobei sich dies im zweiten Fall auf den einmal differenzierten Prozeß ΔY_t bezieht. Die in dieser Situation angemessene Alternative ergibt sich aus dem Umstand, daß der unter der Nullhypothese mit $\Delta Y_t = c_1 + X_t$, $t \geq t_0+1$ vorliegende deterministische Drift-Term $c_1 \neq 0$ im Niveau der Zeitreihe einem linearen Trend entspricht, da $Y_t = c_1 + Y_{t-1} + X_t = c_1 t + Y_0 + \Sigma_{i=0}^{t-1} X_{t-i}$ für $t \geq 1$ $(\geq t_0)$ gilt. Der Einheitswurzeltest hat demnach zwischen einem linear trend-stationären und einem gemischten Prozeß mit deterministischen und stochastischen Trendeigenschaften zu diskriminieren. Als Datengenerierungsprozeß ist von Relation (2.40) mit $c_2 = 0$ auszugehen. Die als Grundlage für die **DF**-Regressionsgleichung dienende umparametrisierte Version (2.42) nimmt dann folgende Gestalt an :

$$Y_t = \tilde{c}_0 + \tilde{c}_1 t + (\tilde{a}+1) Y_{t-1} + \tilde{a}_1 \Delta Y_{t-1} + .. + \tilde{a}_p \Delta Y_{t-p} + \Theta_q(L) V_t . \qquad (2.44)$$

Mit $\tilde{c}_0 = \Phi_p(1)(1-a) c_0 + (1-a)(a_1+..+pa_p) c_1 + a\,\Phi_p(1) c_1$, $\tilde{c}_1 = \Phi_p(1)(1-a) c_1$ ist neben einem Absolutglied auch ein linearer Zeittrend aufzunehmen. Wird $a = 1$ gesetzt, so verbleibt nur noch der Koeffizient $\tilde{c}_0$ von Null verschieden, d.h. unter der Null gilt $Y_t = \Phi_p(1) c_1 + Y_{t-1} + a_1 \Delta Y_{t-1} + .. + a_p \Delta Y_{t-p} + \Theta_q(L) V_t$. Entsprechend (2.43) kann die Gleichung (2.44) auch in ersten Differenzen von Y_t geschrieben werden.

Zum Test auf Vorliegen einer (weiteren) Einheitswurzel in dieser Situation ist demnach Y_t oder ΔY_t auf 1, t, Y_{t-1}, und einer genügend großen Anzahl autoregressiver Erweiterungsterme ΔY_{t-i}, $1 \leq i \leq k$ (bzw. $\Delta^2 Y_t$ oder ΔY_t auf 1, t, $\Delta Y_{t-1}, \Delta^2 Y_{t-1}, ..$ $.., \Delta^2 Y_{t-k}$) zu regressieren und der Koeffizient von Y_{t-1} (bzw. ΔY_{t-1}) daraufhin zu untersuchen, ob er unter der Nullhypothese signifikant kleiner als Eins bzw. als Null geschätzt wird oder nicht. Die asymptotischen Verteilungen der entsprechenden Teststatistiken weichen aber gleichfalls von den in Abschnitt b) behandelten Verteilungen ab. Dies liegt allerdings nicht daran, daß unter der Nullhypothese deterministische Elemente im Generierungsprozeß der Daten vorliegen. *Dickey* [1976] hat vielmehr gezeigt, daß die Verteilung des geeignet normierten **KQ**-Schätzers von $\tilde{a}$ bzw. seines 't-Wertes' unter der Nullhypothese *unabhängig* vom Wert des Drift-Terms c_1 ist, wenn die **DF**-Regressionsgleichung durch den linearen Zeittrend $\Phi_p(1)(1-a) c_1 t$ erweitert wird (vgl. auch *Dickey/Fuller* [1981]). Entsprechende Fraktile für die empirische Verteilung der beiden Teststatistiken zur Signifikanzprüfung in diesem Fall sind in *Fuller* [1976, Seite 371 und 373, unterere Abschnitte] veröffentlicht. Noch in verschärfter Weise wie im Fall der asymptotischen Verteilungen in Abschnitt b) hätte die Verwendung der Standard-Werte der Teststatistiken eine viel zu häufige Ablehnung der Nullhypothese zugunsten des linear trend-stationären Modelles zur Folge.

Die Aufnahme eines linearen Zeittrends in die **DF**-Regression führt demnach zu der Test-Situation, daß unter der Nullhypothese nicht spezifiziert werden muß, ob ein deterministischer Drift-Term im Generierungsprozeß der Daten vorliegt oder nicht. *Schwert*

[1987] schlägt aus diesem Grund vor, grundsätzlich die Regressionsgleichung $Y_t = \tilde{c}_0 + \tilde{c}_1 t + (\tilde{a}+1)\, Y_{t-1} + \Sigma_{i=1}^{k} \tilde{a}_i\, \Delta Y_{t-i} + \tilde{V}_t$ bzw. $\Delta Y_t = \tilde{c}_0 + \tilde{c}_1 t + \tilde{a}\, Y_{t-1} + \Sigma_{i=1}^{k} \tilde{a}_i\, \Delta Y_{t-i} + \tilde{V}_t$ mit einer hinreichend großen Anzahl verzögerter erster Differenzen von Y_t zu schätzen und die kritischen Werte in *Fuller* [1976, unterere Abschnitte] zu verwenden. Da aber im Fall, daß der tatsächliche Generierungsprozeß der Daten *keinen* linearen Trend aufweist, der Zeitkoeffizient $\tilde{c}_1 = \Phi_k^*(1)/(1-a)\, c_1$ unter der Nullhypothese wie auch der Alternative verschwindet, wird durch dieses Vorgehen ein irrelevanter Regressor in der **ADF**–Relation mitgeschätzt. Durch die unnötige Einbeziehung des linearen Zeittrends dürften die Teststatistiken an Macht gegenüber der stationären Alternative verlieren, da die Schätzung für den relevanten Koeffizienten $\tilde{a}$ ineffizient ist (vgl. *Evans/Savin* [1984]). In einer Simulationsstudie für den einfachen Fall $\Phi_p(L) \equiv 1$ wird dies in *Dickey/Fuller* [1981, Seite 1068] demonstriert. Die Autoren ermitteln die empirische Macht verschiedener Testverfahren mit und ohne Trend–Erweiterung in der **DF**–Regression, wobei als Generierungsprozeß der Daten im Fall von $a < 1$ immer nur stationäre Zeitreihen –mit und ohne Absolutglied– unterstellt werden, vgl. auch *Dickey* [1984].

Unser Vorschlag der Durchführung von Tests auf autoregressive Einheitswurzeln in zwei Schritten zielt aus diesem Grund darauf ab, vorab die Existenz deterministischer Elemente im Generierungsprozeß der Daten zu klären. [5] Erweist sich ein Drift–Term in ersten bzw. zweiten Differenzen von Y_t als nicht signifikant, so kann diese a–priori Kenntnis direkt durch die Anwendung eines Einheitswurzeltests mit mehr Macht ausgenutzt werden. Nur im umgekehrten Fall der Anwesenheit einer deterministischen Trendkomponente wird die **ADF**–Regressionsgleichung um die Zeit t als zusätzlichen Regressor erweitert. Obwohl deterministische Trendeigenschaften festgestellt wurden, legen allerdings mehrere Anwendungsarbeiten (z.B. *Kleidon* [1986], *Mattey/Meese* [1986]) die *falsche Gegenhypothese* zugrunde und verwenden damit das in diesem Fall ungeeignete einfache **DF**–Verfahren der Abschnitte b)/c). Liegt unter der Null ein nicht verschwindender Drift–Term vor, so entspricht dies einem linearen Trend im Niveau der Zeitreihe, was klar aus den Daten ersichtlich sein müßte. Wird in einer derartigen Situation der

---

[5] Als direkte Alternative hierzu bietet sich an, die Signifikanz der **KQ**–Schätzer für das Absolutglied $\tilde{c}_0$ und den Zeitkoeffizienten $\tilde{c}_1$ in der **ADF**–Regressionsgleichung zu untersuchen. Schwierigkeiten bereitet dabei allerdings die Tatsache, daß die Verteilungen entsprechender 't–Werte' unter der Nullhypothese $a = 1$ –im Unterschied zu den Statistiken über den Einheitswurzel–Koeffizienten – vom wahren Wert des Drift–Terms c_1 abhängen. Für den Fall $c_1 = 0$ sind simulierte Fraktile für die empirischen Verteilung der 't–Statistiken' in endlichen Stichproben von *Dickey/Fuller* [1981, Seite 1062] veröffentlicht worden. In *Haldrup/Hylleberg* [1989, Seite 9 und 10] finden sich entsprechende Fraktile für eine Reihe von Werten $c_1 \neq 0$, die jedoch immer in Relation zu der Varianz des stochastischen Fehlergliedes $Var(V_t) = \sigma_v^2$ zu setzten sind. Zu beachten ist ferner, daß die Tabellen für den Fall einer zentrierten Zeitvariablen $t - (n+1)/2$, $1 \leq t \leq n$ konstruiert wurden. Nach (2.44) vermag allerdings ein Test unter der Null $(c_1, a) = (0,1)$ anhand des Koeffizienten $\tilde{c}_0$ nichts über den Drift–Term allein auszusagen und ein Wert $\tilde{c}_1 \neq 0$ ist nur bei gleichzeitiger Ablehnung der Einheitswurzel und $c_1 = 0$ möglich. Wird dagegen auf Vorliegen eines Drifts nur unter $a = 1$ untersucht, so ist aufgrund des in diesem Fall unnötigen Zeit–Regressors ein Verlust an Macht zu erwarten. Ein derartiges Vorgehen zur Überprüfung auf Anwesenheit deterministischer Elemente erscheint aus diesen Gründen als weniger geeignet.

einfache **DF**–Test ohne lineare Trendvariable angewendet, so prüft man auf eine stationäre Gegenhypothese, was in keiner Weise mit den Charakteristika der Daten zu vereinbaren ist. Allein stationäre Fluktuationen um einen linearen Trend sind als Alternative zum gemischten Datengenerierungsprozeß der Nullhypothese angezeigt.

Die Konsequenzen einer derartig fehlspezifzierten Verwendung des **DF**–Testverfahrens bei trendbehafteten Daten macht *West* [1987] in einer Note deutlich. Liegt in Wirklichkeit der Fall eines linear trend–stationären Prozesses vor und wird die Zeit *nicht* als weitere erklärende Größe in die **ADF**–Regression aufgenommen, so konvergieren beide Teststatistiken auf Vorliegen einer Einheitswurzel mit dem Stichprobenumfang n stochastisch gegen Null. Die unit root–Hypothese kann folglich in größeren Stichproben kaum mehr verworfen werden, das Verfahren ist extrem zugunsten eines **DS**–Modelles verzerrt. Dieses Resultat ist auch vollkommen plausibel, da die fehlspezifizierte Regression nur dadurch einigermaßen die trendbehafteten Daten anzupassen vermag, daß die autoregressive Wurzel in der Nähe von Eins und damit ein (nahezu) integrierter Prozeß mit Drift geschätzt wird. In *Dickey* [1984] wird dies auch für kleinere Stichproben anhand einer Simulationsstudie gezeigt. Im Falle, daß der wahre Datengenerierungsprozeß einen linearen Trend enthält, ist die empirische Macht des einfachen **DF**–Testverfahrens nahezu gleich Null. Trotzdem ziehen *Dickey/Bell/Miller* [1986, Seite 18] daraus nicht die richtigen Schlüsse, sondern empfehlen sogar grundsätzlich die Verwendung des Verfahrens ohne Trenderweiterung. Die Autoren empfinden die geringe Macht im obigen Falle eher '*comforting*' als '*alarming*', da die Differenzenbildung den linearen Trend ja beseitigen würde. Das letztere ist zwar richtig; warum man dann überhaupt noch Einheitswurzeltests diskutiert, wenn man sich von vorneherein auf ein bestimmtes Zeitreihen–Modell zur Trendbereinigung festlegt, bleibt dabei allerdings unbeantwortet.

Die Arbeiten von *Evans/Savin* [1984] und *Hylleberg/Mizon* [1989] weisen den Anwender unglücklicherweise ebenfalls in diese falsche Richtung. Sie behandeln das Verhalten der Teststatistiken im einfachen Dickey/Fuller–Ansatz ohne lineare Trendvariable, wenn in Wirklichkeit ein integrierter Datengenerierungsprozeß mit nicht verschwindendem Drift vorliegt. Da in dieser Situation unter der Null im Niveau der Zeitreihe ein deterministischer linearer Trend anwesend ist, ist der geeignet normierte **KQ**–Schätzer von $\tilde{a}$ – im Gegensatz zur den bislang betrachteten Fällen – asymptotisch normal verteilt. Genauso konvergiert die Verteilung der t–Statistik unter $a = 1$ und $c_1 \neq 0$ gegen die Standard–Normalverteilung, vgl. *Dickey* [1976], *Fuller* [1985], *West* [1988]. Dies liegt daran, daß sich Y_t, $t \geq 1$ unter der Null wie ein linearer Trend verhält, wenn $n \longrightarrow \infty$ geht, da die Stichprobenvarianz des deterministischen Trends von der Ordnung $O_p(n^3)$, die des stochastischen Trends dagegen nur von $O_p(n^2)$ ist. Der lineare Trend $c_1 t$ dominiert damit asymptotisch das stochastische Trendverhalten von $\Sigma_{i=0}^{t-1} X_{t-i}$. [6]

Evans/Savin [1984] leiten im Fall des einfachen Modells mit $\Phi_p(L) \equiv 1$ die exakte Stichproben–Verteilung für den **KQ**–Schätzer von $(\tilde{a}+1) = a$ unter der Nullhypothese $a = 1$ her. Sie zeigen, daß die Verteilung bei jedem Stichprobenumfang sehr stark von der

[6] *Haldrup/Hylleberg* [1989] argumentieren aus diesem Grund, daß sich ein Modell mit stochastischen und deterministischen Trendeigenschaften empirisch nur schwer von einem rein trend–stationären unterscheiden läßt und Einheitswurzeltests in dieser Situation nur geringe Macht aufweisen, vgl. die weitere Diskussion.

Relation des deterministischen Trendkoeffizienten c_1 zur Varianz der stochastischen Komponente $Var(V_t) = \sigma_v^2$ abhängt (*'nuisance parameter'*). Gilt $c_1 = 0$, so liegt unter der Null ein rein nicht-deterministischer $I(1)$-Prozeß vor, und die Fraktile der asymptotischen Verteilung in *Fuller* [1976, Seite 371, mittlerer Abschnitt] erweisen sich – nach einigen Korrekturen hinsichtlich der Normierung – fast mit den durch numerische Integration gewonnenen Stichproben-Resultaten identisch. Mit wachsender Bedeutung der deterministischen Komponente c_1 im Vergleich zur Residuenvarianz σ_v^2 geht auch die Verteilung des normierten Koeffizienten in endlichen Stichproben immer mehr gegen die Normalverteilung.

Hylleberg/Mizon [1989] demonstrieren dies in einer Simulationsstudie für die Verteilung des 't-Wertes'; zeigen aber, daß die Gültigkeit der Normalverteilungs-Approximation für kleine und mittlere Stichproben und realistische Werte für den *nuisance parameter* stark in Zweifel gezogen werden muß. Die Autoren empfehlen daher in kleineren Stichproben eher die Fraktile der Dickey/Fuller-Verteilung zu verwenden als die kritischen Werte der Standard-Normalverteilung. Beide Arbeiten verkennen aber vollkommen, daß die einfache **DF**-Regression ohne die Zeitvariable bei Anwesenheit deterministischer Trendeigenschaften die *falsche Gegenhypothese* zugrundelegt. Gegenüber der in diesem Fall angemessenen trend-stationären Alternative weist der einfache Dickey/Fuller-Ansatz nicht nur asymptotisch keinerlei Macht auf. Die Nullhypothese einer Einheitswurzel kann auch in allen von *Hylleberg/Mizon* [1989] behandelten Beispielsreihen nicht verworfen werden, unabhängig davon, welche kritischen Werte verwendet werden. Dies ist aber schon aus dem Grund gar nicht zu erwarten, da die Zeitreihendaten bis auf eine Ausnahme einen signifikanten Drift-Term aufweisen und somit die von den Autoren unterstellte stationäre Gegenhypothese keine wirklich realistische Alternative darstellt.

Besonders deutlich wird dieser Umstand in der Studie von *Haldrup/Hylleberg* [1989], in der das **ADF**-Testverfahren auf Existenz einer autoregressiven Einheitswurzel im US-amerikanischen Sozialprodukt mit und ohne linearem Trendterm angewendet wird. Durch einfache Regressionen der ersten Differenzen des logarithmierten Brutto-Sozialprodukts auf eine Konstante stellen die Autoren über alle Untersuchungszeiträume hinweg die Existenz und relative Stabilität eines deterministischen Trends fest. [7] Im Fall einfacher **ADF**-Regressionen kann die Null einer Einheitswurzel für keinen Zeitraum verworfen werden, auch dann nicht, wenn die Fraktile der Normalverteilung verwendet werden. Wird dagegen die in diesem Fall korrekte Version mit Zeitregressor geschätzt, so ist in fünf von acht Fällen die linear trend-stationäre Alternative auf dem 5%-Niveau anzunehmen.

In der grundlegenden Arbeit von *Nelson/Plosser* [1982] wird dagegen nur das **ADF**-Verfahren mit linearem Zeittrend verwendet. Die Testsituation unterscheidet demnach zwischen den beiden Klassen der trend-stationären (**TS**-) und gemischten **DS**-Model-

---

[7] Ob dieses Verfahren ohne Einbeziehung einer hinreichenden Anzahl verzögerter Differenzen bzw. ohne Korrektur der in den Residuen zu vermutenden Autokorrelationsstruktur, zur Untersuchung auf Signifikanz des Zeitkoeffizienten hinreicht, ist allerdings fraglich. Ein derartiges Vorgehen setzt die einfachste Nullhypothese eines random walks voraus.

len. In der überwiegenden Zahl der untersuchten makroökonomischen Zeitreihen ist dies auch die einzig richtige Vorgehensweise, da es sich bis auf die Arbeitslosenrate, die Kapitalmarktrendite und zwei Preisraten klar um Reihen mit positivem Drift, d.h. linearen Trendeigenschaften handelt. Eine explizite Untersuchung auf Signifikanz des deterministischen Elements wird aber nicht vorgenommen. Die Autoren argumentieren zur Auswahl der von ihnen zugrundegelegten Hypothesen weiter, daß ein Prozeß der Gestalt (2.44) mit unter der *Null* nicht verschwindendem Zeitkoeffizienten $\tilde{c}_1$ aus ökonomischen Gründen ausgeschlossen werden kann. Dieser Fall entspricht der Parameterkonstellation $(s,d) = (2,1)$ unseres allgemeinen Ansatzes (2.34), d.h. in ersten Differenzen von Y_t liegt unter dieser Nullhypothese ein linear trend-stationärer Prozeß vor. *Nelson/Plosser* [1982, Fussnote 8] machen deutlich, daß die ersten Differenzen, welche bei logarithmierten Niveau-Daten approximativ Zuwachsraten entsprechen, in dieser Situation je nach Vorzeichen des Zeitkoeffizienten deterministisch immerzu ansteigen bzw. fallen müßten. Für makroökonomische Zeitreihen ist ein derartiges Verhalten aber unplausibel.

Mit diesem Argument kann für unsere Zwecke auf die ausführliche Darstellung eines geeigneten Testverfahrens auf Vorliegen der autoregressiven Einheitswurzel im Fall $(s,d) = (2,1)$ verzichtet werden. Ist man bereit, als Gegenhypothese für den unter der Null festgestellten integrierten Prozeß mit quadratischem Trend eine linear trend-stationäre Alternative anzunehmen, so ist eine **ADF**-Regressionsgleichung der Gestalt (2.44) mit Absolutglied und der Zeit t als Regressor hinreichend. Der auch unter der Null nicht verschwindende Zeitkoeffizient bewirkt dann, daß die t-Statistiken sämtlicher Regressionskoeffizienten asymptotisch standard-normal verteilt sind. Wie im oben diskutierten Fall eines linearen Trend-Terms sollte aber auch hier gegen das trend-stationäre Modell mit gleichen deterministischen Trendeigenschaften getestet werden. Als Datengenerierungsprozeß kommt daher nur (2.40) in Betracht. In die **ADF**-Regression sollte ein quadratisches Polynom der Zeit aufgenommen werden. Diese eigentlich angemessene Vorgehensweise für den Fall eines quadratischen Trends in ersten Differenzen von Y_t scheitert bislang allerdings daran, daß in der Literatur keine entsprechenden kritischen Werte für die Teststatistiken zur Verfügung gestellt werden.

Grundsätzlich sollte angemerkt werden, daß Einheitswurzeltests nur sehr schwer zwischen stationären und integrierten, bzw. zwischen trend-stationären und gemischten Prozessen zu unterscheiden vermögen, wenn in der stochastischen Komponente der Zeitreihen autoregressive Wurzeln in der Nähe von Eins auftreten. Da die dargestellten Testverfahren als Nullhypothese Prozesse mit stochastischem Trendverhalten annehmen, kann in deratigen Fällen und bei einem begrenzten Stichprobenumfang die unterstellte Einheitswurzel in der Regel nicht auf sinnvollem Signifikanzniveau verworfen werden, auch wenn in Wirklichkeit ein (trend-)stationärer Datengenerierungsprozeß vorliegt. Simulationen zur empirischen Macht des **DF**-Einheitswurzeltests gegenüber den jeweiligen Alternativen bestätigen dies, vgl. *Dickey/Fuller* [1981], *Evans/Savin* [1984]. Bei Vorliegen deterministischer Trendeigenschaften ist zudem zu bedenken, daß nur schwer zwischen rein trend-stationären Prozessen und gemischten Modellen mit 'kleinem' stochastischem Trend (d.h. im Vergleich zur Trendkomponente kleiner Varianz der sich zum stochastischen Trend akkumulierenden white noise-Variablen V_t) zu diskriminieren ist. Hinsichtlich der Stichprobenvarianz dominiert ein deterministischer Trend asymptotisch jedes stochastische Trendverhalten, vgl. *Haldrup/Hylleberg* [1989]. In diesem Zusammenhang ist aber auch von Bedeutung, daß es nicht allein auf die Größe des Stichprobenumfanges n ankommt, ob ein (trend–)stationärer Prozeß erkannt wird, sondern auf die tatsächliche Zeitspanne der Daten bezüglich des Konjunkturzyklus. Wie *Shiller/Perron* [1985] gezeigt haben, führt allein die Verkürzung der Periodizität (z.B. Übergang von Quartalsdaten zu monatlichen oder gar täglichen bei finanziellen Variablen) nicht notwendig zu einer Verbesserung der Machteigenschaften von Einheitswurzeltests.

Für den einfachen Fall mit $\Phi_p(L) \equiv 1$ ermitteln *Dickey/Fuller* [1981, Seite 1068] die empirische Macht des **DF**–Testverfahrens auf dem 5%–Niveau und kommen zu dem Ergebnis, daß bei einem Stichprobenumfang von $n = 50$ ($n = 100$) stationäre Generierungsprozesse mit $\tilde{a}+1 = a = 0.9$ nur in 7% (19%) der Fälle durch die 't–Statistik' erkannt werden. Für die auf dem Koeffizientenschätzer beruhende alternative Statistik ergibt sich der etwas bessere Wert einer im Mittel in 10% (29%) richtigen Ablehnung der Einheitswurzel. Erst bei einem Stichprobenumfang von $n = 250$ wird unter dieser Konstellation in 91% bzw. 97% der Fälle abgelehnt. Zu beachten ist aber, daß die Autoren auch für $a < 1$ einen Datengenerierungsprozeß mit Mittelwert Null zugrundelegen, den Einheitswurzeltest aber anhand von **DF**–Regressionen mit Absolutglied vornehmen. Würde man diese a–priori Information ausnutzen und die kritischen Werte in *Fuller* [1976, obere Abschnitte] verwenden, so ist ein besseres Verhalten des **DF**–Tests zu erwarten. In einem zweiten Simulationsexperiment bei festem Stichprobenumfang $n = 100$ wird dies für die 't–Statistik' deutlich. Im Falle von $a = 0.9$ und Prozessen $Y_t = \mu + aY_{t-1} + V_t$ mit Absolutglied $\mu = 0.5$ bzw. $\mu = 1.0$ ($\sigma_v^2 = 1$) ermitteln *Dickey/Fuller* [1981, Seite 1067] eine Ablehnungshäufigkeit von 27% bzw. 56%.

Auch wenn die Autoren gleichfalls die Statistiken unter Einschluß einer linearen Zeitvariablen untersuchen, so betrachten sie unter der Alternative immer nur stationäre Prozesse. Die Simulationsresultate enthalten demzufolge keinerlei Anhaltspunkte über die Macht der Testverfahren zur Diskriminierung zwischen trend–stationären und gemischten Zeitreihen (das gleiche gilt für die Simulationsergebnisse in *Evans/Savin* [1984]). In der Studie von *Dickey* [1984] zur empirischen Macht der **DF**–Einheitswurzeltests werden zwar auch Generierungsprozesse unter Einschluß deterministischer Trend–Elemente zugrundegelegt, der Autor kommentiert seine Resultate allerdings nur qualitativ und gibt keine konkreten Ablehungshäufigkeiten an. Er kommt generell zu der Aussage, daß die Teststatistiken ermittelt *ohne* Aufnahme der Zeit t als zusätzlichen Regressor im Falle der Anwesenheit eines deterministischen Trends ungeeignet sind, da sie eine nahezu verschwindende Macht aufweisen. Die vom Autor nahegelegte Vorgehensweise einer Entscheidung für die Differenzenbildung auch bei möglicherweisem Vorliegen eines trend–stationären Prozesses wurde schon oben kommentiert. Für die engagiert geführte Diskussion über die Anwesenheit und relative Bedeutung stochastischer Trendeigenschaften in wichtigen makroökonomischen Zeitreihen wie dem Sozialprodukt ist eine derartige Aussage vollkommen nutzlos und überaus ärgerlich. Auf die Auswahl der für den jeweiligen Fall geeigneten Null– und Gegenhypothesen sollte dagegen viel mehr Augenmerk gerichtet werden, um das **DF**– Testverfahren korrekt anwenden zu können. Insbesondere die unterschiedlichen Charakteristika des Absolutgliedes bzw. des Zeitkoeffizienten unter der Einheitswurzel-Hypothese und der (trend-)stationären Alternative machen es für den reinen Anwender mitunter schwierig, die richtige Version der Einheitswurzeltests heranzuziehen.

2.5 Prognose von ARIMA-Prozessen

a) Stochastische Prozesse und Punktprognosen

Eine der Hauptinteressen bei der Beschäftigung mit Zeitreihen besteht darin, Vorhersagen über zukünftige Werte der entsprechenden Variablen machen zu können. Aufgrund der in aller Regel wesentlichen zeitlichen Abhängigkeitsstruktur aufeinanderfolgender Beobachtungen einer Zeitreihe ist für diesen Zweck oft schon ein univariater Ansatz geeignet, d.h. es werden für die Prognose allein Informationen herangezogen, die in vergangenen Reihenwerten enthalten sind. Geht man davon aus, daß ökonomische Zeitreihen in ihrem dynamischem Verhalten vornehmlich stochastischen Einflüssen unterliegen, so kann versucht werden, ein Modell für die stochastischen Eigenschaften des generierenden Prozesses zu finden. Wir gehen demnach von der Situation aus, daß äquidistante Daten $x_1,..,x_n$ einer zeitabhängigen Größe vorliegen, die als Realisation eines bestimmten stochastischen Prozesses X_t, $t \in \mathbb{Z}$ angesehen werden, d.h. wir unterstellen ein Modell für den Generierungsprozeß der Daten. Ziel der Analyse ist es, ausgehend vom aktuellen Zeitpunkt n den Wert x_{n+h} der ökonomischen Variablen h-Schritte in die Zukunft hinein vorherzusagen, $h \geq 1$. Wegen der stochastischen Charakteristik der Zeitreihe ist für diese Zielsetzung die bedingte Verteilung der Zufallsvariablen X_{n+h} zu betrachten, wobei die Bedingung aus der in n verfügbaren Informationsmenge $I_n := \{X_t: 1 \leq t \leq n\}$ in Verbindung mit dem angenommenen Modell für den stochastischen Prozeß besteht.

In konkreten Anwendungsfällen wird man die bedingte Verteilung von X_{n+h} nicht vollständig spezifizieren können. Neben Aussagen über Prognosebereiche, welche die Realisationen x_{n+h} mit kontrollierten Wahrscheinlichkeiten überdecken sollen, stehen Punktprognosen im Vordergrund des praktischen Interesses. Da h-Schritt Punktprognosen ausgehend vom Zeitpunkt n, welche die bedingte Verteilung von X_{n+h} mittels eines einzigen Wertes repräsentieren sollen, aufgrund der Abhängigkeit von der Informationsmenge wieder Zufallsgrößen $P_{n,h}$ darstellen, liegt es nahe, als eine Möglichkeit den bezüglich I_n bedingten Erwartungswert von X_{n+h} zu betrachten. Zur Ableitung in gewisser Weise 'optimaler' Vorhersagen ist es aber notwendig, die Konsequenzen falscher Punktprognosen in Form einer Verlustfunktion zu quantifizieren. Setzt man den stochastischen Prognosefehler $X_{n+h} - P_{n,h}$ in die individuelle Verlustfunktion ein, so kann die 'optimale' Vorhersagefunktion durch Minimierung der erwarteten Kosten bestimmt werden.

In vielen ökonomischen Anwendungen ist es nicht unbedingt einsichtig, nur symmetrische Verlustfunktionen zugrundezulegen, bei denen betragsmäßig übereinstimmende Unter- und Überschätzungen des zukünftigen Wertes die gleichen Kosten verursachen. In aller Regel wird aber von einer quadratischen Verlustfunktion ausgegangen, d.h. kleine Abweichungen werden als weniger folgenschwer als betragsmäßig große Fehlprognosen angesehen. Legt man eine derartige Bewertung von Prognosefehlern zugrunde, so entspricht die Minimierung der erwarteten Kosten in Form des mittleren quadratischen Prognosefehlers (*minimum mean square error*, **MMSE**) einer Punktprognose mit minimaler Fehlervarianz und damit einem Kleinste–Quadrate Kriterium. Wie z.B. *Granger/ Newbold* [1976, Seite 124] zeigen, entsprechen **MMSE**–Prognosen gerade dem bedingten Erwartungswert von X_{n+h} bezüglich der Informationsmenge I_n. Legt man dagegen andere Verlustfunktionen zugrunde, so ist die optimale Prognose nicht unbedingt durch den bedingten Erwartungswert gegeben. Zur weiteren Diskussion dieses Punktes vgl. *Granger/Newbold* [1976].

b) Optimale lineare Vorhersage stationärer Prozesse

Geht man von einem rein nicht–deterministischen und stationären Datengenerierungsprozeß X_t, $t \in \mathbb{Z}$ aus, so ist dieser nach dem Zerlegungssatz von Wold als unendlicher moving average eines white noise–Prozesses V_t, $t \in \mathbb{Z}$ mit $\mathbf{Var}(V_t) \equiv \sigma_V^2$ darstellbar zu $X_t = \Sigma_{i=0}^{\infty} b_i V_{t-i}$, vgl. Abschnitt 2.2 a). Aufgrund der Linearität der Repräsentation kann versucht werden, auch für Punktprognosen einen linearen Ansatz in der verfügbaren Informationsmenge I_t zu wählen. Legt man für I_t den gesamten Prozeß bis zum Zeitpunkt t zugrunde, so ist eine lineare Vorhersage für X_{t+h} in der Form $\hat{X}_t(h) = \Sigma_{i=0}^{\infty} \delta_i(h) X_{t-i}$ anzusetzten, die aufgrund der $\mathbf{MA}(\infty)$–Repräsentation auch als Funktion der white noise–Variablen ausgedrückt werden kann zu $\hat{X}_t(h) = \Sigma_{i=0}^{\infty} \tilde{\delta}_i(h) V_{t-i}$. Mit dem Kriterium des kleinsten mittleren quadratischen Prognosefehlers ist die Koeffizentenfolge $(\tilde{\delta}_i(h))_i$ so zu bestimmen, daß:

$$E[(X_{t+h} - \hat{X}_t(h))^2] = \mathbf{Var}[X_{t+h} - \hat{X}_t(h)] =$$

$$\mathbf{Var}[\sum_{i=0}^{\infty} b_i V_{t+h-i} - \sum_{i=0}^{\infty} \tilde{\delta}_i(h) V_{t-i}] = \mathbf{Var}[\sum_{i=0}^{h-1} b_i V_{t+h-i} + \sum_{i=0}^{\infty} (b_{i+h} - \tilde{\delta}_i(h)) V_{t-i}]$$

$$= \sigma_V^2 \sum_{i=0}^{h-1} b_i^2 + \sigma_V^2 \sum_{i=0}^{\infty} (b_{i+h} - \tilde{\delta}_i(h))^2 \rightarrow \mathit{min!} \tag{2.45}$$

Da nur der zweite Summand in (2.45) von den zu bestimmenden Koeffizienten $\tilde{\delta}_i(h)$ abhängt, ergibt sich unmittelbar die Lösung des Minimierungsproblems zu $\tilde{\delta}_i(h) = b_{i+h}$, $i \geq 0$. Die optimale lineare h–Schritt Vorhersage im Sinne des mittleren quadratischen Prognosefehlers kann demzufolge geschrieben werden zu:

$$\hat{X}_t(h) = \sum_{i=0}^{\infty} b_{i+h} V_{t-i}, \quad h \geq 1. \tag{2.46}$$

Für den Prognosefehler gilt $X_{t+h} - \hat{X}_t(h) = \Sigma_{i=0}^{\infty} b_i V_{t+h-i} - \Sigma_{i=0}^{\infty} b_{i+h} V_{t-i} = \Sigma_{i=0}^{h-1} b_i V_{t+h-i}$ mit minimaler Fehlervarianz $\mathbf{Var}(X_{t+h} - \hat{X}_t(h)) = \sigma_V^2 \Sigma_{i=0}^{h-1} b_i^2 \rightarrow \sigma_V^2 \Sigma_{i=0}^{\infty} b_i^2 \equiv \mathbf{Var}(X_t)$ monoton steigend für größer werdenden Prognosehorizont h. Der Fehler der linearen **MMSE**–Vorhersage besteht demnach aus einer Linearkombination zukünftiger, im Zeitpunkt t nicht–beobachtbarer white noise–Innovationen mit

Erwartungswert Null. Im Falle eines Gaußschen Prozesses, in dem sämtliche endlichen Teilmengen von Zufallsvariablen aus X_t, $t \in \mathbb{Z}$ multivariat normal verteilt sind, entspricht die lineare Prognosefunktion (2.46) dem unter einer quadratischen Verlustfunktion optimalen bedingten Erwartungswert von X_{t+h}. In allgemeineren Situationen muß der bedingte Erwartungswert nicht notwendig linear in den Elementen von I_t sein, vgl. *Granger/Newbold* [1976].

Insbesondere für die Ein-Schritt Punktprognose $\hat{X}_{t+1} := \hat{X}_t(1)$ erhält man mit der besten linearen Vorhersage (2.46) das überaus interessante Ergebnis, daß sich diesbezügliche Prognosefehler ergeben zu $X_{t+1} - \hat{X}_{t+1} = b_0 V_{t+1} = V_{t+1}$, $t \in \mathbb{Z}$. Sie entsprechen damit gerade der Folge der white noise-Impulse, durch die der stationäre Prozeß X_t, $t \in \mathbb{Z}$ getrieben wird. Die white noise-Variablen V_t, $t \in \mathbb{Z}$ können demzufolge auch als unkorrelierte Folge sukzessiver Prognosefehler optimaler linearer Ein-Schritt Vorhersagen angesehen werden. Wir kommen auf diesen Punkt weiter unten sowie im Kapitel 3.4 zurück.

Für die konkrete Anwendung des stationären Zeitreihenmodells ist es erforderlich, die Wold-Repräsentation durch ein Modell mit einer möglichst geringen Anzahl von Parametern zu approximieren. Wird der Prozeß X_t, $t \in \mathbb{Z}$ als stationäre und invertierbare **ARMA**(p,q)-Zeitreihe angenommen zu $X_t = a_1 X_{t-1} + .. + a_p X_{t-p} + V_t + b_1 V_{t-1} + ..$ $.. + b_q V_{t-q}$, so läßt sich die beste lineare Vorhersage (2.46) in einer anschaulichen und für die praktische Errechnung vorteilhafteren Weise wiedergeben. Die entsprechende moving average-Darstellung von X_t, $t \in \mathbb{Z}$ ist gegeben zu :

$$X_t = \frac{\Theta_q(L)}{\Phi_p(L)} V_t = \frac{1 + b_1 L + .. + b_q L^q}{1 - a_1 L - .. - a_p L^p} V_t = \sum_{i=0}^{\infty} \beta_i V_{t-i} , \qquad (2.47)$$

mit einer Koeffizientenfolge (β_i), die nach (2.15) für $i \geq q+1$ der homogenen Differenzengleichung $\beta_i - \Sigma_{j=1}^{g} a_j \beta_{i-j} = 0$ mit den Anfangsbedingungen $\beta_i = b_i + \Sigma_{j=1}^{g} a_j \beta_{i-j}$, $1 \leq i \leq q$ mit $\beta_0 = 1$ und $g := \min\{i,p\}$ genügt. Zur Ableitung der linearen h-Schritt Prognosen mit minimaler Fehlervarianz $\hat{X}_t(h) = \Sigma_{i=0}^{\infty} \beta_{i+h} V_{t-i}$ für den **ARMA**-Prozeß sind die zwei Fälle $h \geq p$ und $1 \leq h \leq p-1$ zu unterscheiden. Ist der Prognosehorizont nicht kleiner als die Anzahl der autoregressiven Lag-Terme, so betrachten wir ausgehend vom Zeitpunkt t die Folge sukzessiver **MMSE**-Prognosen $\hat{X}_t(0) = X_t$, $\hat{X}_t(1)$, ... , $\hat{X}_t(h)$ und bilden :

$$\hat{X}_t(h) - \sum_{j=1}^{p} a_j \hat{X}_t(h-j) = \sum_{i=0}^{\infty} \beta_{i+h} V_{t-i} - \sum_{j=1}^{p} a_j \left(\sum_{i=0}^{\infty} \beta_{i+h-j} V_{t-i} \right) =$$

$$\sum_{i=0}^{\infty} \left(\beta_{i+h} - \sum_{j=1}^{p} a_j \beta_{i+h-j} \right) V_{t-i} . \qquad (2.48)$$

Nach Voraussetzung gilt $\min\{i+h,p\} = p$ für alle $i \in \mathbb{N}_0$ und der Klammerausdruck in der zweiten Zeile von (2.48) ist mit Hilfe der definierenden Differenzengleichung für die (β_i) auszuwerten. Für alle Werte des Summationsindices mit $i+h \geq q+1$ verschwindet demnach der Koeffizient von V_{t-i} und falls $h \leq q$ erfüllt ist, gilt $\beta_{i+h} - \Sigma_{j=1}^{p} a_j \beta_{i+h-j} = b_{i+h}$, $0 \leq i \leq q-h$. Definiert man :

$$\hat{V}_{t+h-j} := \begin{cases} V_{t+h-j} & \text{für } j \geq h \\ 0 & \text{für } j < h \end{cases}, \tag{2.49}$$

so läßt sich die beste lineare h–Schritt Prognose in Abhängigkeit der opimalen Vorhersagen $\hat{X}_t(h-j)$, $1 \leq j \leq p$ in diesem Fall schreiben zu :

$$\hat{X}_t(h) = \sum_{j=1}^{p} a_j \hat{X}_t(h-j) + b_1 \hat{V}_{t+h-1} + .. + b_q \hat{V}_{t+h-q}, \quad h \geq p . \tag{2.50}$$

Im zweiten Fall eines Prognosehorizontes von $1 \leq h \leq p-1$ betrachten wir einen Ausdruck analog (2.48), die linearen Vorhersagen $\hat{X}_t(h-j)$ ausgehend vom Zeitpunkt t sind in diesem Fall aber nur für Werte von $0 \leq j \leq h$ definiert, wobei $\hat{X}_t(0) = X_t$ gilt. Man erhält unter der Voraussetzung $h \geq q+1$ mit $g := \min\{i+h, p\}$:

$$\hat{X}_t(h) - \sum_{j=1}^{h} a_j \hat{X}_t(h-j) = \sum_{i=0}^{\infty} \left(\beta_{i+h} - \sum_{j=1}^{h} a_j \beta_{i+h-j} \right) V_{t-i} =$$

$$\sum_{i=1}^{\infty} \left(\sum_{j=h+1}^{g} a_j \beta_{i+h-j} \right) V_{t-i} = a_{h+1} \sum_{i=1}^{\infty} \beta_{i-1} V_{t-i} + .. + a_p \sum_{i=p-h}^{\infty} \beta_{i+h-p} V_{t-i} =$$

$$a_{h+1} X_{t-1} + a_{h+2} X_{t-2} + .. + a_p X_{t-p+h} . \tag{2.51}$$

Gilt dagegen $h \leq q$, so ändert sich aufgrund der Anfangsbedingungen der Klammerausdruck von (2.51) zu $\beta_h - \Sigma_{j=1}^{h} a_j \beta_{h-j} = b_h$ für $i = 0$ und falls $h < q$ zu $\beta_{i+h} - \Sigma_{j=1}^{h} a_j \beta_{i+h-j} = \Sigma_{j=h+1}^{g} a_j \beta_{i+h-j} + b_{i+h}$ für $1 \leq i \leq q-h$. Man erkennt, daß sich mit der Festlegung (2.49) und der Definition $\hat{X}_t(h-j) = X_{t+h-j}$ für $j \geq h$, die h–Schritt **MMSE**–Prognose $\hat{X}_t(h) = \Sigma_{i=0}^{\infty} \beta_{i+h} V_{t-i}$ für alle Prognosehorizonte $h \geq 1$ in der Form (2.50) schreiben läßt. Die im Zeitpunkt t noch nicht bekannten Summanden in (2.50) stellen die jeweiligen optimalen Punktprognosen $\hat{X}_t(h-j)$ bzw. $\hat{V}_{t+h-j} = 0$ dar, wohingegen für $j \geq h$ die bekannten Größen X_{t+h-j} bzw. V_{t+h-j} einzusetzen sind. Die white noise–Variablen für Zeitpunkte kleiner oder gleich t sind aus der zugrundegelegten Informationsmenge I_t ableitbar, da sich $\Phi_p(L) X_t = \Theta_q(L) V_t$ aufgrund der Invertierbarkeitsbedingung auflösen läßt zu $V_t = X_t - \Sigma_{i=1}^{\infty} \alpha_i X_{t-i}$, vgl. Abschnitt 2.2d).

Für den praktischen Umgang mit der optimalen linearen h–Schritt Vorhersage (2.46) im **ARMA**–Fall ist demzufolge einfach so vorzugehen, daß in die Prozeßgleichung $X_{t+h} = a_1 X_{t+h-1} + .. + a_p X_{t+h-p} + V_{t+h} + b_1 V_{t+h-1} + .. + b_q V_{t+h-q}$ für im Zeitpunkt t nicht bekannte Terme die entsprechenden besten Prognosen unter Verwendung von I_t eingesetzt werden. Aufgrund der sukzessiven Bestimmung der **MMSE**–Vorhersagen spricht man bei dieser Vorgehensweise vom '*chain principle of forecasting*'. Ausgehend von $\hat{X}_{t+1} := \hat{X}_t(1) = \Sigma_{j=1}^{p} a_j X_{t+1-j} + \Sigma_{j=1}^{q} b_j V_{t+1-j} = X_{t+1} - V_{t+1}$ gelangt man für Vorhersagehorizonte von $h \geq q+1$ schließlich zu Ausdrücken $\hat{X}_t(h) = \Sigma_{j=1}^{p} a_j \hat{X}_t(h-j)$, in die explizit kein Einfluß der moving average–Komponente des Prozesses mehr eingeht. Sind autoregressive Elemente im Datengenerierungsprozeß anwesend, so können sich moving average Eigenschaften allenfalls indirekt in den Vorhersagen $\hat{X}_t(h-j)$ mit geringerem Prognosehorizont niederschlagen, die im Falle von $h \leq p$ zum Teil Elemente der Informationsmenge darstellen.

Mit der Tatsache, daß sich bei linearen **MMSE**-Vorhersagen die Ein-Schritt Prognosefehler $X_{t+1} - \hat{X}_{t+1} = V_{t+1}$ gerade zu den white noise-Innovationen in $t+1$ ergeben, kann das **ARMA**(p,q)-Zeitreihenmodell anschaulich wie folgt interpretiert werden :

$$X_t = a_1 X_{t-1} + .. + a_p X_{t-p} + b_1 (X_{t-1} - \hat{X}_{t-1}) + .. \\ .. + b_q (X_{t-q} - \hat{X}_{t-q}) + V_t \ , \quad t \in \mathbb{Z} . \tag{2.52}$$

Der aktuelle Zeitreihenwert X_t läßt sich demnach als autoregressive Generierung der p vorausgegangenen Beobachtungen (autoregressives Gedächtnis) und dem gegenwärtigen stochastischen Schock (Störprozeß mit Erwartungswert Null), überlagert von einer Linearkombination aus q vergangenen Prognosefehlern sukzessiver Ein-Schritt Vorhersagen aufbauend auf $I_{t-q-1},..,I_{t-2}$ interpretieren. Die Parameter $b_1,..,b_q$ können dabei als 'Lernkoeffizienten' angesehen werden, welche den Einfluß der realisierten Prognosefehler der Vorperioden auf den heutigen Wert der Zeitreihe zum Ausdruck bringen. Wir kommen auf diese Form eines adaptiven Lernprozesses im Kapitel 3.3 über Erwartungsbildungsmodelle zurück.

Bislang wurde in diesem Abschnitt eine Informationsmenge I_t zugrundegelegt, welche die Kenntnis der Zeitreihenvariablen X_t bis nach minus unendlich voraussetzt. In der Praxis ist dieses Voraussetzung natürlich nicht zu erfüllen. Die Vorgehensweise der Ableitung bester linearer Prognosen kann aber unmittelbar auf den Fall $I_n = \{X_t\colon 1 \leq t \leq n\}$ einer endlichen Informationsmenge übertragen werden. Liegt ein rein autoregressiver Prozeß der Ordnung p zugrunde, so kann zumindest für $n \geq p$ auch in diesem Fall mit der Rekursionsformel (2.50) bzw. (2.51) mit $b_1 =..= b_q = 0$ gearbeitet werden. Treten dagegen moving average Komponenten im Datengenerierungsprozeß auf, so ergibt sich das Problem der Bestimmung der white noise-Variablen V_{n-j}, $0 \leq j \leq q-1$ aus der limitierten Informationsgrundlage. Als Ansatz zur Ableitung der linearen **MMSE**-Vorhersagen für X_{n+h} in diesem Fall ist von $\hat{X}_n(h) = \Sigma_{i=0}^{n-1} \delta_{i,n}(h) X_{n-i}$ auszugehen und die Koeffizienten $\delta_{i,n}(h)$ so zu bestimmen, daß der mittlere quadratische Prognosefehler minimiert wird. *Newton/Pagano* [1983] geben ein Verfahren zur praktischen Berechnung dieser Koeffizienten an. Aufbauend auf die sukzessiven Ein-Schritt Vorhersagen bis zum aktuellen Zeitpunkt $\hat{X}_{n+1-j} := \hat{X}_{n-j}(1)$, $1 \leq j \leq n$ mit $\hat{X}_1 := 0$ zeigen *Brockwell/ Davis* [1988] für einen stationären und invertierbaren **ARMA**(p,q)-Prozeß $X_t = a_1 X_{t-1} +..+ a_p X_{t-p} + V_t + b_1 V_{t-1} + ... + b_q V_{t-q}$ $(p \geq 1,\ q \geq 1)$, daß sich die optimalen h-Schritt Punktprognosen in diesem Fall rekursiv mit dem <u>Innovations-Algorithmus</u> bestimmen lassen zu :

$$\begin{aligned} \hat{X}_n(h) &= \sum_{j=h}^{n+h-1} \tilde{b}_{n+h-1,j} \, (X_{n+h-j} - \hat{X}_{n+h-j}) && \text{für } 1 \leq n \leq m-h \\ \hat{X}_n(h) &= \sum_{j=1}^{p} a_j \hat{X}_n(h-j) + \sum_{j=h}^{q} \tilde{b}_{n+h-1,j} \, (X_{n+h-j} - \hat{X}_{n+h-j}) && \text{für } n+h > m , \end{aligned} \tag{2.53}$$

mit $m := \max\{p,q\}$. Die Koeffizienten $\tilde{b}_{n+h-1,j}$, $j \geq h$ können dabei genauso wie der mittlere quadratische Prognosefehler der optimalen Ein-Schritt Vorhersage $\tilde{v}_n :=$

$Var(X_{n+1} - \hat{X}_{n+1})$ rekursiv aus der Autokovarianzfunktion $\gamma(h) = EX_t X_{t+h}$ des Prozesses berechnet werden. Ausgehend von $\hat{X}_1 = 0$, $\hat{X}_2 = \tilde{b}_{11}(X_1 - \hat{X}_1), \ldots, \hat{X}_m = \tilde{b}_{m-1,1} \cdot (X_{m-1} - \hat{X}_{m-1}) + .. + \tilde{b}_{m-1,m-1}(X_1 - \hat{X}_1)$ und den weiteren Ein-Schritt Prognosen für $n \geq m$ bis $\hat{X}_{n+1} = \Sigma_{j=1}^{p} a_j X_{n+1-j} + \Sigma_{j=1}^{q} \tilde{b}_{nj}(X_{n+1-j} - \hat{X}_{n+1-j})$ lassen sich mittels (2.53) beliebige korrekte **MMSE**-Vorhersagen rekursiv berechnen. *Brockwell/Davis* [1988] bemerken, daß die Koeffizienten asymptotisch mit $\tilde{b}_{n+h-1,j} \longrightarrow b_j$ und $\tilde{v}_n \longrightarrow \sigma_v^2 = Var(V_t)$ gegen die entsprechenden Parameter der auf einer unbeschränkten Informationsmenge basierenden optimalen Prognose (2.50) konvergieren ($n \longrightarrow \infty$).

Bei genügend großem Stichprobenumfang n können demzufolge approximativ die asymptotischen h-Schritt Vorhersagen (2.50) benützt werden, wobei die eingehenden white noise-Variablen aus der endlichen Stichprobe I_n ermittelt werden müssen. Aufgrund der Abhängigkeit von $V_t = X_t - a_1 X_{t-1} - .. - a_p X_{t-p} - b_1 V_{t-1} - .. - b_q V_{t-q}$, $1 \leq t \leq n$ von den Startwerten $X_0, X_{-1}, .., X_{1-p}, V_0, .., V_{1-q}$, stellt dies ein Initialisierungsproblem dar. Da zur Prognose am aktuellen Rand nach (2.50) allein die letzten q Residuenterme notwendig sind, spielt dieser Einfluß bei stationären Prozessen keine große Rolle mehr, falls die verfügbare Zeitreihe nicht zu kurz ist. Das gleiche gilt für die asymptotische Fehlervarianz $Var(X_{n+h} - \hat{X}_n(h)) = \sigma_v^2 \, \Sigma_{i=0}^{h-1} \beta_i^2$ der Punktprognosen ausgehend vom Zeitpunkt n mit $\Theta_q(L) / \Phi_p(L) = \Sigma_{i=0}^{\infty} \beta_i L^i$. Unterstellt man Gaußsches weißes Rauschen, so können mit diesem Resultat Prognoseintervalle konstruiert werden. Sämtliche Ableitungen in diesem Abschnitt sind aber basierend auf der Voraussetzung gemacht worden, daß die Koeffizienten des Datengenerierungsprozesses von X_t bekannt sind. In der Praxis müssen diese aber erst durch Modellanpassung an die Stichprobe I_n geschätzt werden. Die theoretischen Fehlervarianzen unterschätzen damit die tatsächliche Variabilität der Punktprognosen um ihren bedingten Erwartungswert.

c) Prognose von integrierten Prozessen und von Zeitreihen mit deterministischen Elementen

Die optimale lineare **MMSE**-Vorhersage eines rein nicht-deterministischen integrierten Prozesses $Y_t \sim I(d)$ läßt sich unmittelbar aufbauend auf die Resultate des vorangegangenen Abschnitts angeben. Für den d-fach differenzierten stationären und invertierbaren Prozeß $X_t := \Delta^d Y_t = \Sigma_{i=0}^{\infty} b_i V_{t-i}$, $t \in \mathbb{Z}$ erhält man mit (2.46) als h-Schritt Prognose mit kleinster Fehlervarianz den Ausdruck $\hat{X}_n(h) = \Sigma_{i=0}^{\infty} b_{i+h} V_{t-i}$. In unserem Fall der Integration (Summation) der Zeitreihe X_t, $t \in \mathbb{Z}$ muß allerdings notwendig ein Startpunkt $t_0 := 1$ für den nicht-stationären Generierungsprozeß der Y_t angenommen werden. Wir können daher grundsätzlich nur auf die beschränkte Informationsmenge $I_n := \{Y_t: 1 \leq t \leq n\}$ einschließlich der d Anfangswerte $Y_0, Y_{-1}, .., Y_{1-d}$ zurückgreifen. Mit Konstanten $c_1, .., c_d$ hat man dann für alle $t \geq 1$ die Darstellung $Y_t = c_1 Y_0 + .. + c_d Y_{1-d} + \Sigma_{i=0}^{t-1} g_i(d) X_{t-i}$, mit vom Integrationsgrad d abhängigen Koeffizienten g_i, vgl. (2.20). Für $d = 1$ gilt z.B. $Y_t = Y_0 + \Sigma_{i=0}^{t-1} X_{t-i}$, und für $d = 2$ hat man $Y_t = (t+1) Y_0 - t Y_{-1} + \Sigma_{i=0}^{t-1} \Sigma_{j=i}^{t-1} X_{t-i} = Y_0 + t \Delta Y_0 + \Sigma_{i=0}^{t-1} (i+1) X_{t-i}$. Die Zufallsgrößen $X_1 = \Delta^d Y_1, .., X_n = \Delta^d Y_n$ sind im linearen Vektorraum enthalten, der durch die Informationsmenge I_n aufgespannt wird. Im Falle eines **ARIMA**(p,d,q)-

Prozesses Y_t, $t \geq 1$ können demzufolge die exakten h-Schritt **MMSE**-Prognosen $\hat{X}_n(h)$ für die stationären d-fachen Differenzen anhand von (2.53) aus I_n bestimmt, bzw. für $n >> \mathbf{max}(p,q)$ mittels (2.50) approximiert werden.

Aufgrund der angenommenen Linearität der Punktprognosen entspricht jede Linearkombination $\Sigma_h f_h \hat{X}_n(h)$ von Prognosen basierend auf der Information I_n der **MMSE**-Vorhersage der entsprechenden linearen Funktion $\Sigma_h f_h X_{n+h}$ zukünftiger Beobachtungen. Mit der linearen Relation $Y_{n+h} = c_1 Y_n + .. + c_d Y_{n-d+1} + \Sigma_{j=0}^{h-1} g_j X_{n+h-j}$ erhält man damit die beste lineare Vorhersage für Y_{n+h} zu:

$$\hat{Y}_n(h) = c_1 Y_n + .. + c_d Y_{n-d+1} + \sum_{j=0}^{h-1} g_j(d)\, \hat{X}_n(h-j) , \quad h \geq 1 . \tag{2.54}$$

Für einen Integrationsgrad von $d = 1$ ergibt sich die optimale Vorhersage für Y_{n+h} z.B. aus der Summation sukzessiver Prognosen für die stationären ersten Differenzen ausgehend vom Zeitpunkt n und dem Niveau von Y_n zu: $\hat{Y}_n(h) = Y_n + \hat{X}_n(1) + + \hat{X}_n(2) + .. + \hat{X}_n(h)$. Ist zweimaliges Differenzieren notwendig um eine stationäre Zeitreihe zu erzeugen, so sind die linearen **MMSE**-Prognosen vermöge $\hat{Y}_n(h) = Y_n + h\,\Delta Y_n + \Sigma_{j=0}^{h-1} (j+1)\, \hat{X}_n(h-j)$ zu errechnen.

Der Prognosefehler bei der linearen Vorhersage integrierter Prozesse ergibt sich damit zu $Y_{n+h} - \hat{Y}_n(h) = \Sigma_{j=0}^{h-1} g_j(d)\,(X_{n+h-j} - \hat{X}_n(h-j))$, $h \geq 1$. Unterstellt man, daß bei der Vorhersage der stationären Zeitreihe $X_t := \Delta^d Y_t$ auf eine Informationsmenge bestehend aus der gesamten Vergangenheit des Prozesses zurückgegriffen werden kann, so läßt sich dieser Ausdruck mit den Resultaten des Abschnitts b) als Funktion der im Zeitpunkt n noch nicht bekannten white noise-Innovationen schreiben zu $Y_{n+h} - \hat{Y}_n(h) = \Sigma_{j=0}^{h-1} g_j(d)\, \Sigma_{i=0}^{h-j-1} b_i\, V_{n+h-j-i} = \Sigma_{i=0}^{h-1} \Sigma_{j=0}^{i} g_j(d)\, b_{i-j}\, V_{n+h-i}$. Da $g_0(d) = 1$ für alle Integrationsgrade gilt, folgt damit für den Ein-Schritt Prognosefehler mit minimaler Fehlervarianz $Y_{n+1} - \hat{Y}_{n+1} := Y_{n+1} - \hat{Y}_n(1) = g_0(d)\, b_0\, V_{n+1} = V_{n+1}$, $d \geq 1$. Die Vorhersagefehler für einen Horizont von einer Zeiteinheit sind damit wie im Fall stationärer Zeitreihen durch die Folge der unkorrelierten Zufallsimpulse V_t, $t \in \mathbb{Z}$ gegeben.

Im Falle eines $I(1)$-Prozesses Y_t, $t \geq 1$ erhält man mit $g_j(1) = 1$, $j \geq 0$ die Prognosefehler beliebiger h-Schritt Vorhersagen zu $Y_{n+h} - \hat{Y}_n(h) = \Sigma_{i=0}^{h-1} \Sigma_{j=0}^{i} b_{i-j}\, V_{n+h-i} = V_{n+h} + (b_1+1)\, V_{n+h-1} + .. + (b_{h-1}+..+b_1+1)\, V_{n+1}$. Für die minimalen Fahlervarianzen gilt damit: $\mathbf{Var}(Y_{n+h} - \hat{Y}_n(h)) = \sigma_V^2\, \Sigma_{i=0}^{h-1} (\Sigma_{j=0}^{i} b_{i-j})^2 = \sigma_V^2\, \Sigma_{j=0}^{h-1} (\Sigma_{i=0}^{j} b_i)^2$. Nach Definition 2.5 muß $\Theta(1) = \Sigma_{i=0}^{\infty} b_i \neq 0$ gelten, da sonst die integrierte Zeitreihe Y_t überdifferenziert wäre. Die Koeffizientenfolge $(\Sigma_{i=0}^{j} b_i)_j$ konvergiert damit für $j \longrightarrow \infty$ nicht gegen Null, mit der Folge, daß die Varianzen der Prognosefehler unbeschränkt wachsen, wenn der Prognosehorizont h größer wird. Dieser Umstand führt dazu, daß man bei integrierten Prozessen von einer langfristigen Nicht-Prognostizierbarkeit spricht.

Die Prognose von Zeitreihen mit deterministischen Elementen kann in analoger Weise wie die von integrierten Prozessen vorgenommen werden. Nach der Definition einer rein deterministischen Zeitreihe T_t, $t \in \mathbb{Z}$ (mittlerer quadratischer Vorhersagefehler von Null bei Kenntnis sämtlicher Vergangenheitsdaten), gilt für die **MMSE**-Prognosen derartiger Prozesse $\hat{T}_t(h) = T_{t+h}$ mit Wahrscheinlichkeit Eins, $h \geq 1$. Wird ein deterministischer Trend T_t additiv von einem stationären Zufallsprozeß X_t, $t \in \mathbb{Z}$ überlagert, so ist die opimale lineare Vorhersage des trend–stationären Zeitreihenmodells $Y_t = T_t + X_t$ unmittelbar durch :

$$\hat{Y}_t(h) = \hat{T}_t(h) + \hat{X}_t(h) = T_{t+h} + \hat{X}_t(h), \quad h \geq 1, \tag{2.55}$$

gegeben. Liegt ein integrierter Prozeß mit deterministischen Elementen bzw. ein gemischtes Zeitreihenmodell der Gestalt (2.34) vor, so erhält man die lineare Prognose mit kleinster Fehlervarianz gleichfalls durch einfache Addition der h–Schritt Vorhersagen für den deterministischen und den stochastischen Bestandteil. Auf die Prognosegüte gemessen als Varianz der Prognosefehler haben deterministische Elemente damit keinerlei Einfluß.

Zur Verdeutlichung der Prognoseeigenschaften stationärer und integrierter stochastischer Prozesse betrachten wir noch kurz zwei Beispiele. Zum einen sei die stationäre ARMA(1,1)–Reihe mit Absolutglied $X_t = a_0 + a_1 X_{t-1} + V_t + b_1 V_{t-1} = a_0/(1-a_1) + \Sigma_{i=0}^{\infty} \beta_i V_{t-i} = a_0/(1-a_1) + V_t + (a_1+b_1) \Sigma_{i=0}^{\infty} a_1^{i-1} V_{t-i}$, $t \in \mathbb{Z}$, mit $|a_1| < 1$ zugrundegelegt. Nach (2.46) und (2.55) ist für diesen Prozeß die lineare h–Schritt Vorhersage mit minimaler Fehlervarianz basierend auf der Informationsmenge $I_t = \{X_{t-i} : i \geq 0\}$ durch $\hat{X}_t(h) = a_0/(1-a_1) + \Sigma_{i=0}^{\infty} \beta_{i+h} V_{t-i} = a_0/(1-a_1) + (a_1+b_1) a_1^{h-1} V_t + a_1^h \cdot (a_1+b_1) \Sigma_{i=1}^{\infty} a_1^{i-1} V_{t-i} = a_0/(1-a_1) + (a_1+b_1) a_1^{h-1} V_t + a_1^h [X_t - a_0/(1-a_1)) - V_t] = a_0(1-a_1^h)/(1-a_1) + a_1^h X_t + a_1^{h-1} b_1 V_t$, $h \geq 1$ gegeben. Auf die für die praktische Berechnung geeignete Form gelangt man direkt über die Rekursionsformel (2.50), die in diesem Fall gegeben ist zu :

$$\hat{X}_t(h) = \begin{cases} a_0 + a_1 X_t + b_1 V_t & \text{für } h = 1 \\ a_0 + a_1 \hat{X}_t(h-1) & \text{für } h \geq 2 \end{cases}, \tag{2.56}$$

indem man in (2.56) sukzessive die Prognosen mit geringerem Horizont einsetzt. Läßt man den Vorhersagehorizont gegen unendlich gehen, so nähert sich die Prognose aufgrund der Ungleichung $|a_1| < 1$ immer mehr dem Erwartungswert des Prozesses mit $EX_t = a_0/(1-a_1)$. Langfristige Vorhersagen werden bei stationären Prozessen nicht mehr von gegenwärtigen oder vergangenen Ereignissen beeinflußt, bei einem großen Horizont ist nur noch der Mittelwert der Zeitreihe von Bedeutung. Bei kürzerfristigen Vorhersagen können dagegen Informationen in der Autokorrelationsstruktur von X_t eine große Rolle spielen.

Für den Prognosefehler der h–Schritt Vorhersage von X_t, $t \in \mathbb{Z}$ erhält man mit (2.46) den Ausdruck $X_{t+h} - \hat{X}_t(h) = \Sigma_{i=0}^{h-1} \beta_i V_{t+h-i} = V_{t+h} + (a_1+b_1) \Sigma_{i=1}^{h-1} a_1^{i-1} V_{t+h-i}$ mit einer minimalen Varianz von $\mathbf{Var}(X_{t+h} - \hat{X}_t(h)) = \sigma_V^2 (1 + (a_1+b_1)^2 \Sigma_{i=1}^{h-1} (a_1^2)^{i-1}) = \sigma_V^2 [1 + (a_1+b_1)^2 (1-a_1^{2h-2}) / (1-a_1^2)]$. Die Fehlervarianzen der **MMSE**–Prognosen sind damit durch die Variabilität des Prozesses um seinen Mittelwert $\mathbf{Var}(X_t) = \sigma_V^2 \cdot [1 + (a_1+b_1)^2 / (1-a_1^2)]$ nach oben beschräkt.

Setzt man dagegen den **AR**–Koeffizienten a_1 auf den Wert 1.0, so hat man einen integrierten IMA(1,1)–Prozess mit drift $Y_t = a_0 + Y_{t-1} + V_t + b_1 V_{t-1}$, $t \geq 1$ vorliegen.

Der einmal differenzierte Prozeß $X_t := \Delta Y_t$ stellt eine MA(1)-Zeitreihe dar, deren lineare **MMSE**-Vorhersagen nach (2.56) zu $\hat{X}_t(1) = a_0 + b_1 V_t$ und $\hat{X}_t(h) = a_0$ für alle Horizonte $h \geq 2$ gegeben sind. Unter Benutzung der Prognoseformel (2.54) für einen $I(1)$-Prozeß erhält man als lineare h-Schritt Vorhersage für Y_t, $t \geq 1$ den Ausdruck:

$$\hat{Y}_t(h) = Y_t + \hat{X}_t(1) + .. + \hat{X}_t(h) = Y_t + a_0 + b_1 V_t + (h-1)\, a_0 =$$

$$h\, a_0 + Y_t + b_1 V_t\,, \quad h \geq 1\,. \tag{2.57}$$

Auf diese Relation gelangt man ohne Benutzung von (2.54) auch direkt, indem man in die Prozeßgleichung $Y_{t+h} = a_0 + Y_{t+h-1} + V_{t+h} + b_1 V_{t+h-1} = h a_0 + Y_t + V_{t+h} + (1+b_1)(V_{t+h-1} + .. + V_{t+1}) + b_1 V_t$, $h \geq 1$ analog der Rekursionsformel (2.50) sukzessive die **MMSE**-Vorhersagen mit kürzeren Horizonten bzw. die im Zeitpunkt t bekannten Werte einsetzt zu: $\hat{Y}_t(h) = a_0 + \hat{Y}_t(h-1) + \hat{V}_{t+h} + b_1 \hat{V}_{t+h-1} = h a_0 + Y_t + b_1 V_t$. Die h-Schritt Prognosen folgen damit dem linearen deterministischen Trend $h a_0$ im Vorhersagehorizont, werden aber für beliebig großes h auch immer vom gegenwärtigen Niveau der integrierten Zeitreihe Y_t und dem stochastischen Schock in t beeinflußt. Das deterministische Element des Absolutgliedes a_0 hat auf die Prognosegüte keinerlei Einfluß. Die Prognosefehler ergegeben sich zu $Y_{t+h} - \hat{Y}_t(h) = V_{t+h} + (1+b_1)(V_{t+h-1} + .. + V_{t+1})$ mit zugehörigen unbeschränken Varianzen von $\mathbf{Var}(Y_{t+h} - \hat{Y}_t(h)) = \sigma_V^2 [1 + (h-1)(1+b_1)^2]$. Liegt ein **IMA**(1,1)-Prozess ohne drift ($a_0 = 0$) vor, dann errechnen sich die linearen **MMSE**-Vorhersagen zu $\hat{Y}_t(h) = Y_t + b_1 V_t$, d.h. für alle Prognosehorizonte $h \geq 1$ ergeben sich die gleichen Vorhersagen.

Betrachtet man dagegen als zweites Beispiel das gemischte Zeitreihen-Modell $Y_t = c_0 + c_1 t + X_t$, $t \geq 1$ mit dem AR(1)-Prozeß $X_t = a_1 X_{t-1} + V_t$, so erhält man vermöge (2.55) und (2.56) die besten h-Schritt Prognosen zu $\hat{Y}_t(h) = c_0 + c_1(t+h) + \hat{X}_t(h) = c_0 + c_1(t+h) + a_1^h X_t$, $h \geq 1$. Für die Vorhersagefehler gilt damit $Y_{t+h} - \hat{Y}_t(h) = X_{t+h} - \hat{X}_t(h) = \Sigma_{i=0}^{h-1} a_1^i V_{t+h-i}$. Als linear trend-stationäre Zeitreihe mit $|a_1| < 1$ ergibt sich die beschränkte Fehlervarianz $\mathbf{Var}(Y_{t+h} - \hat{Y}_t(h)) = \sigma_V^2 \cdot (1-a_1^{2h})/(1-a_1^2) \leq \mathbf{Var}(X_t)$. Im Unterschied zum integrierten Prozeß hat man für die linearen **MMSE**-Prognosen im trend-stationären Fall den Grenzwert $\hat{Y}_t(h) - \mathbf{E}Y_{t+h} = a_1^h X_t - \mathbf{E}X_{t+h} = a_1^h X_t \longrightarrow 0$ für $h \longrightarrow \infty$, d.h. der Einfluß vergangener Ereignisse klingt bei zunehmendem Prognosehorizont immer mehr ab und für langfristige Vorhersagen ist nur noch der lineare Trend, gegeben durch den Erwartungswert $\mathbf{E}Y_{t+h} = c_0 + c_1(t+h)$ von Y_{t+h} von Bedeutung. Setzt man dagegen $a_1 = 1$, so liegt mit $X_t = X_{t-1} + V_t$ die Prozeßgleichung $Y_{t+h} = c_0 + c_1(t+h) + X_{t+h} = c_1 h + Y_t + \Sigma_{i=0}^{h-1} V_{t+h-i} = c_1 + Y_{t+h-1} + V_{t+h}$ eines random walks mit drift vor. Sämtliche h-Schritt Vorhersagen werden in diesem Fall vom Niveau von Y_t beeinflußt und die Prognosefehler weisen linear im Horizont h zunehmende Varianzen auf.

KAPITEL 3 : Empirische Analyse makroökonomischer Zusammenhänge

Bei der empirischen Analyse makroökonomischer Wirkungszusammenhänge hat man es in aller Regel mit Daten zu tun, welche in Form von Zeitreihen anfallen, vgl. Kapitel 2.1 . Allein vom Datenmaterial her spielt damit der Faktor Zeit eine entscheidende Rolle bei der Modellierung makroökonomischer Phänomene. Hinzu kommt, daß die Berücksichtigung dynamischer Verhaltensweisen und Anpassungsvorgänge ein essentieller Bestandteil einer an der Realität ausgerichteten ökonomischen Theoriebildung sein sollte, da das Wirtschaftsgeschehen in Wirklichkeit nicht statisch ist oder im komparativ statischen Sinne von einem Gleichgewichtszustand zum nächsten springt, sondern aus den simultanen Entscheidungen und Reaktionen einer Vielzahl von Wirtschaftssubjekten resultiert und sich damit als kontinuierlicher Prozeß erst in der Zeitdimension manifestiert (ein besonders augenfälliges Beispiel hierfür stellt der im folgenden Kapitel behandelte Transmissionsmechanismus monetärer Impulse dar). Um so verwunderlicher ist es, daß sich sowohl die empirische Methodenlehre als auch die Theorie auf dem Gebiet der Nationalökonomie lange Zeit überhaupt nicht oder nur ansatzweise dem Problem der dynamischen Spezifikation gewidmet hat. In Hinblick auf die Erstellung von Wirtschaftsprognosen – einer der Hauptaufgaben der Wirtschaftswissenschaften – erscheint dieser Umstand besonders unverständlich, da bei der Prognose gerade die Zeit der eigentliche Untersuchungsgegenstand ist. Trotzdem wird sie bei der Modellbildung bis heute vielfach einfach vernachlässigt.

Die ökonometrische Forschung und Praxis ist bis heute von der Dominanz des klassischen linearen Regressionsmodells geprägt, vgl. z.B. *Spanos* [1986] . Durch die konsequente Verbindung der deskriptiven Statistik mit der mathematischen Wahrscheinlichkeitstheorie (*Fisher*–Paradigma, vgl. z.B. *Koopmans* [1937], *Haavelmo* [1944]) wurde das *Gauss*'sche Modell der Linearregression – additiv überlagert durch unabhängige und identisch verteilte Störterme – zur Grundlage jeglicher empirischen Arbeit. Die Grundvorstellung der modernen Statistik von den zu untersuchenden Daten als Realisation einer unabhängigen Stichprobe aus einer Grundgesamtheit wurde damit auch auf die Gegebenheiten der Wirtschaftswissenschaften übertragen, ungeachtet der Tatsache, daß kontrollierte Experimente und damit z.B. wiederholte Ziehungen von Stichproben in ökonomischen Anwendungen in aller Regel nicht möglich sind. Gleichzeitig war damit die Konzentration auf statische Phänomene vorgezeichnet. Insbesondere die Weiterentwicklung zum simultanen Gleichungsmodell zur Modellierung der Interdependenz ökonomischer Beziehungen (*Haavelmo* [1943]) und die Arbeit der *Cowles Commission* (z.B. *Koopmans* [1950]) dominierten die Ökonometrie für drei Jahrzehnte und führten in den sechziger Jahren zur Entwicklung umfassender Makromodelle für die Volkswirtschaften mit einer Vielzahl simultaner Gleichungen (z.B. *Fair* [1971], *Fromm* et al. [1972], *Duggal* et al. [1974], *Eckstein* et al. [1974], aufbauend auf *Klein/Goldberger* [1955], *Tinbergen* [1939]; für eine Übersicht vgl. z.B. *Fromm* [1975]).

Die Mehrzahl der Monographien über Ökonometrie (z.B. *Schönfeld* [1969], *Theil* [1971], *Johnston* [1972], *Dhrymes* [1978], *Schneeweiß* [1978], *Assenmacher* [1984], *Fomby* et al. [1984], *Judge* et al. [1985], *Hübler* [1989]) basieren bis heute auf diesem statischen Ansatz und sind sehr ähnlich aufgebaut. Die Darstellungen beginnen mit den Annahmen des klassischen linearen Regressionsmodells (Strukturteil mit überlagerten white-noise Residuen), behandeln verschiedene Verletzungen der Modellvoraussetzungen mit entsprechenden Lösungsvorschlägen und kommen dabei in den hinteren Kapiteln auch zur Behandlung der Autokorrelationsproblematik, indem für die Fehlerterme der Regression spezielle Zeitstrukturen zugrunde gelegt werden. Keine dieser Ausarbeitungen geht aber detaillierter auf die speziellen Probleme von Zeitreihendaten ein oder stellt das dynamische Spezifikationsproblem gar von vornherein aus dem Blickwinkel des Anwenders dar, für den zeitabhängige Beobachtungen die Regel sind und nicht die Ausnahme. Schwerwiegende Einwände gegen die Verwendung von Zeitreihendaten in Zusammenhang mit dem klassischen linearen Regressionsmodell ("*non-sense regressions*") sind dagegen schon seit längerem bekannt (*Yule* [1927], *Bartlett* [1935]). Auf der anderen Seite sind bereits frühzeitig Ansätze für die univariate Analyse von Zeitreihen entwickelt worden, i.a. mit der Zielsetzung der Komponentenzerlegung und der Prognose (*Yule* [1926] : **AR**(*p*)-Modell, *Slutsky* [1927] : **MA**(*q*)-Modell, *Wold* [1938] : stochastische Prozesse, *Holt* [1957] / *Winters* [1960] : Trendextrapolation, exponentielles Glätten). Bis weit in die siebziger Jahre hinein übten die Ergebnisse der Zeitreihenanalyse aber keinerlei Einfluß auf den vorherrschenden ökonometrischen Modellansatz aus.

Mehrere Faktoren haben dazu beigetragen, daß sich die strikte Trennung der beiden Disziplinen Ökonometrie und Zeitreihenanalyse seither allmählich zu lockern beginnt. Zum einen ist die Veröffentlichung des einflußreichen Buches von *Box/Jenkins* [1970] zu nennen, in dem eine ausreichend allgemeine und zugleich praxisgerechte Methodologie zur Modellierung der stochastischen Eigenschaften von Zeitreihen entwickelt wurde (**ARIMA**-Modelle, vgl. Kapitel 2). Zum anderen verflog zunehmend die in den sechziger Jahren herrschende Euphorie über die Analyseeigenschaften der großen Makromodelle. In mehreren Studien wurde gezeigt, daß die relativ einfachen und auf jegliche ökonomische Theorie verzichtenden Zeitreihenmodelle in ihrer Prognoseleistung durchaus an die komplexen Makromodelle heranreichen, ihnen oftmals sogar überlegen sind (*Cooper* [1972], *Naylor* et al. [1972], *Nelson* [1972a], *Cooper/Nelson* [1975]). Hinzu kam die grundsätzliche Kritik an den Möglichkeiten von makroökonomischen Modellen zur Identifkation von Strukturgleichungen und Analyse des Politikverhaltens (*Lucas* [1976], *Sims* [1980]). So wurde beispielsweise argumentiert, daß die Theorie nicht in der Lage sei, ausreichend a-priori Information über ökonomische Beziehungen, insbesondere über Wirkungsverzögerungen und dynamische Reaktionen, zur Verfügung zu stellen, um sinnvoll Strukturrestriktionen im ökonometrischen Ansatz vornehmen zu können.

Ein besonderes Schlaglicht auf die Gefahren der Modellierung von Relationen zwischen zeitabhängigen Variablen mit dem klassischen Regressionsansatz wurde durch die Studie von *Granger/Newbold* [1974] geworfen. Die Autoren zeigen, daß die herkömmliche statistische Inferenz bei integrierten Reihen vollkommen versagt, indem zwischen gänzlich unabhängigen random walks signifikante Korrelationsbeziehungen geschätzt werden können (*spurious regressions*). Die Vernachlässigung der Zeitreihen-Charakteristik der

Daten und die unzureichende Modellierung der Dynamik wird von *Granger/Newbold* [1977] folglich auch als Hauptursache für die enttäuschenden Prognoseergebnisse der großen Makromodelle angesehen. Die siebziger und insbesondere achtziger Jahre waren denn auch durch die zunehmende Verbreitung von Methoden der Zeitreihenanalyse gekennzeichnet (Flut von Büchern über den Ansatz von *Box–Jenkins*, Anwendung der zeitreihenanalytischen Kausalitätstests, explizite Einbeziehung von Erwartungen in den Modellansatz, Schätzung von unrestringierten multiplen Zeitreihenmodellen: **VAR**–Modell von *Sims* [1980]). Diese Ansätze beziehen sich aber zumeist auf kleine ökonomische Systeme von nur drei bis vier Variablen und sind durch einen grundsätzlich theoriefreien Ansatz gekennzeichnet.

Die beiden empirischen Richtungen Ökonometrie und Zeitreihenanalyse stehen sich somit nach wie vor relativ unvereinbar gegenüber. Ökonometrische Lehrbuchtexte wie z.B. *Pindyck/Rubinfeld* [1981], *Chow* [1983], *Judge* et al. [1985] behandeln mittlerweile zwar auch die reine Zeitreihenmethodik, unternehmen aber keinen Versuch der Integration der beiden Disziplinen. Neben der Monographie von *Granger/Newbold* [1986] und den Veröffentlichungen von Vertretern der "Englischen Schule" (*Hendry/Richard* [1982, 1983], *Spanos* [1986]) gibt es bis heute allenfalls Ansätze, die zeitreihenanalytischen Erkenntnisse mit der ökonometrischen Tradition der theoretischen Fundierung von untersuchten Relationen zu einer geschlossenen Methodologie zur Modellierung von makroökonomischen Phänomenen zu verbinden. Die interessanteste Entwicklung in diese Richtung stellt das Konzept der kointegrierten Zeitreihen und der Fehler–Korrektur–Modelle dar (*Granger* [1983], *Engle/Granger* [1987]). Mit diesem Ansatz ist es möglich, Langfristbeziehungen zwischen den Niveaus von zeitabhängigen Variablen mit klassischen ökonometrischen Methoden zu schätzen und gleichzeitig die kurzfristige Dynamik in das Modell einzubeziehen.

Einige der angeschnittenen Probleme sollen im folgenden etwas eingehender beleuchtet werden. Insbesondere die Gefahren einer routinemäßigen Verwendung von Zeitreihendaten in klassischen ökonometrischen Regressionsmodellen stehen dabei im Vordergrund. Neben dem Kausalitätsbegriff von Granger und den darauf aufbauenden Kausalitätstests beschäftigen wir uns mit den Ansätzen zur multivariaten Zeitreihenanalyse nur zur Abgrenzung von unserem Verfahren und insoweit, wie wir sie für die weitere Arbeit benötigen. Ein eigener Abschnitt ist daneben der Modellierung von Erwartungen in makroökonomischen Modellen und im besonderen den Ansätzen unter rationalen Erwartungen gewidmet.

Ziel des gesamten Kapitels ist die Motivierung der Analyse von ökonomischen Wirkungszusammenhängen nur zwischen den Innovationen von Zeitreihen–Variablen unter Einbeziehung von latenten Variablen zur Lösung des Operationalisierungsproblems und Gewinnung von Freiheitsgraden zur statistischen Testung von Strukturhypothesen (Kausalanalyse, vgl. Kapitel 1). Durch eine sorgfältige Analyse der Abhängigkeitsstrukturen und Trendeigenschaften in den *einzelnen* Variablen (erster Schritt) ist man in der Lage, sich bei der Wirkungsanalyse zwischen *verschiedenen* Größen (zweiter Schritt) auf die Zeitreiheninnovationen als von univariater Dynamik losgelöste, unkorrelierte Datengrundlage zu stützen. Klassische statistische Inferenz kann angewendet und Probleme wie z.B. die Autokorrelation von Modellresiduen, *spurious regression*–Phänomene oder die Multikollinearität bei der Untersuchung auf Wirkungsverzögerungen ausgeschlossen werden. Die besonderen Charakteristika makroökonomischer Variablen als Zeitreihen werden damit explizit berücksichtigt und Scheinkorrelationen vermieden, die ausschließlich auf den Einfluß des Faktors Zeit zurückzuführen sind. In Verbindung mit dem Konzept der latenten Variablen und Modellschätzungen mittels der Kovarianzstrukturanalyse denken wir, damit eine Methodik vorzuschlagen, die eine unverzerrte empirische Überprüfung von theoretisch postulierten Wirkungsbeziehungen in der Makroökonomie erlaubt. Zumindest ansatzweise werden damit die Traditionen der Ökonometrie, Psychometrie (multivariate Statistik) und der Zeitreihenanalyse in der Datenanalyse miteinander verbunden.

3.1 Ökonometrische Inferenzprobleme mit Zeitreihendaten

a) Korrelationsanalyse und lineare Regression mit Zeitreihendaten

Der klassische Ansatz zur empirischen Untersuchung ökonomischer Zusammenhänge ist das lineare Regressionsmodell bzw. die Korrelationsanalyse. Ungeachtet der speziellen Eigenschaften von Zeitreihen werden diese Methoden, welche vom statistischen Grundgedanken auf dem Konzept der unabhängigen Stichprobe basieren, noch heute auch am häufigsten zur Analyse makroökonomischer Wirkungsbeziehungen eingesetzt. Im folgenden beschäftigen wir uns kurz mit den schwerwiegenden Problemen, die eine unkritische Anwendung der klassischen statistischen Inferenz auf Zeitreihendaten mit sich bringt.

Versucht man die Ergebnisse der klassischen Korrelationsanalyse für unabhängige Stichproben (z.B. *Hartung* [1982]) auf die Gegebenheiten von zwei Zeitreihen X_t, $t \in \mathbb{Z}$ und Y_t, $t \in \mathbb{Z}$ zu übertragen, [1] so ist zunächst einmal die gemeinsame Stationarität des zweidimensionalen stochastischen Prozesses $Z_t := (X_t, Y_t)'$, $t \in \mathbb{Z}$ (im schwachen Sinne analog Definition 2.3, vgl. Kapitel 3.2) vorauszusetzen. Die Stationarität von Zeitreihen ist das natürliche Analogon für die Annahme der identischen Verteilung von Stichprobenvariablen. Ohne diese Grundvoraussetzung ist jeglicher Versuch unmöglich, statistische Inferenz aus einer einzigen Realisation – den vorliegenden Zeitreihendaten – zu gewinnen. Erst unter der Stationaritätsannahme sind die Korrelationen zwischen X_t und den um h Perioden versetzten Zufallsvariablen Y_{t+h} unabhängig vom Zeitpunkt t; sie werden als Kreuz-Korrelationen $\rho_{X,Y}(h) = \gamma_{X,Y}(h) / \sqrt{\sigma_X^2 \sigma_Y^2} := Cov(X_t, Y_{t+h}) / \sqrt{Var(X_t)\, Var(Y_t)}$, $h \in \mathbb{Z}$, bezeichnet. Das gleiche gilt natürlich auch für die bereits in Kapitel 2.1 eingeführten symmetrischen Autokorrelationsfunktionen $\rho_X(h) = \gamma_X(h)/\sigma_X^2$ und $\rho_Y(h) = \gamma_Y(h)/\sigma_Y^2$ der beiden Prozesse. Zur Schätzung der Kreuz-Kovarianzen bzw. -korrelationen, basierend auf einer Stichprobe $Z_1,.., Z_n$ vom Umfang $n \in \mathbb{N}$, kann dann auf den üblichen Ansatz :

$$\hat{\gamma}_{X,Y}(h) := \frac{1}{n} \sum_{t=1}^{n-h} (X_t - \bar{X}_n)(Y_{t+h} - \bar{Y}_n), \quad \hat{\rho}_{X,Y}(h) := \frac{\hat{\gamma}_{X,Y}(h)}{\hat{\sigma}_X \hat{\sigma}_Y},$$

[1] Wir beschränken uns im folgenden o.B.d.A. auf den Fall zweier Zeitreihen.

$$0 \leq h << n\text{-}1 \,, \quad \text{mit} \quad \bar{X}_n := \frac{1}{n} \sum_{t=1}^{n} X_t \,, \quad \hat{\sigma}_X^2 := \frac{1}{n} \sum_{t=1}^{n} (X_t - \bar{X}_n)^2 \,, \tag{3.1}$$

zurückgegriffen werden, $\hat{\gamma}_{X,Y}(h) := \hat{\gamma}_{Y,X}(-h)$ für $1\text{-}n << h \leq 0$. Wie z.B. *Hannan* [1970, Seite 228], *Fuller* [1976, Seite 265] und *Brockwell/Davis* [1991, Seite 408] ausführen, läßt sich für diese Schätzer zwar die Konsistenz unter gewissen, relativ schwachen Voraussetzungen (insbesondere der absoluten Summierbarkeit der unendlichen **MA**–Darstellung der stationären Prozesse und der Integrierbarkeit höherer Ordnung, vgl. Kapitel 2.1) zeigen. Als problematisch erweist sich aber die asymptotische Verteilung der Teststatistiken, die insbesondere zur Beurteilung der statistischen Signifikanz von geschätzten Kreuz–Korrelationen vonnöten ist. Schon *Bartlett* [1955] zeigte, daß die asymptotische Varianz von $\hat{\rho}_{X,Y}(h)$ abhängig ist von *sämtlichen* (unbekannten) Autokorrelationen $\rho_X(\cdot)$ und $\rho_Y(\cdot)$ und Kreuz–Korrelationen $\rho_{X,Y}(\cdot)$ der beiden Zeitreihen (vgl. auch *Fuller* [1976, Seite 263]). Auch wenn die Reihen X_t und Y_t statistisch unabhängig voneinander sind, ist zur Ableitung der asymptotischen Varianz der geschätzten Kreuzkorrelationen die Kenntnis der genauen Autokorrelationsstruktur der beiden Prozesse erforderlich. Unter ähnlichen Voraussetzungen wie für die Konsistenz leiten z.B. *Brockwell/Davis* [1991, Seite 410] für den Fall der Unabhängigkeit folgende Aussage zur asymptotischen Verteilung ab:

$$\hat{\rho}_{X,Y}(h) \overset{asy}{\sim} N\Big[0, \frac{1}{n} \sum_{j=-\infty}^{\infty} \rho_X(j)\, \rho_Y(j)\Big] \,, \quad h \geq 0 \,. \tag{3.2}$$

Der üblicherweise herangezogene Vergleichsmaßstab für geschätzte Korrelationen unter der Nullhypothese der Unabhängigkeit von $\pm 1.96 / \sqrt{n}$ (Test zum Signifikanzniveau von $\alpha = 0.05$) ist damit im Falle von Zeitreihen – selbst als grobe Approximation – unbrauchbar, da die asymptotischen Standardfehler der Schätzungen zu stark von der unbekannten Zeitreihencharakteristik der beiden Reihen abhängen. Ohne die Autokorrelationsstruktur von X_t und Y_t, d.h. die univariate Dynamik, zumindest ansatzweise mit in Betracht zu ziehen, ist es *unmöglich*, irgendwelche Schlußfolgerungen aus der Stichproben–Kreuzkorrelationsfunktion (3.1) zu ziehen.

Zur Veranschaulichung dieser Schwierigkeiten mit Zeitreihendaten sei kurz auf ein Beispiel eingegangen. Untersucht man die Kreuzkorrelationen zweier *unabhängiger* stationärer **AR**(1)–Prozesse $X_t = a_1 X_{t-1} + V_{1t}$ und $Y_t = a_2 Y_{t-1} + V_{2t}$, $t \in \mathbb{Z}$, so ergibt sich die asymptotische Varianz der Schätzung (3.1) von $\rho_{X,Y}(h)$ mit den Autokorrelationen $\rho_X(h) = a_1^{|h|}$ und $\rho_Y(h) = a_2^{|h|}$ nach (3.2) zu: $(1 + 2\,\Sigma_{j=1}^{\infty}\, a_1^j a_2^j\,) / n = (1 + a_1 a_2)(1 - a_1 a_2) / n$. Sind beide **AR**–Paramter positiv oder negativ, so werden trotz der Unabhängigkeit der beiden Reihen noch Kreuzkorrelationen in mehr als 5% der Fälle zu beobachten sein, die größer sind als die üblichen Grenzwerte von $\pm 1.96 / \sqrt{n}$. Gilt z.B. $a_1 = a_2 = 0.8$, so sind erst geschätzte Kreuzkorrelationen die betragsmäßig größer sind als $1.96 \sqrt{4.56/n} = 4.18 / \sqrt{n}$ auf dem 5%–Niveau signifikant. Die fälschlicherweise Verwendung des klassischen Vergleichsmaßstabes hätte demnach eine viel zu häufige Ablehnung der Nullhypothese zur Folge. Hinzu kommt, daß die sukzessiven Korrelationsschätzungen $\hat{\rho}_{X,Y}(0)$, $\hat{\rho}_{X,Y}(1)$, .. bei Anwesenheit von Autokorrelationsstruktur in den beiden Zeitreihen nicht unabhängig voneinander sind (*Bartlett* [1935], *Brockwell/Davis* [1991, Seite 410]). In unserem Fall ergibt sich beispielsweise eine Korrelation zweier aufeinanderfolgener Schätzungen von $(a_1+a_2) / (1+a_1a_2) = 0.98$! Betrachtet man dagegen das entgegengesetzte Zahlenbeispiel von $a_1 = 0.8$ und $a_2 = -0.8$, so errechnet sich eine korrekte asymptotische 5%–Signifikanzgrenze für die Stichproben–Kreuzkorrelationen von $\pm 0.92 / \sqrt{n}$ und das Standard–Testverfahren stellt sich als viel zu konservativ heraus.

Das Beispiel macht die besondere Problematik der Beurteilung der Signifikanz von empirischen Kreuzkorrelationen zwischen Zeitreihen augenfällig. Die Schätzungen sind zwar konsistent, die approximative Verwendung der klassischen Standardfehler ist aber völlig unzureichend, da diese je nach den dynamischen Eigenschaften der Reihen deutlich über oder unter den wahren Signifianzniveaus liegen. Die Vernachlässigung zeitlicher Abhängigkeitsstrukturen hat damit schwerwiegende Konsequenzen auf die statistische Inferenz, so daß der auf dem Prinzip der unabhängigen Stichprobe beruhende herkömmliche Testansatz nicht anwendbar ist. Auf der anderen Seite ist in der Praxis die genaue Zeitreihenstruktur der einzelnen Variablen, die zur Ableitung der unter der Nullhypothese korrekten Standardabweichung (3.2) der Schätzung erforderlich ist, nicht bekannt. Die Annahme der Unabhängigkeit aufeinanderfolgender Beobachtungen ist auf jeden Fall für die meisten makroökonomischen Variablen unrealistisch. Sie zeigen in der Regel kein so sprunghaftes Verhalten, daß ein Modell zufälliger Schwankungen angenommen werden könnte, sondern realisieren sich in relativ glatten Pfaden mit lokalen Trends und Niveaus. So wird beispielsweise kein Datenanalyst ernsthaft erwarten, mit einer Halbierung der Beobachtungsperiode von Zeitreihen, die zu doppelt so vielen Datenpunkten führt, auch eine Verdopplung des Informationsgehaltes der Stichprobe erreichen zu können. Von möglicher Autokorrelationsstruktur und damit univariater Dynamik ist in Zeitreihendaten fast immer auszugehen. Die Bemerkungen verdeutlichen, daß nichts über das Signifikanzniveau von geschätzten Kreuz–Korrelationen $\hat{\rho}_{X,Y}(h)$ ausgesagt werden kann, ohne gleichzeitig die Zeitreiheneigenschaften der Variablen zu modellieren. Da die Schätzungen für aufeinanderfolgende Zeitabstände h zudem hochgradig miteinander korrelieren können, sind Erkenntnisse über den Zeitlag bei verzögerten Wirkungen zwischen Zeitreihen anhand der herkömmlichen Korrelationsanalyse kaum zu erhalten (ein konkretes Beispiel für diese Problematik wird in *Brockwell/Davis* [1991, Seite 414] behandelt).

Das klassische Regressionsmodell (z.B. *Judge* et al. [1985]) beruht zwar nicht explizit auf der Voraussetzung einer unabhängigen Stichprobe über die exogenen und endogenen Variablen. Der Ansatz steht aber dennoch direkt in dieser statistischen Tradition, indem der (statische) Strukturteil durch stochastische Fehlerterme überlagert wird, welche als unkorreliert angenommen werden (*Spanos* [1986]). In dieser auf das *Gauss*'sche lineare Modell zurückgehenden Vorstellung zeichnen allein die Residuenvariablen für die stochastischen Eigenschaften des Ansatzes verantwortlich. Die Charakteristika der eigentlichen Modellvariablen, von denen die zu untersuchenden Beobachtungsdaten stammen, bleiben dagegen weitgehend unspezifiziert. So geht der übliche Lehrbuchansatz immer noch vom Fall nicht–stochastischer (oder kontrollierbarer) exogener Variablen aus (*fixed regressor model*), was für makroökonomische Daten völlig unrealistisch ist. Die Erweiterung auf den angemesseneren Fall stochastischer Regressoren wird dann derart vorgenommen, daß zu bezüglich der exogenen Größen bedingten Aussagen übergegangen wird. Mit der Annahme der Unabhängigkeit zwischen Regressor und stochastischem Fehlerterm können damit die klassischen Ergebnisse direkt übertragen werden. Der stochastische Generierungsprozeß der endogenen und exogenen Variablen bleibt aber auch bei diesem Ansatz vollkommen ausgeklammert, vgl. Kapitel 1.3 a).

Die Folge dieser ökonometrischen Tradition der Modellierung ist, daß die Bedeutung der stochastischen Eigenschaften der beobachteten Daten, insbesondere deren Stichprobeneigenschaften, leicht übersehen wird, da diese nicht explizit im Modellansatz auftauchen. Die diesbezüglichen Voraussetzungen fließen nur indirekt über die angenommene Gestalt der bedingten Kovarianzmatrix der Residuenvariablen ein. Dem Fehlerterm kommt damit im klassischen Regressionsmodell eine überragende Bedeutung zu. Gemäß dieses Paradigmas wird in der traditionellen Ökonometrie auch das Problem der zeitabhängigen Beobachtungen angegangen. Anstatt die dynamischen Eigenschaften der Daten von vornherein in den Strukturansatz für die Modellvariablen zu integrieren, werden für die Störterme a-priori zeitliche Generierungsprozesse angenommen. Die übliche Vorgehensweise besteht darin, ein theoretischen Vorüberlegungen verpflichtetes Standard-Regressionsmodell zu schätzen, ohne die speziellen Eigenschaften der Daten in Betracht zu ziehen, und sodann in einem zweiten Schritt die ermittelten Residuen auf Vereinbarkeit mit den Modellvoraussetzungen zu testen. Falls dabei signifikante Autokorrelationsstruktur zutage tritt, wird der Modellansatz um einfache Zeitreihenmodelle für die Störgrößen wie z.B. dem AR(1)-Prozeß erweitert und neu geschätzt (verallgemeinertes lineares Modell: GLS-Schätzer von *Aitken*, *Cochrane-Orcutt*-Verfahren). Zu diesem Vorgehen sind einige Bemerkungen vonnöten.

(1) Die üblicherweise ins Auge gefaßte Alternative zur Unkorreliertheit der Residuen betrifft nur die Autokorrelation erster Ordnung. So wird bei dem am häufigsten eingesetzten Testverfahren nach *Durbin/Watson* nur auf die Gegenhypothese von AR(1)-Fehlertermen getestet. Abhängigkeitsstrukturen höherer Ordnung bleiben dagegen unberücksichtigt.

(2) Festgestellte Autokorrelation in den Modellresiduen bedeutet zunächst einmal, daß relevante Struktur vom Modellansatz nicht vollständig erfaßt wird. Grundsätzlich sollte dieser Umstand dazu Anlaß geben, die Möglichkeit einer Fehlspezifikation des Regressionsmodells in Betracht zu ziehen.

(3) Ursache von Autokorrelation in den Störgrößen sind zeitliche Abhängigkeitsstrukturen in den *beobachtbaren* Variablen. Verlagert man im Modellansatz die Dynamik allein in die Residuen, indem spezielle Zeitreihenmodelle für den Fehlerprozeß angenommen werden, bedeutet das eine sehr restriktive Behandlung des dynamischen Spezifikationsproblems. Wie wir in Abschnitt c) sehen werden, ist damit die Annahme gemeinsamer Faktoren im Generierungsprozeß der endogenen und exogenen Variablen verbunden.

Die Ausführungen verdeutlichen, daß der traditionelle ökonometrische Ansatz für die Analyse von Zeitreihendaten *ungeeignet* ist. Wird mögliche Autokorrelation in den Modellresiduen nicht berücksichtigt und das Regressionsmodell fälschlicherweise mit dem klassischen OLS-Verfahren (Kleinste Quadrate) geschätzt, so bleibt zwar die Erwartungstreue und i.a. die Konsistenz der Parameterschätzungen erhalten; die Kovarianzmatrix der Regressionskoeffizienten und die Residualvarianz werden aber stark verzerrt (z.B. *Schönfeld* [1969]). Der Effizienzverlust ist dabei noch das geringere Problem, schwerwiegender ist die Ungültigkeit der Teststatistiken bezüglich der Signifikanz der Parameterschätzer. Bei positiver Autokorrelation der Fehlerterme besteht die Tendenz der erheblichen Unterschätzung der Varianzen der empirischen Regressionskoeffizienten und damit der Überschätzung deren Signifikanz (*Johnston* [1972, Seite 247], vgl. auch *Kiviet* [1980]).

Wir haben es hier demnach mit dem gleichen Problem zu tun wie bei der Kreuz-Korrelationsschätzung autokorrelierter Zeitreihen. Dies ist auch nicht verwunderlich, da die geschätzten Parameter eines Regressionsmodells im direkten funktionellen Zusammenhang mit den einfachen Korrelationskoeffizienten der Variablen stehen (*Johnston* [1972, Seite 133]). So entspricht der **OLS**-Regressionsparameter im Fall von nur zwei Variablen dem mit den Standardabweichungen der beiden Größen gewichteten Korrelationsschätzer. Es wird deutlich, daß die im klassischen Regressionsmodell nicht explizit zu Tage tretende Annahme der Unkorreliertheit der Modellvariablen sich indirekt an der entsprechenden Voraussetzung an die Störterme manifestiert. Deren Unkorreliertheit ist die unabdingbare Voraussetzung der Anwendung klassischer Inferenz auf Zeitreihendaten (vgl. auch den folgenden Abschnitt).

Die dargestellten Probleme mit der Analyse von Zeitreihendaten sind seit langem bekannt. So widmet sich z.B. schon *Yule* [1926] ausführlich der Möglichkeit, bei der Untersuchung von zeitabhängigen Variablen reinen Scheinkorrelationen aufzusitzen ("*nonsense-correlations*"). Als analytisches Beispiel wählt der Autor zwei phasenverschobene Sinuskurven gleicher Frequenz und Amplitude, die je nach betrachtetem Datenausschnitt stark positiv oder negativ miteinander korrelieren, obwohl sie auf längere Sicht unabhängig voneinander sind. Daneben arbeitet *Yule* mit experimentellen Methoden und untersucht die Stichproben-Autokorrelation zwischen unabhängigen Zeitreihen, deren erste bzw. zweite Differenzen white noise sind. Er gelangt zu der Erkenntnis, daß der Effekt von *nonsense-correlations* auch dann auftreten kann, wenn die untersuchten Reihen nicht in direkter Abhängigkeit vom Faktor Zeit stehen (z.B. keinen Zeittrend aufweisen). *Yule* ist damit ein direkter Vorläufer der von *Granger/Newbold* [1974] aufgegriffenen *spurious regressions*-Problematik. Zum zweiten sei auf *Bartlett* [1935] verwiesen, der die starke Verzerrung der Signifikanz herkömmlicher Korrelationsschätzer bei Anwesenheit von Autokorrelationsstruktur in den Variablen zeigt.

Die ökonometrische Theorie und Praxis hat sich aber lange Zeit nicht eingehender mit dieser Problematik auseinandergesetzt. Erst infolge der weltwirtschaftlichen Verwerfungen und zeitreihenanalytischen Erkenntnisse der siebziger Jahre (Versagen der großen Makromodelle in der Prognose zu einem Zeitpunkt, zu dem sie gerade besonders gebraucht wurden; *Box/Jenkins* [1970]-Methodik zur Analyse integrierter Zeitreihen; *spurious regressions*-Kritik von *Granger/Newbold* [1974]) rückte die Bedeutung des Datengenerierungsprozesses der Modellvariablen und einer angemessenen Berücksichtigung der dynamischen Struktur mehr ins Bewußtsein der Ökonometriker. Das dynamische Spezifikationsproblem ist aber bis heute noch nicht zufriedenstellend gelöst. Die Tradition des (statischen) Regressionsmodells mit überlagerten Zufallseinflüssen wirkt auch in den Lösungsansätzen weiter, die von der Ökonometrie zur Berücksichtigung zeitlicher Abhängigkeitsstrukturen entwickelt wurden. Auf diese Modelle sei noch kurz eingegangen, ohne die damit verbundenen schätztechnischen Fragen zu berühren.

Ein Versuch, dem dynamischen Charakter von Beziehungen zwischen Zeitreihen Rechnung zu tragen, ist die Einbeziehung von verzögerten endogenen (sog. lag-endogenen) Variablen als erklärende Größen. Hintergrund dieser Vorgehensweise sind allerdings selten Erkenntnisse über die stochastischen Eigenschaften der endogenen Variablen, sondern vielmehr aus theoretischen Überlegungen resultierende Hypothesen über den Anpassungsmechanismus der Variablen, insbesondere in Bezug auf die Erwartungsbildung der Wirtschaftssubjekte. So sind lag- endogene Variablen in natürlicher Weise ökonomisch durch die Existenz von Anpassungskosten (z.B. Transaktions- und Informationskosten) sowie verzögerten Reaktionsmechanismen (aus Unwissenheit, Trägheit oder aufgrund von Wahrnehmungsverzögerungen) zu begründen, vgl. z.B. *Nerlove* [1972], *Sims* [1974]. Das Modell der partiellen Anpassung (*Nerlove* [1956]) geht z.B. davon aus, daß eine gewünschte oder geplante Änderung $\Delta Y_t^* = Y_t^* - Y_{t-1}$ des Wertes einer ökonomischen Variablen nicht vollständig innerhalb einer Periode verwirklicht werden kann, sondern nur zum Anteil δ. Mit einem herkömmlichen Erklärungsmodell $Y_t^* = f_{1\,in}(X_t) + V_t$ für das gewünschte Niveau gelangt man damit auf eine Regressionsgleichung der Gestalt $Y_t = (1-\delta)Y_{t-1} + \delta f_{1\,in}(X_t) + \delta V_t$.

Als zweite ökonomische Ursache für lag-endogene Variablen ist der Einfluß von Erwartungen zu nennen. Oftmals ist es in Strukturmodellen notwendig, Erwartungen über die zu erklärende Größe als zusätzlichen Regressor aufzunehmen. In der Regel werden dann die für die Zukunft von den Wirtschaftssubjekten erwarteten Entwicklungen durch einen verteilten Lag vergangener Werte dieser Variablen ersetzt (autoregressive Erwartungsbildung). Als Proxy-Variablen für die Erwartungen tauchen somit verzögert endogene Variable im Strukturansatz auf. Daneben führen auch spezielle Modelle über die Erwartungsbildung bei exogenen Einflußgrößen X_t auf diesen Typ von Regressionsmodellen. So wird im Modell der adaptiven Erwartungsbildung (*Cagan* [1956], *Friedman* [1957]) von einer Korrektur früherer Erwartungen durch einen festen Bruchteil λ des zuletzt beobachteten Vorhersagefehlers ausgegangen: $X_{t+1}^e = X_t^e + \lambda(X_t - X_t^e)$. Eingesetzt in ein Erklärungsmodell für Y_t, welches als Determinanten von erwarteten anstatt realisierten exogenen Größen ausgeht, erhält man damit die Regressionsgleichung $Y_t = (1-\lambda)Y_{t-1} + \lambda f_{1\,in}(X_t) + V_t - (1-\lambda)V_{t-1}$. Ausführlicher wird der Komplex der Modellierung von Erwartungen in Kapitel 3.3 behandelt.

Neben diesen Modellen sind in der Ökonometrie auch Ansätze entwickelt worden, die sich speziell dem verzögerten Einfluß exogener Variablen widmen. Diese Modelle mit verteilten Verzögerungen (*distributed lag models*, z.B. *Dhrymes* [1971]) versuchen dem Umstand Rechnung zu tragen, daß sich die Wirkung einer Variablen über mehrere Perioden erstrecken kann und damit dieselbe Größe zu verschiedenen Zeitlags in den Regressionsansatz aufzunehmen ist. Hauptproblem dieser Ansätze ist, daß die ökonomische Theorie in der Regel wenig über die genaue Spezifikation der Lags aussagen kann und sich somit eine Vielzahl von Regressoren ergeben, die sich nur durch ihre zeitliche Differenz voneinander unterscheiden. Neben dem Verlust von Freiheitsgraden ist das Multikollinearitätsproblem (z.B. *Hübler* [1989, Seite 85f.]) von besonderer Tragweite. Da aufeinanderfolgende Werte von Zeitreihenvariablen zumeist hochgradig miteinander korreliert sind, ist die Designmatrix derartiger Regressionsgleichungen schlecht konditioniert. Die negativen Auswirkungen von Multikollinearitäten (→ höchst unzuverlässige Koeffizientenschätzungen und Signifikanztests, hohe Korrelation zwischen den Regressionsparametern) werden in jedem Ökonometrie-Lehrbuch ausführlich abgehandelt.

Als Lösung des Problems kommt nur die Restriktion der Reaktionsparameter ("Gewichte") auf gewisse funktionale Verläufe in Betracht. Eine Vielzahl derartiger Zeitlag-Strukturen sind entwickelt und praktisch eingesetzt worden (z.B. *Koyck*-Lag, *Pascal*-Lag, vgl. *Steeb* [1976]; zum besonders verbreiteten *Almon*-Lag siehe auch das Kapitel 4.2 a)). Aufgrund der Beliebigkeit und ökonomisch kaum fundierten Grundlage dieser a-priori Restriktionen sind Modelle mit verteilten Verzögerungen als relativ problematisch anzusehen. Hinzu kommt, daß in vielen Anwendungen als einzige erklärende Größe ein verteilter Lag einer bestimmten Variablen angenommen wird. Sämtliche weiteren Einflüsse wie auch die Eigendynamik der endogenen Variablen werden ausgeklammert und damit in die ermittelten Reaktionskoeffizienten verlagert. Die Folge sind oftmals autokorrelierte Residualvariablen mit den oben behandelten Schwierigkeiten.

Die dargestellten ökonometrischen Ansätze mit verzögerten endogenen und exogenen Variablen sind demnach weniger als Versuche anzusehen, die Dynamik der Modellvariablen angemessen zu modellieren. Sie entstammen vielmehr theoretischen Vorüberlegungen, die zu stark restriktiven Annahmen über die Lag-Struktur führen. Da aber die Erkenntnisse der ökonomischen Theorie in Bezug auf dynamische Systeme und insbesondere Wirkungsverzögerungen relativ beschränkt sind, ist mit diesen Methoden dem dynamischen Spezifikationsproblem nur unzureichend zu begegnen. So wird in Modellen mit lag-endogenen Variablen nicht auf die dynamischen Eigenschaften der exogenen Variablen eingegangen und in reinen distributed lag-Modellen der zeitlichen Abhängigkeitsstruktur der endogenen Variablen nicht Rechnung getragen. Hinzu kommen schwerwiegende schätztechnische Probleme, welche die statistische Inferenz dieser Modell gefährden (z.B. nur noch asymptotische Gültigkeit der klassischen Hypothesentests, Verlust der Konsistenzeigenschaft).

Als erfolgsversprechender Lösungsansatz kommt nur in Betracht, die Zeitreihencharakteristik sämtlicher Modellvariablen explizit in die Modellierung einzubeziehen (Generierungsmechanismus der zu untersuchenden Größen als mehrdimensionaler stochastischer Prozeß, vgl. Kapitel 3.2 a)). Hierfür ist es erforderlich, die zeitlichen Abhängigkeitsstrukturen der beobachteten Variablen vor der Entwicklung eines ökonometrischen Strukturmodells zu betrachten, und nicht erst – wie im klassischen Ansatz – nach der Anpassung eines vorspezifizierten Modelles die Regressionsresiduen auf Vereinbarkeit mit den Annahmen zu testen. Unser Vorschlag der Verbindung von klassischer Analysetradition mit den zeitreihenanalytischen Erkenntnissen besteht aus diesem Grund darin, ökonomische Wirkungsrelationen nur zwischen den von univariater zeitlicher Dynamik bereinigten Innovationsreihen der einzelnen Variablen ("*prewhitening*") zu untersuchen. Wie schon bei der Darstellung der Kreuz-Korrelationsanalyse bei Zeitreihen in (3.2) deutlich wurde, genügt schon die white noise-Eigenschaft von einer der betrachteten Größen, um die klassische Teststatistik auf Unkorreliertheit korrekt anwenden zu können. Ohne Schwierigkeiten mit der Zeitreihen-Charakteristik der Variablen befürchten zu müssen, ist es mittels dieser Vorgehensweise möglich, mit traditionellen ökonometrischen Methoden statistisch abgesicherte Schlüsse aus einer unkorrelierten Datengrundlage zu ziehen, vgl. Kapitel 3.4 .

b) Scheinkorrelationen, Trendbehandlung und das spurious regressions-Problem

Viele makroökonomische Variablen weisen über die Zeit hinweg ein deutlich trendbehaftetes Verhalten auf. Neben der Existenz von rein autokorrelativen Abhängigkeitsstrukturen bei stationären Zeitreihen, die uns im letzten Abschnitt beschäftigt hat, ist bei der Analyse von ökonomischen Wirkungsbeziehungen damit auch diesem Aspekt Rechnung zu tragen. Da Zeitreihendaten oftmals gleichlaufende Zeittrends aufweisen, ist zwischen diesen Variablen empirisch eine hohe Korrelation gegeben. Dabei erhebt sich natürlich sofort die Frage, ob diesen Relationen ein ökonomisch fundierter Wirkungszusammenhang zugrunde liegt, oder ob sie nicht allein auf den Einfluß des Faktors Zeit zurückzuführen sind. Für Beziehungen, die ausschließlich durch die Abhängigkeit der untersuchten Variablen von dritten, im Hintergrund stehenden Variablen verursacht werden, hat sich der Begriff Scheinkorrelationen eingebürgert. Eines der wichtigsten Beispiele für derartige Hintergrundgrößen ist die Variable Zeit, die für eine Vielzahl von unsinnigen, nur scheinbar existenten Relationen verantwortlich zu machen ist. So sind z.B. in *Krämer* [1991] eine Reihe von amüsanten Beispielen für Scheinkorrelationen nachzulesen.

Die direkte Abhängigkeit vom Faktor Zeit bei zahlreichen ökonomischen Größen hat damit die Konsequenz, daß bei der statistischen Analyse sehr sorgfältig das Trendverhalten der Variablen mit zu berücksichtigen ist und der Fall von Scheinkorrelationen zuverlässig ausgeschlossen werden muß. Die klassische Statistik hat in diesem Zusammenhang das Instrument des partiellen Korrelationskoeffizienten entwickelt (vgl. z.B. *Hartung* [1982]) . Durch die Eliminierung des Einflusses einer dritten Variable auf die lineare Beziehung zwischen zwei Größen kann mit diesem Ansatz auf partielle Unkorreliertheit getestet werden. Im Anwendungskapitel 5.2 e) zur Wirkungsanalyse monetärer Impulse werden praktische Beispiele für ein derartiges Vorgehen gegeben. Wie schon bezüglich der einfachen Korrelationsanalyse (Abschnitt a)) ist aber auch hier die Einschränkung zu machen, daß die statistische Inferenz des Tests an der Voraussetzung einer *unabhängigen* Stichprobe über die zu untersuchenden Variablen gebunden ist. Dies ist natürlich im Fall von Zeitreihen und dem Faktor Zeit als dritter Variable nicht gegeben.

Für die empirische Analyse von nichtstationären Zeitreihen müssen folglich andere Lösungen gefunden werden. Die Grundfrage ist hierbei, wie das trendhafte Verhalten der Größen modelliert werden soll. Die Vorstellung deterministischer Trends geht davon aus, daß die realisierte Entwicklung einer Zeitreihe durch Überlagerung einer längerfristigen Trendkomponente durch stationäre (Zufalls-) Schwankungen zustande kommt (klassisches Komponentenmodell, ausführlichere Darstellung in Kapitel 2.3). Oftmals wird diesem Modell auch noch eine weitergehende ökonomische Fundierung dahingehend gegeben, daß die als deterministisch vorausgesetzte Trendkomponente mehr unter dem Einfluß von realen Faktoren wie Kapitalstock, Bevölkerungswachstum und technologischem Wandel (Wachstumstheorie), und die irreguläre Komponente als transitorisch und eher als konjunkturell und monetär bedingt angesehen wird. Durch die Schätzung des Trends und anschließender Eliminierung dieser Komponente ist man innerhalb dieser Modellklasse in der Lage, ökonomische Beziehungen nur noch zwischen trendbereinigten und damit stationären Restgrößen zu untersuchen. In der praktischen Ökonometrie war dieser Ansatz lange Zeit das gängige Verfahren zur Behandlung des Trendproblems.

Erst in den siebziger Jahren hat in Folge der Veröffentlichungen von *Box/Jenkins* [1970] und *Granger/Newbold* [1974 und 1977] der alternative Ansatz der Differenzenmethode weitere Verbreitung gefunden. Durch die Bildung von zeitlichen Differenzen lassen sich gleichfalls (lineare) Trends eliminieren und homogen nichtstationäre Zeitreihen auf diese Weise in stationäre transformieren (**ARIMA**-Modell, integrierte Zeitreihen, vgl. Kapitel 2.3 c)). Der grundsätzliche Unterschied zwischen den beiden Ansätzen besteht aber darin, daß wir es im Fall von integrierten Zeitreihen mit einem stochastischen Trend zu tun haben. Durch die Akkumulation von Zufallseinflüssen (stochastischer white noise-Impuls der Periode) kommt es zur Ausbildung von lokalen Trends und Niveaus. Die Trajektorien dieser Prozesse weisen zwar ein glattes Verhalten mit typischerweise langfristigen Schwingungen auf (Persistenzeigenschaft), sie sind aber dennoch auf lange Sicht nicht prognostizierbar, vgl. Kapitel 2.3 für eine eingehende Behandlung. Eine Vielzahl von Untersuchungen hat mittlerweile ergeben (Diskussion in der Folge von *Nelson/ Plosser* [1982], z.B. *Wasserfallen* [1986], *Stock/Watson* [1986], *Schwert* [1987]), daß dieses Modell stochastischen Trendverhaltens für die meisten makroökonomischen Variablen den angemesseneren Ansatz darstellt. Die entsprechenden Testverfahren auf Anwesenheit von Einheitswurzeln im autoregressiven Teil von Zeitreihen sind heute ein fester Bestandteil von empirischen Studien mit zeitabhängigen Variablen (Dickey/Fuller-Test). Wir haben uns ausführlich in Kapitel 2.4 mit dem Diskriminierungsproblem zwischen (trend-)stationären und integrierten Prozessen auseinandergesetzt.

Inhalt dieses Abschnitts sind die schwerwiegenden Auswirkungen auf die statistische Inferenz, wenn dem stochastischen Trend-Charakter von Zeitreihen bei der Untersuchung makroökonomischer Beziehungen nicht Rechnung getragen wird. In Kapitel 2.4 d) haben wir uns bereits mit den univariaten Konsequenzen einer fälschlicherweisen Trendbereinigung von integrierten Variablen beschäftigt (verzerrte Testergebnisse in der Trendregression bezüglich der Signifikanz deterministischer Elemente, induzierte Autokorrelationsstruktur in der Restkomponente). Im folgenden wenden wir uns den entsprechenden Problemen hinsichtlich Wirkungsrelationen zwischen mehreren Zeitreihen zu. Obwohl sich schon *Yule* [1926] ausführlich diesen Schwierigkeiten gewidmet hat, sind sie erst in den siebziger Jahren mehr ins Bewußtsein der Ökonometriker getreten.

Ausgehend von der Beobachtung, daß in zahlreichen veröffentlichten Regressionsstudien von hohen Anpassungsgüten bei gleichzeitig sehr niedrigen *Durbin/Watson*-Werten berichtet wird, ohne daß damit Zweifel an der Gültigkeit der gefundenen Relationen aufkommen würden, demonstrieren *Granger/Newbold* [1974, 1977] eindrucksvoll die möglichen Konsequenzen derartiger Fehlspezifikationen. Sie zeigen durch Simulationsresultate, daß sich zwischen *unabhängigen* random walks, die im Niveau aufeinander regressiert werden, mittels klassischer Inferenz häufig anscheinend gut abgesicherte Wirkungsbeziehungen ableiten lassen. So wird die Nullhypothese keiner Relation zwischen zwei derartigen Reihen fälschlicherweise mit dem üblichen t-Test (5%-Niveau) in 76% aller Fälle verworfen, indem die Standardabweichungen der Regressionsparamter drastisch unterschätzt werden (Stichprobenumfang $n=50$). Noch negativer werden die Resultate bei multiplen Regressionen: mit steigender Anzahl 'erklärender' Niveau-Variablen nimmt die Häufigkeit der Ablehnung der *richtigen* Nullhypothese auf weit über 90% zu (F-Test auf gemeinsames Verschwinden der Regressionskoeffizienten). Verbunden ist dies mit einem korrigierten Bestimmtmaß der Regressionen, das im Mittel bis zu $R^2 = 0.59$ erreicht. Deutlich wird die Fehlspezifikation am niedrigen **DW**-Wert der Regressionen: er liegt im Mittel deutlich unter 1.0, nimmt allerdings mit steigender Anzahl exogener Variablen stetig zu. Ein ähnliches Bild erhalten die Autoren bei der Untersuchung von unabhängigen **IMA**(1,1)-Zeitreihen. Auch unter der Annahme von autokorrelierten Residuen erster Ordnung in den Regressionsgleichungen und entsprechenden Korrekturen mit dem *Cochrane-Orcutt*-Verfahren wird in diesem Fall viel zu häufig die falsche Schlußfolgerung bestehender Abhängigkeitsbeziehungen gezogen.

Die Simulationsresultate von *Granger/Newbold* [1974, 1977] zeigen, daß Schätzungen von Relationen im Niveau von integrierten Zeitreihen vollkommen zufällige Ergebnisse zur Folge haben können (zu ähnlichen Ergebnissen kommen *Plosser/Schwert* [1978] und *Kirchgässner* [1981]). Die Ermittlung signifikanter Beziehungen zwischen in Wirklichkeit unkorrelierten Variablen scheint eher die Regel zu sein als die Ausnahme. Die Autoren haben für derartige Schein-Relationen den Begriff '*spurious regressions*' geprägt (konkrete Beispiele behandeln *Box/Newbold* [1971], *Plosser/Schwert* [1978] : Einfluß der Sonnenflecken auf das Volkseinkommen und *Hendry* [1980] : Zusammenhang Niederschlagsmenge und Inflation!). Weitergehende Untersuchungen dieses Phänomens sind von *Phillips* [1986] und *Kiviet/Ridder* [1987] unternommen worden. Die letzteren erweitern die Untersuchung von *Granger/Newbold* [1974, 1977] auf den Fall zweier random walks mit drift und zeigen, daß der **OLS**-Schätzer des Koeffizienten in der Niveau-Regression gegen einen Grenzwert (Quotient der beiden Drift-Terme) konvergiert, der gänzlich unabhängig davon ist, ob zwischen den stochastischen Impulsen der beiden Reihen eine lineare Beziehung besteht oder nicht.

Phillips [1986] erarbeitet eine geschlossene asymptotische Theorie für Niveau-Regressionen zwischen allgemeinen integrierten Prozessen, die nicht kointegriert sind (vgl. Abschnitt c)). Er zeigt, daß die üblichen t- und F-Teststatistiken auf Signifikanz der Regressionskoeffizienten in diesem Fall keine Grenzverteilungen aufweisen und mit dem Stichprobenumfang divergieren. Sie sind folglich auch mit eventuell modifizierten kritischen Werten vollkommen unbrauchbar. Die geschätzten Regressionsparameter selber wie auch das Bestimmtheitsmaß der Regression haben dagegen nicht-degenerierte Grenzverteilungen, was bedeutet, daß sie auch asymptotisch nicht gegen ihre "wahren" Werte konvergieren. Nur die *Durbin/Watson*-Teststatistik verhält sich asymptotisch korrekt, indem sie stochastisch gegen den Wert Null konvergiert. Die Ergebnisse von *Phillips* verdeutlichen, daß die Anwendung klassischer Inferenz auf Regressionen im Niveau von integrierten Zeitreihen zu völlig falschen Schlüssen führen kann. Über die in Wirklichkeit vorliegenden Relationen sind mit diesem Vorgehen keinerlei Erkenntnisse zu gewinnen. Die Schwierigkeiten mit korrelierten Residualvariablen im herkömmlichen Regressionsmodell (Abschnitt a)) zeigen sich somit im Fall von stochastisch trendbehafteten Variablen noch erheblich vergößert. Der *Durbin/Watson*–Test erweist sich allerdings als wertvolles Hilfsmittel, derartige Fehlspezifikationen zu erkennen.

Als zweiten Komplex unzureichender Eigenschaften von Regressionsmodellen, welche den stochastischen Charakter von Zeittrends nicht berücksichtigen, behandeln wir noch kurz das *'spurious detrending'*–Problem. Dieses tritt auf, wenn integrierte Prozesse fälschlicherweise (linear–)trendbereinigt werden und Relationen zwischen diesen Restgrößen geschätzt werden oder die Zeit t als expliziter Regressor in Niveau–Gleichungen zwischen integrierten Variablen aufgenommen wird. Simulationsresultate von *Nelson/Kang* [1984] und *Mankiw/Shapiro* [1985] zeigen, daß in diesem Fall die Probleme mit Scheinbeziehungen noch vergrößert werden. So ermitteln die ersteren bei OLS–Regressionen zwischen *unabhängigen* random walks unter Einschluß einer deterministischen Trendvariable im Mittel ein Bestimmtheitsmaß von $R^2 = 0.50$ und falsche Signifikanzergebnisse (t–Test auf dem 5%–Niveau) bezüglich des Wirkungskoeffizienten in 64% und des Zeitkoeffizienten in 83% der Fälle (n=100). Auch Versuche, der in den Regressionsresiduen zutage tretenden Autokorrelation mit AR(1)–Strukturen zu begegnen, führen nur zu einer Reduzierung, nicht aber zur Lösung der Inferenzprobleme.

Mankiw/Shapiro [1985] übertragen diese Erkenntnisse auf empirische Untersuchungen der permanenten Einkommenshypothese (*excess sensitivity* bezüglich des Konsums) und demonstrieren, daß frühere Studien möglicherweise zu falschen Schlußfolgerungen gelangt sind, indem diese mit der Annahme stationärer Fluktuationen um einen deterministischen Trend gearbeitet haben. *Durlauf/Phillips* [1988] sind in der Lage, diese Simulationsresultate in eine asymptotische Theorie einzubetten. Sie zeigen für allgemeine $I(1)$–Prozesse, daß die (unangemessene) Trendbereinigung Auswirkungen auf die Grenzverteilungen der Regressionsparameter und der Teststatistiken hat, das *spurious regressions*–Phänomen (*Phillips* [1986]) dadurch aber in keiner Weise gemildert wird.

Neben den negativen Auswirkungen falscher Trendbereinigungen auf die statistische Inferenz hat sich auch in mehreren Studien gezeigt, daß geschätzte Beziehungen äußerst sensitiv auf die Trend–Spezifikation der Daten reagieren. Insbesondere hinsichtlich Kausalitätstests (*Stock/Watson* [1989], vgl. Kapitel 3.2 d)) und makroökonomischen Untersuchungen von Konjunkturschwankungen unter rationalen Erwartungen (Phillips–Kurve/Analyse realer Auswirkungen nominaler Variablenschwankungen, z.B. *Stulz/Wasserfallen* [1985], *Bernanke* [1986], *Eichenbaum/Singleton* [1986], *Wasserfallen* [1988]) hängen die empirischen Ergebnisse stark davon ab, ob einmal differenzierte oder (linear) trendbereinigte Daten verwendet werden. Wirkungszusammenhänge erweisen sich im ersteren Fall oftmals als weniger oder überhaupt nicht mehr signifikant, was z.B. weitreichende Konsequenzen für die Aussagen der Neuen Klassischen Makroökonomie hat, vgl. Kapitel 4.2 c). Zur Erzielung statistisch abgesicherter Resultate ist es demnach unbedingt erforderlich, die Zeitreihen–Charakteristika der Variablen sorgfältig zu untersuchen, insbesondere auf Anwesenheit deterministischer Elemente im Datengenerierungsprozeß, und auf den Integrationsgrad der Reihen zu testen. Diesen Anforderungen tragen wir durch die ausführliche Behandlung der Eigenschaften von univariaten Zeitreihen in Kapitel 2.3 und 2.4, sowie die Einbeziehung dieser Ergebnisse in unseren Ansatz zur Analyse makroökonomischer Wirkungsbeziehungen Rechnung.

Die dargestellten Ergebnisse legen nahe, Beziehungen zwischen ökonomischen Variab len nur auf Basis von differenzierten Zeitreihen zu schätzen, die als stationär angesehen werden können und somit keine stochastischen Trendeigenschaften mehr enthalten (gleichzeitig werden dadurch auch linear-deterministische Trends beseitigt). Diese Schlußfolgerung entspricht der Empfehlung von *Box/Jenkins* [1970] und *Granger/ Newbold* [1974, 1977]. Unterstützt wird die Vorgehensweise auch durch die Erkenntnis, daß die Überdifferentiation weit weniger schwerwiegende Konsequenzen auf die statistische Inferenz hat als die Anwesenheit stochastischer Trends in den Modellvariablen (*Plosser/Schwert* [1977, 1978]). Durch unnötige Differenzenbildung kommt es zwar zu nicht-invertierbaren moving average-Bestandteilen im Fehlerterm von Regressionsgleichungen und zum Verlust an Effizienz der Standard-Parameterschätzer. Diese sind aber weiterhin erwartungstreu und konsistent. Bei angemessener Berücksichtigung der induzierten Autokorrelationsstruktur in den Residuen sind zudem die üblichen Signifikanz-Tests korrekt anzuwenden, vgl. auch Kapitel 2.4 d).

c) Implizierte Restriktionen und kointegrierte Zeitreihen

Die beiden vorangehenden Abschnitte zeigen, daß die Verwendung von Zeitreihendaten in traditionellen Regressionsmodellen große Schwierigkeiten mit sich bringt. Implizit werden dadurch Restriktionen an die stochastischen Charakteristika der untersuchten Variablen und die Modellstruktur zur Berücksichtigung der zeitlichen Dynamik erhoben. Aus dem Ansatz des klassischen Regressionsmodelles für eine endogene Variable Y_t und k exogene Regressoren $\mathbf{X}_t := (X_{1t}, .., X_{kt})'$:

$$Y_t = \alpha + \beta_1 X_{1t} + \ldots + \beta_k X_{kt} + V_t = \alpha + \mathbf{X}_t' \boldsymbol{\beta} + V_t \ , \quad 1 \leq t \leq n \ , \qquad (3.3)$$

mit unbekannten Koeffizienten α und $\boldsymbol{\beta} := (\beta_1, .., \beta_k)'$ und white noise-Residuen V_t, ergeben sich unmittelbar spezielle Einschränkungen für die zeitabhängigen Modellvariablen. So kann (3.3) z.B. nicht korrekt spezifiziert sein, wenn die saisonalen Eigenschaften auf beiden Seiten der Gleichung nicht übereinstimmen, beispielsweise die endogene Variable nicht saisonbehaftet ist, eine der exogenen aber merkliche Saisonschwankungen aufweist (*Granger* [1981]). Oder ein Test der Nullhypothese $H_0: \boldsymbol{\beta} = 0$ mittels der üblichen F-Statistik muß für makroökonomische Zeitreihen, die Autokorrelationsstruktur aufweisen, verzerrt sein, da die Null in diesem Fall nicht wahr sein kann ($Y_t = \alpha + V_t$ unter H_0, vgl. *Granger/Newbold* [1974]).

Diese Bemerkungen verdeutlichen, daß es bei der Analyse von Zeitreihen nicht möglich ist, sinnvolle Regressionsmodelle zu spezifizieren, ohne die Eigenschaften der Daten mit zu untersuchen (zumindest sich die Daten graphisch zu vergegenwärtigen!). Dies betrifft vor allem die zeitlichen Abhängigkeitsstrukturen der Variablen und deren Trendverhalten. Da die stochastischen Eigenschaften der linken und rechten Seite von (3.3) übereinstimmen müssen, ist insbesondere auf den Integrationsgrad der Modellvariablen zu achten. Die Regressionsgleichung ist nur dann konsistent, wenn beide Seiten den gleichen Integrationsgrad aufweisen (vgl. *Granger* [1981]). Dies ist sofort bei $I(1)$- gegenüber stationären Variablen einsichtig, da nur letztere endliche Varianzen haben.

Kann man die endogenen und exogenen Variablen, ggf. nach geeigneten Transformationen wie z.B. der Differenzenbildung, als stationär voraussetzen, so sind mit den Instrumenten der klassischen Korrelations- und Regressionsanalyse zumindest konsistente Parameterschätzungen zu erhalten. Zur Ableitung korrekter Standardfehler für die Schätzungen ist es aber unbedingt erforderlich, die zeitliche Abhängigkeitsstruktur der Modellvariablen mit im Ansatz zu berücksichtigen, vgl. Abschnitt a). Die übliche Vorgehensweise, für die Residualvariablen einfache Zeitreihenmodelle zu unterstellen, vermag dieses Problem nur in speziellen Fällen zu lösen. Nimmt man beispielsweise an, daß die Regressionsresiduen einem **AR**(1)-Prozeß $V_t = \delta V_{t-1} + U_t = (1-\delta L)^{-1} U_t$ mit white noise-Fehlern U_t, $t \in \mathbb{Z}$ genügen, so folgt für die Modelldynamik von (3.3):

$$(1-\delta L)\, Y_t = \alpha(1-\delta) + (1-\delta L)\, \mathbf{X}_t{}'\, \beta + U_t \quad \text{bzw.}$$

$$Y_t = \alpha(1-\delta) + \delta Y_{t-1} + (\mathbf{X}_t - \delta \mathbf{X}_{t-1})'\, \beta + U_t\,, \tag{3.4}$$

d.h. der Ansatz unterstellt implizit eine lag-endogene Variable und einmal verzögerte exogene Größen. Die Dynamik sämtlicher Modellvariablen ist aber durch den gemeinsamen Faktor $(1-\delta L)$ restringiert. Die Annahme eines autoregressiven Störprozesses bedeutet demnach eine sehr spezielle Lösung des dynamischen Spezifikationsproblems. Nur wenn die endogene Größe und die Regressoren einen gemeinsamen Faktor in ihrer Abhängigkeitsstruktur aufweisen, ist der Ansatz korrekt und kann effizient über das statische Modell (3.3) mit autoregressiver Fehlerstruktur geschätzt werden (*Common Factor Analysis*, vgl. *Sargan* [1975], *Hendry/Mizon* [1978]). In Standard-Anwendungen zur Korrektur auftretender Autokorrelation in den Regressionsresiduen wird aber kaum auf die Angemessenheit derartiger Restriktionen der Variablendynamik getestet. Die Folge können Fehlspezifikationen der Dynamik und falsche Schlußfolgerungen über Wirkungsparameter, Anpassungsgeschwindigkeiten und Multiplikatoren sein.

Sind Trendeigenschaften in den zu untersuchenden Variablen zu beobachten, so muß zusätzlich der Charakter des Zeittrends berücksichtigt werden. Aufbauend auf die in Abschnitt b) behandelten Erkenntnisse wird heutzutage der Differenzenbildung (stochastische Trends) generell der Vorzug gegenüber der (linearen) Trendbereinigung (deterministische Trends) eingeräumt. Auch die in den achtziger Jahren entwickelten Testverfahren auf den Integrationsgrad von Zeitreihen (Einheitswurzeltests) kommen bei makroökonomischen Variablen in der Regel zu dem Ergebnis, daß die Differenzierung zur Erzielung stationärer Zeitreihen notwendig ist. Eine ausführliche Darstellung des Dickey/Fuller-Testverfahrens ist in Kapitel 2.4 zu finden.

Als Folge der zeitreihenanalytischen "Revolution" der siebziger Jahre werden ökonometrische Wirkungsuntersuchungen mittlerweile häufig nur noch zwischen differenzierten Variablen vorgenommen. Doch auch dieser Ansatz ist nicht ohne Schwierigkeiten. Ökonomische Theorie bezieht sich in der Regel auf Niveau-Variablen und modelliert oftmals nur Gleichgewichtszustände. Durch die Bildung von zeitlichen Differenzen, die bei logarithmierten Ausgangsdaten auch als Perioden-Wachstumsraten zu interpretieren sind, vgl. Kapitel 5.1 a), wird das Augenmerk aber hauptsächlich auf kürzerfristige Beziehungen zwischen ökonomischen Größen gerichtet. Möglicherweise im Niveau der Daten vorhandene Informationen über längerfristige Relationen gehen dabei verloren. Analysiert und prognostiziert werden können nur noch die lokalen Eigenschaften der Zeitreihen, losgelöst von deren stochastischen Trendelementen. Diese Lösung des *spurious regression*–Problems hat damit auch negative Auswirkungen und schießt u.U. über das Ziel hinaus.

In den achtziger Jahren ist mit der Analyse von kointegrierten Zeitreihen und Fehler–Korrektur–Modellen (*Granger* [1983], *Engle/Granger* [1987]) ein Ansatz entwickelt worden, der beiden Anforderungen gerecht wird. Die Modellierung in (ersten) Differenzen trägt dem Umstand stochastischer Trends in den meisten makroökonomischen Variablen Rechnung. Auf der anderen Seite können aber auch langfristige Beziehungen zwischen den Niveaus der Daten in Form von Restriktionen bzw. Fehler–Korrekur–Termen einfließen. Besteht zwischen integrierten Variablen eine Langfrist–Relation in Gestalt eines gemeinsamen stochastischen Trends, so können sich die Größen zwar kurzfristig auseinander entwickeln. Längerfristig müssen sie aber immer wieder zu einer Art Gleichgewichtsbeziehung zurückkehren. Dies ist die Idee von kointegrierten Zeitreihen. Für in Differenzen spezifizierte Strukturmodelle bedeutet somit Kointegration, daß Anpassungsmechanismen zur Einhaltung der Niveau–Beziehungen wirksam sein müssen, welche die kurzfristige Dynamik restringieren. Werden diese nicht berücksichtigt, so könnten die Variablen im Modellansatz, der ja unabhängig vom Niveau der einzelnen Größen ist, beliebig weit auseinanderdriften.

Definition 3.1 (kointegrierte Zeitreihen, nach *Engle/Granger* [1987]) :

> Zwei vom gleichen Grade $d \in \mathbb{N}$ integrierte stochastische Prozesse X_t und Y_t ($\sim I(d)$) heißen kointegriert der Ordnung d/b, $0 \leq b < d$, falls eine Konstante $\gamma \in \mathbb{R}$ existiert, so daß $(Y_t - \gamma X_t) \sim I(b)$ gilt.

Konzentrieren wir uns im folgenden ausschließlich auf den für die Praxis relevanten Fall $b = 0$, d.h. der Existenz einer *stationären* Linearkombination zwischen zwei vom gleichen Grade integrierten Zeitreihen. Derartige Variablen X_t und Y_t weisen für sich allein betrachtet ausgeprägte Langfristkomponenten in Form von stochastischen Trends auf und sind somit nicht prognostizierbar. Nimmt man die beiden Größen aber in Form der Kointegrationsrelation $Y_t - \gamma X_t$ zusammen, so kompensieren sich die Langfristelemente gerade gegenseitig, und die resultierende Restgröße besteht nur noch aus stationären Schwankungen um einen zeitinvarianten Mittelwert. Kointegrierte Zeitreihen entfernen sich damit nicht beliebig voneinander, sondern folgen einem gemeinsamen stochastischen Trend. Die Kohärenz zwischen den Reihen ist bei niedrigen Frequenzen hoch und die Kointegrationsbeziehung kann als eine Art langfristiges Gleichgewicht zwischen den beiden Variablen interpretiert werden (*Granger/Weiss* [1983]). Definition 3.1 läßt sich in natürlicher Weise auf den Fall von mehr als zwei Variablen verallgemeinern, indem die Existenz einer oder mehrerer Linearkombinationen zwischen den Zeitreihen des Systems gefordert wird, welche einen geringeren Integrationsgrad aufweisen als die univariaten

Reihen für sich genommen. In diesem Fall sind die sogenannten Kointegrationsvektoren, die sich aus den Koeffizienten der Linearkombinationen zusammensetzen, aber im Gegensatz zu Definition 3.1 nicht mehr eindeutig.

Der Begriff kointegrierte Zeitreihen beschreibt damit eine ganz spezielle Situation. Im allgemeinen ergibt die Linearkombination integrierter Zeitreihen wieder eine vom gleichen Grade integrierte Variable (*Granger* [1981]). Nur wenn die Schwingungseigenschaften der Variablen bei niedrigen Frequenzen übereinstimmen und die Größen damit langfristig im Einklang miteinander stehen (gemeinsamer stochastischer Trend), kann die Kombination einen geringeren Integrationsgrad aufweisen als die einzelnen Reihen. C.W.J. *Granger* hat gezeigt, daß eine direkte Äquivalenz dieser Eigenschaft zur Annahme sogenannter Fehler–Korrektur–Mechanismen in ökonometrischen Strukturmodellen besteht (vgl. *Engle/Granger* [1987]). Diese Modelle gehen auf *Phillips* [1957], *Sargan* [1964] und *Davidson* et al. [1978] zurück, welche zur Erklärung von Variablenänderungen auch verzögerte Differenzen zwischen den Niveaus von Zeitreihen einbezogen haben. Als ein Beispiel für derartige Fehler–Korrektur–Modelle sei angenommen, daß sich die Beziehung zwischen zwei $I(1)$–Variablen X_t und Y_t durch folgendes Modell angemessen beschreiben läßt:

$$\Phi_p^y(L)\,\Delta Y_t \;=\; \Phi_s^x(L)\,\Delta X_t - \delta\,(Y_{t-1} - \mu - \gamma X_{t-1}) + \Theta_q(L)\,V_t\,. \tag{3.5}$$

Dabei seien $\Phi_p^y(L)$, $\Phi_s^x(L)$ und $\Theta_q(L)$ invertierbare autoregressive bzw. moving average–Polynome im Lag–Operator L der angedeuteten Ordnungen (vgl. Kapitel 2.2 b)) und V_t, $t \in \mathbb{Z}$ ein white noise–Prozeß. Aus dem Modellansatz folgt unmittelbar, daß die beiden Zeitreihen X_t und Y_t kointegriert mit stationärer Linearkombination $Y_t - \gamma X_t$ sein müssen, ansonsten könnte (3.5) mit linker Seite $\Delta Y_t \sim I(0)$ nicht korrekt spezifiziert sein. Zur Interpretation dieses Modelltyps sei angenommen, daß sich der dynamische Prozeß (3.5) im Gleichgewicht befindet, somit $\Delta Y_t = \Delta X_t = 0$ gilt und keine Störterme V_t mehr auftreten. In diesem Fall verschwindet notwendigerweise auch der Ausdruck in runden Klammern in (3.5), d.h. die Relation $Y_t = \mu + \gamma X_t$ kann als langfristige Gleichgewichtsbeziehung zwischen den beiden Variablen aufgefaßt werden. Der Term $(Y_{t-1} - \mu - \gamma X_{t-1})$ steht demnach für (stationäre) Abweichungen vom Gleichgewichtszustand (*equilibrium errors*), die in der Folge korrigiert werden müssen (Anpassungskoeffizient $\delta > 0$), um den Zusammenhang zwischen den Variablen langfristig aufrecht zu erhalten. Die in den Lag–Polynomen in (3.5) zum Ausdruck kommende kurzfristige Dynamik wird damit durch eine langfristige Gleichgewichtsbeziehung restringiert. Fehler–Korrektur–Modelle vermögen somit, die lokalen dynamischen Eigenschaften zusammen mit Anpassungsmechanismen an Gleichgewichtsrelationen zwischen integrierten Niveau–Variablen zu beschreiben.

Wie *Granger* gezeigt hat, ist die Kointegration aber nicht nur eine notwendige Bedingung für Strukturmodelle der Gestalt (3.5). Sie ist gleichzeitig auch hinreichend, indem sich kointegrierte Prozesse immer auch als (vektorielle) Fehler–Korrektur–Modelle darstellen lassen. (Repräsentationstheorem, vgl. *Engle/Granger* [1987]). Zur empirischen Untersuchung, ob makroökonomische Zeitreihen kointegriert sind oder nicht, ist aber die Benutzung der ersteren der beiden äquivalenten Formulierungen vorzuziehen. Die Schätzung eines hypothetischen Fehler-Korrektur-Modells wie z.B. (3.5) mit anschließendem Test der Nullhypothese $\delta = 0$ erscheint äußerst anfällig auf Fehlspezifikation der Dynamik. Bei Verwendung der Definition 3.1 ist dagegen "nur" darauf zu testen, ob es eine stationäre Linearkombination zwischen den beiden Variablen gibt. Ein naheliegender Ansatz besteht natürlich darin, eine Beziehung (Kointegrationsregression) der Gestalt

$$Y_t = \alpha + \beta X_t + V_t \ , \ 1 \leq t \leq n \ , \tag{3.6}$$

zu schätzen und auf Stationarität der ermittelten Residuenreihe $\hat{V}_t$, $1 \leq t \leq n$ zu untersuchen. Wie die vorangegangenen Abschnitte gezeigt haben, ist bei einer derartigen Niveau-Schätzung aber höchste Vorsicht geboten (*spurious regressions*-Problem). Im Fall der Kointegration zwischen den Variablen X_t und Y_t zeigt sich allerdings, daß die Anwendung klassischer **OLS**-Technik auf (3.6) unter Vernachlässigung jeglicher Dynamik vollkommen hinreicht, die Regressionsparameter konsistent zu schätzen. Dies ist dadurch plausibel zu machen, daß es unter der Kointegrationsannahme nur einen einzigen Wert für β gibt, der zu stationären Fehlertermen führt. Für alle anderen Parameterwerte sind die Residuen dagegen *I(1)*-Prozesse und haben demnach große (theoretisch unbeschränkte) Varianzen. Wie *Stock* [1987] bewiesen hat, konvergiert der **OLS**-Schätzers von β in diesem Fall in Wahrscheinlichkeit sogar mit einer Rate von $1/n^{1-\delta}$ für beliebiges $\delta > 0$ gegen seinen wahren Wert, anstatt mit einer Rate von $1/\sqrt{n}$ wie im Fall von stationären Regressionsbeziehungen (Eigenschaft der Superkonsistenz von Kointegrationsregressionen; die Grenzverteilung des Schätzers ist allerdings auch nicht mehr wie im Standardfall die Normalverteilung, vgl. auch *Phillips* [1986]) . Unabhängig von der genauen Abhängigkeitsstruktur der Modellvariablen ist damit die Langfristrelation ziemlich genau mit Standardmethoden über die statische Kointegrationsregression (3.6) zu schätzen.

Aufbauend auf dieses Resultat schlagen *Engle/Granger* [1987] für die Analyse und Modellierung möglicher Kointegrationsbeziehungen folgende Vorgehensweise in zwei Schritten vor. Mittels **OLS**-Schätzung der Gleichung (3.6) wird die Residuenreihe $\hat{V}_t$, $1 \leq t \leq n$ ermittelt, die zum Test der Kointegrationshypothese herangezogen werden kann. Die Autoren untersuchen hierfür eine Reihe von Ansätzen, welche die Nullhypothese keiner Kointegration gegen die Alternative der Existenz einer stationären Linearkombination testen, empfehlen aber anhand von Simulationsstudien nur die folgenden beiden. Zum einen erweist sich die klassische *Durbin/Watson*-Statistik der Regression (3.6) – bei modifizierter Anwendung – als aussagekräftig. Unter der Null gilt für die Regressionsresiduen $V_t \sim I(1)$, d.h. sie weisen eine autoregressive Einheitswurzel auf mit der Folge, daß der **DW**-Wert Null ist. Signifikant positive Werte für die **DW**-Statistik deuten damit auf eine stationäre Residualreihe hin. Simulierte kristische Werte für diesen Testansatz sind in *Engle/Granger* [1987, Tabelle II und III] sowie *Engle/Yoo* [1987, Tabelle 4] zu finden. Sie hängen aber stark von den unterstellten Autokorrelationsstrukturen der Modellvariablen ab.

Das zweite Verfahren besteht aus der Anwendung des in Kapitel 2.4 b) ausführlich behandelten Dickey/Fuller-Einheitswurzeltests auf die zu untersuchende Residualreihe. Hierfür werden (erweiterte) **DF**-Regressionen der Gestalt :

$$\Delta\hat{V}_t = a\hat{V}_{t-1} + \sum_{i=1}^{p} a_i \Delta\hat{V}_{t-i} + U_t , \quad 1+p \leq t \leq n , \qquad (3.7)$$

geschätzt und anschließend die Nullhypothese $a = 0$ gegen die stationäre Alternative $a < 0$ getestet. Da die in (3.7) einfließenden Variablen aber ihrerseits aus dem Regressionsmodell (3.6) gewonnen wurden, das nur unter der Kointegrationshypothese konsistent geschätzt werden kann, sind die von *Fuller* [1976] tabellierten kritischen Werte für den **ADF**-Test (t-Wert von $\hat{a}$) hier nicht anwendbar, da sie die Null keiner Kointegration zu häufig ablehnen würden. *Engle/Granger* [1987, Tabelle II und III] und *Engle/Yoo* [1987, Tabelle 2 und 3] stellen aber auch hierfür Simulationsresultate zur Verfügung.

Führt der Test auf Kointegration der beiden Variablen X_t und Y_t zu einem positiven Resultat, so ist die Regressionsgleichung (3.6) als langfristige Gleichgewichtsbeziehung anzusehen, und die geschätzten Residuen $\hat{V}_t$ entsprechen den Abweichungen von dieser Niveau-Relation. Der zweite Schritt des *Engle/Granger*-Ansatzes besteht daher aus der Schätzung eines Fehler-Korrektur-Modells der Gestalt (3.5), indem der Ausdruck $(Y_{t-1} - \mu - \gamma X_{t-1})$ durch den geschätzten Fehlerterm von (3.6) zum Zeitpunkt t-1 ersetzt wird. *Engle/Granger* [1987] zeigen, daß dieses zweistufige Vorgehen unter Benutzung klassischer Schätzverfahren zu konsistenten Ergebnissen für sämtliche Modellparameter führt. Das alternative Verfahren einer direkten Schätzung des Fehler-Korrektur-Modells unter der Hypothese der Kointegration (sogenannter nichtlinearer Schätzer) führt aber nach *Stock* [1987] asymptotisch zu denselben Resultaten.

Als Schlußfolgerung bleibt festzuhalten, daß der Ansatz kointegrierter Zeitreihen und die Modellierung in Form von Fehler-Korrektur-Strukturen einen wesentlichen Schritt in Richtung auf eine Verknüpfung der beiden Disziplinen Ökonometrie und Zeitreihenanalyse darstellt. Unter Berücksichtigung der dynamischen Eigenschaften der Modellvariablen sind längerfristige Niveau-Beziehungen der ökonomischen Theorie angemessen mit ökonometrischen Standardmethoden zu schätzen und im Zusammenhang mit kurzfristigen Anpassungsvorgängen an den Gleichgewichtszustand zu analysieren. Auf die Schwierigkeiten und Nachteile des Ansatzes sei hier aber nicht detaillierter eingegangen. Hingewiesen sei nur auf das Normierungsproblem, indem bei kointegrierten Zeitreihen keinerlei Wirkungsrichtungen vorgegeben sein müssen (auch im obigen Fall sind durch Vertauschung der Rollen von X_t und Y_t zwei verschiedene Kointegrationsregressionen möglich, außerdem könnte eine Feedback-Beziehung zwischen den beiden Variablen bestehen, vgl. Kapitel 3.2 c)). Bei der Untersuchung von mehr als zwei Variablen wird dieser Umstand zudem dadurch erschwert, daß es mehr als eine linear unabhängige Kointegrationsbeziehung geben kann.

Auch für die im folgenden Unterkapitel einzuführende multivariate Zeitreihenanalyse (Analyse und Prognose von Systemen zeitabhängiger Variablen) hat der Fall der Kointegration weitreichende Auswirkungen (vgl. z.B. *Engle/Yoo* [1987], *Lütkepohl* [1991]). Werden derartige Modelle z.B. nur in (stationären) ersten Differenzen spezifiziert, so fehlen die möglicherweise vorhandenen Niveau-Beziehungen, was insbesondere bei der Prognose negative Konsequenzen haben kann. Bei Schätzungen im Datenniveau werden auf der anderen Seite u.U. wichtige Restriktionen vernachlässigt. Im Rahmen des multivariaten **VAR**–Ansatzes ist von *Johansen* [1988, 1991] ein auf der **ML**–Methode basierendes Schätzverfahren entwickelt worden, das weitere Verbreitung gefunden hat, vgl. z.B. *Rüdel* [1989], *Reimers* [1992]. Bei den multivariaten Zeitreihen–Ansätzen ergeben sich aber häufig Schwierigkeiten mit der Interpretation der Schätzresultate, wodurch eine direkte Verknüpfung mit theoretischen Modellvorstellungen verhindert wird.

3.2 Aspekte Multivariater Zeitreihenanalyse

a) Das multivariate Zeitreihenmodell

Nachdem im vorangegangenen Kapitel mehr die traditionellen ökonometrischen Ansätze zur Untersuchung makroökonomischer Wirkungszusammenhänge erörtert wurden, sollen in diesem Abschnitt kurz die multivariaten Analyseverfahren behandelt werden, welche allein auf den Zeitreiheneigenschaften der Modellvariablen beruhen. Die ökonomische Theorie vermag nur wenig konkrete Unterstützung bei der Spezifikation aussagekräftiger Strukturmodell zu bieten, insbesondere hinsichtlich dynamischer Mechanismen und Wirkungsverzögerungen. Es liegt daher nahe, empirische Ansätze einzusetzen, die nur wenig ökonomische a–priori Informationen voraussetzen, sondern die relevanten Beziehungen zwischen den zu untersuchenden Variablen allein aus den vorhandenen Zeitreihendaten zu extrahieren versuchen. Zugrunde liegt diesen Ansätzen das multivariate Zeitreihenmodell, welches die gemeinsamen stochastischen Eigenschaften eines Systems von zeitabhängigen Variablen beschreibt. Die Theorie für mehrdimensionale stochastische Prozesse stellt eine direkte Verallgemeinerung der univariaten Zeitreihenanalyse dar, wie sie in Kapitel 2 ausführlich dargestellt wurde. Bedeutende Beiträge stammen von *Quenouille* [1957] und *Hannan* [1970]. Wir beschränken uns daher im folgenden auf wenige Begriffsabgrenzungen und Bemerkungen.

Sei mit $Z_t = (Z_{1t}, .., Z_{kt})'$, $t \in \mathbb{Z}$ ein <u>k–dimensionaler stochastischer Prozeß</u> als Vektor von reellwertigen Zufallsvariablen gegeben. In direkter Analogie zum eindimensionalen Fall definiert man die (schwache) Stationarität des Prozesses, indem die Zeitinvarianz der ersten beiden Momente von Z_t gefordert wird.

<u>Definition 3.2</u> (schwach stationärer multivariter Prozeß) :

Ein quadratisch integrierbarer k–dimensionaler stochastischer Prozeß Z_t, $t \in \mathbb{Z}$, heißt <u>schwach stationär</u>, falls für alle $t,h \in \mathbb{Z}$ gilt :

- $EZ_t := (EZ_{1t}, .., EZ_{kt})' \equiv (\mu_1, .., \mu_k)' =: \mu$ und
- $K(Z_t,Z_{t+h}) := E[(Z_t-\mu)(Z_{t+h}-\mu)'] = (\gamma_{ij}(h))_{i,j=1}^{k} =: \Gamma(h)$.

Der stationäre Prozeß Z_t, $t \in \mathbb{Z}$ hat damit einen konstanten k–dimensionalen Erwartungswert μ, und sämtliche Varianzen, Autokovarianzen und Kreuzkovarianzen $Cov(Z_{it},Z_{j,t+h})$, $1 \leq i,j \leq k$ sind nur Funktionen der Zeitdifferenz $h \in \mathbb{Z}$; die Zuordnung $h \longrightarrow \Gamma(h)$ wird als <u>Autokovarianzmatrixfunktion</u> des Prozesses bezeichnet. Aus der gemeinsamen Stationarität der k Zufallsvariablen $Z_{1t}, .., Z_{kt}$ folgt unmittelbar die univariate Stationarität der einzelnen Zeitreihen, die Umkehrung davon gilt aber im allgemeinen nicht, da in Definition 3.2 zusätzlich die Zeitinvarianz sämtlicher Kreuzkovarianzen gefordert wird.

In naheliegender Weise wird vektorielles weißes Rauschen (white noise) definiert als eine k-dimensionale Folge von Zufallsvariablen $V_t, t \in \mathbb{Z}$ mit $EV_t = 0$, $K(V_t) = E[V_t V_t'] = \Sigma_V$ und $K(V_t, V_{t+h}) = \Gamma(h) = 0$, $h \neq 0$. Die multivariate Version des *Wold*'schen Zerlegungssatzes besagt dann, daß sich ein rein nicht-deterministischer stationärer Vektor-Prozeß Z_t, $t \in \mathbb{Z}$ stets als unendlicher moving average eines bestimmten Vektor-white noise-Prozesses V_t, $t \in \mathbb{Z}$ darstellen läßt zu:

$$Z_t = \Theta(L) V_t = \sum_{i=0}^{\infty} B_i V_{t-i}, \quad B_0 = I_k. \tag{3.8}$$

Dabei ist $\Theta(L)$ eine matrixwertige Funktion im Lag-Operator L, deren Elemente unendliche Polynome in L sind, und die $k \times k$-Matrizen B_i bestehen gerade aus den Polynomkoeffizienten zur i-ten Potenz von L, $0 \leq i \leq \infty$, wobei sämtliche Elemente der Matrixfolge (B_i) quadratisch summierbar sind. Ein Beweis der Aussage (3.8) ist z.B. in *Hannan* [1970] zu finden.

Zur praktischen Nutzung der *Wold*'schen Repräsentation stationärer Vektorprozesse ist es wie im univariaten Fall erforderlich, eine Approximation der Darstellung (3.8) mit einer schätzbaren endlichen Anzahl von Modellparametern vorzunehmen. Zieht man hierfür eine rationale Übertragungsfunktion in Form eines Quotienten zweier endlicher Polynome im Lagoperator in Betracht, $\Theta(L) = \Theta_q(L) / \Phi_p(L) = (I + B_1 L + ... + B_q L^q) / (I - A_1 L - ... - A_p L^p)$, so gelangt man zu dem weitverbreiteten und nützlichen ARMA(p,q)-Zeitreihenmodell

$$\Phi_p(L) Z_t = \Theta_q(L) V_t, \quad t \in \mathbb{Z}, \text{ bzw.} \tag{3.9}$$

$$Z_t = A_1 Z_{t-1} + ... + A_p Z_{t-p} + V_t + B_1 V_{t-1} + ... + B_q V_{t-q}. \tag{3.10}$$

Allgemein hängt damit die Zeitreihe Z_{it} von sämtlichen Variablen $Z_{j,t-h}$ zu den Zeitlags $1 \leq h \leq p$ ab, sowie von gegenwärtigen und bis zu q Perioden verzögerten Innovationen der k white noise-Reihen, $1 \leq i,j \leq k$. Zur Sicherstellung der Stationarität von (3.10) ist es erforderlich, daß alle Nullstellen der Determinante von $\Phi_p(\cdot)$ außerhalb des Einheitskreises der komplexen Zahlenebene liegen, d.h. $|\Phi_p(z)| \neq 0$ für alle $z \in \mathbb{C}$ mit $|z| \leq 1$ gilt. Analog ist die Invertierbarkeitsbedingung und damit die rein autoregressive Darstellungsmöglichkeit durch die Forderung $|\Theta_q(z)| \neq 0$ für alle $|z| \leq 1$ gegeben. Zu bemerken ist aber, daß im Unterschied zum univariaten Fall die reinen moving average bzw. autoregressiven Darstellungsformen nicht unendlicher Ordnung zu sein brauchen. Desweiteren sei hier noch festgehalten, daß zur Anwendung des **ARMA**-Modells die Stationarität sämtlicher Zeitreihen-Variablen erforderlich ist, die wie im Eindimensionalen im Fall von integrierten Zeitreihen durch Differenzenbildung herbeigeführt werden kann. Weiterhin zu beachten ist, daß nicht alle Komponenten eines Vektor-Prozesses den gleichen Integrationsgrad aufweisen müssen, somit die einfache Anwendung des Differenzenoperators in der Regel nicht in Frage kommt. Für eine ausführliche Diskussion des Modelltyps (3.9) siehe z.B. *Granger/Newbold* [1977].

Wir wollen im folgenden nur noch kurz einige spezielle Aspekte multivariater Zeitreihenmodelle behandeln und wenige Bemerkungen zur praktischen Anwendbarkeit machen. Als erstes ist festzuhalten, daß eine Darstellung der Form (3.9) – auch unter der Stationaritäts- und Invertierbarkeitsbedingung – nicht eindeutig ist. Multiplikation mit einer beliebigen, nichtsingulären $k \times k$–Matrix $\boldsymbol{P}$ ändert nichts an der Korrelationsstruktur von $\boldsymbol{Z}_t$, führt somit auf eine äquivalente Repräsentation. Zum Beispiel kann $\boldsymbol{P}$ so als Dreiecksmatrix mit Einheits-Diagonalelementen gewählt werden, daß die Elemente des resultierenden white noise-Prozesses $\boldsymbol{U}_t := \boldsymbol{P}\,\boldsymbol{V}_t$ in der neuen Darstellung unkorreliert miteinander sind (im Unterschied zu (3.10) treten dann dafür i.a. auch unverzögerte Einflüsse der anderen Variablen auf der rechten Seite der Gleichungen auf). Wir haben es somit hier mit der gleichen Schwierigkeit zu tun wie beim Identifikationsproblem im Rahmen des ökonometrischen simultanen Gleichungsmodells. Aussagen über strukturelle Abhängigkeiten sind nur möglich, wenn von der ökonomischen Theorie ausreichend a-priori Restriktionen vorgegeben sind oder man auf spezielle Normierungen (wie z.B. orthonormale Residuenterme) zurückgreift. Bedingungen zur Eindeutigkeit von multiplen **ARMA**-Modellen werden von *Granger/Newbold* [1977, Abschnitt 7.3] und *Deistler* [1985] behandelt.

Für unsere Zwecke ist noch eine weitere spezielle Darstellung des Modells (3.9) von Interesse. Die unter der Invertierbarkeitsvoraussetzung existierende Inverse der Matrixfunktion $\boldsymbol{\Phi}_p(\cdot)$ läßt sich als Quotient aus adjungierter Matrix $\boldsymbol{\Phi}_p(\cdot)^*$ und Determinante $|\boldsymbol{\Phi}_p(\cdot)|$ schreiben. Linksmultiplikation von (3.9) mit der adjungierten Matrix führt damit zu folgendem Ergebnis :

$$\boldsymbol{\Phi}_p(L)^*\,\boldsymbol{\Phi}_p(L)\,\boldsymbol{Z}_t \;=\; |\boldsymbol{\Phi}_p(L)|\,\boldsymbol{Z}_t \;=\; \boldsymbol{\Phi}_p(L)^*\,\boldsymbol{\Theta}_q(L)\,\boldsymbol{V}_t\;. \qquad (3.11)$$

Da die Determinante wie auch die Elemente der Adjungierten von endlicher Ordnung sind, ist mit (3.11) eine weitere **ARMA**-Darstellung des Vektorprozesses $\boldsymbol{Z}_t$ gegeben. Das besondere an dieser Repräsentation ist aber, daß auch die k Gleichungen für sich allein genommen in univariater **ARMA**-Form vorliegen (sogenannte '*final equations*' nach *Tinbergen* [1939]). Die autoregressiven Bestandteile der k Zeitreihen scheinen mit der Skalarfunktion $|\boldsymbol{\Phi}_p(\cdot)|$ alle gleich zu sein, zu beachten ist aber, daß in der Regel gemeinsame oder sehr ähnliche Faktoren mit den individuellen **MA**-Operatoren der rechten Seiten der Gleichungen auftreten, vgl. auch *Palm* [1977].

Jede Variable in einem multivariaten Zeitreihenmodell besitzt damit eine aus dem System implizierte univariate **ARMA**-Darstellung (praktische Beispiele: *Granger/Newbold* [1986, Seite 251], *Nelson/Schwert* [1982]). Auf der anderen Seite ist demnach ein **ARMA**-Prozeß für einzelne Variabeln (univariate Zeitreihenanalyse) kompatibel mit einem – möglicherweise unbekannten – gemeinsamen Generierungsprozeß einer größeren Anzahl von Zeitreihen. Schon *Zellner/Palm* [1974] haben aus diesem Grund darauf hingewiesen, daß univariate Zeitreihenmodelle keine 'naiven' Ansätze zu sein brauchen: sie vermitteln wichtige Erkenntnisse auch bezüglich Zusammenhängen zwischen mehreren Variablen. Die relativ gute Prognosegüte von einfachen Zeitreihenansätzen im Vergleich zu ökonometrischen Mehrgleichungsmodellen (vgl. Einleitung zu Kapitel 3) findet hier eine gewisse theoretische Fundierung. Daneben sind statistische Verfahren entwickelt worden, die sich der gegenseitigen Implikationen von univariaten Zeitreihenansätzen und multipler Modellierung bedienen, vgl. *Prothero/Wallis* [1976], *Wallis* [1977], *Chan/ Wallis* [1978] und *Zellner* [1979b]. *Granger/Newbold* [1986] schlagen z.B. vor, die aus einem multivariaten Modellansatz abzuleitenden univariaten Repräsentationen mit einfachen **ARMA**-Anpassungen zu vergleichen, um so eventuelle Fehlspezifikationen des multivariaten Modells zu erkennen. In dem uns in dieser Arbeit interessierenden Zusammenhang soll das Resultat (3.11) hauptsächlich die Vereinbarkeit univariater Zeitreihenansätze mit Wirkungsanalysen zwischen mehreren Variablen verdeutlichen: die einfache **ARMA**-Modellierung der Variablendynamik führt zu einer ersten Varianzreduktion im Residualprozeß, die in einem zweiten Schritt durch Einbeziehung weiterer erklärender Größen verbessert werden kann.

Die praktische Anwendung des multivariaten Zeitreihenmodells (3.9) stößt auf einige größere Probleme. Hauptschwierigkeit ist die Festlegung geeigneter Modellordnungen p und q (wobei auch der Fall berücksichtigt werden sollte, daß nicht alle Gleichungen dieselbe autoregressive und **MA**-Ordnung zu haben brauchen) – die Schätzung multivariater Modelle unter der Voraussetzung geeignet transformierter Modellvariablen ist dagegen weniger problematisch (vgl. z.B. *Palm/Zellner* [1980]). Im univariaten Fall können aus der empirischen Autokorrelationsfunktion, geschätzt anhand einer Stichprobe von n Zufallsvariablen, Hinweise auf geeignete Ordnungen gewonnen werden, wobei die Identifikation von gemischten Modellen bereits gewisse Schwierigkeiten bereitet (vgl. Anwendungskapitel 5.1 d)). Im Fall eines Systems von Zeitreihen kommen erschwerend zum einen die in Abschnitt 3.1. a) behandelten Inferenzprobleme hinzu, die es nahezu unmöglich machen, geschätzte Kreuzkorrelationen auf ihre statistische Signifikanz hin zu testen. Zum zweiten erweisen sich bei der Vielzahl zu schätzender Autokorrelationen und zeitlich verzögerter Kreuzkorrelationen Rückschlüsse auf ein angemessenes multivariates Zeitreihenmodell als äußerst komplex, insbesondere wenn feedback-Beziehungen angenommen werden müssen. Mehrere Hilsmittel sind hierzu entwickelt worden (*Jenkins/ Alavi* [1981]: *'autocorrelation matrices'*, *Tiao/Box* [1981]: *'partial autoregression matrices'*, *Tiao/Tsay* [1983a]: *'extended sample cross-correlations'*, *Heyse/Wei* [1986]: *'partial lag correlation matrices'*, *Jeon/Park* [1988]: *'concatenated sample cross-correlations'*). Es gibt aber bislang noch keine geschlossene, allgemein akzeptierte Vorgehensweise der Identifikation multivariater **ARMA**-Modelle, zudem mangelt es in den verbreiteten Statistik-Paketen an geeigneten Implementationen der verschiedenen Ansätze.

In der Praxis haben die genannten Schwierigkeiten zur Folge, daß multivariate **ARMA**-Ansätze allenfalls für Systeme von maximal drei bis vier Variablen in Frage kommen. Zu bedenken ist in diesem Zusammenhang außerdem, daß die Anzahl der zu schätzenden Koeffizienten bei einem voll parametrisierten Modell exponentiell mit der Variablenanzahl wächst und damit nur noch wenige Freiheitsgrade verbleiben, mit der Folge einer unpräzisen statistischen Inferenz (vgl. z.B. *Zellner* [1984], *Litterman* [1986], *Runkle* [1987]). Weitere Verbreitung haben aus diesen Gründen vor allem Ansätze gefunden, die sich zumindest mit einem rein autoregressiven Generierungsmechanismus begnügen. Unter Vernachlässigung möglicher **MA**-Polynome im Modellansatz (3.9) sind diese sogenannten Vektor- Autoregressiven VAR-Zeitreihenmodelle in der Folge von *Sims* [1980] bekannt geworden. Kriterien zur Bestimmung einer geeigneten autoregressiven Ordnung p werden z.B. in *Lütkepohl* [1985] zusammengestellt und miteinander verglichen. Neben den unrestringierten **VAR**-Modellen sind auch Versuche unternommen worden, die Anzahl der autoregressiven Parameter in jeder einzelnen Gleichung zu reduzieren. Ausgangspunkt des **VAR**-Ansatzes war aber die Kritik von *Sims* [1980], daß in herkömmlichen ökonometrischen Mehrgleichungsmodellen mit Struktur-Restriktionen und Annahmen über Wirkungsverzögerungen gearbeitet wird, die theoretisch kaum fundiert und damit relativ beliebig sind, allerdings große Auswirkungen auf die Modellspezifikation haben. Nimmt man diesen Standpunkt ein, so sollte auch grundsätzlich nur mit unrestringierten Zeitreihenansätzen gearbeitet werden.

Grundproblem der gesamten multivariaten Methodik ist allerdings, daß die Zeitreihenmodelle dann nicht mehr eindeutig sind. Wie bereits oben erwähnt, sind beliebige Umformungen möglich, die zu völlig neuen Strukturrelationen führen (Identifikationsproblem). Die Ergebnisse multivariater Zeitreihenanalysen sind damit nur mit großer Vorsicht zu interpretieren. Bei der Analyse von **VAR**-Modellen behilft man sich z.B. dadurch, daß mit geeigneten Transformationen zu orthonormalen white noise-Residuen $U_t := P\,V_t$ übergegangen wird (d.h. es wird $K(U_t) = I_k$ erzwungen). Untersucht werden kann dann, wie sich eine Innovation in einer Variablen (Impuls auf die entsprechende Residualvariable) auf die restlichen Zeitreihen in der Zukunft auswirkt (sog. Impuls-Antwort-Funktionen, vgl. *Sims* [1980], *Doan* et al. [1984]) . Nach wie vor sind die auf diese Weise gewonnenen dynamischen Multiplikatoren aber nicht eindeutig, sondern hängen von der relativen Anordnung der Modellvariablen ab. Aufgrund der Theorielosigkeit und der genannten Schwächen ist in der Literatur vielfach an der Nützlichkeit derartiger multivariater Zeitreihenansätze gezweifelt worden (vgl. z.B. *Leamer* [1985], *Cooley/LeRoy* [1985]). Im Bereich der Prognose haben reine Zeitreihenmodelle dagegen mittlerweile einen festen Platz. *McNees* [1986] bemerkt aber beispielsweise, daß die Gefahr einer Überschätzung der Möglichkeiten von **VAR**-Modellen besteht, ähnlich der Euphorie in den Sechziger und beginnenden Siebziger Jahren in Bezug auf die Prognoseeingenschaften der großen Makromodelle.

b) Zeitreihenanalytische Strukturansätze und der Kausalitätsbegriff von Granger

Das multivariate Zeitreihenmodell (3.9) bildet von seiner Grundkonzeption her die Basis für eine theoriefreie, rein datengestützte Analysemethodik. Sämtliche möglicherweise bestehenden Beziehungen zwischen zeitabhängigen Größen werden ohne Rückgriff auf ökonomische Theorie und a-priori Hypothesen über Wirkungsstrukturen abgebildet, indem alle Variablen als gemeinsam abhängig modelliert werden. In der Praxis weitverbreitete Ansätze wie das unrestringierte **VAR**-Zeitreihenmodell sind damit für Strukturanalysen der ökonomischen Wirklichkeit mit der Zielsetzung kausaler Schlußfolgerungen ungeeignet (*Leamer* [1985], *Cooley/LeRoy* [1985]). *Zellner* [1988] spricht in diesem Zusammenhang von einem rein exploratorischen Ansatz. Dennoch ist das multivariate Zeitreihenmodell für die hier behandelte Thematik der Kausalanalyse makroökonomischer Beziehungen von Interesse. Zum einen ist die Vorstellung eines derartigen Generierungsprozesses für ein System von mehreren Variablen als Ausgangsmodell sehr hilfreich, da sich darin eine Reihe von zeitreihenanalytisch orientierten Strukturansätzen einbetten lassen. Zu nennen ist hier das sog. Transferfunktions-Modell und das dynamische simultane Gleichungsmodell. Zum anderen hat in der empirischen Forschung das Kausalitäts-Konzept von *Granger* weite Verbreitung gefunden, welches den umfassenden Ursache-Wirkungs-Begriff allein auf den Zeitaspekt reduziert und damit einen rein zeitreihenanalytischen Ansatz darstellt.

Ausgehend von der kanonischen Darstellung (3.9) des multivariaten **ARMA**-Modells läßt sich eine weitere alternative Repräsentationsform ableiten. Multipliziert man die Relation mit der Adjungierten $\Theta_q(L)^* = |\Theta_q(L)|\ \Theta_q(L)^{-1}$ der nach Voraussetzung invertierbaren Matrix der moving average-Operatoren, so gelangt man analog (3.11) zu dem Ergebnis :

$$\Theta_q(L)^*\ \Phi_p(L)\, Z_t \;=\; |\Theta_p(L)|\ V_t \quad . \tag{3.12}$$

Man erkennt, daß damit eine Darstellungsart möglich ist, in der jede einzelne Variable Z_{it} abhängig ist von sämtlichen anderen Größen Z_{jt}, $j \neq i$ des Systems, der überlagerte Störprozeß aber in Gestalt einer rationalen Übertragungsfunktion nur noch Impulse von der einen zugehörigen white noise-Variablen V_{it} erhält (vgl. *Granger/Newbold* [1977]). Dies ist die Grundform des sogenannten Transferfunktions-Modells (*transfer function-noise model*). Mit einer zu erklärenden (stationären) Variablen Y_t und m (stationären) erklärenden Zeitreihen $X_{1t}, .., X_{mt}$ schreibt sich dieses Modell zu :

$$Y_t \;=\; \sum_{i=1}^{m} \Psi_i(L)\, X_{it} \;+\; U_t \;=\; \sum_{i=1}^{m} \frac{\Theta_i(L)}{\Phi_i(L)}\, X_{it} \;+\; \frac{\Theta_U(L)}{\Phi_U(L)}\, V_t \quad . \tag{3.13}$$

Vorstellung ist dabei eine zeitlich verzögerte Übertragung von exogenen Impulsen mittels unendlicher Lag-Polynome $\Psi_i(L)$, die in naheliegender Weise wieder als rationale Transfer-Funktionen mit endlichen **AR**- und **MA**-Polynomen $\Phi_i(L)$, $\Theta_i(L)$ der Ordnungen p_i bzw. q_i angenommen werden, $1 \leq i \leq m$. Im Unterschied zu den im Kapitel 3.1 kurz angesprochenden ökonometrischen Modellen mit verteilten Verzögerungen (*distributed lag models*) wird im Ansatz (3.13) explizit die Dynamik der endogenen Variable mit berücksichtigt, außerdem die Residualvariable U_t als beliebigen stationären **ARMA**-Prozeß mit white noise-Input V_i modelliert. Zu einem vollständigen zeitreihenanalytischen Modell gehört aber nach wie vor die Spezifikation von Generierungsprozessen für die m Inputreihen X_{it}. Das Transferfunktions-Modell ist von *Box/Jenkins* [1970] populär gemacht worden, indem die Autoren ein leicht anzuwendendes Verfahren zur Modellidentifikation entwickelt haben, auf das wir im folgenden Abschnitt noch ausführlicher zu sprechen kommen werden.

Entscheidende Annahme des Modells (3.13), welche den Transferfunktions-Ansatz deutlich vom unrestringierten multivariaten Zeitreihenmodell (3.9) unterscheidet, ist die der statistischen Unabhängigkeit der Inputvariablen X_{it} von sämtlichen Störtermen V_{t-j}, $j \in \mathbb{Z}$, so daß zeitlich zurückliegende Werte der abhängigen Größe Y_t nicht zukünftige X-Variablen beeinflussen können (vgl. z.B. *Geweke* [1978]). Im Gegensatz zum Systemansatz (3.9) erübrigt sich damit die Untersuchung von Strukturrelationen, welche die Y-Variable als Erklärungsfaktor für die Zeitreihen X_{it} zulassen. Rückkopplungen (*feed backs*) sind ausgeschlossen, und das Modell (3.13) ist zur Erfassung des Einflusses der Inputgrößen auf die Variable Y_t hinreichend spezifiziert. Hintergrund einer derartigen Modellvorstellung ist natürlich der klassische Ansatz der Ökonometrie, mittels Annahmen über die Exogenität von erklärenden Variablen Strukturaussagen aus empirischen Modellen zu ermöglichen. Greifen wir erneut auf das allgemeine multivariate Zeitreihenmodell (3.9) zurück und teilen die k Zeitreihen in g endogene und l exogene Variablen ein, $\mathbf{Z}_t' = (\mathbf{Y}_t', \mathbf{X}_t')$, sowie die Matrixfunktionen $\mathbf{\Phi}_p(L)$ und $\mathbf{\Theta}_q(L)$ in geeignet dimensionierte Blockmatrizen, so gelangt man über entsprechende Null-Restriktionen an diese Matrizen unmittelbar zum dynamischen simultanen Gleichungsmodell:

$$\begin{pmatrix} \mathbf{\Phi}_{11}(L) & \mathbf{\Phi}_{12}(L) \\ 0 & \mathbf{\Phi}_{22}(L) \end{pmatrix} \begin{pmatrix} \mathbf{Y}_t \\ \mathbf{X}_t \end{pmatrix} = \begin{pmatrix} \mathbf{\Theta}_{11}(L) & 0 \\ 0 & \mathbf{\Theta}_{22}(L) \end{pmatrix} \begin{pmatrix} \mathbf{V}_{1t} \\ \mathbf{V}_{2t} \end{pmatrix} \quad \text{bzw.}$$

$$\begin{aligned} \mathbf{\Phi}_{11}(L)\,\mathbf{Y}_t &= -\,\mathbf{\Phi}_{12}(L)\,\mathbf{X}_t + \mathbf{\Theta}_{11}(L)\,\mathbf{V}_{1t} \\ \mathbf{\Phi}_{22}(L)\,\mathbf{X}_t &= \mathbf{\Theta}_{22}(L)\,\mathbf{V}_{2t} \quad , \end{aligned} \tag{3.14}$$

mit *unabhängigen* white noise-Prozessen $\mathbf{V}_{1t}$ und $\mathbf{V}_{2t}$ entprechender Ordnungen. Die endogenen Variablen $Y_{1t}, .., Y_{gt}$ können demnach beliebig untereinander abhängig sein (ökonomische Interdependenz = Simultanität) und werden von sämtlichen Zeitreihen $X_{1t}, .., X_{lt}$ beeinflußt, wohingegen für die exogenen Variablen ein davon unabhängiger **ARMA**-Generierungsprozeß unterstellt wird. In praktischen Anwendungen wird dieser Teil des Modellansatzes zudem vielfach vernachlässigt. Mehrere alternative Darstellungsformen des Modells (3.14) sind möglich (Strukturform, reduzierte Form, finale Form) und werden in der Literatur ausführlich mit den jeweiligen Vorzügen hinsichtlich Schätzung und Interpretation behandelt, vgl. *Zellner/Palm* [1974], *Prothero/Wallis* [1976], *Wallis* [1977], *Hendry* et al. [1984]. Für Strukturanalysen (z.B. Schätzung von dynamischen Multiplikatoren) ist aber nach wie vor zu beachten, daß die Modellparameter ohne weitere Restriktionen an die Lag-Polynome in der Regel nicht eindeutig bestimmt sind. Den klassischen Rang- und Abzählkriterien ökonometrischer Mehrgleichungsmodelle vergleichbare Identifikationsbedingungen sind auch für das dynamische Modell entwickelt worden (z.B. *Hannan* [1971], *Hatanaka* [1975], *Hendry* et al. [1984]). Während man sich im statischen Fall zum Ausschluß bestimmter Einflußgrößen aus einzelnen Gleichungen noch weitestgehend auf ökonomische Theoriebildung stützen kann, stehen derartige a-priori Kenntnisse in Bezug auf die Dynamik der Modellvariablen und der Wirkungsbeziehungen im allgemeinen nicht zur Verfügung. Die Schwierigkeiten einer dynamischen Strukturmodellierung anhand von (3.14) sind offensichtlich.

Wesentlicher Bestandteil zeitreihenanalytisch orientierter Strukturmodelle wie (3.13) und (3.14) ist der aus der Ökonometrie stammende Begriff der Exogenität. Ursprüngliche Vorstellung dabei ist, daß exogene Variablen X_t von einem außerhalb des jeweils betrachteten Systems liegenden Mechanismus generiert werden, d.h. vom Modell für die endogenen Variablen Y_t nicht weiter erklärt werden müssen. Die Unterscheidung in exogene und endogene Größen qualifiziert damit Variablen nicht allgemein, sondern nur relativ im Rahmen eines bestimmten Modelles. In der klassischen Ökonometrie manifestiert sich die Exogenität von Variablen in ihrer statistischen Unabhängigkeit von sämtlichen Störvariablen des Modellansatzes. Mittlerweile sind feinere Einteilungen von Einflußgrößen in ökonometrischen Modellen vorgenommen worden, verbunden mit der exakten Definition verschiedener Exogenitätsbegriffe (z.B. *strikte Exogenität* im Sinne der klassischen Vorstellung von Unabhängigkeit mit allen Modellresiduen zu sämtlichen Zeitpunkten, *vorherbestimmte Variablen:* Unabhängigkeit nur von zeitgleichen und zukünftigen white noise-Fehlertermen, *schwache Exogenität:* Inferenz über einen bestimmten Parametervektor ist ohne Informationsverlust auch bedingt der exogenen Variablen möglich, vgl. *Engle/Hendry/Richard* [1983], *Geweke* [1984]). Wir wollen uns aber nicht näher mit diesen Unterscheidungen befassen, sondern wenden uns im folgenden dem im dynamischen Kontext eng mit der Exogenität verbundenen Begriff der Granger-Kausalität zu.

Die vorstehende Diskussion hat gezeigt, daß Versuche einer Kombination des multivariaten Zeitreihenmodells mit dem klassischen ökonometrischen Ansatzpunkt zur Ableitung kausaler Aussagen aus empirischen Strukturmodellen nach wie vor mit großen Schwierigkeiten verbunden sind. Allein mit der Integration des Konzepts der Exogenität ist das Problem der Spezifikation zeitreihenanalytisch fundierter und gleichzeitig aussagekräftiger (identifizierter) Strukturmodelle nicht zu lösen. Vor diesem Hintergrund ist es nicht verwunderlich, daß C.W.J. *Granger*'s [1969] Operationalisierung des Kausalitätsbegiffes auf fruchtbaren Boden fiel. Mit diesem Ansatz wurde es möglich, Ursache-Wirkungsbeziehungen zwischen makroökonomischen Variablen in einem relativ einfachen zeitreihenanalytischen Rahmen und ohne die Notwendigkeit der Spezifikation von kompletten Strukturmodellen zu untersuchen. Die Vielzahl in der Folge erschienenen empirischen Arbeiten, insbesondere zu geldtheoretisch relevanten Fragestellungen wie dem Zusammenhang zwischen Geldmenge und Volkseinkommen (vgl. Kapitel 4.2 b)), beweist die Attraktivität dieses Konzepts, das vollständig auf der Zeitreihencharakteristik der beteiligten Variablen basiert. Der Kausalitätsbegriff von *Granger* ist damit heute zum festen Bestandteil der empirischen Forschung wie Praxis geworden. Aufbauend auf Arbeiten von *Wiener* [1956] und *Whittle* [1953] hat *Granger* [1969] folgende Begriffsabgrenzung vorgeschlagen.

Definition 3.3 (*Granger*-Kausalität) :

Seien $X_t, t \in \mathbb{Z}$ und $Y_t, t \in \mathbb{Z}$ zwei Zeitreihen, $X_t^* := \{X_{t-j} : j \geq 0\}$, $Y_t^* := \{Y_{t-j} : j \geq 0\}$, und sei Ω_t eine Menge im Zeitpunkt t verfügbarer Informationen, welche zumindest X_t^* und Y_t^* umfaßt. Dann gilt :

(1) X_t heißt genau dann kausal für Y_{t+1} (unter Ω_t), falls Y_{t+1} unter Zuhilfenahme der Informationsmenge Ω_t besser prognostiziert werden kann als unter Verwendung

von $\Omega_t \setminus X_t^*$. Analog ist die umgekehrte kausale Beziehung von Y_t nach X_{t+1} definiert.

(2) Zwischen X_t und Y_t besteht eine Feedback-Beziehung, falls X_t kausal ist für Y_{t+1}, und Y_t kausal ist für X_{t+1}.

(3) X_{t+1} heißt genau dann gleichzeitig kausal zu Y_{t+1} (unter Ω_t), falls Y_{t+1} unter Zuhilfenahme der Informationsmenge $\{\Omega_t, X_{t+1}\}$ besser prognostiziert werden kann als unter Verwendung von Ω_t.

Wir haben mit dem Vorstehenden in Anlehnung an *Geweke* [1984] eine etwas allgemeinere Definition gewählt als die ursprünglich von *Granger* [1969] eingeführte, der aber in jüngster Zeit ähnlich verfährt, vgl. *Granger* [1980, 1988]. Zentral an Definition 3.3 ist der Einfluß des Faktors Zeit, so daß der Kausalitätsbegriff von *Granger* auch nur für Zeitreihenvariablen anwendbar ist. *Granger* [1969/Seite 428, 1980/Seite 330] macht das selber explizit deutlich, indem er das folgende Axiom unterstellt:

Die Vergangenheit und Gegenwart kann die Zukunft beeinflussen,
nicht aber die Zukunft die Vergangenheit. (3.15)

Unterstellt wird damit, daß die Ursache zeitlich vor der Wirkung auftreten muß, so daß aus der zeitlichen Abfolge von beobachteten Ereignissen auf deren kausalen Zusammenhang geschlossen werden kann (zeitliche Asymmetrie). Das Kausalitätskonzept von *Granger* beruht damit in vollem Umfang auf dem "post hoc, ergo propter hoc"-Prinzip. Es ist ein rein empirisches Konzept, das wenig mit philosophischen Vorstellungen über den Ursache-Wirkungszusammenhang zu tun hat, vgl. Kapitel 1.2. Hat man eine derartige umfassendere Abgrenzung von Kausalität vor Augen, so sind die Forderungen von *Granger* allenfalls als notwendige Bedingung für kausale Beziehungen anzusehen, nicht aber als hinreichende.

Das zweite konstituierende Merkmal der Definition 3.3 ist die Prognosefähigkeit. Die kausale Zeitreihe enthält zusätzliche Informationen die nicht in anderen Variablen verfügbar sind und mit denen die beeinflusste Größe besser vorhergesagt werden kann als ohne deren Verwendung. *Zellner* [1979a] spricht daher lieber von "inkrementeller Prognostizierbarkeit", und auch andere Autoren präferieren andere Bezeichnungen für *Granger's* Definition als die Verwendung des Begriffes Kausalität. Entscheidend in diesem Zusammenhang ist zudem die nähere Bestimmung der zu verwendenden Prognosefunktion und damit die Festlegung, was eigentlich unter einer "besseren" Vorhersage zu verstehen ist.

Zur weiteren Operationalisierung der Begriffsbestimmung 3.3 sind demnach noch einige Punkte zu konkretisieren. Die ursprüngliche Definition von *Granger* setzte stationäre stochastische Prozesse X_t, Y_t voraus und als Vorhersagekriterium wurde die optimale Kleinst-Quadrate-Prognose verwendet. Dies entspricht der Forderung nach Minimierung des mittleren Prognosefehlers unter einer quadratischen Verlustfunktion (**MMSE**), und damit dem bedingten Erwartungswert bezüglich der zur Vorhersage verwendeten Informationsmenge, vgl. Kapitel 2.5. Als einfaches Kriterium ist dann beispielsweise die

Varianz $\sigma^2(Y_{t+1}|\Omega_t)$ des Prognosefehlers einer optimalen Vorhersage von Y_{t+1} unter Ω_t zu verwenden. Definiton 3.3 (1) z.B. ist damit auszudrücken als:

$$X_t \text{ ist kausal für } Y_{t+1} \iff \sigma^2(Y_{t+1}|\Omega_t) < \sigma^2(Y_{t+1}|\Omega_t \backslash X_t^*) . \tag{3.16}$$

Diese Vorgehensweise wird in den meisten praktischen Anwendungen verfolgt, wobei zusätzlich allein auf lineare Prognosefunktionen zurückgegriffen wird. Mit konkreten Ansätzen in Form von Kausalitätstests beschäftigen wir uns in Abschnitt d). Für das Konzept der *Granger*-Kausalität sind derartige Einschränkungen aber nicht unbedingt erforderlich. So hat z.B. *Hosoya* [1977] gezeigt, daß die Definition auch auf nichtstationäre Zeitreihen anzuwenden ist, wobei deterministische Komponenten besonders berücksichtigt werden müssen.

In diesem Abschnitt wollen wir uns noch kurz mit den Schwachpunkten der Definition 3.3 auseinandersetzen und die Beziehung zwischen diesem Kausalitätsbegriff und der Exogenität klären. Neben des Prognosekriteriums bedarf auch die zu verwendende Informationsmenge Ω_t näherer Konkretisierung. Bei der Kausalität nach *Granger* handelt es um einen *relativen* Begriff, da entsprechende Aussagen immer nur bedingt des gewählten Ω_t getroffen werden können. So kann es beispielsweise vorkommen, daß bezüglich einer Informationsmenge Kausalität festgestellt wird, die aber verschwindet, sobald weitere Einflußgrößen in Ω_t aufgenommen werden. Wir haben es hier mit einem ähnlichen Problem zu tun wie dem der klassische Scheinkorrelation. Nach Definition 3.3 vorliegende kausale Beziehungen können auf den Einfluß dritter, nicht in Ω_t berücksichtigter Variablen zurückzuführen sein, d.h. die untersuchten Größen haben eventuell eine gemeinsame Ursache (Bsp: Einfluß des Faktors Zeit, Saisonschwankungen, nichtbeobachtbare Politikvariablen etc.). In diesem Sinne sagt Kausalität nach *Granger* überhaupt nichts über wirkliche Ursache-Wirkungsbeziehungen aus, wenn bei der Spezifikation der Informationsmenge nicht besondere Sorgfalt an den Tag gelegt wird. In der Praxis begnügt man sich allerdings in der Regel mit der alleinigen Verwendung von $\Omega_t = \{X_t^*, Y_t^*\}$, d.h. nur die Zeitreihenwerte der beiden betrachteten Variablen werden einbezogen. Beispiele für die Gefahren derartiger Fehlspezifikationen werden z.B. in Kapitel 4.2 b) behandelt (Verschwinden der Kausalbeziehung zwischen Geldmenge und Sozialprodukt bei zusätzlicher Aufnahme einer Zinsvariablen in den Modellansatz).

Der vorstehende Punkt steht in engem Zusammenhang mit der allgemeinen Kritik der Theorielosigkeit des Ansatzes von *Granger* (insbes. *Zellner* [1979a]). Anhand der Definition 3.3 sind Aussagen über Kausalbeziehungen möglich, ohne jeglichen Rückgriff auf ökonomische Gesetze oder Modellvorstellungen. Das rein statistische Kriterium erfordert keine Begründung für festgestellte Kausaleinflüsse – Kausalitätstests zwischen beliebigen Variablen steht nichts im Wege. Bei sinnvoller und sorgfältiger Anwendung der Definition, insbesondere bezüglich Festlegung der Informationsmenge, ist diesem Kritikpunkt einiges an Schärfe zu nehmen (z.B. *Granger* [1980]). Ein weiterer Einwand bezieht sich auf den Ausschluß rein deterministischer Variablen aus Definition 3.3. Da die Prognosegüte derartiger Größen prinzipiell nicht verbessert werden kann (sie lassen sich ja bereits aus ihren eigenen Vergangenheitsdaten perfekt vorhersagen) können sie auch keine

Granger–kausale Ursache haben (*Zellner* [1979a]). Der Kausalitätsbegriff von *Granger* ist damit nur für Variablen mit stochastischer Natur anwendbar.

Neben den eher technischen Problemen, die sich bei der Implementierung in praktisch anwendbare Testverfahren auf Kausalität ergeben und im Abschnitt d) behandelt werden, sind noch einige Bemerkungen bezüglich der gleichzeitigen Kausalität vonnöten. Zum einen kann bei festgestellter gleichzeitiger Kausalität nach Definition 3.3 (3) keine Wirkungsrichtung mehr ausgezeichnet werden. Es läßt sich leicht zeigen (vgl. z.B. *Pierce/Haugh* [1977, Seite 273]), daß die beiden Aussagen { X_t ist gleichzeitig kausal zu Y_t } und { Y_t ist gleichzeitig kausal zu X_t } äquivalent sind. *Granger* [1980, 1988] argumentiert allerdings, daß strenge gleichzeitige Kausalität in der ökonomischen Wirklichkeit nie vorkommt. Jede echte Ursache hat nach seiner Auffassung immer einen zeitlichen Vorsprung vor der Wirkung, sei er auch noch so klein. Dies habe nichts damit zu tun, daß in Anwendungen häufig gleichzeitige Kausalität festgestellt wird. Als mögliche Gründe hierfür nennt *Granger* die mangelnde Datenqualität (Beobachtungsfrequenz der verfügbaren Daten reicht zu Erfassung des möglicherweise kurzen Kausal–Lags nicht aus, sowie meßfehlerbehaftete Daten) und das Problem der Vernachlässigung wichtiger Einflußvariablen (Scheinkorrelationen). Ein Gegenargument zu dieser These ist nach unserer Meinung aber durch die Existenz und Bedeutung von ökonomischen Erwartungen gegeben. Durch die Antizipation möglicher Auswirkungen erwarteter Ereignisse in Gestalt vorgezogener Reaktionen kann sich die eigentliche Ursache auch erst nach Auftreten der logischen Wirkung realisieren. Dem Axiom (3.15) ist dann nicht mehr ohne weiteres zuzustimmen und das Zeitreihenmuster könnte im Extremfall sogar einen der tatsächlichen Kausalrichtung entgegengesetzten Zusammenhang signifikant erscheinen lassen.

Die Vorzüge der *Granger*–Definition liegen auf der anderen Seite natürlich darin, überhaupt eine operationalisierbare Bestimmung des Kausalitätsbegriffes zur Verfügung zu haben. Ohne die Notwendigkeit der Spezifikation kompletter zeitreihenanalytischer Strukturmodelle werden Aussagen über Wirkungsbeziehungen zwischen makroökonomischen Variablen ermöglicht. Fast wichtiger als die Suche nach *Granger*–kausalen Zusammenhängen ist dabei aber die empirische Ablehnung derartiger Einflüsse. Dies läßt sich allein schon mit dem eher notwendigen Charakter der Definition 3.3 begründen. Noch deutlicher wird dieser Punkt aber in der weitestgehenden Übereinstimmung der *Granger*–Kausalität mit dem ökonometrischen Begriff der Exogenität. *Sims* [1977a] und *Geweke* [1984] haben sich ausführlich mit den Gemeinsamkeiten beschäftigt und kommen zu dem Schluß, daß die Ablehnung der *Granger*–Kausalität von Y_t nach X_t eine notwendige Bedingung für die (strikte) Exogenität der Variablen X_t im betrachteten System mit endogener Variablen Y_t ist. Viele Autoren präferieren daher den Begriff Exogenitätstests anstatt Kausalitätstests, wobei die beiden Konzepte nicht vollkommen deckungsgleich sind. So folgt die strikte Exogenität von X_t im obigen Beispiel nur unter weiteren Bedingungen (wie z.B. der schwachen Exogenität) aus der Tatsache daß Y_t nicht *Granger*–kausal ist für X_t.

c) Univariate Innovationszeitreihen und multivariate Zeitreihenanalyse

Bereits im Abschnitt a) dieses Kapitels wurde deutlich, daß univariate Zeitreihenmodelle sehr nützlich auch bei der Betrachtung von Systemen mehrerer Variablen sind: Jede Zeitreihe in einem multivariaten **ARMA**-Modell besitzt nach (3.11) eine vom System implizierte univariate **ARMA**-Darstellung, die somit wichtige Informationen auch bezüglich Wirkungsbeziehungen zwischen mehreren Variablen vermitteln. In diesem Abschnitt wollen wir uns mit weiteren Aspekten des Zusammenhangs zwischen univariater und multivariater Zeitreihenanalyse beschäftigen, insbesondere mit der Eignung von univariaten Innovationszeitreihen zur Identifikation von multivariaten Zeitreihenmodellen und zur Charakterisierung von Kausalitätsbeziehungen nach *Granger*. Die Idee, zur Bestimmung geeigneter Modellstrukturen für die Analyse der Beziehungen zwischen mehreren Zeitreihen auf geschätzte Residualprozesse aus univariaten **ARMA**-Anpassungen zurückzugreifen (sogenanntes "*prewhitening*"), geht vor allem auf *Box/Jenkins* [1970] zurück. Am Beispiel des Transferfunktions-Modells (3.13), auf das sich auch das Interesse von *Box/Jenkins* [1970] richtete, soll dieser Ansatz im folgenden kurz dargestellt werden, um die Bedeutung der univariaten Innovationszeitreihen zu verdeutlichen.

Ausgangspunkt sei die Annahme, daß sich der Wirkungszusammenhang zwischen den beiden stationären Zeitreihen X_t und Y_t in angemessener Weise durch ein rationales Transferfunktions-Modell der Gestalt

$$Y_t = \Psi(L)\,X_t + U_t = \frac{\Theta_q(L)}{\Phi_p(L)}\,X_t + \frac{\Theta_U(L)}{\Phi_U(L)}\,V_{ut} \qquad (3.17)$$

beschreiben läßt, wobei $\Psi(L) = \beta_0 + \beta_1 L^1 + \beta_2 L^2 + \ldots$ die Transferfunktion des linaren Filters und V_{ut} ein von der Inputreihe X_t unabhängiger white noise- Prozeß ist. Liegen Daten einer Stichprobe vom Umfang n über die beiden Variablen vor, so erhebt sich die Frage der Identifikation geeigneter Ordnungen für den autoregressiven und den moving average-Teil der Übertragungsfunktion, sowie des überlagerten stationären Störprozesses. Der nächstliegende Ansatz hierfür ist natürlich die Betrachtung der Stichproben-Kreuzkorrelationen $\hat{\rho}_{X,Y}(h)$ zwischen den beiden Zeitreihen, vgl. Kapitel 3.1 a). Es zeigt sich aber unmittelbar, daß unter (3.17) mit $\sigma_X^2 = \mathbf{Var}(X_t)$ und $\rho_X(h) = \mathbf{Cov}(X_t,X_{t+h}) / \sigma_X^2$ gilt:

$$\rho_{X,Y}(h) = \frac{\sigma_X}{\sigma_Y} \sum_{i=0}^{\infty} \beta_i\, \rho_X(h-i)\ , \qquad (3.18)$$

d.h. anhand der Kreuzkorrelationen sind keine eindeutigen Rückschlüsse auf geeignete Formen für die Transferfunktion möglich. Auch unter der Annahme verschwindender Gewichte β_i ab einem bestimmten Zeitlag ist der Zusammenhang (3.18) zur Ableitung von Informationen über eine sinnvolle Selektionsstrategie wenig hilfreich. Zudem kommt das bereits in Kapitel 3.1 a) ausführlich diskutierte Problem hinzu, daß die asymptotische Verteilung von Stichproben–Kreuzkorrelationen zwischen Zeitreihenvariablen – auch unter der Unabhängigkeitshypothese – von der gesamten Autokorrelationsstruktur der beteiligten Reihen abhängt. Ohne die genaue Zeitreihencharakteristik der Variablen mit in Betracht zu ziehen, ist es demnach unmöglich, statistische Schlußfolgerungen (z.B. Signifikanzaussagen) aus einer geschätzten Kreuzkorrelationsfunktion zu ziehen. Das Kreuz–Korrelogramm zwischen (üblicherweise autokorrelierten) makroökonomischen Größen ist damit kaum sinnvoll zu interpretieren.

Die Lösung des Inferenz – und Identifikationsproblems kann somit nur darin bestehen, die dynamischen Eigenschaften der Variablen bei der Spezifikation mit zu berücksichtigen. In unserem speziellen Fall (3.17) betrifft dies vor allem die Inputgröße X_t. Als zeitlichen Generierungsmechanismus unterstellt man sinnvollerweise einen (stationären und invertierbaren) univariaten **ARMA**–Prozeß

$$\Phi_x(L)\,X_t \;=\; \Theta_x(L)\,V_{xt}\;, \quad EV_{xt}V_{us} = 0 \quad \forall\, s,t \in \mathbb{Z}\;, \tag{3.19}$$

der anhand der von *Box/Jenkins* [1970] eingeführten iterativen Drei–Schritt– Methodik zuverlässig an Stichprobendaten angepaßt werden kann (vgl. Kapitel 5.1 d)). Wie in Kapitel 2.5 gezeigt wurde, entsprechen die white noise–Residuen des Zeitreihenmodells (3.19) gerade den sukzessiven Vorhersagefehlern linearer **MMSE**–Punktprognosen, d.h. von Prognosen mit minimaler Fehlervarianz. Die Reihe der V_{xt} besteht damit genau aus demjenigen Informationsteil, der zum Zeitpunkt t nicht aus den Vergangenheitswerten der Variablen X_t vorhergesagt werden kann. Da die zeitliche Abhängigkeitsstruktur der Inputvariable somit gerade ausgeschaltet ist und die Residuenreihe nur noch die rein stochastischen Impulse wiedergibt, hat sich auch der Begriff <u>Innovationen</u> für die V_{xt} eingebürgert. Den Ansatz einer Eliminierung der univariaten Dynamik mittels **ARMA**–Zeitreihenmodellen bezeichnet man auch als *prewhitening*. Es liegt nahe, nur die derart bereinigten Variablenbestandteile auf Zusammenhänge mit anderen ökonomischen Größen zu untersuchen.

Das von *Box/Jenkins* [1970] vorgeschlagene Verfahren zur Identifikation eines Transferfunktions–Ansatzes (3.17) besteht darin, ein bestmöglich angepaßtes univariates **ARMA**–Modell (3.19) für die Inputgröße X_t zu schätzen und die derart gewonnene autoregressive Transformationsfunktion auch auf die endogene Variable anzuwenden, um die stationären Terme $Z_t := \Theta_x(L)^{-1}\Phi_x(L)\,Y_t$ zu bilden. Das Transferfunktions–Modell ist damit äquivalent auch in der Form $Z_t = \Psi(L)\,V_{xt} + \Theta_x(L)^{-1}\Phi_x(L)\,U_t$ zu schreiben und für die Folge der Gewichte in $\Psi(L)$ gilt mit $EV_{xt}V_{us} = 0$, $s,t \in \mathbb{Z}$, nach (3.18) die Relation :

$$\beta_i \;=\; \frac{\sigma_Z}{\sigma_{V_x}}\,\rho_{V_x,Z}(i)\;, \quad i \geq 0 \quad . \tag{3.20}$$

Einfache Kreuzkorrelation der beiden Reihen V_{xt} und Z_t, gewichtet mit den entsprechenden Standardabweichungen, führt somit direkt zu den interessierenden Koeffizienten β_i der Übertragungsfunktion. Das Selektionsproblem ist durch Rückgriff auf die rein stochastischen Impulse (Innovationen) der Inputvariablen und die entsprechend transfor–

mierte Outputgröße elegant zu lösen. Es zeigt sich erneut, wie wichtig und gleichzeitig überaus hilfreich die Berücksichtigung der Zeitreihencharakteristik der beteiligten Variablen ist. Ein Vergleich der mittels (3.20) gewonnenen Gewichtsfolge mit bekannten theoretischen Reaktionsmustern führt zur Identifikation sinnvoller Ordnungen für Zähler und Nenner der rationalen Übertragungsfunktion $\Psi(L) = \Theta_q(L)/\Phi_p(L)$ und damit auf ein Ausgangsmodell, das mittels effizienter Schätzung und Überprüfung der Anpassungsgüte – ähnlich der Drei–Schritt–Strategie für univariate **ARMA**–Modelle – im weiteren modifiziert werden kann (vgl. *Box/Jenkins* [1970, Kapitel 11] und *Granger/Newbold* [1986, Kapitel 8.2]).

Zu bemerken verbleibt noch, daß die zur Identifikation herangezogenen Reihen V_{xt} und Z_t in der Praxis nicht bekannt sind und mittels Anpassung der Inputreihe an ein **ARMA**–Modell geschätzt werden müssen. Stichproben–Kreuzkorrelationen stehen damit nicht unmittelbar zur Verfügung, sondern nur empirische Kreuzkorrelationen zwischen den abgeleiteten Größen $\hat{V}_{xt}$ und $\hat{Z}_t$. *Haugh* [1972, 1976] hat aber gezeigt, daß die asymptotische Verteilung der geschätzten Kreuzkorrelationen davon unberührt bleibt und das Resultat (3.2) aus Kapitel 3.1 a) unmittelbar übertragen werden kann. Aus der Unkorreliertheit der V_{xt} folgt damit aber, daß die $\hat{\rho}_{V_x,Z}(h)$ im Unterschied zu den $\hat{\rho}_{X,Y}(h)$ von oben unverzerrt auf statistische Signifikanz getestet werden können, da sie unter der Unabhängigkeits–Hypothese direkt mit ihrem klassischen Standardfehler $\sqrt{n}$ verglichen werden können. Ein weiterer Vorteil der white noise–Eigenschaft besteht darin, daß aus (3.20) unmittelbar konsistente und erwartungstreue Schätzwerte für die Transferkoeffizienten zu erhalten sind, ohne das komplette Übertragungssystem betrachten bzw. gemeinsam schätzen zu müssen. Wir kommen auf diese Punkte in Kapitel 3.4 noch ausführlicher zu sprechen.

Insgesamt zeigt sich, daß aus dem Kreuzkorrelogramm von geeignet um die univariate Dynamik bereinigten Zeitreihen mit klassischer Inferenz abgesicherte und leicht zu interpretierende Schlußfolgerungen bezüglich der Parameter des Transferfunktions–Modells zu ziehen sind. In der Literatur sind Versuche unternommen worden, diesen Ansatz auch auf kompliziertere Zeitreihenmodelle, z.B. für den Fall von Beziehungen mit Feedback anzuwenden (*Haugh/Box* [1977], *Granger/Newbold* [1977]) . Da es uns aber ausschließlich darauf ankam, das Grundprinzip des *prewhitening* zur Modellidentifikation für multivariate Zeitreihen zu verdeutlichen, haben wir uns auf das einfachste Anwendungsbeispiel konzentriert. Einige Bemerkungen zur allgemeinen Vorgehensweise sind aber noch vonnöten. Die Zulassung eines möglichen Feedbacks zwischen den beiden Zeitreihen X_t und Y_t hat zur Folge, daß der einfache Ansatz von *Box/Jenkins* [1970] nicht mehr anwendbar ist. Dies liegt daran, daß die Unkorreliertheit der Inputvariablen mit sämtlichen Störtermen in (3.17) verloren geht, wenn X_t seinerseits von der Variablen Y_t beeinflußt wird. In diesem Fall wird der Weg beschritten, beide Zeitreihen an univariate **ARMA**–Modelle anzupassen (*double prewhitening*), d.h. auch für die Output–Größe einen stationären und invertierbaren Generierungsmechanismus mit white noise–Prozeß V_{yt}, $t \in \mathbb{Z}$, zu unterstellen :

$$\Phi_y(L)\, Y_t \;=\; \Theta_y(L)\, V_{yt} \quad . \tag{3.21}$$

Dies hat den großen Vorteil, daß geschätzte Kreuzkorrelationen $\hat{\rho}_{V_x,V_y}(h)$ zwischen den beiden Innovationsreihen zu verschiedenen Zeitlags h unkorreliert miteinander sind. Beim einseitigen *prewhitening* gilt dagegen für die asymptotische Kovarianz unter der Unabhängigkeitshypothese nur $Cov[\hat{\rho}_{V_x,Z}(h), \hat{\rho}_{V_x,Z}(h+l)] = \rho_Z(l)/n$, d.h. die empirische Kreuzkorrelationsfunktion schwankt in systematischer Weise, ähnlich der Autokorrelationsfunktion der stationären Variablen Z_t, um die Nullinie, vgl. *Bartlett* [1955], *Brockwell/Davis* [1991, Seite 410]. Durch die alleinige Betrachtung von Korrelationsbeziehungen zwischen beidseitig gefilterten Zeitreihen, wird demnach der Gefahr der Schätzung von "*spurious correlations*" am wirksamsten begegnet.

Wir wollen den Ansatz des beidseitigen *prewhitening* erneut am einfachen Beispiel des Transferfunktions-Modells (3.17) kurz vorstellen. Mit den univariaten Zeitreihenmodellen (3.19) und (3.21) gilt dann folgender Zusammenhang zwischen den Innovationsreihen:

$$V_{yt} = \frac{\Phi_y(L)}{\Theta_y(L)} Y_t = \Psi(L) \frac{\Phi_y(L)}{\Theta_y(L)} \frac{\Theta_x(L)}{\Phi_x(L)} V_{xt} + \frac{\Phi_y(L)}{\Theta_y(L)} \frac{\Theta_U(L)}{\Phi_U(L)} V_{ut}$$

$$=: \tilde{\Psi}(L) V_{xt} + \tilde{U}_t \quad , \quad \tilde{\Psi}(L) = \frac{\tilde{\Theta}(L)}{\tilde{\Phi}(L)} = \sum_{i=0}^{\infty} \beta_i L^i \quad . \tag{3.22}$$

Es liegt zwar wieder ein Transferfunktions-Ansatz vor, die Übertragungsfunktion bezüglich der Innovationen $\tilde{\Psi}(L)$ ist allerdings in der Regel eine andere als die ursprüngliche in (3.17). Im einfachen Fall der Unkorreliertheit zwischen den Residuentermen V_{xt} der Inputvariablen und den Modellfehlern V_{ut} sind die Gewichte der neuen Übertragungsfunktion aber erneut analog (3.20) direkt aus den entsprechenden Kreuzkorrelationen $\hat{\rho}_{V_x,V_y}(h)$ zu gewinnen. Ohne verzerrende Einflüsse der Abhängigkeitsstruktur in den einzelnen Variablen befürchten zu müssen, ist die Spezifikation eines geeigneten Transferfunktions-Modell zwischen den Innovationen somit leicht möglich. Das entsprechende Modell für die ursprünglichen Variablen X_t und Y_t ist dann unter Anwendung der univariaten Lag-Polynome unmittelbar aus der identifizierten Übertragungsfunktion $\tilde{\Psi}(L) = \tilde{\Theta}(L) / \tilde{\Phi}(L)$ abzuleiten. Praktische Beispiele für diesen Ansatz sind z.B. in den Arbeiten von *Pierce* [1977], *Haugh/Box* [1977], sowie insbesondere in *Granger/Newbold* [1977] zu finden. Die letzteren demonstrieren auch die Möglichkeit der Parametrisierung von multiplen Zeitreihenmodellen mit Feedback mittels des Verfahrens der Kreuzkorrelation von Innovationszeitreihen. Daneben sind auch Ansätze zu nennen, welche die vorgestellte Methodik des *prewhitening* zur Ableitung von Restriktionen und Strukturhypothesen im Rahmen des allgemeinen dynamischen simultanen Gleichungsmodell einzusetzen versuchen (vgl. z.B. *Zellner* [1979b], *Koreisha*[1982]).

Die Hauptproblematik derartiger Ansätze liegt offensichtlich darin, daß die implizierten Zeitreihenmodelle für die Ausgangsvariablen recht kompliziert sein können, somit die Gefahr der Überparametrisierung besteht. Kritik hat sich folglich auch hauptsächlich an diesem Punkt entzündet (z.B. *Maravall* [1981]). Zu berücksichtigen ist aber, daß die vorgestellte Identifikationsstrategie nur die Spezifikation eines geeigneten Ausgangsmodells zum Ziel hat, welches in der weiteren Analyse (effiziente Modellschätzung, Überprüfung der Anpassungsgüte) modifiziert werden muß (z.B. konsequente Vereinfachung durch

Elimination nichtsignifikanter Parameter). Das Verfahren ist damit nicht unbedingt für den routinemäßigen Gebrauch – etwa in Form standardisierter Computeralgorithmen – geeignet, sondern verlangt vom Anwender eine sorgfältige Vorgehensweise und gewisse Erfahrung. *Granger/Newbold* [1977, Seite 348/358] vermerken aber in diesem Zusammenhang, daß eine andere Vorgehensweise als der Weg über univariate Zeitreiheninnovationen nach ihrer Auffassung wenig Aussicht auf Erfolg hat, insbesondere wenn Feedback–Beziehungen zwischen den Variablen nicht ausgeschlossen werden können. In diesem Sinne wird der Ansatz des *prewhitening* auch in unserer Arbeit als der entscheidende Schritt zur Verringerung des *spurious regressions*–Problem angesehen, vgl. Kapitel 3.4 .

Der zweite bedeutsame Aspekt der Untersuchung von Innovationszeitreihen aus univariaten **ARMA**–Modellen liegt in der Möglichkeit einer einfachen Operationalisierung des Kausalitätskonzepts von *Granger*. Wie wir im vorangegangenen Abschnitt ausgeführt haben, wird eine Zeitreihe X_t dann als *Granger*–kausal für die Variable Y_t bezeichnet, wenn die auf den eigenen Vergangenheitsdaten basierende **MMSE**–Prognose von Y_t durch Verwendung der Größe X_t verbessert werden kann. Es kommt somit bei diesem Ansatz gerade auf denjenigen Bestandteil von Y_t an, der nicht bereits von der Variablen selbst erklärt werden kann. Unter der Voraussetzung einer **ARMA**–Darstellung für Y_t und der Konzentration auf lineare Prognosefunktionen ist dieser Variablenteil aber gerade identisch mit den univariaten white noise–Impulsen = Innovationen V_{yt} des Zeitreihenmodells. Was nach Elimination des systematischen Teils in der Residuenreihe an Struktur verbleibt, kann nur noch auf den Einfluß anderer ökonomischer Größen zurückzuführen sein. *Granger*–Kausalität bedeutet somit im Fall einer Informationsmenge, die nur aus den Zeitreihenwerten der beiden betrachteten Variablen besteht, nichts anderes als Prognosefähigkeit der Zeitreiheninnovationen V_{yt} durch zurückliegende Werte von X_t. Naheliegendster Ansatz zur Untersuchung auf *Granger*–Kausalität ist daher die Betrachtung des Zusammenhangs zwischen X_{t-h} und V_{yt}, z.B. in Form einer einfachen Schätzung der Kreuzkorrelationen $\hat{\rho}_{X,V_y}(h)$, $h \geq 0$. Nach obiger Argumentation könnte es hierbei auch sehr nützlich sein, statt der Variablen X_t nur deren Zeitreiheninnovationen V_{xt} zu verwenden, um jegliche verzerrenden Effekte der individuellen Autokorrelationsstruktur zu vermeiden. Im folgenden eine formalere Diskussion des Zusammenhangs zwischen *Granger*–Kausalität, zugrundeliegendem multivariaten Generierungsmechanismus und Strukturbeziehungen zwischen den univariaten Innovationen.

Wir betrachten erneut das einfache Beispiel von nur zwei Zeitreihen im Rahmen eines bivariaten Zeitreihenmodells, da die Ergebnisse wie auch die Definition 3.3 unmittelbar auf den allgemeinen Fall zu übertragen sind (vgl. *Caines/Chan* [1975], *Skoog* [1976], *Geweke* [1982], *Hsiao* [1982]) . Die folgenden Ausführungen orientieren sich eng an *Pierce/Haugh* [1977]. Ausgangspunkt sei die (invertierbare) *Wold*–Repräsentation des stationären Vektorprozesses $\mathbf{Z}_t' = (Y_t, X_t)$ und die daraus resultierende autoregressive Darstellung mit

$$\mathbf{Z}_t = \mathbf{\Theta}(L)\, \mathbf{V}_t = \begin{pmatrix} \Theta_{11}(L) & \Theta_{12}(L) \\ \Theta_{21}(L) & \Theta_{22}(L) \end{pmatrix} \begin{pmatrix} V_{1t} \\ V_{2t} \end{pmatrix} \quad \text{bzw.} \qquad (3.23)$$

$$\Phi(L)\,Z_t = \begin{pmatrix} \Phi_{11}(L) & \Phi_{12}(L) \\ \Phi_{21}(L) & \Phi_{22}(L) \end{pmatrix} \begin{pmatrix} Y_t \\ X_t \end{pmatrix} = \begin{pmatrix} V_{1t} \\ V_{2t} \end{pmatrix} = V_t \ . \tag{3.24}$$

Als Normierungsbedingung unterstellen wir erneut $\Theta(0) = \Phi(0) = I_2$. Desweiteren sei angenommen, daß die univariaten Zeitreihenmodelle für die stationären Variablen in Form von invertierbaren **ARMA**-Prozessen vorliegen, so daß sich die individuellen Innovationsreihen V_{xt} und V_{yt} mittels Standardverfahren aus angepaßten Modellen ableiten lassen. In rein autoregressiver Form seien die univariaten Prozesse gegeben durch :

$$\Phi^x(L)\,X_t = V_{xt} \quad \text{und} \quad \Phi^y(L)\,Y_t = V_{yt} \ , \quad \Phi^x(0) = \Phi^y(0) = 1 \ . \tag{3.25}$$

Zuerst kann bemerkt werden, daß die Kausalitätsdefinition von *Granger* invariant unter beliebigen linearen Transformationen $\Theta(L) = b_0 + b_1L^1 + b_2L^2 + ..$ mit $b_0 \neq 0$ ist, falls wie in der Praxis nur lineare Prognosefunktionen betrachtet werden. Die Transformation der Variablen mit den autoregressiven Filtern $\Phi^x(\cdot)$ und $\Phi^y(\cdot)$ ändert damit nichts an der kausalen Abhängigkeitsstruktur zwischen X_t und Y_t, d.h. eine kausale Beziehung gilt genau dann für die Ausgangsvariablen, wenn sie auch für die Innovationen V_{xt} und V_{yt} gilt (kausalitätserhaltende Transformation). Daraus folgt zunächst einmal, daß bei Betrachtung von unkorrelierten Residualreihen aus **ARMA**-Modellen "theoretisch nichts zu verlieren, aber viel zu gewinnen ist" (*Granger/Newbold* [1977, Seite 358]). Insbesondere sind Beziehungen zwischen den white noise-Impulsen losgelöst von jeglicher zeitlichen Dynamik zu untersuchen. Die Vorteile einer unkorrelierten Datengrundlage, insbesondere in Hinblick auf die Verwendung klassischer Inferenz, sind bereits mehrfach erörtert worden. Verbleibt noch die genaue Charakterisierung kausaler Zusammenhänge zwischen den Ausgangsgrößen in Termen festgestellter Relationen auf der Ebene der Innovationsreihen.

Aus den Darstellungen (3.23) und (3.24) ist unmittelbar ersichtlich, daß die Zeitreihe Y_t unter der Informationsmenge $\Omega_t := \{X_t^*, Y_t^*\}$ genau dann nicht kausal ist für X_{t+1}, wenn $\Theta_{21}(L) \equiv 0$ oder äquivalent $\Phi_{21}(L) \equiv 0$ gilt. Diese Aussagen gehen auf *Granger* [1969] und *Sims* [1972] zurück. Gleichzeitige Kausalität zwischen X_t und Y_t kann bei unserer Normierungsrestriktion nur genau dann auftreten, wenn $\mathbf{Cov}(V_{1t}, V_{2t}) \neq 0$ ist. Zu bemerken ist allerdings, daß die exakte Formulierung von Aussagen zu Kausalitätsbeziehungen im Rahmen des bivariaten Zeitreihenmodells aufgrund der fehlenden Eindeutigkeit der Darstellung mitunter etwas schwierig ist. Mehrere alternative Versionen sind in der Literatur zu finden. Wir wollen diesen Punkt nicht weiter vertiefen und verweisen auf *Pierce/Haugh* [1977] und *Kirchgässner* [1981]. Von *Sims* [1972] stammt eine weitere Charakterisierung von Kausalität, indem die beidseitige Relation

$$Y_t = \sum_{i=-\infty}^{\infty} \beta_i \, X_{t-i} + f_t \tag{3.26}$$

betrachtet wird, wobei die Fehler-Terme f_t zwar unkorreliert mit sämtlichen X_{t-i} aber nicht notwendig white noise sind. *Sims* [1972] hat gezeigt, daß Y_t unter Ω_t genau dann nicht kausal ist für X_{t+1}, wenn $\beta_i = 0$ für alle $i \leq -1$ gilt, d.h. die zukünftigen Werte der Variablen X_t nicht als erklärende Faktoren für Y_t in (3.26) auftauchen. Über das Auftreten gleichzeitiger Kausalbeziehungen sind mit der Vorgehensweise von *Sims* allerdings keinerlei Aussagen zu treffen.

In unserem Zusammenhang interessiert viel mehr die Charakterisierung kausaler Beziehungen über die Innovationszeitreihen V_{xt} und V_{yt}. Mit den autoregressiven Operatoren $\Phi^x(\cdot)$ und $\Phi^y(\cdot)$ aus dem univariaten *prewhitening* folgt aber unmittelbar

$$\begin{pmatrix} V_{1t} \\ V_{2t} \end{pmatrix} = \begin{pmatrix} \Phi^y(L) & 0 \\ 0 & \Phi^x(L) \end{pmatrix} \begin{pmatrix} Y_t \\ X_t \end{pmatrix} = \begin{pmatrix} \Phi^y(L) & 0 \\ 0 & \Phi^x(L) \end{pmatrix} \begin{pmatrix} \Theta_{11}(L) & \Theta_{12}(L) \\ \Theta_{21}(L) & \Theta_{22}(L) \end{pmatrix} \begin{pmatrix} V_{1t} \\ V_{2t} \end{pmatrix}$$
$$=: \begin{pmatrix} \tilde{\Theta}_{11}(L) & \tilde{\Theta}_{12}(L) \\ \tilde{\Theta}_{21}(L) & \tilde{\Theta}_{22}(L) \end{pmatrix} \begin{pmatrix} V_{1t} \\ V_{2t} \end{pmatrix}, \qquad (3.27)$$

d.h. die Modellrelation (3.23) läßt sich in Form eines bivariaten Zeitreihenmodells gleicher Struktur direkt auf die Ebene der Innovationsreihen übertragen. Da die univariaten Transformationen nach Voraussetzung invertiert werden können, gilt davon auch die Umkehrung. Das multiple Modell für den Vektor–Prozeß (V_{yt}, V_{xt}) ist damit äquivalent dem Modell für die Originalzeitreihen. Das gleiche gilt natürlich auch für die autoregressive Darstellung des Modells (3.27) im Vergleich zu (3.24). Aussagen über Kausalitäts–Beziehungen können somit alternativ auch über die Modellrelationen zwischen den unkorrelierten Innovationen gewonnen werden, indem die oben genannten Bedingungen einfach auf (3.27) angewendet werden.

Als leicht anzuwendendes Kriterium bietet sich hier wiederum die Begutachtung der Kreuzkorrelationen $\rho_{V_x,V_y}(h)$ zwischen den white noise–Impulsen an. Dieser Ansatz geht vor allem auf *Haugh* [1976] und *Pierce* [1977] zurück. Einfache *Granger*–Kausalität zwischen X_t und Y_{t+1} ist dann gleichbedeutend damit, daß es ein $h > 0$ mit $\rho_{V_x,V_y}(h) \neq 0$ gibt. Keine Kausalbeziehung zwischen Y_t und X_{t+1} ist auf der anderen Seite durch die Forderung $\rho_{V_x,V_y}(h) = 0$ für alle $h \leq -1$ gegeben. Dies entspricht gerade der obigen Bedingung von *Sims* [1972], indem die Variablen in (3.26) einfach durch ihre jeweiligen Innovationsterme ersetzt werden. Die Übereinstimmung zwischen der Analyse einfacher Korrelationen und der multiplen Regressionsbeziehung (3.26) ist Folge der Unkorreliertheit der Regressoren V_{xt}, und vereinfacht damit die statistische Inferenz ganz erheblich.

Einige Bemerkungen sind noch bezüglich des Problems der gleichzeitigen Kausalität vonnöten. Liegt zwischen den zwei Variablen X_t und Y_t eine kausale Beziehung nur in einer Richtung vor, d.h. kann eine Feedback–Beziehung ausgeschlossen werden, dann ist gleichzeitige Kausalität genau dann gegeben, wenn $\rho_{V_x,V_y}(0) \neq 0$ gilt. Dieses Kriterium läßt sich aber nicht auf den allgemeinen Fall übertragen. *Price* [1979] hat gezeigt, daß ein von Null verschiedener Korrelationskoeffizient zeitgleicher Innovationen bei bivariaten Modellen mit Feedback weder hinreichend noch notwendig ist für die gleichzeitige Kausalität zwischen den Originalreihen, vgl. hierzu auch *Pierce/Haugh* [1979] und *Kirchgässner* [1981]. Wir sind aber der Meinung, daß die relevanten Variablen ohnehin die Innovationen V_{xt} und V_{yt} sind und nicht die von univariater Dynamik überlagerten

Beobachtungsgrößen. Korrelieren die Innovationen unverzögert nicht miteinander, so heißt das ganz einfach, daß die Prognose der einen Variable durch in der Periode selbst hinzukommende Information der jeweils anderen nicht verbessert werden kann. Ob diese Variablen im untransformierten Niveau aufgrund ihrer dynamischen Abhängigkeitsstrukturen eine gleichzeitige Kausalbeziehung aufweisen oder nicht, ist in unseren Augen eher nebensächlich. Uns kommt es viel mehr auf die Relationen zwischen den rein stochastischen Impulsen an. Da diese zeitlich unkorreliert sind, werden unverzerrte Schlußfolgerungen über Beziehungen zwischen makroökonomischen Variablen möglich.

d) Zeitreihenanalytische Kausalitätstests

Zum Abschluß dieses Kapitels über multivariate Zeitreihenanalyse seien noch einige theoretische Resultate bezüglich der in der Praxis weitverbreiteten Kausalitätstests zusammengestellt. Diese basieren direkt auf der zeitreihenanalytischen Kausalitätsdefinition von *Granger*. Stärke dieser Begriffsbestimmung ist es gerade, daß eine direkte Operationalisierung von kausalen Zusammenhängen ermöglicht wird, ohne allzu viel theoretisches Vorwissen über Strukturbeziehungen vorauszusetzen. Beschränkt man sich bei der relevanten Informationsmenge auf die beiden zu untersuchenden (stationären) Variablen X_t und Y_t, so ergeben sich verschiedene Testansätze auf Kausalbeziehungen zwischen diesen Variablen unmittelbar aus den im vorangegenen Abschnitt behandelten Charakterisierungen.

Die autoregressive Darstellung (3.23) des bivariaten Modellansatzes wie auch direkt die Definiton 3.3 legt zum einen folgende Vorgehensweise nahe :

$$\begin{aligned} Y_t &= (1 - \Phi_{11}(L))\, Y_t + (-\Phi_{12}(L))\, X_t + V_{1t} \\ &= \sum_{i=1}^{\infty} a_i Y_{t-1} + \sum_{i=1}^{\infty} b_i X_{t-i} + V_{1t} \; . \end{aligned} \tag{3.28}$$

Ist X_t nicht kausal für Y_{t+1}, so müssen sämtliche Koeffizienten b_i verschwinden. Zu testen ist daher einfach die Nullhypothese $b_i = 0$ für alle $i \geq 1$ gegen die Alternative $b_i \neq 0$ für ein i. Kann die Nullhypothese auf einem vorgegebenem Signifikanzniveau α abgelehnt werden, so folgt damit der kausale Einfluß der Zeitreihe X_t auf die Variable Y_{t+1}. Zum Test auf gleichzeitige Kausalität ist in (3.28) zusätzlich der additive Faktor $b_0 X_t$ aufzunehmen. Soll die umgekehrte Wirkungsrichtung untersucht werden, so ist analog auf die zweite Zeile von (3.23) zurückzugreifen. Für die praktische Anwendung dieses Ansatzes sind allerdings die unendlichen Lag-Ordnungen in (3.28) durch endliche Approximationen mit m_y bzw. m_x Summanden zu ersetzen. Mittels einfacher **OLS**-Schätzung der Gleichung und Durchführung eines klassischen ***F***-Tests auf gemeinsame Signifikanz der Regressionskoeffizienten der X-Variablen ist auf den betreffenden kausalen Einfluß zu testen.

Dieser Testansatz wird als direktes *Granger*-Verfahren bezeichnet, da er implizit bereits in der Arbeit von *Granger* [1969] angelegt ist. Eine Vielzahl von praktischen

Anwendungen bedienen sich dieses Kausalitätstests, da er einfach durchzuführen ist. Der Philosophie von *Granger*'s Definition folgend, handelt es sich um einen rein zeitreihenanalytischen Ansatz, der somit nicht auf einem sorgfältig parametrisierten Strukturmodell basiert. Aufgrund der notwendigen Approximierung der (unendlichen) autoregressiven Prozeß-Darstellung müssen eine Vielzahl von – möglicherweise unnötigen – Parametern geschätzt werden, wobei viele Freiheitsgrade verloren gehen und die Präzision der statistischen Inferenz stark leidet. Zudem sind Multikollinearitätsprobleme zu befürchten, wenn die Variablen eine hohe Autokorrelation aufweisen.

Hauptschwierigkeiten sind desweiteren die erforderliche Stationarität der beiden Zeitreihen und die Wahl geeigneter Lag-Ordnungen m_y und m_x. Das erste Problem ist erst in jüngster Zeit einigermaßen zufriedenstellend gelöst. Mit den Einheitswurzeltests (z.B. dem *Dickey/Fuller*-Test) ist es nunmehr möglich, statistisch abgesichert zwischen (trend-)stationärem und integriertem Zeitreihenverhalten zu diskriminieren, richtige Anwendung der Testverfahren bei Anwesenheit deterministischer Elemente vorausgesetzt, vgl. Kapitel 2.4. Der Punkt der "richtigen" Behandlung von in den meisten makroökonomischen Zeitreihen vorkommenden Zeittrends ist zur Erzielung aussagekräftiger Testergebnisse besonders wichtig. Wie *Christiano/Ljungqvist* [1988] und *Stock/Watson* [1989] gezeigt haben, können sich die empirischen Resultate von Kausalitätstests drastisch unterscheiden, je nachdem ob einmal differenzierte oder (linear) trendbereinigte Daten verwendet werden; vgl. hierzu auch die in Kapitel 3.1 b) behandelte *spurious detrending*-Problematik.

Der zweite Punkt der Festlegung geeigneter Modellordnungen m_y, m_x zur Sicherstellung von white noise-Regressionsresiduen ist nicht so leicht in den Griff zu bekommen. Es hat sich gezeigt, daß Schlußfolgerungen aus Kausalitätstests sehr stark von der maximalen Anzahl zugelassener Lags abhängen (z.B. *Thornton/Batten* [1985]). Anwender, die sich auf a-priori nach Plausibilitätsgesichtspunkten vorgegebene Werte verlassen, laufen so große Gefahr, zufällige Ergebnisse zu produzieren. In einigen empirischen Arbeiten wird daher der Weg beschritten, eine Vielzahl möglicher Lag-Strukturen durchzuspielen und auf einigermaßen konsistente Test-Ergebnisse zu hoffen (z.B. *Karmann* et al. [1987]), leider ergeben sich dabei aber häufig widersprüchliche Resultate. Ein anderer Ansatz versucht, geeignete Modellordnungen datengestützt zu bestimmen, z.B. mittels Rückgriff auf bestimmte Anpassungskriterien (Akaike, Bayes'sche Ansätze). In diesem Zusammenhang sind vor allem die empirischen Studien von *Hsiao* [1979, 1981] zu nennen, vgl. auch Kapitel 4.2 b). In *Thornton/Batten* [1985] und *Jones* [1989] sind Vergleichsstudien über die Eigenschaften der verschiedenen Ansätze zu finden. An diesem Punkt werden die Nachteile, die man sich mit "theoriefreien" Analysemethoden einhandelt, besondes deutlich.

Bei dem zweiten weitverbreiteten Testverfahren von *Sims* [1972] kommt zusätzlich zu den oben genannten ein weiteres Problem hinzu. Macht man die Regressionsbeziehung (3.26) zur Grundlage der Untersuchung auf Kausalität, so besteht neben der auch hier notwendigen Approximation mittels endlicher Lag-Ordnungen die Hauptschwierigkeit darin, daß die Unkorreliertheit der Störterme f_t nicht gesichert ist. Bei der Ableitung der Relation (3.26) aus dem allgemeinen bivariaten Modellzusammenhang (3.23) wird deutlich, daß die Fehler-Terme in aller Regel hoch autokorreliert sein dürften. Inferenzprobleme, wie sie in Kapitel 3.1 a) beschrieben wurden, sind vorgezeichent, was in unserem Fall einer erforderlichen Beurteilung der Signifikanz der Regressionskoeffizienten β_i für $i \leq -1$ besonders schwerwiegend ist. *Sims* [1972] schlägt aus diesem Grund die Transformation beider Zeitreihen mit dem festen Filter $(1-0.75L)^2$ vor, der nach seiner Meinung die meisten makroökonomischen Variablen nahezu auf white noise-Impulse reduziert. *Feige/Pearce* [1979] zeigen aber in einer vergleichenden Studie, wie sensitiv die Ergebnisse des *Sims*-Tests in Bezug auf den jeweils verwendeten Filter reagieren. Von *Geweke* et al[1983] ist daher der Vorschlag gemacht worden, auch verzögerte Werte der abhängigen Variablen in den Ansatz (3.26) aufzunehmen, um die Unkorreliertheit der Residuen zu gewährleisten. Im Vergleich zum direkten *Granger*-Verfahren müssen dann aber noch mehr Parameter geschätzt werden, was die Aussagekraft der **F**-Teststatistik zusätzlich beeinträchtigt.

Der dritte nach *Haugh/Pierce* benannte Kausalitätstest macht sich die im vorangegangenen Abschnitt dargestellten Vorzüge der univariaten Innovations- Zeitreihen, und damit einer individuellen Filterung der Variablen, zunutze (*Haugh* [1976], *Pierce* [1977]). Da sich kausale Beziehungen auch mittels der white noise-Impulse V_{xt} und V_{yt} univariater **ARMA**-Modelle charakterisieren lassen, kann beim Test auf Kausalität einfach auf das Kreuzkorrelogramm $\hat{\rho}_{V_x,V_y}(h)$, $h \in \mathbb{Z}$ der Innovationen zurückgegriffen werden. Probleme mit der Approximation von Modellstrukturen wie (3.26) oder (3.28) und der Schätzung überparametrisierter Regressionsmodelle bestehen nicht mehr, da die zu untersuchenden Variablen zeitlich unkorreliert sind. Hauptschwierigkeit dieses Ansatzes in der Praxis ist, daß die empirischen Kreuzkorrelationen zwischen Variablen berechnet werden müssen, die ihrerseits aus Modellanpassungen resultieren und damit aus geschätzten Reihenwerten bestehen. *Haugh* [1972, 1976] hat aber gezeigt, daß die asymptotische Verteilung der Korrelationskoeffizienten unter Verwendung der ermittelten Zeitreihenresiduen $\hat{V}_{xt}$ und $\hat{V}_{yt}$ die gleiche ist wie unter Kenntnis der wahren Innovationen. Neben der Beurteilung der Signifikanz einzelner Kreuzkorrelationen (durch einfachen Vergleich der Schätzungen mit dem klassischen Standardfehler $\sqrt{n}$) hat *Haugh* daneben die Verwendung folgender Statistiken zur Untersuchung gemeinsamer Einflüsse vorgeschlagen :

$$S = n \sum_{i=-k}^{m} \hat{\rho}^2_{V_x,V_y}(i) \quad \text{bzw.} \quad S^* = n^2 \sum_{i=-k}^{m} (n-|i|)^{-1} \hat{\rho}^2_{V_x,V_y}(i) \,. \tag{3.29}$$

Unter der Nullhypothese der Unabhängigkeit von X_t und Y_t sind beide Statistiken asymptotisch $\chi^2(k+m+1)$-verteilt, wobei die modifizierte Statistik S^* nach *Haugh* in kleineren Stichproben bessere Eigenschaften aufweist. Übersteigt der berechnete S-Wert somit einen kritischen Wert der jeweiligen χ^2-Verteilung, so besteht zwischen den beiden Variablen eine statistisch gesicherte Beziehung. Einseitige Versionen der S-Statistik (3.29) sowie detaillierte Begutachtung des Kreuzkorrelogramms können demnach zum Test von Kausalitätshypothesen herangezogen werden. Zahlreiche Anwendungen dieser Vorgehensweise sind z.B. in *Feige/Pearce* [1976] und *Pierce* [1977] zu finden.

Weitere Ansätze zur praktischen Untersuchung auf Kausalität im Sinne von *Granger* werden von *Pierce/Haugh* [1977] behandelt, vgl. auch die interessanten Vorschläge von *Geweke* [1982] . Wir gehen noch kurz auf einige grundsätzliche Fragen zur Eignung der vorgeschlagenen Testverfahren ein und vergleichen die verschiedenen Ansätze. Aus der Vielzahl mittlerweile unternommener Anwendungen von Kausalitätstests auf ökonomische Fragestellungen ist eines ganz deutlich geworden: auch dieser Analyseansatz eignet sich nicht zur Gewinnung einigermaßen verläßlicher Erkenntnisse über Wirkungsbeziehungen zwischen Zeitreihen. Die Ergebnisse der empirischen Studien fallen je nach verwendetem Zeitreihen–Filter, Saison– und Trendbereinigungsverfahren, Anzahl an exogenen Variablen sowie untersuchtem Zeitraum, aber insbesondere je nach Testansatz auf Kausalität und genauer Spezifikation der Lag–Ordnungen, vollkommen unterschiedlich aus (z.B. *Feige/Pearce* [1979], *Kirchgässner* [1985], *Stock/Watson* [1989]). Als Reaktion darauf sind Versuche unternommen worden, die Güte der drei Testverfahren in Simulationsstudien miteinander zu vergleichen (*Nelson/Schwert* [1982], *Guilkey/Salemi* [1982], *Battaglia/Carlucci* [1982], *Geweke* et al. [1983]). Die Autoren kommen dabei grundsätzlich zu dem Ergebnis, daß die Eigenschaften der Kausalitätstests zur Erzielung richtiger Schlußfolgerungen über vorgegebene Kausalbeziehungen sehr begrenzt sind. Weder wird das Signifikanzniveau für den Fehler erster Art zuverlässig eingehalten, noch ist die Macht der statistischen Tests besonders hoch. Am schlechtesten schneidet dabei der *Sims*–Test ab. Beim Ansatz von *Haugh/Pierce* kann die Nullhypothese der Unabhängigkeit häufig nicht verworfen werden, auch wenn in Wirklichkeit kausale Zusammenhänge bestehen, d.h. dieses Verfahren ist sehr konservativ. Bis auf *Battaglia/Carlucci* [1982], die dem letzteren Test den Vorzug gegen, wird von den anderen Autoren die Verwendung des direkten *Granger*–Verfahrens empfohlen.

Für unsere Zwecke ist das *Haugh/Pierce*–Verfahren von besonderem Interesse. Die in den Simulationsstudien ermittelte geringere Macht dieses Ansatzes korrespondiert mit entsprechenden empirischen Resultaten (Unabhängigkeitsergebnisse von *Feige/Pearce* [1976, 1979], *Pierce* [1977]) und mit theoretischen Erkenntnissen. Bereits *Durbin* [1970] hat darauf hingewiesen, daß bei Teststatistiken, die auf Residuen von geschätzten Regressionsmodellen basieren, mit einer Unterschätzung der tatsächlichen Signifikanzniveaus zu rechnen ist. Das Verfahren von *Haugh/Pierce* ist damit zugunsten einer Nichtverwerfung der Nullhypothese verzerrt und die Macht des Tests gering, vgl. auch *Sims* [1977b], *Schwert* [1979] und *Pagan* [1984]. Diese Eigenschaft kann man als Preis dafür ansehen, daß mit der Untersuchung von Zeitreiheninnovationen dem *spurious regressions*–Problem am wirksamsten zu begegnen ist. Aufgrund der Konservativität des Verfahrens kommt aber festgestellten Relationen besondere Bedeutung zu. Wir kommen auf diesen Punkt in Kapitel 3.3 und 3.4 zurück.

Zum Abschluß dieses Kapitels noch einige weitere Bemerkungen zu kritischen Eigenschaften der vorgestellten Kausalitätstests. Die Ansätze beruhen sämtlich auf den im vorangegangenen Abschnitt abgeleiteten Charakterisierungen im Rahmen von zeitreihenanalytischen Strukturmodellen. Sie bedienen sich Aussagen über die Signifikanz gewisser Modellparameter, zielen damit letztendlich auf Anpassungskriterien innerhalb einer Stichprobe. Die ursprüngliche Definition von *Granger* stellt aber auf Prognosefähigkeit ab, einem Aspekt, der bei den herkömmlichen Kausalitätstests überhaupt nicht mehr auftritt. *Ashley* et al. [1980] unternehmen den Versuch, echte out–of–sample–Prognosen miteinander zu vergleichen, vgl. auch den Ansatz von *Geweke* et al. [1983] .

Die Kritikpunkte an *Granger*'s Definition von Kausalität in Abschnitt b) bleiben davon natürlich unberührt, sie sind unmittelbar auf die zeitreihenanalytischen Kausalitätstests zu übertragen. Ein weiteres, bislang nicht behandeltes Problem ist mit der Existenz von Meßfehlern in den Variablen verbunden. *Newbold* [1978] hat gezeigt, daß sich einseitige Kausalbeziehungen zwischen Variablen im Rahmen eines Tests auf Kausalität als Feedback–Relationen manifestieren können, falls Meßfehler anwesend sind. *Schwert* [1979] äußert daneben die Vermutung, daß die vielfach unter Verwendung des *Haugh/ Pierce*–Ansatzes erzielten Unabhängigkeitsresultate auch auf meßfehlerbehaftete Variablen zurückzuführen sein könnten. Da anzunehmen ist, daß sich Meßfehler im besonderen in den stochastischen Resttermen niederschlagen, sind verzerrende Effekte vor allem bei Verfahren zu erwarten, die sich des *prewhitenings* bedienen. *Kirchgässner* [1981] verdeutlicht dies an einem theoretischen Modell. Die Ergebnisse von Kausalitätstests können somit stark von Meßfehlern beeinträchtigt werden.

Ähnlich negative Auswirkungen sind mit der zeitlichen Aggregation von Variablen verbunden. Bereits im vorangegangenen Kapitel wurde bemerkt, daß sich einseitige Kausalbeziehungen in Folge einer zu großzügigen Periodisierung als gleichzeitige Kausalitäten herausstellen können. *Tiao/Wei* [1976] und *Wei* [1982] widmen sich ausführlich dem Effekt zeitlicher Aggregation auf die Resultate von Kausalitätstests. In *Kirchgässner/Wolters* [1989] wird die Frage behandelt, wie sich unterschiedliche Aggregationsmethoden (Durchschnittsbildung vs. Periodenendstände) auf kausale Beziehungen zwischen Zeitreihen auswirken.

Insgesamt kommt man zu der Schlußfolgerung, daß Kausalitätstests mittlerweile vor allem deshalb einen festen Platz in ökonometrischen Wirkungsuntersuchungen einnehmen, da die zugrundeliegende Begriffsabgrenzung recht anschaulich ist und die empirischen – rein zeitreihenanalytischen – Ansätze ohne großen Aufwand an Theoriebildung und schätztechnischer Raffinesse auskommen (einfache **OLS**–Schätzung, klassische ***F***–Tests). Angesichts der vielen Detailprobleme, der grundsätzlichen Einwände gegen die *Granger*–Definiton und vor allem der überaus widersprüchlichen Testergebnisse verschiedener Analysen ein und derselben ökonomischen Fragestellung sind allerdings Zweifel an der allgemeinen Aussagekraft derartiger Kausalitätstests angebracht.

3.3 Rationale Erwartungen und makroökonomische Modellierung

a) Das Konzept der Rationalen Erwartungen

Erwartungen spielen in mikro– und makroökonomischen Modellvorstellungen über die Wirkungsmechanismen moderner Volkswirtschaften eine entscheidende Rolle. In einer Welt der Unsicherheit sind die Wirtschaftssubjekte ständig gezwungen, Entscheidungen auf Basis subjektiver Einschätzungen über zukünftige Abläufe zu treffen. Hinzu kommt, daß in vielen Fällen Entwicklungen allein durch ausgeprägte Erwartungshaltungen hervorgerufen werden ("*self–fulfilling–prophecies*"). Eine ökonomische Theorie, die sich nicht mit der Beschreibung statischer Zustände zufrieden geben will, ist somit gezwungen, sich mit den Erwartungen der am Wirtschaftsgeschehen Beteiligten auseinanderzusetzen. Neben der Wirkungsanalyse vorgegebener Erwartungen auf den Wirtschaftsprozeß ist hierfür aber auch die Untersuchung der Erwartungsbildung und ihrer Veränderungen selbst erforderlich. Da Erwartungen direkt kaum zuverlässig zu messen sind, kann zu deren Quantifizierung nur auf Erwartungsbildungsmodelle zurückgegriffen werden. Häufig unterstellte, einfache Ansätze wie die Hypothese adaptiver oder autoregressiver Erwartungen werden dem komplexen und stark von psychologischen Faktoren abhängigen Prozeß der Erwartungsbildung allerdings wenig gerecht.

Die Implementierung und Verbreitung eines alternativen Ansatzes zur Modellierung ökonomischer Zusammenhänge unter expliziter Einbeziehung von Erwartungen hat ihre Ursache auch in einem äußeren Anlaß. Das weitgehende Unvermögen der Wirtschaftspolitik in den hochindustrialisierten Ländern, den Herausforderungen der siebziger Jahre (beschleunigte Geldentwertung, geringes reales Wachstum, steigende Arbeitslosigkeit) erfolgreich zu begegnen, hat auch im wissenschaftlichen Bereich zur Entwicklung neuer Theorievorstellungen geführt. Dem zu dieser Zeit vorherrschenden keynesianischen Modellgebäude wurde die sogenannte Neue Klassische Makroökonomie entgegengesetzt. Unter Anwendung eines Erwartungsbildungsbegriffs, der die rationale Nutzung sämtlicher verfügbarer Informationen durch die Wirtschaftssubjekte postuliert, gelangt diese Denkrichtung zu der Schlußfolgerung, daß zielgerichtete Wirtschaftspolitik – ob fiskal oder monetär – nicht in der Lage ist, systematisch oder dauerhaft irgendwelche realen ökonomische Effekte zu erzielen (Neutralitätshypothese). Nur noch unvorhergesehene Ereignisse bzw. neue Informationen (z.B. nichtantizipierte wirtschaftspolitische Maßnahmen) vermögen danach, kurzfristige Abweichungen der abhängigen ökonomischen Variablen von ihren erwarteten Zeitpfaden hervorzurufen (vgl. *Lucas* [1975], *Sargent/ Wallace* [1975], *Barro* [1976], *Sargent* [1976a]; für Übersichtsarbeiten vgl. z.B. *McCallum* [1980], *Buiter* [1980], *Begg* [1982], *Sheffrin* [1983]).

Neben der speziellen Struktur der zugrundeliegenden Makromodelle (Phillipskurve, *natural rate of unemployment*) stellt die Hypothese der rationalen Erwartungsbildung das Fundament der Neuen Klassischen Makroökonomie dar. Das Konzept 'rationale Erwartungen' geht auf *Muth* [1961] zurück und bezieht sich auf die Erwartungsbildung der privaten Wirtschaftssubjekte im Rahmen stochastischer Strukturmodelle für die Ökonomie. Seit etwa Mitte der siebziger Jahre werden empirische Arbeiten zu gesamtwirtschaftlichen Zusammenhängen zunehmend unter dem Paradigma rationaler Erwartungen konzipiert. Wir behandeln im folgenden kurz den ursprünglichen Begriff und gehen auf einige Schwierigkeiten und Kritikpunkte ein. Im Vordergrund unseres Interesses stehen aber die Konsequenzen dieses Ansatzes für die ökonometrische Modellbildung. Die engagiert geführte Auseinandersetzung über die Diskriminierung zwischen keynesianisch und neoklassisch orientierten Konjukturmodellen streifen wir dabei nur am Rande, vgl. z.B. *Pesaran* [1982]. An neueren empirischen Arbeiten für die Bundesrepublik zu diesem Thema seien *Scheide* [1984], *Buscher* [1986], *Röger* [1987], *Weber* [1988], *Nakhaeizadeh* [1989] und *Jansen* [1991] genannt. In Kapitel 4.2 c) werden desweiteren einige praktische Studien zum Thema der Wirkungsweise der Geldpolitik unter rationalen Erwartungen behandelt.

Die Hypothese rationaler Erwartungen geht davon aus, daß die Wirtschaftssubjekte alle vorhandenen Informationen nutzen und damit in Kenntnis der relevanten ökonomischen Theorie in der Lage sind, "optimale" Erwartungen zu bilden. *Muth* [1961, Seite 316] kennzeichnet rationale Erwartungen mit den folgenden Worten:

> "... expectations, since they are informed predictions of future events, are essentially the same as the predictions of the relevant economic theory." (3.30)

Das Kernstück der rationalen Erwartungshypothese ist damit die Übereinstimmung der (nichtbeobachtbaren) subjektiven Erwartungen der einzelnen Individuen mit den objektiven stochastischen Eigenschaften des zugrundeliegenden Strukturmodells für die Volkswirtschaft. Konzentriert man sich auf das erste Moment der Wahrscheinlichkeitsverteilung für eine vorherzusagende Variable Y_t, so gilt unter rationalen Erwartungen folgender formaler Zusammenhang :

$$Y^e_{t+1} = E(Y_{t+1} | \Omega_t) \ . \tag{3.31}$$

Dabei bezeichnet Ω_t die gesamte Informationsmenge, welche den Wirtschaftssubjekten zum Zeitpunkt t zur Verfügung steht und die u.a. auch die Struktur des relevanten Modells für die Variable Y_t umfaßt. Die subjektive Erwartung Y^e_{t+1} der Marktteilnehmer in der Planungsperiode t für den Wert von Y in der nächsten Periode entspricht demnach exakt dem bedingten mathematischen Erwartungswert von Y_{t+1} auf Basis aller Informationen Ω_t.

Aus der Formulierung (3.31) lassen sich unmittelbar eine Reihe von Optimalitätseigenschaften von rationalen Erwartungen ableiten. Im einzelnen folgt mit dem sich in der Periode $t+1$ ergebenden Prognosefehler $U_{t+1} := Y_{t+1} - Y^e_{t+1}$:

$$E(U_{t+1} | \Omega_t) = E(Y_{t+1} | \Omega_t) - E[E(Y_{t+1} | \Omega_t) | \Omega_t] = 0 \tag{3.32}$$

$$EU_{t+1} = E[E(U_{t+1} | \Omega_t)] = 0 \tag{3.33}$$

$$\begin{aligned} Cov(U_{t+1}, X_t) &= EU_{t+1}X_t = E[E(U_{t+1}X_t | \Omega_t)] = \\ & E[X_t\, E(U_{t+1} | \Omega_t)] = 0 \quad \text{für alle } X_t \in \Omega_t \end{aligned} \tag{3.34}$$

$$\text{speziell: } Cov(U_t, U_{t+h}) = 0 \ , \quad h \neq 0 \ . \tag{3.35}$$

Die Relation (3.32) wird als Orthogonalitätseigenschaft bezeichnet, da die Prognosefehler unter rationalen Erwartungen orthogonal zu (unkorreliert mit) sämtlichen Variablen in der Informationsmenge Ω_t sind – vgl. (3.34), insbesondere auch zu den Werten der vorherzusagenden Größe Y bis zum Zeitpunkt t. Nach (3.33) ist die Folge der Prognosefehler außerdem unverzerrt und mit (3.35) auch unkorreliert, d.h. die U_t bilden einen reinen Zufallsprozeß. Rationale Erwartungen können nach der Charakterisierung (3.31) durchaus sehr unpräzis sein, indem sie mit "großen" Fehlern verbunden sein können. Die Wirtschaftssubjekte bilden ihre Erwartungen aber auf eine Weise, daß keinerlei systematische Vorhersagefehler entstehen. Sämtliche Informationen in Ω_t sind verarbeitet (z.B. auch die vergangenen Prognosefehler) und nur unvorherzusehende Ereignisse in $t+1$ führen zu einer Abweichung zwischen realisiertem Wert Y_{t+1} und rationaler Erwartung

Y_{t+1}^e. Die Folge der U_t spiegelt damit allein die neuen Informationen = Innovationen der Periode t wider.

Kritischer aber auch gleichzeitig für praktische Zwecke entscheidender Punkt ist der des umfassenden Informationsstandes der Wirtschaftssubjekte. In der Menge Ω_t sind nach Annahme nicht nur die realisierten Werte der vorherzusagenden Größe und deren Bestimmungsfaktoren, sondern auch die "wahre" Struktur des ökonomischen Wirkungszusammenhangs enthalten. Die Entscheidungsträger handeln damit insgesamt so, als hätten sie vollständige Kenntnis über den Generierungsprozeß der betreffenden Variablen – eine sehr umfassende und damit wirklichkeitsferne Annahme (*B. Friedman* [1979]). Rationale Erwartungen sind damit aber auch ein relatives Konzept, sie basieren auf der jeweils "relevanten" ökonomischen Theorie, d.h. den Modellvorstellungen, die zum gegenwärtigen Zeitpunkt die besten Prognosen ermöglichen. Für sich allein genommen stellt die Hypothese der rationalen Erwartungen keine empirisch gehaltvolle Theorie dar (Erwartungen sind nicht direkt oder nur mit großer Ungenauigkeit zu beobachten), sondern ein rein analytisches Instrument: ob Erwartungen in Wirklichkeit rational im Sinne von *Muth* gebildet werden oder nicht, ist nur in Verbindung mit einem speziell unterstellten Strukturmodell zu untersuchen (Problem des Testens verbundener Hypothesen). So kann auch direkt keine Aussage über die Güte von rationalen Erwartungen, d.h. über den absoluten Fehler, gemacht werden. Nur in Termen des vorgegebenen Modells sind die Antizipationen als bedingte Erwartungswerte optimal, d.h. weisen im Vergleich zu alternativen Methoden der Erwartungsbildung die geringste Fehlervarianz auf (**MMSE**–Prognosen, vgl. Kapitel 2.5).

Auf der anderen Seite liegt in der Bedingtheit und Abstraktheit gerade der Grund für die besondere Attraktivität der *Muth*'schen Definition, indem sie die direkte Verbindung zum üblichen ökonometrischen Modellansatz herstellt. Die Spezifikation und Schätzung von empirischen Modellen basiert grundsätzlich auf der Voraussetzung, den betrachteten Ausschnitt der Realität korrekt abgebildet, d.h. die wahre Struktur identifiziert zu haben. Arbeitet man im Rahmen dieses klassischen Ansatzes mit rationalen Erwartungen, so ist der "wahre" ökonomische Prozeß gerade identisch mit dem unterstellten Strukturmodell und die Wirtschaftssubjekte bilden entsprechend *modellkonsistent* ihre Erwartungen, die dann als einfache Modellprognosen zu operationalisieren sind. Doch auch ohne Rückgriff auf spezielle Strukturmodelle ist das Konzept der rationalen Erwartungsbildung von praktischem Nutzen. Da die rational erwartete Größe nach (3.32) – (3.35) dem tatsächlich eingetretenen Wert, überlagert nur durch einen unkorrelierten Zufallsprozeß mit Erwartungswert Null, entspricht, kann durch einfache Substitution der Erwartungsgröße durch die Realisation plus einem stochastischen Fehlerprozeß häufig ein Modell mit rationalen Erwartungen in eine schätzbare Gestalt überführt werden; als ein Beispiel, stellvertredend für viele, sei *Kinal/Lahiri* [1988] angegeben. Der auf den ersten Blick unnötig umfassende und wenig praxistaugliche Erwartungsbildungsbegriff erlaubt es damit in vielen Fällen erst, ökonometrische Strukturen mit Erwartungen zu identifizieren.

Bevor auf weitere Kritikpunkte am Begriff der rationalen Erwartungsbildung eingegangen wird, sei noch kurz das äquivalente Konzept der effizienten Kapitalmärkte behandelt. Nahezu unabhängig von den Entwicklungen in der Makroökonomie wurde in der Finanztheorie von *Fama* [1970, 1976a] eine analoge Hypothese über die Erwartungsbil–

dung an hochorganisierten Kapitalmärkten erarbeitet. Diese Vorstellungen seien durch folgendes Zitat von *Fama* [1976a, Seite 133] charakterisiert :

> "An efficient capital market is a market that is efficient in processing information. The prices of securities observed at any time are based on 'correct' evaluation of all information available at that time. In an efficient market, prices 'fully refelct' available information." (3.36)

Auch hier wird die vollständige und richtige Verarbeitung sämtlicher objektiv verfügbarer Informationen postuliert, weswegen die Konzepte rationale Erwartungen und effiziente Kapitalmärkte weitgehend identisch sind. Die beiden Begriffe sind daher synonym zu verwenden. Da die Zielvariable an Finanzmärkten die Rendite von Finanzaktiva ist, wird in der Theorie effizienter Kapitalmärkte auf diese Variable bzw. den Kurs des jeweiligen Wertpapiers abgestellt. Ansonsten kann Definition (3.31) unmittelbar übertragen werden. Der Preis von Finanztiteln reflektiert damit an effizienten Kapitalmärkten als bedingter Erwartungswert alle kursrelevanten Informationen. Die Erwartungsfehler bilden einen reinen Zufallsprozeß und sind unkorreliert mit sämtlichen in der Planungsperiode verfügbaren Informationen. Da wir es im Finanzbereich mit hochflexiblen Märkten zu tun haben, geschieht die Verarbeitung neuer Informationen, welche allein den Märkten neue Impulse zu geben vermögen, mit einer hohen (theoretisch unendlichen) Anpassungsgeschwindigkeit. Als Folge der Annahmen ist die Erzielung von Überrenditen durch die Beschaffung und Auswertung von historischen Daten (z.B. mittels technischer Kursanalyse) nur noch rein zufällig möglich, nicht mehr aber systematisch oder dauerhaft.

Im Unterschied zur Hypothese rationaler Erwartungen stehen bei der Analyse von Finanzmärkten eine Reihe einfachster Gleichgewichtsmodelle für den Marktpreis zur Verfügung, die zum Test der Effizienzhypothese wie zur empirischen Modellierung herangezogen werden können. Als Beispiele für derartige Marktmodelle seien das Random Walk-Modell (heutiger Kurs entspricht dem erwarteten Kurs von morgen) und das Capital Asset Pricing-Modell (linearer Zusammenhang der Einzelrenditen mit der Marktrendite) genannt, vgl. z.B. *Fama* [1976a], *Neumann/Klein* [1982] . Etwas näher wollen wir auf die Erwartungstheorie der Zinsstruktur eingehen, da sie ein einfaches Beispiel für aus Marktdaten abzuleitende Erwartungsgrößen darstellt und einigen in Kapitel 4.2 c) kommentierten empirischen Arbeiten zugrunde liegt. Die Erwartungstheorie (ergänzt um die Liquiditätspräferenzhypothese) unterstellt, daß der aus der gegenwärtigen Zinsstruktur berechenbare einperiodige implizite Terminzinssatz (forward rate) [1]

---

[1] Sei mit $i_1(t), i_2(t), .., i_s(t), .., i_n(t)$ die heutige Kassa-Zinsstruktur mit s = Restlaufzeit in Perioden gegeben. Dann errechnen sich die impliziten Terminzinssätze $f_s(t+\tau)$ für s-periodige Anlagen zum Zeitpunkt $t+\tau$ zu :

$$f_s(t+\tau) = \left[\frac{(1+i_{s+\tau}(t))^{s+\tau}}{(1+i_\tau(t))^{\tau}} \right]^{1/s} - 1 \ , \quad 1 \leq s \leq n-1 \ , \ 1 \leq \tau \leq n-s \ . \qquad (3.37)$$

Für den einperiodigen Terminzinssatz gilt damit z.B. die Relation $(1+i_2(t))^2 = (1+i_1(t))\,(1+f_1(t+1))$, d.h. die forward rate ist durch eine intertemporale Arbitrage-Bedingung definiert, indem es für einen risikoneutralen Investor gleichwertig sein muß,

$f_1(t+1)$ für den Zeitpunkt $t+1$ den Markterwartungen in t für den einperiodigen Kassazins (spot rate) $i_1^e(t+1)$ in einer Periode entspricht :

$$f_1(t+1) = i_1^e(t+1) + L_1(t+1) , \qquad (3.38)$$

additiv überlagert nur durch eine Risiko(Liquiditäts)-prämie $L_1(t+1)$ für diese Laufzeit, der ein einfaches Modell wie z.B. die schlichte Konstanz unterlegt wird, vgl. z.B *Kath* [1972], *Nelson* [1972b]. Da in Kombination mit der Theorie rationaler Erwartungen (effizienter Kapitalmärkte) nur Prognosefehler auftreten, die einen reinen Zufallsprozeß U_t mit $EU_t = 0$ und $EU_tU_{t+h} = 0 , \forall\, h \neq 0$, bilden:

$$i_1(t+1) = i_1^e(t+1) + U(t+1) , \qquad (3.39)$$

ist zum einen mit dem Regressions-Ansatz $i_1(t) = \alpha_t + \beta f_1(t) + U(t)$ eine einfache Testmöglichkeit der beiden Theorie-Bausteine, zum anderen mit der forward rate - korrigiert um die Risikoprämie - unmittelbar eine Proxy-Variable für die (nicht-beobachtbaren) effizienten Markterwartungen gegeben. Als Beispiele für die zahlreichen empirischen Arbeiten zur Zinsstruktur und Erwartungstheorie seien *Shiller* [1979], *Fama* [1984], *Mankiw* [1986] und *Mishkin* [1988] erwähnt. Bereits an diesem einfachen Beispiel ist deutlich geworden, daß die Hypothese effizienter Kapitalmärkte für die empirische Analyse im Bereich der Finanztheorie von überragender Bedeutung ist. Darin kommt u.a. auch die Tatsache zum Ausdruck, daß die unterstellten Verhaltensweisen noch am ehesten an hochorganisierten Märkten mit auktionstypischem Charakter gegeben sein dürften, die durch einen großen Informationsstand der Wirtschaftssubjekte und der Möglichkeit sofortiger Reaktionen gekennzeichnet sind.

Zur weiteren Kritik am Erwartungsbildungskonzept von *Muth* [1961] bzw. *Fama* [1970, 1976a] seien noch kurz einige Bemerkungen zur Plausibilität der Annahmen, insbesondere in Bezug auf die Informationsmenge Ω_t gemacht. Der Informationshorizont der Wirtschaftssubjekte dürfte in der Realität weit von dem entfernt sein, der bei der rationalen Erwartungsbildung unterstellt wird. Insbesondere haben die Entscheidungsträger nur unvollständige Kenntnis über die Wirkungsweisen der Ökonomie. Dies steht zwar nicht in direktem Widerspruch zu *Muth* (Rationalität nur relativ zum jeweiligen Strukturmodell), aber doch zum üblichen Optimalitätsbegriff. Hinzu kommt, daß rationale Erwartungen zwar mit dem in der Ökonomie üblichen Optimierungskalkül (*homo oeconomicus*) begründet werden können, Kosten- Nutzengesichtspunkte aber vollkommen vernachlässigt werden. Es entspricht viel eher einem "rationalen" Verhalten, nur solange neue Informationen bei der Erwartungsbildung zu berücksichtigen, als der zusätzliche Nutzen die entsprechenden Kosten rechtfertigt (2. Gossensches Gesetz). Auf die

---

heute auf zwei Perioden fest anzulegen oder eine Einperioden-Anlage in $t+1$ zu prolongieren. Daneben sind die impliziten Terminzinssätze als break even-Rediten für zukünftige Wiederanlagen bei festem Planungshorizont zu interpretieren. Zum Beispiel ist bei der Entscheidung, ob man heute auf n Perioden zu $i_n(t)$ fest anlegt oder erst ein einperiodiges Wertpapier erwirbt, um dann morgen auf n-1 Perioden anzulegen, die forward rate $f_{n-1}(t+1)$ in Relation zu der in $t+1$ erwarteten Rendite $i_{n-1}(t+1)$ zu setzen.

Bedeutung von Grenzkosten bei der Informationsbeschaffung weisen insbesondere *Darby* [1976], *Feige/Pearce* [1976] und *Neumann* [1979] hin. Beim *Muth'* schen Ansatz wird dagegen implizit unterstellt, daß sämtliche Informationen frei zugänglich sind und die Erlangung und Auswertung keinerlei Kosten verursacht. Ist dies – wie in der Realität – nicht gegeben, so ist die Verwendung sämtlicher Informationen nicht mehr optimal. Hinzu kommt, daß bei Einbeziehung von unverzögerten Erklärungsvariablen in die Erwartungsbildung auch Vorhersagen und damit Strukturmodelle für die exogenen Größen erforderlich werden (bedingte Prognosen), womit weitere Kosten hervorgerufen werden, auf der anderen Seite aber überhaupt nicht sichergestellt ist, daß die Varianz der Prognosefehler auch wirklich reduziert wird.

Besonders deutlich wird dieses Problem am sogenannten Informationsparadoxon effizienter Kapitalmärkte, vgl. z.B. *Grossman/Stiglitz* [1980]. Wenn die Preise an Finanzmärkten den objektiven Informationsstand vollständig widerspiegeln, ist es nicht einsichtig, warum die Marktteilnehmer überhaupt noch Informationen beschaffen und auswerten sollen, die Möglichkeit der dauerhaften Erzielung von Überrenditen wurde ja gerade ausgeschlossen. Fehlt aber dieser Anreiz, wie kann es dann sein, daß der jeweilige Preis sämtliche Informationen reflektiert? Es wird deutlich, daß von der Annahme vollkommener und damit gleicher Informiertheit der Wirtschaftssubjekte abgegangen werden muß. Real existierende Märkte können damit nur noch eingeschränkt informationseffizient sein, da von unterschiedlichen subjektiven Informationshorizonten ausgegangen werden muß. Neben zentral verfügbaren Informationen, die praktisch allen Marktteilnehmern (kostenfrei) zur Verfügung stehen, gibt es Informationen, die (vorübergehend) nur einer begrenzten Anzahl von Wirtschaftssubjekten zugänglich und/oder mit Kosten verbunden sind. Da die Ausnutzung dieser Informationen, bevor sie der Allgemeinheit bekannt werden und sich entsprechend im Marktpreis niederschlagen, zwischenzeitlich Spekulationschancen eröffnen, ist es für rational handelnde Marktteilnehmer interessant, derartige Informationen zu erlangen. Sie werden daher Kosten und Zeit für die Beschaffung von Informationen aufwenden, die bei vollkommener Informiertheit aller Marktteilnehmer eigentlich bereits im Marktpreis enthalten sein sollten (Dynamisierung des statischen Konzepts der Markteffizienz).

Das gleiche Argument trifft natürlich auf rationale Erwartungen und die Untersuchung makroökonomischer Wirkungszusammenhänge zu. Auch hier ist nicht von einem umfassenden und identischen Informationsstand sämtlicher Wirtschaftssubjekte auszugehen, da Informations- und Anpassungskosten existieren. Außerdem ist in der Realität von einem Informationsvorsprung z.B. der wirtschaftspolitischen Instanzen wie der Staatsregierung oder der Zentralbank, auszugehen (*Neumann* [1979]). Aufgrund der Komplexität des Wirtschaftsablaufes, der Vielzahl möglicher Einflußfaktoren und den Kosten für deren Beschaffung und Verarbeitung werden Erwartungen der Wirtschaftssubjekte in der Regel auf einfachen Strukturvorstellungen beruhen, vgl. den folgenden Abschnitt. Subjektive und objektive Erwartungswerte fallen daher nicht mehr automatisch zusammen und systematische Prognosefehler werden möglich.

In diesem Zusammenhang wird auch das Konvergenzproblem bzw. die Frage der Lernfähigkeit der Wirtschaftssubjekte diskutiert, vgl. z.B. *B. Friedman* [1979], *Shiller* [1978]. Die ursprüngliche Definition von *Muth* beschreibt einen rein statischen Gleichgewichtszustand, der nichts über den tatsächlichen Prozeß der Erwartungsbildung aussagt. In der Literatur ist aus diesem Grund ausführlich die Frage diskutiert worden, ob auch bei eingeschränktem Informationsstand und der Existenz systematischer Erwartungsfehler die Strukturvorstellungen durch Lernvorgänge gegen die wahren ökonomischen Zusammenhänge konvergieren. In der Regel muß diese Frage verneint werden, da die Wirtschaftssubjekte aufgrund ihres begrenzten Wissens (Informationskosten) nicht zweifelsfrei zwischen systematischen und zufälligen Vorhersagefehlern diskriminieren können (*Neumann* [1979]).

Das einfache und theoretisch kaum angreifbare Konzept (tautologische Immunität) der rationalen Erwartungen/effizienten Kapitalmärkte ist damit aus Sicht der Realitätsnähe als äußerst problematisch anzusehen. Daß es dennoch so große Wirkung in der ökonomischen Theoriebildung wie der empirischen Forschung und Praxis entfalten konnte, liegt an der eleganten Lösung des Identifikationsproblems von Modellen mit Erwartungsgrößen. Durch die unterstellte vollkommene ökonomische Rationalität und Informiertheit der Marktteilnehmer wird es möglich, Schlußfolgerungen aus derartigen Strukturmodellen zu ziehen, ohne den Erwartungsbildungsprozeß explizit spezifizieren zu müssen.

b) Statistische Erwartungsbildungsmodelle und Schwach Rationale Erwartungen

Der Begriff der rationalen Erwartungen von *Muth* [1961] beinhaltet keine operationale Beschreibung des Erwartungsbildungsprozesses, sondern stellt in der Hauptsache die Beziehung von Erwartungen zu stochastischen ökonomischen Modellstrukturen her. So steht auch nicht die Wirklichkeitsnähe des Konzepts im Vordergrund, bzw. ist die Hypothese rationaler Erwartungen empirisch überhaupt nicht direkt zu verifizieren. Für die makroökonomische Modellbildung entscheidend ist vielmehr, ob durch Berücksichtigung dieses Ansatzes die Beschreibungs- und Prognosefähigkeit ökonometrischer Modelle verbessert werden kann oder nicht. Im Abschnitt c) widmen wir uns ausführlich den Konsequenzen von rationalen Erwartungen für makroökonomische Wirkungsanalysen und behandeln entsprechende Spezifikationsprobleme. Zunächst ist aber zu fragen, ob durch Einbeziehung einer umfassenden Informationsmenge in die Modellierung von Erwartungen überhaupt signifikant bessere Vorhersageergebnisse möglich sind. Hinzu tritt der Vergleich mit den einfachen Erwartungsbildungsmodellen wie adaptiven oder autoregressiven Prozessen, die vielfach in traditionellen ökonometrischen Studien Verwendung finden.

Ansatzpunkt der einfachen parametrischen Modellansätze zur Operationalisierung nicht beobachtbarer Erwartungen ist die Hypothese, daß die Wirtschaftssubjekte zukünftige Werte einer ökonomischen Größe allein aus deren zurückliegender Entwicklung extrapolieren. Angenommen wird dabei also, daß die Wirtschaftssubjekte in Kenntnis ihres unzureichenden Informationsstandes und aufgrund von stark verzögerten Reaktionsmechanismen (aus Trägheit, eingeschänktem Wahrnehmungsvermögen bzw. der Existenz von Anpassungskosten) ausschließlich bisherige Erfahrungen über die Variab–

lengeschichte zur Erwartungsbildung nutzen, indem sie aus der Beobachtung von Vergangenheitswerten implizit auf den univariaten Prozeß schließen, welcher der ökonomischen Größe zugrunde liegt. Unter der Annahme, daß der Prozeß über die Zeit hinweg stabil bleibt, ist er mit empirischen Mitteln zu modellieren, und die entsprechenden Prognosewerte sind durch einfache Fortschreibung in die Zukunft hinein zu gewinnen. Das Problem bei diesem Ansatz ist aber nach wie vor, daß über die konkrete Verknüpfung zwischen Vergangenheitsdaten und Erwartungsbildung nichts auszusagen ist. In der klassischen Ökonometrie werden aus diesem Grund zusätzliche Hypothesen über den eigentlichen Prozeß der Erwartungsbildung aufgestellt, die weniger theoretischen Überlegungen als Plausibilitätsgesichtspunkten genügen.

So geht das Modell der autoregressiven Erwartungsbildung davon aus, daß die Wirtschaftssubjekte ihre in t gebildeten Erwartungen Y_{t+1}^e für die Variable Y_{t+1} auf Basis einer linearen Verknüpfung zurückliegender Variablenwerte generieren:

$$Y_{t+1}^e = a_0 + a_1 Y_t + a_2 Y_{t-1} + \dots + a_p Y_{t-p+1} \quad . \tag{3.40}$$

Die Vorgabe der maximalen Verzögerung geschieht dabei in der Regel in arbiträrer Weise. Das Ersetzen von Erwartungsgrößen durch einen verteilten Lag vergangener Werte gemäß (3.40) ist eine in empirischen Studien vielfach anzutreffende Vorgehensweise. Speziell führt (3.40) bei der Aufnahme von Erwartungen über die zu erklärende Variable in den Modellansatz zu verzögert endogenen Größen als zusätzliche Regressoren. Schränkt man den Definitionsbereich der Gewichtsfaktoren a_i im autoregressiven Ansatz (3.40) durch gewisse Restriktionen ein, so gelangt man zu mehreren in der Literatur diskutierten Spezialfällen wie extrapolativen oder regressiven Erwartungen, vgl. z.B. *Schlotthauer* [1981]. Diese Ansätze ergänzen den autoregressiven Mechanismus der Erwartungsbildung durch zusätzliche, mehr oder weniger plausible, Annahmen über die Verhaltensweisen der Wirtschaftssubjekte.

Das bekannteste Modell in diesem Zusammenhang stellt der Ansatz der adaptiven Erwartungsbildung (*Cagan* [1956], *Friedman* [1957]) dar, dem eine spezielle Hypothese über das Lernverhalten der Wirtschaftssubjekte zugrunde liegt. Angenommen wird dabei, daß die Wirtschaftssubjekte ihre Erwartungen Y_t^e, die sie für die Periode t gebildet hatten, mit der dann tatsächlich zu diesem Zeitpunkt eingetretenden Entwicklung vergleichen und entsprechend ihre Erwartungen Y_{t+1}^e für die nächste Periode um einen festen Anteil λ des beobachteten Vorhersagefehlers korrigieren (Irrtums–Lernprozeß):

$$Y_{t+1}^e = Y_t^e + \lambda \, (Y_t - Y_t^e) \quad . \tag{3.41}$$

Löst man das Modell (3.41) durch sukzessives Einsetzen zurückliegender Erwartungen auf, so zeigt sich, daß mit $Y_{t+1}^e = \lambda Y_t + (1-\lambda)\, Y_t^e = \lambda Y_t + \lambda(1-\lambda)\, Y_{t-1} + (1-\lambda)^2 Y_{t-1}^e$ $= \dots = \lambda\, (Y_t + (1-\lambda) Y_{t-1} + (1-\lambda)^2 Y_{t-2} + \dots)$ nichts anderes als ein gewichteter Mittelwert sämtlicher Vergangenheitswerte von Y_t vorliegt, dessen Gewichte geometrisch abnehmen und sich zu Eins aufsummieren. Das adaptive Modell (3.41) stellt damit gleichfalls einen Spezialfall autoregressiver Erwartungsbildung dar, in welchen allerdings eine unendliche Anzahl verzögerter Größen einfließen. Mittels geeigneter Umformung (*Koyck*–Transformation) ist der Ansatz (3.41) aber im Rahmen von ökonometrischen Strukturmodellen mit einfachen Mitteln effizient zu schätzen (nur ein zusätzlicher unbekannter Parameter) und ist daher in der empirischen Wirtschaftsforschung sehr populär.

Die bislang in diesem Abschnitt behandelten Modelle beruhen sämtlich auf Plausibilitätsüberlegungen und a–priori Hypothesen über den Prozeß der Erwartungsbildung, ohne eine ökonomische Fundierung geben zu können oder auf Erkenntnisse der Psychologie über menschliches Lernen und Reaktionsverhalten zurückzugreifen, vgl. *Schlotthauer* [1981, Seite 128ff.]. So mögen die einfachen extrapolativen Ansätze noch relativ brauchbare Prognosen bei stark trendbehafteten Variablen ermöglichen (abgesehen von systematischen Über– bzw. Unterschätzungen bei adaptiver Erwartungsbildung). Bei der Vorhersage von Wendepunkten und stark schwankenden Zeitreihen versagen sie aber vollkommen, da sie lediglich gewisse Tendenzen der Vergangenheit fortschreiben. Desweiteren stellen die autoregressiven Ansätze – zumindest explizit – keine Beziehung zu einem zugrundeliegenden Strukturmodell her. Der spezielle Datengenerierungsprozeß einer bestimmten Variablen bleibt unberücksichtigt. Nur unter der Hypothese, daß der tatsächliche Prozeß mit dem unterstellten Mechanismus übereinstimmt, sind Erwartungen auf Basis dieser Modelle (statistisch) optimale Vorhersagen im **MMSE**–Sinne (minimale Fehlervarianz).

Es ist ein seit langem bekanntes Resultat (*Muth* [1960], vgl. z.B. *Pesaran* [1987, Seite 19f.]), daß adaptive Erwartungen auch gleichzeitig rational im Sinne von *Muth* [1961] sind, falls die vorherzusagende Variable einem **IMA**(1,1)–Prozeß $Y_t = Y_{t-1} + V_t + bV_{t-1}$ genügt, vgl. Kapitel 2.3 . In diesem Fall entspricht die optimale lineare Vorhersage mit $\hat{Y}_{t+1} = Y_t + bV_t = Y_t + (1+bL)^{-1}b\,\Delta Y_t = (1+bL)^{-1}(1+b)\,Y_t$ bzw. $\hat{Y}_{t+1} = -b\hat{Y}_t + (1+b)\,Y_t = \hat{Y}_t + (1+b)\,(Y_t-\hat{Y}_t)$ gerade dem adaptiven Schema (3.41) mit Lernkoeffizient $(1+b)$. Es wird erneut deutlich, daß das Konzept der rationalen Erwartungen erst in Zusammenhang mit einem Strukturmodell operationalisierbar ist und damit einen relativen Begriff darstellt. Nimmt man ein spezielles Zeitreihenmodell an, so kann auch für die einfachen parametrischen Erwartungsbildungsmodelle Rationalität gegeben sein. Für die praktische Modellierung von Erwartungen heißt dies aber auf der anderen Seite, daß a–priori–Ansätze wie (3.40) und (3.41) bestenfalls zufällig optimale Prognosegleichungen darstellen. Die Untersuchung der Prozeßeigenschaften der vorherzusagenden Variable sollte daher in die Modellierung integriert werden.

Dieser Weg wird durch praktische Anwendung des Konzepts der schwach rationalen Erwartungsbildung konsequent beschritten. Es handelt sich dabei um eine Weiterentwicklung des ursprünglichen Begriffes von *Muth* [1961], indem die unrealistische Hypothese einer umfassenden Informationsmenge abgeschwächt wird, vgl. Abschnitt a). Schwach rationale Erwartungen sind dadurch definiert, daß die Wirtschaftssubjekte optimale Erwartungen nur noch auf Basis der in der Vergangenheit realisierten Werte der vorherzusagenden Größe Y_t bilden. Unter Anwendung des Optimalitätskriteriums der Minimierung des mittleren quadratischen Prognosefehlers wird demnach folgender Zusammenhang unterstellt :

$$Y^e_{t+1} = E(Y_{t+1} \mid Y_t, Y_{t-1}, ..) \quad . \tag{3.42}$$

Schwach rationale Erwartungen stellen damit die Mindestanforderung an eine Prognoseerstellung an, die man mit dem Begriff "rational" in Verbindung bringen kann. Die Wirtschaftssubjekte sollten zumindest die Informationen nutzen, die kaum Kosten verursachen und leicht zu beschaffen sind, und das sind auf jeden Fall die historischen Daten der relevanten Variable. Zum Begriff der Optimalität gehört aber auch hier, daß die Erwartungsbildung auf demjenigen (univariaten) Zeitreihenmodell basiert, welches nach gegenwärtigem Erkenntnisstand die besten Vorhersagen (**MMSE**-Eigenschaft) ermöglicht. Einfache, a-priori vorgegebene Schemata wie autoregressive oder adaptive Modelle erfüllen damit die Voraussetzungen der schwachen Rationalität in der Regel nicht. Je nach Charakteristika der betreffenden Zeitreihe ist ein individuelles Prognosemodell zugrundezulegen.

Als operationaler Ansatz zur Behandlung schwach rationaler Erwartungsbildung bietet sich der Rückgriff auf die in Kapitel 2 beschriebenen **ARIMA**-Zeitreihenmodelle an. Mit diesem flexiblen Instrument lassen sich die stochastischen Eigenschaften stationärer und integrierter Prozesse mit einer klein zu haltenden Anzahl von Parametern gut abbilden. Eine Vielzahl von praktischen Anwendungen haben, aufbauend auf die Identifikations-Strategie von *Box/Jenkins* [1970], die praktische Eignung dieses Ansatzes zur Modellierung konkret vorliegender Zeitreihendaten gezeigt. Geht man beispielsweise davon aus, daß die Zeitreihe Y_t durch ein stationäres **ARMA**(p,q)-Modell erzeugt wurde, so sind die rationalen Erwartungen der Wirtschaftssubjekte als Prognosen mit minimaler Fehlervarianz gegeben durch :

$$Y_{t+1}^{e} = \hat{Y}_{t+1} = a_0 + a_1 Y_t + \ldots + a_p Y_{t-p+1} + b_1 V_t + \ldots + b_q V_{t-q+1} \;, \qquad (3.43)$$

vgl. Kapitel 2.5 . Die Zufallsvariablen V_t, welche als white noise-Impulse den **ARMA**-Prozeß generieren, entsprechen dabei mit $V_{t+1} = Y_{t+1} - Y_{t+1}^{e}$, $t \in \mathbb{Z}$, gerade den sukzessiven Ein-Schritt-Prognosefehlern des Ansatzes (3.43) . Die Optimalitätseigenschaften rationaler Erwartungen (3.32) – (3.35) sind folglich unmittelbar erfüllt. Wie aus (3.43) ersichtlich ist, kann die **ARMA**-Erwartungsbildung als eine additive Überlagerung von autoregressiver Extrapolation und einem gewichteten Fehler-Korrektur-Mechanismus interpretiert werden. Die Koeffizienten des moving average-Teils sind dabei als Lernkoeffizienten anzusehen, welche den Einfluß zurückliegender Vorhersagefehler auf die Erwartungsbildung am aktuellen Rand zum Ausdruck bringen. Damit ist eine gewisse Ähnlichkeit zum einfachen adaptiven Modellansatz gegeben. Im Unterschied zu dem dort fest vorgegebenen Mechanismus beruht die Zeitreihen-Modellierung aber gerade auf einer flexiblen Abbildung der Prozeßeigenschaften der Variablen. Aus diesem Grund erscheint hier die Identifizierung des auf empirischem Wege gewonnenen Modelles mit der "wahren" Stuktur am ehesten gerechtfertigt.

Der über **ARIMA**-Zeitreihenmodelle führende Ansatz zur praktischen Modellierung rationaler Erwartungen wird von *Feige/Pearce* [1976] und *Nerlove* et al. [1979, Seite 302ff.] ausführlich diskutiert und liegt zahlreichen empirischen Arbeiten zugrunde, vgl. Abschnitt c) . Wir widmen uns im verbleibenden Teil dieses Abschnitts den Vorhersage-Eigenschaften reiner Zeitreihenerwartungen, insbesondere in Hinblick auf die strikte Beschränkung der zugrundeliegenden Informationsmenge auf die reine Variablenvergangenheit. Der Hauptkritikpunkt an diesem Ansatz betrifft natürlich den Ausschluß weiterer Variablen aus dem Erwartungsbildungsprozeß. Die Frage nach der rationalen Verwendung zusätzlicher Informationen kann aber nicht ohne Berücksichtigung des trade-offs zwischen den Kosten der Informationsbeschaffung und -auswertung und der dadurch erreichten Verbesserung der Prognosegüte beantwortet werden. Wie wir bereits in Abschnitt a) argumentiert haben, werden die Wirtschaftssubjekte nur dann weitere Ressourcen in die Prognoseerstellung investieren, wenn der Grenznutzen zusätzlicher Informationen größer ist als die entsprechenden Grenzkosten.

Feige/Pearce [1976] haben in diesem Zusammenhang den Begriff der ökonomisch rationalen Erwartungen geprägt. Bei ihnen ist die zu verwendende Informationsmenge nicht einfach vorgegeben wie bei (schwach) rationalen Erwartungen nach *Muth* [1961], sondern unterliegt dem ökonomischen Optimierungskalkül der Gewinnmaximierung. Unter der Annahme, daß die Informationen in der eigenen Vergangenheit einer Variablen auf jeden Fall zur Erwartungsbildung verwendet werden, untersuchen die Autoren, ob durch die Aufnahme weiterer erklärender Größen in Zeitreihenansätze für die US-Preisentwicklung die Varianz des Vorhersagefehlers reduziert werden kann. Unter Anwendung des *Haugh/Pierce*-Kausalitätstests gelangen die Autoren zu dem Ergebnis, daß keine der von ihnen betrachteten leading-Indikatoren signifikant zu einer Verbesserung der Prognosegüte beiträgt. *Feige/Pearce* [1976, Seite 519] ziehen daraus die Schlußfolgerung, daß die Erwartungsbildung über **ARIMA**-Modelle nicht nur schwach, sondern unter Berücksichtigung von Informationskosten auch ökonomisch rational zu sein scheint.

Das Resultat von *Feige/Pearce* [1976] steht in der empirischen Literatur nicht allein. So stoßen z.B. *Cramer/Miller* [1976], *Pierce* [1977], *Feige/Pearce* [1979] und *Hernandez-Iglesias/Hernandez-Iglesias* [1981] auf ähnliche Unabhängigkeitsphänomene zwischen den Innovationen (Vorhersagefehlern unter schwach rationalen Erwartungen) verschiedener Zeitreihen auf unterschiedlichen Gebieten (Finanztheorie, Makroökonomie) und für verschiedene Länder (Vereinigte Staaten, Spanien). Daneben weist die zu Beginn der Siebziger Jahre ausführlich geführte Diskussion über die Vorhersagegüte der großen ökonometrischen Makromodelle im Vergleich zu einfachen Zeitreihenansätzen in dieselbe Richtung, vgl. *Cooper* [1972], *Naylor* et al. [1972], *Nelson* [1972a], *Cooper/Nelson* [1975]. Diese Autoren gelangen übereinstimmend zu dem Ergebnis, daß univariate Zeitreihenmodelle in ihrer Prognoseleistung durchaus an die komplexen Gesamtmodelle heranreichen, ihnen oftmals sogar überlegen sind. Es zeigt sich somit, daß die Unterschiede zwischen rationalen Erwartungen in der strengen Form und einfacheren Erwartungsbildungsmodellen wie **ARIMA**-Ansätzen in der Praxis gar nicht so groß sind, zumindest für den üblichen Prognosehorizont. Neben einer optimalen Nutzung der Vergangenheitsdaten scheint die Aufnahme weiterer Informationen nur noch einen geringen zusätzlichen Erklärungsbeitrag zu leisten.

Zu fragen ist nach möglichen Gründen für diese Ergebnisse. Zum einen kann vermutet werden, daß es nach wie vor in vielen Fällen an einem gründlichen Verständnis des ökonomischen Generierungsmechanismus mangelt. Die Verwendung einer umfassenden Informationsmenge ist aber nur dann sinnvoll, wenn die Theorie ausreichend gesicherte Hypothesen über Wirkungszusammenhänge und zeitliche Abläufe zur Verfügung stellen kann. Hinzu kommen eher technische Probleme der statistischen Inferenz mit Zeitreihendaten.

Aufgrund hoher Multikollinearität zwischen den Vergangenheitswerten der zu erklärenden Variablen einerseits und vermuteten Einflußfaktoren andererseits sind signifikante Beziehungen oftmals nicht mehr festzustellen, wenn verzögert endogene Größen in den Modellansatz einfließen. Die univariate Abhängigkeitsstruktur überlagert in diesem Fall sämtliche möglichen Relationen mit anderen Variablen.[2] Desweiteren ist auf das Problem trendbehafteter Zeitreihen hinzuweisen. Da deterministische Trends keine Ursache im Sinne von *Granger* [1969] haben, bleibt bei stark trendbehafteten Zeitreihen wenig Raum für eine Verbesserung der Prognosegüte. Bei größeren Prognosehorizonten dominiert ein deterministischer zudem jeden stochastischen Trend, vgl. *Haldrup/Hylleberg* [1989]. Doch auch bei rein stochastischem Trendverhalten ist die zur Erzielung der Stationarität erforderliche Differenzenbildung in der Regel mit einer starken Varianzreduktion verbunden. Mit dieser zeitreihenanalytisch motivierten Datentransformation wird damit häufig bereits so viel erklärt, daß die Anpassungsgüte im Datenniveau nur noch geringfügig durch Aufnahme exogener Faktoren in den Modellansatz verbessert werden kann.

Auf die Existenz und möglichen Konsequenzen von Meßfehlern wurde bereits in Abschnitt 3.2 d) eingegangen. Auch hierin könnte eine Erklärung für die vielfach erzielten Unabhängigkeitsresultate zwischen Zeitreihen-Innovationen liegen. Zu bedenken ist auf der anderen Seite, daß univariate Zeitreihenmodelle auch im Rahmen multivariater Strukturen keine naiven Ansätze sind: Bereits *Zellner/Palm* [1974] haben darauf hingewiesen, daß jede Variable in derartigen Systemen miteinander verbundener Gleichungen auch eine univariate **ARMA**-Darstellung besitzt. Im Lichte der empirischen Resultate, die keine Überlegenheit von ökonometrischen Strukturmodellen gegenüber rein zeitreihenanalytischen Erwartungen zeigen, können damit Prognoseansätze wie (3.43), die ohne jegliche ökonomische Theorie auskommen, auch mit einer rationalen Erwartungsbildung in Verbindung gebracht werden. Wenn einfache Verfahren vergleichbare Vorhersageresultate ermöglichen wie hochkomplexe Strukturmodelle, so wird kein ökonomisch rational handelndes Wirtschaftssubjekt zusätzlich zu den historischen Daten weitere Informationen verwenden.

Hinzu kommt ein weiterer Gesichtspunkt. Rationale Erwartungen nach *Muth* [1961] beinhalten nicht, daß die Vorhersagen besonders gut zu sein brauchen. Neue Informationen in der laufenden Periode können zu großen Abweichungen zwischen erwarteten und realisierten Werten führen. Genau dies zeigen auch empirische Studien über informationseffiziente Kapitalmärkte, welche mit den implizit in den Marktpreisen enthaltenen rationalen Erwartungsgrößen arbeiten. Die Prognosegüte derartiger Markterwartungen erweist sich in der Regel als so gering, daß an der Vorstellung einer "rationalen" Erwartungsbildung ernsthafte Zweifel aufkommen. Genannt seien hier beispielshaft zum einen Ansätze, die aus der Zinsstruktur mit Hilfe der Erwartungstheorie effiziente Zinsprognosen ableiten. Die Studien von *Hamburger/Platt* [1975], *Fama* [1976b], *Shiller* et al. [1983]

---

[2] Im Gegensatz hierzu werden häufig viel zu gute Erklärungsergebnisse erzielt, wenn die Autokorrelationsstruktur in Regressionsresiduen nicht ausreichend berücksichtigt wird. Das krasseste Beispiel in diesem Zusammenhang ist das *spurious regressions*-Problem bei integrierten Zeitreihen, zwischen denen Zufallsbeziehungen eher die Regel als die Ausnahme zu sein scheinen, vgl. Kapitel 3.1 b).

und *Mankiw/Miron* [1986] kommen zu dem Ergebnis, daß forward-rates kaum Vorhersagefähigkeit für zukünftige Kassa-Zinsen aufweisen, sie sind nicht besser als naive Prognosemodelle wie der random walk. *Fama* [1984] und *Mishkin* [1988] berichten von einem gewissen Informationsgehalt für kleinere Prognosehorizonte, wobei die entsprechenden Zinsgleichungen ein Bestimmtheitsmaß von maximal $R^2 = 0.26$ erreichen.

Als zweites Beispiel verweisen wir auf Ansätze, die aufbauend auf die klassische Studie von *Fama* [1975] mittels der Hypothese rationaler Erwartungen aus Nominalzinssätzen versuchen, effiziente Inflationserwartungen abzuleiten. *Nelson/Schwert* [1977], *Fama/Gibbons* [1984] und *Mishkin* [1990] gelangen unter Rückgriff auf das Realzinstheorem von *Fisher* zu dem Resultat, daß Nominalzinssätze auf kürzere Sicht kaum Informationen über die zukünftige Preisentwicklung enthalten. So ermöglicht z.B. das in *Fama/Gibbons* [1984] verwendete Zinsmodell (ex ante Realzinsen modelliert als random walk) nur geringfügig bessere Ein-Schritt-Vorhersagen als ein reines Zeitreihenmodell für die Inflationsrate. Auf weitere Beispiele für die mangelnde Erklärungsgüte von Markterwartungen unter rationalen Erwartungen, z.B. auf dem Gebiet der Devisenmärkte, sei verzichtet (vgl. auch die in Kapitel 4.2 c) behandelten Ergebnisse von *Mishkin* [1981, 1982b]). Zu berücksichtigen ist zwar, daß derartige Modelle zur Gewinnung von Marktprognosen immer auf dem unterstellten Gleichgewichtsmodell beruhen, so daß unzureichende Ergebnisse auch auf diesen Teil und nicht allein auf die Erwartungsbildung zurückzuführen sein könnten (Problem der verbundenen Hypothese). Es ist aber deutlich geworden, daß mit der Hypothese rationaler Erwartungen – auch an hochorganisierten und volatilen Finanzmärkten – kaum bessere Vorhersagen verbunden zu sein brauchen als bereits durch einfache, zeitreihenanalytische Ansätze ermöglicht werden.

Insgesamt ist die Schlußfolgerung zu ziehen, daß die Hypothese der rationalen Erwartungsbildung für praktische Zwecke am ehesten in der schwachen Form von (3.42) operationalisierbar ist. Zum einen kann mit den flexiblen **ARIMA**-Zeitreihenansätzen den Optimalitätskriterien (3.32) – (3.35) Genüge getan werden. Zum anderen sind auf diese Weise mit relativ einfachen Mitteln Prognosewerte zu erhalten, die eine gute Näherung für die optimalen Vorhersagen darstellen, die mit dem gegenwärtigen Wissensstand möglich sind. Der den Wirtschaftssubjekten von *Muth* [1961] zugesprochene umfassende Informationsstand ist damit zumindest auf ein realistischeres Ausmaß beschränkt.

c) Makroökonometrische Modellbildung unter Rationalen Erwartungen

Wie alle einfachen, stark abstrahierenden und damit machtvollen Theorievorstellungen entfaltet auch die Hypothese der Rationalen Erwartungen bedeutende theoretische wie empirische Wirkungen in der Makroökonomie. Die Postulierung einer Erwartungsbildung durch rational handelnde Wirtschaftssubjekte, welche keine systematischen Vorhersagefehler mehr zuläßt, führt zu einer Vielzahl interessanter und aufschlußreicher Implikationen über ökonomische Wirkungszusammenhänge. Nach Auffassung von *Zellner* [1988, Seite 14/15] ist die Konfrontation relativ schlichter Verhaltenshypothesen mit der Wirklichkeit die produktivste und erfolgsversprechendste Vorgehensweise zur

Ableitung kausaler Gesetze in den Sozialwissenschaften (Beispiel: Random Walk-Hypothese für Aktienmärkte und die dadurch ausgelöste Debatte über empirische Anomalien). In diesem Sinne soll im folgenden nicht die Wirklichkeitsnähe des Konzepts Rationaler Erwartungen weiter vertieft werden, sondern die Konsequenzen einer derartigen Arbeitshypothese für die makroökonomische Modellbildung und entsprechende empirische Spezifikationsansätze im Vordergrund stehen.

Grundproblem der empirischen Arbeit mit Modellen unter Einbeziehung von Erwartungsvariablen ist, daß die Vorstellungen der Wirtschaftssubjekte in der Regel nicht direkt beobachtbar sind. Der Lösungsansatz einer Verwendung von Befragungsdaten (z.B. aus dem *Livingston-*, *Michigan-*, *Gallup-Survey*, oder den Umfragen des *ifo*-Instituts München) oder von veröffentlichen Experten-Prognosen (z.B. des Sachverständigenrates oder der Wirtschaftsforschungsinstitute) scheint nahezuliegen. In der Literatur ist aber vielfach auf die Probleme hingewiesen worden, die eine Identifikation von Umfrageergebnissen mit den tatsächlichen Erwartungen der Wirtschaftssubjekte mit sich bringt, vgl. z.B. *Chan-Lee* [1980]. Wir begnügen uns hier mit dem Verweis auf einige Stichwörter wie dem Problem der Umwandlung von qualitativen Aussagen in quantitative Daten, möglichen Verzerrungen durch die Wahl der Stichprobe (z.B. könnten Experten ihre handlungsrelevanten Erwartungen bewußt verschweigen) oder die Art der Fragestellung, und die Fehleranfälligkeit aufgrund unreflektierter Antworten oder mangelnden Wissens. Empirische Untersuchungen haben zudem gezeigt, daß die Qualität derartiger Befragungsdaten in Bezug auf ihre Prognosefähigkeit sehr bescheiden ist und in der Regel auch nicht ausreicht, den Optimalitätskriterien rationaler Erwartungen wie Unverzerrtheit und Fehler-Unkorreliertheit zu genügen, vgl. z.B. *Neumann/Buscher* [1980, 1985], *Brown/Maital* [1981], *Wolters* [1984], *Lovell* [1986], *Brase* [1986] .

Es verbleibt somit nur die Alternative, den Erwartungsbildungsprozeß selbst zu spezifizieren und modellendogene Erwartungsgrößen zu verwenden. Nur auf diese Weise können die Erwartungen der Wirtschaftssubjekte mit beobachtbaren Daten und Variablen in Verbindung gebracht werden. Die rationale Erwartungshypothese von *Muth* [1961] bietet hier die weitgehendste und auch eleganteste Lösung. Es wird unterstellt, daß die Wirtschaftssubjekte die gesamte zugrundeliegende Modellstruktur kennen und ihre Erwartungen als bedingten mathematischen Erwartungswert über diese umfassende Informationsmenge optimal bilden. Durch die Identifikation des systematischen Teils eines ökonometrischen Strukturmodells mit dem "wahren" Generierungsmechanismus sind unmittelbar modellkonsistente Erwartungen abzuleiten, welche nicht mehr mit systematischen Prognosefehlern behaftet sind. Für die empirische Modellierung heißt dies ganz einfach, daß rationale Erwartungsgrößen und Modellprognosen, die unter der Voraussetzung der Strukturkonstanz geschätzt werden können, zusammenfallen. Spezielle Annahmen über die Erwartungsbildung wie z.B. über psychologische Aspekte oder den Lernprozeß aus Vorhersagefehlern sind nicht mehr erforderlich. Auf der anderen Seite muß erneut die Bedingtheit rationaler Erwartungen bezüglich des unterstellten Strukturmodells und die besondere Rolle der verwendeten Informationsmenge betont werden.

Wir wollen diesen Ansatz im folgenden im Rahmen des dynamischen simultanen Gleichungsmodells explizit kurz darstellen und lehnen uns dabei eng an *Shiller* [1978] und *Wallis* [1980] an. In Erweiterung der Modellstruktur (3.14) nehmen wir hierzu an, daß neben den exogenen Faktoren X_t in der Periode t-1 gebildete Erwartungen Y_t^e über die endogenen Variablen linear in die Determinierung der zu erklärenden Größen einfließen :

$$\Phi_{11}(L)\, Y_t \;+\; \Phi\, Y_t^e \;+\; \Phi_{12}(L)\, X_t \;=\; \Theta_{11}(L)\, V_{1t} \;, \tag{3.44}$$

$$\Phi_{22}(L)\, X_t \;=\; \Theta_{22}(L)\, V_{2t} \;, \quad EV_{1s}V_{2t} = 0 \quad \forall\, s,t \in \mathbb{Z} \;. \tag{3.45}$$

Unterstellt man in diesem Modellzusammenhang rationale Erwartungsbildung, so gilt mit der in t-1 verfügbaren Informationsmenge Ω_{t-1} und den matrixwertigen Lag-Polynomen $\Phi_{11}(L) = B_0 + B_1L + .. + B_pL^p$, $\Phi_{12}(L) = \Gamma_0 + .. + \Gamma_rL^r$ und $\Theta_{11}(L) = I + \Lambda_1L + .. + \Lambda_qL^q$:

$$\begin{aligned} &E(\Phi_{11}(L)Y_t \,|\, \Omega_{t-1}) \;+\; \Phi\, E(Y_t | \Omega_{t-1}) \;+\; E(\Phi_{12}(L)X_t \,|\, \Omega_{t-1}) \;= \\ &(B_0+\Phi)\, E(Y_t | \Omega_{t-1}) \;+\; B_1Y_{t-1} + .. + B_pY_{t-p} \;+\; \Gamma_0\, E(X_t | \Omega_{t-1}) \\ &+ \Gamma_1X_{t-1} + .. + \Gamma_rX_{t-r} \;=\; \Lambda_1V_{1,t-1} + .. + \Lambda_qV_{1,t-q} \;. \end{aligned} \tag{3.46}$$

d.h. das Strukturmodell ist unter der Annahme der Invertierbarkeit von $(B_0 + \Phi)$ in Abhängigkeit von den rationalen Vorhersagen $X_t^e = E(X_t | \Omega_{t-1})$ über die exogenen Variablen explizit nach den Erwartungen Y_t^e aufzulösen. Da für den Generierungsprozeß der exogenen Größen ein multivariates **ARMA**-Modell unterstellt ist, fließen in die Bestimmungsgleichung für die rational erwarteten endogenen Variablen ausschließlich zeitlich zurückliegende und damit in Ω_{t-1} enthaltene Werte der Modellvariablen wie der realisierten Fehlerterme ein. Durch Substitution der auf diese Weise modellkonsistent operationalisierten Erwartungen in das Strukturmodell (3.44) ist eine schätzbare Darstellung der Zusammenhänge zwischen den Variablen X_t und Y_t in multivariater **ARMA**-Form abzuleiten. Allerdings werden durch die Integration von Erwartungsgrößen in den Modellansatz und durch die Hypothese rationaler Erwartungsbildung spezielle Restriktionen an die Modellparameter der beobachtbaren reduzierten Form impliziert (*Wallis* [1980]). Desweiteren ist zu berücksichtigen, daß die exogenen Variablen nunmehr auf zwei verschiedene Weisen auf die endogenen Variablen einwirken. Zum einen fließen sie direkt gemäß (3.44) ein, zum anderen besteht ein indirekter Effekt über den Erwartungsbildungsprozeß (3.46) bezüglich der endogenen Größen. Verschärfte Identifikationsprobleme für den Rückschluß von Parametern der reduzierten Form auf die interessierenden Strukturparameter sind damit vorgezeichnet, vgl. z.B. *Pesaran* [1981], *Wegge/Feldman* [1983].

Das Modell (3.44) kann zusätzlich erweitert werden, indem rationale Erwartungen über endogene Variablenwerte in zukünftigen Perioden aufgenommen werden. In diesem Fall ist eine Lösung des Modells nur über ein lineares Differenzengleichungssystem in den bedingten Erwartungswerten zu erhalten und vom gesamten zukünftigen Pfad der exogenen Variablen abhängig, vgl. *Wallis* [1980]. Wir wenden uns aber im folgenden dem Vorhersagefehler in Modellen mit rationalen Erwartungen zu. Zieht man (3.46) von (3.44) ab, so erhält man :

$$B_0 (Y_t - Y_t^e) + \Gamma_0 (X_t - X_t^e) = V_{1t} \quad \text{bzw.} \tag{3.47}$$

$$Y_t = Y_t^e - B_0^{-1}\Gamma_0 V_{2t} + B_0^{-1} V_{1t} \quad . \tag{3.48}$$

Abweichungen der realisierten Werte für die endogenen Variablen von den Erwartungen lassen sich damit ausschließlich auf den stochastischen Fehlerterm der reduzierten Form von (3.44) sowie auf die unkorrelierten Prognosefehler $V_{2t} = X_t - X_t^e$ bezüglich der exogenen Größen zurückführen. Diese zum Zeitpunkt der Erwartungsbildung nicht vorherzusehenden Störeinflüsse spiegeln damit die unerwarteten Bestandteile der Realisationen in t wider.

Die Relation (3.48) bildet das Herzstück der Botschaft der Neuen Klassischen Makroökonomie. Da mit der rationalen Erwartungshypothese von *Muth* [1961] unterstellt wird, daß auch das Reaktionsverhalten der wirtschaftspolitischen Instanzen auf vorangegangene Fehlentwicklungen bei gesamtwirtschaftlichen Zielgrößen in Form einer Politikregel in der Informationsmenge Ω_{t-1} enthalten ist, sind die Wirtschaftssubjekte in der Lage, Steuerungsmaßnahmen der Wirtschaftspolitik zu antizipieren und bei der Bildung ihrer Erwartungen zu berücksichtigen. Jegliche systematisch betriebene Geld– oder Fiskalpolitik wird damit vorausgesehen und kann bereits heute in entsprechenden Anpassungsreaktionen verarbeitet werden. Nur noch die nichtantizipierten Innovationen der laufenden Periode vermögen einen eigenständigen Einfluß auf die realisierte Entwicklung entfalten. In Kombination mit der "*natural rate*" –Hypothese (nur Abweichungen zwischen tatsächlicher und erwarteter Geldentwertung = Preisinnovationen vermögen makroökonomische Aggregate kurzfristig von ihren "natürlichen" Niveaus zu entfernen, vgl. *Phelps* [1967] und *Friedman* [1968]) gelangt die Neue Makroökonomie damit zu der weitreichenden Schlußfolgerung, daß zielgerichtete Wirtschaftspolitik, die in systematischer Weise auf Schwankungen der Konjunktur reagiert, unwirksam ist, indem sie keinerlei systematische oder dauerhafte Effekte mehr auf reale ökonomische Größen auszuüben imstande ist (Neutralitätshypothese, vgl. z.B. *Sargent/Wallis* [1976]).

Das Resultat der Klassischen Makroökonomie, daß deterministisch betriebene Geld– oder Fiskalpolitik auf längere Sicht keine realen Wirkungen entfalten kann wird damit unter rationalen Erwartungen auch auf den kurzfristigen Bereich ausgedehnt. Nach (3.47) können allenfalls Erwartungsfehler in Bezug auf wirtschaftspolitische Maßnahmen der laufenden Periode und damit nichtantizipierbare unsystematische Steuerungsversuche (Schocks) zu einem Abweichen der realisierten Größen von der erwarteten bzw. "natürlichen" Entwicklung führen. Diese Abweichungen sind aber rein stochastischer Natur und damit kaum in planvoller Weise für die Wirtschaftspolitik nutzbar. Was allein durch Eingriffe der wirtschaftspolitischen Instanzen beeinflußt wird, sind nominale Variablen wie z.B. das Preisniveau.

Dieses der keynesianisch orientierten Globalsteuerung diametral gegenüberstehende Neutralitätsresultat ist allerdings an einige Voraussetzungen gebunden. Angenommen werden muß dabei zum einen, daß die Wirtschaftssubjekte ihr Verhalten unmittelbar an neue Gegebenheiten und entsprechend gebildete Erwartungen anpassen, d.h. auf dem Güter– wie Arbeitsmarkt immer vollständige Markträumung vorliegt. Daneben muß die

Politikregel, auch wenn sie von den wirtschaftspolitischen Instanzen nicht öffentlich bekanntgegeben wird, den Marktteilnehmern implizit zur Verfügung stehen, d.h. zielgerichtete Wirtschaftspolitik muß prognostizierbar sein ohne systemtische Vorhersagefehler zu begehen. Die weiteren Erfordernisse der rationalen Erwartungsbildung wie vollständige Kenntnis der ökonomischen Wirkungsmechanismen und Grenzkosten der Informationsbeschaffung von Null sind bereits oben ausgeführt worden. Dagegen ist bereits frühzeitig in Modellen von *Fischer* [1977], *Phelps/Taylor* [1977] und *Taylor* [1979] gezeigt worden, daß aufgrund von institutionellen Beschränkungen (Mehrperioden-Kontrakte am Arbeitsmarkt, Preisrigiditäten am Gütermarkt) unmittelbare Anpassungen nicht immer möglich sind und damit für eine gewisse Zeit Chancen auf erfolgreiche konjunkturelle Steuerungsmaßnahmen bestehen können.

Die Liste für mögliche Ursachen auch über mehrere Perioden hinweg wirkender wirtschaftspolitischer Eingriffe kann leicht verlängert werden. Berücksichtigt man Transaktions-, Informationsbeschaffungs/auswertungs- und Anpassungskosten, so ist es auch vom ökonomischen Standpunkt nicht immer rational, unmittelbar auf sich ändernde Rahmenbedingungen zu reagieren. Dazu kommen Wahrnehmungsverzögerungen, echte Informationsdefizite, oder einfach die Tatsache, daß z.B. Investitionsentscheidungen und Anpassungen des Kapitalstocks gewisse Zeit in Anspruch nehmen. Als wichtigstes Argument gegen die vollständige Politikunwirksamkeit ist aber der unzureichende Informationsstand in Bezug auf die ökonomische Struktur und das Verhalten der wirtschaftspolitischen Entscheidungsträger anzusehen, vgl. z.B. *B. Friedman* [1979]. Vorausgesetzt werden muß nicht nur, daß die Wirtschaftssubjekte die allgemeinen Wirkungszusammenhänge kennen, sondern auch die genauen numerischen Werte der Modellparameter. Dies wird insbesondere dann zum Problem, wenn sich die Modellstruktur bzw. das Reaktionsverhalten der Wirtschaftspolitik im Zeitablauf ändert. Zu einer im statistischen Sinne aussagekräftigen Modellschätzung (Konsistenz, Effizienz) ist es erforderlich, daß Daten aus einer ausreichend langen, stabilen Phase zur Verfügung stehen. Wie bilden die Wirtschaftssubjekte aber ihre Erwartungen bei einer plötzlichen Änderung der Politikregel (Regime-Wechsel)? Zumindest in einer Übergangsperiode, bis die neuen Verhaltensweisen zuverlässig gelernt sind (falls überhaupt Konvergenz angenommen werden kann), werden wirtschaftspolitische Maßnahmen Wirkung zeigen (*Taylor* [1975], *Shiller* [1978]). An diesem Punkt wird erneut der grundsätzliche Schwachpunkt der rationalen Erwartungshypothese deutlich, nur einen statischen Gleichgewichtszustand zu beschreiben (langfristiges Erwartungsgleichgewicht) und keine Annahmen über den tatsächlichen Erwartungsbildungs- bzw. Lernprozeß zur Verfügung zu stellen.

Angesichts der berechtigten Kritikpunkte an den unrealistischen Voraussetzungen einer unmittelbaren Fehleranpassung (3.47) sind bereits frühzeitig von Verfechtern der Neuen Klassischen Makroökonomie Einschränkungen am strikten Postulat der Politikunwirksamkeit zugelassen worden (*Lucas* [1975], *Barro* [1976]). Unvollständige Informationen der Wirtschaftssubjekte, insbesondere im Vergleich zum Informationsstand der Träger der Wirtschaftspolitik wie Notenbank und Staatsregierung, lassen in diesen Ansätzen auch verzögerte Reaktionen auf unerwartete Entwicklungen bei den erklärenden Faktoren zu (vgl. auch *Shiller* [1980]). Insofern wird ein gewisses adaptives Verhaltensmuster in Modelle unter rationalen Erwartungen eingebracht, was in Übereinstimmung mit Erkenntnissen zum Lernverhalten der Wirtschaftssubjekte steht (*Taylor* [1975], *B. Friedman* [1979]). Erwartungsfehler in Bezug auf wirtschaftspolitische Maßnahmen können demnach aufgrund von institutionellen Beschränkungen, Anpassungskosten, Informationsdefiziten und Lernproblemen zumindest vorübergehend reale Wirkungen entfalten. Längerfristig bleibt es aber beim Unabhängigkeitsergebnis, und auch den antizipierten Variablenanteilen werden mit dieser modifizierten Hypothese nach wie vor keinerlei Effekte auf die abhängigen Variablen zuerkannt.

Zu diesen grundsätzlichen Überlegungen zur Spezifikation von makroökonomischen Modellen unter rationalen Erwartungen kommen eher technische Probleme hinzu, die bei der praktischen Implementierung zum Tragen kommen. Zum einen ist es erforderlich, ein Modell wie (3.44) / (3.45) explizit nach den rationalen Erwartungsgrößen aufzulösen, was sehr kompliziert werden kann, weil die gesamte Modellstruktur einfließt. Eine effiziente Schätzung des Modells über die beobachtbare reduzierte Form hat dann unter Berücksichtigung einer Vielzahl von gleichungsübergreifenden Restriktionen zu erfolgen, weswegen im Prinzip nur ML-Verfahren bei voller Information in Frage kommen, vgl. z.B. *Wallis* [1980], *Hoffman* et al. [1984]. Das gleiche gilt bezüglich statistischer Tests der strukturellen Modellierung, vgl. *Revankar* [1980], *Hoffman/Schmidt* [1981].

Neben dem Problem, daß Lösungen von Strukturmodellen auch mit rational gebildeten Erwartungsvariablen nicht eindeutig zu sein brauchen (insbesondere wenn Erwartungen über zukünftige Perioden einbezogen werden, vgl. *Shiller* [1978], *Pesaran* [1981]), ist desweiteren auch bei gut spezifizierten Modellen nicht gesichert, daß auf die eigentlich interessierenden Strukturparameter eindeutig zurückgeschlossen werden kann (Identifikationsproblem). Bereits *Sargent* [1976b] hat darauf hingewiesen, daß Ansätze der Neuen Klassischen Makroökonomie und keynesianische Modelle beobachtungsäquivalent sind, d.h. empirisch (über die reduzierte Form) nicht zwischen den beiden Spezifikationen unterschieden werden kann, wenn ausschließlich Daten eines einzigen Politikregimes zugrundegelegt werden, vgl. auch *McCallum* [1979], *Buiter* [1983]. Betrachtet man daher nur eine der beiden Modellformen, so ist aus einem guten Anpassungsresultat nicht ohne weiters auf die Überlegenheit des verwendeten Ansatzes zu schließen. So zeigt z.B. *Pesaran* [1982], daß ein keynesianisch orientiertes Makro-Modell mindestens gleich gute Erklärungsresultate ermöglicht wie in der Literatur zu findende Modellansätze der Neuen Klassischen Makroökonomie. Ähnliche Probleme treten auf, wenn im Rahmen von Strukturmodellen auf rationale Erwartungsbildung getestet wird. Da immer nur eine verbundene Hypothese zugrundegelegt werden kann, sind keine eindeutigen Schlußfolgerungen möglich. Wir wollen den kontroversen Punkt der empirischen Diskriminierung zwischen den beiden entgegengesetzten Theorievorstellungen aber hier nicht weiter vertiefen, sondern wenden uns zum Abschluß noch einigen einfacheren Implementierung-Ansätzen zu.

Angesichts der geschilderten Schwierigkeiten (hoher Aufwand zur Modell-spezifikation und -lösung; Schätz-, Test- und Identifikationsprobleme) verwundert es nicht, daß praktische Studien zu Modellvorstellungen der Neuen Klassischen Makroökonomie häufig nicht auf das gesamte Strukturmodell (3.45) zurückgreifen, sondern nur eine Partialanalyse des Erwartungsbildungsprozesses vornehmen. Unter Vernachlässigung der Restriktionen aus einem multivariaten Modellzusammenhang wird hierbei so vorgegangen, daß ein Strukturmodell für die endogenen Variablen spezifiziert wird, in das neben Indikatoren für das "natürliche Niveau" nur noch eine Reihe verzögerter Innovationen bezüglich der zu untersuchenden Poltikvariablen einfließen. Ergänzt wird der Ansatz durch eine Gleichung zur Bestimmung der rational erwarteten Bestandteile jener wirtschaftspolitischen Steuerungsgrößen. Dieser Modellansatz geht vor allem auf *Barro* [1977, 1978] zurück und ist durch die Arbeiten dieses Autors weit verbreitet worden, vgl. z.B. *Sheffrin* [1979], *Grossman* [1979], *Barro/Rush* [1980], *Leiderman* [1980], *Attfield/Demery/Duck* [1981a,b], *Mishkin* [1982a], *Hoffman/Schlagenhauf* [1982], *Makin* [1982]. Betrachtet man nur die Relation zwischen zwei Variablen X_t und Y_t (in der Regel $X_t \simeq$ Geldmenge und $Y_t \simeq$ Volkseinkommen, Arbeitslosigkeit oder Zinssatz), so wird in Barro-Typ-Modellen folgender Zusammenhang unterstellt :

$$Y_t = Y_t^e + \sum_{i=0}^{k} \beta_i (X_{t-i} - X_{t-i}^e) + U_{1t} , \tag{3.49}$$

$$X_t = X_t^e + U_{2t} = E(X_t | \Omega_{t-1}) + U_{2t} . \tag{3.50}$$

Die Gründe für die Einbeziehung eines verteilten Lags gegenwärtiger *und* vergangener Erwartungsfehler $U_{2t} = X_t - X_t^e$ der Politikvariablen, z.B. der Geldmenge, sind bereits oben ausführlich behandelt worden. Es muß aber betont werden, daß der Ansatz (3.49) im Gegensatz zu (3.48) keinem theoretischen Strukturmodell entspringt, sondern in Anlehnung an die Neutralitätshypothese (nur nichtantizipierte Komponenten entfalten Einfluß) relativ willkürlich spezifiziert wurde. Besonders deutlich wird dies an der empirischen Behandlung der "rationalen" Erwartungen Y_t^e bezüglich der zu erklärenden Variable. In den oben genannten Studien wird nur mit wenigen, a-priori ausgewählten Indikatoren für das erwartete "natürliche" Niveau gearbeitet, zumeist einfach ein linearer Zeittrend ($Y_t^e = \alpha + \beta t$) unterstellt. Desweiteren erfolgt die Bestimmung der maximalen transitorischen Wirkung rein datengestützt und wird nicht theoretisch fundiert, vgl. hierzu auch die aufschlußreichen Resultate von *Mishkin* [1982a], der mit mehreren Spezifikationen hinsichtlich der Länge von Wirkungsverzögerungen arbeitet.

Entscheidender Unterschied des praktischen Ansates (3.49) im Vergleich zur reduzierten Modellstruktur von (3.44) ist somit, daß eine explizite Modellösung für die endogenen Erwartungsgrößen vermieden wird. Gleichungsübergreifende Restriktionen kommen damit nicht zum Tragen. Das Problem der rationalen Erwartungsbildung wird vielmehr auf die exogenen Variablen verlagert. Hierin liegt in empirischen Anwendungen folglich auch die Hauptschwierigkeit. Zur Operationalisierung der in (3.49) einfließenden unerwarteten Variablenbestandteile sind Annahmen über den Generierungsprozeß der exogenen Variablen (z.B. in Form einer wirtschaftspolitischen Reaktionsfunktion) erforderlich, aus den die rational antizipierbaren Bewegungen nach (3.50) abgeleitet werden können. Unter der Voraussetzung stabiler Relationen im betrachteten Zeitraum sind die erforderlichen Innovationsgrößen dann durch die geschätzten Residuen dieser Strukturgleichung zu approximieren. In der Literatur werden hierfür die unterschiedlichsten Ansätze wie einfache Abweichungen vom kürzerfristigen Trend, univariate und multivariate Zeitreihenansätze sowie einfache ökonometrische Strukturmodelle verwendet (vgl. die in Kapitel 4.2 c) behandelten empirischen Studien zum Transmissionsmechanismus monetärer Impulse unter rationalen Erwartungen). Je nach verwendeter In–

formationsmenge wird so dem Postulat der rationalen Erwartungsbildung mehr oder weniger Rechnung getragen.

Im Hinblick auf die Diskussion über die Güte alternativer Erwartungsbildungsmodelle in Anschnitt b) erscheint es hier aber nicht unbedingt notwendig, allzu restriktive Kriterien an die "Rationalität" der Vorhersagen anzulegen. Wie wir gesehen haben, genügen bereits schwach rationale Erwartungen und die Operationalisierung über flexible univariate **ARIMA**-Modelle den wichtigsten Anforderungen. Daneben wird dem Aspekt des Ressourcen-Verbrauchs bei der Erwartungsbildung Rechnung getragen und der Informationshorizont der Wirtschaftssubjekte nicht überbeansprucht (Stichwort: ökonomisch rationale Erwartungen). In mehreren empirischen Studien wurde außerdem gezeigt, daß praktische Schätzungen von Strukturrelationen wie (3.49) nur wenig sensitiv in Bezug auf unterschiedliche Spezifikationen der nichtantizipierten Schwankungen in den Einflußgrößen reagieren, vgl. z.B. *Mishkin* [1981, 1982a, 1982b], *Makin* [1982, 1983], *Hoffman* et al. [1984], *Thornton* [1988]. Dies hängt in der Hauptsache damit zusammen, daß die verschiedenen Innovations-Proxies in der Regel eng miteinander korrelieren, da über eine optimale Nutzung der Informationen in der Variablenvergangenheit hinaus nur noch wenig Raum für eine Verbesserung der Prognosegüte verbleibt. Der Ansatz, im Zusammenhang von Modellen unter Rationalen Erwartungen ausschließlich auf das prewhitening-Verfahren zur Gewinnung ökonomisch relevanter Innovationen zurückzugreifen, wird insbesondere von *Nerlove/Grether/Carvalho* [1979] favorisiert.

Zum Abschluß sei noch kurz auf einige statistische Probleme der Schätzung von Modellen wie (3.49) eingegangen. Die ursprüngliche Vorgehensweise von *Barro* [1977, 1978] basiert auf einem zweistufigen Ansatz, indem im ersten Schritt die Bestimmungsgleichung für die exogene Einflußgröße (Reaktionsfunktion der Wirtschaftspolitik) mit Standardverfahren geschätzt wird. Die Residuen dieser Regressionsbeziehung $\hat{U}_{2t} := X_t - \hat{X}_t$ werden dann als Proxies für die benötigten unerwarteten Variablenbestandteile interpretiert und im zweiten Schritt zur Schätzung der Strukturgleichung (3.49) verwendet. Dieses einfache Schätzverfahren ist in der Folge vielfach kritisiert worden, da es mit dem Problem der "generierten" Regressoren aus separaten Erklärungsmodellen behaftet ist. Bereits *Durbin* [1970] hat darauf hingewiesen, daß Teststatistiken auf Basis von geschätzten Regressionsresiduen in der Regel das nominelle Signifikanzniveau unterschätzen (Verzerrung zugunsten Nichtverwerfung der Nullhypothese, vgl. auch *Sims* [1977b]). So ist von *Mishkin* [1982a] alternativ ein effizientes Systemschätzungsverfahren bei voller Information (**FIML**) vorgeschlagen worden, das zusätzlich den Vorteil hat, getrennt auf strukturelle Neutralität und Rationalität der Erwartungen (im Rahmen der vorgegebenen Struktur) testen zu können, vgl. auch *Barro/Rush* [1980], *Leidermann* [1980] und *Abel/Mishkin* [1983].

Es bleibt aber festzuhalten, daß auch der einfache Ansatz von *Barro* zu konsistenten Parameterschätzungen führt, falls die Residuen U_{1t} und U_{2t} der beiden Modellgleichungen unabhängig voneinander sind. *Pagan* [1984] untersucht ausführlich die Auswirkungen von generierten Regressoren auf die Ergebnisse von **OLS**-Schätzungen linearer Modelle. Er zeigt, daß mit einer zweistufigen Vorgehensweise nicht notwendigerweise Effizienzverluste oder verzerrte Signifikanzaussagen verbunden sein müssen. So gelangt der Autor beispielsweise zu dem Resultat, daß in einem *Barro*-Modell ohne verzögerte Innovationen der Standardfehler des Koeffizienten der unerwarteten Komponente auch ohne Systemschätzung korrekt ermittelt werden kann. Verzerrungen treten nur dann auf, wenn gleichzeitig verzögerte Effekte geschätzt werden. Auch *Hoffman/Low/ Schlagenhauf* [1984] können anhand umfangreicher Simulationsstudien über die Eigenschaften der Schätz- und Testverfahren in kleinen Stichproben nicht die grundsätzliche Überlegenheit des **FIML**-Ansatzes belegen. Diese Erkenntnisse korrespondieren mit empirischen Studien, welche unter gleichzeitiger Verwendung beider Methoden keine größeren Abweichungen in den Schlußfolgerungen aus den alternativen Modellschätzungen feststellen können, vgl. *Mishkin* [1981, 1982a, 1982b] und *Attfield/Demery/Duck* [1981a, 1981b]. Auch in der Folgezeit wird daher in zahlreichen Untersuchungen auf das einfache Zwei-Schritt-Verfahren zurückgegriffen, vgl. die Beispiele in Kapitel 4.2 c).

Ingesamt ist der Modellansatz (3.49) / (3.50) als Versuch anzusehen, die unrealistisch hohen Anforderungen an den Informationsstand und die Lern-/Anpassungsfähigkeit der Wirtschaftssubjekte unter rationalen Erwartungen etwas abzuschwächen, um zu einer empirisch gehaltvollen Strukturhypothese zu gelangen. Ohne die vollständige Kenntnis und Lösung eines simultanen Verhaltensmodells voraussetzen zu müssen, gelangen *Barro* [1977, 1978] und seine Nachfolger damit zu praktischen Anpassungsresultaten mit einigem Erklärungsgehalt (vgl. Kapitel 4.2 c)). Die relativ guten empirischen Ergebnisse sollten aber nicht dahingehend interpretiert werden, daß der Modellansatz der Neuen Klassischen Makroökonomie mit seiner strikten Trennung in erwartete und unerwartete Variablenanteile dem keynesianischen generell überlegen ist. Angesichts der vielfältigen, noch lange nicht abschließend geklärten technischen Probleme der Diskriminierung zwischen den beiden alternativen Theorievorstellungen (Beobachtungsäquivalenz, Test verbundener Hypothesen) und der nach wie vor arbiträren Modellierung der Erwartungsbildung und damit der Innovationsgrößen sind hier große Zweifel angebracht. Es ist vielmehr das Verdienst der Diskussion um rationale Erwartungen, daß sich heutzutage jede empirische Arbeit der Notwendigkeit gegenübersieht, Erwartungsvariablen in die ökonometrische Wirkungsanalyse einzubeziehen. Solange keine besseren Erkenntnisse über den tatsächlichen Erwartungsbildungsprozeß der Wirtschaftssubjekte zur Verfügung stehen, stellt der dargestellte Ansatz modellkonsistenter Erwartungen – in abgeschwächter, realitätsgerechter Form – eine sinnvolle Vorgehensweise dar.

3.4 Kausalanalyse mit Zeitreihen-Innovationen

Die bisherigen Ausführungen in diesem Kapitel zeigen, daß eine angemessene und aussagekräftige Modellierung von makroökonomischen Zusammmenhängen mit der Zielsetzung struktureller Aussagen (Kausalanalyse) nach wie vor mit großen Schwierigkeiten verbunden ist. Neben dem in Kapitel 1 behandelten Meßfehler- und Operationalisierungsaspekt sind bis heute insbesondere die Probleme der dynamischen Spezifikation, der Behandlung von Wirkungsverzögerungen und der Einbeziehung von Erwartungsvariablen in die empirische Analyse nicht zufriedenstellend gelöst. So ist der traditionelle ökonometrische Ansatz mit seinem statischen Strukturteil (alleinige Betrachtung bedingter Aussagen) und den überlagerten Störgrößen, deren stochastische Eigenschaften von überragender Bedeutung für das gesamte Regressionsmodell sind, kaum zu einer strukturellen Untersuchung von Zeitreihendaten geeignet. Die dynamischen Eigenarten der endogenen und exogenen Variablen werden nicht bei der Modellbildung berücksichtigt. Außerdem werden nur Aussagen zum Erwartungswert der endogenen Variablen in Abhängigkeit von Realisierungen der erklärenden Größen gemacht, d.h. allein zur mittleren Wirkung. Häufig anzutreffende Ansätze wie die Annahme einfacher Zeitreihenmodelle für den Fehlerprozeß (z.B. autoregressive Regressionsresiduen), ad–hoc Formulierungen von Anpassungsvorgängen und Erwartungsbildungsprozessen (lag–endogene Variablen, autoregressive und adaptive Erwartungsbildung) sowie die Spezifikation von Modellen mit verteilten Verzögerungen (distributed lags) sind wenig geeignet, die zeitlichen Abhängigkeitsstrukturen zu erfassen und den besonderen Charakteristika von Zeitreihen Rechnung zu tragen. Hierbei spielen mangelnde Erkenntnisse der ökonomischen Theorie in Bezug auf dynamische Systeme und insbesondere Wirkungsverzögerungen eine große Rolle.

Noch schwerwiegendere Einwände sind mit einer unkritischen Anwendung klassischer statistischer Inferenz auf geschätzte Beziehungen zwischen Zeitreihenvariablen verbunden. Werden die dynamischen Eigenschaften der Daten vernachlässigt, so ist es nahezu unmöglich, irgendwelche statistisch abgesicherten Schlußfolgerungen aus Regressionskoeffizienten oder geschätzten Kreuz–Korrelationen zu ziehen. Als Stichworte seien hier erneut das *non–sense correlations*– (*Yule* [1926], *Bartlett* [1935]) und *spurious regressions*– (*Granger/Newbold* [1974]) Problem genannt. Aufgrund des Einflusses des Faktors Zeit ist man bei der Analyse makroökonomischer Beziehungen im besonderen der Gefahr ausgesetzt, reinen Scheinbeziehungen aufzusitzen und damit zufällige Ergebnisse zu produzieren. Verschärft wird das Problem durch die Existenz trendbehafteter Zeitreihen (deterministische vs. stochastische Trendeigenschaften). Zumindest eines ist damit deutlich geworden: als erfolgsversprechender Lösungsansatz kommt nur die explizite Einbeziehung der Zeitreihencharakteristik sämtlicher Modellvariablen in den ökonometrischen Modellansatz in Betracht. Die sorgfältige Analyse der zeitlichen Abhängigkeitsstrukturen muß integraler Bestandteil jeder empirischen Strukturmodellierung sein. Besonders hervorzuheben ist in diesem Zusammenhang die statistisch fundierte Diskriminierung zwischen integriertem und stationärem Zeitreihenverhalten, wie sie seit jüngster Zeit durch die Entwicklung sogenannter Einheitwurzeltests (z.B. dem *Dickey/Fuller*–Test) möglich geworden ist, vgl. hierzu Kapitel 2.3 und 2.4 .

Vor diesem Hintergrund haben die Ansätze der univariaten und multivariaten Zeitreihenanalyse in den letzten zwanzig Jahren eine immer größere Beachtung gefunden. Ohne allzuviel Vorwissen aus der ökonomischen Theorie vorauszusetzen, ist es mit diesen Verfahren möglich, den stochastischen Generierungsprozeß der zu untersuchenden Variablen flexibel abzubilden. Hauptproblem der zeitreihenanalytischen Untersuchungsmethodik eines Systems von mehreren makroökonomischen Größen ist aber, daß die entsprechenden Modellparametrisierungen nicht eindeutig sind. Die Interpretation der Schätzresultate im Sinne struktureller Aussagen wird damit erheblich erschwert. Von einigen Autoren wird daher an der Eignung dieser theoriefreien Ansätze zur Ableitung kausaler Schlußfolgerungen über ökonomische Wirkungszusammenhänge grundsätzlich gezweifelt. Hinzu kommt das Problem, geeignete Modellordnungen datengestützt festlegen zu müs–

sen (Modellidentifikation) und dabei auch der Gefahr einer Überparametrisierung mit dem Verlust zu vieler Freiheitsgrade zu begegnen. **VAR**–Modelle und multivariate **ARMA**–Ansätze kommen damit allenfalls für kleinere Systeme in Frage.

Es liegt nahe, die Analysetraditionen der Ökonometrie und der Zeitreihenanalyse miteinander zu verbinden. Unter Einbeziehung ökonometrischer Exogenitäts–Annahmen (die sich im Rahmen von Zeitreihen als nahezu identisch mit Abwesenheit von *Granger*–Kausalität erweisen) sind zeitreihenanalytisch orientierte Strukturansätze wie das dynamische simultane Gleichungsmodell und das Transferfunktions–Modell entstanden. Nach wie vor sind mit diesen Verfahren aber in der Praxis große Schwierigkeiten in Bezug auf die Identifikation geeigneter Modellordnungen für die jeweiligen Strukturteile und Störprozesse verbunden. Für die Strukturanalyse ist außerdem zu beachten, daß zur Sicherstellung eindeutiger Modellparameter im dynamischen simultanen Gleichungsmodell neben der Exogenitätsvoraussetzung noch eine Vielzahl weiterer a–priori Restriktionen an die Lag–Polynome erforderlich werden, welche insbesondere in Hinblick auf die dynamischen Eigenschaften der Modellbeziehungen sehr schnell ad–hoc Charakter anzunehmen drohen.

Durch die Einbeziehung von Erwartungen der Wirtschaftssubjekte in die ökonomische Wirkungsanalyse werden die genannten Schwierigkeiten noch erheblich vergrößert. Die Diskussion um rationale Erwartungen hat dazu geführt, daß dem Einfluß von modellkonsistenten Erwartungen auf das Wirtschaftsgeschehen und der strikten Unterscheidung zwischen antizipierten und unerwarteten Variablenbestandteilen heutzutage die erforderliche Aufmerksamkeit geschenkt wird. Einfache Ansätze wie adaptive oder autoregressive Erwartungen genügen diesen Anforderungen aber kaum, da sie den Generierungsprozeß der Daten außer Acht lassen. Auf der anderen Seite ist die Implementation von vollständigen und identifizierten Strukturmodellen unter rationalen Erwartungen sehr aufwendig und schwierig. Außerdem hat sich gezeigt, daß die Neutralitätshypothese der Neuen Klassischen Makroökonomie (kurz– wie langfristige Politikunwirksamkeit) angesichts unvollständiger Informationen der Wirtschaftssubjekte, institutionellen Beschränkungen, Wahrnehmungsverzögerungen, Informations– und Anpassungskosten sowie der Notwendigkeit des Lernens der "wahren" ökonomischen Struktur nicht uneingeschränkt aufrecht erhalten werden kann. Die empirische Modellierung unter rationalen Erwartungen konzentriert sich daher in der Regel auf einfachere Ansätze (schwach oder ökonomisch rationale Erwartungen), die nicht auf einem kompletten simultanen Strukturmodell beruhen.

Der Überblick über die verschiedenen Modellansätze zur Analyse makroökonomischer Wirkungszusammenhänge verdeutlicht, daß eine korrekte und zugleich aussagekräftige Modellierung von Zeitreihendaten zur Ableitung kausaler Schlußfolgerungen nur aus einem Kompromiß unterschiedlicher Anforderungen bestehen kann. Auf der einen Seite müssen die zeitlichen Abhängigkeitsstrukturen der Modellvariablen in die Modellspezifikation integriert werden, um dynamische Wirkungsabläufe abzubilden und statistisch abgesicherte Aussagen sicherzustellen. Auf der anderen Seite sind in zeitreihenanalytisch orientierten Strukturansätzen und Modellen unter Einschluß rationaler Erwartungsvariablen spezielle Restriktionen und Vereinfachungen notwendig, um überhaupt strukturelle Aussagen machen und die Modelle mit angemessenem Aufwand spezifizieren zu können.

Genau in diese Richtung zielen auch die Analyseverfahren, die in den letzten Jahren besondere Verbreitung gefunden haben wie die zeitreihenanalytischen Kausalitätstests und die Fehler-Korrektur-Ansätze für kointegrierte Variablen. Diese Verfahren begegnen dem dynamischen Spezifikationsproblem für makroökonomische Wirkungsuntersuchungen entweder durch die strikte Reduzierung des Kausalitätsbegriffes auf den Zeitaspekt bzw. mittels Restriktion von (kurzfristigen) Variablenbeziehungen in ersten Differenzen durch ökonometrisch fundierte und im Niveau superkonsistent zu schätzende Langfristrelationen. Beide Ansätze sind allerdings nur für kleine ökonomische Systeme anwendbar. Kausalitätstests sind darüberhinaus mit großen praktischen Problemen verbunden (Sensitivität der Ergebnisse in Bezug auf den speziellen Testansatz, den verwendeten Zeitreihenfilter usw.) und werden aufgrund ihrer Theorielosigkeit vielfach kritisiert.

Unser Vorschlag der empirischen Modellierung von makroökonomischen Zusammenhängen stellt gleichfalls einen einfachen Lösungsansatz dar, der klassische ökonometrische Analysetradition mit zeitreihenanalytischen Ansätzen kombiniert, ohne ein vollständiges simultanes Strukturmodell spezifizieren zu müssen. Durch die Eliminierung der univariaten Abhängigkeitsstrukturen im ersten Analyseschritt (*prewhitening*) wird der Blick frei für die relevanten Beziehungen zwischen verschiedenen Zeitreihen. Die eigentliche Wirkungsuntersuchung erfolgt dann nur noch zwischen diesen Zeitreihen-Innovationen als unkorrelierte stochastische Impulse. Gleichzeitig werden Erwartungen in die Modellierung integriert, da der Residuenprozeß univariater Zeitreihenmodelle gerade den Ein-Schritt-Vorhersagefehlern unter schwach rationalen Erwartungen entspricht. Im Einklang mit den Erkenntnissen der Neuen Klassischen Makroökonomie werden damit nur Relationen zwischen den unerwarteten Variablenbestandteilen modelliert. Neben der Möglichkeit, klassische statistische Inferenz anzuwenden, besteht das eigentlich Interessante an unserem Ansatz in der Einbeziehung von latenten Variablen zur Lösung des Operationalisierungsproblems und zur konfirmatorischen Untersuchung theoretischer Wirkungsvorstellungen (Kausalanalyse). Strukturhypothesen können auf einfache Weise getestet und somit Einblicke in die Wirkungsmechanismen ökonomischer Systeme gewonnen werden, die mit herkömmlichen statistischen Verfahren nicht möglich sind.

a) Verwendung und Interpretation von Zeitreihen-Innovationen

Die besonderen Vorzüge und Eigenschaften von Zeitreihen-Innovationen als white noise-Inputprozesse von univariaten Zeitreihenmodellen haben wir bereits in Kapitel 3.2 und 3.3 ausführlich behandelt, so daß in diesem Abschnitt nur noch einige Bemerkungen vonnöten sind. Die Verwendung von Innovationen anstatt der stark autokorrelierten Originalzeitreihen hat sich insbesondere zur Identifikation geeigneter Modellordnungen in multivariaten Zeitreihen-Ansätzen bewährt. Dies läßt sich ganz einfach dadurch motivieren, daß durch die Bereinigung von univariater Dynamik der stark verzerrende Einfluß des Faktors Zeit auf Beziehungen zwischen verschiedenen Variablen ausgeschaltet werden kann. Hinzu kommen schätztechnische Vorteile. Empirische Kreuz-Korrelationen sind unter der Nullhypothese der Unabhängigkeit nur dann mit dem klassischen asymptotischen Standardfehler von $\sqrt{n}$ zu vergleichen, wenn zumindest eine der beiden betrachteten Größen zeitlich unkorreliert ist. Sind beide Variablen white noise, so sind geschätzte Kreuz-Korrelationen zu verschiedenen Zeitlags sogar unkorreliert miteinander, vgl. Kapitel 3.1a) und 3.2 c). Mittels prewhitening gewonnene Impulsprozesse sind damit nicht nur in der Spezifikationsphase von multivariaten Zeitreihenmodelle besonders nützlich, sondern auch in der Gewinnung von (Start-)Schätzern für die Modellparameter.

Auch bei der Charakterisierung von Kausalitätsbeziehungen nach *Granger* und entsprechenden zeitreihenanalytischen Testverfahren kommen die Vorzüge von Innovationsreihen deutlich zum Tragen. Da es beim Kausalitätsbegriff von *Granger* gerade darauf ankommt, die auf den eigenen Vergangenheitsdaten basierenden optimalen Vorhersagen einer Variablen zu verbesssern, liegt die Betrachtung von Fehler-Prozessen univariater Zeitreihenmodelle nahe. Daneben bietet diese Vorgehensweise – eingeschränkt durch mögliche Einbußen bei der Macht des Testverfahrens – auch hinsichtlich der statistischen Operationalisierung große Vorteile. Der einfachen Schätzung der Kreuzkorrelationsfunktion zwischen den Innovationsreihen stehen in den anderen Testansätzen große Probleme in Bezug auf die autoregressive Approximierung geeigneter Modellordnungen und die statistischen Anforderungen an die Regressionsresiduen gegenüber. Abgesehen von dieser eher technischen Argumentation zugunsten der Verwendung von Zeitreihen-Innovationen wird durch die Begriffsbestimmung von *Granger* explizit deutlich, was auch nach unserer Überzeugung die Grundlage jeglicher empirischen Arbeit mit Zeitreihendaten ist: Gegenstand einer strukturell orientierten Wirkungsanalyse können nicht die Relationen zwischen makroökonomischen Größen sein, die sich bereits auf univariate Abhängigkeitsstrukturen zurückführen lassen. Im Zentrum des Interesses sollten vielmehr Beziehungen zwischen den Variablenbestandteilen stehen, die nicht bereits durch die Vergangenheit der Größen selbst erklärt werden können.

Die bisherigen Ausführungen haben sich ausschließlich auf die Verwendung von Zeitreihen-Innovationen als Hilfsgrößen zur Modellidentifikation und Kennzeichnung von Abhängigkeitsbeziehungen bezogen. Einen Charakter als eigenständige Variablen von unmittelbarem Interesse wurde den stochastischen Inputprozessen von univariaten Zeitreihenmodellen dagegen bislang nicht zuerkannt. Dies wird bei der Einbeziehung von ökonomischen Erwartungen anders. Die Hypothese der schwach rationalen Erwartungsbildung besagt, daß die Wirtschaftssubjekte die in der Vergangenheit einer Variablen enthaltene Information in optimaler Weise zur Bildung ihrer Erwartungen heranziehen und damit keine systematischen Vorhersagefehler begehen. Unterstellt man, daß die relevanten Variablen – gegebenenfalls nach geeigneten Datentransformationen – durch stationäre stochastische Prozesse beschrieben werden können, so ist zur Modellierung dieser Verhaltenshypothese die univariate Zeitreihenanalyse und speziell das **ARMA**-Modell bestens geeignet. Die optimalen **MMSE**-Prognosen univariater Zeitreihenmodelle genügen gerade den geforderten Rationalitätskriterien und die Residuen von **ARMA**-Modellen entsprechen damit als unkorrelierte stochastische Impulse den Ein-Schritt-Vorhersagefehlern unter schwach rationalen Erwartungen. Den Innovationszeitreihen kommt damit eine eigene Bedeutung zu. Sie stehen gerade für die (schwach) rational nicht antizipierbaren Variablenanteile, welche in Wirkungsuntersuchungen der Neuen Klassischen Makroökonomie allein relevant sind.

Wie wir im Abschnitt 3.3 b) gesehen haben, ist die Beschränkung der Erwartungsbildung allein auf die Variablenvergangenheit in vielen Fällen auch ökonomisch rational, d.h. die Aufnahme weiterer Variablen in die Prognoseerstellung ist unter dem Gesichtspunkt der Ressourcenbeanspruchung (Kosten der Informationsbeschaffung und –verarbeitung) auf der einen Seite und dem Nutzen (Verbesserung der Vorhersagegüte) auf den anderen Seite nicht mit dem ökonomischen Optimierungskalkül vereinbar. Mit dem einfachen und flexiblen Ansatz univariater **ARIMA**–Modelle ist damit das Konzept rationaler Erwartungen mit relativ geringem Aufwand und einer sinnvollen Begrenzung der Informationsmenge zu operationalisieren. Den Wirtschaftssubjekten muß nicht mehr unterstellt werden, die gesamte simultane Struktur eines ökonometrischen Modells zu kennen und ihre Erwartungen dementsprechend zu bilden.

Das soeben ausgeführte ist aber gleich wieder zu relativieren. Die orthogonale Zerlegung von beobachteten Variablenwerten in erwartete und unerwartete Bestandteile anhand von ökonometrischen Verhaltensmodellen, Zeitreihenverfahren oder Gleichgewichtsansätzen an effizienten Märkten muß nach unserer Auffassung äußerst kritisch hinterfragt werden. Zum einen haben die empirischen Studien über "effiziente" Markterwartungen gezeigt, daß die aus Marktdaten abzuleitenden Vorhersagegrößen kaum nennenswerte Erklärungsgüte aufweisen. Die Residuen dieser Ansätze korrelieren in der Regel hochgradig mit den tatsächlich eingetretenen Variablenveränderungen, welche daher fast vollständig neue Informationen und nicht Erwartungen der Vorperiode widerspiegeln. Empirische Wirkungsuntersuchungen werden mithin überhaupt nicht davon berührt, ob die Innovationsgrößen oder die unbereinigten Originalvariablen verwendet werden. Außerdem sind schlechte Anpassungsresultate in Bezug auf die Modellierng von Strukturbeziehungen nicht verwunderlich, wenn allein auf die extrahierten "Erwartungs" –größen zurückgegriffen wird.

Zum anderen muß auch das mögliche Erklärungspotential von univariaten Zeitreihenmodellen realistisch eingeschätzt werden. **ARIMA**–Ansätze sind vor allem für diejenigen Größen gut geeignet, die ein gewisses Schwingungsverhalten aufweisen. Bei vielen Variablen ist aber über die etwas modifizierte Extrapolation der augenblicklichen Entwicklung hinaus nur noch wenig Spielraum für eine zeitreihenanalytische Prognose gegeben. Eine hohe Korrelation zwischen den Innovationsreihen und den anzupassenden Werten ist damit auch hier zu erwarten, vgl. auch unsere eigenen empirischen Ergebnisse in Kapitel 5.1 d). In diesem Zusammenhang darf auch nicht vergessen werden, daß die Zeitreihen–Innovationen die stochastischen Impulse darstellen, welche die dynamischen Eigenschaften der Prozesse bestimmen. Jede stationäre Zeitreihe ist als (unendlicher) gleitender Durchschnitt seiner white noise–Inputgrößen darstellbar (reine **MA**–Repräsentation). Bei integrierten Prozessen geben die stochastischen Schocks durch Akkumulation sogar dauerhaft den zukünftigen Reihenverlauf vor (Persistenz–Eigenschaft). Den Residuen univariater Zeitreihenmodelle kommt damit von vorherein nicht allein die Bedeutung von stochastischen Störvariablen zu, die einen bestimmten Strukturzusammenhang überlagern. Vielmehr repräsentiert die Zeitreihe der Innovationen den gleichen Informationsgehalt wie die Original–Reihe; durch die Konzentration auf den unkorrelierten Input–Prozeß geht überhaupt nichts verloren.

Die Überlegungen verdeutlichen, daß ernsthafte Zweifel angebracht sind, die empirischen Residuen von einfachen Erklärungsmodellen als im strengen Sinne nichtantizipierte Variablenbestandteile unter rationalen Erwartungen zu interpretieren. Ohne psychologische Erkenntnisse in Bezug auf die tatsächliche Erwartungsbildung mit in Betracht zu ziehen, erscheint es uns als äußerst gewagt, die unbeobachtbaren Vorstellungen der Wirtschaftssubjekte mit speziellen Modellprognosen gleichzusetzen. Auf diese Weise sind allenfalls grobe Näherungswerte für Erwartungsgrößen zu erhalten. Von diesem Kritikpunkt sind vor allem die empirischen Ansätze zur Untersuchung von Modellvorstellungen der Neuen Klassischen Makroökonomie betroffen. Deren theoretisch abgeleitetes Paradigma, daß nur nichtvorhersehbare Variablenschwankungen Auswirkungen auf andere ökonomische Größen entfalten, ist mit dem bis heute entwickelten statistischen Instrumentarium kaum zuverlässig zu verifizieren. Zu dem ungelösten Problem der nach wie vor arbiträren Modellierung der Erwartungsbildung kommen außerdem die grundsätzlichen Schwierigkeiten der Beobachtungsäquivalenz (Diskriminierung zwischen neuklassischen und keynesianischen Modellen) und des Testens verbundener Hypothesen (Unterscheidung zwischen Korrektheit der Modellstruktur und des unterstellten Erwartungsbildungsprozesses) hinzu.

Angesichts der aufgezeigten Interpretationsprobleme kann die Verwendung von Zeitreihen-Innovationen im Zusammenhang mit der rationalen Erwartungshypothese nur als ein erster Schritt zur Einbeziehung von Erwartungsvariablen in die makroökonomische Modellierung angesehen werden. Die Annahme einer optimalen Nutzung zumindest der Informationen in der eigenen Variablenvergangenheit ist als Mindestanforderung an eine "rationale" Prognoseerstellung allerdings sinnvoll und kann über das flexible Instrument der **ARIMA**-Modelle gut operationalisiert werden. Für die strikte Diskriminierung zwischen antizipierten und nicht-antizipierten Variablenanteilen sowie diesbezügliche Wirkungsuntersuchungen ist dieser Ansatzpunkt dagegen wenig geeignet.

Entsprechend dieser Überlegungen werden die univariaten Innovationen makroökonomischer Zeitreihen auch in unserer Arbeit verwendet. Unser Vorschlag der Kausalanalyse auf Basis allein der stochastischen Impulse der Variablen zielt vor allem darauf ab, unverzerrte Aussagen über Wirkungsbeziehungen zwischen zeitabhängigen Größen zu erhalten. Die Residuen von univariaten Zeitreihenmodellen als von individueller Dynamik bereinigte Variablenbestandteile werden damit als die nichterwarteten Schwankungen im Sinne zeitlicher Abhängigkeitsstrukturen interpretiert. Wir beabsichtigen folglich nicht, uns an der methodologischen Auseinandersetzung zwischen keynesianisch und neuklassisch orientierten Modellvorstellungen zu beteiligen. Allerdings geht die Bedeutung von Zeitreihen-Innovationen bei uns auch weit über die reine Funktion als Hilfsgrößen zur Modellidentifikation hinaus. Wir konzentrieren uns auf Relationen zwischen den nichtvorhersehbaren Residualreihen, nicht weil wir den prognostizierbaren Anteilen keinen Einfluß auf andere Variablen zubilligen würden. Der Grund ist vielmehr, daß Einflüsse zwischen Innovationen nach unserer Überzeugung die eigentlich relevanten Wirkungsbeziehungen in der Makroökonomie sind. Die stochastischen Impulse spiegeln genau die Variablenbestandteile wider, die nicht bereits durch die univariate Abhängigkeitsstruktur gegeben sind und damit einer Aufklärung durch andere ökonomische Größen bedürfen.

Zum Schluß dieses Abschnitts ist noch kurz auf einen eher technischen Gesichtspunkt der Interpretation von Residuen aus statistischen Erklärungsmodellen einzugehen. Die Hypothese der rationalen Erwartungsbildung im Rahmen eines unterstellten Modellzusammenhangs besagt, daß die Wirtschaftssubjekte ihre Vorhersagen auf Basis dieser "wahren" Struktur erstellen. In Wirklichkeit sind die Parameter des Modells allerdings unbekannt und müssen aus Daten einer bestimmten Stichprobe geschätzt werden. Voraussetzung für die Identifikation der empirischen Modellresiduen als unerwartete Variablenschwankungen ist damit zunächst einmal, daß die Verhaltensgleichungen über den Anpassungszeitraum hinweg stabil bleiben, z.B. eine Politikregel durchweg konsequent angewendet wird. Aus statistischen Gründen verbleibt somit kein Raum für sich ändernde Bedingungen in Teilperioden, wie z.B. Regimewechsel der Wirtschaftspolitik. Der Untersuchungszeitraum sollte daher auch nicht allzu groß gewählt werden.

Aber auch aus dem Blickwinkel der konkreten Informationsmenge im Zeitpunkt der Erwartungsbildung ist es entscheidend, eine konstante Struktur zu unterstellen. Die Ableitung der unerwarteten Variablenbestandteile über eine statistische Modellschätzung basiert nämlich auf den Daten der gesamten Beobachtungsperiode. Den Wirtschaftssubjekten steht aber bei der konkreten Erstellung ihrer Prognosen innerhalb der Stichprobe diese Informationen gar nicht zur Verfügung, vgl. auch *Barro* [1977], *Sheffrin* [1979], *Makin* [1982]. Da aber angenommen wurde, daß die Wirtschaftssubjekte die "wahre" Modellstruktur kennen und diese zumindest im Anpassungszeitraum invariant bleibt, ist diese Vorgehensweise zur Gewinnung von Innovationsgrößen gerechtfertigt. Wir haben es hier mit dem gleichen Ansatzpunkt zu tun, welcher jeglicher schließenden Statistik zugrunde liegt. Nur unter der Voraussetzung, daß der betrachtete Datenausschnitt als Realisation eines stabilen Generierungsprozesses (z.B. eines auf ganz $\mathbb{Z}$ definierten stationären stochastischen Prozesses) angesehen werden kann, sind Rückschlüsse auf die Eigenschaften der Grundgesamtheit möglich. An diesem Punkt wird nochmals explizit deutlich, daß das Konzept der rationalen Erwartungsbildung einen statischen Gleichgewichtszustand beschreibt, ohne konkrete Lernprozesse der Wirtschaftssubjekte zu berücksichtigen.

b) Das Zwei-Schritt-Verfahren zur Kausalanalyse makroökonomischer Zusammenhänge

Wir schlagen im folgenden ein konzeptionell einfaches Verfahren zur Analyse makroökonomischer Zusammenhänge vor, das auf den Erkenntnissen der modernen Zeitreihenanalyse beruht, aber in der Tradition klassischer statistischer Methodik verhaftet ist. Der erste Schritt unseres Ansatzes besteht aus einer univariaten zeitreihenanalytischen Modellierung sämtlicher Untersuchungsvariablen, um die von individueller Dynamik bereinigten Innovationen der Zeitreihen zu gewinnen (*prewhitening*). Die empirischen Residuen von **ARMA**-Modellen stehen für die Variablenbestandteile, die unter Verwendung optimaler linearer Vorhersagen nicht aus den eigenen historischen Daten extrahiert werden können und damit die rein stochastischen Impulse der jeweiligen Periode darstellen (Ein-Schritt-Vorhersagefehler unter schwach rationalen Erwartungen). Variablenübergreifende Beziehungen werden erst im zweiten Analyseschritt betrachtet. Die eigentliche Wirkungsuntersuchung erfolgt dabei ausschließlich auf Basis der geschätzten Innovations-Zeitreihen des ersten Schrittes. Dabei können die Vorteile einer unkorrelierten Datengrundlage voll ausgespielt werden. Zum einen ist klassische statistische Inferenz anwendbar. Zum anderen sind Methoden der multivariaten Statistik direkt zu übertragen. Insbesondere der kausalanalytische Ansatz der Kovarianzstrukturanalyse eröffnet hier völlig neue Möglichkeiten einer konfirmatorischen Untersuchung makroökonomischer Theorievorstellungen.

Unser Analyseansatz geht von der Vorstellung aus, daß dem zu untersuchenden System makroökonomischer Variablen ein zeitlicher Generierungsmechanismus in Form eines mehrdimensionalen stochastischen Prozesses zugrundeliegt. Zur Durchführung von Wirkungsuntersuchungen ist es bei uns aber nicht erforderlich, diese dynamischen und interdependenten Abhängigkeitsstrukturen explizit zu modellieren, etwa mittels eines dynamischen simultanen Gleichungsmodells unter Einschluß von Erwartungsvariablen. Diesem aufwendigen und auch nicht unbedingt erfolgversprechenden Weg setzen wir die einfachere zweistufige Vorgehensweise entgegen. Im ersten Analyseschritt werden nur die aus dem multivariaten Modellzusammenhang implizierten univariaten Zeitreihen-Repräsentierungen betrachtet, vgl. Abschnitt 3.2 a). Wie bereits *Zellner/Palm* [1974] bemerken, ist jede Variable eines mehrdimensionalen **ARMA**-Systems auch als reine Funktion ihrer eigenen Vergangenheitswerte darstellbar, die univariaten Zeitreihenmodelle damit nicht losgelöst vom gesamten Generierungsmechanismus zu sehen. Auch die durchaus mit komplexen Gesamtmodellen vergleichbare Vorhersagegüte von einfachen **ARMA**-Ansätzen verdeutlicht diesen Gesichtspunkt, vgl. Abschnitt 3.3 b).

Die univariate, rein datengestützte und damit theoriefreie Modellierung kann aber nur der erste Schritt einer ökonomisch relevanten Wirkungsanalyse sein. Was dabei überhaupt nicht berücksichtigt wurde sind mögliche Kreuz-Korrelationen zwischen den Fehlertermen verschiedener Zeitreihenanpassungen. Der erste Analyseschritt hat zwar bereits eine gewisse Varianzreduktion in den einzelnen Modellvariablen erbracht, die Frage ist aber, ob die Fehlervarianzen nicht durch die Einbeziehung weiterer exogener Erklärungsgrößen und damit einer größeren Informationsmenge verkleinert werden können. Auf Basis der Residuen der univariaten Zeitreihenmodelle als nicht vorherzusagende Variablenbestandteile unter schwach rationalen Erwartungen ist damit auf signifikante Beziehungen zwischen den Zeitreihen-Innovationen *verschiedener* Modellvariablen zu untersuchen. Dies ist gerade der zweite Schritt unseres Ansatzes. Der große Vorteil hierbei ist aber, daß die möglichen Einflußfaktoren wie auch die zu erklärenden Variablen zeitlich unkorrelierte white noise-Prozesse darstellen, da die individuelle Dynamik ja gerade im ersten Schritt eliminiert wurde.

Durch diese Vorgehensweise ist es möglich, Wirkungsuntersuchungen zwischen zeitabhängigen Variablen mit dem traditionellen ökonometrischen Instrumentarium durchzuführen. Keines der in Kapitel 3.1 behandelten Inferenz- und Modellierungs-Probleme tritt dabei mehr auf. Losgelöst von jeglicher univariaten Abhängigkeitsstruktur kann unverzerrt mittels klassischer statistischer Inferenz auf signifikante Beziehungen zwischen den Modellgrößen getestet werden. Den auf diese Weise festgestellten Wirkungszusammenhängen kommt eine ganz besondere Bedeutung zu, da sie mit Sicherheit keine reinen

Scheinbeziehungen darstellen, die allein auf den Einfluß des Faktors Zeit zurückzuführen sind. Dem *spurious–correlations* bzw. *–regressions* Problem ökonometrischer Analysen von Zeitreihen kann mit der Konzentration auf Zeitreiheninnovationen somit besonders wirksam begegnet werden.

Drei Bemerkungen zur Anwendung des Zwei–Schritt–Verfahrens und zur Interpretation der entsprechenden Ergebnisse sind vonnöten. Zum einen muß gemäß der überragenden Bedeutung der univariaten Innovationsreihen für unseren Ansatz besondere Sorgfalt auf die univariate zeitreihenanalytische Modellierung verwandt werden. Ziel des ersten Schrittes ist es, die dynamischen Abhängigkeitsstrukturen vollständig zu erfassen, so daß als Residualgrößen nur noch die stochastischen Änderungsimpulse der jeweiligen Periode verbleiben. Im Vordergrund steht somit nicht die Erzielung einer bestmöglichen Anpassung – etwa durch die Schätzung einer Vielzahl autoregressiver und moving average – Parameter – sondern die white noise–Eigenschaft der verbleibenden Restgrößen. Zur praktischen Vorgehensweise vgl. auch den Abschnitt 5.1 d) im Anwendungskapitel. Auf was es uns hier besonders ankommt ist die angemessene Berücksichtigung und Spezifikation der Trendeigenschaften der zu untersuchenden Zeitreihen–Variablen. Vor der Anpassung von **ARMA**–Zeitreihenmodellen muß die Stationarität der Variablen durch geeignete Transformationen (Differenzenbildung bzw. Trendbereinigung) gesichert werden. Wie in Abschnitt 3.1 b) ausführlich behandelt, ist die korrekte Modellierung des Trends als stochastisch (integrierter Prozeß) oder deterministisch (trend–stationäres Modell) zur Erzielung statistisch fundierter und robuster Resultate – insbesondere auch im zweiten Analyseschritt – außerordentlich wichtig. Die Analyse der Zeitreihen–Charakteristika in Form statistischer Tests auf deterministische Trendelemente und den Integrationsgrad der Variablen ist dafür unabdingbare Voraussetzung. Aus diesem Grund haben wir uns auch in Kapitel 2 ausführlich diesem Problemkreis gewidmet.

Die zweite Bemerkung betrifft die Korrektheit und Effizienz des zweistufigen Ansatzes. Da die eigentliche Wirkungsuntersuchung auf Innovationsreihen aus separat geschätzten Zeitreihenmodellen beruht, ist das Problem der "generierten" Regressoren zu beachten. Wie in Abschnitt 3.3 c) ausgeführt, sind die auf diese Weise für den gesamten Systemzusammenhang gewonnenen Schätzergebnisse zwar konsistent, aber in der Regel nicht effizient und möglicherweise auch zugunsten der Nullhypothese, daß keine variablenübergreifenden Abhängigkeiten bestehen, verzerrt (vgl. auch den Abschnitt 3.2 d) über den Kausalitätstest von *Haugh/Pierce*). Dagegen ist einzuwenden, daß empirische Studien gezeigt haben, daß sich die Resultate von zweistufigen Schätzverfahren nur wenig von denen unterscheiden, die mit Systemschätzungen bei voller Information gewonnen werden können. Die mögliche Unterschätzung des Signifikanzniveaus empirischer Beziehungen ist zudem weit weniger beeinträchtigend als der umgekehrte Fall einer Nichteinhaltung des nominellen Niveaus und damit eines unkontrolliert großen Fehlers erster Art (falsche Schlußfolgerung auf bestehende Abhängigkeiten). Werden somit bei uns signifikante Relationen ermittelt, so ist man auf jeden Fall statistisch abgesichert. Nur Unabhängigkeitsergebnisse sind kritisch zu betrachten.

Desweiteren ist auch nicht zu vergessen, daß die Innovationszeitreihen in unserem Analyseansatz keine bloßen Hilfsgrößen sind, sondern die Variablen von eigentlichem Interesse. Da die Residuen von Zeitreihenmodellen den stochastischen Änderungsimpulsen der Periode entsprechen, kommt diesen Größen ein eigenständiger Charakter als zeitlich nichtantizipierte Variablenbestandteile zu – unabhängig von einem möglicherweise bestehenden Systemzusammenhang. Rückschlüsse auf die von univariater Dynamik überlagerten Relationen zwischen den unbereinigten Variablen stehen bei uns somit gar nicht im Mittelpunkt. Der Einwand des Effizienzverlustes bzw. einer unnötigen Verkomplizierung der Modellidentifikation durch eine zweistufige Vorgehensweise (*Schwert* [1979], *Maravall* [1981]) geht damit am Kern unseres Ansatzes vorbei. Unser Hauptaugenmerk gilt gerade den Beziehungen zwischen den univariaten Innovationen als eigentliche Triebkräfte der Variablenrealisierungen.

In diese Richtung zielt auch die dritte Bemerkung. Durch die Ausschaltung der individuellen Abhängigkeitsstruktur könnte der Eindruck entstehen, unsere Vorgehensweise im zweiten Analyseschritt entspräche einem rein statischen Modellansatz. Dies ist nicht der Fall. Wir sind vielmehr im besonderen an der empirischen Untersuchung von Wirkungsverzögerungen interessiert. Einflüsse zwischen den stochastischen Impulsen verschiedener Zeitreihen müssen ja nicht zeitgleich auftreten. Durch die Analyse zeitlich versetzter Innovationen können verzögerte Beziehungen leicht festgestellt werden. Hierin liegt nach unserer Auffassung gerade die besondere Stärke unseres Ansatzes. Da die zu untersuchenden Erklärungsvariablen white noise–Prozesse darstellen, sind einzelne Effekte *unabhängig* von der verzerrenden Wirkung weiterer Einflüsse bei anderen Zeitlags zu ermitteln. Genau dies ist das große Problem der traditionellen Modellansätze mit verteilten Wirkungsverzögerungen (distributed lags), da die unbereinigten Einflußfaktoren zu verschiedenen Zeitlags in der Regel hochgradig miteinander korreliert sind. Die Einzeleffekte überlagern sich auf diese Weise derart (Multikollinearitätsproblem), daß willkürliche a–priori Restriktionen an die Lag–Verteilungen unterstellt werden müssen und somit kaum noch Rückschlüsse auf die tatsächlichen Wirkungsverzögerungen möglich sind. Das gleiche Problem tritt auf, wenn Kausalitätstests auf Basis der direkten Verfahren nach *Granger* bzw. *Sims* durchgeführt werden.

In unserem Fall sind die einzelnen Modellvariablen dagegen zeitlich unkorreliert. Aus der klassischen Regressionsanalyse ist bekannt, daß dann auch die Koeffizienten–Schätzungen von exogenen Variablen zu verschiedenen Zeitlags nicht miteinander korrelieren und somit unverzerrt auch aus Einfach–Regressionen zu gewinnen sind, vgl. z.B. *Schneeweiß* [1978, Seite 139, 149] . So sind beispielsweise die **OLS**–Schätzer der Regressionsparameter im multiplen Ansatz :

$$V_{yt} \;=\; \gamma_0 V_{xt} + \gamma_1 V_{x,t-1} + .. + \gamma_k V_{x,t-k} \;+\; U_t \qquad (3.51)$$

identisch mit den Schätzern einer Folge von $k+1$ Einzel–Regressionen :

$$V_{yt} \;=\; \gamma_i V_{x,t-i} \;+\; U_{it} \;,\quad 0 \leq i \leq k \;, \qquad (3.52)$$

wenn die exogenen Größen $V_{xt}, V_{x,t-1}, .. V_{x,t-k}$ wie im Falle von white noise–Prozessen unkorreliert miteinander sind. Da die **OLS**–Regressionsparamter in (3.52) direkt proportional zu den einfachen Korrelationskoeffizienten zwischen den Variablen sind, heißt dies nichts anderes, als daß Wirkungsuntersuchungen zwischen Innovations-Zeitreihen denkbar einfach vorgenommen werden können. Die Spezifikation und Schätzung eines Strukturmodells zur Gesamtwirkung der betreffenden Variable auf die Größe V_{yt} ist hierfür nicht mehr erforderlich. Aufgrund der Unkorreliertheit der Innovationen ist die Beurteilung der statistischen Signifikanz von empirischen Kreuzkorrelationen zudem mittels klassischer statistischer Inferenz leicht möglich, vgl. Kapitel 3.1 a).

Basis einer unverzerrten Analyse von Wirkungszusammenhängen zwischen makroökonomischen Zeitreihen können somit einfache Kreuzkorrelations-Schätzungen zwischen verzögerten oder unverzögerten Innovationen der Variablen sein. Die wichtigste Voraussetzung für die Anwendung des statistischen Verfahrens der Kovarianzstrukturanalyse und damit der psychometrischen Kausalanalyse ist folglich erfüllt. Neben der Konzentration auf die univariaten Innovationen der Modellvariablen als die rein stochastischen Änderungsimpulse stellt die Einbeziehung dieses modernsten Instruments der multivariaten Statistik den zweiten Grundbaustein unseres Analyseansatzes dar. Abgesehen von der Schätzung traditioneller ökonometrischer Modelle wie multivariater Regressionen oder simultaner Gleichungsbeziehungen, die gleichfalls über Anpassungen der theoretischen Kovarianzstruktur an die empirischen zweiten Momente möglich ist (vgl. *Hillmer* [1990]), ist die Einbeziehung von latenten Variablen in die Strukturmodellierung und damit der konfirmatorische Ansatzpunkt das eigentlich Interessante an diesem Verfahren, vgl. die ausführliche Darstellung in Kapitel 1.

Das Konzept der latenten Variablen als nicht direkt zu beobachtende theoretische Konstrukte, die über ein faktoranalytisches Indikatorenmodell einer empirischen Wirkungsuntersuchung zugänglich gemacht werden können, bietet insbesondere auch in der Makroökonomie zahlreiche neue Ansatzpunkte für aufschlußreiche konfirmatorische Analysen. Die ökonomische Theorie arbeitet mit einer Vielzahl derartiger Variablenkonstrukte, die allein über eindimensionale Indikatoren – wie in der klassischen Ökonometrie – nur unzureichend zu operationalisieren sind. Jegliche empirische Arbeit auf dem Gebiet der Makroökonomie ist von dem Problem betroffen, daß geeignete Daten für die Überprüfung theoretischer Vorstellungen kaum verfügbar sind. Den Theoretikern ist in diesem Zusammenhang auch der Vorwurf zu machen, zu wenig um die Operationalisierbarkeit ihrer Modellwelten bemüht zu sein. Auf diese Weise kann natürlich auch die mögliche empirische Falsifikation einer Theorie von vornherein verhindert werden (Beispiel: Hypothese rationaler Erwartungsbildung)! Mit Hilfe kausalanalytischer Methoden kann allerdings der Versuch unternommen werden, die in eine Wirkungsanalyse einfließenden Variablen besser in Einklang mit den theoretischen Begriffen zu bringen.

Hinzu kommt die Problematik von Meßfehlern in den zur Verfügung stehenden Zeitreihen. Aufgrund der Erhebungs- und Aggregationsschwierigkeiten von makroökonomischen Variablen dürfte die Existenz von Meßfehlern und damit eine unzureichende Datenqualität eher die Regel als die Ausnahme sein. Statistische Wirkungsuntersuchungen sind aber durch Meßfehler in den Modellvariablen stark beeinträchtigt, entsprechende negative Auswirkungen wurden bereits im Zusammenhang mit Kausalitätstests angesprochen. So können in Wirklichkeit bestehende Kausalbeziehungen durch die Untersuchung von fehlerbehafteten Variablen stark verwischt werden (vgl. z.B. *Newbold* [1978]). Daneben weisen beispielsweise *Grether/Maddala* [1973] darauf hin, daß Meßfehler die

Gestalt von Lag-Verteilungen in Modellen mit verteilten Verzögerungen zerstören können. Auch einfache Regressionsbeziehungen sind von meßfehlerbehafteten Größen stark betroffen, indem die geschätzten Koeffizienten und deren Signifikanz verzerrt werden, vgl. Kapitel 1.1 b). Die Ökonometrie hat zwar sogenannte Fehler-in-den-Variablen Modelle entwickelt, die diesem Problem zu begegnen versuchen. In aller Regel wird in ökonometrischen Studien aufgrund grundsätzlicher Schrierigkeiten und Schwächen dieses Ansatzes aber ausschließlich auf Standardverfahren zurückgegriffen und damit die Hypothese fehlerfrei zu erhebender Variablen unterstellt. Auch in diesem Punkt bietet die Kausalanalyse modellkonsistente und aufgrund der in aller Regel höheren Anzahl von Freiheitsgraden auch einfacher zu identifizierende Lösungen an.

Durch die Einbeziehung von latenten Variablen in makroökonomische Wirkungsuntersuchungen kann nicht nur das Operationalisierungsproblem einer Lösung nähergebracht werden. Die Gewinnung von Freiheitsgraden ermöglicht außerdem die statistische Überprüfung von theoretisch postulierten Modellvorstellungen. Die Kovarianzstrukturanalyse ist bereits von der Anlage her ein konfirmatorisches Verfahren, da von den identifizierenden Restriktionen an die zweiten Momente der manifesten Variablen nicht auf zugrundeliegene Strukturbeziehungen zwischen theoretischen Konstrukten zurückgeschlossen werden kann. Ausgangspunkt ist vielmehr immer ein theoretischen Überlegungen verpflichtetes Modell auf Basis latenter Variablen, welches mit der Wirklichkeit konfrontiert werden soll. Mittels statistischer Tests einzelner Restriktionen oder des gesamten Kovarianzstrukturmodells ist man in der Lage, die Angemessenheit der Strukturvorstellungen zu überprüfen. Ist ein Modell nicht mit den Daten vereinbar, so ist es auf dem vorgegebenen Signifikanzniveau zu verwerfen und damit falsifiziert. Im umgekehrten Fall hat man eine Struktur vorliegen, die bis zur Spezifikation eines noch besser angepassten Modells als geeignet zur Erfassung der Wirkungsbeziehungen angesehen werden kann. Aufgrund des konfirmatorischen Ansatzpunktes ist die Bezeichung Kausalanalyse für dieses Vorgehen gerechtfertigt, das explizit auf den zugrundeliegenden Generierungsmechanismus der beobachteten Phänomene zielt und nicht nur auf eine bloße Wiedergabe assoziativer Zusammenhänge.

Die Vorzüge und Schwachpunkte des von uns vorgeschlagenen Verfahrens zur Analyse makroökonomischer Zusammenhänge sind damit in theoretischer Weise ausführlich behandelt worden. Was natürlich noch fehlt ist die Untersuchung der Eignung dieses Ansatzes zur Gewinnung kausaler Schlußfolgerungen am konkreten Anwendungsbeispiel. Dies soll in den weiteren Abschnitten unserer Arbeit erfolgen. Wie die empirischen Ergebnisse früherer Studien gezeigt haben, ist bei der Verwendung von Innovationszeitreihen nicht gesichert, daß überhaupt über die zeitreihenanalytische Erklärung hinaus signifikante Beziehungen mit anderen ökonomischen Größen gefunden werden können (Unabhängigkeitsresultate von *Feige/Pierce* [1976, 1979], *Cramer/Miller* [1976], *Pierce* [1977]). So könnte von dieser Seite wenig Spielraum für eine kausalanalytische Aufklärung von Zusammenhängen bestehen. Die Frage ist aber, ob diesen Schätzergebnissen allgemeine Gültigkeit zukommt und zwischen den stochastischen Impulsen von makroökonomischen Zeitreihen wirklich keinerlei Beziehungen bestehen, oder ob es sich dabei nicht eher um "Scheinunabhängigkeiten" handelt, die auf methodische Schwierigkeiten und Datenprobleme zurückzuführen sind. Argumente für den letzteren Fall haben wir bereits in Abschnitt 3.2 d) und 3.3 b) behandelt.

Unsere eigenen empirischen Resultate zeigen dann auch ganz deutlich die Relevanz von Strukturbeziehungen zwischen Innovationszeitreihen. Nicht zuletzt könnte sich darin die Überlegenheit unseres Ansatzes gegenüber Verfahren wie zeitreihenanalytischen Kausalitätstests zeigen. Durch die Einbeziehung von latenten Variablen und damit der angemessenen Operationalisierung von theoretischen Konstrukten, der Berücksichtigung von Meßfehlern, der detaillierten Betrachtung einzelner Wirkungsverzögerungen und der konfirmatorischen Analysemöglichkeit hypothetischer Generierungsstrukturen geht unser Ansatz weit über traditionelle ökonometrische und zeitreihenanalytische Verfahren hinaus. Mittels der Konzentration auf Zeitreihen–Innovationen als den von univariater Dynamik bereinigten stochastischen Impulsen der Variablen sind zudem keinerlei verzerrende Effekte durch die Zeitreihen–Charakteristik der Einflußgrößen zu befürchten. Multikollinearitäts– wie Approximationsprobleme treten nicht mehr auf und Scheinkorrelationen, die allein auf den Einfluß des Faktors Zeit zurückzuführen sind, werden ausgeschlossen. Durch die Kombination verschiedener Analysetraditionen sind wir somit in der Lage, unverzerrt dynamische Wirkungsbeziehungen zu schätzen und entsprechende theoretische Modellvorstellungen der Makroökonomie statistisch zu testen.

KAPITEL 4: Geldpolitik und Transmissionsmechanismus monetärer Impulse

Die Eigenschaften und Möglichkeiten des im dritten Kapitel dargestellten Ansatzes zur konfirmatorischen Analyse makroökonomischer Wirkungszusammenhänge sollen im zweiten Teil dieser Arbeit anhand umfangreicher empirischer Untersuchungen im Bereich der Geldtheorie und -politik demonstriert werden. Ausgangspunkt der empirischen Studien war die Überlegung, einen monetären Impuls nicht über die bekannten additiven Geldmengenaggregate, sondern über eine latente Geldmenge als Faktor der einzelnen Geldmengenkomponenten (Bargeld, Sicht-, Termin-, Spareinlagen, Geldkapitalbildung) zu modellieren. Auf dem Gebiet der monetären Makroökonomie gibt es zudem eine Vielzahl klassischer ökonometrischer Untersuchungen zur Wirkung monetärer Impulse auf realwirtschaftliche Größen (Neutralitätsdebatte der Geldpolitik), denen gleichfalls die mit unserem Verfahren verbundene Hypothese der schwach rationalen Erwartungsbildung zugrunde liegt. Daneben bietet sich auch der Vergleich unseres Ansatzes mit den zeitreihenanalytischen Methoden zur Erfassung der kausalen Wirkungsrichtung zwischen makroökonomischen Größen (Kausalitätstests) an, die in den achtziger Jahren vielfach auf die Beziehung Geldmenge – Sozialprodukt angewendet wurden.

Die Geldmenge als latente Variable zu betrachten liegt nahe, da es in der Nationalökonomie keine allgemein akzeptierte Definition von dem gibt, was Geld eigentlich ist oder sein sollte. Nicht allein die Abgrenzung zu anderen, nichtmonetären Aktiva fällt schwer; auch ist diese Diskussion vor dem Hintergrund unterschiedlicher Lehrmeinungen bezüglich der Ausgestaltung und Wirkungsmöglichkeit von Geldpolitik zu sehen. Als zentrale Unterscheidungsmerkmale werden heute in der Geldtheorie die beiden Geldfunktionen "allgemeines Zahlungsmittel" und "Wertaufbewahrungsmittel" angesehen. Ohne Zweifel erfüllen das umlaufende Bargeld und die täglich fälligen Sichteinlagen von Nichtbanken auf Girokonten der Kreditinstitute diese Funktionen – die zweite zumindest auf kürzere Sicht. Diese Abgrenzung repräsentiert Geld in seiner liquidesten Form. Daneben gibt es aber eine Reihe von sogenannten Geldsubstituten, wie z.B. kurzfristige Termineinlagen und Spareinlagen bei inländischen Banken sowie DM-Anlagen auf dem Euromarkt, die kurzfristig in transaktionsfähiges Zahlungsmittel transferiert werden können. Zudem erfüllen jene zinstragenden Aktiva in Zeiten gefährdeter Geldwertstabilität besser die Funktion als Wertaufbewahrungsmittel. Wird diese zweite Geldfunktion stärker betont, so sind noch weitere Vermögenswerte wie z.B. die Geldkapitalbildung bei den Geschäftsbanken in einen Geldmengenbegriff einzubeziehen. Geht man über finanzielle Aktiva in Form von Verbindlichkeiten gegenüber dem Bankensystem (Bundesbank und Geschäftsbanken) hinaus, so wären auch noch die Einlagen bei Finanzintermediären (Bausparkassen, Versicherungen, Kapitalsammelstellen), z.B. in Form von Fondsanteilen, zu berücksichtigen.

Gegen die Auffassung, Geld in Form eines Geldmengenkonzepts bestehend aus einer Auswahl der genannten Komponenten zu definieren, wird von einer Gruppe von Theoretikern der wesentlich breitere Ansatz der gesamtwirtschaftlichen Liquidität gestellt. Zentrale Rolle spielt bei dieser Denkrichtung die Fähigkeit und Bereitschaft des Bankensystems, Kredite an Nichtbanken zu vergeben. Ein weiterer Vorschlag besteht darin, die einzelnen Komponenten nicht einfach additiv – wie bei den herkömmlichen Geldaggregaten – eingehen zu lassen, sondern abgestuft mit Gewichten entsprechend ihrer "Geldnähe". In diese Kategorie fällt auch die von der Bundesbank lange Zeit bevorzugte Zentralbankgeldmenge, obwohl deren theoretische Begründung eher auf institutionellen Faktoren beruhte (Mindestreservepflicht).

In der Regel wird in theoretischen und empirischen Studien auf Geldmengenkonzepte zurückgegriffen, wie sie auch von den Notenbanken zur Ausrichtung ihrer Geldpolitik benutzt werden (M1, M2, M3 usw.). Mit unserem Ansatz unternehmen wir dagegen den Versuch, basierend auf den einzelnen Komponenten dieser additiven Aggregate, einen latenten Faktor zu extrahieren, der die zeitliche Entwicklung und die Abhängigkeitsstruktur dieser verschiedenen Erscheinungsformen von Geld auf einen eindimensionalen monetären Indikator reduziert (latente Geldmenge). Im Vordergrund unseres Interesses steht dabei aber nicht die Bildung eines neuen Geldmengenaggregats, sondern die Auswirkungen dieses unverzerrten monetären Impulses auf andere ökonomische Größen (Transmissionsmechanismus). Durch die Einbeziehung weiterer latenter Konstrukte wie z.B. der realwirtschaftlichen Aktivität und der Geldpolitik der Deutschen Bundesbank geht unsere Studie über die oben erwähnten Arbeiten zur empirischen Analyse unter rationalen Erwartungen weit hinaus. Insbesondere zum Liquiditätseffekt können damit Einblicke in die Wirkungsweise monetärer Impulse gewonnen werden, die mit traditionellen Verfahren nicht möglich sind. Aufgabe des vierten Kapitels ist aber zunächst die Aufarbeitung der theoretischen Grundlagen der Geldpolitik und die Darstellung der auf dem Gebiet des Transmissionsmechanismus monetärer Impulse bisher angewandten statistischen Ansätze mit den jeweiligen empirischen Ergebnissen.

4.1 Geldtheoretische Zusammenhänge

a) Die Geldpolitik der Deutschen Bundesbank

Nach §3 des Gesetzes über die Deutsche Bundesbank (BBankG) kommt der Bundesbank als Trägerin der Geldpolitik in der Bundesrepublik – neben der traditionellen Funktion als zentraler Notenbank – die Hauptaufgabe zu, "den Geldumlauf und die Kreditversorgung der Wirtschaft .. zu regeln .. mit dem Ziel, die Währung zu sichern". Die explizite Nennung des wirtschaftspolitischen Ziels Sicherung der Währung, in Verbindung mit dem §12 BBankG, der die Bundesbank dazu verpflichtet, "unter Wahrung ihrer Aufgaben die allgemeine Wirtschaftspolitik der Bundesregierung zu unterstützen", betont somit eine besondere stabilitätspolitische Verantwortung der Deutschen Bundesbank. In Zusammenhang mit dem Gesetz zur Förderung der Stabilität und des Wachstums der Wirtschaft von 1967 (Stabilitätsgesetz), welches die vier wirtschaftspolitischen Ziele Vollbeschäftigung, Geldwertstabilität, außenwirtschaftliches Gleichgewicht sowie stetiges und angemessenes Wirtschaftswachstum vorgibt, ist damit die Geldpolitik in der Bundesrepublik letztendlich auf die Einwirkung auf den realen Sektor der Volkswirtschaft ausgerichtet. Die Bundesbank erkennt ihre umfassende stabilitätspolitische Verantwortung durchaus an (*Bundesbank* [1985a], Seite 9), sieht allerdings ihre Aufgabe vornehmlich darin, für Preisstabilität zu sorgen.

Die Wirkungsmacht einer Notenbank beruht auf dem Monopol der Ausgabe von Zentralbankgeld, d.h. der Versorgung der Volkswirtschaft mit Liquidität in Form von definitivem Zahlungsmittel. Der Gesetzgeber in der Bundesrepublik hat aus diesem Grund der Bundesbank bewußt Unabhängigkeit von Weisungen der Bundesregierung (§12 BBankG) zuerkannt. Mittels Kontrolle ihrer eigenen Geldschöpfung ist die Bundesbank daher in der Lage, dasjenige Medium zu steuern, welches im Zentrum einer modernen arbeitsteiligen Volkswirtschaft steht. Nur unter Mitwirkung der Notenbank ist letztendlich eine Ausweitung der Geldbestände (einschließlich des Buchgeldes) im Nichtbankensektor möglich. Dem Geschäftsbankensystem kommt dabei die entscheidende Mittlerfunktion zu, indem es das benötigte Zentralbankgeld über Kreditaufnahme bei der Bundesbank in den Wirtschaftskreislauf einbringt.

Die Bundesbank kann allerdings auf die eigentlichen wirtschaftspolitischen Zielgrößen wie Preisniveaustabilität, Beschäftigung oder Gesamtnachfrage nicht direkt einwirken. Produktion, Konsum, Arbeitskräfteangebot/-nachfrage und Preise sind immer Ausdruck einer Vielzahl, nicht nur auf monetären Faktoren beruhender, ökonomischer Einzelentscheidungen der am Wirtschaftsprozeß Beteiligten. Geldpolitische Maßnahmen wirken in einem ersten Schritt vor allem auf die Zinsen und Spannungsverhältnisse am Geldmarkt. Erst mittels eines komplexen und zeitlich nur verzögert wirkenden Übertragungsmechanismus können geldpolitische Impulse über Aktivitäten des Geschäftsbankensektors im güterwirtschaftlichen Bereich wirksam werden. Man spricht bei dieser indirekten Einwirkung auf Größen des realen Sektors vom Transmissionsmechanismus monetärer Impulse.

Es erhebt sich hiermit natürlich die Frage nach der Eindeutigkeit der Wirkungszusammenhänge geldpolitischer Maßnahmen auf der einen und realwirtschaftlicher Entwicklungen auf der anderen Seite. Für die Geldpolitik besteht das Problem erst einmal darin, geeignete Kontroll- und Steuerungsgrößen (monetäre Indikatoren und Zwischenziele) zu finden, die zum einen wirksam von der Bundesbank beeinflußt werden können, zum anderen über die Zeit hinweg in einer möglichst engen Beziehung zu den eigentlichen Zielgrößen der Wirtschaftpolitik stehen. Die Problemstellung der Identifizierung geeigneter Variablen zur Operationalisierung und Ausrichtung der Geldpolitik wird in der Literatur unter der Bezeichnung 'Indikator-Zwischenziel-Problematik' diskutiert (vgl. z.B. *Borchert* [1978], *Rohde* [1985], zu den Begriffen siehe *Jarchow* [1983, S. 171ff.]). Mögliche Variablen des von der Bundesbank direkt kontrollierbaren monetären Bereichs sind z.B. die Bankenliquidität, Zinssätze am Geld- und Kapitalmarkt sowie Geldmengen- und Kreditaggregate.

Der Geldmenge kommt in diesem Zusammenhang sicher eine entscheidende Rolle zu. Zur Erreichung des Ziel Geldwertstabilität ist es notwendig, die Versorgung der Wirtschaft mit Geld möglichst knapp zu halten. Ohne eine entsprechende Ausweitung der für Transaktionszwecke zu verwendenden Geldbestände (Geldmenge) ist eine Erhöhung des gesamtwirtschaftlichen Preisniveaus langfristig nicht möglich (Quantitätstheorie, von

Schwankungen der definitorischen Größe 'Umlaufgeschwindigkeit des Geldes' abgesehen). Vorrangige Aufgabe einer stabilitätsorientierten Geldpolitik ist demnach dafür zu sorgen, eine angemessene monetäre Ausstattung in Relation zur Entwicklung des gesamtwirtschaftlichen Güterangebots bereitzustellen und zu kontrollieren.

Die Deutsche Bundesbank ist im Jahr 1974 im Anschluß an die Wechselkurs-Freigabe des US-Dollars im März 1973 und den ersten Ölpreisschock dazu übergegangen, der Steuerung der Geldmenge in ihrer Geldpolitik Vorrang einzuräumen. Dies geschah in einem Umfeld wieder aufkeimender Inflationstendenzen zu Beginn der siebziger Jahre und vor dem Hintergrund der monetaristischen "Gegen-Revolution" (*Kaldor* [1970]). Erstmals im Dezember 1974 wurde die angestrebte Zunahme der Geldmenge für das darauffolgende Jahr im voraus bestimmt und öffentlich bekanntgegeben (zur konkreten Ausgestaltung vgl. *Bundesbank* [1985a, Seite 89ff.]). Mit dieser seither jährlich wiederholten Übung verfolgt die Bundesbank die Absicht, "durch ein quantifiziertes Geldmengenziel den monetären Rahmen für das nominale gesamtwirtschaftliche Ausgabenwachstum ausdrücklich vorzugeben" (*Bundesbank* [1985a, Seite 89]). Es bleibt festzuhalten, daß die Bundesbank auch in ihrer geldpolitischen Praxis eindeutig die Einwirkung auf gesamtwirtschaftliche Zielvariablen im Auge hat.

Verschiedene Geldmengenbegriffe sind für den Zweck der Geldmengensteuerung geschaffen worden. Darin kommt zum Ausdruck, daß es keine allgemein anerkannte Definition von dem gibt, was Geld in Abgrenzung zu anderen Medien ist oder für die Geldpolitik sein soll (vgl. z.B. *Claassen* [1974]). Im einzelnen finden die folgenden additiven Aggregate Verwendung als monetäre Indikatoren :

M1 = Bargeld und Sichteinlagen in den Händen inländischer Nichtbanken

M2 = M1 plus Termineinlagen inländischer Nichtbanken unter vier Jahren

M3 = M2 plus Spareinlagen inländischer Nichtbanken mit gesetzlicher Kündigungsfrist

Zentralbankgeldmenge in der Definition der Bundesbank =
Bargeld in den Händen von Nichtbanken plus Mindestreserve-Soll auf Inlandsverbindlichkeiten der Banken, berechnet mit konstanten Reservesätzen vom Januar 1974.

In Bezug auf seinen Liquiditätsstatus stellt M1 dasjenige Aggregat dar, das der Transaktionsfunktion als Zahlungsmittel voll genügt und damit am 'geldnähsten' ist. Darüberhinaus sind aber auch die kurzfristigen Termineinlagen und die Spareinlagen mit gesetzlicher Kündigungsfrist enge Substitute von Bar- und Buchgeld, da sie relativ kurzfristig in transaktionsfähiges Zentralbankgeld verwandelt werden können. Sie sind daneben mit dem Vorsichts- und Wertaufbewahrungsmotiv der Geldhaltung in Verbindung zu bringen.

Die Zentralbankgeldmenge stellt an sich ein verkleinertes Abbild der am weitesten definierten Geldmenge M3 dar, indem die einzelnen Einlagearten entsprechend ihrem unterschiedlichen Liquiditätsgrad nur in Bruchteilen von 16,6% (Sicht-), 12,4% (Termin-) und 8,1% (Spareinlagen) eingehen. Aufgrund des relativ großen Bargeldanteils (der

Bestand geht zu 100% ein), besteht aber auch ein gewisser Gleichlauf mit der Geldmenge M1, d.h. die Zentralbankgeldmenge kann ebenfalls zu den engen Geldmengenbegriffen gezählt werden. Obwohl ein künstliches Aggregat, hat die Zentralbankgeldmenge aus der Sicht der Geldpolitik den Vorteil, daß sie sich direkt aus der Bilanz der Bundesbank ergibt. Zum einen steht sie damit erheblich früher als die anderen, auf die Bankenstatistik angewiesenen, Geldmengenkonstrukte zu Informations- und Indikatorzwecken zur Verfügung. Zum anderen werden nur diejenigen Geldbestände erfaßt, die unmittelbar von der Zentralbank kontrolliert werden können (letztendliche Verantwortung der Bundesbank für die Ausweitung der Geldbestände). Die Zentralbankgeldmenge reflektiert aber, wie auch sämtliche anderen Geldmengenaggregate, das Ergebnis des Geldschöpfungsprozesses, an dem auch die Kreditinstitute und die Nichtbanken beteiligt sind.

Lange Zeit hat die Deutsche Bundesbank dem Konstrukt Zentralbankgeldmenge als Indikator und Zwischenzielvariable ihrer Geldpolitik den Vorzug gegeben. Begründet wurde dies zum einen mit den oben genannten Argumenten Informationsvorsprung und Kontrollierbarkeit, zum anderen wurde auf statistisch untermauerte Vorzüge in Bezug auf die Relation zu den realen Zielgrößen der Geldpolitik verwiesen (*Bundesbank* [1985b]). Die Bundesbank kam zu dem Schluß, daß sich "aus makroökonomischer Sicht die Zentralbankgeldmenge vor allem deshalb als Orientierungsgröße bewährt hat, weil sie auf längere Sicht eine verhältnismäßig stabile Beziehung zum nominalen Bruttosozialprodukt aufweist" (*Bundesbank* [1985a, Seite 86]).

Seit 1988 fungiert dagegen die Geldmenge M3 als monetäre Zielvariable. Als Hauptgrund für den Wechsel wurde der hohe Bargeldanteil in der Zentralbankgeldmenge angegeben, der in Zeiten niedriger Zinsen und DM-Aufwertungserwartungen tendenziell zu einer "monetären Überzeichung" führe (*Bundesbank* [1988], vgl. auch *Herz/Röger* [1988], *Duwendag* [1988]). [1] In jüngster Zeit wird daneben auch einer um die DM-Euromarkteinlagen und kurzfristigen Bankschuldverschreibungen erweiterten Geldmenge M3 größeres Gewicht beigemessen. Anhand der engen Substitutionsbeziehung zwischen diesen Anlageformen und inländischen Termineinlagen wird die besondere Problematik von Geldmengenkonzepten deutlich. Im Zuge der weiter fortschreitenden Globalisierung und Liberalisierung der Finanzmärkte sowie der Entwicklung immer neuer Produkte (Finanzinnovationen) wird es zunehmend schwieriger, zwischen kurzfristig nachfragewirksamen Geldbeständen und anderen finanziellen Aktiva zu diskriminieren (vgl. z.B. *Francke* [1988]). *Rohde* [1990] schlägt in diesem Zusammenhang vor, die Geldpolitik nicht an einem einzigen monetären Indikator auszurichten, sondern einen "multiindikativen Ansatz" zu verwenden (Kreditvolumen, verschiedene Geldmengenaggregate, Geldkapitalbildung bei den Kreditinstituten).

[1] Rund die Hälfte der Zentralbankgeldmenge besteht aus Bargeld, im Durchschnitt des Jahres 1989 waren es 53,2%. In der Geldmenge M3 macht dieser Anteil nur etwa 10% aus, die gesamten Geldbestände mit Zahlungsmittelfunktion (Bargeld und Sichteinlagen) nur ca. ein Drittel (34,9% im Jahre 1989).

b) Geldmarktsteuerung, geldpolitische Instrumente und Exogenitätsdebatte

Die Geldmengenpolitik der Bundesbank findet seit 1974 in der Ableitung und öffentlichen Bekanntgabe eines Geldmengenziels ihren Niederschlag. Damit hofft die Bundesbank zum einen im Sinne monetaristischer Vorstellungen zu einer gewissen Verstetigung der Geldmengenexpansion beizutragen, zum anderen auf die Erwartungen der am Wirtschaftsprozeß Beteiligten hinsichtlich der Knappheitsverhältnisse des monetären Rahmens einzuwirken. Bei der Bemessung des Geldmengenziels orientiert sich die Bundesbank an den realen Angebotsmöglichkeiten der Wirtschaft (Produktionspotential), weshalb man von einer potentialorientierten Geldpolitik spricht. Die praktische Politik zur Erreichung des Stabilitätsziels wurde dabei bis dato nie doktrinär auf eine kurzfristige Steuerung der Geldbestände ausgerichtet. Dazu ist die Bundesbank aufgrund der institutionellen Gegebenheiten und der Verhaltensweisen der Geschäftsbanken in der Bundesrepublik auch gar nicht in der Lage. Die ihr zur Verfügung stehenden zins- und liquiditätspolitischen Instrumente erlauben direkt allein die Einwirkung auf die Zinsbedingungen und Spannungsverhältnisse am Geldmarkt.

Da die Bundesbank die Geld- und Kreditnachfrage der Nichtbanken nicht unmittelbar beeinflussen kann, ist sie auf die indirekte Wirkung monetärer Maßnahmen angewiesen. Über die Kontrolle der Zinsen am Geldmarkt (administrativ festsetzbare Notenbankzinsen) nimmt die Bundesbank Einfluß auf die Kredit- und Einlagenzinsen der Banken. Da die Kreditinstitute im finanziellen Sektor der Bundesrepublik die zentrale Rolle innehaben, ergeben sich direkte Auswirkungen auf die gesamte Laufzeitstruktur der Zinssätze (längerfristige Kapitalzinsen). [2] Daneben kann die Liquidität im Geschäftsbankensektor von der Bundesbank gesteuert werden und damit mittelbar das Angebotsverhalten der Kreditinstitute. Portfolioanpassungen der Banken und Nichtbanken bewirken dann eine Veränderung der kurzfristig mobilisierbaren Geldbestände erst als Ergebnis eines komplexen Übertragungsweges (nachfrageorientierte Geldmengensteuerung). Geldmengenpolitik ist damit in letzter Konsequenz immer Zinspolitik (auch liquiditätspolitische Instrumente wirken über Preise). Für die praktische Politik kommen daher nur negativ zinselastische Mengenaggregate in Betracht.

Das der Bundesbank zur Verfügung stehende <u>geldpolitische Instrumentarium</u> zur Beeinflussung des Geldmarktes läßt sich in Maßnahmen der Grobsteuerung und der Feinsteuerung untergliedern (zu einer ausführlicheren Darstellung der praktischen Geldpolitik siehe *Bundesbank* [1985a], Seite 43ff.) . Erstere sind auf eine längerfristige Kontrolle der Geldvolumina ausgerichtet. Hierzu dient vor allem die <u>Mindestreservepolitik</u> (Festsetzung und Variation der Mindestreservesätze), sowie die <u>Refinanzierungspolitik</u> (Fest-

[2] Die Geschäftsbanken stellen aufgrund des Universalbankensystems in der Bundesrepublik die am stärksten am Rentenmarkt engagierte Gruppe dar. Ende 1990 belief sich ihr Anteil am Nominalwert der umlaufenden festverzinslichen Wertpapiere inländischer Emittenten auf 39,2%, gegenüber 15,3% bei Privatpersonen, 8,7% bei Versicherungsunternehmen und 14,2% bei sonstigen inländischen Nichtbanken. Von Ausländern wurde ein Anteil von 14,7% gehalten.

setzung und Änderung der Rediskontkontingente der Banken, Diskont– und Lombardsatzerhöhungen/–senkungen). Instrumente der Feinsteuerung sind dagegen auf den kurzfristigen Einsatz zugeschnitten und sollen temporäre Schwankungen der Bankenliquidität ausgleichen bzw. die Knappheitsverhältnisse sukzessive anpassen, um weitergehende geldpolitische Maßnahmen vorzubereiten. In diesem Zusammenhang ist an ersten Stelle die Offenmarktpolitik zu nennen (Pensionsgeschäfte in Handelswechseln und lombardfähigen Rentenwerten, Verkauf kurzfristiger Schatzwechsel, §17–BBankG–Verlagerungen von Bundesmitteln in das Bankensystem, Devisenswap– und –pensionsgeschäfte), wobei die Bedeutung der einzelnen Instrumente einen gewissen Wandel erfahren hat.

In Verbindung mit außenwirtschaftlichen Störeinflüssen und verstärkten Schwankungen an den Finanzmärkten ist die Bundesbank Ende der 70er Jahre zu einer flexibleren Steuerung des Geldmarktes übergegangen (vgl. z.B. *Thomas* [1988]). Waren in den davorliegenden Zeiträumen die geldpolitischen Instrumente eher auf die Absorption von überschüssigem Geld (vornehmlich aus interventionsbedingten Devisenankäufen der Bundesbank) ausgerichtet, so hat in den Achtzigern mehr der Aspekt einer variablen Bereitstellung ausreichender Liquidität an Bedeutung gewonnen. Die zwangsweise auf Bundesbankkonten zu unterhaltenden Mindestreservebestände haben seit 1980 nur unwesentlich zugenommen. [3] Gleichzeitig wurden freie Liquditätsreserven abgebaut, so daß heute kaum mehr Überschußreserven oder unausgenutzte Rediskont–Kontingente zu beobachten sind. Hinzu kam die Notwendigkeit, die ab 1982 erzielten hohen Bundesbankgewinne möglichst ohne starke Verflüssigung am Geldmarkt in das Bankensystem einzuschleusen. Zur Bewältigung dieser neuen Anforderungen wurde von der Bundesbank vor allem das neue Instrument der kurzfristig reversiblen Pensionsgeschäfte – zunächst in Handelswechseln, später hauptsächlich in Wertpapieren – eingesetzt. Sie werden flexibel im Ausschreibungs– bzw. Tenderverfahren angeboten (Mengentender und Zinstender).

Im Jahre 1985 kam es zu einer erneuten Zäsur, als das Steuerungsverfahren am Geldmarkt auf regelmäßig revolvierte Wertpapierpensionsgeschäfte umgestellt wurde. Zuvor war es zu einer Dauer–Inanspruchnahme von Lombardkrediten mit der Folge gekommen, daß sich der Zins für Tagesgeld eng am Lombard orientierte. Mit der Wiederherstellung der eigentlichen Funktion des Lombardkredits als Refinanzierungsquelle allein für den Spitzenliquiditätsbedarf pendelt der Tagesgeldsatz wieder stärker im Band zwischen Lombardsatz und dem Abgabesatz für kurzfristige Schatzwechsel als Untergrenze. Die Bundesbank bietet heute im Laufe eines Monats gewöhnlich sechs Pensionsgeschäfte in zwei verschiedenen Laufzeitbereichen an, einer kurzfristigeren Refinanzierung von etwa 4–5 Wochen und einer zweiten Tranche mit sechs– bis siebenwöchiger Laufzeit. Der Pensionssatz ist damit zum maßgeblichen Zinssatz für Notenbankgeld geworden und folglich zur zentralen Orientierungsgröße am Geldmarkt. Zur Veranschaulichung der Geldpolitik der Deutschen Bundesbank mit Zielvorgaben für das Geldvolumen Zentralbank–

---

[3] Dies vor dem Hintergrund deutlicher Senkungen der Reservesätze für Termin– und Spareinlagen zur Sicherung der Wettbewerbsfähigkeit des Finanzplatzes Bundesrepublik. Die Bedeutung der Mindestreserve als geldpolitisches Instrument ist nicht zuletzt dadurch zurückgegangen. Änderungen der Reservesätze in liquiditätsanreichernder Absicht sind natürliche Grenzen gesetzt. Mindestreservepolitik ist eher in restriktiver Richtung ein wirksames Mittel, vgl. *Friedmann* [1988].

geldmenge bis ins Jahr 1987 und den entsprechenden praktischen Maßnahmen der Zinspolitik in der Refinanzierung und der Liquiditätspolitik im Bereich der Offenmarktgeschäfte sei auf die Abbildung 4.1 verwiesen.

Abbildung 4.1: Zentralbankgeldmenge und Steuerungsgrößen am Geldmarkt

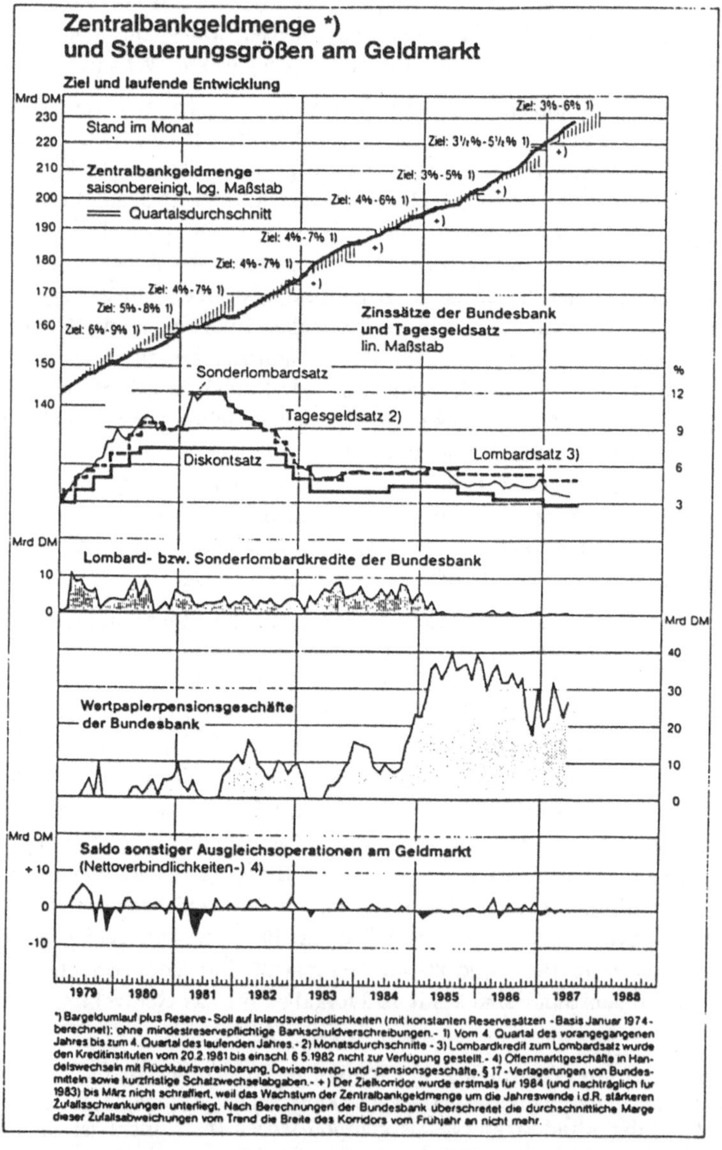

Quelle : *Schlesinger* [1988, Seite 14]

Aufgrund der nur indirekten Einflußnahme auf das Zwischenziel über die Steuerung des Geldmarktes ist in der Literatur vielfach angezweifelt worden, ob eine strikte Geldmengenpolitik überhaupt möglich ist (z.B. *Kaldor* [1970, 1985] , *Neubauer* [1977]). Unter dem Stichwort Endogenität der Geldmenge wird darauf verwiesen, daß zuerst einmal der Nichtbankensektor über die zu haltenden Geldbestände disponiert. Die Geldnachfrage ist aber von gesamtwirtschaftlichen Größen abhängig, so daß auch die Geldmenge endogen von diesen Faktoren bestimmt wird (siehe auch die Diskussion über die Stabilität der Geldnachfrage in Abschnitt c)).

Zudem ist bei der Schaffung bzw. Vernichtung von Zentralbankgeld das gesamte Geschäftsbankensystem involviert, Änderungen der Geldmenge ergeben sich erst als Folge von Aktivitäten der Kreditinstitute. Die Bundesbank kann nur Anreize dafür schaffen, daß sich die Banken entsprechend der geldpolitischen Absichten verhalten. Wird z.B. eine Ausweitung der nachfragewirksamen Geldbestände gewünscht und entsprechend die Liquidität im Geschäftsbankensektor durch geldpolitische Maßnahmen erhöht, so können diesem expansiven Impuls möglicherweise von der Konjunktur beeinflußte geschäftspolitische Entscheidungen der Kreditinstitute entgegenstehen, so daß es lediglich zu einem Abbau der Verschuldung bei der Bundesbank kommt. Genauso führt ein restriktiver Kurs in der Geldpolitik nicht automatisch zu einer Verminderung des Geldangebots der Geschäftsbanken. Diese könnten erst einmal versuchen, auf freie Liquiditätsreserven zurückzugreifen.

Hinzu kommt, daß die Bundesbank in der Ableitung des Geldmengenziels und hinsichtlich der realen Zielgrößen ihrerseits Entwicklungen im realwirtschaftlichen Teil der Volkswirtschaft reflektiert (Reaktionsfunktion der Geldpolitik). Treten Fehlentwicklungen bei bestimmten Zielvariablen wie dem Preisnivau auf, so wird die Geldpolitik versuchen, entsprechend gegenzuwirken. Den Versuch, die Politik der Deutschen Bundesbank in dieser Weise als endogene Reaktion auf konjunkturelle Schwankungen der realen Ziele empirisch zu modellieren, unternehmen z.B. *Geisler* [1982] und *Kröger* [1983]. Auch im Zusammenhang mit der Neutralitätsdebatte des Geldes ist die Existenz einer stabilen Reaktionsfunktion der Geldpolitik von besonderer Bedeutung. Unterstellt man den privaten Wirtschaftssubjekten rationale Erwartungsbildung hinsichtlich geldpolitischer Steuerungsversuche, so werden die Maßnahmen der Bundesbank vorhergesehen und entsprechend in ihrer Wirkung neutralisiert. Anhand dieses Argumentes und der zuvor dargelegten geldpolitischen Zusammenhänge erscheint es zumindest fraglich, die Geldmenge als allein von der Bundesbank exogen determinierte Größe anzusehen.

c) Voraussetzungen einer Geldmengenpolitik

Die erfolgreiche Verwendung der Variablen Geldmenge als Zwischenziel und Indikator der Geldpolitik ist an zwei wichtige Voraussetzungen gebunden. Einmal muß die gewählte Spezifikation eines Geldaggregates wirksam von geldpolitischen Maßnahmen kontrolliert werden können und die Richtung der praktisch verfolgten Geldpolitik hinreichend genau anzeigen. Zum anderen muß eine stabile Relation zu den realwirtschaftlichen Zielgrößen der Geldpolitik gegeben sein, so daß durch Steuerung der Geldmenge ein vorher–

sehbarer Einfluß auf die stabilitätspolitischen Ziele ausgeübt werden kann. Mit der ersten Problematik haben wir uns bereits im vorangegangenen Abschnitt kurz befaßt. Da jedes in Betracht kommende Geldmengenaggregat nicht direkt, sondern nur mittelbar über zins- und liquiditätspolitische Anreize gesteuert werden kann, ist die Prognostizierbarkeit der Wirkung geldpolitischer Instrumente auf das Portfolioverhalten zuerst der Geschäftsbanken und in einem zweiten Schritt auf das der Nichtbanken von essentieller Bedeutung.

In der Folge von *Keynes* [1936] wird bei der Analyse des Zusammenspiels von monetärem mit realem Sektor eine gedankliche Trennung in eine Geldangebots- und eine Geldnachfragefunktion, zusammen mit einer Gleichgewichtsbedingung zum Ausgleich von Angebot und Nachfrage, vorgenommen. Wie oben ausgeführt, ist das gesamtwirtschaftliche Geldangebot aufgrund von institutionellen Gegebenheiten in der Bundesrepublik nicht allein von der Bundesbank determiniert. Das Geschäftsbankensystem ist zwar insgesamt gezwungen (Monopolfunktion einer Notenbank), sich das benötigte Zentralbankgeld für eine monetäre Expansion über Refinanzierung bei der Bundesbank zu besorgen (nur für die einzelne Bank stellt der Geldmarkt eine Alternative dar). Die Banken sind aber mittels Kreditvergabe in der Lage, ein Vielfaches des von der Bundesbank bereitgestellten Zentralbankgeldes an Geldvolumen zu schaffen (multipler Geldschöpfungsprozeß). Zu untersuchen ist also, ob zwischen der Menge an Zentralbankgeld als Passivposten in der Bilanz der Bundesbank, der sogenannten Geldbasis (Bargeld plus Einlagen der Kreditinstitute bei der Bundesbank, bestehend aus Mindestreserve-Soll und Überschußguthaben) und dem gesamten Geldangebot im Sinne einer bestimmten Abgrenzung eine feste Beziehung besteht.

In der Theorie wird in diesem Zusammenhang von der Notwendigkeit eines stabilen Geldmultiplikators gesprochen (vgl. z.B. *Duwendag/Ketterer* [1985]). Am Geldschöpfungsprozeß sind aber nicht nur die Bundesbank und die Geschäftsbanken, sondern auch die Nichtbanken beteiligt. Deren Verhalten geht z.B. in der Relation von gewünschtem Bargeld zu reservepflichtigen Sichtverbindlichkeiten ein (Bargeldhaltungsquotient). Der Multiplikator reflektiert daher das gesamte Portfolioverhalten der Banken und Nichtbanken. Änderungen in der Kreditgewährung der Geschäftsbanken sowie Umschichtungen der Privaten zwischen den verschiedenen Einlageformen finden unmittelbar ihre Entsprechung im Multiplikator. Die Steuerbarkeit des gewählten Geldmengenkonzepts hängt damit direkt von der hinreichenden Konstanz bzw. Prognostizierbarkeit des Geldmultiplikators ab.

Die in der Realität umlaufende und von der Bundesbank zum Zwecke der Steuerung beobachtete Geldmenge kommt erst als Ausgleich zwischen Angebot und Nachfrage zustande. Neben der Kontrollierbarkeit des Angebots ist damit auch die Nachfrage nach Geld entscheidend für die Realisierung eines bestimmten Geldmengenziels und die zielgerichtete Einwirkung auf den realen Sektor. Die Bundesbank ist folglich nur in der Lage, über das Kreditangebotsverhalten der Geschäftsbanken die Geldbestände in Händen der Nichtbanken in die gewünschte Richtung zu lenken, wenn deren Verhalten in einem genügend engen Verhältnis zu geldpolitisch beeinflußbaren Größen steht. Ändern sich die Bestimmungsgründe der Geldnachfrage in nicht vorhersehbarer Weise, so steht die Geldpolitik mit ihrem Geldangebot einer eventuell verzerrten Geldnachfrage gegenüber. Man spricht dann von einem Strukturbruch in der Geldnachfragefunktion, in der Literatur heftig unter dem Stichwort 'Instabilität der Geldnachfrage' diskutiert.

Die Existenz einer relativ stabilen und damit prognostizierbaren Geldnachfrage stellt damit eine weitere notwendige Bedingung für eine rational begründete Geldmengenpolitik dar. Die Nachfrage nach Geld in den verschiedenen Abgrenzungen ist abhängig von den Zahlungs- und Kassenhaltungsgewohnheiten, sowie dem Portfolioverhalten der Nichtbanken. In diesen Bereichen hat es in den vergangenen zwanzig Jahren beträchtliche Veränderungen gegeben. Man denke z.B. nur an das Aufkommen von Kreditkarten und weiteren bargeldlosen Zahlungsmöglichkeiten und Finanzinnovationen, oder an die verstärkte Tendenz zur renditeorientierten Geldanlage im privaten Sektor. Immer häufiger werden zinsinduzierte Umschichtungen zwischen den verschiedenen monetären Aktiva vorgenommen, die sich entsprechend auf die Geldmengenaggregate auswirken. Empirisch ist festzustellen, daß die Umlaufgeschwindigkeit des Geldes als definitorische Größe (Relation des nominellen Sozialprodukts zur Geldmenge) in den letzten beiden Jahrzehnten tendenziell rückläufig ist (vgl. z.B. *Duwendag* [1989]). Neben veränderten Zahlungsgewohnheiten könnte darin auch eine Ausdehnung der Schattenwirtschaft zum Ausdruck kommen. Zur Beantwortung der Frage, ob die Geldnachfrage der Nichtbanken als empirisch stabile Funktion anderer ökonomischer Variablen darstellbar und damit im Zeitablauf modellgestützt prognostizierbar ist, sind all diese Faktoren zu berücksichtigen.

Aus der ökonometrischen Literatur sind eine Vielzahl von Studien bekannt, die sich mit der Spezifikation einer Nachfragefunktion nach Geld beschäftigen. Einen Überblick über Arbeiten für die Bundesrepublik der siebziger und achtziger Jahre geben *Bundesbank* [1985b] und *Neumann/von Hagen* [1987]. Mittels klassischer Testverfahren finden die meisten Autoren, daß Stabilität der Geldnachfrage im Sinne konstanter Strukturparameter für bestimmte Zeiträume abgelehnt werden muß. Diese Hinweise auf Instabilitäten sind aber nicht unumstritten (z.B. *Neumann* [1983]), und auch die Bundesbank kommt zu dem Schluß, daß "sich in den allermeisten Fällen das Urteil bestätigt, daß herkömmliche Bestimmungsgleichungen für die wichtigsten Geldmengenaggregate in der Bundesrepublik als weitgehend stabil angesehen werden können." (*Bundesbank* [1985b, Seite 27]).

Hingewiesen sei in diesem Zusammenhang auch auf das Problem der Identifikation, welches die Argumentation wie auch die ökonometrische Untersuchung erheblich erschwert. Verwendung in Strukturmodellen kann immer nur das realisierte Geldvolumen in der Volkswirtschaft finden, das sich nicht einfach mit einem exogen von der Zentralbank kontrollierten Geldangebot gleichsetzten läßt, noch quantitativ eindeutig der Geldnachfrageseite zuzuordnen ist. Die Darstellung der Problematik der Steuerung der Geldmenge hat deutlich gemacht, wie komplex die Zusammenhänge sind und daß selbst die Nichtbanken über den Multiplikator am Geldangebot des Geschäftsbankensystems beteiligt sind. Die Spezifikation einer Geldangebots- oder Nachfragefunktion erfordert aber eine saubere Trennung der jeweiligen Determinanten.

In einer großangelegten ökonometrischen Studie haben *Neumann/von Hagen* [1987] die Stabilität der Geldnachfrage und die Steuerbarkeit des Geldangebots in der Bundesrepublik über den Zeitraum 1964 – 1984 hinweg untersucht. Bezüglich des Kontrollaspekts schlagen sie ein Modell vor, das dem institutionellen Rahmen der Steuerung über den Geldmarkt Rechnung trägt. Änderungen der verschiedenen Geldmengenmultiplikatoren werden unter Verwendung des zeitreihenanalytischen Transferfunktion–Ansatzes mit dem Tagesgeldzins als Inputvariable geschätzt. Das beste Ergebnis hinsichtlich der Standardabweichung der Residuen, der Stabilität der Beziehung und der Güte von ex ante Ein–Monats–Prognosen wird für die Geldmenge M3 erzielt, wobei auch die Kontrollierbarkeit von M1 "durchaus befriedigend" (Seite 104) erscheint.

Bezüglich der Stabilität und der Prognostizierbarkeit der Umlaufgeschwindigkeit des Geldes (äquivalent zur Spezifizierung einer Geldnachfragefkt.) kommen die Autoren zu dem Ergebnis, daß für alle untersuchten Geldmengenaggregate gleichermaßen empirische Modelle identifiziert werden können, die keine Hinweise mehr auf instabile Parameter enthalten. Dieses im Gegensatz zu früheren Studien stehende Ergebnis wird darauf zurückgeführt, daß erst eine angemessene Modellspezifikation für den Generierungsprozeß der Daten den Test der Stabilitätshypothesen erlaubt. In der Tat demonstrieren die Autoren eine sorgfältige statistische Modellierung unter Einbeziehung moderner Methoden und Testverfahren (Untersuchung des Trendverhaltens der Zeitreihendaten, Einheitswurzeltests, Fehler– Korrektur–Modelle, Test auf Exogenität der Regressoren, Kausalitätstests, Test auf konstante bedingte Residuenvarianzen, Test auf Nichtlinearität, verschiedene Strukturbruchtests, Test auf Stabilität der Parameter, Untersuchung der ex–ante Prognosegüte). Zu einer kritischen Würdigung des Ansatzes siehe *Gaab* [1987].

Mit der Analyse des Geldangebotsverhaltens der Geschäftsbanken und der Geldnachfrage der Nichtbanken ist aber noch nichts über die Erreichbarkeit der letztendlich relevanten gesamtwischaftlichen Ziele der Geldpolitik mittels Steuerung eines Geldmengenaggregats ausgesagt. Die Bedeutung einer engen Relation zwischen Geldvolumensgrößen einerseits und realen Zielvariablen andererseits für die Erfüllung des stabilitätspolitischen Auftrags wird auch von der Bundesbank betont: "Eine wichtige Voraussetzung für die Verwendung von Geldmengenaggregaten als zentralen Orientierungsgrößen der Geldpolitik ist die Existenz einigermaßen stabiler, systematischer Beziehungen zwischen der Geldmenge und wichtigen ökonomischen Schlüsselgrößen." (*Bundesbank* [1985b, Seite 25]). Insbesondere in dem zitierten Aufsatz widmet sie sich intensiv diesem Themenkomplex. Neben einer eingehenden Erläuterung der geldpolitischen Grundlagen und Zusammenhänge, bezieht die Bundesbank in ihre Abhandlung des Konnexes Geldmengenwachstum und gesamtwirtschaftliche Entwicklung neuere statistische Untersuchungen (Kausalitätstests) mit ein, vgl. auch Kapitel 4.2 b) .

Insgesamt kommt die Bundesbank zu dem Schluß, daß sich "aus makroökonomischer Sicht die Zentralbankgeldmenge vor allem deshalb als Orientierungsgröße bewährt hat, weil sie auf längere Sicht eine verhältnismäßig stabile Beziehung zum nominalen Sozialprodukt aufweist" (*Bundesbank* [1985a], Seite 86). Abgestellt wird dabei auf einfache quantitätstheoretische Überlegungen, die unter der Konstanz der Umlaufgeschwindigkeit des Geldes eine direkte Proportionalität zwischen Geldmenge und gesamtwirtschaftlicher Ausgabentätigkeit ergeben. Daneben sprechen die statistischen Untersuchungen nach Auffassung der Bundesbank "im allgemeinen dafür, daß Veränderungen der Geldmenge M1 und M3 und der Zentralbankgeldmenge (..) dem Ausgabenwachstum tendenziell vorangehen" (*Bundesbank* [1985b, Seite 22]). Aus diesem Resultat wird die weitreichende

Konsequenz abgeleitet, daß die Bundesbank mit einer Geldmengensteuerung "auf längere Sicht die Entwicklungstendenzen des nominellen Sozialprodukts und des gesamtwirtschaftlichen Preisniveaus – wenn auch nicht mit der 'Treffsicherheit' einer technischen Apparatur – in dem gewünschten Sinne beeinflussen kann." (Seite 22).

Mit unseren Ausführungen haben wir aber deutlich gemacht, daß es für eine Geldpolitik, die mit der Steuerung einer Geldvolumengröße als Zwischenziel stabilitätspolitische Ziele zu erreichen beabsichtigt, nicht ausreicht, auf eine nur empirisch gesicherte Beziehung zu realwirtschaftlichen Zielvariablen zu bauen. Als entscheidender Faktor muß vielmehr hinzukommen, daß die Geldpolitik via Geldmenge einen *bestimmenden* Einfluß auf die gesamtwirtschaftliche Entwicklung ausüben kann, und demzufolge die Korrelation zwischen Geldmenge und Volkseinkommen oder Preisniveau nicht nur von einer Rückkopplung nichtmonetärer Größen auf die Geldmenge herrührt (Endogenität der Geldmenge). Zu fragen ist also nach der Existenz eines kausalen Zusammenhangs und seiner theoretischen Fundierung. Im kommenden Abschnitt beschäftigen wir uns aus diesem Grund mit der Theorie des Transmissionsmechanismus monetärer Impulse. Ein Überblick über empirische Resultate unter Verwendung verschiedener traditioneller Analyseansätze wird im darauffolgenden Kapitel gegeben.

d) Theorie der Geldwirkungen

In der theoretischen Analyse der Wirkung monetärer Impulse wird in aller Regel von einem exogen von der Zentralbank bestimmten Geldangebot ausgegangen. Insbesondere von monetaristischen Geldtheoretikern wird dabei die Auffassung vertreten, daß die Notenbank die Geldbasis als Aggregat ihrer monetären Verbindlichkeiten gegenüber den Geschäftsbanken und Nichtbanken (Monopol auf die Bereitstellung des benötigten Zentralbankgeldes) direkt mit liquiditätspolitischen Maßnahmen (Mengenpolitik) steuern kann. Über einen stabilen bzw. prognostizierbaren Geldmultiplikator ist mit dieser Argumentation das gesamtwirtschaftliche Geldangebot von der Zentralbank gut zu kontrollieren. Für die Nichtbanken hat das zur Konsequenz, daß sie sich mit ihrer Geldnachfrage in der Regel einem Geldüber- oder -unterangebot gegenübersehen. Die Theorie unterstellt daher, daß "die gewünschte Geldnachfrage sich jeweils mit einer bestimmten zeitlichen Verzögerung an das tatsächliche Geldangebot anpaßt" (*Duwendag/Ketterer* [1985, Seite 93]). Durch Veränderungen der Determinanten der Geldnachfrage wird auf diese Weise das Gleichgewicht auf dem Geldmarkt wiederhergestellt.

Mit der exogenen Setzung des Geldangebots wird somit der Geldpolitik die Möglichkeit zugesprochen, Effekte im realwirtschaftlichen Sektor hervorzurufen, indem sich die Nichtbanken über die Wiederherstellung des Gleichgewichts einem veränderten Geldangebot anpassen müssen. Reale Auswirkungen sind damit in dem Maße theoretisch fundierbar, in dem die Geldnachfrage von ökonomischen Größen determiniert ist. Theorien der Geldnachfrage vermitteln dann gleichzeitig Übertragungswege der Geldpolitik. Ausgehend von der ursprünglichen Quantitätstheorie und im Lichte der Analysen von *J.M. Keynes* wird die Geldnachfrage heutzutage portfoliotheoretisch über die Entscheidungen der Wirtschaftssubjekte über Höhe und Zusammensetzung ihres Vermögens modelliert. Störungen der optimalen Portfoliostruktur durch monetäre Impulse führen in dieser Denkrichtung zu Vermögensbestandsanpassungen der Privaten und damit zu Änderungen in gesamtwirtschaftlichen Zielgrößen der Geldpolitik. Zur Verdeutlichung der Wirkungsweise dieser ineinandergreifenden Anpassungsprozesse sei kurz auf die klassischen Ansätze Quantitätsheorie und Liquditätspräferenztheorie, sowie auf die drei theoretisch anerkannten Zinseffekte monetärer Impulse eingegangen. Für eine ausführliche Darstellung vgl. z.B. *Duwendag/Ketterer* [1985].

Die ursprüngliche Quantitätstheorie in Verbindung mit einem *Walras* ianischen güterwirtschaftlichen Gleichgewicht stellt eine direkte Proportionalität zwischen der Geldmenge und dem gesamtwirtschaftlichen Preisniveau her. Ausgehend von der *Fisher*schen-Verkehrsgleichung

$$\text{Geldmenge } (M) \times \text{Umlaufgeschwindigkeit des Geldes } (v) = \text{Preisniveau } (P) \times \text{Realeinkommen } (Y^r) \quad , \tag{4.1}$$

die als Tautologie in dieser Form lediglich eine Definitionsgleichung für v darstellt, führen einschränkende Annahmen über die Variabilität und die Beeinflussung einzelner Variablen durch monetäre Faktoren zu einer empirisch gehaltvollen Theorie. Das reale Einkommen wird dabei als hauptsächlich durch realwirtschaftliche Faktoren determiniert und somit als exogen, außerhalb des monetären Sektors liegend, angesehen (Klassische Dichotomie). Zusätzlich geht die Annahme ein, daß die Umlaufgeschwindigkeit kurzfristig konstant ist, da sie vor allem durch Bedingungen des Zahlungsverkehrs und der Zahlungsgewohnheiten bestimmt sei. Relation (4.1) läßt unter diesen Voraussetzungen die Folgerung zu, daß ohne eine entsprechende Ausweitung der Geldmenge eine Erhöhung des Preisniveaus nicht möglich ist. Der Geldwert ist damit Ausdruck der Knappheitsverhältnisse des umlaufenden Geldes in Relation zum gesamtwirtschaftlichen Güterangebot.

Nach dieser theoretischen Vorstellung sind somit Preisniveausteigerungen nahezu vollständig auf eine zu üppige monetäre Versorgung zurückzuführen. Das Geld wird nur als 'Schleier' angesehen, der über dem güterwirtschaftlichen Teil der Ökonomie liegt und ausschließlich die absoluten Preise beeinflußt. Das Gleichgewicht im realen Bereich und damit die relativen Preise und die Beschäftigung werden von Änderungen der Geldmenge nicht berührt (Neutralität des Geldes). Nur das gesamtwirtschaftliche Preisniveau (und damit das nominale Sozialprodukt) ist von der Geldpolitik zu beeinflussen, nicht aber das Realeinkommen. Dies ist der Kern der klassischen Nationalökonomie. Das Denkgebäude enthält aber eine gewisse Inkonsistenz, da die dynamische Anpassung der Preise an eine exogene Geldmengenänderung nicht modellverträglich erklärt werden kann. Ein Lösungsansatz hierfür stellt der sogenannte *real-balance-effect* von *D. Patinkin* dar.

In der Weiterentwicklung der Quantitätstheorie zu einer Geldnachfragetheorie wurde verstärkt auf die Motive der Kassenhaltung eingegangen (*A. Marshall*). Die Umlaufgeschwindigkeit v bzw. ihr Kehrwert der Kassenhaltungskoeffizient $k = 1/v$ wurden nicht mehr als konstant, aber immer noch als exogen determinierte Größe angesehen, die von der Höhe des Einkommens, den Erwartungen über die zukünftige Wirtschaftsentwicklung und den Alternativkosten (Opportunitätskosten) der Geldhaltung bestimmt wird. Erst von *Keynes* aber wurde die Abhängigkeit der Geldnachfrage vom Zins eingehend analysiert und begründet.

J.M. Keynes nimmt in seiner Liquiditätspräferenztheorie (*Keynes* [1936]) eine gedankliche Trennung der Geldhaltung in das Transaktionsmotiv (Abwicklung der zeitlich und betragsmäßig nicht deckungsgleich anfallenden Ein- und Auszahlungen), das Vorsichtsmotiv (unsichere Einnahmen/Ausgabenströme) und das Spekulationsmotiv vor. Die gesamtwirtschaftliche Nachfrage nach Geld für Transaktionszwecke und aus Vorsicht heraus ist nach *Keynes* wie bei den Klassikern kurzfristig allein vom Volkseinkommen Y abhängig. Der entscheidende Unterschied ergibt sich aber hinsichtlich der Rolle des Geldes als Vermögensobjekt, indem bei *Keynes* separat die Geldnachfrage zu Spekulationszwecken betrachtet wird. In einfacher Form wird dabei das Portfolioverhalten der Wirtschaftssubjekte als Entscheidung zwischen einer Anlage des finanziellen Vermögens in Geld (unverzinsliche Spekulationskasse) und in zinstragende Wertpapiere modelliert. Unter Einbeziehung von Erwartungen bezüglich der zukünftigen Zinsentwicklung (Risiko von Kursschwankungen) gelingt es *Keynes*, eine negative Zinselastizität der Geldnachfrage abzuleiten. Der gegenwärtige Marktzins für Wertpapiere beeinflußt als Opportunitätskostenvariable die gewünschte Geldhaltung, da je nach dessen subjektiv empfundener Höhe im historischen Vergleich Kursgewinne bzw. -verluste erwartet werden, die entweder den Erwerb von Wertpapieren oder das Halten von Spekulationskasse attraktiver erscheinen lassen.

Insgesamt ist damit die gesamtwirtschaftliche Geldnachfrage bei *Keynes* vom Volkseinkommen Y und vom Zinssatz i abhängig. Bei gegebenem Volkseinkommen und einem exogen fixierten Geldangebot wird der Ausgleich zwischen Angebot und Nachfrage nach Geld somit über den Zins vorgenommen. Durch die Einbeziehung monetärer Faktoren bei der Zinsbildung wird damit eine Gegenposition zu den Klassikern vertreten, die den Zinssatz allein als realwirtschaftliches Phänomen durch Zusammenspiel von Angebot (Ersparnisse) und Nachfrage (Investitionen) nach Kapital bestimmt sahen. Ein monetärer Impuls in Form einer exogenen Erhöhung des Geldangebots führt bei *Keynes* im neuen Gleichgewicht zu einem niedrigeren Zinssatz (abgesehen vom vollkommen zinselastischen Grenzfall der Liquiditätsfalle) und umgekehrt. Dies bezeichnet man als den klassischen Liquiditätseffekt der Zinstheorie: bei gegebener Liqiditätspräferenz, d.h. gegebenem Einkommen, kommt es als Folge einer Veränderung des Geldangebots – zumindest kurzfristig – zu einer gegenläufigen Reaktion beim Zins. Die Wirtschaftssubjekte reagieren auf das Über- bzw. Unterangebot in Relation zu ihrer gewünschten Geldhaltung mit einer Anpassung ihrer Vermögensstruktur, indem sie im ersten Fall einen Teil des überschüssigen Geldes in Wertpapiere anlegen – was den Zins sinken läßt bis das Gleichgewicht wiederhergestellt ist, bzw. im zweiten Fall Wertpapiere verkaufen müssen, um ihre gewünschte Vermögensposition wieder zu erreichen – was zinssteigernd wirkt (vgl. hierzu z.B. *Gibson* [1970]).

In der Verknüpfung mit den *Keynes* schen Vorstellungen über die Wirkungsweise des güterwirtschaftlichen Teils einer (unterbeschäftigten) Volkswirtschaft lassen sich mit der Liquditätspräferenztheorie noch weitergehende reale Geldwirkungen begründen, die der Hypothese der Klassiker von der Neutralität des Geldes entgegenstehen. Der Gütermarkt wird hierzu über die gesamtwirtschaftliche Nachfrage als Summe aus realem Konsum (abhängig vom realen Volkseinkommen Y^r) und realen (negativ zinselastischen) Nettoinvestitionen modelliert. Über eine gesamtwirtschaftliche Produktionsfunktion, in die u.a. die Beschäftigung eingeht, wird das Gleichgewicht auf dem Gütermarkt hergestellt. Mit dem Hilfsmittel der LM – und IS –Kurven, die bei gegebenem Geldangebot graphisch sämtliche Gleichgewichtskombinationen von i und Y^r (und dem Preisniveau P) im monetären Bereich bzw. auf dem Gütermarkt repräsentieren, gelangt man zu einer simultanen Lösung des *Keynes* schen Modells in Form des sog. *Hicks* schen Diagramms. Wird auch der Arbeitsmarkt in die Analyse einbezogen, so lassen sich über die gesamtwirtschaftliche Produktionsfunktion auch Auswirkungen auf die Beschäftigung abbilden. *Keynes* unterstellt eine Arbeits –Angebotsfunktion, die mit dem Geldlohnsatz steigt (der nach unten nicht flexibel zu sein braucht), was Geldillusion seitens der Anbieter bedeutet. Eine exogene Änderung der Geldmenge ist in einem derartigen Modell nicht mehr neutral in Bezug auf den güterwirtschaftlichen Bereich – das reale Sozialprodukt und die Beschäftigung wird genauso berührt wie das Preisniveau.

Nach *Jarchow* [1984, Seite 235f.] laufen bei einer exogenen Erhöhung der Geldmenge durch geldpolitische Maßnahmen folgende Anpassungsmechanismen im *Keynes* schen Modell ab (Ausgangspunkt: Unterbeschäftigungsgleichgewicht) :

– Durch Rechtsverschiebung der LM –Kurve sinkt der Gleichgewichtszins.
– Der sinkende Zins regt Investitionen an, die Nachfrage nach Investitionsgütern steigt und die Investitionsgüterindustrie weitet ihre Produktion aus.
– Das dadurch zusätzlich geschaffene Einkommen führt zu einer Erhöhung der Nachfrage nach Konsumgütern; die Produktion in der Konsumgüterindustrie wird stimuliert, das Einkommen steigt weiter (Multiplikatorprozeß).
– Die Erhöhung der gesamtwirtschaftlichen Produktion führt zu einer Abnahme der Grenzproduktivität der Arbeit; das Preisniveau steigt.
– In einer Gegenreaktion kommt es aufgrund des gestiegen Realeinkommens zu einer Erhöhung der Geldnachfrage für Transaktionszwecke, was zusammen mit dem Preisanstieg (kleinere reale Geldmenge) zu Zinssteigerungen führt. Der induzierte Zinsanstieg dämpft den Expansionsprozeß.

Im Endergebnis führt der monetäre Impuls zu einer Vergrößerung des realen Sozialprodukts, der Beschäftigung und des Preisniveaus. In Richtung kontraktiver geldpolitischer Maßnahmen sind entsprechende Überlegungen mit entgegengesetztem Vorzeichen anzustellen. Festzuhalten bleibt ausdrücklich die besondere Bedeutung, die induzierte Zinsveränderungen der Geldmengensteuerung im dargestellten Transmissionsmechanismus spielen (Liquiditätseffekt). *Keynes* gelingt es daneben mit seiner Theorie, die Existenz von Gleichgewichten auf dem Gütermarkt mit Unterbeschäftigung in Einklang zu bringen. Zudem kennzeichnet er Situationen (Liquiditätsfalle), in denen nur fiskalpolitische Maßnahmen (Erhöhung der realen Staatsausgaben) zum Vollbeschäftigungseinkommen zurückführen ("*money doesn't matter*"). Der Fiskalpolitik wird daher eine wirtschaftspolitische Schlüsselstellung zugewiesen.

Im besonderen die zuletzt dargelegten Schlußfolgerungen aus der *Keynes* schen Theorie haben Mitte der sechziger Jahre – als inflationäre Tendenzen wieder verstärkt auf–

traten – zu einer Gegenbewegung in der akademischen Geldlehre geführt: dem Monetarismus, der sich im wesentlichen auf eine Neuinterpretation der Quantitätstheorie stützt (Neoquantitätstheorie von *M. Friedman*). Der von *Keynes* auf die Spekulationskasse angewandte Portfolioansatz einer an Opportunitätskosten orientierten Aufteilung des Geldvermögens wird von *Friedman* auf die gesamte Geldnachfrage und ein Spektrum von Anlageentscheidungen übertragen. Neben einer weiten Definition des Gesamtvermögens (bzw. der Einführung des permanenten Einkommens) und verschiedener Zinssätze geht bei *Friedman* auch das Preisniveau als wesentliche Determinante in die Geldnachfragefunktion ein (negativer Ertrag der Geldhaltung). Insbesondere durch die Betonung der Realkasse als preisbereinigte Geldnachfrage (fehlende Geldillusion) wird dabei im Unterschied zu *Keynes* die Transmission monetärer Impulse mehr über Preisanpassungen als über Zinsen und dem Realeinkommen vorgenommen. Ein expansiver monetärer Impuls wirkt dann allenfalls kurzfristig im monetären Bereich und auf das reale Sozialprodukt, sondern schlägt sich hauptsächlich in Preissteigerungen nieder, bis der alte Realwert der Kassenhaltung wieder erreicht ist. In den unterschiedlichen Ansätzen kommt auch zum Ausdruck, daß *Keynes* eher eine unterbeschäftigte Volkswirtschaft im Auge hatte, in der Preissteigerungen zumindest auf kurze Sicht keine so große Rolle spielen.

Die monetaristische Position (*M. Friedman, K. Brunner, A. Meltzer*) ist dagegen dadurch gekennzeichnet, daß die Notenbank über die Kontrolle der Geldmenge und eine stabile, gut prognostizierbare Umlaufgeschwindigkeit des Geldes via Neoquantitätsrelation einen dominanten Einfluß auf das Nominaleinkommen ausübt. Der Geldpolitik wird folgerichtig die Hauptverantwortung für eine Steuerung der (nominalen) Gesamtnachfrage übertragen und nicht der Fiskalpolitik. Da der Übertragungsweg bis zum Wirksamwerden geldpolitischer Maßnahmen aber langwierig und ungewiß sei, wird der Geldpolitik die Ausweitung ihres Geldangebots um eine jährlich konstante Rate empfohlen (Verstetigung), um nicht mit einer diskretionären Politik Gefahr zu laufen, prozyklisch statt ausgleichend zu wirken. Auf längere Sicht schlägt sich so nach Auffassung der Monetaristen der Versuch einer auf keynesianische Nachfragesteuerung ausgerichteten Geldpolitik lediglich in den Preisen nieder. Die reale Wirtschaftstätigkeit könne nur kurzfristig angeregt werden (zu einer Kritik des monetaristischen Ansatzes vgl. z.B. *Kaldor* [1970], *Neubauer* [1977]).

Auch in Bezug auf die Zinswirkungen monetärer Impulse stellt die neue Sicht mehr auf langfristige Preiswirkungen als auf den Liquditätseffekt ab. Schon bei *Keynes* führt der durch die ursprünglich induzierte Zinssenkung (expansive Geldpolitik) ausgelöste Expansionsprozeß über ein höheres Volkseinkommen und der dadurch größeren Nachfrage nach Transaktionskasse zu einer Gegenreaktion in Form von wieder ansteigenden Zinsen (Einkommenseffekt). Zudem wirken die in Zusammenhang mit der angeregten Produktion auftretenden Preissteigerungen über eine entsprechende Verkleinerung der realen Geldmenge in Richtung höherer Zinsen (Preiseffekt). In der *Keynes* schen Analyse wird aufgrund der unterstellten Unterbeschäftigungssituation der Liquditätseffekt dadurch allerdings nur zum Teil kompensiert. Anders stellt sich die Situation den Monetaristen dar, die von einer Anpassung über die Preise ausgehen. Im neuen Gleichgewicht hat sich nur das Preisniveau erhöht, das Realeinkommen bleibt langfristig unberührt mit der Folge, daß die Zinsen ihr Ausgangsniveau wieder erreichen.

Die beschriebene Umkehrung des Liquiditätseffekts wird noch verstärkt, wenn in der Folge einer Geldmengenexpansion und auftretender Preissteigerungen Erwartungen auf höhere Inflationsraten in der Zukunft geweckt werden. Der Zusammenhang zwischen Preiserwartungen und Nominalzinsen wurde schon von *I. Fisher* untersucht. Er läßt sich darauf zurückführen, daß Kreditgeber bzw. Anleger in Zeiten steigender Preise einen Ausgleich für zukünftig erwartete Kaufkraftverluste ihres verliehenen Kapitals und der daraus erzielten Zinserträge verlangen werden. Auf der anderen Seite werden Kreditnehmer bzw. Anleiheschuldner bereit sein, einen höheren Zinssatz zu zahlen, da sie in Erwartung steigender Preise beim Erwerb von Sachvermögen bzw. bei der Tilgung von der Inflation profitieren. Das *Fisher* sche Realzinstheorem drückt diesen Sachverhalt unter Verwendung des preisbereinigten Realzinses aus. Treten im Zuge des Einkommens- und Preiseffekts monetärer Impulse demnach Erwartungen auf weiter anziehende Geldentwertungsraten auf, so werden sich auch die Nominalzinsen entsprechend entwickeln (Preiserwartungseffekt). Im Resultat führt eine expansive Geldpolitik über den beschriebenen dynamischen Anpassungsprozeß zu höheren Zinsen als in der Ausgangssituation gegeben, d.h. die ursprüngliche Zinssenkung wird überkompensiert. Monetaristen sehen im Liquiditätseffekt allenfalls eine kurzfristige Erscheinung, die nur solange wirksam sein kann, bis die Auswirkungen der Geldmengenänderung voll antizipiert worden sind.

Wird dieser Ansatz bis in letzte Konsequenz weiter verfolgt, so gelangt man zu den Erkenntnissen der Neuen Klassischen Makroökonomie (*R. Lucas, R. Barro, Th. Sargert, N. Wallace*), welche die Rolle von Erwartungen, insbesondere Inflationserwartungen, in den Vordergrund gerückt hat. Mit der rationalen Erwartungshypothese (vgl. Kapitel 3.3) wird unterstellt, daß die Wirtschaftssubjekte sämtliche in der Planungsperiode verfügbaren Informationen für die Vorhersage ökonomischer Größen in rationaler Weise, d.h. unter Verwendung der relevanten ökonomischen Theorie, ausnutzen. Abweichungen der prognostizierten Werte von den tatsächlich realisierten sind dann nur noch unsystematisch und rein zufälliger Natur. Angewendet auf die Geldpolitik bedeutet diese Annahme, daß die Wirtschaftssubjekte den Mechanismus kennen, nach dem die Notenbanken das angestrebte Geldmengenwachstum ableiten (angekündigte Geldmengenziele bzw. Reaktionsfunktion der Geldpolitik). Ein makroökonomisches Angebots-Nachfrage-Modell führt dann zu dem Ergebnis, daß eine systematisch betriebene Geldpolitik keinerlei Effekte mehr auf die Beschäftigung und das reale Sozialprodukt auszuüben imstande ist. Die Wirtschaftssubjekte reagieren vielmehr aufgrund ihrer rationalen Voraussicht mit einer unmittelbaren Anpassung ihres Verhaltens, was ausschließlich Preiswirkungen zur Folge hat (Wirkungslosigkeit administrativer Maßnahmen der Geld- und Fiskalpolitik). Nur noch unvorhergesehene Ereignisse bzw. neue Informationen (z.B. monetäre Überraschungen/Schocks) vermögen nichtantizipierte Änderungen in abhängigen ökonomischen Variablen hervorzurufen (vgl. *Felderer/Homburg* [1985]). Eingeschränkt wird diese Aussage in jüngster Zeit allerdings durch die Erkenntnis, daß institutionelle Beschränkungen einer sofortigen Verhaltensanpassung entgegenstehen können (postkeynesianischer Ansatz), oder daß der Informationsstand auch bei rationaler Nutzung - aufgrund des Kostenaspekts der Informationsbeschaffung - nicht bei allen Wirtschaftssubjekten gleich sein dürfte (z.B. Informationsvorsprung der Notenbanken).

Zum Schluß dieses Abschnitts sei noch kurz auf die zentrale Problemstellung eingegangen, wie man sich die Wirkungsweise des Transmissionsmechanismus monetärer Impulse vorzustellen hat. Die heutige Geldtheorie ist sich weitgehend darüber einig, diese Frage portfoliotheoretisch (*H. Markowitz*, *J. Tobin*) zu analysieren. Wie es schon bei der Darstellung der einzelnen Ansätze angeklungen ist, liegt dabei die Vorstellung zugrunde, daß eine den Wirtschaftssubjekten optimal erscheinende Aufteilung ihres Gesamtvermögens durch einen exogenen Impuls (z.B. von der Geldpolitik) gestört wird. Durch die Störung des ursprünglichen Portfoliogleichgewichts werden die relativen Preise bzw. Erträge der einzelnen Aktiva verändert. Die Wirtschaftssubjekte werden daraufhin versuchen, die Struktur ihres Vermögensbestandes entsprechend der neuen Ertrags- und Risikogegebenheiten simultan anzupassen. Die Nachfrage nach den einzelnen Vermögenswerten wird dabei als positiv abhängig von der eigenen Ertragsrate und der Höhe des Nettovermögens im privaten Sektor, sowie negativ von den Ertragsraten der alternativen Aktiva angesehen. Als Ergebnis der Interaktionen zwischen den verschiedenen Vermögensobjekten (Geld, sonstige monetäre Aktiva, Sachkapital) ändern sich auch die wirtschaftspolitischen Zielvariablen.

Angewendet auf den Transmissionsmechanismus werden in der Literatur zwei Übertragungskanäle geldpolitischer Maßnahmen erörtert (vgl. z.B. *Pohl* [1976]). Substitutionseffekte basieren auf dem exogen veränderten Anteil des Geldes am Gesamtvermögen (Änderung der Ertragsstruktur) und bewirken Umschichtungen in der Vermögenszusammensetzung (Beispiel: zinssenkender Liquiditätseffekt durch Anpassung des Bestandes an Wertpapieren). Daneben tritt ein Vermögenseffekt ein, da mit der Geldvolumensänderung die Höhe des gesamten Vermögens der Privaten berührt ist (Änderung des Risikogrades des Portfolios). Es kommt neben Strukuturanpassungen im monetären Bereich zu Auswirkungen auf das Sachvermögen und auf die Neuproduktion von Konsum- und Investitionsgütern. Beispielsweise wird die gesamtwirtschaftliche Nachfrage angeregt, da das Vermögen eine wesentliche Determinante der Ausgabentätigkeit darstellt. Die beiden Mechanismen bewirken damit eine Ausbreitung der ursprünglichen Störung (monetärer Impuls) auf den gesamten monetären Sektor und die Übertragung auf den güterwirtschaftlichen Teil der Volkswirtschaft. Unterschiedliche Auffassungen gibt es – wie dargestellt – hauptsächlich in Hinblick auf die Aufteilung des Gesamteffekts geldpolitischer Maßnahmen auf reale (Produktion, Beschäftigung) und reine Preis-Wirkungen.

4.2 Statistische Ansätze zur Untersuchung des Transmissionsmechanismus

Die Beziehung zwischen dem Wachstum der Geldbestände in einer Volkswirtschaft und anderen finanziellen und realen Größen stellt ein altes makroökonomisches Problem dar. In der Geldtheorie wird, wie im vorangegangenen Kapitel ausgeführt, über die Auswirkungen monetärer Impulse auf Zinsen, Geldwertstabilität und realwirtschaftliche Zielvariablen (Portfolioanpassungen der gesamtwirtschaftlichen Nachfrage, der Produktion und der Beschäftigung) kontrovers diskutiert. Grundsätzlich geht es bei dieser Auseinandersetzung um die Wirksamkeit zielgerichteter geldpolitischer Maßnahmen (Neutralitätsdebatte). Ein entscheidendes Element im Transmissionsmechanismus monetärer Impulse stellt insbesondere der Einfluß der Geldmenge auf die kurz– und langfristigen Nominalzinsen dar. Die zinssenkende Wirkung einer expansiven Geldpolitik (Liquiditätseffekt) wird als auslösendes Moment einer Investitionsbelebung und damit einer mittelfristigen Erhöhung des Nominaleinkommens angesehen (Multiplikator–/Akzeleratoreffekt). Im Zuge eines dynamischen Anpassungsprozesses wirkt der geldpolitisch induzierten Zinssenkung allerdings der Einkommens– und Preiseffekt entgegen. Infolge des höheren Transaktionsvolumens und gestiegener Preise kommt es zu wieder anziehenden Zinsraten. Außerdem können Erwartungen auf sich weiter beschleunigende Inflationstendenzen geweckt werden, wodurch die Zinssätze zusätzlich Auftrieb erhalten (Preiserwartungseffekt).

Anhand des Standes der Diskussion der theoretischen Grundlagen des Transmissionsmechanismus ist wenig über die zeitliche Abfolge und relative Stärke der einzelnen Effekte monetärer Impulse auszusagen. Der komplexe Übertragungsweg bis zum Wirksamwerden monetär induzierter Effekte im güterwirtschaftlichen Sektor ist kaum detailliert zu analysieren. Zum einen treten lange und variable Wirkungsverzögerungen (Lags) auf, bedingt durch die Notwendigkeit verschiedener Verhaltensanpassungen der Wirtschaftssubjekte (indirekte Einflußnahme). Zum anderen werden geldpolitische Maßnahmen durch eine Vielzahl von nichtmonetären Faktoren und Rückkopplungseffekten überlagert. In den Vordergrund des Interesses rückt damit die empirische Untersuchung der Wirkungszusammenhänge, insbesondere der Richtung und zeitlichen Verzögerungen der verschiedenen Einflüsse.

Die ersten Studien zu diesem Problemkreis stammen von *M. Friedman*. Er kommt zu dem Ergebnis, daß der Liquiditätseffekt nur kurzfristig wirksam ist und in einem Zeitraum von ein bis zwei Jahren kompensiert wird (*Friedman* [1968]). Mittels des Vergleichs von zyklischen Hoch– und Tiefpunkten der Wachstumsraten des Geldbestands mit den Referenz–Zyklen des National Bureau of Economic Research für die allgemeine Wirtschaftstätigkeit in den Vereinigten Staaten findet *Friedman* außerdem, daß im Durchschnitt von 18 Konjunkturzyklen in Friedenszeiten seit 1870 die Geldmengenraten einen Vorlauf von 12 bis 16 Monaten vor der realwirtschaftlichen Aktivität aufweisen (vgl. z.B. in *Friedman* [1969] den Aufsatz "The Lag in Effect of Monetary Policy" von 1961). Die Implikationen die *Friedman* aus diesem Resultat zieht (Änderungen der Geldmenge üben einen bedeutenden unabhängigen Einfluß auf die Wirtschaftstätigkeit mit einem langen und veränderlichen Zeitlag aus) und insbesondere die verwendete Methodik eines Vergleichs von Wachstumsraten mit Schwankungen in Niveau –Größen sind vielfach in Zweifel gezogen worden (*Culbertson* [1960], *Tobin* [1970], vgl. auch die Ausführungen in Abschnitt b) über die kausale Wirkungsrichtung zwischen Geld und Einkommen). Auch *Friedman* selbst betrachtet neben diesem Ansatz die zeitliche Abfolge von Minima und Maxima sowie Korrelationen der Änderungsraten bzw. Abweichungen der Geldmenge und des Einkommens von ihren jeweiligen Trendlinien, spricht diesen Ergebnissen aber weniger empirische Relevanz zu. [1]

Empirische Arbeiten mit einfachen ökonometrischen Verfahren zur Erfassung der Wirkungsverzögerungen monetärer Impulse (verteilte Lags in Geldmengenraten) kommen in der Folgezeit zu ähnlichen Resultaten wie *Friedman*. Diese statistischen Ansätze sind in den achtziger Jahren erneut für die Untersuchung monetär induzierter Zinseffekte verwendet worden und werden im folgenden als erstes behandelt. Aufgrund der statistischen Unzulänglichkeiten dieser Methoden und angeregt durch theoretische Auseinandersetzungen sind in den 70er Jahren Verfahren zur Untersuchung der Wirkungsrichtung zwischen zeitabhängigen Variablen (Kausalitätstests) entwickelt und hauptsächlich auf die Beziehung Geldmenge – Volkseinkommen angewendet worden. Die bis heute kontrovers diskutierten entsprechenden Ergebnisse werden im Abschnitt b) dargestellt. Im Zuge der Neuen Klassischen Makroökonomie ist die Aufmerksamkeit – auch der empirischen Forschung – hauptsächlich auf die Auswirkungen unerwarteter Geldvolumensänderungen gerichtet worden. Die unter dem Postulat der rationalen Erwartungen erzielten empirischen Resultate sind Inhalt des dritten Abschnitts dieses Kapitels.

a) Traditionelle Arbeiten mit verteilten Lagstrukturen

Aufbauend auf theoretische Überlegungen (*Keynes, Friedman*) und ersten empirischen Indizien für die Verhältnisse in den Vereinigten Staaten wurde in den sechziger und frühen siebziger Jahren im allgemeinen davon ausgegangen, daß sich Preise und Mengen nicht so schnell an ein neues Geldangebot anpassen würden wie Zinssätze. Die Geldnachfrage und Preiserwartungen sah man aus diesem Grund durch einen expansiven monetären Impuls nicht unmittelbar von einem höheren Einkommen und entsprechend steigenden Preisen beeinflußt an. Der Liquiditätseffekt sollte eine gewisse Zeit wirksam und empirisch nachzuweisen sein. Den Zeitraum bis zum Eintreten eines Einkommens– und

---

[1] Er erhält folgende Korrelations–Resultate mit Quartalsdaten aus dem Zeitraum 1948 bis 1958 (*Friedman* [1961]) :

- Quartalszuwachsraten der Geldmenge und prozentuale Abweichungen des Einkommens vom (graphisch ermittelten) Trend weisen bei einem Vorlauf der Geldmenge um 3–4 Quartale die höchste Korrelation mit $\rho = 0.58$ auf.
- Prozentuale Abweichungen der Geldmenge von ihrer Trendlinie korrelieren mit den entsprechenden Abweichungen des Einkommens von dessen Trend am stärksten im selben Quartal, die Korrelation ist mit $\rho = 0.26$ aber auf dem 5%–Niveau nicht signifikant von Null verschieden.
- Die absoluten Änderungswerte (1. Differenzen) der Geldmenge und des Einkommens haben einen Korrelationshochpunkt bei einer Zeitverzögerung um 2 Quartale mit einem allerdings insignifikanten Koeffizienten von $\rho = 0.21$.

Preiseffekts bzw. bis zur Kompensation der urspünglichen Zinsreaktion veranschlagte man auf etwa ein bis zwei Jahre. Da Inflationserwartungen erst mit einem noch größeren Zeitlag auftreten sollten (erst als Anpassungsreaktion auf tatsächlich beobachtete Inflationsraten = adaptive Erwartungsbildungshypothese), sah man in der Untersuchung des Zeitpunkts der Umkehrung eines negativen Einflusses der Geldmenge auf den Nominalzins eine Möglichkeit, die Wirkungsverzögerung des Einkommens – und Preiseffekts festzustellen.

Entsprechende empirische Studien führten in der Regel auch zu den erwarteten Resultaten. Als statistisches Verfahren eingesetzt wurde dabei ein Einzelgleichungsansatz mit endogenem Zinssatz i_t und einer relativ langen (restringierten oder unrestringierten) Lagstruktur von zeitgleichen und zurückliegenden Geldmengenänderungen als erklärende Größen. Hinsichtlich der Variablen–Transformation wurden vor allem zwei Versionen einer derartigen Regressionsbeziehung untersucht. Ein Ansatz bezog sich auf das Niveau des Zinses in Abhängigkeit von verzögerten Geldmengenraten $d^kM_t := (M_t - M_{t-k}) / M_{t-k}$, $k = 1, 4$ oder 12 je nach Datenfrequenz :

$$i_t = \alpha + \sum_{i=1}^{n} \beta_i \, d^k M_{t-i} + u_t \quad , \qquad (4.1)$$

ein zweiter auf die ersten Differenzen dieser Relation :

$$\Delta i_t = \tilde{\alpha} + \sum_{i=1}^{n} \tilde{\beta}_i \, \Delta d^k M_{t-i} + v_t \quad . \qquad (4.2)$$

So finden *Cagan/Gandolfi* [1969] unter Benutzung der zweiten Version und US–amerikanischen Daten auf Monats– und Quartalsbasis für den Zeitraum 1910–1965, daß der kurzfristige Zins (commercial paper rate) sieben Monate lang negativ auf ein Wachstum der Geldmenge (M2) reagiert, bis sich das Vorzeichen noch weiter zurückliegender Raten in (4.2) umdreht. Mit Beginn der fünfzehnten monatlichen Verzögerung ist der Liquiditätseffekt vollständig kompensiert (Summe der geschätzten $\tilde{\beta}$–Regressionskoeffizienten in (4.2) größer gleich Null). Entsprechend schließen die Autoren, daß der Einkommenseffekt nach etwa sechs Monaten einsetzt. Mit Ablauf von ca. 25 Monaten erreicht die Summe der Koeffizienten ihren positiven Höchstpunkt, der um 3.2 Basispunkte über dem Ausgangszinsniveau liegt. Für die kürzere Untersuchungsperiode 1948–65 ermitteln die Autoren ähnliche Resultate, wobei der Liquiditätseffekt ausgeprägter und etwas länger wirksam geschätzt wird. Mit Quartalsdaten werden in der Studie außerdem restringierte Ansätze getestet, indem angenommen wird, daß den Koeffizienten $\tilde{\beta}_i$ in (4.2) ein Polynom $k = 5$-ten Grades unterlegt werden kann, welches die Gewichte hinreichend genau approximiert (Almon–Lag Verfahren) :

$$\tilde{\beta}_i = \sum_{j=0}^{k} w_j \, i^j \quad , \quad 1 \leq i \leq n \quad . \qquad (4.3)$$

Die Resultate sind ähnlich der unrestringierten: nach drei Quartalen tritt eine Umkehrung des kumulierten Effektes auf und nach 6–7 Quartalen wechselt das Vorzeichen der

Summe der Regressionskoeffizienten. Der Beginn des Wirksamwerdens eines Einkommenseffekts wird auf etwa zwei Quartale veranschlagt.

Zu vergleichbaren Ergebnissen gelangt *Gibson* in den zwei Studien von 1970. Neben (unrestringierten) Regressionen vom Typ (4.1) und (4.2) für drei verschiedene Zinssätze (treasury bill rate, treasury bond rate, Aaa corporate bond yield), die in der zweiten Arbeit Verwendung finden, werden in *Gibson* [1970a] auch Beziehungen zwischen dem Niveau der Zinsen und dem logarithmierten Niveau der Geldmenge (M1 und M2), sowie zwischen den ersten Differenzen der Zinssätze und Geldmengenwachstumsraten betrachtet. Der Autor findet mit monatlichen Daten für die USA im Zeitraum 1947–1966, daß der Liquiditätseffekt bei einem monetären Impuls gemessen durch M1 nach Ablauf des dritten Monats vollkommen kompensiert ist. Für die Geldmenge M2 vergrößert sich der entsprechende Zeitraum auf fünf Monate. Die Resultate in *Gibson* [1970b] beziehen sich auf die gleichen Variablen und den gleichen Zeitraum. Die Schätzungen von Relationen des Typs (4.1) legen es nach Auffassung des Autors nahe, daß die Niveaus der Zinssätze von anderen Variablen als Geldmengenraten determiniert werden; Ansatz (4.2) ist dagegen besser spezifiziert. Die Wirkungsverzögerung eines kumuliert positiven Effekts auf den Zins beträgt danach für M1 drei bis sechs, für M2 sechs bis neun Monate nach Erhöhung der Wachstumsrate der Geldmenge. Auch *Gibson* folgert aus diesen Resultaten, daß der Zeitlag einer monetären Beeinflussung des Einkommens relativ kurz ist, da der Preiserwartungseffekt als unbedeutend in einer so kurzen Zeitperiode von wenigen Monaten anzusehen sei. Er stellt dieses Ergebnis auch direkt den oben zitierten von *Friedman* gegenüber, der von einem längeren Lag zwischen Geldmengenwachstum und wirtschaftlicher Aktivität von 12–16 Monaten ausging.

Mehrere Kritikpunkte sind an dem methodischen Vorgehen und den Schlußfolgerungen dieser empirischen Studien mit einfachen verteilten Lags in Geldmengenraten anzubringen. Zum einen muß betont werden, daß es sich bei Regressionen vom Typ (4.1)/(4.2) um reduzierte Formen handelt, die neben verzögerten Werten von M keine weiteren erklärende Variable enthalten (kein komplettes Zinsmodell). Die Schätzergebnisse sind somit nur dann konsistent, wenn die ausgeschlossenen Zins-Einflußgrößen unkorreliert mit den Geldmengentermen und diese im ökonometrischen Sinne exogen zu den jeweils abhängigen Variablen sind. Fehlspezifikationen können sich z.B. in einer Autokorrelationsstruktur der Residuen niederschlagen. Tests auf derartige Abweichungen von den Annahmen des klassischen Regressionsmodells werden von den Autoren der frühen Studien aber nicht vorgenommen bzw. deutlich negative Resultate bezüglich der **DW**-Statistik (positive Autokorrelation erster Ordnung in den Residuen) nicht kommentiert.

Ein zweites Problem ergibt sich aus der Aufnahme einer großen Anzahl, nur durch zeitliche Versetzung verschiedener, Regressoren. Abgesehen von der notwendigen Festlegung auf die maximale Anzahl n von Lags, sind damit kaum zu kontrollierende Multikollinearitäts-Effekte verbunden, falls die exogenen Variablen zu starkt untereinander korrelieren (da es sich nur um aufeinanderfolgende Beobachtungen einer Variablen handelt, betrifft dies die Autokorrelationen der entsprechend transformierten Zeitreihe). Die Schätzungen der Parameter sind dann nicht mehr konsistent. Ein Ansatz zur Verminderung derartiger Schwierigkeiten besteht darin, nicht sämtliche $(n+1)$ Regressionskoeffizienten frei zu schätzen, sondern ihnen gewisse Restriktionen aufzuerlegen (Ansatz mit verteilten Lagstrukturen). So erhebt der Ansatz (4.3) von *Almon* [1965] *(n-k)* Restriktionen, da nur noch die *(k+1)* Koeffizienten w_j des Polynoms *k*-ten Grades unbekannt und zu schätzten sind. Probleme bereitet allerdings die Wahl eines geeigneten (möglichst geringen) Polynomgrades, und die Frage ob weitere Restriktionen wie Anfangs- und Schlußbedingungen ($\beta_0 \equiv 0$, $\beta_{n+1} \equiv 0$) notwendig oder sinnvoll sind. Wie mehrere Autoren gezeigt haben (z.B. *Schmidt/Waud* [1973]) wird durch die Festlegung dieser Parameter ein großer und willkürlicher Einfluß auf die implizierte Lagstruktur ausgeübt. Für eine ausführliche Darstellung der Modelle mit verteilten Lags siehe *Dhrymes* [1971].

Die Untersuchung von *Siebke/Willms* [1972] und die Erwiderung mit Neuschätzung von *Gebauer* [1973] über den Preiserwartungseffekt unter der Hypothese adaptiver Erwartungsbildung stellt in diesem Zusammenhang eine interessante Anwendung von Almon-Lags dar. Die Autoren verwenden die gleichen Daten für die Bundesrepublik (Monats- und Quartalsdaten, Januar 1960 - Juni 1971) und das gleiche Verfahren (Restriktions-Polynome dritten und vierten Grades, allerdings mit unterschiedlichen Nullfixierungen der längsten zeitlichen Verzögerung), kommen aber zu unterschiedlichen Resultaten. So schließen *Siebke/Willms*, daß Preiserwartungen innerhalb von zwei Jahren nahezu vollständig in den nominalen Zinssatz (Umlaufrendite öffentlicher Anleihen) eingehen. [2] *Gcbauer* [1973] findet dagegen bei einer Ausdehnung der längsten zeitlichen Verzögerung auf drei bis fünf Jahre, daß der Preiserwartungseffekt auch noch länger wirksam sein könnte (signifikante Regressionskoeffizienten und ein weiteres Ansteigen des Summenwertes über Wirkungsverzögerungen von zwei Jahren hinaus). Zudem liegt in allen Regressionen deutlich Autokorrelation in den Residuen vor. *Gebauer* lehnt daher das methodische Vorgehen ab, insbesondere die Modellierung von Inflationserwartungen über adaptive Schemata, d.h. daß sich die Wirtschaftssubjekte bei der Bildung ihrer Erwartungen an Preisentwicklungen orientieren, wie sie in der Vergangenheit eingetreten sind.

Außerdem kritisiert *Gebauer* das weitere Resultat der Studie von *Siebke/Willms* [1972], welche eine simultane Schätzung aller drei Zinseffekte monetärer Impulse (ΔM_1) versuchen. *Siebke/Willms* kommen bei einer Regression der Umlaufrendite auf laufende (unverzögerte) Änderungsraten der Geldmenge und des Bruttosozialprodukts sowie auf restringiert verzögerte Preisraten zu dem Schluß, daß sich Liquiditäts- und Einkommenseffekt bereits nach Ablauf eines Quartals nahezu vollständig neutralisieren (geschätzte Koeffizienten der Geldmenge und des Einkommens betragsmäßig fast gleich groß). Die Autoren vernachlässigen dabei allerdings eine mögliche Wirkungsverzögerung des monetären Einflusses auf das Einkommen. Zum zweiten könnte ein großer Teil des Einkommenseffekts über realisierte Teuerungsraten wirksam werden. Diese Variablen werden aber ausschließlich hinsichtlich von Inflationserwartungen interpretiert. Nach *Gebauer* [1973] ist eine zuverlässige Isolierung der einzelnen Effekte aufgrund von Interdependenzen und Rückkopplungen zwischen Geldmenge, Volkseinkommen und Preisentwicklung schwer vorzunehmen (auch Argument der Endogenität der Geldmenge). Er versucht in einem eigenen empirischen Ansatz den Liquiditätseffekt über andere monetäre Indikatoren als die nominale Geldmenge (reale Werte für das Geldvolumen, die Zentralbankguthaben und freie Liquiditätsreserven der Kreditinstitute) zu quantifizieren.

---

[2] Summe der Koeffizienten einer Regression des Zinssatzes auf einen verteilten Lag von vergangenen Inflationsraten nach zwei Jahren zwischen 0.86 und 0.92 .

Auch *Neumann* [1977] wendet sich in seiner Untersuchung der Determinanten des Zinsniveaus (insbesondere von Inflationserwartungen) gegen einfache Regressionen des Zinssatzes auf verteilte Lags vergangener Teuerungsraten. Nach Auffassung des Autors ist auch bei Einbeziehung weiterer exogener Erklärungsgrößen in Form eines reduzierten Zinsmodells (ausländisches Zinsniveau, Diskontsatz, Realeinkommen, Geldbasis) eine zuverlässige Abgrenzung des Preiserwartungseffekts nicht möglich, wenn die Erwartungen in Anlehnung an adaptive Vorstellungen allein durch zurückliegende Inflationsraten modelliert werden. *Neumann* schlägt statt dessen vor, zu dem Konzept der rationalen Erwartungen überzugehen, und nähert die antizipierte Inflationsrate in einem ersten Ansatz durch die Renditedifferenz zwischen Renten- und Aktienmarkt an. Mit dieser Proxy-Variablen für die erwartete Geldentwertung (Daten: 1960/I – 1972/IV) wird der Preiserwartungseffekt im Laufe eines Quartals auf etwa ein halb geschätzt.

Trotz der methodischen Einwände gegen die Schätzung von Einzelgleichungen mit verteilten Lagstrukturen sind in den achtziger Jahren erneut Studien zum Einfluß monetärer Impulse auf den Zins unter Verwendung dieses statistischen Ansatzes (sog. *Gibson*-Methode) erschienen. Die Ergebnisse dieser Arbeiten für US-amerikanische Daten deuten darauf hin, daß sich der Wirkungszeitraum des Liquiditätseffekts seit etwa 1975 deutlich verkürzt hat. Im Gegensatz zu den frühen Untersuchungen kommen einige der Studien sogar zu der Schlußfolgerung, daß bereits im Monat der Beschleunigung der monetären Entwicklung selbst keine entgegengerichtete Reaktion mehr bei den Nominalzinsen auftritt. Ein möglicherweise sehr kurzfristig eintretender Einkommenseffekt wird als Erklärung dieser Wirkungsänderung von den Autoren ausgeschlossen. Zurückgeführt wird das Ergebnis vielmehr zum einen auf einen geldpolitischen Antizipierungseffekt, bedingt durch den Übergang der Zentralbanken zur Geldmengensteuerung in Form von Zielkorridoren. Zum anderen wird auf den Verlust der Geldillusion seitens der Wirtschaftssubjekte verwiesen, d.h. daß Inflationserwartungen schon auf kurze Sicht wirksam werden können (vgl. *Reichenstein* [1987]). Wir beschäftigen uns ausführlicher in Abschnitt c) mit diesem Punkt. Zuvor werden noch kurz einige der erwähnten Studien vorgestellt.

Die drei Arbeiten *Melvin* [1983], *Brown/Santoni* [1983] und *Reichenstein* [1987] zur empirischen Untersuchung der Wirkung von Geldmengenänderungen auf den Nominalzins verwenden sämtlich Monatsdaten für die Vereinigten Staaten und einen unrestringierten Regressions-Ansatz der Form (4.1) bzw. (4.2). Während die ersten beiden Studien noch einen schwachen aber kurzlebigen Liquiditätseffekt für die siebziger und beginnenden achtziger Jahre feststellen können, erhält *Reichenstein* für die Periode von April 1975 (Beginn der Ankündigung von Geldmengenzielen seitens der FED) bis März 1983 unter Benutzung der treasury bill rate als kurzfristigen Zinssatz und der Wachstumsrate der Geldmenge M1 nur noch positive Koeffizienten-Schätzer (Erhöhung der Zinsen nach einem Jahr monetärer Beschleunigung von einem Prozentpunkt um 80 Basispunkte). Er berücksichtigt bei seinem Ansatz nach (4.1) Autokorrelation in den Residuen (Schätzung mit autoregressiver Korrektur nach dem Cochrane-Orcutt Verfahren), findet den Autokorrelations-Koeffizienten erster Ordnung aber nicht signifikant von Eins verschieden. Eine Spezifikation in ersten Differenzen wäre also vorzuziehen gewesen.

Die Studien von *Melvin* [1983] und *Brown/Santoni* [1983] verwenden gleich den Regressionsansatz (4.2) für den kurzfristigen Zins (commercial paper rate, 4-6 Monate).

Während *Melvin* verzögerte erste Differenzen der Wachstumsraten von M2 als endogene Variable untersucht, legen *Brown/Santoni* die entsprechend transformierten Raten der Geldmenge M1 zugrunde. Die empirischen Resultate sind aber sehr ähnlich. Ein Absinken des Zinses wird für die Perioden 1973 – 1979 (*Melvin*) bzw. 1971 – 1983 (*Brown/Santoni*) nur noch als Reaktion auf ein vergrößertes Geldmengenwachstum im gleichen Monat ermittelt. Bereits im darauffolgenden Monat finden sie den Liquiditätseffekt kompensiert: die Regressionskoeffizienten für die verzögerten monetären Einflußfaktoren werden positiv geschätzt (bei *Melvin* signifikant für Zeitverzögerungen von zwei bis sieben Monaten und einer maximalen Lag–Länge n von 36 Monaten, bei *Brown/Santoni* sämtlich signifikant für $n = 12$). Nach einem Jahr ist das Zinsniveau in der Studie von *Brown/Santoni* infolge eines dauerhaften monetären Impulses um fast einen ganzen Prozentpunkt höher als in der Ausgangssituation. Bei *Melvin* tritt eine vergleichbare Erhöhung erst nach 30 Monaten ein, wobei sich der Summen–Wert der geschätzten Koeffizienten zwischenzeitlich auch wieder erniedrigt. [3]

Beide Autoren schätzen die Zins/Geldvolumen–Relation auch für verschiedene länger zurückliegende Zeiträume. So ermitteln *Brown/Santoni* [1983] für den Anpassungsbereich 1954 – 1970 zwar negative, aber nicht–signifikante Wirkungskoeffizienten bis zu einem Vorlauf der Geldmenge von drei Monaten. Auch *Melvin* [1983] findet ähnliche Reaktionsmuster wie in den frühen Studien (*Cagan/Gandolfi* [1969] und *Gibson* [1970a, 1970b]), wenn er die Periode 1951 – 1979 und Unterbereiche wie 1951 – 1965 und 1966 – 1979 betrachtet. Ein Liquiditätseffekt mit Wirkungsdauer zwischen fünf und zwölf Monaten wird für Zeiträume, welche die fünfziger und sechziger Jahre bzw. den Anfang der 70er einschließen, somit durchaus gefunden. Ab Mitte der Siebziger scheint sich die entsprechende Zeit aber deutlich verkürzt zu haben, bzw. ein entgegengesetzter Einfluß einer erhöhten Geldexpansion auf den kurzfristigen Zins überhaupt nicht mehr vorhanden zu sein. Dieses Resultat eines *'vanishing liquidity effect'* der empirischen Studien mit einfachen statistischen Ansätzen zur Modellierung von Wirkungsverzögerungen wird in Abschnitt c) einer kritischen Überprüfung unter Verwendung neuerer statistischer Methoden zu unterwerfen sein.

Zuvor sei noch kurz auf drei Studien für die Bundesrepublik Deutschland eingegangen, welche mit klassischen ökonometrischen Methoden den Einfluß monetärer Expansion auf realwirtschaftliche Endziele untersuchen. In der Arbeit von *Schlesinger/Jahnke* [1987] werden die Interdependenz–Zusammenhänge zwischen Geldmenge, Preisen und Sozialprodukt mit dem neo–keynesianisch ausgerichteten gesamtwirtschaftlichen Modell der Bundesbank in einer dynamischen Simulationsrechnung evaluiert. Beginnend mit dem Jahr 1987 wird über einen Zeitraum von zehn Jahren eine Referenzentwicklung mit Alternativrechnungen verglichen, bei denen die Entwicklung einzelner erklärender Variablen variiert wird. Ausgehend von einer exogenen Erhöhung des Geldangebots am Geldmarkt (durch Interventionen am Devisenmarkt) ermitteln die Autoren, daß das Geldmengenwachstum (Zentralbankgeldmenge) über einen Zeitraum von 4–5 Jahren hinweg um

---

[3] *Brown/Santoni* [1983] führen die Schätzungen alternativ auch für einen langfristigen Zinssatz durch (Aaa bond rate). Sämtliche Regressionskoeffizienten erweisen sich als positiv, d.h. die Existenz – auch eines zeitgleichen – Liquiditätseffekts auf den Kapitalzins wird durch die Daten abgelehnt.

etwa einen Prozentpunkt beschleunigt wird. Als Folge davon erhöht sich das nominale Sozialprodukt in dem untersuchten Zeitraum von zehn Jahren um 0.4 % bis 0.9 % der Referenzentwicklung. Der Einfluß auf das reale Einkommen ist aber nur kurzfristig: beginnend mit einem Anstieg um 0.5% im ersten Jahr nach der monetären Beschleunigung wird der Effekt immer geringer, und nach Ablauf des fünften Jahres sind keine realen Auswirkungen mehr festzustellen. Desweiteren finden die Autoren, daß Preissteigerungen erst mit einer zeitlichen Verzögerung von einem Jahr einsetzen. Danach erhöhen sich Geldmenge und Preise aber in etwa gleich stark. Auf kurze Sicht kann in der Studie damit ein positiver Einfluß der Geldpolitik auf Produktion und Beschäftigung festgestellt werden, längerfristig steigt aber ausschließlich das Preisniveau.

In der zweiten Arbeit von *Smeets* [1988] werden – neben weiteren Ansätzen – reduzierte Einzelgleichungen für das nominale Sozialprodukt und das Preisniveau mit Quartalsdaten von 1971 – 1987 geschätzt. Als exogene Größen gehen verzögerte Werte von monetären Variablen, dem Staatsbudgetsaldo und dem Leistungsbilanzsaldo ein. Verschiedene restringierte (Almon–Polynom 2. Grades) und unrestringierte Varianten werden untersucht, wobei auftretender Autokorrelation in den Residuen durch Aufnahme verzögerter endogener Variablen bzw. Verwendung des Cochrane–Orcutt–Verfahrens zu begegnen versucht wird. Die Resultate von *Smeets* zeigen, daß – abgesehen von M2 – alle Geldmengenaggregate in einem relativ engen Zusammenhang mit dem Nominaleinkommen stehen. Bezüglich des Bestimmtheitsmaßes der reduzierten Formen wird mit der Geldmenge M1 das beste Erklärungsergebnis erzielt. Für die Preisentwicklung ergibt sich gerade das umgekehrte Resultat: M2 und die Bankkredite (gesamte sowie Kredite an Private) weisen die engste Beziehung zur Entwicklung der Inflationsrate auf.

Als letzte empirische Arbeit in diesem Zusammenhang wollen wir noch den Ansatz von *Gebauer* [1975] erwähnen, der sich bereits mit der Untersuchung der Kausalitätsrichtung zwischen Geldmenge, Preisen und Sozialprodukt beschäftigt (vgl. folgender Abschnitt), aber im Unterschied zu den in Kapitel 3.2 d) behandelten Kausalitätstests mit multiplen Strukturgleichungen und der Almon–Lag–Technik arbeitet. *Gebauer* spezifiziert Regressionsansätze für Jahreszuwachsraten der Geldmenge (M1 und M2), des BSP–Preisdeflators und des realen Sozialprodukts, indem er neben zurückliegenden Werten der drei systematisch vertauschten Variablen in abhängige und unabhängige auch Wirkungsverzögerungen der Umlaufrendite öffentlicher Anleihen einbezieht. Die Anzahl der verzögerten Werte variiert *Gebauer* zwischen drei und sieben Quartalen, wobei die verteilten Lags nicht frei, sondern restringiert mit einem Almon–Polynom zweiten und dritten Grades geschätzt werden. Mit Quartalsdaten des Zeitraums 1963 – 1974 kommt der Autor damit zu dem Ergebnis, daß zwischen der Geldmenge M1 und den Preisraten eine statistisch signifikante Feedback–Beziehung vorliegt, die Wirkungsrichtung M1 $\Longrightarrow$ Preise aber durchweg deutlich stärker ausgeprägt ist als die umgekehrte Kausalität. Bezüglich der Geldmenge M2 findet *Gebauer* keine Anhaltspunkte einer signifikanten Wechselwirkung mit den Preisen. Auch eine Kausalitätsbeziehung dieser Geldmengenabgrenzung mit der Produktion ist in beiden Richtungen statistisch nicht signifikant.[4] Für die realwirtschaftliche Variable wird lediglich eine einseitige Relation vom Sozial–

---

[4] Anzumerken ist, daß *Gebauer* keine exogenen Einflüsse in der zeitgleichen Periode zuläßt, d.h. nicht auf gleichzeitige Kausalität untersucht.

produkt auf die Geldmenge M1 gefunden. Anhand dieser Resultate sind somit längerfristige Wirkungen von Geldmengenänderungen auf das reale Wachstum der Wirtschaft im untersuchten Zeitraum nicht gegeben. Auf Veränderungen des Preisniveaus gehen aber zumindest von M1 deutliche Impulse aus.

b) Verwendung von Kausalitätstests

Wie in der Darstellung der theoretischen Grundlagen der Geldpolitik und insbesondere des Transmissionsmechanismus ausgeführt, ist die Existenz einer stabilen Relation zu den realwirtschaftlichen Zielgrößen sowie die Frage der Exogenität der Geldmenge bzw. der Kontrollierbarkeit des Geldvolumens für eine rationale Geldmengenpolitik von entscheidender Bedeutung. Die Geldpolitik kann mit der Steuerung eines monetären Aggregats als Zwischenziel nur dann stabilitätspolitische Endziele erreichen, wenn sie einen bestimmenden Einfluß auf die gesamtwirtschaftliche Entwicklung ausüben kann. Eine empirisch festzustellende Beziehung zwischen der Entwicklung der Geldmenge und beispielsweise des Volkseinkommens darf somit nicht nur von einer Rückkopplung nichtmonetärer Größen auf das umlaufende Geldvolumen herrühren: der monetäre Indikator muß exogen determiniert sein. Gehen Veränderungen der Geldmenge auch nur zum Teil auf Veränderungen der Zielvariablen zurück, so fällt es der Geldpolitik schwer, zwischen gewünschten monetären Impulsen und jenen Rückwirkungen zu unterscheiden. So bemerkt die Bundesbank selbst zu dieser Problemstellung: "Eine vorausschauende geldmengenorientierte Politik sollte sich auf die Beobachtung stützen können, daß die Entwicklung der Geldmenge einen gewissen Vorlauf vor konjunkturellen Schwankungen der gesamtwirtschaftlichen Ausgaben und den längerfristigen Preistendenzen aufweist. Nur unter dieser Voraussetzung kann sich die Geldpolitik darauf verlassen, daß sie mit der Steuerung der Geldmenge die künftigen gesamtwirtschaftlichen Ausgaben in die gewünschte Richtung lenkt." (*Bundesbank* [1985b, Seite 27]).

Angeschnitten ist damit die Kontroverse, welche die Geldtheorie schon seit über 150 Jahren beschäftigt: ist die Geldmenge in dem Sinne kausal für die Entwicklung der Wirtschaftsaktivität, daß Änderungen des nachfragewirksamen Geldvolumens entsprechende Reaktionen auf der güterwirtschaftlichen Seite der Volkswirtschaft hervorrufen, oder gilt die umgekehrte Beziehung, daß die Entwicklung des Volkseinkommens das Volumen an umlaufendem Geld determiniert? Geführt wurde diese Debatte ursprünglich im England der ersten Hälfte des 19. Jahrhunderts zwischen Theoretikern der zwei Denkrichtungen "Currency" (staatlich knapp zu haltende Geldversorgung, um Inflationstendenzen vorzubeugen) und "Banking" (Geldumlauf Ausdruck der wirtschaftlichen Aktivität und damit im Einklang mit der erzeugten Gütermenge). Erneut starke Aufmerksamkeit ist dieser Problemstellung durch die Lehre der Monetaristen zugekommen, welche in der Folge der Currency–Theoretiker eine kausale Beziehung von der Geldmenge zum nominalen Sozialprodukt, vornehmlich zum Preisniveau vertreten. Insbesondere die Auseinandersetzung zwischen *J. Tobin* und *M. Friedman* über den Wirkungszusammenhang zwischen Geldmenge und Volkseinkommen hat hier neue Akzente gesetzt (Reply von *Friedman* [1970] auf *Tobin* [1970]).

Friedman sieht es aus umfangreichen statistischen Untersuchungen als erwiesen an, daß die Geldmenge mit ihrer Wachstumsrate einen gewissen Vorlauf vor der gesamtwirtschaflichen Entwicklung hat (vgl. Einleitung zu diesem Kapitel und *Friedman* [1969]). Dieses Ergebnis zweifelt *Tobin* in seinem Aufsatz von 1970: "Money and income: post hoc ergo propter hoc?" an, indem er generelle Einwände gegen die verwendete empirische Methodik der '*time–lag*–Evidenz' erhebt. *Tobin* gibt explizit Beispiele dafür an, daß kausale Wirkungsrichtung und regelmäßige zeitliche Abfolge zwischen Wendepunkten der Geldmengenentwicklung und zyklischen Hoch– und Tiefpunken der allgemeinen Wirtschaftstätigkeit nicht korrespondieren müssen. Wie schon bei der Diskussion über die Steuerbarkeit der Zwischenzielgröße (Multiplikatorproblematik, Stabilität der Geldnachfrage) deutlich wurde, ist die realisierte Geldmenge nicht allein durch einen exogenen Geldangebotsprozeß zu erklären. Das Portfolioverhalten der Privaten reagiert aber in ganz erheblichem Maße – und auch von keinem Geldtheoretiker angezweifelt – auf die gesamtwirtschaftliche Einkommensentwicklung. Sind beispielsweise die Einkommen über die Erwartungen hinaus angestiegen (etwa durch fiskalpolitische Maßnahmen), so kann es über eine verstärkte Konsumneigung und wegen einer allgemein positiveren Einschätzung der Konjunktur zu einer erhöhten Investitionstätigkeit kommen – alles wirksam in Richtung eines Anwachsen der transaktionsfähigen Geldbestände und somit einer Wirkungskette, die vom Volkseinkommen zur Geldmenge führt. Auch reagiert die Geldpolitik mit ihren monetären Maßnahmen auf Entwicklungen im realen Sektor der Volkswirtschaft (Reaktionsfunktion). Auf der anderen Seite legt es der übliche geldpolitische Transmissionsmechanismus nahe, daß die Notenbank durch eine Erhöhung der monetären Basis über sinkende Zinsen in positiver Weise auf das nominale Sozialprodukt einwirken kann. Die aufgeworfene Frage nach Ursache und Wirkung kann damit von theoretischer Seite nicht beantwortet werden: grundsätzlich schließen sich beide Kausalitätsrichtungen nicht gegenseitig aus.

Die ökonometrische Forschung hat sich von den skizzierten geldtheoretischen Auseinandersetzungen dahingehend anregen lassen, eine Operationalisierung des Kausalitätsbegriffes zu entwicklen, welche empirisch zu testen ist. Aufbauend auf die zeitreihenanalytische Definition von *Granger* [1969] sind zu Beginn der siebziger Jahre entsprechende Kausalitätstests entwickelt worden (vgl. die ausführliche Darstellung in Kapitel 3.2 b) und d)). Sie sind bis in jüngste Zeit sehr häufig auf die hier behandelte Problematik der Wirkungsrichtung zwischen Geldmenge und Volkseinkommen angewendet worden. Auch die *Bundesbank* hat sich in ihrem Aufsatz [1985b] intensiv mit diesen Testverfahren und entsprechenden Ergebnissen für die Bundesrepublik beschäftigt. Die Aussagekraft der Kausalitätstests bezüglich ökonomisch relevanter Wirkungsbeziehungen ist aber nicht unumstritten, insbesondere auch vor dem Hintergrund, daß sich die Resultate als äußerst widersprüchlich erwiesen haben und besonders sensitiv auf Spezifikationsänderungen reagieren. Wir sind im folgenden nur in der Lage, eine gewisse Auswahl aus der Fülle entsprechender Resultate wiederzugeben. In *Kirchgässner* [1985] ist eine ausführliche Zusammenstellung der Ergebnisse empirischer Studien für eine Anzahl von Ländern zu finden, welche mit Daten bis ins Jahr 1980 hinein arbeiten.

Die erste empirische Untersuchung des Zusammenhangs zwischen Geldmenge und Sozialprodukt unter Verwendung der *Granger*–Definition von Kausalität stammt von

Sims [1972]. Aufbauend auf die Begriffsbestimmung, daß eine stationäre Zeitreihe X_t genau dann kausal auf die stationäre Größe Y_t einwirkt, wenn Y_t unter Zuhilfenahme vergangener Werte von X_t besser prognostiziert werden kann als ohne Verwendung dieser Werte, hat *Sims* [1972] ein Testverfahren auf Kausalität in diesem Sinne vorgeschlagen (vgl. Kapitel 3.2 d)). Für die Vereinigten Staaten von 1947 bis 1969 gelangt *Sims* mit saisonbereinigten Quartalsdaten zu dem Ergebnis, daß eine einseitige Kausalbeziehung von der Geldmenge (Geldbasis und M1) zum nominalen Sozialprodukt vorliegt. Der umgekehrte Einfluß erweist sich als statistisch nicht signifikant.

Im Anschluß an diese Studie sind in den 70er Jahren eine Fülle von Arbeiten erschienen, die neben dem *Sims*–Verfahren auch die beiden alternativen Ansätze des direkten *Granger*–Verfahrens und des Kausalitätstests nach *Haugh/Pierce* einsetzen. Auch bei Verwendung individueller Filter für die einzelnen Zeitreihen stützen eine Reihe von Studien für die USA das Ergebnis von *Sims* [1972] (vgl. *Kirchgässner* [1985, Seite 414ff]). Andere Autoren wie z.B. *Feige/Pearce* [1979] finden dagegen, daß die Unabhängigkeitshypothese zwischen Geldmenge und Sozialprodukt in aller Regel nicht verworfen werden kann. In dieser Arbeit wird außerdem überaus deutlich, wie sensitiv die Resultate der Kausalitätstests auf die Verwendung verschiedener Zeitreihen–Filter und Testansätze reagieren. Außerdem hängen die Kausalitäts–Ergebnisse stark davon ab, ob saisonbereinigte oder nicht–saisonbereinigte Daten untersucht werden.

In *Kirchgässner* [1985] sind daneben Anwendungen von Kausalitätstests auf die Geldmenge – Einkommens – Problematik für weitere Länder wie Kanada, Großbritannien, Japan und die Bundesrepublik Deutschland zusammengestellt und kommentiert. Die Ergebnisse unterscheiden sich zum Teil erheblich, nicht nur zwischen verschiedenen Ländern, sondern auch für die Verhältnisse eines Landes bei Verwendung unterschiedlicher Testverfahren und Transformationen der Zeitreihendaten. Für Großbritannien scheint demnach in den 60er und 70er Jahren eher eine einseitige Kausalität vom Sozialprodukt zur Geldmenge vorgelegen zu haben. In Kanada werden dagegen in der Regel ähnliche Ergebnisse gefunden wie für die Vereinigten Staaten (einfache Kausalitätsbeziehung von der Geldmenge zum Einkommen). Wir beschränken uns im folgenden auf Studien für die Bundesrepublik.

Neben der schon im vorangegangenen Abschnitt behandelten Arbeit von *Gebauer* [1975] sind an Ausarbeitungen für die Gegebenheiten in der Bundesrepublik der Zeit vor 1980 die Studien von *Walter* [1979], *Weissenberger/Thomas* [1983], *Scheide* [1984] und *Kirchgässner* [1985] zu erwähnen. Die Ergebnisse erweisen sich als äußerst widersprüchlich und lassen sich daher nur schwer zusammenfassen. Während *Walter* [1979] beispielsweise unter Verwendung einer Variante des direkten *Granger*–Verfahrens eine signifikante einfache bzw. Feedback–Beziehung von der Geldmenge M1 zum Sozialprodukt nachweist (saisonbereinigte Quartalsdaten 1951 – 1974), erhalten *Weissenberger/Thomas* [1983] für dieses Geldaggregat bei allen drei Test–Methoden keinerlei signifikante Zusammenhänge (nicht–saisonbereinigte Quartalsdaten 1960 – 1980). Die letzteren Autoren verwenden allerdings als Variable der Wirtschaftsaktivität das Realeinkommen und beziehen den BSP–Preisdeflator und den Kapitalzins mit in die Regressionen ein. Für M2 lassen sich in dieser Studie – je nach Verfahren – einseitige Relationen in beiden Richtungen finden. Besonders erwähnenswert ist damit, daß Folgerungen aus dem einen

Test öfters denjenigen aus einem anderen widersprechen. Bei der Bewertung der drei gängigen Verfahren geben die Autoren dem direkten *Granger*-Test, erweitert um zusätzliche erklärende Variablen, den Vorzug. Bezüglich des Zusammenhangs zwischen Geldmenge und Preisentwicklung wird von *Weissenberger/Thomas* [1983], ähnlich wie in *Gebauer* [1975], ein Feedback zwischen M1 und dem Preisdeflator, mit einer gewissen Betonung der Wirkungsrichtung von der Geldmenge zu den Preisen, festgestellt.

Auch *Kirchgässner* [1985] untersucht das Verhalten aller drei Test-Ansätze auf Kausalität, bezieht in seine Studie aber auch noch die Saisonbereinigung als Unterscheidungskriterium mit ein. Die Quartalsdaten des Zeitraums von 1960 bis 1979 werden im Fall der Saisonbereinigung als erste Differenzen der Logarithmen betrachtet, im nicht bereinigten Fall werden zusätzlich vierte Differenzen gebildet. *Kirchgässner* findet im ersten Fall weitgehend die Unabhängigkeitsergebnisse von *Feige/Pearce* [1979] für die Vereinigten Staaten. Lediglich eine gleichzeitige kausale Beziehung zwischen Geldmenge M2 und dem nominalen wie realen Sozialprodukt ist signifikant. Teilweise im Gegensatz dazu stehen die Resultate mit nicht-bereinigten Daten: neben einigen einfachen Kausalbeziehungen bei einzelnen Ansätzen ergibt sich übereinstimmend und im Einklang mit *Weissenberger/Thomas* [1983], daß zwischen dem realen Sozialprodukt und M1 keinerlei Zusammenhang besteht, wohingegen zwischen M2 und dem Einkommen (real wie nominal) ein klare gleichzeitige Relation nachzuweisen ist. *Kirchgässner* stellt seine Studie auch den Implikationen der Theorie rationaler Erwartungen gegenüber, welche er durch die empirischen Ergebnisse als gestützt ansieht.

Gegen die weitgehend erzielten Unabhängigkeitsergebnisse zwischen Geldmenge, realem Sozialprodukt und Preisen der Studien für die sechziger und siebziger Jahre wendet sich *von Hagen* [1984]. Zum einen kritisiert er die Verwendung des Bruttosozialprodukts als Indikator der Wirtschaftstätigkeit (Einbeziehung des Staates und regulierter Sektoren wie z.B. Landwirtschaft, Energie, Transport und Gesundheitswesen verwischen relevante Produktionsgrößen des privaten wettbewerblichen Sektors), zum anderen führt er die negativen Resultate der Kausalitätstests auf zeitliche Aggregationsphänomene zurück (weniger ausgeprägte Kausalstruktur für hochaggregierte Daten). Der Autor plädiert aus diesem Grund für die Untersuchung des Nettoproduktionsindex und des Index der Erzeugerpreise, welche den öffentlichen Sektor ausklammern, sowie von Monats- anstatt Quartalsdaten. Mit nicht-saisonbereinigten Monatsdaten von 1970 - 1982 und dem direkten *Granger*-Ansatz gelangt *von Hagen* zu einer klaren Ablehnung der Nullhypothese der Unabhängigkeit zwischen der Geldmenge (M1 und M3), den Preisen und der Produktion. Insbesondere zwischen M1 und der Produktion ist eine Feedback-Beziehung deutlich ausgeprägt. Die Geldmenge M3 scheint bezüglich der Produktion exogen zu sein. Preiswirkungen gehen von beiden untersuchten Geldaggregaten aus, wobei das Resultat für M3 signifikanter ausfällt. Beim Vergleich mit den entsprechenden Tests für aggregierte Daten (Quartalsniveau) findet der Autor dann allerdings Ergebnisse, die immer noch deutliche Kausalbeziehungen anzeigen, insbesondere von den Geldmengen auf die Produktion und M1 auf das Preisniveau. Die Resultate von *von Hagen* könnten damit auch darauf zurückzuführen sein, daß er im Gegensatz zu den früheren Autoren die 60er Jahre aus seiner Datengrundlage ausschließt (vgl. unten).

Die Deutsche *Bundesbank* hat sich, der besonderen Bedeutung des Wirkungszusammenhangs zwischen der Geldmenge und den realen Endzielen für eine rationale Geldmengenpolitik bewußt, in dem Ausatz "Zur längerfristigen Entwicklung und Kontrolle des Geldvolumens" von [1985b] gleichfalls in einem Überblick den statistischen Untersuchungsverfahren zu Eigenschaften der Geldmenge (Stabilität der Geldnachfrage, Kausalitätstests) gewidmet. Daß die Aussagekraft der Testverfahren nicht unproblematisch ist wird auch von der Bundesbank erwähnt. Allerdings sprechen für sie die "Tests für die Bundesrepublik im allgemeinen dafür, daß Veränderungen der Geldmenge M1 und M3 und der Zentralbankgeldmenge (aber nicht der Geldmenge M2) dem Ausgabenwachstum tendenziell vorangehen." (*Bundesbank* [1985b, Seite 22]). Die Ergebnisse der von der Bundesbank im Anhang zusammengestellten Studien sind aber – wie ausgeführt – nicht so eindeutig wie behauptet. Insbesondere für die sechziger und beginnenden siebziger Jahre sind Einflüsse der Geldmenge auf das Sozialprodukt kaum ausgeprägt festzustellen. Für die Jahre vor 1974 kann man dies auf interventionsbedingte Geldmengenschwankungen zurückführen, die aufgrund des Systems fester Wechselkurse eher außenwirtschaftliche Störungen als eine gezielte Geldpolitik der Bundesbank widerspiegeln. Die Ergebnisse der Kausalitätstests zeigen aber auch die besondere Problematik der verwendeten Methodik : bedenklich stimmt zumal, daß von unterschiedlichen Autoren zwischen den gleichen Zeitreihen voneinander abweichende kausale Zusammenhänge aufgedeckt werden, und sich darüber hinaus bei theoretisch eindeutig fundierten Abhängigkeiten keine entsprechend signifikanten Resultate einstellen.

An neueren Studien zum Kausalzusammenhang zwischen Geldmenge und Einkommen seien noch kurz die Ergebnisse von *Geisler* [1986], *Karmann/Ketterer/Nakhaeizadeh* [1987], *Schöler* [1988] und *Smeets* [1988] dargestellt. In *Geisler* [1986] wird neben der Einbeziehung der Zentralbankgeldmenge als monetärer Größe auch mit dem kurzfristigen Zins als zusätzlicher exogenen Variable gearbeitet. Mit nicht-saisonbereinigten Quartalsdaten der Untersuchungsperiode von Mitte 1973 – 1984 (Zeitraum aktiver Geldmengensteuerung durch die Bundesbank) findet *Geisler* unter Verwendung aller drei Testverfahren, daß Schwankungen der Geldmenge eindeutig dem Ausgabeverhalten der Nichtbanken vorausgehen und entsprechend Prognosen des nominalen Sozialprodukts signifikant verbessern. Für die weiter definierten Geldaggregate (M3 und Zentralbankgeldmenge) ergeben sich dabei höher abgesicherte Testwerte als für M1 und M2. Keine empirische Evidenz wird dagegen für die umgekehrte Kausalitätsrichtung festgestellt. Wird der Zinssatz als weitere exogene Einflußgröße aufgenommen, so bleibt das generelle Ergebnis zwar erhalten, die Prognosekraft zurückliegender Geldmengenänderungen für das Ausgabenwachstum wird aber geringer. Darin kommt zum Ausdruck, daß die Zinsen eine wichtige Rolle im Transmissionsmechanismus spielen, über die sich monetäre Impulse erst verzögert auf Preisniveau und Sozialprodukt niederschlagen. Für die besonders zinsreagible Geldmenge M1 wird bei gleichzeitiger Betrachtung von Zinswirkungen keine signifikante Beziehung mehr nachgewiesen.

Auch *Karmann* et al. [1987] widmen sich der ganzen Palette von Geldmengendefinitionen. In ihrer Studie wird das Problem der zu verwendenden Lagstrukturen dahingehend behandelt, daß sämtliche 36 Kombinationen von drei bis zu acht Lags der exogenen und verzögert endogenen Variablen mit dem direkten *Granger*–Ansatz untersucht werden.

Hinsichtlich der Kausalität zwischen Geldmenge und Sozialprodukt schneidet die Zentralbankgeldmenge in dieser Studie am besten ab, gefolgt von M3 (Quartalsdaten 1969 – 1985). In beiden Fällen erweist sich die umgekehrte Wirkungsrichtung als nicht signifikant. Soweit ergeben sich vergleichbare Resultate wie in *Geisler* [1986]. Für die Geldmenge M1 wird dagegen eher eine Feedback-Beziehung gefunden und für M2 überhaupt kein signifikantes Kausalitätsresultat erzielt.

Das Problem der Festlegung maximaler Wirkungsverzögerungen wird von *Schöler* [1988] mit der Anwendung des Akaike-Informationskriteriums des minimalen *'final prediction errors'* zu lösen versucht. Der Ansatz geht auf *Hsiao* [1979, 1981] zurück und wurde schon von *Scheide* [1984] verwendet: durch die Minimierung des korrigierten Mittelwerts der quadrierten Prognosefehler wird die zu verwendende Lag-Länge endogen determiniert. Die Ergebnisse von *Schöler* [1988] mit Quartalsdaten von 1960 – 1986 dürften aber durch die Wahl des langen Zeitraums mit unterschiedlichen Politikregimen weniger aussagekräftig sein. In der Tat erhält der Autor sehr widersprüchliche Aussagen: bezüglich des nominalen Sozialprodukts wird neben einem Feedback mit der Geldmenge M3 nur noch eine einseitige Beeinflussung von M3 durch das Einkommen ermittelt. Beim Realeinkommen sind je nach Geldmengenabgrenzung sämtliche Kausalrichtungen vertreten und an Preiswirkungen werden Feedback-Relationen mit M2 und M3 gefunden. Wie die Arbeiten mit Daten erst ab den 70er Jahren gezeigt haben, scheint ein signifikanter Unterschied zu den Verhältnissen in den Sechzigern zu bestehen. Eine Interpretation der Resultate von *Schöler* [1988] ist vor diesem Hintergrund problematisch.

Als letzte Arbeit mit Kausalitätsuntersuchungen erwähnen wir noch die Studie von *Smeets* [1988] zur Eignung der verschiedenen monetären Aggregate als geldpolitischen Indikator. Unter Anwendung des direkten *Granger*-Verfahrens und des *Sims*-Tests findet der Autor mit saisonbereinigten Quartalsdaten für die Geldmenge M1 und die Zentralbankgeldmenge im Zeitraum von 1971 bis 1987 eine signifikante einseitige Kausalbeziehung zum nominalen Sozialprodukt. Für die Geldmenge M3 sind die Anzeichen für diese Wirkungsrichtung schwächer ausgeprägt und M2 steht eher in einem umgekehrten Zusammenhang mit dem Nominaleinkommen. Wählt man dagegen die Preisentwicklung als monetäre Zielgröße, so spricht *Smeets* lediglich der Geldabgrenzung nach M2 einen kausalen Einfluß auf die zukünftigen Preise zu.

Wie die Ergebnisse der Kausalitätstests für die Verhältnisse in der Bundesrepublik gezeigt haben, lassen sich keine eindeutigen Schlußfolgerungen für die Relation zwischen Geldmenge und realwirtschaftlichen Endzielen der Geldpolitik ziehen. Schon die methodischen Schwierigkeiten dieses rein zeitreihenanalytischen Verfahrens (drei verschiedene Testansätze, notwendige Filterung der Zeitreihendaten, Stationaritäts-Voraussetzung, Festlegung der maximalen Wirkungsverzögerung) lassen keine widerspruchsfreien Resultate zu. So reagieren die Testverfahren äußerst sensitiv auf Spezifikationsänderungen, auch wenn diese eher geringfügig sind. *Stock/Watson* [1989] führen die uneinheitlichen Testergebnisse vor allem auf die unterschiedliche Behandlung trendbehafteter Zeitreihen (Trendelimination, Differenzenbildung) zurück. Die Autoren finden für US-amerikanische Daten, daß zwischen der Wachstumsrate von M1 (erste Differenzen logarithmierter Monatsdaten) und dem Wachstum des realen Outputs (Index der Industrieproduktion) kein kausaler Zusammenhang zu bestehen scheint, wohingegen Änderungen in der linear trendbereinigten Geldmenge deutlich kausal auf den Output einwirken. Dieses Ergebnis erweist sich als robust gegenüber Variationen des Untersuchungszeitraums (1959 – 1985), der Lagstruktur und gegenüber Schätzung eines Zwei–, Drei– oder Vier–Variablen–Ansatzes unter Einschluß von Großhandelspreisen bzw. Preisen und einem kurzfristigen Zinssatz. Als Folgerung aus ihrer Arbeit plädieren *Stock/Watson* [1989] dafür, die Trendeigenschaften der verwendeten Zeitreihen vor Durchführung von Kausalitätstests sorgfältig zu analysieren (stochastisches vs. deterministisches Trendverhalten, Einheitswurzeltests, vgl. Kapitel 2.3 / 2.4).

Die dargestellten Resultate für die Bundesrepublik zeigen aber im besonderen auch eine Abhängigkeit von der Variablenauswahl und von der untersuchten Zeitperiode. Für die Geldpolitik ergibt sich der wenig befriedigende Zustand, daß sich die verschiedenen Geldmengendefinitionen je nach Studie recht unterschiedlich in Bezug auf Vorlaufeigenschaften vor dem Einkommen bzw. den Preisen zu verhalten scheinen. Eine eindeutige Präferenz für ein bestimmtes Geldkonzept wird jedenfalls durch die Kausalitätsuntersuchungen nicht nahegelegt. [5] Im Überblick der empirischen Arbeiten scheint zumindest die Schlußfolgerung gesichert zu sein, daß in den sechziger Jahren eher die umgekehrte Wirkungsrichtung vom Sozialprodukt zur Geldmenge oder eine zweiseitige Kausalität vorgelegen hat. Mit dem Übergang zur Geldmengensteuerung und der Aufhebung der automatischen Interventionsverpflichtung gegenüber dem US–Dollar ist es der Bundesbank dann besser gelungen, eine eigenständige Geldpolitik zu betreiben. Übereinstimmend kommen die neueren Arbeiten zu dem Schluß, daß zumindest für jeweils zwei der Geldmengenabgrenzungen ein kausaler Einfluß auf das volkswirtschaftliche Ausgabenwachstum gegeben ist.

c) Untersuchungen unter rationalen Erwartungen

Empirische Arbeiten zu gesamtwirtschaftlichen Zusammenhängen werden seit etwa Mitte der siebziger Jahre zunehmend unter dem Paradigma der rationalen Erwartungsbildung konzipiert (*Muth* [1961], vgl. Kapitel 3.3). Dieser, die Neue Klassische Makroökonomie fundierende, Ansatz steht im krassen Gegensatz zu den in den Sechzigern etablierten keynesianischen Vorstellungen: durch die strenge Diskriminierung zwischen erwarteten und unerwarteten Anteilen in den Einflußgrößen und bei Kenntnis und Ausnutzung sämtlicher Informationen und ökonomischer Kausalzusammenhänge durch die Wirtschaftssubjekte entfalten nur noch nichtantizipierte wirtschaftspolitische Maßnahmen Wirkungen auf abhängige ökonomische Variablen. Bezogen auf unseren Aspekt

---

[5] Hingewiesen sei noch auf Versuche, optimale Geldmengenaggregate über die Gewichtung von Geldkomponenten mittels der Theorie ökonomischer Indexzahlen zu definieren (Divisia–Indices, vgl. *Barnett* [1980, 1987]), auf die hier nicht weiter eingegangen werden soll. Eine Arbeit zur Untersuchung des Zusammenhangs zwischen Geldmenge, Preisen und Realeinkommen unter Verwendung dieser Divisia – Indices und den herkömmlichen additiven Geldmengenkonzepten stammt von *Serletis/Atkins* [1988]. Die Autoren verwenden allerdings Techniken im Frequenz–Bereich zur Aufdeckung langfristiger Beziehungen.

des Transmissionsmechanismus monetärer Impulse impliziert diese Theorie, daß eine systematisch betriebene Geldpolitik keine realen Effekte auszulösen imstande ist (Neutralität der Geldpolitik). Für empirische Untersuchungen unter rationalen Erwartungen ergibt sich damit allerdings das Problem, die unerwarteten Bestandteile in den exogenen Variablen extrahieren zu müssen (ökonomische Innovationen/Schocks). Zusätzlich zur Strukturhypothese sind Modelle für die rationale Vorhersage der verursachenden Größen erforderlich. Ein derartiger Ansatz steht somit immer unter dem Vorbehalt, nur eine verbundene Hypothese testen zu können: negative Modellresultate können zum einen auf den Strukturteil, zum anderen auf eine Fehlspezifikation der Erwartungsbildung (oder auf beide) zurückzuführen sein.

Im Bereich der Makroökonomie sind Modelle unter rationalen Erwartungen vor allem auf Probleme der Konjunkturtheorie angewendet worden (Phillips-Kurve, '*natural rate*'-Hypothese, vgl. z.B. *Lucas* [1975], *Sargent/Wallace* [1975], *Barro* [1976], *Sargent* [1976a]). In diesem Zusammenhang spielen geldpolitisch induzierte Auswirkungen auf den realen Output und das Preisniveau eine entscheidene Rolle. Empirische Analysen dieser Modellansätze sind zumeist schon von den Autoren selbst durchgeführt, bzw. in der Folgezeit von anderen Forschern vielfach unternommen worden. Wir wollen uns im folgenden aber weniger mit den Resultaten dieser gesamtwirtschaftlich orientierten Studien befassen, die sich oftmals auch dogmengeschichtlich der Auseinandersetzung mit keynesianischen Modellvorstellungen widmen. Zu diesem Thema liegen eine Vielzahl von Ausarbeitungen vor (z.B. *McCallum* [1980], *Buiter* [1980], *Pesaran* [1982], *Scheide* [1984], *Attfield/Demery/Duck* [1985], *Buscher* [1986], *Nakhaeizadeh* [1989], vgl. auch Kapitel 3.3) . Unser Augenmerk soll mehr auf die geldpolitischen Implikationen dieser Ansätze, bzw. auf die Zinswirkungen monetärer Impulse unter rationalen Erwartungen gerichtet werden – Aspekte, die bei unseren eigenen empirischen Untersuchungen im Vordergrund stehen.

Zuerst ein kurzer Überblick über bekannte empirische Arbeiten zur Wirkungsrelation zwischen geldmengenpolitischen Maßnahmen und den realwirtschaftlichen Endzielen der Geldpolitik (unter rationalen Erwatungen).

Der theoretische Ansatz von *Barro* [1976] läßt, aufgrund der zeitlich verzögerten Realisierung des direkten Geldmenge – Preisniveau Zusammenhangs durch die Wirtschaftssubjekte, kurzfristig reale Effekte der Geldpolitik zu. Unvorhergesehene monetäre Impulse vermögen so Schwankungen der nominalen Gesamtnachfrage hervorzurufen. In mehreren empirischen Arbeiten untersucht *Barro*, ob seine Modellvorstellungen mit Daten für die Vereingten Staaten konsistent sind (*Barro* [1977, 1978], *Barro/Rush* [1976]). Anhand einer Reaktionsfunktion der Geldpolitik mit den Einflußfaktoren Realausgaben des Staates und der Arbeitslosenquote, sowie verzögerten Werten der Wachstumsrate von M1, wird der erwartete Teil der Geldmengenexpansion modelliert (Jahresdaten, 1941-1976). Die Residuenreihe dieser Gleichung wird als nichtantizipierter monetärer Schock interpretiert. *Barro* schätzt dann in einem zweiten Schritt die Auswirkungen dieser monetären Innovationen sowie der tatsächlich eingetretenen Wachstumsraten von M1 auf die Arbeitslosenquote und das Niveau (!) des logarithmierten Realeinkommens (unter Einbeziehung verzögerter monetärer und weiterer erklärender Variablen für die realen Größen, vgl. Abschnitt 3.3 c)). Der Autor findet übereinstimmend für beide endogenen Variablen, daß die unerwarteten Änderungen der Geldmenge einen höheren Erklärungsgehalt für die realen Größen aufweisen als die tatsächlich realisierten Raten: bei der Arbeitslosenquote werden neben dem zeitgleichen noch die zwei um ein Jahr verzögerten monetären Schocks signifikant negativ geschätzt, beim Realoutput ergeben sich bis drei Jahre zurückliegende positive Wirkungskoeffizienten. Bei Aufnahme beider monetären Größen erweist sich außerdem nur das Innovations-Konstrukt als signifikanter Einflußfaktor (F-Test auf Ausschluß der jeweils anderen monetären Variable). *Barro* untersucht außerdem die Auswirkungen der Geldpoltik auf das Preisniveau. Er findet eine direkte Beziehung zwischen dem Niveau der Geldmenge M1 und dem Preis*index*, sowie verzögerte (negative) Einflüsse der monetären Schocks auf die endogene Variable.

Insgesamt sieht der Autor die Hypothese, daß Schwankungen der realen Größen besser durch unerwartete geldpolitische Impulse erklärt werden können als durch die tatsächliche Entwicklung der Geldmenge, durch seine empirischen Resultate als bestätigt an. Wie auch bei allen weiteren empirischen Arbeiten unter rationalen Erwartungen ist der kritische Punkt der Studien von *Barro* die gewählte Reaktionsfunktion der Notenbank, aus der die nichtantizipierten monetären Schocks abgeleitet werden müssen. Insbesondere das Fehlen der Inflationsentwicklung als Determinante der Geldpoltik ist hier kritisch anzumerken. Auch die Rolle der Arbeitslosenquote als Einflußgröße der erwarteten Geldmengenraten und gleichzeitig Funktion der unerwarteten monetären Maßnahmen ist im Rahmen der rationalen Erwartungsbildung problematisch. Zu den weiteren statistischen Einwänden, sowie zum Problem der beobachtungsmäßigen Äquivalenz (*Sargent* [1976b]) siehe Abschnitt 3.1 b) und 3.3 c) . Die Arbeiten von *Barro* sind aber als Ausgangspunkt einer Reihe von empirischen Studien unter rationalen Erwartungen zu sehen, die sich einer ähnlichen Methodik bedienen. In der Literatur wird dieser Ansatz daher auch als Barro-Typ-Modell bezeichnet.

So gelangen *Attfield/Demery/Duck* [1981a] in einer Untersuchung für die Verhältnisse in Großbritannien zu vergleichbaren Resultaten wie *Barro* : unter Einbeziehung des Leistungsbilanzsaldos als außenwirtschaftlichem Einflußfaktor auf die Geldpolitik finden die Autoren bei der Erklärung der Abweichung des Realoutputs vom 'natürlichen' Trend erneut die Dominanz der monetären Innovationen im Vergleich zur realisierten Expansion der Geldmenge. Sie verwenden dabei einen Drei-Gleichungsansatz, den sie mit Jahresdaten von 1946–1977 mit effizienten Verfahren simultan zu schätzen versuchen. Auch die Anpassung des Modells an Quartalsdaten von 1963–1978 in *Attfield/Demery/Duck* [1981b] führt zum gleichen Ergebnis. Konjunkturschwankungen werden von nichtantizipierten, bis zu fünf bzw. sechs Quartalen zurückreichenden, Geldmengenänderungen signifikant erklärt.

An empirischen Arbeiten für die Bundesrepublik, die sich mit neuklassichen Modellen auseinandersetzen, seien die Ansätze von *Demery/Duck/Musgrave* [1984] und *Hansen* [1986] erwähnt. Die ersteren spezifizieren ein Quartalsmodell vom Barro-Typ, welches die realen Größen preisbereinigtes Inlandsprodukt, Index der Industrieproduktion und die Arbeitslosenquote in Abhängigkeit von zeitgleichen Geldmengenschocks, Trendvariablen und verzögert endogenen Variablen annimmt. Das vorherzusehende Wachstum der Geldbestände (M1) wird dabei neben einem autoregressiven Prozeß als Funktion der um ein Quartal verzögerten Änderung der Arbeitslosenrate und der Abweichung der Staatsausgaben vom Trend modelliert. Die Schätzung des Ansatzes mit Quartalsdaten von 1964– 1981 in Einzelgleichungsform sowie mit Methoden bei voller Information (FIML) stützt die Modellierung, und läßt somit nach Auffassung der Autoren auch für die Bundesrepublik die Schlußfolgerung zu, daß nur nichtantizipierte monetäre Maßnahmen Auswirkungen auf den realen Sektor der Wirtschaft haben.

Hansen [1986] dagegen bezieht in seine Analyse neben der Lucas–Sargent–Angebotsfunktion auch explizit eine Nachfragefunktion, und damit auch Variablen wie die Staatsausgaben, Exporte, terms of trade und Zinsen, mit ein. Die Schätzung des abgeleiteten interdependenten Modells in den Variablen Realoutput und Preisen erfolgt unter Beachtung aller, aus der Annahme der rationalen Erwartungsbildung resultierenden, Restriktionen. Die Zerlegung der exogenen Variablen in einen antizipierten und einen unerwarteten Teil wird mit rein autoregressiven Ansätzen vorgenommen. Die Ergebnisse der Anpassung an Quartalsdaten von 1972–1982 zeigen nach *Hansen*, daß weder von den erwarteten, noch von den unerwarteten Änderungen der Geldmenge (Geldbasis) größere Auswirkungen auf den Output nachzuweisen sind. [6] Auch die Preisentwicklung scheint eher unabhängig von der Geldpolitik zu sein. So gelangt *Hansen* [1986] zu einer Ablehnung der strukturellen Restriktionen, vor allem jener, die aus der neuklassischen Angebotsfunktion folgen. Zu berücksichtigen ist allerdings, daß in der Studie keinerlei Wirkungsverzögerungen monetärer Maßnahmen zugelassen werden.

Die Bedeutung der Spezifikation ausreichender Zeitlags in der Beziehung zwischen unerwarteten Geldmengenschocks und konjunkturellen Schwankungen wird insbesondere in der Arbeit von *Mishkin* [1982a] deutlich. Der Autor widmet sich hauptsächlich der Entwicklung und Anwendung einer geeigneten statistischen Methodologie zum Test von Makro–Modellen unter rationalen Erwartungen vom Barro–Typ. Mittels eines iterativen nicht–linearen Ansatzes wird versucht, den Unzulänglichkeiten des Zwei–Schritt–Verfahrens (verzerrte Teststatistiken bei OLS–Schätzung einer Strukturgleichung, die Proxies für die unerwarteten Bestandteile in Form von 'generierten' Erklärungsvariablen aus separaten Regressionsmodellen enthält) zu begegnen. Außerdem zeigt *Mishkin* eine Möglichkeit auf, die beiden Hypothesen Neutralität der Geldpolitik und rationale Erwartungsbildung getrennt zu untersuchen. Die empirischen Ergebnisse mit US–Quartalsdaten von 1954–1976 zeigen dann, daß die Teststatistiken weniger von der zugrundegelegten Reaktionsfunktion der Geldpolitik, der verwendeten Geldmengenabgrenzung, dem Anpassungszeitraum oder dem Datenmaterial (Saisonbereinigung vs. Nicht–Saisonbereinigung) abhängen, sondern vor allem von der Wahl der maximalen Wirkungsverzögerung unerwarteter Geldmengenschwankungen. Für den Realoutput wie für die Arbeitslosenquote ermittelt *Mishkin* signifikante Einflüsse der monetären Schocks zurück bis zu einem Zeitlag von sieben Quartalen. Wird dieser Lag allerdings auf zwanzig Quartale ausgedehnt und gleichzeitig die erwartete Geldmengenausweitung in den Regressionsansatz aufgenommen, so muß die Neutralitätshypothese bezüglich der Geldpolitik abgelehnt

---

[6] *Hansen* [1986] kommt damit zu Schlußfolgerungen, die im Gegensatz zu empirischen Resultaten stehen, welche *Neumann* [1981] mit einem ähnlichen neuklassischen Makromodell für den Zeitraum 1973–1980 erzielt. Die beiden Studien unterscheiden sich allerdings in der verwendeten Schätzmethodik.

werden: antizipierte geldpolitische Maßnahmen scheinen in dieser Spezifikation größere reale Auswirkungen zu entfalten als die monetären Innovationen.

Das Ergebnis von *Mishkin* [1982a] zeigt exemplarisch die Schwierigkeiten einer Beurteilung der empirischen Erklärungsgüte von Modellvorstellungen der Neuen Makroökonomie. In unserer eigenen Arbeit wollen wir uns daher weniger mit der Diskriminierung zwischen Keynesianisch und neoklassisch orientierten Konjunkturmodellen beschäftigen. An neueren Arbeiten für die Bundesrepublik zu diesem Thema und zur Neutralität der Geldpolitik seien *Buscher* [1986], *Röger* [1987], *Weber* [1988] und *Jansen* [1991] genannt. Unser Interesse ist vor allem auf die zeitliche Abfolge der Einwirkung eines geeignet definierten monetären Impulses auf Zinsen, Preise und Einkommensvariablen gerichtet.

Die zweite Gruppe empirischer Untersuchungen unter rationalen Erwartungen, die hier vorgestellt werden soll, befaßt sich daher mit Zinswirkungen monetärer Impulse. Insbesondere zum Liquiditätseffekt gibt es eine Reihe von neueren Studien mit US-amerikanischen Daten. Grob lassen sich zwei statistische Ansätze unterscheiden, welche beide auf der Hypothese beruhen, daß nur unerwartete geldpolitische Maßnahmen Auswirkungen auf das Zinsniveau entfalten: Zum einen Einzelgleichungsansätze, die in Anlehnung an die Methodik in *Barro* [1977, 1978] im wesentlichen mit Geldmengeninnovationen und Restriktionen aus der Theorie effizienter Kapitalmärkte arbeiten; zum anderen makroökonomische Modellansätze, welche im Rahmen des IS/LM-Modells, ergänzt durch eine hochaggregierte Angebotsseite der Neuen Klassischen Makroökonomie (Lucas-Sargent-Angebotsfunktion), komplette Zinsgleichungen spezifizieren. Zuerst wollen wir uns kurz mit den Resultaten der zweiten Modellgruppe beschäftigen, deren Hauptaugenmerk in der Regel nicht allein auf die Transmission monetärer Impulse ausgerichtet ist.

Die Studien von *Peek* [1982], *Wilcox* [1983], *Makin* [1983], *Hoffman/Schlagenhauf* [1985], *Mehra* [1985] und *Peek/Wilcox* [1987] enthalten alle reduzierte Zinsgleichungen, welche u.a. die kurzfristige Zinswirkung einer monetären Beschleunigung beschreiben. Neben dem (zeitgleichen) nichtantizipierten Wachstum der volkswirtschaftlichen Geldbestände und Inflationserwartungen, gehen je nach Ansatz noch weitere exogene Erklärungsvariablen ein. Der Gesamteffekt eines monetären Impulses auf das Zinsniveau ist somit nicht allein durch den Koeffizienten der geldpolitischen Innovation gegeben. Über die Beeinflussung der Inflationserwartungen und anderer zinsbestimmender Variablen können auch indirekte Geldwirkungen auftreten. Während die theoretischen Ableitungen der zugrundeliegenden Makro-Modelle auf einem realen Zinssatz beruhen, wird der Bezug zum beobachtbaren Zinsniveau über eine *Fisher* sche-Zinsrelation hergestellt. Die Schätzungen der reduzierten Zinsgleichungen werden somit anhand von Nominalzinsen vorgenommen.

Bedeutsam für die empirischen Resultate dieser Ansätze ist erneut die verwendete Modellierung der Geldpolitik, um die aktuelle Geldmengenrate in einen antizipierten und einen nichtvorhergesehen Teil zerlegen zu können. Während *Makin* [1983] für den erwarteten Geldmengenzuwachs mit einem MA(8)-Modell einen reinen Zeitreihenansatz zugrundelegt, approximieren *Wilcox* [1983] und *Mehra* [1985] die monetäre Innovation durch die Abweichung der gegenwärtigen Wachstumsrate vom kürzerfristigen Trend (annualisierte Zuwachsrate der Geldmenge über die letzten drei Jahre). *Hoffman/*

Schlagenhauf [1985] dagegen beziehen in die angenommene Vorhersage der Geldpolitik eine Vielzahl ökonomischer Einflußgrößen mit ein, um dem Postulat der rationalen Erwartungsbildung möglichst nahe zu kommen. Die letzteren unternehmen auch die weitestgehenden Versuche, dem Problem der 'generierten' Regressoren zu begegnen (bei OLS-Schätzung der reduzierten Zinsgleichung werden die Standardfehler der Regressionsparameter u.U. verzerrt). Die Autoren verwenden daher ein mehrstufiges Verfahren unter Einschluß von Instrumenten-Schätzern (IV) und Beachtung der Kovarianzstruktur der Fehlerterme in den einzelnen Modellgleichungen. *Mehra* [1985] argumentiert außerdem, daß es in den üblichen reduzierten Zinsgleichungen fraglich ist, ob die monetäre Variable einen exogenen Regressor darstellt. Er arbeitet aus diesem Grund in seiner Studie gleichfalls mit einem konsistenten IV-Schätzansatz. Alle anderen Untersuchungen beruhen dagegen auf einer einfachen OLS-Schätzung der Zinsrelation. Zur Beseitigung auftretender Autokorrelation in den Residuen wird von einigen Autoren zusätzlich das Cochrane- Orcutt Verfahren, bzw. weitergehende Zeitreihen-Ansätze angewendet.

Die Ergebnisse bezüglich der Zinswirkung monetärer Impulse erweisen sich als widersprüchlich und im besonderen abhängig von der Untersuchungsperiode. Während *Makin* [1983] durchweg für den Zeitraum 1959-1981 sowie für verschiedene Unterperioden Evidenz für einen signifikant negativen Liquiditätseffekt findet (Zinsreduktion einer unerwarteten einprozentigen Geldmengenexpansion um zwei bis drei Basispunkte innerhalb eines Quartals), gilt das für die anderen Studien meist nur für Zeiträume, die nicht allzuweit in die siebziger Jahre hineinreichen. *Mehra* [1985] kann für den Bereich 1952 bis 1970 zinssenkende Wirkungen einer monetären Beschleunigung feststellen, wohingegen für Anpassungen von etwa 1966/70 bis 1979/83 kein signifikanter Koeffizient mehr ermittelt wird. *Wilcox* [1983] dagegen ist für sämtliche untersuchten Anpassungsperioden zwischen den Jahren 1952 und 1979 nicht in der Lage, statistisch die Wirkung eines Liquiditätseffekts nachzuweisen. Die beiden letzteren Autoren verwenden Halbjahresdaten, da sie als weitere exogene Variable neben der monetären Innovation mit den Inflationserwartungen des Livingston-Surveys arbeiten. Als geldpolitischer Indikator geht in alle behandelten Studien die Geldmenge M1, sowie als zu erklärende Variable ein kurzfristiger Zinssatz ein (Dreimonats- bzw. Jahressatz für Treasury Bills).

Während die bisherigen Autoren nur unverzögerte Geldmengenschocks berücksichtigen, werden in der Studie von *Hoffman/Schlagenhauf* [1985] auch Wirkungsverzögerungen der Geldpolitik zugelassen. Die Autoren gelangen zu dem Ergebnis, daß sich in der Untersuchungsperiode von 1963-1982 im Quartal der monetären Beschleunigung ein negativer Effekt auf das Zinsniveau ergibt. Insofern wird das Resultat von *Makin* [1983] bestätigt. Desweiteren ermitteln *Hoffman/Schlagenhauf*, daß der urprüngliche Effekt innerhalb eines Jahres durch wieder ansteigende Zinsen kompensiert wird. Vergleichbare empirische Resultate werden von den Autoren nicht nur für die USA, sondern auch für weitere Länder, darunter die Bundesrepublik, gefunden. Als Erklärungsansatz für die unterschiedlichen Ergebnisse der Studien von *Makin* und *Hoffman/Schlagenhauf* (Liquiditätseffekt schwach aber nachweisbar) auf der einen und den Arbeiten von *Wilcox* und *Mehra* (in den Siebzigern kein Liquiditätseffekt mehr festzustellen) auf der anderen Seite wurde in der Folgezeit vielfach darauf hingewiesen, daß die ersteren Periodendurchschnitts-Daten verwenden, während die zweite Gruppe mit Zinsendständen arbeitet.

Auf mögliche ökonomische Erklärungen des *'vanishing liquidity effect'* geht *Mehra* [1985] näher ein. Bezug nehmend auf *Friedmans* [1968] These, daß die Wirksamkeit eines Liquiditätseffektes von dem zeitlichen Verhalten der Wirtschaftssubjekte hinsichtlich aufkommender Inflationserwartungen abhängt, argumentiert *Mehra*, daß in einem Umfeld merklich anziehender Teuerungsraten wie zu Beginn der 70er Jahre sehr viel sensitiver auf höheres Geldmengenwachstum reagiert wird als zu Zeiten moderater Geldentwertung. Der Autor findet mittels einiger empirischer Ansätze Evidenz für die Vermutung, daß Geldmengenschwankungen über den Zeitraum 1952 bis 1982 hinweg einen immer größeren Einfluß auf die Bildung von Inflationserwartungen (Livingston-Survey) ausgeübt haben. Ein merklich früher einsetzender Preiserwartungseffekt würde so dem kurzfristigen Liquiditätseffekt entgegenwirken.

Das Resultat eines nicht mehr nachzuweisenden Liquiditätseffektes in den siebziger und achtziger Jahren wird auch von der zweiten Gruppe empirischer Arbeiten zur Zinswirkung monetärer Impulse unter rationalen Erwartungen bestätigt. Diese Studien schätzen alle eine einzelne Zinsgleichung, in die vor allem zeitgleiche monetäre Innovationsterme als Erklärungsvariablen einfließen. Aufbauend auf die empirischen Arbeiten von *Barro* [1977, 1978] wendet *Mishkin* [1981, 1982b] als erster diese Untersuchungsmethodik auf effiziente Kapitalmärkte, und damit auf Zinswirkungen von Geldmengenschocks, an. Unter rationalen Erwartungen (vgl. Kapitel 3.3 a)) werden nichtantizipierte Änderungen der sich am Markt bildenden Wertpapierkurse bzw. Zinssätze nur noch von neuen Informationen hervorgerufen, die zum Zeitpunkt der Erwartungsbildung über die zinsbestimmenden Faktoren noch nicht bekannt waren. Untersucht werden muß folglich die Relation zwischen den monetären Überraschungstermen, unerwarteten Anteilen weiterer Erklärungsgrößen und den Zins- bzw. Kursinnovationen. Im Unterschied zu den bisher behandelten Ansätzen unter rationalen Erwartungen gehen in die Regressionsgleichung somit auch auf endogener Seite nur noch nichtvorhergesehene Bestandteile ein.

Mishkin sieht in dieser Vorgehensweise gegenüber früheren Ansätzen (vor allem der einfachen Gibson-Methode, d.h. Arbeiten mit verteilten Lag-Strukturen) den Vorteil, daß dem Wirkungszusammenhang Geldmenge – Zins eine theoretische Struktur zugrundegelegt wird. Unter der Hypothese effizienter Finanzmärkte im Sinne von *Fama* [1970, 1976] erlaubt die Implementation entsprechender Restriktionen machtvollere statistische Tests der Strukturrelationen. Die viel geringere Anzahl von zu schätzenden Regressionsparametern im Vergleich zu den reduzierten Ansätzen, in die lediglich zeitlich verzögerte Änderungsraten der Geldmenge eingehen, ermöglicht zudem nach Auffassung von *Mishkin* eine bessere Interpretation der empirischen Ergebnisse. Eine gewisse Problematik ist allerdings darin zu sehen, daß die Wirkungsrichtung zwischen den Variablen durch den Ansatz effizienter Kapitalmärkte nicht determiniert oder empirisch festzustellen ist (lediglich Korrelationen zwischen zeitgleichen Innovationstermen). Insbesondere bezüglich der hier interessierenden Beziehung zwischen unerwarteten Geldmengenschwankungen und Zins-Impulsen ist die Exogenität des monetären Aggregats nicht gesichert (vgl. Diskussion über die Endogenität der Geldmenge). Hinsichtlich der Markteffizienz könnte die Kausalitätsrichtung genauso von den Wertpapierpreisen zur Geldmenge gerichtet sein; oder eine empirisch ermittelte Relation könnte nur auf einer Scheinkorrelation beruhen, falls beide Seiten gleichzeitig von einer dritten Variablen beeinflußt werden. Wir werden auf diesen Punkt in unseren eigenen empirischen Arbeiten zurückkommen.

Die Untersuchung des Zusammmenhangs zwischen Geldmengenpolitik und der Kursbildung an effizienten Kapitalmärkten wird von *Mishkin* jeweils für einen kurz- und einen langfristigen Zinssatz vorgenommen, wobei auf unterschiedliche Ansätze zur Ableitung der Innovationsterme zurückgegriffen wird. In *Mishkin* [1981] wird wie in der Theorie effizienter Kapitalmärkte mit den Wertpapier*preisen* von mehrperiodigen Anleihen gearbeitet und deren Periodenrendite (bei *Mishkin* ein Quartal) in Relation zum sicheren Ein-Periodenertrag (= kurzfristiger Zins) gesetzt. Dieser Gleichgewichtsansatz beruht demnach auf der Arbitragebedingung, daß die erwarteten Ein-Periodenrenditen zwischen den Wertpapieren mit unterschiedlicher Restlaufzeit (unter Einschluß einer als konstant angesehenen Risikoprämie für das Halten der langlaufenden Papiere) vom Markt ausgeglichen werden, vgl. auch das Beispiel der Erwartungstheorie der Zinsstruktur in Kapitel 3.3 a). Als nichtantizipierte Größe auf der Zinsseite gehen bei diesem Ansatz folglich nur die unerwarteten Kursschwankungen von mehrperiodigen Papieren als Differenz zwischen deren realisierten Periodenrendite und dem Zinsertrag für die einperiodige Anlage ein. *Mishkin* bemerkt aber, daß die von ihm benutzte Operationalisierung von Kapitalmarktschocks hochgradig negativ mit den tatsächlich eingetretenen Änderungen (1. Differenzen) des langfristigen Zinssatzes korreliert (für seinen Untersuchungszeitraum von 1954-1976 mit $\rho = -0.96$). Dies heißt nichts anderes, als daß der Anteil vorhergesehener Kursschwankungen an den realisierten kaum ins Gewicht fällt (bei *Mishkin* weniger als 2%), die rational begründeten Markterwartungen demnach sehr schlechte Indikatoren für die zukünftige Entwicklung darstellen, die von anderen Einflüssen dominiert wird. In der Folgezeit haben aus diesem Grund einige Autoren auch direkt mit den Zinsänderungen als Innovationsgröße am Kapitalmarkt gearbeitet.

Der Ansatz für kurzfristige Zinssätze in *Mishkin* [1982b] bezieht sich direkt auf Zinserwartungen, die sich aus der Erwartungstheorie die Zinsstruktur ableiten lassen. Dieses Modell des Marktgleichgewichts postuliert, daß der implizite Terminzinssatz (forward rate) für eine Periode in die Zukunft dem vom Markt für diese Periode erwarteten kurzfristigen Zinssatz (spot rate), plus einer Risiko- (Liquiditäts-)Prämie, entspricht, vgl. Kapitel 3.3a). Aus dem impliziten Terminzinssatz, der sich bei *Mishkin* für den Quartalsfall aus den Zinssätzen für dreimonatige und sechsmonatige Anlagen errechnet, lassen sich so rationale Markterwartungen für den Ein-Periodenzins extrahieren. Es gilt aber auch hier die gleiche Anmerkung wie oben zu machen, daß die quartalsweisen Schwankungen der kurzfristigen Zinssätze nahezu vollständig aus unerwarteten Zinsänderungen bestehen. Auch bei Einbeziehung eines Modells für die Liquiditätsprämie korrelieren bei *Mishkin* [1982b] die Zinsinnovationen mit den realisierten Änderungen des kurzfristigen Zinssatzes mit einem Koeffizienten von über 0.8 (Untersuchungszeitraum 1959-1976). Der Autor bemerkt aus diesem Grund, daß seine Schätzergebnisse unmittelbar auf die aktuelle Änderungsrate der Zinsen als endogener Größe übertragbar seien.

Vor der Kommentierung der empirischen Resulate von *Mishkin* und seinen Nachfolgern ist noch kurz auf weitere Faktoren einzugehen, welche in die jeweiligen Zinsgleichungen einfließen, sowie auf die Art der Modellierung der unerwarteten Bestandteile der exogenen Variablen und die Schätzmethodik. Aufbauend auf die Liquiditätspräferenztheorie der Geldnachfrage bezieht *Mishkin* in seinen Ansatz zur Erklärung des Zinsniveaus neben der Geldmenge auch noch eine reale Produktionsgröße und die Inflationsrate mit ein. Ansatzweise wird damit auch der Einkommens- und Preiseffekt modelliert. *Mishkin* schätzt aber auch die Zinswirkung monetärer Impulse ohne weitere Einflußgrößen. Zur Untersuchung der Robustheit der Ergebnisse in Bezug auf die Modellierung der Erwartungsbildung in den erklärenden Größen arbeitet *Mishkin* sowohl mit univariaten Zeitreihen-Modellen vom **AR**-Typ, als auch mit multivariaten Zeitreihenansätzen, in die weitere Variablen wie die Arbeitslosenrate, Zinssätze und fiskalpolitische Größen eingehen. Die Schätzung der beiden Modellbestandteile Zinsgleichung und lineare Vorhersage der exogenen Variablen zur Ableitung der Innovationsterme wird von *Mishkin* simultan mit einem nichtlinearen **KQ**-Verfahren vorgenommen, das die Restriktionen der rationalen Erwartungsbildung beachtet.

Die Schätzresultate von *Mishkin* [1981, 1982b] zeigen dann allerdings, daß weder die Art der Modellierung des nichtantizipierten Geldmengenwachstums (univariate vs. multivariate Ansätze) und die Aufnahme weiterer Erklärungsvariablen in die Zinsgleichung, noch die spezielle Schätzmethodik zur Umgehung des Problems der 'generierten Regressoren' (alternativ wird das Zwei-Schritt-Verfahren von *Barro* [1977, 1978] angewendet) zu grundlegend anderen Implikationen bezüglich der Zinswirkung monetärer Impulse führt: Für den langfristigen Zinsterm läßt sich überhaupt kein signifikanter Zusammenhang mit den Geldmengenschocks des zeitgleichen Quartals nachweisen, und bei den kurzfristigen Zinssätzen weisen die entsprechenden Koeffizienten durchweg das falsche Vorzeichen (im Sinne des Liquiditätseffekts) auf. Die im letzteren Fall sogar auf dem 1%-Niveau statistisch signifikanten Wirkungsparameter lassen die Folgerung zu, daß ein einprozentiger monetärer Impuls mit einer *Erhöhung* der Dreimonatsrate um 20-35 Basispunkte verbunden ist. Dieses Ergebnis wird für die Geldmengenabgrenzung M1 und M2 gefunden, sowohl für saisonbereinigte als auch für nicht-saisonbereinigte US-Daten. Hinsichtlich der Industrieproduktion und der Teuerungsrate wird dagegen ein im Einklang mit der Liquiditätspräferenztheorie stehender positiver Zusammenhang mit den Zinsinnovationen ermittelt. Die umfangreichen empirischen Untersuchungen von *Mishkin* lassen damit die Schlußfolgerung zu, daß über die Periode von 1954 bzw. 1959 bis 1976 hinweg unter dem Paradigma der effizienten Kapitalmärkte in den Vereinigten Staaten keine Evidenz für die Existenz eines Liquiditätseffekts vorliegt.

Auch die in der Folge von *Mishkin* [1981, 1982b] erschienenen Arbeiten stützen dieses Ergebnis. *Grier* [1986] führt den Ansatz von *Mishkin* [1982b] fort, indem er den Stichprobenumfang bis ins vierte Quartal 1984 ausdehnt. Sein Hauptinteresse besteht aber darin, die Unabhängigkeit der Schätzresultate vom verwendeten Datenmaterial zu demonstrieren. [7] *Grier* vergleicht Schätzungen des Ansatzes von *Mishkin* für Zinsendstände mit denen für Quartalsdurchschnitte und ermittelt keine substantiellen Unterschiede: die monetäre Überraschungsvariable korreliert in beiden Fällen positiv mit den Innovationen des kurzfristigen Zinssatzes, im zweiten Fall ist der Koeffizient allerdings nicht mehr

[7] In der Studie von *Makin* [1983], der mit Quartalsdurchschnittsdaten einen signifikanten Liquiditätseffekt findet, wird das unterschiedliche Ergebnis zu *Mishkin* [1982b], der mit Periodenendständen arbeitet, z.T. auf die abweichende Methode zur Beobachtung der Zinsvariable zurückgeführt.

statistisch signifikant. Zusätzlich findet *Grier*, daß bei gleichzeitiger Aufnahme deserwarteten Geldmengenwachstums der Einfluß dieser Größe insignifikant geschätzt wird, und daß zeitlich verzögerte monetäre Schocks gleichfalls positiv auf die kurzfristigen Zinsen einwirken (vgl. hierzu allerdings die Einwände in Kapitel 3.3).

In der Studie von *Reichenstein* [1987] wird ein Überblick über die verschiedenen Ansätze zur Untersuchung des Einflusses der Geldpolitik auf die kurzfristigen Zinsen gegeben und die Methodik von *Mishkin* [1982b] auf Monatsdaten von 1965–1983 angewendet. *Reichenstein* verwendet allerdings für die abhängige Variable einfache Veränderungen der Monatsendstände, anstatt nichtantizipierte Zinsschwankungen der Dreimonats-Treasury Bills aus einem Gleichgewichtsmodell für effiziente Kapitalmärkte abzuleiten. Die erwarteten Bestandteile in den erklärenden Größen werden wie von *Mishkin* alternativ mit univariaten und multivariaten Zeitreihenansätzen modelliert. Mittels des einfachen zweistufigen *Barro*-Verfahrens gelangt *Reichenstein* auch mit Monatsdaten zu dem Ergebnis, daß sich bei einem positiv geschätzten Wirkungskoeffizienten der monetären Innovationen (M1 und M2) nur eine sehr schwache gleichzeitige Beziehung zwischen Geldmenge und kurzfristigen Zinssätzen feststellen läßt: schon im Monat der monetären Schocks ist damit kein Liquiditätseffekt mehr nachzuweisen. Vielmehr zeigt sich bereits im daraufolgenden Monat ein signifikantes Ansteigen der Zinssätze.

Gleichfalls mit Monatsdaten (1959–1986) arbeitet *Robinson* [1988], der sich mit Zinswirkungen der Geldpolitik am langen Ende des Kapitalmarktes beschäftigt. Unter Anwendung des entsprechenden Ansatzes von *Mishkin* [1981] und multivariater Prognosegleichungen für die Ableitung der Innovationsterme in den zinsbestimmenden Faktoren findet auch dieser Autor keinerlei Anhaltspunkte für eine negative Korrelation zwischen monetären Schocks und nichtantizipierten Zinsschwankungen. Bei der Untersuchung der zeitlichen Entwicklung des Wirkungszusammenhangs Geldmenge – Zins über die Anpassungsperiode hinweg zeigt sich deutlich, daß die Sensibilität am Kapitalmarkt hinsichtlich des monetären Umfelds in den siebziger und insbesondere achtiger Jahren deutlich zugenommen hat. Auf ein verstärktes Wachstums der Geldbestände wird anscheinend auch schon kurzfristig mit fallenden Wertpapierpreisen reagiert. Auch *Thornton* [1988] gelangt bei einem Vergleich mehrerer Ansätze zu vergleichbaren Resultaten. Er ermittelt vor allem eine besondere Abhängigkeit der empirischen Ergebnisse von dem verwendeten monetären Aggregat, weniger von der zugrundegelegten Modellspezifikation.

Zur Interpretation dieser für die Existenz eines Liquiditätseffekts in den letzten Jahren negativen Resultate, die somit in merklicher Übereinstimmung mit den Ergebnissen der einfachen statistischen Ansätze von Abschnitt a) stehen, wird vornehmlich auf zwei Punkte verwiesen (*Mehra* [1985], *Reichenstein* [1987]). Zum einen auf den im Zuge der weltweit auftretenden inflationären Tendenzen in den Siebzigern fortschreitenden Verlust von Geldillusion. Zum anderen auf eine Geldpolitik, die sich unter dem Einfluß von monetaristischem Gedankengut zunehmend einer Verstetigung und Kontrolle des Geldmengenwachstums gewidmet hat. Durch die Ankündigung von jährlichen Geldmengenzielen und die wöchentliche Bekanntgabe des monetären Wachstums in den USA wird ein geldpolitischer Antizipierungseffekt oder *announcement-effect* als wirksam angesehen: bei höher als erwartet bzw. verkündet ausfallenden Wachstumsraten reagieren die Wirtschaftssubjekte bereits in Antizipation gegenläufiger Korrekturmaßnahmen der Geldpolitik und umgekehrt. Ein expansiver monetärer Impuls weckt so eher Erwartungen auf steigende Zinsen in der Zukunft, mit der Folge, daß schon heute Wertpapiere verkauft werden, um sich vor Kursverlusten zu schützen und damit die Zinsen sogleich nach oben getrieben werden. Da in dieser Argumentationsrichtung die gesamte Problemtik der Marktpsychologie und spekulativen Erwartungsbildung (kurzfristige Reaktion und Gegenreaktion) eingeht, sind eindeutige Aussagen über die endgültigen Effekte monetärer Maßnahmen nur sehr schwer zu erhalten. Die umfangreiche Literatur zum Thema *announcement-effect* (vgl. Übersicht in *Reichenstein* [1987]) kommt in der Regel zu dem Ergebnis, daß sich die kurz- und langfristigen Zinssätze unmittelbar in die Richtung des Vorzeichens einer monetären Innovation anpassen. Ob sich die geldpolitischen Instanzen bei der operativen Gestaltung ihrer kurzfristigen Politik auf diesen, dem Liquiditätseffekt zuwider laufenden, Wirkungsmechanismus verlassen können, muß aber starkt angezweifelt werden.

Der zweite Erklärungsansatz eines sehr viel schneller als in den sechziger Jahren einsetzenden Preiserwartungseffekts ist unmittelbar einsichtig. Durch die Erfahrung der massiven Geldentwertungen zu Beginn der siebziger und achtziger Jahre, mit jeweils negativen ex-post Realzinsen in den USA, liegt die Vermutung nahe, daß die Wirtschaftssubjekte sensitiver auf beschleunigte monetäre Entwicklungen reagieren und ihre Preiserwartungen in der Forderung eines höheren Inflationsaufschlags auf die ex-ante Realverzinsung zum Ausdruck bringen (Fisher-Theorem). *Blejer* [1978], *Cornell* [1983] und *Mehra* [1985] finden empirische Evidenz für die Hypothese eines kürzeren Zeitlags zwischen monetärer Beschleunigung und Bildung von Preissteigerungserwartungen. Die Möglichkeiten der Zentralbanken zur nachhaltigen Senkung des Zinsniveaus in einem inflationären Umfeld müssen vor diesem Hintergrund wohl als beschränkt angesehen werden. Wird der Notenbank – wie in der Bundesrepublik – sehr viel Vertrauen in ihre Fähigkeiten zur Bekämpfung der Geldentwertung geschenkt, so könnte auch eine verschärfte monetäre Gangart das Gegenteil von dem bewirken, was der Liquiditätseffekt postuliert: sind die Erwartungen auf eine erfolgreiche Eindämmung inflationärer Tendenzen gerichtet, so kann dieses die Zinsen schon heute sinken lassen. Zu beobachten war dieser Effekt z.B. im Februar und Dezember 1991 am deutschen Kapitalmarkt, als es in Folge von Erhöhungen des Lombardsatzes jeweils zu Einbrüchen der langfristigen Zinssätze kam. In Erwartung, daß die Bundesbank den im Zusammenhang mit der deutschen Wiedervereinigung aufkommenden Inflationsbefürchtungen mit diesen Schritten wirksam entgegen getreten sei, sahen die Marktteilnehmer den Zinsgipfel als erreicht an. So weit uns bekannt, liegt aber für die Bundesrepublik bislang keine eingehende empirische Studie zu Zinswirkungen geldpolitischer Maßnahmen vor.

Die gesamten empirischen Resultate bezüglich der Transmission monetärer Impulse zusammenfassend kann gesagt werden, daß auch die Untersuchung der Zusammenhänge in der Wirklichkeit zu keinen gesicherten Erkenntnissen über die Wirkungsweise der Geldpolitik geführt hat. Zum einen ergeben sich methodische Schwierigkeiten hinsichtlich der angemessenen Modellierung von Wirkungsverzögerungen zwischen zeitabhängigen Variablen. Sowohl die einfachen Regressionsansätze mit verteilten Lagstrukturen (keine weiteren erklärenden Variablen, keine Berücksichtigung der individuellen Zeitreihencharakteristik, große Anzahl von Regressoren, Multikollinearität, willkürliche

Parameter-Restriktion), die Arbeiten unter Verwendung von Kausalitätstests (rein zeitreihenanalytischer Ansatz basierend auf time-lag-Evidenz, Sensitivität der Ergebnisse bzgl. Testverfahren, Lagstruktur und Trendbehandlung) noch die Ansätze unter rationalen Erwartungen (nur verbundene Hypothesen im Zusammenhang mit einem Erwartungsbildungsmodell zu testen, Probleme mit verzögert auftretenden Wirkungen an effizienten Märkten) weisen befriedigende statistische Eigenschaften bei gleichzeitiger guter Interpretierbarkeit der Schätzergebnisse auf.

Hinzu kommt das generelle Problem, die Trendeigenschaften der Variablen angemessen im Schätzansatz zu berücksichtigen. Wie zahlreiche Studien gezeigt haben (vgl. Kapitel 3.1), sind empirische Ergebnisse sehr stark von der Trend-Spezifikation der Daten im verwendeten Ansatz abhängig. Wird ein in Wirklichkeit vorliegender stochastischer Trend nicht erkannt und Regressionen im Niveau der Zeitreihen bzw. zwischen trendbereinigten Variablen durchgeführt, so ergeben sich schwerwiegende Auswirkungen auf die statistische Inferenz, die bis zur vermeintlichen Signifikanz von rein zufälligen Beziehungen führen können (*spurious regressions, spurious detrending*, vgl. die ausführliche Diskussion in Kapitel 3.1 b)).

Ein Kernproblem der empirischen Studien stellt daneben nach wie vor die geeignete Operationalisierung der Geldpolitik in Gestalt eines Geldmengenaggregats, sowie die Frage der Endogenität dieses zu steuernden monetären Indikators und Zwischenziels dar (angemessene Berücksichtigung der institutionellen Rahmenbedingungen der Geldpolitik). Solange nicht geklärt ist, welches das für geldpolitische Maßnahmen relevante Aggregat ist und ob die Notenbank diese Geldvolumensgröße überhaupt wirksam kontrollieren kann, ist empirisch wenig über die Wirksamkeit einer Geldmengensteuerung in der Verfolgung realwirtschaftlicher Ziele auszusagen. Entsprechend widersprüchlich zeigen sich auch die dargestellten empirischen Resultate. Zum Teil deuten sie auf einen gesicherten Zusammenhang zwischen der Geldpolitik und der Entwicklung monetärer Zielvariablen hin, zum anderen Teil lassen geldpolitische Maßnahmen aber keinerlei systematische reale Auswirkungen erkennen.

KAPITEL 5 : Kausalanalyse des Transmissionsmechanismus monetärer Impulse

Mit der Anwendung des statistischen Instrumentariums der Kovarianzstrukturanalyse auf empirische Probleme des Transmissionsmechanismus monetärer Impulse werden zwei Ziele verfolgt. Zum einen soll die Übertragbarkeit dieses ursprünglich für sozialwissenschaftliche Querschnittsstudien konzipierten Verfahrens auf makroökonomische Fragestellungen, die mit Zeitreihendaten zu konfrontieren sind, untersucht werden. Mit unserem zweistufigen Ansatz der Analyse von Wirkungsbeziehungen nur zwischen den Innovationen der manifesten Variablen (Hypothese der schwach rationalen Erwartungsbildung) sind zwar die statistischen Voraussetzungen zur direkten Anwendung der Kovarianzstrukturanalyse erfüllt. Zu Beginn des Forschungsprojekts konnte aber nicht abgeschätzt werden, ob bei diesem Vorgehen überhaupt genug relevante Struktur in den Relationen zwischen den einzelnen Überraschungstermen verbleibt, die einer Aufklärung zugänglich ist. Wie wir sehen werden, ist diese Frage in unserem Anwendungsbeispiel auf jeden Fall zu bejahen, d.h. theoretisch zu vermutende Korrelationen sind auch zwischen den Innovationsanteilen der manifesten Variablen statistisch signifikant und lassen sich unter Einbeziehung latenter Konstrukte auf zugrundeliegende kausale Strukturbeziehungen zurückführen.

Abgesehen von den statistischen Übertragungsproblemen erscheint die Anwendung des Konzepts der latenten Variablen in der Makroökonomie aber auf der anderen Seite überaus vielversprechend. Die Qualität der Daten, die für makroökonomische Studien zur Verfügung stehen, ist nicht allzu gut einzuschätzen. Der Ökonometriker hat aufgrund der institutionellen Trennung zwischen Datenproduktion und –analyse auch in der Regel gar nicht die Möglichkeit, zur Datengüte abgesicherte Aussagen treffen zu können. Die aus veröffentlichten Quellen stammenden Zeitreihen sind vielmehr ohne weitergehende Hintergrundinformation zu übernehmen. Das Fehler–in–den–Variablen–Problem dürfte damit eigentlich bei keiner empirischen Analyse vernachlässigt werden. Hinzu kommt der Aspekt der geeigneten Operationalisierung, welcher in der Makroökonomie wie in allen anderen Sozialwissenschaften überaus bedeutsam ist. Theoretischen Konstrukten wie z.B. human capital, permanentes und transitorisches Einkommen, Konjunktur/realwirtschaftliche Aktivität, Preisniveau, Geldmenge oder Schattenwirtschaft entsprechen auf der empirischen Seite keine einfachen, direkt zu beobachtenden Variablen. Der klassischen Ökonometrie ist es nur möglich, eindimensionale Indikatoren für die entsprechenden Konstrukte zu verwenden, die bestmöglich den theoretischen Inhalten zu entsprechen haben. Die mit diesem Vorgehen verbundenen Probleme liegen auf der Hand, vgl. auch Kapitel 1.1 . Theoretisch postulierte Zusammenhänge empirisch angemessen testen zu können, fällt allein aus diesem Grund oftmals schwer. Ein Ansatzpunkt unserer Arbeit besteht somit im Versuch, diesem Mangel durch den Einsatz von latenten Variablen abzuhelfen.

Die zweite – inhaltliche – Motivation des empirischen Teils dieser Arbeit liegt in den widersprüchlichen Resultaten zur Wirkungsanalyse der Geldpolitik auf den realwirt–

schaftlichen Sektor begründet, vgl. Kapitel 4. Mit unserem Ansatz hoffen wir, einen neuen Beitrag in dieser theoretisch wie empirisch überaus spannenden Auseinandersetzung zu leisten, dem einige der Schwachpunkte bisheriger statistischer Überprüfungen nicht anhaften. Der Problematik, sich für eine der zahlreichen Geldmengendefinitionen entscheiden zu müssen, wird die Operationalisierung eines monetärem Impulses als faktoranalytisches Konstrukt der üblichen Geldkomponenten gegenübergestellt. Unser Hauptaugenmerk richtet sich dabei allerdings nicht auf die Bereitstellung einer neuartigen, in irgendeinem Sinne 'optimalen' Geldmengenabgrenzung, sondern auf die Untersuchung des Einflusses geldmengenpolitischer Maßnahmen auf Zinsen, Preise und weitere realwirtschaftliche Zielvariablen der Geldpolitik. Insbesondere wichtig erscheint uns dabei die Betrachtung von Wirkungsverzögerungen. Natürlich ist es auch mit unserem Ansatz nicht möglich, abschließende und allgemeingültige Aussagen zum Transmissionsmechanismus zu erhalten. So sollen die Resultate auch nicht die eine oder andere theoretische Glaubensrichtung unterstützen (effiziente Kapitalmärkte im strengen Sinne ließen eigentlich auch nur Wirkungen neuer Informationen ohne große Zeitverzögerungen zu!). Durch die geeignete Modellierung von Geldmengenschocks als empirisch zu testendes Konstrukt werden vielmehr neuartige Einblicke in die Wirkungsweise des monetären Übertragungsweges ermöglicht, die mit klassischen Verfahren nicht zu erzielen sind.

Mehrere Vorteile sind nach unsere Auffassung mit der Anwendung des in Kapitel 3.4 beschriebenen Ansatzes zur Kausalanalyse makroökonomischer Zusammenhänge auf den Transmissionsmechanismus monetärer Impulse verbunden. Im Unterschied zu den traditionellen ökonometrischen Arbeiten mit verteilten Lagstrukturen sind keine Multikollinearitätsprobleme zu befürchten. Da die exogenen Variablen vielmehr zeitlich unkorrelierte Regressoren darstellen, sind einzelne verzögerte Wirkungen unabhängig von Wechselwirkungen mit Einflüssen weiterer Zeitlags konsistent zu schätzen. Probleme mit der eher willkürlichen Restriktion einer Vielzahl von Regressionskoeffizienten wie z.B. beim Ansatz von *Almon* [1965] treten nicht mehr auf. Durch die eingehende Untersuchung und Eliminierung der dynamischen Abhängigkeitsstrukturen in den <u>einzelnen</u> Variablen im ersten Analyseschritt sind zudem mögliche Schwierigkeiten mit der Zeitreihen-Charakteristik der Einflußgrößen (*spurious regressions*) auszuschließen. Wie beispielsweise die verwirrenden Resultate der Anwendung von Kausalitätstests auf die Relation Geldmenge – Volkseinkommen gezeigt haben, ist für die Erzielung empirisch fundierter Aussagen besondere Sorgfalt auf die geeignete Modellierung der Trendeigenschaften und Abhängigkeitsstrukturen von Zeitreihen zu richten (*Stock/Watson* [1989]).

Weitere Vorzüge sind mit der Grundidee der Kausalanalyse verbunden. Durch die Einbeziehung von latenten Variablen in die empirische Wirkungsuntersuchung können zum einen meßfehlerbehaftete Größen berücksichtigt werden (das Fehler-in-den-Variablen-Problem wird z.B. bei den Kausalitätstests bezüglich Wirkungen der Geldmenge als besonders schwerwiegend angesehen, vgl. *Kirchgässner* [1985]). Zum anderen werden Freiheitsgrade gewonnen und dadurch die statistische Überprüfung von theoretisch postulierten Zusammenhängen ermöglicht. So kann z.B. evaluiert werden, ob die Reduktion verschiedener geldnaher Assets auf eine einzige monetäre Variable gerechtfertigt ist; oder Beziehungen wie zwischen der Geldmenge und periodengleichen Zinssätzen (Liquiditätseffekt) können statistisch daraufhin getestet werden, ob nur eine Scheinkorrelation vorliegt, die im Beispielfall von der Endogenität der Geldmenge herrühren könnte.

Mit möglichen Einwänden gegen das im folgenden verwendete Verfahren haben wir uns bereits ausführlich im Kapitel 3.4 beschäftigt. Die Hauptproblematik des Ansatzes liegt im Effizienzverlust durch das zweistufige Vorgehen: die im ersten Schritt generierten Innovationsterme werden als Eingangsvariablen für die Kausalanalyse verwendet. In der ökonometrischen Literatur ist auf die Schwachpunkte derartiger Zwei-Stufen-Schätzungen hingewiesen worden. Wir sehen unsere Ergebnisse aber dennoch als aussagekräftig an, da empirische Vergleiche ähnlicher Ansätze mit korrekten Systemschätzungen ergeben haben, daß sich die entsprechenden Resultate kaum voneinander unterscheiden (z.B. *Miskin* [1981, 1982b]). Zudem liegt einige empirische Evidenz dafür vor, daß sich die Methodik der Ableitung der unerwarteten Bestandteile aus den einzelnen Variablen (Modellierung der Erwartungsbildung im ersten Schritt) nur wenig auf die Schätzergebnisse der eigentlich interessierenden Strukturrelationen auswirken (*Miskin* [1981, 1982a, 1982b], *Makin* [1982, 1983], *Thornton* [1988]). *Miskin* [1982b] zieht daraus den Schluß, daß schon die Verwendung univariater Zeitreihenmodelle ausreicht, um "ökonomisch-rationale" Vorhersagen im Sinne von *Feige/Pearce* [1976] zu erhalten: Die Aufnahme weiterer Informationen neben denjenigen, die schon in den vergangenen Werten der zu prognostizierenden Variable enthalten sind, erbringt nur noch eine geringfügige Verbesserung der Vorhersagequalität.

Der letzte Punkt ist zudem im Zuammenhang mit der empirischen Erkenntnis zu sehen, daß aus Gleichgewichtsmodellen für effiziente Kapitalmärkte abgeleitete Marktprognosen eine kaum nennenswerte Erklärungsgüte aufweisen (*Fama*[1976b, 1984], *Mishkin* [1981, 1982b, 1988], vgl. auch Abschnitt 3.3.b). Ernsthafte Zweifel sind daher angebracht, die Residuen aus derartigen Ansätzen bzw. ökonometrischen Vorhersagemodellen als im strengen Sinne nichtantizipierte Schwankungen unter rationalen Erwartungen zu interpretieren. Auch unsere eigenen empirischen Ergebnisse zeigen, daß die Korrelationen zwischen den Zeitreihen-Innovationstermen und den aktuellen stationären Veränderungsraten der Variablen (i.a. 1. Differenzen) mit durchweg über 0.8 außerordentlich hoch sind, was gegen eine besondere Qualität der Modellanpassungen im ersten Schritt spricht. Die mit dem Zwei-Stufen-Verfahren wie auch mit den effizienten Ansätzen unter rationalen Erwartungen erzielten Resultate hinsichtlich der Auswirkung unerwarteter Einflußanteile, sind somit ohne große Abstriche auch auf Beziehungen zwischen den tatsächlich eingetretenen Variablenänderungen zu übertragen.

Vor diesem Hintergrund ist daher größte Vorsicht geboten, die entsprechenden empirischen Ergebnisse etwa im Sinne der Neuen Klassischen Makroökonomie dahingehend zu interpretieren, daß nur nichtvorhersehbare Variationen Auswirkungen auf andere Variablen entfalten können. Die extrahierten Erwartungsbestandteile in den Einflußgrößen könnten auch nur denkbar schlechte Indikatoren für die zukünftige Entwicklung darstellen (Erwartungsfehler in der Größenordnung der Schwankungsbreite der vorherzusagenden Größe) und sich deshalb als wenig aussagekräftig in der Modellierung abhängiger Variablen erweisen. Zwar fällt auch unsere Studie unter die Terminologie der Untersuchung unter rationaler Erwartungsbildung. Der Schätzansatz mit Innovationstermen soll aber hauptsächlich dazu dienen, die von univariater zeitlicher Dynamik losgelösten Wirkungsbeziehungen zwischen Zeitreihen konsistent wiederzugeben. Eine strenge

Diskriminierung zwischen Einflüssen vorherzusehender und nichterwarteter Variablenanteile ist nicht Ziel der Arbeit (vgl. auch die Problematik der beoachtungsmäßigen Äquivalenz in Kapitel 3.3 c)).

Als kritischer Punkt der im folgenden wiedergegeben empirischen Analyse des Transmissionsmechanismus unter Einbeziehung des Konzepts der latenten Variablen bleibt noch der Anpassungszeitraum der Studie zu erwähnen. Die Beschränkung auf die achtziger Jahre führt bei Verwendung von Quartalsdaten, je nach zeitlicher Verzögerung der exogenen Variablen in den verschiedenen Modellen, auf Stichprobengrößen von 32–40 Beobachtungen. An der Anwendbarkeit der oftmals nur asymptotisch abgeleiteten Teststatistiken sind somit Zweifel gerechtfertigt. Bei diesen Stichprobenumfängen ist es auch nicht möglich, auf die in der Kovarianzstrukturanalyse verfügbaren verteilungsfreien Ansätze zurückzugreifen (vgl. Kapitel 1.4). Verwendung findet daher durchgehend der **ML**–Schätzansatz, der auf multivariat normal verteilten Input–Variablen basiert. Da der Kausalanalyse Zeitreihen–Innovationen aus univariaten **ARIMA**–Modellen zugrunde liegen, entfernen wir uns damit aber kaum von den üblicherweise unterstellten Annahmen, da auch die Schätzung von Zeitreihenmodellen in der Regel unter der Normalverteilungshypothese erfolgt. Unter den genannten Einschränkungen unterstreichen die erzielten empirischen Resultate die Eignung unseres Ansatzes zur Überprüfung theoretisch postulierter Effekte der Geld– und Zinstheorie mit dem Instrumentarium der latenten Variablen und der Kovarianzstrukturanalyse.

5.1 Daten und univariate Modellierung verwendeter Zeitreihen

a) Bemerkungen zur Variablenauswahl

Der Kausalanalyse des Transmissionsmechanismus monetärer Impulse in der Bundesrepublik Deutschland liegen saisonbereinigte Quartalsdaten im Zeitraum vom dritten Quartal 1979 bis zum vierten Quartal 1989 zugrunde. Die Beschränkung auf die Untersuchung der Geldpolitik der achtziger Jahre und die Verwendung von saisonbereinigten Quartalsdaten hat mehrere Gründe. Geldpolitik wird – nicht ohne Einfluß monetaristischer Überzeugungen – in den letzten Jahren eher als mittelfristig ausgerichtet angesehen. Wirkungen monetärer Maßnahmen auf die Zielvariablen im realwirtschaftlichen Sektor werden von theoretischer Seite eher in Quartalen, wenn nicht Jahren, bemessen. Durch die Absicht unserer Studie, eingehend die Wirkungsverzögerungen der Geldpoltik zu beleuchten, sind somit Quartalsdaten bei der Mehrzahl der untersuchten Zusammenhänge (abgesehen vielleicht vom Liquiditätseffekt) der Verwendung von Monatsdaten vorzuziehen.

Die im Kapitel 4.2 zusammengestellten empirischen Erkenntnisse bisheriger Studien zu monetären Wirkungszusammenhängen haben gezeigt, daß die statistischen Resultate im besonderen vom Anpassungszeitraum abhängen. Ein geldpolitischer Regimewechsel war in aller Regel auch mit veränderten Strukturrelationen verbunden. Insbesondere die Verwendung von Kausalitätstests auf die Beziehung Geldmenge – Volkseinkommen und die Arbeiten zum Liquiditätseffekt monetärer Impulse haben dies deutlich gemacht (vgl. z.B. *Geisler* [1986], *Smeets* [1988], *Peek/Wilcox* [1987], *Reichenstein* [1987]). Wie der Darstellung in Kapitel 4.1 zu entnehmen ist, ist in der Geldpolitik der Deutschen Bundesbank Ende der siebziger Jahre ein derartiger Regimewechsel aufgetreten. Die Ausrichtung an den freien Liquiditätsreserven der Geschäftsbanken und der Einsatz geldpolitischer Instrumente zur Absorption überschüssigen Geldes wurde abgelöst durch die feingesteuerte Bereitstellung von Liquidität über den Geldmarkt mittels der Refinanzierungspolitik (Pensionsgeschäfte in Handelswechseln und Wertpapieren), vgl. *Thomas* [1988], *Friedmann* [1988], *Geiger* [1988].

Zur unverzerrten Abbildung der Wirkung geldpolitischer Maßnahmen sollte der Untersuchungszeitraum damit nicht allzu groß gewählt werden. Hinzu kommt eine spezielle Anforderung, die mit dem zweistufigen Verfahren der Untersuchung zwischen Innovationstermen zusammenhängt. Zur Interpretation der Residuen aus statistischen Vorhersagemodellen als unerwartete Bestandteile in den Variablen ist es erforderlich, daß die Verhaltensgleichungen stabil sind. Dies gilt im besonderen für reine Zeitreihenmodelle, die auf der Annahme beruhen, daß die beobachteten Daten einen realisierten Ausschnitt aus einem stationären stochastischen Prozeß darstellen; vergleiche zu diesem Punkt auch Kapitel 2.5 und Kapitel 3.4. Die Konzentration auf die achtziger Jahre ist damit zum einen inhaltlich begründet, zum anderen als Konsequenz der verwendeten Untersuchungsmethodik zu sehen. Weniger Gewicht legt unsere Arbeit auf den Aspekt der Saisonbereinigung vs. Nicht-Saisonbereinigung von makroökonomischen Zeitreihen. Durch die Verwendung saisonbereinigter Daten können die in Kapitel 2 dargestellten Zeitreihenmodelle und Testverfahren auf autoregressive Einheitswurzeln direkt eingesetzt werden, ohne auf saisonale Differenzenbildung und damit stochastisches Saisonverhalten näher eingehen zu müssen.

Die der umfangreichen empirischen Studie zugrunde liegenden Daten sind aus Gründen der Übersichtlichkeit in den Tabellen 5.1 und 5.2 zusammengestellt, vgl. auch die Graphiken zu ausgewählten Zeitreihen im Anhang A. Um die Beschränkung auf eindimensionale reale Indikatorvariablen herkömmlicher Ansätze zur monetären Wirkungsanalyse aufzuheben, werden eine Reihe von Variablen der allgemeinen Wirtschaftstätigkeit (Bruttosozialprodukt, Auftragseingang, Produktion, Beschäftigung, Umsatz, Kapazitätsauslastung) verwendet. Untersucht werden soll damit u.a. auch die Möglichkeit, diese klassischen Konjunktur-Indikatoren auf ein einziges latentes Konstrukt (realwirtschaftliche Aktivität) zurückzuführen. Daneben können zeitlich versetzte realwirtschaftliche Zusammenhänge abgebildet werden. Hauptaugenmerk unserer Studie liegt aber auf der Untersuchung verzögerter Wirkungen der Geldmengenpolitik im realen Sektor sowie von Reaktionen der Geldpolitik auf unerwartete Änderungen in den realen Zielvariablen. Zu diesem Zweck gehen die üblichen Geldaggregate M1, M2, M3 und Zentralbankgeldmenge, sowie deren Komponenten (Bargeld, Sichteinlagen, Termineinlagen, Spareinlagen) und die Geldkapitalbildung ein. Wir werden hauptsächlich mit dem von uns modellierten latenten Geldmengenkonstrukt arbeiten, wollen aber die klassischen Aggregate zu Vergleichszwecken mit heranziehen.

Neben einem kurz- und einem langfristigen Zinssatz werden Quartals- und Jahresraten des privaten Lebenshaltungskostenindex als Inflationsvariable verwendet, um

Tabelle 5.1

Verwendete makroökonomische Zeitreihen [1]

Zeitreihe	Beschreibung	Zeitraum
BSP	Log des nominalen Bruttosozialprodukts in Mrd DM, saisonbereinigt, Reihe 4/1 [3]	Q4/79 – Q4/89
Auft	Log des Auftragseingangs im Verarbeitenden Gewerbe aus dem Inland (ohne Nahrungs– und Genußmittelgewerbe), 3–Monatsmittel, Werte 1985=100, saisonbereinigt, Reihe 4/15 [2] [3]	Q4/79–Q4/89
Prod	Log der Netto–Produktion im Produzierenden Gewerbe, Index für fachliche Unternehmens– teile ohne Bauhauptgewerbe, 3–Monatsmittel 1985=100, saisonbereinigt, Reihe 4/8 [3]	Q4/79–Q4/89
Bes	Log der Abhängig Beschäftigten/Inländer– konzept in Tsd, saisonbereinigt, Reihe 4/7	Q3/79–Q4/89
Ums	Log der Inlandsumsätze des Produzierenden Gewerbes, 3–Monatsmittel, 1985=100, saisonbereinigt, Reihe 4/19 [3]	Q4/79–Q4/89
Kap	Kapazitätsauslastung in % der betriebs– üblichen Vollauslastung im Verarbeitenden Gewerbe, Angaben für März, Juni, September und Dezember, saisonbereinigt mit dem Census X–11 Verfahren, Ifo–Institut [3]	Q4/79–Q4/89
Bar	Log des Bargeldumlaufs im Tagesdurch– schnitt des Quartals, in Mrd DM, ohne Kassenbestände der Kreditinstitute, saisonbereinigt, Reihe 4/35 [4]	Q3/79–Q4/89
Sicht	Log der Sichteinlagen inländischer Nicht– banken im Durchschnitt der Monatsend– stände, in Mrd DM, saisonbereinigt, 4/36 [4]	Q4/79–Q4/89
Termin	Log der Termineinlagen inländischer Nicht– banken mit Befristung bis unter 4 Jahren im Durchschnitt der Monatsendstände, in Mrd DM, saisonbereinigt, Reihe 4/36 [4]	Q4/79–Q4/89
Spar	Log der Spareinlagen inländischer Nicht– banken mit gesetzlicher Kündigungsfrist im Durchschnitt der Monatsendstände, in Mrd DM, saisonbereinigt, Reihe 4/36 [4]	Q4/79–Q4/89

[1] Im Anhang A sind ausgewählte Zeitreihen graphisch dargestellt.

[2] Q4/82 : Sondereinfluß Ablauf der Investitionszulage zum 31.12.1982

[3] Q2/84 : durch Arbeitskämpfe beeinflußt

[4] Q1/86 : Änderung der Berichtspflicht bei den Kreditgenossenschaften

Tabelle 5.1 (Fortsetzung)
Verwendete makroökonomische Zeitreihen

Zeitreihe	Beschreibung	Zeitraum
Gldk	Log der Geldkapitalbildung inländischer Nichtbanken bei den Kreditinstituten im Durchschnitt der Monatsendstände, in Mrd DM, saisonbereinigt, Reihe 4/38 [4]	Q4/79–Q4/89
M1	Log der Geldmenge M1 im Durchschnitt der drei Monatsendstände, in Mrd DM, saisonbereinigt, Reihe 4/35 [4]	Q4/79–Q4/89
M2	Log der Geldmenge M2 im Durchschnitt der drei Monatsendstände, in Mrd DM, saisonbereinigt, Reihe 4/35 [4]	Q4/79–Q4/89
M3	Log der Geldmenge M3 im Durchschnitt der drei Monatsendstände, in Mrd DM, saisonbereinigt, Reihe 4/34 [4]	Q4/79–Q4/89
ZBGM	Log der Zentralbankgeldmenge im Tages- durchschnitt des Quartals, in Mrd DM, saisonbereinigt, Reihe 4/35	Q3/79–Q4/89
ROAU	Umlaufrendite von Anleihen der öffent- lichen Hand im Quartalsdurchschnitt, in % p.a., saisonbereinigt mit dem Census X–11 Verfahren, Reihe 2/8b	Q4/79–Q4/89
DMG	Dreimonatsgeldmarktsatz am Frankfurter Bankplatz im Quartalsdurchschnitt, in % p.a., saisonbereinigt mit dem Census X–11 Verfahren, Monatsberichte V/6	Q4/79–Q4/89
PrQZR	Quartalszuwachsraten des saisonbereinigten Preisindices für die Lebenshaltung aller privaten Haushalte, Reihe 4/12	Q4/79–Q4/89
PrJR	Jahresraten des saisonbereinigten Preis- indices für die Lebenshaltung aller privaten Haushalte, Reihe 4/12	Q4/79–Q4/89

Zins- und Preiswirkungen monetärer Impulse abzubilden. Im Laufe der Untersuchung hat sich aber herausgestellt, daß die Bildung von Quartalszuwachsraten auch bei der Preisgröße das angemessenere Verfahren darstellt, da die restlichen Variablen als (logarithmierte) erste bzw. zweite Differenzen einfließen, siehe unten. Die letzte Gruppe von Zeitreihendaten besteht aus zins- und liquiditätspolitischen Instrumenten der Deutschen Bundesbank. Damit soll versucht werden, ein latentes Konstrukt Geldpoltik zu bilden, sowie die Wirkung dieser Variablen auf die Geldmenge, und umgekehrt geldpolitische Reaktionen auf realwirtschaftliche Schocks zu betrachten.

Tabelle 5.2
Zeitreihen zur Modellierung der Geldpolitik

Zeitreihe	Beschreibung	Zeitraum
Disk	Diskontsatz der Deutschen Bundesbank im Quartalsdurchschnitt, in % p.a., Monatsberichte V/1	Q4/79–Q4/89
Lomb	Lombardsatz/Sonderlombard der Deutschen Bundesbank im Quartalsdurchschnitt, in % p.a., Monatsberichte V/1	Q4/79–Q4/89
Pens	Pensionssatz für Offenmarktgeschäfte der Deutschen Bundesbank mit Rückkaufsvereinbarung über Wertpapiere mit einer Laufzeit von 60 bis 90 Tagen im Quartalsdurchschnitt, in % p.a., Monatsberichte V/3 [5]	Q4/79–Q4/89
MRSicht	Mindestreservesatz für Sichtverbindlichkeiten gegenüber Gebietsansässigen bis 10 Mio DM (Progressionsstufe 1) im Quartalsdurchschnitt, Monatsberichte IV/1	Q4/79–Q4/89
MRTerm	Mindestreservesatz für befristete Verbindlichkeiten gegenüber Gebietsansässigen bis 10 Mio DM, Monatsberichte IV/1	Q4/79–Q4/89
MRSpar	Mindestreservesatz für Spareinlagen von Gebietsansässigen bis 10 Mio DM, IV/1	Q4/79–Q4/89
Redisk	Log der Festgesetzten Rediskontkontingente in Mrd DM, Monatsberichte II/1b)	Q4/79–Q4/89
DRef	Änderung der Refinanzierungslinien/Rediskontkontingente einschl. Linien ankaufsfähiger Geldmarktpapiere, in Mrd DM, I/3	Q4/79–Q4/89

In den Tabellen 5.1 und 5.2 aufgeführt sind Abkürzungen für die jeweiligen Variableninhalte, die in Graphiken und Schätzresultaten auftreten, sowie Kurz-Beschreibungen der Zeitreihen und die Erhebungsperiode, welche die Möglichkeit zeitlicher Differenzenbildung zulassen soll. Die Quellenangabe "Monatsberichte" bzw. "Reihe x" bezieht sich auf die Monatsberichte der Deutschen Bundesbank und die dazugehörigen Statistischen Beihefte. Verwendet werden die saisonbereinigten Zeitreihen der Bundesbank (Reihe 4, Saisonbereinigte Wirtschaftszahlen), wie sie im Herbst/Winter 1990/91 veröffentlicht wurden, d.h. mit den zu diesem Zeitpunkt aktuellen Saisonfaktoren. Da unser Untersuchungszeitraum mit dem vierten Quartal 1989 endet, düften sich die Probleme mit der Saisonbereinigung am aktuellen Reihenende in Grenzen halten. Zur Sicherstellung einer einheitlichen Datengrundlage gehen auch die Zinsvariablen Umlaufrendite und Dreimontsgeldsatz, sowie die vom Ifo-Institut, München, erhobene Kapazitätsauslastung

[5] Bis Q4/85 auf den Satz für Lombard/Sonderlombard-Kredite gesetzt

saisonbereinigt in die Studie ein. Gearbeitet wurde hierfür – wie die Bundesbank – mit dem Census X–11 Verfahren (Standardeinstellung des Statistikpakets SAS), vgl. *Bundesbank* [1987]. Grundsätzlich nicht-saisonbereinigt sind die Instrument-Variablen der Geldpolitik in Tabelle 5.2. An Datentransformationen verwendet werden lediglich der natürliche Logarithmus (Log), um dem Problem exponentiell wachsender makroökonomischer Größen zu begegnen. Eingehende Voruntersuchungen hinsichtlich der Varianzstabilisierung durch diese ad hoc Transformation sind aber nicht vorgenommen worden. Der Gebrauch von logarithmierten Daten – wo angemessen – hat jedoch den Vorteil, erste Differenzen dieser Zeitreihen als Wachstumsraten interpretieren zu können. [6]

Noch einige Bemerkungen zu Sonderheiten, die bei einzelnen Variablen auftreten. Die realen Größen weisen alle im zweiten Quartal 1984 einen deutlichen Einbruch auf, der auf ausgedehnte Arbeitskämpfe (wg. Arbeitszeitverkürzung) in diesem Zeitraum zurückzuführen ist. Die quartalsweisen Zuwachsraten (1. Differenzen) sind folglich in jenem Quartal negativ, und im dritten Quartal 1984 positiv betroffen. Obwohl es sich um einen signifikanten Ausreißer handelt, der mit entsprechenden Methoden behandelt werden könnte (z.B. durch Interventions-Analyse), verwenden wir die unbereinigten Daten. Es ist nicht immer einsichtig, ob durch die Beseitigung derartiger 'Ausreißer' nicht Information verschenkt wird, die für den Untersuchungsgegenstand bedeutsam ist. So könnte in unserem Fall die Geldpolitik gerade auf diese außergewöhnliche Situation mit entsprechenden geldpolitischen Maßnahmen reagiert haben. Der bei den monetären Variablen auftretende Datensprung vom vierten Quartal 1985 auf das erste Quartal 1986 ist dagegen allein statistisch bedingt und wurde daher durch die Annahme eines proportionalen Verhaltens der vor 1986 nicht berichtspflichtigen kleineren Kreditgenossenschaften eliminiert (die Bundesbank hat für Dezember 1985 Werte für beide Erhebungsmethoden veröffentlicht).

Der Zinssatz für Wertpapierpensionsgeschäfte im Quartalsdurchschnitt wurde anhand der in den Monatsberichten der Bundesbank, Tabelle V/3, veröffentlichten Pensionsgeschäfte selbst berechnet. Zugrundegelegt wurden dabei Mengen- wie Zinstender mit einer Laufzeit von 60 bis 90 Tagen (lange Tranche), wobei mit dem mittleren Zutei-

---

[6] Sei x_t, $t \in \mathbb{Z}$ eine positive reelle Zahlenfolge mit der Wachstumsrate: $dx_t := (x_t - x_{t-1}) / x_{t-1}$. Dann gilt:

$$\Delta \log x_t = \log x_t - \log x_{t-1} = \log(x_t / x_{t-1}) = \log(dx_t + 1) =$$
$$\Sigma_{k=1}^{n} (-1)^{k-1} dx_t^k / k + (-1)^n (dx_t / \xi_t)^{n+1} / (n+1)$$

mit bestimmten $\xi_t > 0$ (Taylor-Entwicklung um Null mit Lagrange-Darstellung des Restgliedes). Für $-1 < dx_t \leq 1$ kann man zeigen, daß das Restglied mit $n \longrightarrow \infty$ gegen Null konvergiert, d.h. die Funktion sich als unendliche Potenzreihe darstellen läßt. Bricht man die Potenzreihenentwicklung nach dem ersten Glied ab, so ergibt sich:

$$\Delta \log x_t = dx_t - (dx_t / \xi_t)^2 / 2 .$$

Für betragsmäßig kleine Wachstumsraten erhält man demnach mit $\Delta \log x_t$ eine Näherung für dx_t. Betrachtet man nur Wachstumsraten die z.B. betragsmäßig kleiner gleich 10% sind (was in unseren Fall für alle Variablen zutrifft), so ist das Restglied abzuschätzen mit $| \Delta \log x_t - dx_t | \leq 0.00618$, d.h. der Fehler beträgt im ungünstigsten Fall weniger als 0.62 Prozentpunkte.

Tabelle 5.3
Stichproben – Autokorrelationen der Niveau – Daten [a]

Zeitreihe	N	$Var(Y_t)$	geschätzte Autokorrelationen							
			ρ_1	ρ_2	ρ_3	ρ_4	ρ_5	ρ_6	ρ_7	ρ_8
BSP	41	188.09	0.92*	0.85*	0.78*	0.70*	0.63	0.56	0.49	0.43
Auft	41	144.53	0.91*	0.83*	0.74*	0.66	0.57	0.49	0.43	0.37
Prod	41	33.71	0.90*	0.80*	0.72*	0.63	0.55	0.47	0.40	0.32
Bes	42	3.21	0.91*	0.81*	0.71*	0.61	0.52	0.42	0.32	0.22
Ums	41	61.46	0.87*	0.79*	0.70*	0.61	0.53	0.45	0.39	0.34
Kap	41	15.92	0.87*	0.79*	0.68*	0.58	0.50	0.42	0.34	0.24
Bar	42	365.66	0.93*	0.86*	0.78*	0.70	0.62	0.55	0.48	0.41
Sicht	41	336.26	0.94*	0.87*	0.80*	0.73*	0.66	0.58	0.50	0.43
Termin	41	220.16	0.83*	0.68*	0.54*	0.42	0.29	0.20	0.15	0.13
Spar	41	319.89	0.95*	0.89*	0.83*	0.76*	0.68	0.61	0.53	0.45
Gldk	41	396.90	0.92*	0.85*	0.78*	0.71*	0.64	0.57	0.50	0.44
M1	41	341.11	0.94*	0.87*	0.79*	0.72	0.65	0.57	0.49	0.42
M2	41	260.52	0.90*	0.81*	0.72*	0.64	0.56	0.48	0.42	0.36
M3	41	278.94	0.93*	0.85*	0.78*	0.70	0.62	0.55	0.48	0.41
ZBGM	42	323.51	0.93*	0.86*	0.79*	0.71*	0.64	0.57	0.50	0.43
ROAU	41	2.03	0.94*	0.85*	0.77*	0.68	0.59	0.51	0.42	0.33
DMG	41	6.62	0.94*	0.85*	0.74*	0.64	0.54	0.41	0.29	0.20
PrQZR	41	0.33	0.77*	0.59*	0.60*	0.60*	0.53	0.40	0.28	0.19
PrJR	41	4.60	0.96*	0.89*	0.81*	0.73*	0.66	0.57	0.48	0.37
Disk	41	2.82	0.96*	0.87*	0.76*	0.65	0.53	0.42	0.33	0.24
Lomb	41	4.43	0.94*	0.83*	0.70*	0.57	0.42	0.25	0.12	0.03
Pens	41	5.82	0.95*	0.86*	0.75*	0.63	0.49	0.35	0.24	0.15
MRSicht	41	0.56	0.84*	0.64*	0.47	0.34	0.27	0.24	0.22	0.19
MRTerm	41	0.26	0.84*	0.64*	0.46	0.32	0.24	0.20	0.17	0.13
MRSpar	41	0.28	0.84*	0.65*	0.48	0.36	0.30	0.27	0.25	0.22
Redisk	41	265.67	0.82*	0.66*	0.55*	0.43	0.34	0.28	0.22	0.17
DRef	41	8.73	0.10	0.15	0.03	0.31*	-0.07	0.07	0.15	0.15

[a] N bezeichnet den Stichprobenumfang, $Var(Y_t)$ steht für die Stichproben – Varianz der Zeitreihen und ρ_i für den i – ten Autokorrelationskoeffizienten. Signifikante Abweichungen von der Null auf dem 5% – Niveau ($\pm$ 1.96 Standardfehler unter der asymptotischen Normalverteilung) sind mit einem Stern gekennzeichnet.

lungssatz gearbeitet wurde. Da derartige Pensionsgeschäfte über Wertpapiere von der Bundesbank seit etwa Ende 1985 revolvierend und in ausreichender Anzahl angeboten werden, konnte diese Zeitreihe erst beginnend mit dem ersten Quartal 1986 gebildet werden. Da sich die Geldpolitik in der Feinsteuerung aber seit dieser Zeit im besonderen dieses Instruments bedient, wollten wir auf den Pensionssatz als Variable nicht verzichten. Für die Zinsbildung am Geldmarkt ist dieser Zinssatz zu *der* Orientierungsgröße geworden. Wie die Diskussion der Geldpolitik in der Bundesrepublik in Kapitel 4 zeigte, hat der Wertpapierpensionssatz damit die Funktion des Lombards übernommen. Anfang der achtziger Jahre waren die Geschäftsbanken permanent dazu gezwungen, Lombardkredit in Anspruch zu nehmen, mit der Folge, daß sich die Geldmarktsätze eng am Lombardsatz orientierten. Aus diesem Grund sehen wir es als gerechtfertigt an, die Variable Pensionssatz vor 1986 auf den Lombard zu setzen.

In den folgenden Tabellen 5.3 – 5.5 wiedergegeben sind die Stichproben – Autokorrelationen der Daten bis zu einem zeitlichen Lag von 7 – 8 Quartalen (Korrelogramm), je –

Tabelle 5.4
Stichproben – Autokorrelationen der 1. Differenzen [a]

Zeitreihe	$Var(\Delta Y_t)$	geschätzte Autokorrelationen ρ_1	ρ_2	ρ_3	ρ_4	ρ_5	ρ_6	ρ_7
BSP	1.04	-0.25*	-0.35*	0.20	0.11	-0.34	0.13	0.20
Auft	5.86	-0.04	-0.16	0.14	0.34*	-0.12	-0.22	0.22
Prod	2.76	-0.06	0.01	0.20	-0.08	-0.01	0.13	0.16
Bes	0.12	0.52*	0.34	0.27	0.41*	0.27	0.14	-0.03
Ums	3.12	-0.19	0.02	0.17	-0.12	0.10	-0.03	0.00
Kap	2.66	-0.23*	0.24	0.02	-0.07	0.04	0.07	0.16
Bar	0.98	0.64*	0.34*	0.25	0.18	0.08	-0.05	-0.13
Sicht	2.17	0.27*	0.01	-0.03	0.05	-0.05	-0.01	-0.18
Termin	8.32	0.49*	0.22	0.16	0.23	0.10	-0.11	-0.21
Spar	1.48	0.68*	0.32	0.09	0.03	0.02	-0.13	-0.26
Gldk	0.43	0.66*	0.33	0.10	0.08	0.00	-0.14	-0.16
M1	1.50	0.35*	0.11	0.09	0.07	-0.06	-0.01	-0.14
M2	0.71	0.42*	0.23	0.34*	0.27	0.22	-0.01	-0.13
M3	0.21	0.22	-0.06	-0.02	-0.03	0.03	0.04	-0.13
ZBGM	0.26	0.57*	0.23	0.19	0.13	0.13	0.02	-0.11
ROAU	0.244	0.14	0.00	0.11	-0.12	-0.10	-0.07	-0.03
DMG	0.575	0.42*	0.19	0.03	-0.04	-0.01	-0.15	-0.27
PrQZR	0.152	-0.14	-0.45*	0.07	0.15	0.08	-0.00	-0.09
PrJR	0.248	0.42*	0.12	0.16	-0.07	-0.00	0.09	0.00
Disk	0.21	0.60*	0.32	0.15	0.06	-0.02	-0.11	-0.14
Lomb	0.51	0.51*	0.14	0.14	0.25	0.12	-0.27	-0.39
Pens	0.54	0.53*	0.16	0.14	0.22	0.09	-0.26	-0.37
MRSicht	0.040	0.47*	0.23	0.02	-0.03	-0.04	0.04	0.12
MRTerm	0.020	0.50*	0.29	0.13	0.02	-0.02	0.07	0.15
MRSpar	0.019	0.47*	0.17	-0.07	-0.07	-0.05	0.02	0.08
Redisk	22.92	0.28*	0.18	0.12	0.21	-0.03	0.08	-0.10
Dref	15.25	-0.52*	0.10	-0.20	0.32	-0.26	0.23	-0.27

[a] $Var(\Delta Y_t)$ steht für die Stichproben – Varianz und ρ_i für den i – ten Autokorrelationskoeffizienten der 1. Differenzen der Zeitreihen. Signifikante Abweichungen von der Null auf dem 5% – Niveau sind mit einem Stern gekennzeichnet.

weils im Niveau, sowie in ersten und zweiten Differenzen. [7] Wie im Kapitel 2 ausgeführt, steht die Schätzung der Autokorrelationsfunktion am Anfang jeglicher Zeitreihenanalyse (zu statistischen Detailfragen der Schätzung von Momenten stochastischer Prozesse und Ableitung zugehöriger Standardfehler vgl. z.B. *Brockwell/Davis* [1987] und *Bartlett* [1946]). Zum einen können damit Hinweise auf das Stationaritätsverhalten der Zeitreihen (Differentiationsgrad d bei integrierten Zeitreihen, vgl. Kapitel 2.4 a)) gewonnen werden, zum anderen ergeben sich, der *Box–Jenkins* Identifikationsmethodik folgend, Anhaltspunkte für die geeignete Modellierung als **ARMA**(p,q)–Prozeß. Wie Tabelle 5.3 zeigt, nehmen die Stichproben – Autokorrelationen der Niveau – Daten, beginnend i.a. mit einem Wert um die 0.9 für Lag Eins, mit größer werdenden zeitlichen Differenzen nur sehr langsam ab (langanhaltende Abhängigkeit). Korrelogramme dieser Gestalt sind typisch für Zeitreihen, die eine Einheitswurzel im autoregressiven Teil – und damit ein

[7] Die statistischen Berechnungen des gesamten Kapitels 5.1 sind mit dem Programmpaket **SAS** auf einem IBM 3090 – Großrechner durchgeführt worden.

Tabelle 5.5

Stichproben–Autokorrelationen der 2. Differenzen [a]

Zeitreihe	$Var(\Delta^2 Y_t)$	geschätzte Autokorrelationen ρ_1	ρ_2	ρ_3	ρ_4	ρ_5	ρ_6	ρ_7
BSP	2.61	-0.43*	-0.28	0.26	0.14	-0.37	0.15	0.24
Auft	12.39	-0.42*	-0.21	0.04	0.32	-0.18	-0.25	0.36
Prod	5.97	-0.52*	-0.06	0.22	-0.17	-0.03	0.05	0.13
Bes	0.11	-0.33*	-0.05	-0.25	0.32	-0.01	0.10	-0.10
Ums	7.12	-0.53*	0.02	0.18	-0.25	0.19	-0.10	0.09
Kap	6.73	-0.70*	0.28	-0.06	-0.08	0.03	-0.02	0.11
Bar	0.70	-0.11	-0.27	0.09	-0.00	0.05	-0.08	-0.00
Sicht	3.00	-0.28*	-0.14	-0.05	-0.00	-0.10	0.19	-0.04
Termin	7.49	-0.18	-0.19	-0.14	0.10	0.07	-0.02	-0.05
Spar	0.69	0.20	-0.15	-0.25	-0.18	0.24	0.07	-0.21
Gldk	0.26	0.06	-0.09	-0.21	0.04	0.06	-0.17	-0.13
M1	1.88	-0.29*	-0.17	0.04	-0.02	-0.16	0.19	0.01
M2	0.77	-0.32*	-0.23	0.08	0.01	0.16	-0.07	-0.10
M3	0.33	-0.33*	-0.21	0.06	-0.06	0.03	0.12	-0.14
ZBGM	0.23	-0.13	-0.34*	0.08	-0.07	0.11	0.01	-0.12
ROAU	0.42	-0.40*	-0.13	0.12	-0.11	-0.02	0.02	0.14
DMG	0.68	-0.29*	-0.09	-0.09	-0.04	0.11	-0.01	-0.07
PrQZR	0.35	-0.34*	-0.38*	0.17	0.07	0.02	-0.01	0.02
PrJR	0.29	-0.24*	-0.28	0.21	-0.26	-0.01	0.13	0.07
Disk	0.14	-0.15	-0.09	-0.07	0.01	-0.05	0.03	-0.14
Lomb	0.48	-0.13	-0.37*	-0.10	0.23	0.24	-0.19	-0.21
Pens	0.51	-0.15	-0.34*	-0.09	0.20	0.18	-0.16	-0.24
MRSicht	0.043	-0.25*	-0.03	-0.15	-0.04	-0.10	-0.00	0.01
MRTerm	0.021	-0.28*	-0.03	-0.07	-0.06	-0.13	-0.01	0.01
MRSpar	0.021	-0.20	-0.05	-0.23	-0.02	-0.06	0.01	-0.03
Redisk	32.26	-0.46*	0.02	-0.14	0.24	-0.21	0.24	-0.26
Dref	46.93	-0.70*	0.30	-0.26	0.34	-0.35	0.32	-0.31

[a] $Var(\Delta^2 Y_t)$ steht für die Stichproben–Varianz und ρ_i für den i–ten Autokorrelationskoeffizienten der 2. Differenzen der Zeitreihen. Signifikante Abweichungen von der Null auf dem 5%–Niveau sind mit einem Stern gekennzeichnet.

stochastisches Trendverhalten, ähnlich dem eines *random walks* – aufweisen. Die einzige Ausnahme in Tabelle 5.3 stellt die Variable Änderung der Refinanzierungslinien (DRef) dar, die aber bereits als Differenzengröße vorliegt.

Betrachtet man die geschätzten Autokorrelationsfunktionen der einmal differenzierten Daten in Tabelle 5.4, so zeigt sich bei der Mehrzahl der Variablen ein Verlauf, der mit der Stationaritätsannahme vereinbar ist (exponentielles Abklingen der Autokorrelationsfunktion). Gewisse Zweifel erheben sich allerdings bezüglich der Größen Beschäftigte, Bargeld, Termineinlagen, Geldmenge M2, Zentralbankgeldmenge, sowie Lombard– und Pensionssatz: bei diesen Variablen nehmen die Autokorrelationen auch der ersten Differenzen nicht besonders rasch ab. Einen Hinweis auf Überdifferentiation erhält man für die Zeitreihe DRef. Signifikant negativ geschätzte erste Autokorrelationskoeffizienten treten dann gehäuft bei den zweiten Differenzen in Tabelle 5.5 auf. Ausnahmen sind (wiederum) die Variablen Bargeld, Termin– und Spareinlagen, Geldkapitalbildung, Zentralbankgeldmenge, Diskont–, Lombard– und Pensionssatz sowie Mindestreservesatz auf Spareinlagen. Bei diesen Größen liefert das Kriterium deutlich negativer Autokorrelation 1. Ordnung keine Anhaltspunkte auf Vorliegen überdifferenzierter Zeitreihen.

Als weitere Möglichkeit der einfachen Bestimmung eines geeigneten Differentiationsgrades haben wir in Kapitel 2.4 a) die Wahl der kleinsten Stichprobenvarianz kennengelernt. Beim Übergang von Niveau-Daten auf die ersten Differenzen ergibt sich bei allen Zeitreihen mit Ausnahme von DRef eine deutliche Abnahme der Stichprobenvarianz. Dies setzt sich bei den Variablen Beschäftigte, Bargeld, Termin- und Spareinlagen, Geldkapitalbildung, Zentralbankgeldmenge, sowie Diskont-, Lombard- und Pensionssatz auch dann noch fort, wenn zu zweiten Differenzen übergegangen wird. Bei allen anderen Größen steigt die geschätzte Varianz wieder an, d.h. bei diesen Variablen scheint ein Integrationsgrad von Eins vorzuliegen.

Zusammengenommen lassen demnach die Stichproben-Momente der verwendeten Zeitreihen in der überwiegenden Zahl der Fälle eine Integrationsordnung von Eins vermuten; DRef scheint bereits stationär zu sein. Gewisse Hinweise auf *I(2)*-Verhalten sind aber für die Variablen Beschäftigte, Bargeld, Termin- und Spareinlagen, Zentralbankgeldmenge und die Refinanzierungssätze der Bundesbank gegeben. In den folgenden beiden Abschnitten wollen wir die Charakteristika der Zeitreihen eingehender anhand statistischer Testverfahren beleuchten. Wie wir in Kapitel 2.3 d) gesehen haben, bereitet insbesondere die Diskriminierung zwischen stochastischem und deterministischem Trendverhalten große Schwierigkeiten. Das für integrierte Zeitreihen typische Muster der Autokorrelationsfunktion im Daten-Niveau könnte genausogut von einem deterministischen Trend herrühren, und damit die Trendbereinigung das angemessenere Verfahren zur Gewinnung stationärer Schwankungen darstellen. Die Untersuchung auf Stationarität der trendbereinigten Reihen (Residuen von Regressionen der Variablen etwa auf ein Polynom der Zeit t) – ob durch einfache Betrachtung der empirischen Autokorrelationsfunktion oder durch statistische Tests – hilft hier allerdings nicht weiter. Den Ausführungen in Kapitel 2.4 d) zu entnehmen, treten ernsthafte Inferenzprobleme auf, falls Zeitreihen, die in Wirklichkeit integriert sind, wie trend-stationäre Prozesse behandelt und damit fälschlicherweise trendbereinigt werden (*spuriously detrending*-Problem). Die einzige angemessene Vorgehensweise besteht nach unserer Auffassung darin, im Zusammenhang mit Nullhypothesen von Einheitswurzeltests vorab auf die Anwesenheit deterministischer Elemente im Datengenerierungsprozeß zu untersuchen, und die so gewonnenen Erkenntnisse in die Wahl geeigneter Regressionsgleichungen einfließen zu lassen.

b) Test auf deterministische Elemente im Datengenerierungsprozeß

Das in Kapitel 2.4 e) vorgeschlagene Verfahren zur statistisch abgesicherten Unterscheidung zwischen stochastischem und deterministischem Trendverhalten bzw. integrierten und (trend-)stationären Zeitreihen wird im folgenden auf die makroökonomischen Variablen unserer Studie angewendet. Die Untersuchung der Stationaritätseigenschaft geeignet transformierter Zeitreihen (Differenzenbildung bzw. Trendbereinigung) bedarf aus dem Grund besonderer Sorgfalt, da der Stationaritätsbegriff die Grundlage jeglicher Modellierung und Schätzung der Verteilungscharakteristika von Zeitreihendaten darstellt, welche als Realisation stochastischer Prozesse angesehen werden, vgl. Kapitel 2.1. [8] Mit der Entwicklung von statistischen Testverfahren wie dem Einheitswurzeltest von *Dickey/Fuller* (**DF** bzw. **ADF** für den erweiteren Ansatz) ist diesem Umstand Rechnung getragen worden. Eine ausführliche Darstellung ist in Kapitel 2.4 zu finden.

Makroökonomische Zeitreihen weisen in aller Regel ein deutlich trendbehaftetes Verhalten auf. Das Problem von Einheitswurzeltests liegt demnach nicht nur in der Diskriminierung zwischen (rein nicht-deterministischen) integrierten bzw. gemischten Prozessen und stationären Zeitreihen, was der einfache **DF**- bzw. **ADF**-Test unterstellt. In der Praxis tritt viel häufiger die Situation auf, eine statistisch abgesicherte Trennung zwischen gemischten Prozessen (deterministische Elemente + Einheitswurzeln) und trend-stationärem Verhalten vornehmen zu müssen. Um den Einheitswurzeltest von *Dickey/ Fuller* auch in diesem Fall korrekt einsetzen zu können, bedarf es der Aufnahme deterministischer Trend-Variablen in die **DF-/ADF**-Regressionsgleichung. Wird der Einheitswurzeltest – wie in zahlreichen Arbeiten – ohne Berücksichtigung derartiger Zeittrends angewendet, so ist die empirische Macht des Tests auch in kleinen Stichproben nahezu gleich Null, falls der wahre Datengenerierungsprozeß deterministische Trendelemente enthält (*West* [1987], *Dickey* [1984], vgl. Kapitel 2.4. e)). Es hilft hier auch kaum weiter, korrigierte Verteilungen der Teststatistik wie die Normalverteilung zu verwenden: das Ergebnis dieses Vorgehens, das die Bezeichung 'statistischer Test' nicht verdient hat, ist bereits vorprogrammiert, da die vollkommen unrealistische Alternative eines stationären Prozesses zugrunde gelegt wird. Wir geben im folgenden Abschnitt ein Beispiel einer derartigen unzureichenden Anwendung des **DF**-Ansatzes. Eine saubere Durchführung von Einheitswurzeltests ist nur möglich, wenn vorab geklärt ist, ob deterministisches Trendverhalten zugelassen werden muß oder nicht. Nur so ist sicherzustellen, daß die für die jeweilige Zeitreihe angemessene Null- und Gegenhypothese spezifiziert wird.

Unser Vorschlag besteht darin, schrittweise so vorzugehen, daß beginnend mit der *I*(2)-Hypothese zuerst entschieden wird, ob zweimaliges Differenzieren der Zeitreihen notwendig ist oder nicht. Unter der Annahme, daß diese Integrationsordnung in allen Fällen ausreicht, Einheitswurzeln im Generierungsprozeß der Daten zu beseitigen, kann ohne Inferenzprobleme mit klassischen Verfahren auf das Vorliegen deterministischer Elemente unter der Null getestet werden. Mit dieser Vorkenntnis ist man dann in der Lage, das korrekte **DF-/ADF**-Testverfahren einzusetzen. Nur im Fall, daß dieser Test zu einer gesicherten Ablehnung der Null führt, geht man auf die *I*(1)-Hypothese über und prüft wieder vorab auf deterministische Elemente, ohne Probleme mit etwaigen **MA**-Einheitswurzeln befürchten zu müssen. Die im folgenden wiedergegebenen Ergeb-

---

[8] Die Sicherstellung stationären Verhaltens der Datengrundlage ist nicht nur für die univariate Zeitreihenanalyse, wie sie von uns zur Generierung ökonomischer Innovationen verwendet wird, von entscheidender Bedeutung. Wie wir in Kapitel 3.1 gesehen haben, ist auch bezüglich der statistischen Inferenz geschätzter Wirkungsbeziehungen zwischen mehreren Zeitreihen die Berücksichtigung der zeitlichen Abhängigkeitsstrukturen vonnöten. Nicht nur neuere statistische Ansätze wie kointegrierte Zeitreihen oder Kausalitätstests benötigen gesicherte Erkenntnisse über den Integrationsgrad der Variablen. Auch bei einfachen ökonometrischen Untersuchungen treten große Schwierigkeiten auf, wenn die Zeitreihen-Charakteristik der Regressoren nicht ausreichend in die Modellierung einfließt, vgl. die *nonsense correlations*- und *spurious regressions*-Problematik.

nisse sind demnach immer nur in Zusammenhang mit entsprechenden Hypothesen hinsichtlich der Integrationsordnung zu sehen und können keine davon losgelösten Erkenntnisse bezüglich deterministischer Trendeigenschaften vermitteln. Aus Gründen der Übersichtlichkeit stellen wir aber in diesem Abschnitt sämtliche Resultate der Untersuchung auf deterministische Elemente zusammen und führen erst im folgenden Abschnitt die Einheitswurzeltests durch.

Eine Schwierigkeit besteht noch in der angemessenen Modellierung der (unter der Null invertierbaren) zeitlichen Abhängigkeitsstruktur, um konsistente Varianzschätzungen für die Regressionsparameter der als linear angenommenen Trendvariablen zu erhalten. Zur Beurteilung der Signifikanz der Zeitkoeffizienten kommen in der Regel aufgrund induzierter Autokorrelation in den Residuen einfache Regressionen der transformierten Reihen auf ein Polynom der Zeit t nicht in Frage. Wir gehen den Weg, die Zeitreihencharakteristik mit einer ausreichenden Anzahl autoregressiver Erweiterungsterme zu approximieren (dies entspricht dem Vorgehen beim erweiterten Dickey/Fuller-Ansatz) und die entsprechenden Gleichungen mit Standardmethoden zu schätzen. Anhaltspunkte für die notwendige Zahl verzögerter Differenzen liefern uns wieder die im vorangegangenen Abschnitt kommentierten Stichproben-Autokorrelationsfunktionen der Daten.

Zudem kann ein Test darauf durchgeführt werden, ob die geschätzten Residuen white noise und damit unkorreliert sind. Wir verwenden für diesen Spezifikationstest die Q-Teststatisik von *Ljung/Box* [1978], die eine Modifikation des klassischen Ansatzes von *Box/Pierce* [1970] mit etwas besseren Machteigenschaften darstellt (vgl. *Davies/ Triggs/Newbold* [1977]). In der Erkennung spezieller Fehlspezifikationen weisen allerdings beide Statistiken große Schwächen auf (z.B. (*Davies/Newbold* [1979]). Sie beruhen auf der Untersuchung der Stichproben-Autokorrelationen der geschätzten Residuen von Zeitreihenmodellen. Spezifiziert werden muß, bis zu welcher Ordnung m die Korrelationskoeffizienten in den Q-Wert einfließenden sollen, wobei für die korrekte Anwendung der Statistik die Relation dieser Größe zum Stichprobenumfang N im Auge behalten werden muß, vgl. *Box/Pierce* [1970]. Die Q-Statistik ist in diesem Fall asymptotisch $\chi^2(m-r)$-verteilt, wobei r für die Anzahl der Regressoren des Zeitreihenmodells steht.

Die in diesem Abschnitt wiedergegebenen Tabellen 5.6 – 5.8 zeigen das Resultat der Untersuchung auf Anwesenheit linearer bzw. quadratischer Zeittrends in den verschiedenen Variablen – jeweils unter Beachtung entsprechender Annahmen über das Integrationsverhalten. Beginnend mit der $I(2)$-Hypothese kann demnach darauf getestet werden, ob neben dem stochastischen Trend im Niveau der Zeitreihen zusätzlich ein quadratischer Trend vorliegt, was in den zweiten Differenzen der Daten ein signifikantes Absolutglied zur Folge haben müßte, vgl. Kapitel 2.4 e). Genauso verfährt man, wenn man von einer Integrationsordnung von Eins ausgeht. Die Möglichkeit eines linearen Zeittrends (Absolutglied der einmal differenzierten Daten) muß dann aber separat vom quadratischen Fall untersucht werden, der sich in ersten Differenzen in einem linearen Zeitkoeffizienten manifestiert. Angegeben sind in den Tabellen – jeweils für autoregressive Erweiterungen verschiedener Ordnung k – Schätzungen und t-Werte für die hier interessierenden Zeitparameter, sowie die *Ljung/Box*-Teststatistik auf unkorrelierte Regressionsresiduen. Damit soll sichergestellt werden, daß die ermittelten t-Werte unverzerrt von etwaiger Autokorrelationsstruktur sind.

Tabelle 5.6
Test auf Vorliegen eines quadratischen Trends im Niveau der Zeitreihen [a]

Zeitreihe	angepasstes Regressionsmodell $\Delta^2 Y_t = \tilde{c}_0 + \Sigma_{i=1}^{k} \alpha_i \Delta^2 Y_{t-i} + V_t$			
	k	$\tilde{c}_0$ (t-Wert)	$Q(6)$-	$Q(12)$-Statistik
BSP	2	-0.002 (-0.01)	$\chi^2(4) = 6.38$	$\chi^2(10) = 13.53$
Auft	4	0.32 (0.76)	$\chi^2(2) = 1.91$	$\chi^2(8) = 6.51$
Prod	2	0.14 (0.44)	$\chi^2(4) = 4.68$	$\chi^2(10) = 13.63$
Bes	4	0.015 (0.33)	$\chi^2(2) = 0.91$	$\chi^2(8) = 6.47$
Ums	2	0.14 (0.46)	$\chi^2(4) = 3.26$	$\chi^2(10) = 6.35$
Bar	2	-0.02 (-0.16)	$\chi^2(4) = 1.88$	$\chi^2(10) = 4.53$
Sicht	4	0.056 (0.23)	$\chi^2(2) = 2.10$	$\chi^2(8) = 12.12$
Termin	2	0.078 (0.18)	$\chi^2(4) = 2.15$	$\chi^2(10) = 6.11$
Spar	2	-0.069 (-0.53)	$\chi^2(4) = 4.98$	$\chi^2(10) = 13.49$
Gldk	2	0.017 (0.19)	$\chi^2(4) = 3.32$	$\chi^2(10) = 10.79$
M1	4	0.039 (0.20)	$\chi^2(2) = 1.71$	$\chi^2(8) = 13.15$
M2	4	0.011 (0.08)	$\chi^2(2) = 1.92$	$\chi^2(8) = 8.86$
M3	4	-0.029 (-0.32)	$\chi^2(2) = 1.27$	$\chi^2(8) = 14.22$*
ZBGM	2	-0.002 (-0.03)	$\chi^2(4) = 2.30$	$\chi^2(10) = 5.90$
Redisk	3	-0.33 (-0.41)	$\chi^2(3) = 3.83$	$\chi^2(9) = 14.55$

[a] k steht für die Anzahl autoregressiver Erweiterungsterme und $\tilde{c}_0$ für den **OLS**-Schätzer des Absolutgliedes der Regression; Q(6) bzw. Q(12) bezeichnet die Ljung/Box-Teststatistik auf Autokorrelation der geschätzten Residuen, wobei die ersten 6 bzw. 12 Koeffizienten berücksichtigt werden; * steht für Signifikanz auf dem 10%-Niveau.

Anhand der Schätzergebnisse in Tabelle 5.6 kann gefolgert werden, daß unter der *I(2)*-Hypothese für alle Variablen keinerlei Anhaltspunkte für ein statistisch signifikantes Absolutglied, d.h. für ein gemischtes Zeitreihenverhalten mit quadratischem Trend, gegeben sind. Dieser Untersuchung haben wir selbstverständlich nur jene Größen unterzogen, für die ein derartiges Trendverhalten ökonomisch Sinn macht. Als Konsequenz dieser Erkenntnis haben wir unter der Null die Situation des einfachen *Dickey/Fuller*-Ansatzes vorliegen, und die Einheitswurzeltests in den zweiten Differenzen der Daten sind ohne lineare Trenderweiterung durchzuführen.

Geht man zu einer unterstellten Integrationsordnung von Eins über, so sind die Testergebnisse bezüglich deterministischer Elemente in den Tabellen 5.7 und 5.8 zu finden. Ein quadratischer Trend in Zusammenhang mit der *I(1)*-Hypothese ist dann mittels Regression der einmal differenzierten Daten auf die Zeit t als zusätzlichen Regressor zu identifizieren. Wie Tabelle 5.7 erkennen läßt, liegen für die Variablen Produktion, Beschäftigung, Umsatz und eventuell Bargeld gewisse Hinweise auf derartiges Trendverhalten vor: die entsprechenden Koeffizienten werden statistisch signifikant geschätzt. In die **DF/ADF**-Regression müsste demnach korrekterweise ein quadratisches Polynom der Zeit aufgenommen werden, um als Gegenhypothese ein trend-stationäres Modell mit gleichen deterministischen Eigenschaften zu ermöglichen. Die Durchführung dieses

Tabelle 5.7

Test auf Vorliegen eines quadratischen Trends im Niveau der Zeitreihen

	angepasstes Regressionsmodell $\Delta Y_t = \tilde{c}_0 + \tilde{c}_1 t + \Sigma_{i=1}^{k} \alpha_i \Delta Y_{t-i} + V_t$			
Zeitreihe	*k*	$\tilde{c}_1$ (*t*–Wert)	*Q(6)*–	*Q(12)*–Statistik
BSP	4 2	0.019 (1.16) 0.021 (1.53)	$\chi^2(2) = 4.18$ $\chi^2(4) = 3.78$	$\chi^2(8) = 13.49$* $\chi^2(10) = 11.34$
Auft	4	0.043 (0.97)	$\chi^2(2) = 2.97$	$\chi^2(8) = 8.69$
Prod	4 2	0.057 (1.68) 0.064** (2.34)	$\chi^2(2) = 0.45$ $\chi^2(4) = 2.36$	$\chi^2(8) = 9.43$ $\chi^2(10) = 9.21$
Bes	6 4	0.017** (2.48) 0.014** (2.68)	 $\chi^2(2) = 2.37$	$\chi^2(6) = 6.51$ $\chi^2(8) = 9.28$
Ums	4 2	0.027 (0.95) 0.046* (1.78)	$\chi^2(2) = 1.41$ $\chi^2(4) = 4.86$	$\chi^2(8) = 8.36$ $\chi^2(10) = 13.49$
Bar	4 2	0.022 (1.10) 0.023 (1.65)	$\chi^2(2) = 1.78$ $\chi^2(4) = 1.50$	$\chi^2(8) = 5.34$ $\chi^2(10) = 5.30$
Sicht	2	0.020 (0.90)	$\chi^2(4) = 2.27$	$\chi^2(10) = 14.06$
Termin	2	0.002 (0.06)	$\chi^2(4) = 1.56$	$\chi^2(10) = 4.55$
Spar	2	-0.013 (-1.15)	$\chi^2(4) = 3.78$	$\chi^2(10) = 12.09$
Gldk	2	-0.009 (-0.93)	$\chi^2(4) = 4.61$	$\chi^2(10) = 10.63$
M1	2	0.022 (1.14)	$\chi^2(4) = 3.15$	$\chi^2(10) = 15.20$
M2	2	0.009 (0.75)	$\chi^2(4) = 2.76$	$\chi^2(10) = 12.85$
M3	2	-0.004 (-0.52)	$\chi^2(4) = 0.27$	$\chi^2(10) = 15.82$
ZBMG	4 2	0.010 (0.95) 0.012 (1.57)	$\chi^2(2) = 1.77$ $\chi^2(4) = 1.82$	$\chi^2(8) = 7.44$ $\chi^2(10) = 9.29$
Redisk	2	-0.064 (-0.84)	$\chi^2(4) = 2.75$	$\chi^2(10) = 18.15$*

[a] k steht für die Anzahl autoregressiver Erweiterungsterme und $\tilde{c}_1$ für den **OLS**–Schätzer des linearen Trendgliedes der Regression; Q(6) bzw. Q(12) bezeichnet die Ljung/Box–Teststatistik auf Autokorrelation der geschätzten Residuen, wobei die ersten 6 bzw. 12 Koeffizienten berücksichtigt werden; * / ** steht für Signifikanz auf dem 10% / 5%–Niveau.

Einheitswurzeltests ist aber nicht möglich, da in der Literatur bislang keine entsprechenden kritischen Werte veröffentlicht sind. Wie wir in Kapitel 2.4 e) argumentiert haben, kann der Fall eines linearen Zeittrends in ersten Differenzen aber aus ökonomischen Plausibilitätsüberlegungen heraus ausgeschlossen werden. Die im folgenden Abschnitt durchgeführten Einheitswurzeltests testen aus diesem Grund bei den betroffenen Variablen allenfalls auf die linear trend–stationäre Alternative.

Zuletzt ist der Fall von *I(1)*–Zeitreihen mit Drift, d.h. die Signifikanz des Absolutgliedes in Regressionen mit einmal differenzierten Variablen zu untersuchen. Aus Tabelle 5.8 ist zu entnehmen, daß in der Mehrzahl der Zeitreihen von einem linearen Trend im Niveau der integrierten Größen auszugehen ist. Dies ist der Normalfall makroökonomischer Variablen, welche auch schon graphisch ein deutlich trendbehaftetes Verhalten aufweisen. Die Vernachlässigung des linearen Trendterms in der *Dickey/Fuller*–Regression hätte die dargestellten Konsequenzen einer extremen Verzerrung des Testverfahrens

Tabelle 5.8

Test auf Vorliegen eines linearen Trends im Niveau der Zeitreihen

Zeitreihe	angepasstes Regressionsmodell $\Delta Y_t = \tilde{c}_0 + \Sigma_{i=1}^{k} \alpha_i \Delta Y_{t-i} + V_t$			
	k	$\tilde{c}_0$ (t-Wert)	$Q(6)$-	$Q(12)$-Statistik
BSP	2	2.05*** (6.62)	$\chi^2(4) = 1.89$	$\chi^2(10) = 7.59$
Auft	4	0.93* (1.94)	$\chi^2(2) = 2.74$	$\chi^2(8) = 8.11$
Prod	4	0.48(*) (1.56)	$\chi^2(2) = 0.62$	$\chi^2(8) = 7.29$
	2	0.40(*) (1.39)	$\chi^2(4) = 3.66$	$\chi^2(10) = 8.32$
Bes	4	0.027 (0.54)	$\chi^2(2) = 3.58$	$\chi^2(8) = 7.52$
Ums	4	0.75** (2.03)	$\chi^2(2) = 1.47$	$\chi^2(8) = 8.19$
Bar	2	0.58** (2.23)	$\chi^2(4) = 1.66$	$\chi^2(10) = 3.65$
Sicht	2	1.11*** (3.07)	$\chi^2(4) = 1.75$	$\chi^2(10) = 13.25$
Termin	2	0.80* (1.68)	$\chi^2(4) = 1.56$	$\chi^2(10) = 4.54$
Spar	2	0.40* (1.98)	$\chi^2(4) = 3.57$	$\chi^2(10) = 11.39$
Gldk	2	0.63** (2.68)	$\chi^2(4) = 3.23$	$\chi^2(10) = 9.17$
M1	2	0.97*** (2.91)	$\chi^2(4) = 2.68$	$\chi^2(10) = 14.34$
M2	2	0.80*** (2.60)	$\chi^2(4) = 2.96$	$\chi^2(10) = 12.35$
M3	2	1.25*** (4.05)	$\chi^2(4) = 0.25$	$\chi^2(10) = 16.20$*
ZBGM	2	0.71*** (2.96)	$\chi^2(4) = 2.52$	$\chi^2(10) = 7.69$
DRef	4	-0.035 (-0.07)	$\chi^2(2) = 3.32$	$\chi^2(8) = 13.65$*
Redisk	2	0.69 (0.91)	$\chi^2(4) = 3.35$	$\chi^2(10) = 17.94$*

[a] k steht für die Anzahl autoregressiver Erweiterungsterme und $\tilde{c}_0$ für den **OLS**-Schätzer des Absolutgliedes der Regression; Q(6) bzw. Q(12) bezeichnet die Ljung/Box-Teststatistik auf Autokorrelation der geschätzten Residuen, wobei die ersten 6 bzw. 12 Koeffizienten berücksichtigt werden; * / ** / *** steht für Signifikanz auf dem 10% / 5% / 1%-Niveau.

zugunsten des integrierten Ansatzes. Bei diesen Zeitreihen kann nur das trend-stationäre Modell eine sinnvolle Alternativ-Hypothese darstellen. Gesicherte Ausnahmen von diesem Trendverhalten stellen die Variablen Beschäftigte und Rediskontkontingente dar. Bei der Produktionsvariablen ist der Trend lediglich bei einem einseitigen Test auf dem 10%-Niveau signifikant.

c) Dickey/Fuller-Einheitswurzeltests

Mit den im vorangegangenen Abschnitt geschaffenen Voraussetzungen ist die Durchführung der Einheitswurzeltests zur Diskriminierung zwischen integrierten und (trend-) stationären Zeitreihen leicht durchzuführen. Die für die jeweilige Variable angemessene Null- und Gegenhypothese folgt direkt aus den Voruntersuchungen bezüglich deterministischer Elemente im Datengenerierungsprozeß. Für den Test auf Vorliegen zweier autoregressiver Einheitswurzeln können wir für alle Größen die einfache *Dickey/Fuller*-Regression zugrunde legen, indem die zweiten Differenzen der Daten auf die um eine

Periode verzögerten ersten Differenzen und autoregressive Erweiterungsterme der **ADF**-Approximation regressiert werden. Der 't-Wert' des Test-Koeffizienten kann direkt mit den kritischen Werten in *Fuller* [1976, Seite 373] verglichen werden, falls die Gleichungen hinsichtlich der Autokorrelationsstruktur in den Residuen angemessen spezifiziert sind. Auf den letzten Punkt testen wir erneut mit der Q-Statistik von *Ljung/Box.*

Zur Sicherstellung bestmöglicher Machteigenschaften des Tests sind aber auch beim herkömmlichen *Dickey/Fuller*-Test zwei Fälle zu unterscheiden. Ist aus ökonomischen Vorüberlegungen heraus bekannt, daß das Absolutglied in der **DF**-/**ADF**-Regression in zweiten Differenzen Null ist, d.h. auch die Annahme eines linearen Trends für die jeweilige Zeitreihe unangemessen ist, kann diese Vorinformation ausgenutzt werden und die Regressionsgleichung ohne Absolutglied geschätzt werden. Verbesserte Diskriminierungseigenschaften dieses Vorgehens schlagen sich in modifizierten Quantilen der empirischen Verteilung der Teststatistik nieder und die Tabelle im oberen Abschnitt von *Fuller* [1976, Seite 373] ist anzuwenden, vgl. Kapitel 2.4 e). Falls nicht ausgeschlossen werden kann, daß ein Absolutglied notwendig ist (das sich unter der Gegenhypothese als linearer Trend erweist), muß der Normal-Ansatz von *Dickey/Fuller* unter Einschluß einer Konstanten als Regressor und das Tabellenwerk im mittleren Abschnitt von *Fuller* [1976, Seite 373] zugrunde gelegt werden.

In den folgenden Tabellen 5.9 bis 5.11 sind die Resultate der Einheitswurzeltests unter der *I(2)*-Nullhypothese zu finden, in der ersten Gruppe für die Variablen mit linear trend-stationärer Alternative und in der zweiten für die Zeitreihen, für welche die stationäre Gegenhypothese angemessen ist. Wie Tabelle 5.9 zu entnehmen ist, steht die Annahme einer zweifachen Einheitswurzel unter Verwendung der kritischen Werte in *Fuller* [1976] deutlich im Kontrast zu den Eigenschaften der Daten für die Größen Bruttosozialprodukt, Produktion, Umsatz, Sicht- und Termineinlagen, sowie für die vier klassischen Geldmengenabgrenzungen. Dieses Ergebnis stützt sich auf ein Signifikanzniveau von 5% (durch ** gekennzeichnet) oder sogar 1% (***), bei Einbeziehung autoregressiver Erweiterungsterme mehrerer Ordnungen k (**DF**-/**ADF**-Regressionen). [9] Für die Variable Auftragseingang ergibt sich zwar das gleiche Resultat, die Autokorrelation in den Residuen scheint aber nicht vollständig beseitigt zu sein, wie der *Ljung/Box* Spezifikationstest Q auf gemeinsame Signifikanz der ersten sechs bzw. zwölf geschätzten Residuen-Autokorrelationskoeffizienten ausweist. Bezüglich der Zeitreihen Beschäftigung, Bargeld, Spareinlagen und Geldkapitalbildung erhält man eine Ablehnung der Nullhypothese für niedrige Approximationsordnungen k auf dem 10%-Signifikanzniveau (in der Tabelle durch * gekennzeichnet).

Zur Demonstration des Verhaltens der *Dickey/Fuller*-Teststatistik, wenn man in den weniger deutlichen Ablehungsfällen zu einer weiteren zeitlichen Differenz übergeht, sei auf Tabelle 5.10 verwiesen. Die *I(3)*-Hypothese unter Ausschluß eines Absolutgliedes wird in allen Fällen deutlich auf dem 1%-Niveau zurückgewiesen. Eine weitere Variationsmöglichkeit der Durchführung der Einheitswurzeltests besteht in der Ausnutzung

---

[9] Bei der Betrachtung höherer Approximationsordnungen durch autoregressive Terme fällt auf, daß der *Dickey/Fuller*-Ansatz dadurch an Macht verliert, d.h. durch die Aufnahme möglicherweise unnötiger Regressoren die Ablehnungshäufigkeit deutlich zurückgeht.

Tabelle 5.9
ADF–Test auf Vorliegen einer zweifachen autoregressiven Einheitswurzel im Niveau der Zeitreihen

Zeitreihe	angepasstes Regressionsmodell $\Delta^2 Y_t = \hat{c}_0 + \hat{a}\,\Delta Y_{t-1} + \Sigma_{i=1}^{k} \alpha_i \Delta^2 Y_{t-i} + V_t$				
	k	N	$\hat{a}$ (t–Wert)	$Q(6)$–	$Q(12)$–Statistik
BSP	6	33	−2.24 (−2.32)		$\chi^2(5) = 11.94$**
	4	35	−2.26*** (−3.84)	$\chi^2(1) = 0.70$	$\chi^2(7) = 10.80$
	2	37	−1.81*** (−4.60)	$\chi^2(3) = 1.90$	$\chi^2(9) = 7.53$
Auft	4	35	−0.75 (−2.00)	$\chi^2(1) = 2.88$*	$\chi^2(7) = 8.00$
	3	36	−0.70 (−2.08)	$\chi^2(2) = 2.74$	$\chi^2(8) = 8.11$
	2	37	−1.03** (−3.37)	$\chi^2(3) = 8.70$**	$\chi^2(9) = 16.16$*
Prod	4	35	−0.93 (−2.34)	$\chi^2(1) = 0.67$	$\chi^2(7) = 7.44$
	2	37	−0.83* (−2.78)	$\chi^2(3) = 1.36$	$\chi^2(9) = 9.50$
	1	38	−1.03*** (−4.27)	$\chi^2(4) = 3.66$	$\chi^2(10) = 8.32$
	0	39	−1.06*** (−6.45)	$\chi^2(5) = 3.20$	$\chi^2(11) = 7.57$
Bes	4	36	−0.22 (−1.21)	$\chi^2(1) = 1.33$	$\chi^2(7) = 5.56$
	2	38	−0.38 (−2.20)	$\chi^2(3) = 6.66$*	$\chi^2(9) = 9.69$
	1	39	−0.45* (-2.94)	$\chi^2(4) = 8.14$*	$\chi^2(10) = 12.14$
Ums	4	35	−0.79 (−1.85)	$\chi^2(1) = 1.14$	$\chi^2(7) = 10.05$
	2	37	−0.83 (−2.55)	$\chi^2(3) = 1.91$	$\chi^2(9) = 7.72$
	1	38	−1.15*** (−4.49)	$\chi^2(4) = 5.72$	$\chi^2(10) = 12.86$
	0	39	−1.20*** (−7.89)	$\chi^2(5) = 4.65$	$\chi^2(11) = 10.99$
Bar	4	36	−0.40 (−2.11)	$\chi^2(1) = 1.16$	$\chi^2(7) = 3.89$
	2	38	−0.32 (−2.00)	$\chi^2(3) = 1.50$	$\chi^2(9) = 3.97$
	1	39	−0.39* (−2.68)	$\chi^2(4) = 1.66$	$\chi^2(10) = 3.65$
	0	40	−0.35* (−2.80)	$\chi^2(5) = 1.83$	$\chi^2(11) = 4.16$
Sicht	4	35	−0.75* (−2.71)	$\chi^2(1) = 0.95$	$\chi^2(7) = 11.76$
	2	37	−0.77** (−3.17)	$\chi^2(3) = 1.87$	$\chi^2(9) = 13.12$
	1	38	−0.76*** (−3.88)	$\chi^2(4) = 1.75$	$\chi^2(10) = 13.25$
	0	39	−0.73*** (−4.90)	$\chi^2(5) = 1.84$	$\chi^2(11) = 15.40$
Termin	4	35	−0.47 (−2.12)	$\chi^2(1) = 3.06$*	$\chi^2(7) = 5.08$
	2	37	−0.43 (−2.20)	$\chi^2(3) = 1.56$	$\chi^2(9) = 4.94$
	1	38	−0.49** (−2.99)	$\chi^2(4) = 1.56$	$\chi^2(10) = 4.54$
	0	39	−0.50*** (−3.75)	$\chi^2(5) = 1.39$	$\chi^2(11) = 4.76$
Spar	4	35	−0.29 (−1.64)	$\chi^2(1) = 4.67$**	$\chi^2(7) = 17.53$**
	2	37	−0.26 (−1.79)	$\chi^2(3) = 4.31$	$\chi^2(9) = 12.42$
	1	38	−0.33* (−2.72)	$\chi^2(4) = 3.57$	$\chi^2(10) = 11.39$
Gldk	4	35	−0.44 (−2.49)	$\chi^2(1) = 3.01$*	$\chi^2(7) = 7.26$
	2	37	−0.40* (−2.65)	$\chi^2(3) = 2.46$	$\chi^2(9) = 8.11$
	1	38	−0.37* (−2.80)	$\chi^2(4) = 3.23$	$\chi^2(10) = 9.17$
M1	4	35	−0.64* (−2.63)	$\chi^2(1) = 1.32$	$\chi^2(7) = 13.05$*
	2	37	−0.60* (−2.67)	$\chi^2(3) = 1.91$	$\chi^2(9) = 13.64$
	1	38	−0.65** (−3.47)	$\chi^2(4) = 2.68$	$\chi^2(10) = 14.34$
M2	4	35	−0.33 (−1.33)	$\chi^2(1) = 2.25$	$\chi^2(7) = 9.52$
	2	37	−0.35 (−1.70)	$\chi^2(3) = 2.17$	$\chi^2(9) = 8.90$
	1	38	−0.52* (−2.80)	$\chi^2(4) = 2.96$	$\chi^2(10) = 12.35$
	0	39	−0.56*** (−3.79)	$\chi^2(5) = 2.76$	$\chi^2(11) = 11.70$
M3	4	35	−0.80 (−2.21)	$\chi^2(1) = 0.52$	$\chi^2(7) = 15.42$**
	2	37	−0.86** (−3.15)	$\chi^2(3) = 0.20$	$\chi^2(9) = 15.85$*
	1	38	−0.87*** (−4.18)	$\chi^2(4) = 0.25$	$\chi^2(10) = 16.20$*
ZBGM	4	36	−0.36 (−1.69)	$\chi^2(1) = 1.30$	$\chi^2(7) = 5.61$
	2	38	−0.40 (−2.21)	$\chi^2(3) = 1.90$	$\chi^2(9) = 5.71$
	1	39	−0.48** (−3.10)	$\chi^2(4) = 2.52$	$\chi^2(10) = 7.69$
	0	40	−0.43** (−3.19)	$\chi^2(5) = 2.62$	$\chi^2(11) = 8.11$

Tabelle 5.10

ADF–Test auf Vorliegen einer dreifachen autoregressiven Einheitswurzel im Niveau der Zeitreihen

Zeitreihe	angepasstes Regressionsmodell $\Delta^3 Y_t = \tilde{a}\,\Delta^2 Y_{t-1} + \Sigma_{i=1}^{k} \alpha_i \Delta^3 Y_{t-i} + V_t$				
	k	N	$\tilde{a}$ (t–Wert)	$Q(6)$–	$Q(12)$–Statistik
Bes	4	35	−1.96*** (−2.94)	$\chi^2(1)$ = 0.92	$\chi^2(7)$ = 6.60
	2	37	−2.43*** (−7.02)	$\chi^2(3)$ = 2.69	$\chi^2(9)$ = 8.66
Bar	4	35	−1.36** (−2.16)	$\chi^2(1)$ = 1.48	$\chi^2(7)$ = 5.13
	2	37	−1.45*** (−3.37)	$\chi^2(3)$ = 1.52	$\chi^2(9)$ = 4.08
	1	38	−1.44*** (−6.08)	$\chi^2(4)$ = 1.88	$\chi^2(10)$ = 4.52
Spar	4	34	−0.81** (−1.95)	$\chi^2(1)$ = 3.72*	$\chi^2(7)$ = 7.58
	2	36	−1.21*** (−4.45)	$\chi^2(3)$ = 7.04*	$\chi^2(9)$ = 16.07*
	1	37	−0.99*** (−4.90)	$\chi^2(4)$ = 4.98	$\chi^2(10)$ = 13.49
Gldk	4	34	−1.25** (−2.33)	$\chi^2(1)$ = 4.93**	$\chi^2(7)$ = 6.40
	2	36	−1.39*** (−4.16)	$\chi^2(3)$ = 4.40	$\chi^2(9)$ = 7.52
	1	37	−1.03*** (−4.30)	$\chi^2(4)$ = 3.32	$\chi^2(10)$ = 10.80

der Erkenntnis, daß für die Variablen Produktion und Beschäftigung möglicherweise die Alternative eines einmal integrierten Prozesses ohne Driftterm angemessener wäre (Voruntersuchungen bezüglich deterministischer Trendeigenschaften, Tabelle 5.8). Verwendet man diese Gegen–Hypothese beim Test auf *I(2)*–Verhalten, so ist auf das Absolutglied in der **DF**–/**ADF**–Regression in zweiten Differenzen zu verzichten und man erhält die Resultate von Tabelle 5.11a . Es zeigt sich, daß durch dieses Vorgehen die Macht des Einheitswurzeltests zur Ablehnung der Nullhypothese, insbesondere bei der Größe Beschäftigung, deutlich gesteigert werden kann.

Tabelle 5.11 a

ADF–Test auf Vorliegen einer zweifachen autoregressiven Einheitswurzel im Niveau der Zeitreihen

Zeitreihe	angepasstes Regressionsmodell $\Delta^2 Y_t = \tilde{a}\,\Delta Y_{t-1} + \Sigma_{i=1}^{k} \alpha_i \Delta^2 Y_{t-i} + V_t$				
	k	N	$\tilde{a}$ (t–Wert)	$Q(6)$–	$Q(12)$–Statistik
Prod	4	35	−0.70* (−1.91)	$\chi^2(1)$ = 1.54	$\chi^2(7)$ = 8.43
	2	37	−0.71** (−2.46)	$\chi^2(3)$ = 1.84	$\chi^2(9)$ = 10.15
	1	38	−0.94*** (−4.00)	$\chi^2(4)$ = 4.42	$\chi^2(10)$ = 8.84
Bes	4	36	−0.18 (−1.03)	$\chi^2(1)$ = 1.23	$\chi^2(7)$ = 5.65
	2	38	−0.34** (−2.08)	$\chi^2(3)$ = 6.86*	$\chi^2(9)$ = 10.17
	1	39	−0.41*** (−2.87)	$\chi^2(4)$ = 8.07*	$\chi^2(10)$ = 12.65

Tabelle 5.11 b
ADF–Test auf Vorliegen einer zweifachen autoregressiven Einheitswurzel im Niveau der Zeitreihen

Zeitreihe	k	N	angepasstes Regressionsmodell $\Delta^2 Y_t = \tilde{a}\, \Delta Y_{t-1} + \Sigma_{i=1}^{k} \alpha_i \Delta^2 Y_{t-i} + V_t$ $\tilde{a}$ (t–Wert)	$Q(6)$–	$Q(12)$–Statistik
Kap	4	35	−1.13*** (−2.79)	$\chi^2(1) = 1.71$	$\chi^2(7) = 4.93$
	2	37	−0.91*** (−3.04)	$\chi(3) = 3.01$	$\chi(9) = 8.64$
ROAU	4	35	−0.83*** (−3.08)	$\chi^2(1) = 9.46$***	$\chi^2(7) = 18.3$**
	2	37	−0.71*** (−2.87)	$\chi^2(3) = 8.48$**	$\chi^2(9) = 14.5$
	1	38	−0.87*** (−4.00)	$\chi^2(4) = 2.28$	$\chi^2(10) = 8.31$
DMG	2	37	−0.58*** (−2.87)	$\chi^2(3) = 1.13$	$\chi^2(9) = 10.07$
	1	38	−0.56*** (−3.13)	$\chi^2(4) = 1.23$	$\chi^2(10) = 11.05$
PrQZR	4	35	−1.62*** (−2.79)	$\chi^2(1) = 2.31$	$\chi^2(7) = 6.93$
	2	37	−1.77*** (−5.02)	$\chi^2(3) = 1.80$	$\chi^2(9) = 6.70$
PrJR	2	37	−0.46** (−2.36)	$\chi^2(3) = 2.82$	$\chi^2(9) = 9.60$
	1	38	−0.60*** (−3.44)	$\chi^2(4) = 4.11$	$\chi^2(10) = 11.06$
Disk	2	37	−0.52** (−2.31)	$\chi^2(3) = 0.10$	$\chi^2(9) = 2.66$
	1	38	−0.57*** (−3.08)	$\chi^2(4) = 0.43$	$\chi^2(10) = 3.29$
Lomb	2	37	−0.49** (−2.40)	$\chi^2(3) = 2.72$	$\chi^2(9) = 8.93$
	1	38	−0.64*** (−3.85)	$\chi^2(4) = 1.98$	$\chi^2(10) = 6.59$
Pens	2	37	−0.50** (−2.52)	$\chi^2(3) = 1.71$	$\chi^2(9) = 8.03$
	1	38	−0.65*** (−4.00)	$\chi^2(4) = 1.09$	$\chi^2(10) = 5.68$
MRSicht	4	35	−0.95*** (−2.95)	$\chi^2(1) = 1.26$	$\chi^2(7) = 1.32$
	2	37	−0.85*** (−3.39)	$\chi^2(3) = 2.37$	$\chi^2(9) = 4.41$
MRTermin	4	35	−0.80** (−2.47)	$\chi^2(1) = 0.59$	$\chi^2(7) = 0.61$
	2	37	−0.80*** (−3.18)	$\chi^2(3) = 2.34$	$\chi^2(9) = 5.42$
MRSpar	4	35	−1.05*** (−2.75)	$\chi^2(1) = 1.51$	$\chi^2(7) = 1.70$
	2	37	−1.04*** (−3.60)	$\chi^2(3) = 2.49$	$\chi^2(9) = 4.73$
Redisk	6	33	−0.69** (−1.99)		$\chi^2(5) = 9.79$*
	4	35	−0.71*** (−2.66)	$\chi^2(1) = 2.73$	$\chi^2(7) = 15.53$**
	3	36	−0.63*** (−2.72)	$\chi^2(2) = 2.89$	$\chi^2(8) = 14.66$*

In Tabelle 5.11 b wiedergegeben sind die Ergebnisse der Tests auf die *I(2)*–Nullhypothese in den Fällen, daß aus ökonomischen Gründen ein Absolutglied (linearer Trend im Niveau) aus den Testgleichungen ausgeschlossen werden kann. Man erhält für sämtliche Variablen die eindeutige Aussage, daß die Annahme einer zweifachen Einheitswurzel mit den Daten nicht vereinbar ist. Etwas Schwierigkeiten bereitet bei den Größen Umlaufrendite und Rediskontkontingente lediglich der Umstand, daß der Autokorrelationsstruktur in den Residuen womöglich nicht vollständig durch die autoregressive Approximation zu begegnen ist.

Mit gewissen Einschränkungen hinsichtlich der Variablen Auftragseingang, Beschäftigung, Bargeld, Spareinlagen und Geldkapitalbildung haben wir zusammenfassend die statistisch abgesicherte Aussage erhalten, daß die Nullhypothese einer zweifachen Einheitswurzel in allen Fällen zugunsten der gemischten *I(1)*–Alternative mit überlagertem linearen Trend bzw. des reinen *I(1)*–Prozesses abzulehnen ist. Der zweite Schritt besteht

Tabelle 5.12
ADF – Test auf Vorliegen einer einfachen autoregressiven Einheitswurzel im Niveau der Zeitreihen

Zeitreihe	angepasstes Regressionsmodell $\Delta Y_t = \hat{c}_0 + \hat{c}_1 t + \hat{a}\, Y_{t-1} + \Sigma_{i=1}^{k} \alpha_i \Delta Y_{t-i} + V_t$				
	k	N	$\hat{a}$ (t–Wert)	$Q(6)$–	$Q(12)$–Statistik
BSP	6	34	−0.64 (−1.56)		$\chi^2(5) = 9.91^*$
	4	36	−0.66 (−2.26)	$\chi^2(1) = 1.52$	$\chi^2(7) = 8.81$
Auft	6	34	−0.45 (−2.72)		$\chi^2(5) = 13.83^{**}$
	4	36	−0.27 (−2.07)	$\chi^2(1) = 1.65$	$\chi^2(7) = 6.93$
Prod	4	36	−0.18 (−1.66)	$\chi^2(1) = 1.32$	$\chi^2(7) = 8.64$
	2	38	−0.17 (−1.99)	$\chi^2(3) = 2.76$	$\chi^2(9) = 9.75$
Bes	6	35	−0.118 (−2.64)		$\chi^2(5) = 5.93$
	4	37	−0.083 (−2.54)	$\chi^2(1) = 1.91$	$\chi^2(7) = 6.92$
Ums	4	36	−0.31 (−1.72)	$\chi^2(1) = 2.85^*$	$\chi^2(7) = 6.45$
	2	38	−0.18 (−1.21)	$\chi^2(3) = 5.46$	$\chi^2(9) = 14.10$
Bar	4	37	−0.108 (−2.04)	$\chi^2(1) = 1.34$	$\chi^2(7) = 3.63$
	2	39	−0.070 (−1.84)	$\chi^2(3) = 1.41$	$\chi^2(9) = 3.99$
Sicht	4	36	−0.28** (−3.56)	$\chi^2(1) = 1.32$	$\chi^2(7) = 20.02^{***}$
	2	38	−0.14 (−2.01)	$\chi^2(3) = 1.87$	$\chi^2(9) = 13.09$
	1	39	−0.12 (−1.83)	$\chi^2(4) = 1.76$	$\chi^2(10) = 14.58$
Termin	4	36	−0.37*** (−4.62)	$\chi^2(1) = 1.57$	$\chi^2(7) = 4.16$
	2	38	−0.18 (−2.64)	$\chi^2(3) = 2.90$	$\chi^2(9) = 5.08$
	1	39	−0.14 (−2.20)	$\chi^2(4) = 1.19$	$\chi^2(10) = 4.19$
Spar	4	36	−0.148 (−1.98)	$\chi^2(1) = 7.04^{**}$	$\chi^2(7) = 18.14^{**}$
	2	38	−0.061 (−1.06)	$\chi^2(3) = 3.78$	$\chi^2(9) = 11.89$
Gldk	4	36	−0.146 (−2.69)	$\chi^2(1) = 3.38^*$	$\chi^2(7) = 6.35$
	2	38	−0.092 (−2.18)	$\chi^2(3) = 2.61$	$\chi^2(9) = 8.39$
M1	4	36	−0.23* (−3.53)	$\chi^2(1) = 2.06$	$\chi^2(7) = 20.90^{***}$
	2	38	−0.12 (−1.97)	$\chi^2(3) = 2.96$	$\chi^2(9) = 15.04^*$
	1	39	−0.10 (−1.80)	$\chi^2(4) = 2.38$	$\chi^2(10) = 14.98$
M2	4	36	−0.141 (−1.78)	$\chi^2(1) = 1.61$	$\chi^2(7) = 10.66$
	2	38	−0.067 (−1.01)	$\chi^2(3) = 3.82$	$\chi^2(9) = 14.12$
M3	4	36	−0.050 (−0.41)	$\chi^2(1) = 0.32$	$\chi^2(7) = 15.94^{**}$
	2	38	−0.027 (−0.30)	$\chi^2(3) = 0.32$	$\chi^2(9) = 16.15^*$
ZBGM	4	37	−0.095 (−1.68)	$\chi^2(1) = 1.61$	$\chi^2(7) = 5.94$
	2	39	−0.070 (−1.62)	$\chi^2(3) = 1.84$	$\chi^2(9) = 7.68$

somit für sämtliche Zeitreihen darin, auf die Annahme einmal integrierter Größen überzugehen und gegen die trend–stationäre bzw. stationäre Gegenhypothese zu testen. Mit *Dickey/Fuller* sind dafür die ersten Differenzen der Daten auf die um eine Periode zurückliegenden Niveaus und ggf. weitere verzögerte Differenzen (autoregressive Erweiterung) zu regressieren, wobei je nach in Abschnitt b) gefundenen Trendeigenschaften eine lineare Zeitvariable und/oder ein Absolutglied mit zu berücksichtigen ist. Beginnend mit dem Fall der trend–stationären Alternative ergeben sich die in Tabelle 5.12 zusammengestellten Resultate. Abgesehen von drei Variablen, bei denen für höhere Erweiterungsordnungen k signifikante Niveau–Koeffizienten geschätzt werden (kritische Werte in *Fuller* [1976, Seite 373, unterer Abschnitt]), lassen sich bei allen Zeitreihen keine

Anhaltspunkte finden, die gegen die integrierte Nullhypothese sprechen. Vom Standpunkt des statistischen Tests aus müssen wir folglich die stochastische Trendmodellierung der Trendbereinigung vorziehen und für die weitere Analyse die einmal differenzierten Daten verwenden. Man darf dabei aber nicht aus den Augen verlieren, daß die Null nur nicht abgelehnt werden kann, d.h. nur solange als brauchbarer Ansatz angesehen werden kann, bis ein besseres Zeitreihenmodell zur Wiedergabe trendhaften Verhaltens zur Verfügung steht.

Hinzu kommt die Problematik der Macht–Eigenschaften des **DF–/ADF**–Einheitswurzeltests. Besitzt ein Testverfahren wenig Diskriminierungsmacht, so wird auch die Nullhypothese äußerst selten auf vernünftigem Signifikanzniveau abgelehnt werden können, d.h. die Alternative hat von vornherein wenig Chancen auf Annahme, auch wenn sie in Wirklichkeit besser geeignet wäre, vgl. die Simulationsresultate in Kapitel 2.4 e). Besonders deutlich wird dieser Umstand bei der falschen Anwendung des *Dickey/Fuller*–Ansatzes unter Anwesenheit deterministischer Trendelemente. Wird in einem solchen Fall auf die lineare Trendvariable im Regressionsansatz verzichtet, so wird die Null kaum jemals abgelehnt werden können. Wir demonstrieren dies in Tabelle 5.13 für die Variable Bruttosozialprodukt: der relevante Testkoeffizient wird sogar positiv geschätzt, d.h. eine Ablehnung der integrierten Hypothese zugunsten der (fehlspezifizierten) Alternative Stationarität (notwendig wäre ein signifikant negativer Regressionskoeffizient) kann unabhängig davon, welche kritischen Werte Verwendung finden, nie in Frage kommen.

Bei den restlichen in Tabelle 5.13 aufgeführten Zeitreihen ist die Verwendung des einfachen **DF–/ADF**–Ansatzes dagegen gerechtfertigt, die stationäre Gegenhypothese ist ökonomisch sinnvoll bzw. aus den Voruntersuchungen heraus anzunehmen, um bestmögliche Diskriminierungseigenschaften des Testverfahrens zu ermöglichen. Es stellt sich heraus, daß auch für die Mehrzahl dieser Fälle die *I(1)*–Nullhypothese nicht abgelehnt werden kann, d.h. von der Situation einmal differenzierter Variablen zur Gewinnung stationärer Reihen ausgegangen werden muß. Gewisse Hinweise auf Stationarität erhält man für die drei Mindestreservesätze, falls ausschließlich autoregressive Erweiterungen zweiter Ordnung betrachtet werden. Für die Variable Redikontkontingente ergeben sich erneut Probleme hinsichtlich möglicher Autokorrelation in den Regressionsresiduen.

Als letzte Variable verbleibt noch die Änderung der Refinanzierungslinien (DRef) zu untersuchen. Geht man davon aus, daß die Alternative zum integrierten Prozeß aus einer stationären Zeitreihe mit verschwindendem Erwartungswert besteht, ist die **DF–/ADF**–Testregression ohne Absolutglied zu verwenden. Wie Tabelle 5.14 zu entnehmen ist, kann die *I(1)*–Nullhypothese zumindest auf dem 5%–Niveau abgelehnt werden, falls man zur Sicherstellung unkorrelierter Residuen eine **AR**(4)–Erweiterung zugrunde legt.

Die gesamten Resultate der *Dickey/Fuller*–Einheitswurzeltests für unsere Datengrundlage zusammenfassend müssen wir dem Ansatz integrierter Zeitreihen den Vorzug geben vor dem Komponentenmodell mit additiv überlagerten Trendpolynomen. Dieses Ergebnis beruht aber auf einem statistischen Test, der von der Integration als Nullhypothese ausgeht. Die Ergebnisse könnten demzufolge auch auf unzureichende Machteigenschaften des **DF–/ADF**–Verfahrens zurückzuführen sein. Die weiterhin zu machende Einschränkung bezieht sich auf den Umstand, daß für einige der makroökonomischen

Tabelle 5.13
ADF-Test auf Vorliegen einer einfachen autoregressiven Einheitswurzel im Niveau der Zeitreihen

Zeitreihe	angepasstes Regressionsmodell $\Delta Y_t = \hat{c}_0 + \hat{a}\, Y_{t-1} + \Sigma_{i=1}^{k} \alpha_i \Delta Y_{t-i} + V_t$				
	k	N	$\hat{a}$ (t-Wert)	$Q(6)$-	$Q(12)$-Statistik
BSP	4 2	36 38	0.02 (1.06) 0.02 (1.40)	$\chi^2(1) = 4.15$** $\chi^2(3) = 3.79$	$\chi^2(7) = 13.43$* $\chi^2(9) = 11.19$
- - - - -					
Kap	4 2	36 38	−0.025 (−0.30) −0.039 (−0.53)	$\chi^2(1) = 1.83$ $\chi^2(3) = 2.65$	$\chi^2(7) = 5.72$ $\chi^2(9) = 6.77$
ROAU	2 1	38 39	−0.080 (−1.37) −0.076 (−1.37)	$\chi^2(3) = 1.95$ $\chi^2(4) = 1.95$	$\chi^2(9) = 8.20$ $\chi^2(10) = 8.04$
DMG	2 1	38 39	−0.080 (−1.78) −0.067 (−1.55)	$\chi^2(3) = 1.81$ $\chi^2(4) = 0.62$	$\chi^2(9) = 12.51$ $\chi^2(10) = 8.82$
PrQZR	3 2	37 38	−0.13 (−1.22) −0.17 (−1.63)	$\chi^2(2) = 1.79$ $\chi^2(3) = 1.12$	$\chi^2(8) = 6.64$ $\chi^2(9) = 6.72$
PrJR	3 2	37 38	−0.051 (−1.42) −0.057 (−1.61)	$\chi^2(2) = 3.07$ $\chi^2(3) = 4.05$	$\chi^2(8) = 9.69$ $\chi^2(9) = 11.60$
Disk	4 2	36 38	−0.079 (−1.51) −0.077 (−1.74)	$\chi^2(1) = 0.70$ $\chi^2(3) = 1.04$	$\chi^2(7) = 7.83$ $\chi^2(9) = 8.20$
Lomb	2 1	38 39	−0.087 (−1.71) −0.085 (−1.69)	$\chi^2(3) = 2.36$ $\chi^2(4) = 4.13$	$\chi^2(9) = 8.04$ $\chi^2(10) = 7.90$
Pens	2 1	38 39	−0.075 (−1.67) −0.073 (−1.62)	$\chi^2(3) = 1.49$ $\chi^2(4) = 3.66$	$\chi^2(9) = 6.84$ $\chi^2(10) = 6.78$
MRSicht	6 4 2	34 36 38	−0.333 (−1.33) −0.409 (−2.14) −0.33** (−3.33)	 $\chi^2(1) = 0.61$ $\chi^2(3) = 2.31$	$\chi^2(5) = 1.91$ $\chi^2(7) = 1.71$ $\chi^2(9) = 2.91$
MRTermin	6 4 2	34 36 38	−0.293 (−1.27) −0.330 (−1.66) −0.335* (−2.65)	 $\chi^2(1) = 0.31$ $\chi^2(3) = 1.00$	$\chi^2(5) = 0.81$ $\chi^2(7) = 0.70$ $\chi^2(9) = 1.30$
MRSpar	6 4 2	34 36 38	−0.359 (−0.89) −0.427 (−1.63) −0.319* (−2.61)	 $\chi^2(1) = 0.36$ $\chi^2(3) = 1.73$	$\chi^2(5) = 2.17$ $\chi^2(7) = 1.83$ $\chi^2(9) = 2.35$
Redisk	4 2	36 38	−0.119 (−1.74) −0.127 (−2.24)	$\chi^2(1) = 2.32$ $\chi^2(3) = 2.54$	$\chi^2(7) = 15.80$** $\chi^2(9) = 17.92$**

Tabelle 5.14
ADF-Test auf Vorliegen einer einfachen autoregressiven Einheitswurzel im Niveau der Zeitreihen

Zeitreihe	angepasstes Regressionsmodell $\Delta Y_t = \hat{a}\, Y_{t-1} + \Sigma_{i=1}^{k} \alpha_i \Delta Y_{t-i} + V_t$				
	k	N	$\hat{a}$ (t-Wert)	$Q(6)$-	$Q(12)$-Statistik
DRef	4 2	36 38	−0.65** (−2.13) −0.75*** (−2.96)	$\chi^2(1) = 2.05$ $\chi^2(3) = 4.34$	$\chi^2(7) = 13.90$* $\chi^2(9) = 17.42$**

Variablen ein gemischtes Zeitreihen-Modell angemessen ist, d.h. auf diese Weise deterministische Trendeigenschaften einfließen. Die Hypothese einer zweifachen Einheitswurzel konnte nicht bei allen Größen mit gleich hoher Sicherheit zurückgewiesen werden. Wir werden aus diesem Grund im folgenden Abschnitt bei einigen Variablen versuchsweise auch mit Anpassungen in zweiten Differenzen arbeiten. Ansonsten gehen wir von stationären ersten Differenzen aus, mit der Ausnahme der Variablen DRef, die bereits stationär zu sein scheint. So muß insgesamt auch kritisch nachgefragt werden, ob sich der gesamte Aufwand der Durchführung von Einheitswurzeltests incl. Voruntersuchungen auf deterministische Elemente gelohnt hat. Unsere dadurch gewonnenen Erkenntnisse reichen nicht weit über das hinaus, was wir bereits in Abschnitt b) aus der Betrachtung der Autokorrelationsfunktionen der Daten ableiten konnten. Für unseren Zweck der univariaten Modellierung von Zeitreihen zur Gewinnung von white-noise Innovationen scheint diese einfache Vorgehensweise ausreichend zu sein. Einheitswurzeltests sind sicherlich da von größerer Bedeutung, wo allein aus dem Trendverhalten der Daten ökonomisch relevante Rückschlüsse gezogen werden (permanente + transitorische Konjunkturkomponenten, Persistenzdebatte).

d) Anpassung univariater ARIMA-Zeitreihenmodelle

Aufbauend auf die in Abschnitt a) wiedergegebenen Stichproben-Autokorrelationsfunktionen der Daten und die Resultate der Einheitswurzeltests werden im folgenden Zeitreihenmodelle vom **ARMA**-Typ an die durch Differenzenbildung gewonnenen stationären Datenreihen angepaßt. Dem Ansatz von *Box/Jenkins* [1970] folgend besteht die Vorgehensweise aus einer iterativen Strategie mit den drei Schritten Identifikation geeigneter Modelle, Schätzung der autoregressiven und moving average-Parameter, sowie Untersuchung der Anpassungseigenschaften hinsichtlich der Modellvoraussetzungen mit eventuell notwendiger Modifikation der Modellstruktur. Wir wollen diesen Selektionsprozeß hier nicht im einzelnen dokumentieren, da zum einen die zeitreihenanalytische Modellierung der Variablen nicht Hauptgegenstand der Arbeit ist, zum anderen eine Vielzahl von Textbüchern vorliegen, welche die *Box/Jenkins*-Methodologie ausführlich darstellen und an Beispielsreihen demonstrieren. In Tabelle 5.15 geben wir aus diesem Grund nur die endgültig verwendeten **ARIMA**-Zeitreihenmodelle wieder.

Einige Bemerkungen zur Modellauswahl, Schätzung und zum Test der statistischen Eigenschaften sind aber angebracht. Die Diskussion der theoretischen Grundlagen von autoregressiven und moving average-Zeitreihenmodellen in Kapitel 2.2 hat gezeigt, daß sich aus der Autokorrelationsfunktion stationärer Prozesse Rückschlüsse auf geeignete Modellierungen ziehen lassen. Während die entsprechende Funktion bei rein autoregressiven Prozessen ein (sinusförmig) exponentiell abklingendes Verhalten aufweist, verschwinden die Autokorrelationen bei **MA**(q)-Zeitreihen vollständig für Zeitlags, die größer als oder gleich $q+1$ sind (*cut-off* Charakteristik). Daneben gibt es noch das Hilfsmittel der inversen und partiellen Autokorrelationsfunktion. Die zweite bezieht sich auf Korrelationen zwischen zeitlich versetzten Zeitreihen-Variablen, wobei der Einfluß dazwischenliegender Zufallsgrößen ausgeschaltet wird. Partielle Autokorrelationsfunktionen sind aus dem Grund besonders nützlich, da sie ein gerade umgekehrtes Verhalten wie die herkömmlichen Autokorrelationen zeigen (*cut–off* nach p Lags bei **AR**(p)–Prozessen und Ausschwingen bei **MA**–Zeitreihen). Schwieriger gestaltet sich die Identifikation von gemischen **ARMA**–Zeitreihenmodellen, vgl. dazu z.B. die ausführlichen Darstellungen in *Box/Jenkins* [1976] und *Brockwell/Davies* [1987], zur inversen Autokorrelationsfunktion siehe *Cleveland* [1972] und *Chatfield* [1979].

In Wirklichkeit sich realisierende Zeitreihen verhalten sich natürlich selten wie von theoretischer Seite für **ARMA**–Modelle abzuleiten. Diese Modellklasse für stationäre stochastische Prozesse stellt ja auch nur einen Versuch dar, die zeitlichen Abhängigkeitsstrukturen konkret vorliegender Zeitreihendaten (*Wold*–Repräsentation als unendlicher moving average, vgl. Kapitel 2.2) mit möglichst wenig zu schätzenden Parametern modellmäßig zu approximieren. So kann man durch die Begutachtung der verschiedenen Autokorrelationsfunktionen auch nur Anhaltspunkte für eine geeignete **ARMA**–Darstellung erwarten, welche in der Lage sein soll, die Beziehungen zwischen den zeitabhängigen Variablen auf einen unkorrelierten Inputprozeß (white noise) und eine rationale Transfer–Funktion zurückzuführen. In der Praxis wird man daher mehrere Modelle schätzen, welche zur Erfassung der Autokorrelationsstruktur möglich erscheinen, und deren Güte zur Repräsentation der gegebenen Daten miteinander vergleichen, siehe unten.

Bei der Schätzung der unbekannten Parameter eines **ARMA**–Modells sieht man sich folgender Situation gegenüber. Gegeben Zeitreihenwerte $x_1, .., x_n$ einer ökonomischen Größe in Zusammenhang mit der Hypothese, daß die Daten eine Realisation einer Stichprobe vom Umfang n des *stationären*, invertierbaren und o.B.d.A. rein nicht–deterministischen **ARMA**(p,q)–Prozesses :

$$\Phi_p(L)\, X_t \;=\; \Theta_q(L)\, V_t \;, \quad t \in \mathbb{Z}\,, \tag{5.1}$$

darstellen, d.h. von diesem Zeitreihenmodell generiert worden sind. Aus den n Datenpunkten sollen bestmöglich Rückschlüsse auf die autoregressiven $a_1, .., a_p$ und moving average $b_1, .., b_q$ Modellparameter sowie die Varianz σ_V^2 des white noise–Inputprozesses V_t, $t \in \mathbb{Z}$ gezogen werden. Sobald eine **MA**–Komponente im Modellansatz (5.1) auftritt, ist eine Schätzung mit der klassischen **KQ**–Methode nicht mehr möglich, da die moving average–Parameter in nichtlinearer Weise in die 1. Ableitung der Zielfunktion eingehen (keine geschlossene Lösungsform mehr möglich). Mittels eines interativen Verfahrens kann aber versucht werden, eine numerische Minimierung der Quadratsumme der Modell–Residuen :

$$V_t \;=\; X_t - a_1X_{t-1} - \ldots - a_pX_{t-p} - b_1V_{t-1} - \ldots - b_qV_{t-q} \;, \quad 1 \leq t \leq n\,, \tag{5.2}$$

zu erreichen. Das Problem des Schätzansatzes für obige Stichprobe besteht darin, daß Realisationen der Zufallsvariablen $X_{1-p}, .., X_0$ und $V_{1-q}, .., V_0$ nicht zur Verfügung stehen. Je nach Wahl geeigneter Schätzungen für diese Startwerte lassen sich die zwei Ansätze **CLS** (*conditional least squares* = Setzung der Startwerte auf ihre Erwartungswerte von Null) und **ELS** (*exact least squares* = Zurückschätzung/*backforecasting* der Startwerte) unterscheiden, vgl. *Box/Jenkins* [1970].

Daneben liegt es nahe, den Maximum Likelihood-Schätzansatz auf unsere Problemstellung anzuwenden. Unter der Annahme, daß die Residuenreihe V_t, $t \in \mathbb{Z}$ unabhängig und identisch normal verteilt ist, läßt sich die gemeinsame Dichtefunktion der n Zufallsvariablen $X_1, .., X_n$ angeben und als Likelihoodfunktion in Abhängigkeit der $p + q + 1$ unbekannten Modellparameter minimieren (vgl. z.B. *Newbold* [1974], *Ansley* [1979]). Auch hier tritt das Problem der Wahl geeigneter Startwerte für die *"pre-sample"* Residuenwerte auf. Obwohl die asymptotischen Eigenschaften der drei Schätzverfahren gleich sind, haben Simulationsresultate für kleinere Stichproben gezeigt, daß die **ML**-Methode i.a. vorzuziehen ist, insbesondere wenn Modellparameter in der Nähe der Invertierbarkeitsgrenzen zu vermuten sind (vgl. *Ansley/Newbold* [1980], *Davidson* [1981]). Der **ML**-Ansatz stellt aber gleichzeitig hohe Anforderungen an den numerischen Minimierungsalgorithmus und ist öftmals zeitaufwendig. Zur notwendigen Initialisierung des iterativen Verfahrens mit Anfangswerten für die Parameter kann auf die *Yule-Walker* Schätzer, die auf den Stichproben-Autokorrelationen beruhen, zurückgegriffen werden, vgl. Kapitel 2.2. Wir verwenden in unseren Modellschätzungen ausschließlich das Maximum Likelihood-Verfahren, wie es in dem Programmpaket **SAS** implementiert ist.

Für die Auswahl des am besten geeigneten Modells aus der **ARMA**-Klasse zur Beschreibung einer gegebenen stationären Zeitreihe stehen mehrere Anpassungskriterien und statistische Tests zur Verfügung (*diagnostic checking*). Zum einen können Zielkriterien und fixierte Selektionsregeln festgelegt werden, zum anderen auf die statistischen Eigenschaften getestet werden, die dem Zeitreihenansatz zugrunde liegen. Wir haben für die Modellierung unserer Zeitreihendaten mit folgendem Güte-Katalog gearbeitet :

- möglichst geringe Anzahl $p + q$ von Modellparametern
- Zulassung nur sicher von Null verschiedener Parameter auf sinnvollem Signifikanz-Niveau (5% – 10%)
- möglichst geringe Schätzung für die Residualvarianz σ_v^2
- Verwendung der **AIC**- und **SBC**-Informationskriterien
- Vorliegen unkorrelierter Modell-Residuen (white noise-Innovationen)

Dabei sind wir *nicht* so vorgegangen, eine automatische Modellidentifikation anhand einer festen Auswahlregel (Computer-Algorithmus) vorzunehmen, wie es z.B. mittels der Selektionskriterien **AIC** von *Akaike* [1974] und **SBC** von *Schwarz* [1978] möglich wäre. [10] Wir haben vielmehr den obigen Kriterienkatalog als allgemeinen Maßstab dafür verwendet, für jede Zeitreihe individuell ein bestmöglich angepasstes **ARMA**-Modell zu spezifizieren.

Vor dem Hintergrund der Zielsetzung, die wir mit der zeitreihenanalytischen Modellierung verfolgen, steht dabei der letzte Punkt sicherlich im Vordergrund. Zur Gewinnung unkorrelierter Residuenreihen, die sich als ökonomische Innovationen (schwach rationale Erwartungsbildung) interpretieren lassen, ist die angemessene Erfassung der zeitlichen Abhängigkeitsstrukturen in den einzelnen Variablen von besonderer Bedeutung. Dem

---

[10] Beide Gütemaße beruhen auf der geschätzten Fehlervarianz bzw. auf der Likelihoodfunktion im erzielten Minimum, mit unterschiedlichen Korrekturen hinsichtlich Modelldimension und Stichprobengröße. Zu einem empirischen Vergleich der beiden Informationskriterien siehe z.B. *Koehler/Murphree* [1988].

ARMA–Zeitreihenmodell liegt die Vorstellung der Transformation eines white noise–Prozesses in die stationäre Output–Reihe zugrunde. Ist das vorgeschlagene Zeitreihenmodell somit korrekt spezifiziert, muß die resultierende Residuenreihe einen strukturlosen white noise–Prozeß darstellen. Es liegt nahe, statistische Testverfahren auf Vorliegen dieser Modellvoraussetzung einzusetzen. Insbesondere kann daraufhin untersucht werden, ob die Fehlerterme zeitlich unkorreliert sind. Neben dem Vergleich der einzelnen Stichproben–Autokorrelationen der geschätzten Modell–Residuen mit deren Standardfehlern (asymptotische Verteilung abgeleitet von *Box/Pierce* [1970] und *McLeod* [1978]) ist auch wieder der Q–Test von *Ljung/Box* [1978] auf gemeinsame Signifikanz der ersten m Korrelationskoeffizienten der Residuen einzusetzen, vgl. Abschnitt b). Übersteigt der Q–Wert unter Zugrundelegung eines sinnvollen Signifikanzniveaus die entsprechende kritische Größe der asymptotischen χ^2–Verteilung, so ist zu vermuten, daß das angepasste **ARMA**–Modell nicht in der Lage ist, die vorhandene Abhängigkeitsstruktur angemessen zu reproduzieren, und somit abgelehnt werden muß. Wir geben in der folgenden Ergebnis–Tabelle 5.15 neben der **ML**–Schätzung der ausgewählten Zeitreihenmodelle (**AR**– und **MA**–Parameter sowie Residualvarianz) die jeweiligen Test–Werte auf Unkorreliertheit der Residuen für $m = 6$ und $m = 12$ an.

Tabelle 5.15

Angepasste **ARIMA**(p,d,q)–Zeitreihenmodelle [a]

Zeitreihe	ZR–Modell	angepasstes **ARIMA**(p,d,q)–Modell: **Var**(V_t) | $Q(6)$– $Q(12)$–Statistik
BSP	**ARI**(2,1)	$\Delta Y_t = \underset{(14.1)}{2.08} - \underset{(-2.4)}{0.35}\Delta Y_{t-1} - \underset{(-3.0)}{0.44}\Delta Y_{t-2} + V_t$
		0.84 | $\chi^2(4) = 3.08$ $\chi^2(10) = 7.41$
Auft	**IMA**(1,(4))	$\Delta Y_t = \underset{(1.8)}{0.89} + V_t + \underset{(3.2)}{0.49} V_{t-4}$
		4.91 | $\chi^2(5) = 2.35$ $\chi^2(11) = 7.11$
Prod	random walk mit drift	$\Delta Y_t = \underset{(1.3)}{0.345} + V_t$
		2.84 | $\chi^2(6) = 3.11$ $\chi^2(12) = 7.86$
Bes	**ARIMA**(1,1,4)	$\Delta Y_t = \underset{(4.8)}{0.57}\Delta Y_{t-1} + V_t + \underset{(4.2)}{0.59} V_{t-4}$
		0.07 | $\chi^2(4) = 1.33$ $\chi^2(10) = 6.84$
	IMA(2,4)	$\Delta^2 Y_t = V_t - \underset{(-3.2)}{0.44} V_{t-1} - \underset{(-2.8)}{0.45} V_{t-3} + \underset{(4.0)}{0.72} V_{t-4}$
		0.07 | $\chi^2(3) = 2.33$ $\chi^2(9) = 8.02$
Ums	random walk mit drift	$\Delta Y_t = \underset{(2.7)}{0.77} + V_t$
		3.20 | $\chi^2(6) = 4.16$ $\chi^2(12) = 8.85$

[a] **ML**–Schätzung der Modellparameter mit t–Werten in Klammern; **Var**(V_t) steht für die geschätzte Varianz des Residuenprozesses und Q(m) bezeichnet die Ljung/Box–Teststatistik auf gemeinsame Signifikanz der ersten m Stichproben–Autokorrelationen der geschätzten Modellresiduen.

Tabelle 5.15 (Fortsetzung)
Angepasste **ARIMA**(p,d,q)–Zeitreihenmodelle

Zeitreihe	ZR–Modell	angepasstes **ARIMA**(p,d,q)–Modell **Var**(V_t)	$Q(6)$–	$Q(12)$–Statistik
Kap	**IMA**$(1,(2))$	$\Delta Y_t = V_t + \underset{(2.2)}{0.33} V_{t-2}$		
		2.51	$\chi^2(5) = 3.17$	$\chi^2(11) = 6.49$
Bar	**ARI**$(1,1)$	$\Delta Y_t = \underset{(4.76)}{0.55} + \underset{(5.2)}{0.64} \Delta Y_{t-1} + V_t$		
		0.60	$\chi^2(5) = 1.92$	$\chi^2(11) = 4.41$
	IMA$(2,(2))$	$\Delta^2 Y_t = V_t - \underset{(-2.4)}{0.38} V_{t-2}$		
		0.65	$\chi^2(5) = 2.96$	$\chi^2(11) = 6.51$
Sicht	**IMA**$(1,1)$	$\Delta Y_t = \underset{(4.47)}{1.38} + \underset{(0.9)}{1.23} \Delta D_t + V_t + \underset{(2.1)}{0.34} V_{t-1}$		
		2.12	$\chi^2(4) = 0.74$	$\chi^2(10) = 10.29$
Termin	**IMA**$(1,2)$	$\Delta Y_t = \underset{(2.4)}{1.87} + \underset{(4.1)}{7.90} \Delta D_t + \underset{(5.0)}{0.79} V_{t-1} + \underset{(2.1)}{0.35} V_{t-2}$		
		5.65	$\chi^2(3) = 2.04$	$\chi^2(9) = 4.22$
Spar	**ARIMA**$(1,1,1)$	$\Delta Y_t = \underset{(1.8)}{0.29} + \underset{(5.5)}{2.78} \Delta D_t + \underset{(4.5)}{0.68} Y_{t-1} + \underset{(2.1)}{0.40} V_{t-1}$		
		0.61	$\chi^2(3) = 3.43$	$\chi^2(9) = 11.44$
Gldk	**IMA**$(1,2)$	$\Delta Y_t = \underset{(9.9)}{1.72} + \underset{(2.2)}{0.71} \Delta D_t + \underset{(5.8)}{0.81} V_{t-1} + \underset{(4.1)}{0.60} V_{t-2}$		
		0.22	$\chi^2(3) = 1.52$	$\chi^2(9) = 4.78$
M1	**ARI**$(1,1)$	$\Delta Y_t = \underset{(4.5)}{0.83} + \underset{(0.5)}{0.51} \Delta D_t + \underset{(2.7)}{0.41} \Delta Y_{t-1} + V_t$		
		1.38	$\chi^2(4) = 0.90$	$\chi^2(10) = 11.70$
M2	**IMA**$(1,3)$	$\Delta Y_t = \underset{(7.8)}{1.58} + \underset{(5.4)}{3.17} \Delta D_t + \underset{(3.6)}{0.53} V_{t-1} + \underset{(1.2)}{0.17} V_{t-3}$		
		0.58	$\chi^2(3) = 5.59$	$\chi^2(9) = 12.87$
M3	**IMA**$(1,(11))$	$\Delta Y_t = \underset{(39.9)}{1.39} + \underset{(9.7)}{2.90} \Delta D_t + V_t - \underset{(-2.1)}{0.74} V_{t-11}$		
		0.138	$\chi^2(4) = 1.31$	$\chi^2(10) = 10.21$
ZBGM	**IMA**$(1,1)$	$\Delta Y_t = \underset{(12.9)}{1.45} + V_t + \underset{(6.5)}{0.75} V_{t-1}$		
		0.175	$\chi^2(5) = 3.87$	$\chi^2(11) = 8.44$
ROAU	**ARIMA**$(1,1,1)$	$\Delta Y_t = \underset{(-2.3)}{-0.68} \Delta Y_{t-1} + V_t + \underset{(3.9)}{0.86} V_{t-1}$		
		0.245	$\chi^2(4) = 1.17$	$\chi^2(10) = 6.16$
DMG	**ARI**$(1,1)$	$\Delta Y_t = \underset{(2.9)}{0.42} \Delta Y_{t-1} + V_t$		
		0.485	$\chi^2(5) = 0.58$	$\chi^2(11) = 9.12$
PrQZR	**ARIMA**$(2,1,1)$	$\Delta Y_t = \underset{(-3.1)}{-0.46} \Delta Y_{t-2} + V_t - \underset{(-1.4)}{0.23} V_{t-1}$		
		0.118	$\chi^2(4) = 1.00$	$\chi^2(10) = 7.55$

Tabelle 5.15 (Fortsetzung)
Angepasste **ARIMA**(p,d,q)–Zeitreihenmodelle

Zeitreihe	ZR–Modell	angepasstes **ARIMA**(p,d,q)–Modell **Var**(V_t) | $Q(6)$– $Q(12)$–Statistik		
Disk	**ARI**(1,1)	$\Delta Y_t = \underset{(5.5)}{0.69}\Delta Y_{t-1} + V_t$		
		0.125	$\chi^2(5) = 0.17$	$\chi^2(11) = 5.21$
Lomb	**IMA**(1,1)	$\Delta Y_t = V_t + \underset{(4.4)}{0.59} V_{t-1}$		
		0.370	$\chi^2(5) = 6.59$	$\chi^2(11) = 12.87$
Pens	**IMA**(1,1)	$\Delta Y_t = V_t + \underset{(4.1)}{0.56} V_{t-1}$		
		0.396	$\chi^2(5) = 5.53$	$\chi^2(11) = 12.09$
MRSicht	**ARI**(1,1)	$\Delta Y_t = \underset{(3.7)}{0.51}\Delta Y_{t-1} + V_t$		
		0.033	$\chi^2(5) = 0.71$	$\chi^2(11) = 5.27$
MRTermin	**ARI**(1,1)	$\Delta Y_t = \underset{(3.9)}{0.52}\Delta Y_{t-1} + V_t$		
		0.016	$\chi^2(5) = 0.78$	$\chi^2(11) = 5.34$
MRSpar	**ARI**(1,1)	$\Delta Y_t = \underset{(3.8)}{0.51}\Delta Y_{t-1} + V_t$		
		0.016	$\chi^2(5) = 1.31$	$\chi^2(11) = 4.72$
DRef	**MA**((1,4))	$Y_t = V_t + \underset{(2.1)}{0.29} V_{t-1} + \underset{(2.9)}{0.42} V_{t-4}$		
		8.33	$\chi^2(4) = 3.22$	$\chi^2(10) = 11.02$
Redisk	**IMA**(1,(1,4))	$\Delta Y_t = V_t + \underset{(4.5)}{0.52} V_{t-1} + \underset{(3.6)}{0.53} V_{t-4}$		
		18.79	$\chi^2(4) = 2.98$	$\chi^2(10) = 8.22$

Bei zwei der untersuchten Zeitreihen (Produktion und Umsatz) führt die Spezifikation von parametrischen **ARMA**–Zeitreihenmodellen anhand der obigen Anpassungskriterien nicht zu einer signifikanten Verbesserung der statistischen Eigenschaften – die Hypothese eines white noise–Prozesses kann bereits in den ersten Differenzen der Daten nicht abgelehnt werden. Das heißt nicht, daß für diese Variablen keine Prognosen möglich sind: unter Einbeziehung eines linearen Trendterms besteht die beste lineare Ein–Schritt–Vorhersage aus dem vorangegangenen Zeitreihenwert plus dem Absolutglied als konstanter Zuwachsrate (random walk mit drift, vgl. Kapitel 2). Für alle anderen Variablen finden sich Zeitreihenmodelle mit signifikanten autoregressiven und moving average–Parametern, welche die zeitlichen Abhängigkeitsstrukturen unter Erzeugung eines unkorrelierten Input–Prozesses hinreichend gut zu erklären vermögen. Die *Ljung/Box*–Teststatistik auf dem 10%–Niveau weist in keinem Fall auf eine entsprechende Fehlspezifikation hin. Der Modellansatz von *Box/Jenkins* [1970] für homogen nicht–stationäre Zeitreihen kann demnach auch in unserem Fall als gut geeignet zur Beschreibung der stochastischen Zeit–Eigenschaften ökonomischer Variablen angesehen werden.

Bei den Geldmengenaggregaten und ihren Komponenten wird mit einer Dummy-Variablen D_t gearbeitet, die bis zum 4. Quartal 1985 auf Null gesetzt ist und für den restlichen Untersuchungszeitraum auf den Wert 1.0 . Der Anpassung zugrunde gelegt werden können damit die Originalzeitreihen, unbereinigt des statistisch bedingten Datensprungs vom 4. Quartal 1985 auf das 1. Quartal 1986. Mit einem *transfer function*-Ansatz kann die Auswirkung dieses Niveau-Shifts auf die stationären ersten Differenzen untersucht werden. Signifikante Einflüsse lassen sich allerdings in allen Fällen nur für das Quartal Q1/1986 ermitteln.

Für die zwei Variablen Beschäftigung und Bargeld, bei denen die Voruntersuchungen hinsichtlich des Integrationsgrades den *I(2)*-Fall nicht vollständig ausschließen können, werden versuchsweise auch Zeitreihenmodelle in zweiten Differenzen angepaßt. Es ergeben sich aber keine großen Unterschiede, wenn man die hier interessierenden Innovationsreihen als Maßstab zugrunde legt. Die Korrelation zwischen den Modell-Residuen der beiden Ansätze für die Größe Beschäftigung wird auf $\rho = 0.83$ geschätzt und für die Zeitreihe Bargeld auf $\rho = 0.90$, vergleiche hierzu auch die folgende Diskussion. Für die weitere Analyse der Kausalbeziehungen zwischen den einzelnen Variablen wird auf die Innovations-Reihen der Modelle in ersten Differenzen zurückgegriffen. Damit liegt allen Zeitreihenmodellen (außer DRef) ein einheitlicher Integrationsgrad von Eins zugrunde.

Wie wir in Kapitel 2.5 und 3.3 ausgeführt haben, entsprechen die white noise-Inputvariablen von **ARIMA**-Zeitreihenmodellen gerade den sukzessiven Ein-Schritt-Prognosefehlern linearer Vorhersagen mit minimaler Fehlervarianz (MMSE). Unter der Annahme, daß die mittels endlicher Realisationen der Zeitreihen geschätzten Modelle von Tabelle 5.15 den tatsächlichen Generierungsprozessen der Daten entsprechen, lassen sich die resultierenden Residuenreihen demnach als aufeinanderfolgende Vorhersagefehler optimaler linearer Prognosen, und damit als stochastische Innovationen interpretieren. Dies entspricht dem Konzept der schwach rationalen Erwartungsbildung, das die optimale Nutzung der Informationen postuliert, welche bereits in den Vergangenheitswerten der einzelnen Variablen enthalten sind (ökonomisch rationale Erwartungen im Sinne von *Feige/Pearce* [1976]) . Für unseren Untersuchungszweck haben wir damit aus den Zeitreihendaten diejenigen Bestandteile extrahiert, die allein auf die univariate Dynamik zurückzuführen sind. Was durch diese Vorgehensweise in den Residuenreihen an Struktur verbleibt, kann nur noch auf den Einfluß anderer ökonomischer Größen zurückzuführen sein. Ohne verzerrende Einflüsse durch die Zeitreihencharakteristik der Daten befürchten zu müssen, können die Wirkungszusammenhänge zwischen den Innovationstermen verschiedener Variablen einer Kausalanalyse unterzogen werden. Bei integrierten Zeitreihen ist zudem der Aspekt von Bedeutung, daß die stochastischen Schocks der univariaten Modellierung einen dauerhaften Einfluß auf den weiteren Reihenverlauf nehmen (Persistenz-Eigenschaft), vgl. Kapitel 2.3 . Festgestellten Beziehungen zwischen Innovationsreihen kommt vor diesem Hintergrund eine besondere Bedeutung zu.

Bei der Beurteilung der Vorhersagequalität der Zeitreihenmodelle in Tabelle 5.15 darf nicht vergessen werden, daß die Modelle an differenzierte Daten angepaßt sind, d.h. ein Großteil an Varianzreduktion in den zu prognostizierenden Größen bereits durch diese Transformation induziert wird: Vorherzusagen ist z.B. bei ersten Differenzen nur die von der durchschnittlichen Wachstumsrate abweichende Entwicklung am aktuellen Reihen-

Tabelle 5.16

Korrelationen zwischen Residuen–Zeitreihen und stationären Differenzen [a]

Korrelation	Zeitreihe BSP	Auft	Prod	Bes	Ums	Kap
$Kor(\Delta Y_t, \hat{V}_t)$	0.87	0.91	1.0	0.41	1.0	0.95
$Kor(\Delta^2 Y_t, \hat{V}_t)$				0.82		

	Bar	Sicht	Termin	Spar	Gldk	ZBGM
$Kor(\Delta Y_t, \hat{V}_t)$	0.78	0.95	0.75	0.61	0.73	0.80
$Kor(\Delta^2 Y_t, \hat{V}_t)$	0.90	0.77	0.78	0.91	0.83	0.74

	M1	M2	M3	Disk	Lomb	Pens
$Kor(\Delta Y_t, \hat{V}_t)$	0.92	0.85	0.87	0.76	0.88	0.89
$Kor(\Delta^2 Y_t, \hat{V}_t)$	0.82	0.72	0.58	0.93	0.77	0.76

	ROAU	DMG	PrQZR	MRSicht	Redisk	DRef
$Kor(Y_t, \hat{V}_t)$						0.88
$Kor(\Delta Y_t, \hat{V}_t)$	0.97	0.91	0.88	0.86	0.81	0.76

[a] $Kor(\Delta^d Y_t, \hat{V}_t)$ steht für die geschätzte Korrelation zwischen der d–ten Differenz der Zeitreihe Y_t ($d = 0$, 1 und 2) und den Residuenwerten des entsprechenden **ARIMA**–Zeitreihenmodelles.

ende. Bei deutlich trendbehafteten Variablen vermag bereits die Prognose des Trends eine zufriedenstellende Vorhersage ermöglichen. Wir sind aber weniger an dem Aspekt der univariaten Modellierung interessiert und wollen daher den Güteaspekt im Datenniveau nicht näher beleuchten. Viel aufschlußreicher für unseren Zweck ist die Untersuchung der Korrelationen zwischen vorhergesagter Entwicklung, Prognosefehlern = Innovationsreihen und ersten bzw. zweiten Differenzen der einzelnen Variablen.

Wie aus Tabelle 5.16 zu entnehmen ist, werden die Korrelationskoeffizienten zwischen den Zeitreihen–Innovationstermen $\hat{V}_t$ und den ersten Differenzen der Daten $X_t := \Delta Y_t$ in der Regel außerordentlich hoch geschätzt. Bei modelltheoretisch unterstellter Unkorreliertheit zwischen angepasstem Wert $\hat{X}_t := X_t - \hat{V}_t$ und Residuenreihe ist damit gleichzeitig der Erklärungsgehalt der Modelle zur Vorhersage der Entwicklung in den Änderungsraten der Variablen nicht besonders hoch. [11] Empirisch korrelieren Residuen

[11] Mit $X = \hat{X} + \hat{V}$ gilt unter der Modellvoraussetzung $Cov(\hat{X}, \hat{V}) = 0$:
$Kor(X,\hat{X})^2 = Cov(\hat{X}+\hat{V},\hat{X})^2 \,/\, V(X)V(\hat{X}) = V(\hat{X})/V(X) = 1 + V(\hat{V})/V(X)$
$- 2\,Cov(X,\hat{V})/V(X) = 1 + 1 - Kor(X,\hat{X})^2 - 2\,Kor(X,\hat{V})\,(V(\hat{V})/V(X))^{\frac{1}{2}} =$

und Modellvorhersagen in ersten Differenzen mit Werten, die durchweg betragsmäßig kleiner als 0.18 sind, vgl. hierzu auch den Eigenschaftenkatalog rationaler Erwartungsbildung in Kapitel 3.3 . Besonders interessant ist aber die Beobachtung, daß bei Zeitreihen, deren Integrationsgrad nicht zweifelsfrei als Eins angenommen werden kann, die Modell–Residuen (aus Anpassungen in ersten Differenzen) und die *zweimal* differenzierten Daten $\Delta^2 Y_t$ oftmals noch viel höher miteinander korrelieren als die Innovationen mit den zu erklärenden ersten Differenzen. Darin kommt zum Ausdruck, daß bei diesen Variablen eher die zweiten Differenzen als (stationäre) stochastische Impulse angesehen werden müssen, welche die Zeitreihendynamik bestimmen. Die als sukzessive Ein–Schritt–Prognosefehler optimaler linearer Vorhersagen unter schwach rationalen Erwartungen zu interpretierenden Residuen spiegeln damit einen Großteil der *aktuellen stationären Veränderungsentwicklung* wider, die je nach Datenlage eher durch die zweiten als die ersten Differenzen anzunehmen ist. Für die entsprechenden Stichproben–Korrelationen werden durchweg Werte von mindestens 0.78 ermittelt.

Diese empirisch ermittelte Erkenntnis soll anhand einfacher **ARMA**–Zeitreihenmodelle noch etwas von theoretischer Seite beleuchtet werden. Sei als erstes der Fall eines stationären **AR**(1)–Prozesses $X_t = a X_{t-1} + V_t$, $t \in \mathbb{Z}$, $|a| < 1$, betrachtet. Mit der optimalen linearen Ein–Schritt–Modellvorhersage $\hat{X}_t = a X_{t-1}$ errechnet sich für die Erklärungsgüte eine Korrelation von $\mathbf{Kor}(X_t,\hat{X}_t) = |a|$. Aus Fußnote 11 ergibt sich damit für die Beziehung zwischen stochastischem Fehlerterm und vorherzusagender Zufallsvariablen die Relation $\mathbf{Kor}(X_t,V_t) = \sqrt{1-a^2}$. Für Werte $|a| < \sqrt{0.5} = 0.71$ erhält man demnach $\mathbf{Kor}(X_t,V_t) > \mathbf{Kor}(X_t,\hat{X}_t)$. Geht der autoregressive Parameter a gegen die Stationaritätsschranke von Eins, so gilt zwar $\mathbf{Kor}(X_t,V_t) \longrightarrow 0$, dafür korrelieren Modellresiduen und erste Differenzen von X_t immer stärker miteinander: $\mathbf{Kor}(\Delta X_t,V_t) = \sqrt{(1+a)/2} > |a| = \mathbf{Kor}(X_t,\hat{X}_t)$ für $-0.5 < a < 1$. Es zeigt sich also, daß für das stationäre **AR**(1)–Zeitreihenmodell mit $a > -0.71$ durchweg die Korrelation zwischen dem Innovationsprozeß und dem Niveau bzw. den ersten Differenzen von X_t größer ist als die Vorhersagegüte $\mathbf{Kor}(X_t,\hat{X}_t)$ des Modells. Übersteigt der autoregressive Parameter den Wert von $a = 0.5$, so ist die entsprechende Korrelation mit den einmal differenzierten Daten zu betrachten ($\mathbf{Kor}(\Delta X_t,V_t) > \mathbf{Kor}(X_t,V_t)$ für $0.5 < a < 1$ und $\mathbf{Kor}(\Delta X_t,V_t) \longrightarrow 1$ für $a \longrightarrow 1$). Für positives a erhält man somit einen Korrelationskoeffizienten zwischen Residuenprozeß und Niveau bzw. ersten Differenzen, der immer größer oder gleich dem Wert von $\sqrt{3/4} = 0.87$ ist. Die white noise–Innovationen des Zeitreihenmodells vermögen demnach einen Großteil der tatsächlichen (Veränderungs–) Entwicklung wiederzugeben. Nähert sich der Prozeß einem integrierten Verhalten (stochastischer Trend), so spiegelt sich das im engen Konnex der unkorrelierten Residuen mit den ersten Differenzen der Zeitreihe.

Für das invertierbare **MA**(1)–Modell $X_t = V_t + b V_{t-1}$, $t \in \mathbb{Z}$, erhält man ein ähnliches Resultat. Die Korrelation zwischen **MMSE**–Modellprognose $\hat{X}_t = b V_{t-1}$ und vorherzusagender Variablen beläuft sich in diesem Fall auf $\mathbf{Kor}(X_t,\hat{X}_t) = \sqrt{b^2/(1+b^2)}$, und die entsprechende Größe für die Residuen errechnet sich zu $\mathbf{Kor}(X_t,V_t) = 1/\sqrt{1+b^2} > 0.71$ für $|b| < 1$. Durchweg für alle $|b| < 1$ gilt demnach $\mathbf{Kor}(X_t,V_t) >$

$2 - \mathbf{Kor}(X,\hat{X})^2 - 2\,\mathbf{Kor}(X,\hat{V})\,(1 - \mathbf{Kor}(X,\hat{X})^2)^{\frac{1}{2}}$, d.h. $\mathbf{Kor}(X,\hat{X})^2 + \mathbf{Kor}(X,\hat{V})^2 = 1$.

***Kor*(X_t,$\hat{X}_t$)**. Die unkorrelierten Innovationen spiegeln damit die aktuelle Entwicklung immer besser wider als die angepaßten Werte – was natürlich für die Vorhersagebildung nur ex post von Nutzen ist, da sich die white noise-Impulse als Erwartungsfehler $V_t = X_t - \hat{X}_t$ erst im nachhinein ermitteln lassen. Für die Korrelation der Modellresiduen mit den ersten Differenzen von X_t errechnet sich $Kor(\Delta X_t, V_t) = (1+(b-1)^2+b^2)^{-\frac{1}{2}} < (1+b^2)^{-\frac{1}{2}} = Kor(X_t, V_t)$. Die Betrachtung von differenzierten Reihen erbringt demnach in diesem Fall keinen höheren Erklärungsbeitrag.

Die beiden Beispiele zusammenfassend kann gesagt werden, daß die Innovationsreihen von **ARMA**-Zeitreihenmodellen in einer sehr engen korrelativen Beziehung zu den zu erklärenden Größen stehen, mit dem Vorteil, daß bei autoregressiven Prozessen, welche sich in der Nähe einer Einheitswurzel bewegen, diesem Umstand durch hohe Korrelationen mit den entsprechend differenzierten Werten Rechnung getragen wird. Die empirischen Ergebnisse der Tabelle 5.16 sind vor diesem Hintergrund nicht überraschend. Die geringe Erklärungsgüte der Zeitreihenmodelle ist für unseren Anwendungszweck eher als positiv einzustufen. Ziel unserer Studie ist nicht die Diskriminierung zwischen antizipierten und nichtantizipierten Variablenanteilen sowie diesbezügliche Wirkungsanalysen (Neue Klassische Makroökonomie). Wir sind vielmehr an der Untersuchung von Kausalbeziehungen interessiert, welche nicht von univariaten dynamischen Eigenschaften der zeitabhängigen Variablen überlagert und verzerrt werden.

Durch die hohe Korrelation zwischen den realisierten ersten bzw. zweiten Differenzen der Daten und den in die Kausalanalyse einfließenden Innovationsreihen ist sichergestellt, daß mit dem ersten Schritt unserer Vorgehensweise keine relevanten Informationen hinsichtlich Relationen zwischen den einzelnen Variablen der Studie verlorengehen. Vielmehr ist gewährleistet, daß die jeweiligen treibenden Kräfte der unbereinigten Zeitreihen (stationäre Änderungsimpulse der Periode) in die Wirkungsuntersuchungen einfließen. Die in den folgenden Kapiteln dargestellten Resultate der Kausalanalyse sind ohne große Abstriche auf Beziehungen zwischen den tatsächlich eingetretenen Variablenänderungen zu übertragen. Der Vorteil der Verwendung von Residuenreihen aus Zeitreihenmodellen besteht aber darin, daß durch die Eliminierung der dynamischen Abhängigkeitsstrukturen in den einzelnen Variablen auf eine unkorrelierte Datengrundlage zurückgegriffen werden kann, und damit bei der statistischen Schätzung Schwierigkeiten mit der Zeitreihencharakteristik der Einflußgrößen auszuschließen sind.

Die weitgehende Übereinstimmung zwischen Innovationsreihe und differenzierter Originalreihe soll an dem Beispiel der Variablen Bruttosozialprodukt auch visuell deutlich gemacht werden. In Graphik 5.1 ist die (stationäre) Quartalszuwachsrate des BSP (1. Differenz der log. Niveaus) zusammen mit den angepassten Werten des **AR**(*2*)-Zeitreihenmodelles dargestellt. Obwohl ein gewisser Erklärungsgehalt – insbesondere auch im Datenniveau in Verbindung mit dem deterministischen und stochastischen Trend – vorhanden ist ($Kor(\Delta Y_t, \Delta \hat{Y}_t) = 0.49$), weist die unterhalb wiedergegebene Residuenreihe des Modells (rechte Achse) einen augenfälligen Gleichlauf mit den Schwingungen der ersten Differenzen des BSP auf ($Kor(\Delta Y_t, \hat{V}_t) = 0.87$). Der hauptsächliche – und für unsere Anwendung entscheidende – Unterschied besteht aber in der zeitlichen Dynamik der beiden Reihen: während die Ausgangsreihe hochgradig signifikante Autokorrelations-Struktur beinhaltet, ist für die Residuenreihe die Hypothese der Unkorreliertheit

Graphik 5.1
Zeitreihenmodell für die Variable Bruttosozialprodukt

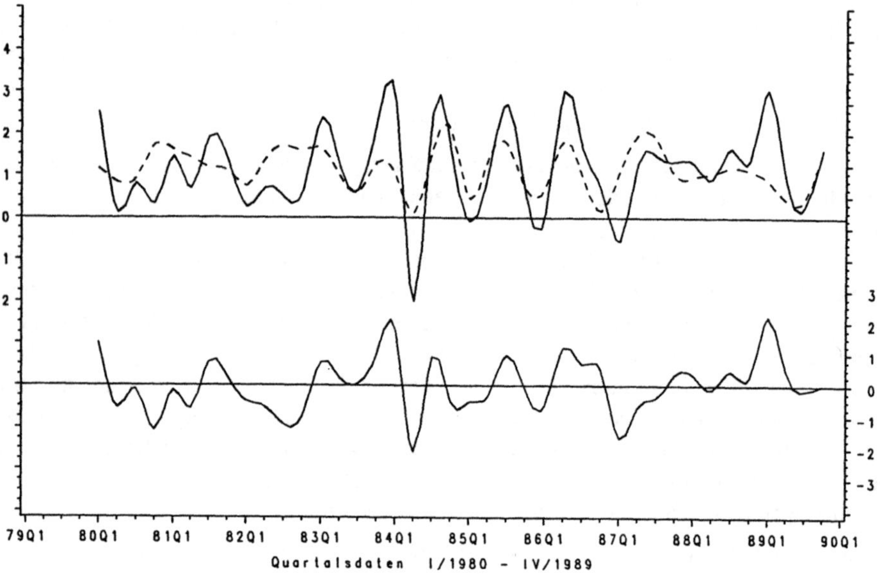

linke Achse:	1. Differenzen des logarithmierten BSP (durchgezogene Linie) angepasstes **AR**(2) –Modell (gestrichelte Linie)
rechte Achse:	Modellresiduen (untere durchgezogene Linie)

statistisch nicht zu widerlegen. Die aus den angepaßten **ARIMA**–Modellen der Tabelle 5.15 resultierenden Innovationsreihen können sämtlich als white noise–Prozesse angesehen werden und so direkt in die kausale Modellierung des zweiten Schrittes mittels des Instrumentariums der Kovarianzstrukturanalyse einfließen.

5.2 Die Geldmenge als latente Variable: Kausalanalyse monetärer Impulse

Die im vorangegangenen Kapitel bereitgestellten unkorrelierten Innovationsreihen der makroökonomischen Variablen werden im folgenden für eine Kausalanalye des Transmissionsmechanismus monetärer Impulse eingesetzt. Wie wir gesehen haben, lassen sich die Residuen von univariaten **ARIMA**–Zeitreihenmodellen als stochastische Schocks interpretieren, welche die sukzessiven Modellprognosen überlagern, die unter optimaler Ausnutzung der zurückliegenden Realisationen der einzelnen Variablen möglich sind (schwach rationale Erwartungsbildung). Als unkorrelierte aufeinanderfolgende Vorhersagefehler spiegeln die Innovationsreihen damit diejenige ökonomische Information der

Periode wider, die nicht aus der zeitlichen Abhängigkeitsstruktur der Größe extrahiert werden kann. Auf der anderen Seite bestimmen die white noise-Impulse als Input-Prozeß die Zeitreihendynamik von stochastischen Prozessen (bei stationären wie auch im besonderen bei integrierten Zeitreihen). Wie wir gezeigt haben, führt dies zu einer hohen Korrelation zwischen den Innovationsreihen und den ersten bzw. zweiten Differenzen der Daten. Die in die Kausalanalyse eingehenden Zeitreihen geben damit in hohem Maße die tatsächlich eingetretene Entwicklung im Sinne stationärer Änderungsimpulse in den Variablen wieder. Durch die Konzentration auf Zeitreiheninnovationen wird der Blick auf die wesentlichen Informationen bezüglich der Wirkungen zwischen ökonomischen Größen gerichtet. Der Vorteil der Vorgehensweise liegt in der Möglichkeit, ohne verzerrende Einflüsse des Faktors Zeit, statistische Schlüsse aus einer unkorrelierten Datengrundlage zu ziehen.

Durch die **ML**-Anpassung der Zeitreihenmodelle mittels Zurückschätzung der Startwerte (*backforecasting*) sind Innovationswerte ab dem ersten Quartal 1980 für sämtliche Variablen verfügbar. Der Stichprobenumfang für die Kausalanalyse beträgt daher maximal 40 Beobachtungen (gesamte achtziger Jahre). Die statistischen Tests des vorangegangenen Kapitels zeigen, daß von unkorrelierten Residualvariablen ausgegangen werden kann. In Zusammenhang mit der Normalverteilungshypothese der Zeitreihenanalyse ist damit die Voraussetzung der Unabhängigkeit für die Inputvariablen der Kovarianzstrukturanalyse erfüllt. Die Kovarianzmatrix der manifesten Größen kann mit Standard-Methoden konsistent geschätzt werden. Aus Gründen einer vereinfachten Schreibweise verwenden wir im folgenden durchweg die Variablenbezeichungen von Kapitel 5.1 a) auch für die Innovationszeitreihen. Da ausschließlich nur noch mit diesen Überraschungsgrößen gearbeitet wird, sind Verwechslungen ausgeschlossen. In Kapitel 5.2 bis 5.4 sind damit alle vorkommenden Variablen als die Residualreihen der univariaten **ARIMA**-Modellierung des ersten Schrittes zu verstehen.

In Kapitel 1.4 sind mehrere Schätzverfahren für die Anpassung von theoretischen Kovarianzstrukturen an die Stichproben-Kovarianzmatrix der manifesten Variablen behandelt worden. Bei dem hier vorliegenden begrenzten Stichprobenumfang ist es nicht sinnvoll, auf den verteilungsfreien Ansatz zurückzugreifen, da für diesen Momente vierter Ordnung geschätzt werden müssen. Gearbeitet wurde dagegen versuchsweise mit dem **GLS**-Schätzer unter elliptischer wie unter der Normalverteilungshypothese. Es ergaben sich aber keine gravierenden Unterschiede zu den Schätzergebnissen mit der **ML**-Methode, mit der Ausnahme, daß der Ansatz für elliptische Verteilungen generell zu einem geringeren Testwert der χ^2-Anpassungsstatistik führte (häufigere Annahme des Null-Modells). Im Zuge einer Vereinheitlichung der Verteilungsvoraussetzungen beschränken wir uns im folgenden ausschließlich auf den **ML**-Schätzansatz, der im Sinne einer konfirmatorischen Analyse zu konservativeren und damit besser abgesicherten Testergebnissen führt. Es muß hier auch noch einmal betont werden, daß sämtliche vorgeschlagenen Schätzer für die Kovarianzstrukuranalyse konsistent sind, unabhängig von einer speziellen Verteilung der Modellvariablen. Die Unterschiede beziehen sich auf die Effizienz der Ansätze und die Gültigkeit der asymptotischen Verteilung der Anpassungsstatistik.

Grundgedanke der gesamten empirischen Untersuchungen zu Aspekten der Transmission monetärer Impulse ist die Modellierung von Geldmengenschocks nicht anhand der herkömmlichen additiven Geldaggregate M1, M2, M3 oder Zentralbankgeldmenge, sondern als faktoranalytisches Konstrukt der Innovationen in den einzelnen Geldkomponenten. Damit ist die Frage verbunden, ob sich die Relationen zwischen den verschiedenen Erscheinungsformen von Geld überhaupt auf eine zugrundeliegende latente Geldmenge reduzieren lassen. Inhalt des Kapitels 5.2 ist die empirische Untersuchung dieser Fragestellung sowie der Auswirkungen latenter monetärer Impulse auf andere ökonomische Größen wie Zinsen, Preise und realwirtschaftliche Variablen (latentes Konstrukt realwirtschaftliche Aktivität). Insbesondere haben wir damit den Liquiditäts–, Preis– und Einkommenseffekt der Zinstheorie, sowie die geldpolitisch brisanten Relationen Geldmenge – Volkseinkommen und Geldmenge – Preisniveau im Auge. Wir gehen dabei zunächst immer von einer exogenen Geldmenge aus, d.h. betrachten den Einfluß unerwarteter geldmengenpolitischer Maßnahmen (monetärer Impuls) auf andere endogene Variablen. In den weiteren Kapiteln 5.3 und 5.4 betrachten wir dann zusätzlich mögliche Abhängigkeiten von monetären Entwicklungen (endogene Geldmenge) und Reaktionen der Geldpolitik auf vorangegangene Änderungen in den realwirtschaftlichen Zielgrößen.

a) Konfirmatorische Faktorenanalyse der Geldmengenkomponenten

Ansatzpunkt unserer empirischen Studie ist der Versuch, die Innovationen (unerwartete Bestandteile unter schwach rationalen Erwartungen) der üblichen Komponenten der additiven Geldmengenaggragate wie Bargeld, Sicht–, Spar– und Termineinlagen auf einen eindimensionalen Faktor zu reduzieren (latente Geldmenge). Dieses Konstrukt könnte dann als ein unverzerrter monetärer Impuls in die weitere Wirkungsuntersuchung einfließen, ohne sich der Beliebigkeit und Schwachpunkte der herkömmlichen Abgrenzungen auszusetzen. Als weiteren Indikator für eine derartige latente Variable ziehen wir außerdem die Geldkapitalbildung inländischer Nichtbanken bei den Kreditinstituten mit in Betracht. Mit der Datengrundlage bestehend aus den Kovarianzbeziehungen zwischen den Variablen Bar, Sicht, Spar, Term und Gldk ist demnach eine konfirmatorische Faktorenanalyse mit der Hypothese eines einzigen Faktors durchzuführen.

Vorteil einer derartigen konfirmatorischen Vorgehensweise im Unterschied zu rein definitorischen Geldmengenabgrenzungen ist die Möglichkeit, die Existenz eines eindimensionalen latenten Konstrukts, welches mit der Bezeichung monetärer Impuls belegt werden kann, statistisch zu testen. Mittels der Faktorenanalyse kann die Frage beantwortet werden, ob es überhaupt sinnvoll ist, von einem einzigen Geldmengenaggregat auszugehen, oder ob zur angemessenen Beschreibung der Beziehungen zwischen den verschiedenen monetären Indikatoren nicht mehrere Faktoren vonnöten sind. In Tabelle 5.17 geben wir die Korrelationen zwischen den fünf Innovationsreihen wieder, um einen Eindruck von den zu analysierenden Relationen zu geben. Wie zu erkennen ist, zeigen die Korrelationsbeziehungen deutlich signifikante Struktur, die einer Aufklärung mit der Faktorenanalyse somit prinzipiell zugänglich ist. Überträgt man das Resultat von *Box/Pierce* [1970] bezüglich der asymptotischen Verteilung der Stichproben–Autokorrelationen von Zeitreihen–Residuen auf unseren Fall, so kann der Standardfehler der

Tabelle 5.17

Korrelationen zwischen Indikator –Variablen der latenten Geldmenge [a]

$Kor(X_t, Y_t)$	Bar	Sicht	Term	Spar	Gldk
Bar	1.0				
Sicht	0.54	1.0			
Term	-0.32	-0.76	1.0		
Spar	0.28	0.63	-0.57	1.0	
Gldk	-0.63	-0.54	0.31	-0.57	1.0

[a] $Kor(X_t, Y_t)$ steht für die geschätzte Korrelation zwischen den Innovationszeitreihen der monetären Komponentenvariablen.

Korrelations –Schätzungen in Tabelle 5.17 in konservativer Weise durch den Wert $1/\sqrt{n}$, mit Stichprobenumfang n, abgeschätzt werden. Signifikanz –Schranken von ± 2 Standardfehlern sind dann bei uns durch die Werte ± 0.316 gegeben. Bis auf eine Ausnahme übersteigen sämtliche Schätzungen diese Grenzwerte.

In Graphik 5.2 ist das Ergebnis der konfirmatorischen Faktorenanalyse für die Hypothese eines einzigen latenten Faktors wiedergegeben. Wir wollen die empirischen Resultate der Kausalanalyse im folgenden immer in Form derartiger Pfaddiagramme dokumentieren, da dies unter Anwesenheit von latenten Variablen und mehrerer Strukturgleichungen sehr zur Veranschaulichung der Schätzergebnisse beiträgt. Die graphische Darstellung von Wirkungsbeziehungen in Kausaldiagrammen geht auf die psychometrische Tradition der Pfadanalyse zurück (*Wright* [1934], neuere Darstellung in *Wright* [1960]). Manifeste Variablen werden dabei durch Quadrate/Rechtecke und latente Variablen durch Kreise/Ellipsen gekennzeichnet. Direkte Einflüsse gehen in Form von Pfeilen mit der Spitze in Richtung der abhängigen Größe ein und Kovarianzbeziehungen werden durch gebogene Doppelpfeile kenntlich gemacht, vgl. auch Kapitel 1.3 b).

Zusätzlich zur theoretischen Struktur können die Schätzungen der Kovarianzstrukturanalyse für die Modellparameter vermerkt werden. Wir benutzen diese Schreibweise für die Strukturkoeffizienten, die Faktorladungen und Kovarianzbeziehungen, jeweils mit den dazugehörigen t–Werten der Parameterschätzung in daruntergesetzten runden Klammern. Auf die Angabe von Residualvarianzen der einzelnen Modellgleichungen kann verzichtet werden, da diese nur in Relation zu den Varianzen der jeweils abhängigen Variablen aussagekräftig sind. Statt dessen notieren wir an jene Pfeile, welche die Anwesenheit von stochastischen Fehlertermen zum Ausdruck bringen sollen, in eckigen Klammern <..> die sogenannten Reliabilitäten. Sei mit $Y_i = f_{1\,in}(X_1,..,X_p) + V_i$ eine der Gleichungen des Modells gegeben, dann ist die zugehörige Reliabilität durch den Ausdruck

$$\mathbf{Rel}_i := 1 - \frac{\mathbf{Var}(V_i)}{\mathbf{Var}(Y_i)} \qquad (5.3)$$

Graphik 5.2
Konfirmatorische Faktorenanalyse Geldmenge mit fünf Indikatoren [a]

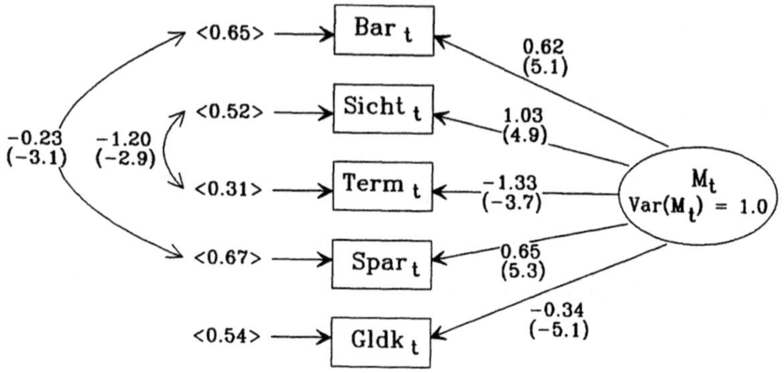

[a] Stichprobengröße N = 40 Beobachtungen, Testwert der Anpassungsstatistik $\chi^2(3) = 5.05$ (entspricht einem P-Wert von P = 0.17), GFI-Index = 0.95, AGFI = 0.75, BBN-Index = 0.95, BBNN = 0.93.

definiert. Mittels der modelltheoretisch unterstellten Unkorreliertheit zwischen Erklärungsteil $f_{1\,in}$ und Fehlerterm V_i gilt somit: $\boldsymbol{Rel_i = Var(f_{1\,in}(X)) / Var(Y_i)} =$ $\boldsymbol{Kov(Y_i, f_{1\,in}(X)) / Var(Y_i) = Kor(Y_i, f_{1\,in}(X))^2}$, d.h. die Reliabilität entspricht dem Bestimmtheitsmaß der Modellgleichung und ist gleich dem Quadrat der Korrelation zwischen erklärtem Anteil und abhängiger Größe.

Das Ergebnis der Modellanpassung in Graphik 5.2 mit dem **ML**-Schätzansatz der Kovarianzstrukturanalyse zeigt eine hinsichtlich statistischer Kriterien zufriedenstellende Modellierung der Beziehungen zwischen den fünf Geldmengenkomponenten. [1] Die Faktorladungen sind alle hoch signifikant und das Faktormodell im geschätzten Parameterpunkt vermag die empirische Kovarianzmatrix der manifesten Variablen (unter Einbeziehung zweier Residualkorrelationen, so daß noch drei Freiheitsgrade verbleiben) derart anzupassen, daß die Nullhypothese eines gültigen Kovarianzstrukturmodells auch auf dem 10%-Niveau mittels der χ^2-Statistik nicht abgelehnt werden kann. [2] Die Schwan-

---

[1] Die Schätzungen sind mit den Programmen **LISREL** 7.16 und **EQS** 2.1 auf einem IBM-Großrechner durchgeführt worden. Der Rechenaufwand zur Anpassung der Kausalmodelle ist aber nicht besonders groß, so daß ohne weiteres auch die entsprechenden PC-Versionen der Programme eingesetzt werden könnten. Hinsichtlich der Genauigkeit der Schätzergebnisse ließen sich zwischen den beiden Programmen keinerlei Unterschiede feststellen.

[2] Auf die Angabe und Interpretation der deskriptiven Anpassungsmaße (vgl. *Jöreskog/Sörbom* [1984], *Bentler/Bonett* [1980], *Bentler* [1983b]) wie GFI (*goodness of fit index*), AGFI (*adjusted* GFI), BBN (*Bentler-Bonett normed fit index*) und BBNN (*nonnormed BB-fit index*) wird im folgenden weitgehend verzichtet, da sie kaum Aussagekraft über den statistisch zu bewertenden χ^2-Anpassungswert hinaus vermitteln.

kungen in den Innovationen der fünf Geldmengen-Indikatoren lassen sich demnach auf eine einzige zugrundeliegende Ursache zurückführen. Aufgrund dieser Tatsache ist es gerechtfertigt, von der Existenz einer latenten Geldmenge M zu sprechen und dieses Konstrukt mit einem unverzerrten monetären Impuls gleichzusetzen.

Bei der Interpretation der Parameterschätzer ist darauf zu achten, daß diese von der gewählten Normierung des latenten Faktors abhängen. Hier wurde zur Sicherstellung der Identifikation des Faktormodells die Varianz der latenten Geldmenge auf den Wert 1.0 gesetzt. Neben den t-Werten der Faktorladungen sind aber auch die in eckigen Klammern angegebenen Reliabilitäten der einzelnen Indikatoren unahhängig von dieser Skalierung. Das wichtigste Ergebnis der Analyse ist, daß die Ladungen der Variablen Termineinlagen und Geldkapitalbildung mit gerade umgekehrten Vorzeichen wie die restlichen drei Indikatorvariablen geschätzt werden. Die Korrelation der Größe Term mit der latenten Geldmenge beträgt dabei $\rho = -0.56$ und die von Gldk mit dem Faktor $\rho = -0.74$.

Auch schon anhand der zweiseitigen Beziehungen von Tabelle 5.17 ist deutlich geworden, daß sich die Perioden-Innovationen in den Termineinlagen und der Geldkapitalbildung *invers* zu den unerwarteten Änderungen der Variablen Bargeld, Sicht- und Spareinlagen verhalten. Darin kommt die Tatsache deutlich zum Ausdruck, daß die Komponenten der Geldmenge entscheidend von Portfolioanpassungen der Kreditinstitute und Nichtbanken geprägt werden und nicht allein exogen von der Geldpolitik kontrolliert werden können (nachfrageorientierte Geldmengensteuerung über Beeinflussung der Zinsbedingungen und Spannungsverhältnisse am Geldmarkt, vgl. Kapitel 4.1). Insbesondere die Zinsabhängigkeit der Geldnachfrage ist in diesem Zusammenhang von Bedeutung (Liquditätspräferenztheorie). Die unterschiedlichen Portfolioreaktionen bezüglich der obigen fünf Geldvariablen könnten damit aus Nichtbanken-Sicht etwa in folgender Weise begründet werden.

Sind die Zinsen innerhalb einer Periode gestiegen, so erscheint es den Wirtschaftssubjekten vorteilhafter, auch kurzfristig in höherrentierliche Geldanlagen wie Termineinlagen, Sparbriefe und Sonder-Sparformen von Kreditinstituten überzuwechseln. Die Bargeld- und Sichteinlagenhaltung nimmt damit c.p. ab. Erreicht das Zinsniveau im historischen Vergleich eine gewisse Höhe (aufkommende Zinssenkungserwartungen), so ist auch das langfristige Engagement in Wertpapieren, die dem Kursrisiko ausgesetzt sind, von Interesse – das Halten von liquiden Geldbeständen für Spekulationszwecke nimmt weiter ab. Bildet sich das Zinsniveau nach Überschreiten des Zinsgipfels wieder zurück, so werden zum einen bisher in höherverzinsliche Anlageformen kurzfristig geparkte Mittel langfristig in Rentenwerte angelegt (attraktive Rendite plus Erwartung von Kursgewinnen), was den Marktzins weiter drückt (großes Kapitalangebot). Die Nachfrage nach Termineinlagen und anderen Sonder-Sparformen wird mit sinkenden Zinsen immer weiter zurückgehen. Zum anderen steigt die Furcht vor Kursrückschlägen und wieder anziehenden Renditen, je niedriger das Zinsniveau von den Wirtschaftssubjekten bereits empfunden wird. Die Folge wird ein Aufleben der unverzinslichen Spekulationskasse sein. Erreichen die Zinsen ihren subjektiven Tiefstpunkt, so werden die bei höheren Marktzinsen erworbenen Wertpapiere zur Sicherstellung der aufgelaufenen Kursgewinne wieder veräußert, am Rentenmarkt übersteigt die Kapitalnachfrage das -angebot. In der Erwartung, daß

Geldanlagen schon bald höhere Zinserträge erbringen werden, wird ein Großteil der verfügbaren Mittel in der liquidesten Form des Bar – und Giralgeldes gehalten.

Die vorstehende Argumentationskette über die Zinsabhängigkeit der Geldnachfrage bietet ein theoretisches Fundament für das in der obigen Faktorenanalyse gefundene negative Vorzeichen der Variablen Termineinlagen (empirisch widmen wir uns dieser Frage erneut in Kapital 5.3) . Bereits die Geldkomponenten im monetären Aggregat M2 (Bar, Sich, Term) sind damit unterschiedlich zinsreagibel. Wie unsere Analyse gezeigt hat, ist die Extraktion eines einzigen latenten Faktors zwar überaus sinnvoll; eine einfache additive Verknüpfung aller vier bzw. fünf Komponenten zur Bildung eines Aggragats Geldmenge muß aber kritisch hinterfragt werden. Interessanterweise verhalten sich die Spareinlagen eher wie Bargeld und Sichteinlagen. Die latente Geldmenge leistet bei dieser Variablen sogar den höchsten Anteil an Varianzaufklärung (größte Reliabilität unter allen Indikatoren). In der Bundesrepublik Deutschland fallen die Spareinlagen damit wohl eher in die Kategorie der Liquiditätsreserve und dienen weniger als rentierliche Anlageform (bis auf den Beginn der achtziger Jahre boten Sparkonten mit gesetzlicher Kündigungsfrist auch einen eher spärlichen Zinsertrag).

Damit ist eigentlich unverständlich, warum die Termineinlagen (mit Befristung bis unter vier Jahren!) durch die Einbeziehung in die Geldmenge M2 von der Geldpolitik als geldnäher angesehen werden als die Spareinlagen. Diese kommen erst im von der Bundesbank maßgeblich beachteten weiten Geldaggregat M3 zum Tragen. Eine Zusammenfassung der negativ zinselastischen liquiden Geldformen Bargeld, Sicht – und Spareinlagen würde näherliegen. Durch die Kombination mit den Termineinlagen in M3 wird vielmehr ein Konstrukt geschaffen, das zinsbedingte Umschichtungen innerhalb dieser Geldkomponenten ergebnisneutral subsumiert. Der Preis dieser Vorgehensweise dürfte in einer Verwischung der Effekte monetärer Maßnahmen sein, die weitgehend über den Zins wirken, vgl. Kapitel 4.1 . Fehlende empirische Evidenz für theoretisch vermutete Geldwirkungen (siehe Kapitel 4.2) könnten auch hier ihre Ursache haben. So wird der Geldmenge M2 gerade wegen des starken Gewichts der Termineinlagen, das zu einer eher positiven Zinsabhängigkeit führt, immer weniger Beachtung geschenkt. Es ist zu vermuten, daß M3 nur deshalb noch einige Charakteristiken von dem zeigt, was man mit einem Geldvolumensbegriff eigentlich verbindet, weil in dieses Aggregat die volumenstarken Spareinlagen eingehen und damit die konträren Eigenschaften der Termineinlagen etwas zurückdrängen. Mit unserer latenten Geldmenge hoffen wir dagegen, einen unverzerrten Maßstab für monetäre Impulse bereitgestellt zu haben, der in weitergehende Wirkungsuntersuchungen sinnvoller als die herkömmlichen additiven Geldaggregate eingesetzt werden kann.

Aus dem empirischen Resultat einer negativen Korrelation zwischen den Innovationen der Variablen Bargeld, Sicht – und Spareinlagen auf der einen Seite und Termineinlagen sowie Geldkapitalbildung auf der anderen Seite könnte allerdings auch der Schluß gezogen werden, daß die Beziehungen zwischen diesen Geldkomponenten mittels Reduktion auf einen eindimensionalen monetären Faktor nur unzureichend zu beschreiben sind. Indikatorvariablen mit negativem Vorzeichen bedeuten je gerade, daß die Schwankungen in diesen Größen dem hypothetisch zugrundegelegten Faktor gerade entgegenlaufen. Wir zeigen im folgenden anhand zweier weiteren Ansätzen, daß die Modellierung mittels zweier latenter Konstrukte aber zu exakt dem gleichen Anpassungsergebnis führt wie das

Graphik 5.3
Konfirmatorische Faktorenanalyse Geldmenge: zweistufiges Faktormodell [a]

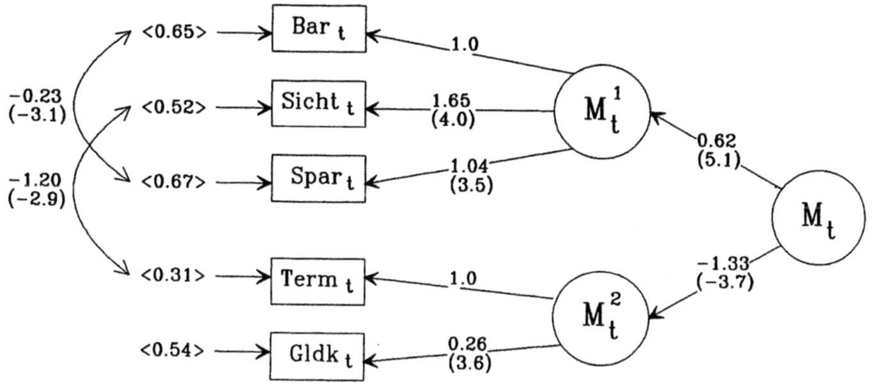

[a] Stichprobengröße N = 40 Beobachtungen, Testwert der Anpassungsstatistik $\chi^2(3) = 5.05$ (entspricht einem P-Wert von P = 0.17).

einfache Faktormodell von Graphik 5.2. Rückschlüsse darauf, welches der drei Modelle den 'wahren' Zusammenhängen näher kommt, sind somit nicht möglich.

Die Ursache dieser Unentscheidbarkeit liegt in der Problematik der äquivalenten Kausalmodelle begründet, vgl. Kapitel 1.3 c). Der Schätzansatz der Kovarianzstrukturanalyse beruht ausschließlich auf den zweiten Momenten der manifesten Variablen. Da die speziellen Restriktionen der theoretischen Kovrianzmatrix nur notwendig aber nicht hinreichend für die unterstellte Modellstruktur sind, kann nicht ausgeschlossen werden, daß es andere Parametrisierungen auf der Strukturebene gibt, welche genau das gleiche Kovarianzstrukturmodell implizieren. Bei der Kausalanalyse kann demnach auch bei einem gut angepassten Modell immer nur von einer Struktur*hypothese* gesprochen werden, welche mit den Daten einer Stichprobe vereinbar ist. Der Nachweis für das Zugrundeliegen eines bestimmten Generierungsprozesses ist nicht zu führen (konfirmatorischer Ansatzpunkt, ähnlich dem der statistischen Testung).

Daß es sich bei äquivalenten Modellen nicht um seltene Ausnahmefälle handelt, wird durch die folgenden beiden Alternativstrukturen zum Ansatz von Graphik 5.2 deutlich. In Graphik 5.3 geben wir die Struktur samt Schätzergebnisse eines zweistufigen Faktor-Modells für den gleichen Datensatz der fünf monetären Indikatorvariablen wieder. Die beiden latenten Faktoren laden jeweils nur auf die negativ bzw. positiv zinselastischen Geldkomponenten. Der Faktor zweiter Ordnung zeigt erneut die negative Korrelation zwischen diesen beiden Gelddimensionen an. Berechnet man die theoretische Kovarianzmatrix dieses Modells, so ergibt sich exakt die gleiche Parametrisierung wie im Fall des einfachen Faktormodells: die beiden Ansätze sind äquivalent. Läßt man anstelle des Faktors zweiter Ordnung die beiden latenten Geldkonstrukte mit einem Koeffizienten von

Graphik 5.4
Konfirmatorische Faktorenanalyse Geldmenge: Zwei – Faktor – Modell [a]

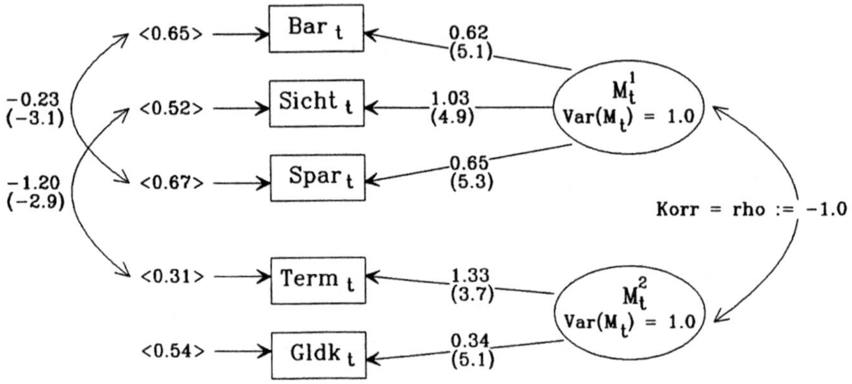

[a] Stichprobengröße N = 40 Beobachtungen, Testwert der Anpassungsstatistik $\chi^2(3) = 5.05$ (entspricht einem P – Wert von P = 0.17).

$\rho = -1.0$ perfekt negativ miteinander korrelieren, so erhält man erneut die gleiche Anpassungsgüte (Graphik 5.4). Alle drei Darstellungen sind mit der gleichen Kovarianzmatrix verträglich und damit nicht unterscheidbar. Es ist damit nicht nötig, eine Zerlegung in zwei orthogonale Gelddimensionen vorzunehmen; der einfache Ansatz mit einer latenten Variablen weist den gleichen Erklärungsgehalt auf. [3] In der weiteren Analyse verwenden wir daher nur noch den Einfaktor – Ansatz zur Modellierung eines monetären Impulses.

Zur Veranschaulichung einer latenten und damit nicht direkt beobachtbaren Variablen gibt es mehrere Möglichkeiten. Zum einen können wir im Rahmen der Kovarianzstrukturanalyse die Korrelation des monetären Impulses M mit den Innovationen in den üblichen Geldmengenaggregaten schätzen. Zum anderen kann versucht werden, die quantitative Ausprägung des Faktors über sogenannte *factor score regressions* zu approximieren. Mit dem ersteren Ansatz erhalten wir folgende Korrelationsschätzungen :

$$\hat{\rho}_{M,M_1} = 0.90 \ , \quad \hat{\rho}_{M,M_2} = -0.18 \ , \quad \hat{\rho}_{M,M_3} = 0.36 \ , \quad \hat{\rho}_{M,ZBGM} = 0.69 \ . \tag{5.4}$$

Es zeigt sich deutlich, daß sich die latente Geldmenge M ähnlich verhält wie das geldnahe Konstrukt M1 . Das negative Vorzeichen bezüglich der Geldmenge M2 ist auf das starke Gewicht der Termineinlagen zurückzuführen, welche in M2 additiv, in unser Konstrukt dagegen negativ eingehen. Bei M3 und der Zentralbankgeldmenge setzt sich wieder mehr der Einfluß der liquideren Geldformen durch, an dem Aggregat ZBGM hat das

[3] Versuche, die Korrelation zwischen den beiden Geldfaktoren im Ansatz 5.4 unter Verlust eines Freiheitsgrades frei zu schätzen bzw. überhaupt keine Korrelation zuzulassen, führten generell zu schlechteren Anpassungsergebnissen.

Bargeld einen überproportionalen Anteil. Die obigen Ausführungen werden von diesen Schätzresultaten voll gestützt: zur Quantifizierung eines aussagekräftigen monetären Impulses kommt am ehesten die Geldmenge M1 in Betracht. Wie die hohe Korrelation von +0.90 mit dem faktoranalytischen Konstrukt M erkennen läßt, spiegelt M1 einen Großteil der monetären Schwankungen wider, die hinter den Innovationen der fünf Geldkomponenten stehen. M1 ist damit als das Aggregat anzusehen, das am ehesten geldpolitische Maßnahmen im Rahmen eines Geldvolumensbegriffes unverzerrt zum Ausdruck bringt.

Zum zweiten wollen wir versuchen, die zeitliche Entwicklung der latenten Geldmenge graphisch zu veranschaulichen. Zur Schätzung von Faktorausprägungen (*factor scores*) sind verschiedene Verfahren vorgeschlagen worden (vgl. *Lawley/Maxwell* [1971]). Wir stützen uns hier auf den sogenannten Regressions-Ansatz, der im Computerprogramm **LISREL** implementiert ist. Das Modell der konfirmatorischen Faktorenanalyse für die $\mathbb{R}^m$-Zufallsvariable der manifesten Größen Y, den Vektor der k Faktoren $f = (f_1,..,f_k)'$ und die $\mathbb{R}^m$-Fehlervariable u schreibt sich nach Kapitel 1.1 c) zu:

$$Y = \Lambda f + u \;, \quad EY = Eu = 0 \;, \quad E(fu') = 0 \,, \tag{5.5}$$

mit unbekannten, zu schätzenden Parametern in der $m{\times}k$-Ladungsmatrix Λ sowie den positiv definiten Kovarianzmatrizen $K(f) = Eff' = \Phi$ und $K(u) = \Psi$. Als Kriterium zur Reduktion der Variablen-Beziehungen auf $k \leq m$ Faktoren wird die Kovarianzstruktur der beobachtbaren Variablen herangezogen, welche sich aus den Modellannahmen zu $\Sigma := K(Y) = \Lambda \Phi \Lambda' + \Psi$ ergibt. Die Ableitung von *factor scores* stellt kein übliches Schätzproblem dar, da sowohl die k Faktoren – die keine Modellparameter sondern unbeobachtbare Variablen sind – als auch die m Residuenterme unbekannt sind, auf der anderen Seite mit den Elementen von Y weniger beobachtete Größen zur Verfügung stehen. Der hier verwendete Ansatz besteht in der Suche nach k linearen Funktionen der Beobachtungen, d.h. Linearkombinationen $\hat{f}_i := a_i' Y$, $a_i \in \mathbb{R}^m$, $1 \leq i \leq k$, welche die Fehlervarianzen $Var(\hat{f}_i - f_i)$ minimieren. (Bedingte) Erwartungstreue wird dabei nicht vorausgesetzt. Die Lösung dieses Minimierungsproblems ergibt sich zu:

$$\hat{f} = \Phi \Lambda' \Sigma^{-1} Y = \Phi \,(I_k + \Upsilon \Phi)^{-1} \Lambda' \Psi^{-1} Y \,, \tag{5.6}$$

vgl. *Thomson* [1951], wobei mittels der Umformung auf die Invertierung der ersten Variablen verzichtet werden kann, $\Upsilon := \Lambda' \Psi^{-1} \Lambda$. Für die Kovarianzmatrix dieses Schätzers errechnet sich $K(\hat{f}) = \Phi - \Phi(I + \Upsilon\Phi)^{-1}$, was mit der Matrix der Kreuzkovarianzen zwischen wahren und geschätzten Faktoren $K(\hat{f}f') = E(\hat{f}f')$ übereinstimmt. Desweiteren gilt für die Kovarianzmatrix der Fehler $K[(\hat{f}-f)] = \Phi(I + \Upsilon\Phi)^{-1}$.

Ein zweiter Ansatz, der auf dem KQ-Prinzip beruht und für den im Gegensatz zum Schätzer (5.6) die bedingte Erwartungstreue $E(\hat{f}|f) = f$ erfüllt ist, geht auf *Bartlett* [1938] zurück. In dem uns hier interessierenden Spezialfall eines einzigen Faktors (k=1) läßt sich aber leicht zeigen, daß sich die beiden Methoden nur durch einen Skalierungsfaktor unterscheiden und der *Bartlett*-Schätzer dabei generell die größere Fehlervarianz

Graphik 5.5
Innovationen dreier Geldkomponenten gegen monetären Impuls der latenten Geldmenge

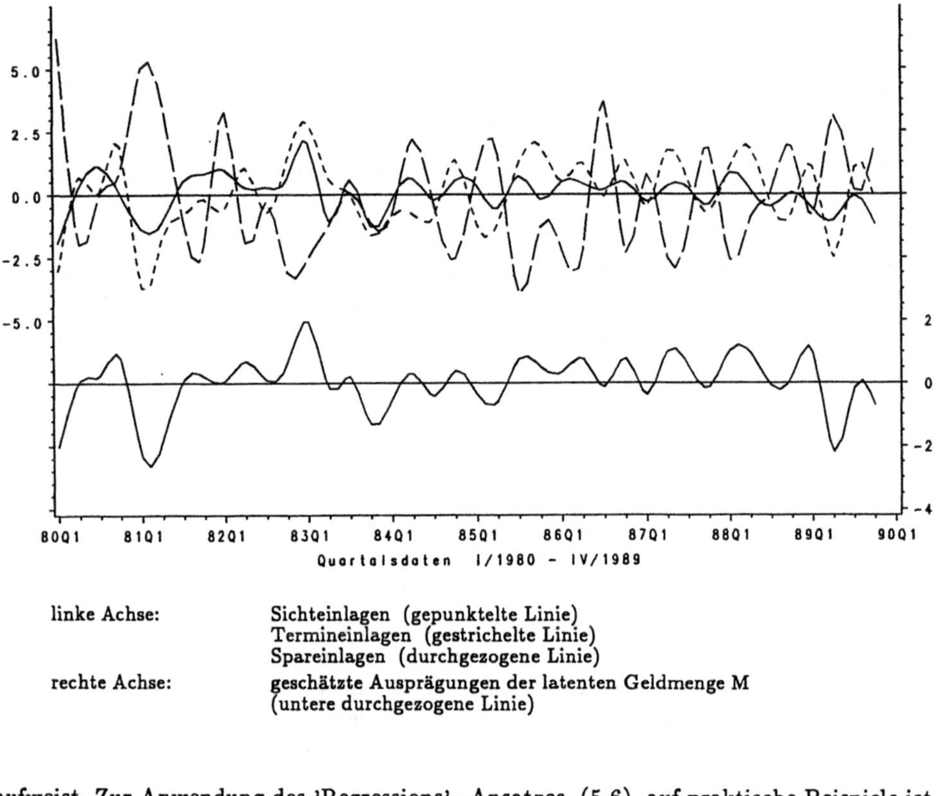

linke Achse: Sichteinlagen (gepunktelte Linie)
Termineinlagen (gestrichelte Linie)
Spareinlagen (durchgezogene Linie)

rechte Achse: geschätzte Ausprägungen der latenten Geldmenge M (untere durchgezogene Linie)

aufweist. Zur Anwendung des 'Regressions'–Ansatzes (5.6) auf praktische Beispiele ist allerdings zu beachten, daß die Elemente der einzelnen Matrizen durch die entsprechenden Schätzer der Kovarianzstrukturanalyse ersetzt werden müssen.

Auf diese Weise approximierte Werte für das latente Konstrukt M des Faktormodells von Graphik 5.2 setzten wir in Graphik 5.5 den Schwankungen in den drei Indikatoren Sicht–, Termin– und Spareinlagen gegenüber. Desweiteren vergleichen wir die Entwicklung der drei klassischen Geldmengenaggragate M1, M2 und M3 mit der des latenten Faktors (Graphik 5.6). Es zeigen sich auch visuell wieder die bereits ausführlich kommentierten Zusammenhänge. Dabei darf aber nicht vernachlässigt werden, daß es sich bei den Ausprägungen für die latente Geldmenge um geschätzte Werte aus einem angepassten Faktormodell handelt, somit eine weitere statistische Unschärfe hinzukommt. [4] Wir

[4] Mittels der angegebenen Formeln für die theoretischen Beziehungen zwischen $\hat{f}$ und f läßt sich leicht ein Schätzer für die Korrelation zwischen geschätztem und wahren Faktor ableiten. Für unseren Fall errechnet sich ein Koeffizient von $\rho = 0.92$ für die Korrelation zwischen den ermittelten Geldmengenausprägungen von Graphik 5.5 und dem latenten Konstrukt M.

Graphik 5.6
Innovationen der additiven Geldaggregate gegen
monetären Impuls der latenten Geldmenge

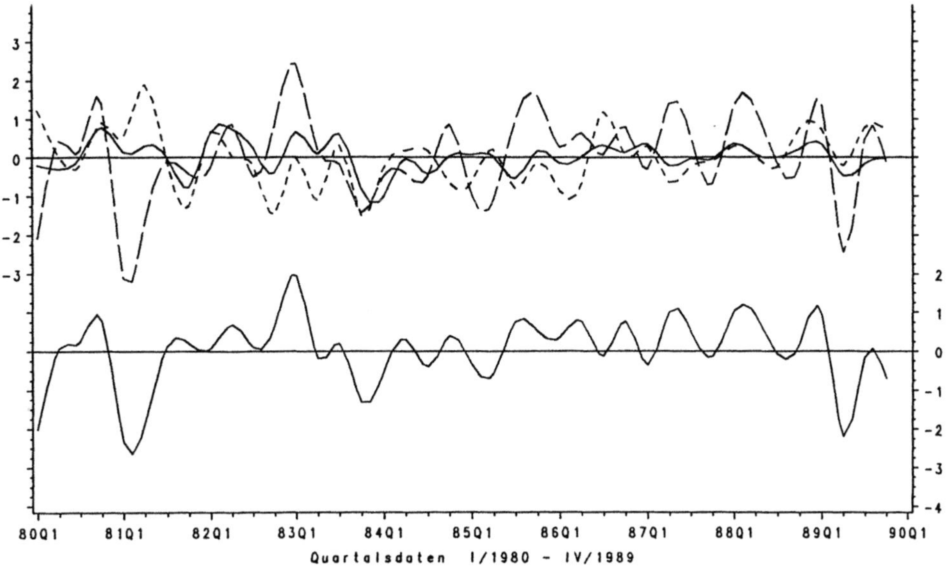

linke Achse: Geldmenge M1 (gestrichelte Linie)
Geldmenge M2 (gepunktelte Linie)
Geldmenge M3 (durchgezogene Linie)

rechte Achse: geschätzte Ausprägungen der latenten Geldmenge M (untere durchgezogene Linie)

arbeiten aus diesem Grund in den folgenden Wirkungsuntersuchungen immer mit dem vollständigen kausalanalytischen Ansatz der latenten Modellierung und verwenden nicht die approximativen Werte für den monetären Faktor, etwa im Rahmen einfacher Regressionsuntersuchungen.

Zwei mögliche Einwände sind gegen die vorgestellten Resultate der konfirmatorischen Faktorenanalyse denkbar. Zum ersten könnten die Ergebnisse durch die Verwendung des Indikators Geldkapitalbildung beeinflußt werden, der nicht als klassische Geldkomponente angesehen wird. Wir haben aus diesem Grund die Analyse auch für den Fall einer Beschränkung auf die vier in die Geldmenge M3 eingehenden Geldformen durchgeführt. Das Ergebnis der Modellanpassung ist in Graphik 5.7 dargestellt. Auf Kosten des Bargeldes und der Spareinlagen werden in diesem Fall höhere Reliabilitäten der Gleichungen für die Variablen Sicht- und Termineinlagen geschätzt. Das charakteristische negative Vorzeichen für den Ladungsparameter der Termineinlagen zeigt sich aber auch hier. Die Wirkungsuntersuchungen in den folgenden Kapiteln wurden alternativ auch immer für monetäre Impulse nach dieser Abgrenzung unternommen. Größere Abweichungen zu den Resultaten mit der latenten Geldmenge nach Graphik 5.2 wurden aber nicht festgestellt. Wir werden einige ausgewählte entsprechende Ergebnisse dokumentieren.

Graphik 5.7
Konfirmatorische Faktorenanalyse Geldmenge mit vier Indikatoren [a]

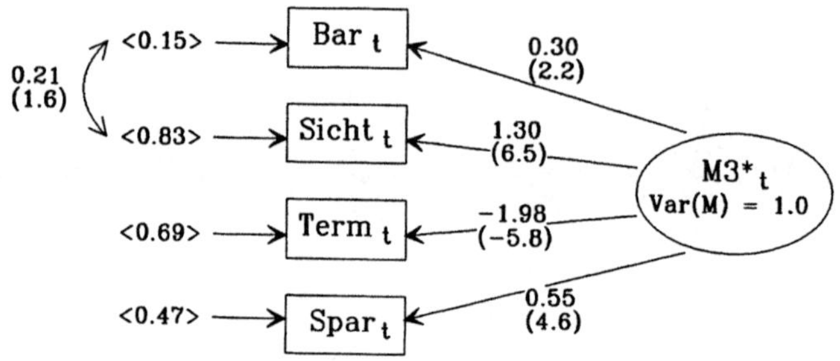

[a] Stichprobengröße N = 40 Beobachtungen, Testwert der Anpassungsstatistik $\chi^2(1) = 0.013$ (entspricht einem P−Wert von P = 0.91).

Graphik 5.8
Vergleich der latenten Geldmengen mit fünf bzw. vier Indikatoren

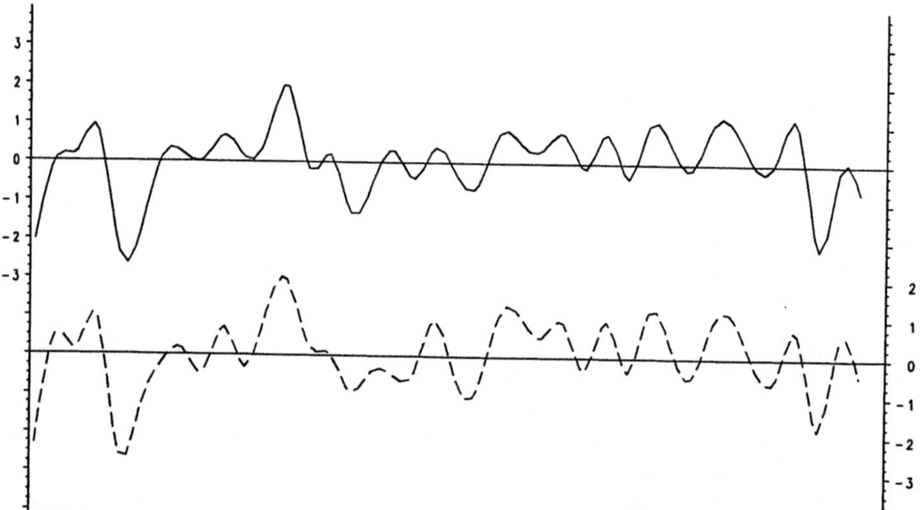

linke Achse: geschätzte Ausprägungen der latenten Geldmenge M (obere durchgezogene Linie)

rechte Achse: geschätzte Ausprägungen der latenten Geldmenge M3* (untere gestrichelte Linie)

Auch der Vergleich der mittels *factor score regressions* geschätzten Ausprägungen der beiden Varianten zeigt keine nennenswerten Unterschiede. In Graphik 5.8 sind die Schätzungen für die Entwicklung der beiden latenten Geldmengen gegenübergestellt. [5] Der Stichproben–Korrelationskoeffizient zwischen den approximierten Reihen beträgt $\rho = 0.94$ und zeigt damit eine hohe Übereinstimmung der beiden monetären Faktoren an. Da sich die Indikatorvariable Gldk somit problemlos in das latente Geldkonstrukt integrieren läßt, haben wir vorzugsweise mit dieser Geldmenge gearbeitet. Durch die Verwendung von fünf anstatt vier monetären Indikatoren läßt sich die Anzahl der Freiheitsgrade in den folgenden Kausalmodellen deutlich erhöhen.

Der zweite mögliche Einwand betrifft die Verwendung von Innovationsreihen aus univariaten Zeitreihenmodellen. Die festgestellten Beziehungen könnten allein auf diese Transformation des ursprünglichen Datenmaterials zurückzuführen sein. Wie wir aber schon in Kapitel 5.1 d) ausgeführt haben, korrelieren die Input–Prozesse (stochastische Impulse) von **ARIMA**–Modellen hochgradig mit den entsprechenden ersten bzw. zweiten Differenzen typischer makroökonomischer Größen. Die Residuenreihen der Zeitreihenanalyse des ersten Schrittes sind damit gute (unkorrelierte) Indikatoren auch für die tatsächlich eingetretenen stationären Variablenveränderungen von Periode zu Periode. Wir wollen dies an dieser Stelle noch einmal explizit deutlich machen, indem wir entsprechend Tabelle 5.17 auch die Korrelationen zwischen den von Autokorrelation unbereinigten Geldmengenkomponenten wiedergeben (Tabelle 5.18). Da gerade bei den monetären

Tabelle 5.18

Korrelationen zwischen unbereinigten Veränderungsraten der Geldkomponenten [a]

		Bargeld		Sicht–einlagen		Termin–einlagen		Spar–einlagen		Geldkpt–bildung
$Kor(\Delta^i X_t, \Delta^j Y_t)$		ΔY_t	$\Delta^2 Y_t$	ΔY_t	$\Delta^2 Y_t$	ΔY_t	$\Delta^2 Y_t$	ΔY_t	$\Delta^2 Y_t$	ΔY_t
Bar–	ΔX_t	1.0								
geld	$\Delta^2 X_t$	0.43	1.0							
Sicht–	ΔX_t	0.51	0.47	1.0						
einlagen	$\Delta^2 X_t$		0.44	0.57	1.0					
Termin–	ΔX_t	-0.46	-0.32	-0.78		1.0				
einlagen	$\Delta^2 X_t$		-0.24	-0.43	-0.75	0.45	1.0			
Spar–	ΔX_t	0.47	0.33	0.69		-0.78		1.0		
einlagen	$\Delta^2 X_t$		0.36	0.45	0.62	-0.34	-0.52	0.38	1.0	
Geldkpt–	ΔX_t	-0.75	0.20	-0.50		0.43		-0.56		1.0
bildung	$\Delta^2 X_t$		-0.50	-0.35	-0.42	0.25	0.20	-0.42	-0.65	0.42

[a] $Kor(\Delta^i x_t, \Delta^j y_t)$ steht für die geschätzte Korrelation zwischen den entsprechend differenzierten Originaldaten der Tabelle 5.1 .

[5] Die Approximation des unbeobachtbaren Faktors mittels des 'Regressions'– Schätzer (5.6) ist auch im Fall der latenten Geldmenge von Graphik 5.7 recht gut: die Korrelation zwischen den angepassten Werten und dem Konstrukt *M3** wird auf $\rho = 0.95$ geschätzt.

Variablen ein Integrationsgrad von Zwei nicht vollkommen auszuschließen ist (insbesondere beim Bargeld, den Spareinlagen und der Geldkapitalbildung), haben wir z.T. auch die zweiten Differenzen der Daten einbezogen. Zur Schätzung von Korrelationen zwischen zwei stationären Zeitreihen (*cross-correlations*) vgl. z.B. *Fuller* [1976]. Es zeigt sich ein sehr ähnliches Bild wie bei den Ergebnissen bezüglich der Innovationsreihen: die stationären Änderungsraten der Termineinlagen und der Geldkapitalbildung verhalten sich deutlich invers zu den Schwankungen in der Bargeld-, Sicht- und Spareinlagenhaltung. Das Ergebnis der konfirmatorischen Faktorenanalyse ist damit sicherlich nicht Artefakt der verwendeten Datentransformation (*prewhitening*) zur Gewinnung unkorrelierter Impulsvariablen. Die – nicht nur statistischen – Vorteile der Verwendung von Zeitreiheninnovationen sind dagegen schon mehrfach ausgeführt worden, vgl. z.B. Kapitel 3.4.

b) Zinswirkungen monetärer Impulse

Nachdem der vorangegangene Abschnitt gezeigt hat, daß die Reduktion der Beziehungen zwischen den fünf Geldmengenkomponenten (Bargeld, Sicht-, Termin-, Spareinlagen und Geldkapitalbildung) auf einen zugrundeliegenden latenten Faktor Geldmenge möglich und sinnvoll ist, untersuchen wir im folgenden die Auswirkungen eines derartigen unverzerrten monetären Impulses auf andere ökonomische Variablen (Transmissionsmechanismus). Neben dem Zusammenhang geldpolitischer Maßnahmen mit der zukünftigen Zinsentwicklung interessieren wir uns dabei für die primäre monetäre Zielgröße Preisniveau (Abschnitt c)), sowie in Abschnitt e) für die Relation Geldmenge – realwirtschaftliche Aktivität. Hintergrund der empirischen Analysen ist die Frage nach der Wirksamkeit der Geldpolitik in den achtziger Jahren, welche sich in einem signifikanten Zusammenhang zwischen monetärem Zwischenziel und den realwirtschaftlichen Endzielen zu manifestieren hat. Erst wenn eine stabile Relation zu den Zielgrößen der Geldpolitik gesichert ist, vermag die Bundesbank durch die Steuerung einer Geldvolumensgröße stabilitätspolitische Ziele erreichen, vgl. Kapitel 4.1 c).

Ein zentraler Bestandteil der keynesianischen Modellvorstellungen über die Übertragung monetärer Impulse in den realwirtschaftlichen Sektor stellt die zinssenkende Wirkung einer exogenen Erhöhung des Geldangebots dar (Liquiditätseffekt). Die mittels der Liquiditätspräferenztheorie zu begründende Zinssenkung regt bei *Keynes* die Investititonstätigkeit an und führt so über ein höheres Einkommen und eine höhere Konsumgüternachfrage im Endergebnis zu einer Vergrößerung des realen Sozialprodukts, der Beschäftigung, aber auch zu einem gestiegenen Preisniveau und wieder höheren Zinsen (Preiseffekt infolge kleiner gewordener realer Geldmenge und Einkommenseffekt durch gestiegene Nachfrage nach Transaktionskasse), vgl. Kapital 4.1 d).

Eine Vielzahl von empirischen Studien in den letzten Jahren (vgl. Kapitel 4.2) haben aber – für US-amerikanische Daten – gezeigt, daß sich ein Liquiditätseffekt auch kurzfristig kaum mehr nachweisen läßt. Ergebnis dieser Untersuchungen ist generell, daß sich der Zeitraum einer zinssenkenden Wirkung seit etwa 1975 deutlich verkürzt hat (z.B. *Melvin* [1983], *Brown/Santoni* [1983], *Reichenstein* [1987]). Als Erklärung für diese Beobachtung wird vor allem auf den Verlust von Geldillusion seitens der Wirtschaftssubjekte hingewiesen, der dazu führt, daß im Zusammenhang mit einer monetären Beschleunigung schon frühzeitig Inflationserwartungen aufkommen, die sich entsprechend im Nominalzinsniveau niederschlagen (Preiserwartungseffekt). Im Endeffekt kommt es danach zu höheren Zinsen als in der Ausgangssituation gegeben, d.h. die möglicherweise als Folge einer expansiven Geldpolitik auftretende Zinssenkung wird rasch überkompensiert. Auch die Konzentration auf allein die unerwarteten Bestandteile von geldmengenpolitischen Maßnahmen im Rahmen von Modellen unter rationalen Erwartungen (Neue Klassische Makroökonomie) führt in den Arbeiten von *Mishkin* [1981, 1982b], *Wilcox* [1983], *Mehra* [1985], *Grier* [1986], *Reichenstein* [1987] und *Robinson* [1988] zu dem gleichen Ergebnis : in den siebziger und achtziger Jahren scheint kein Liquiditätseffekt mehr wirksam gewesen zu sein (*vanishing liquidity effect*).

Für die Bundesrepublik Deutschland sind uns keine derartigen empirischen Studien zur Zinswirkung monetärer Impulse bekannt. Es kann aber vermutet werden, daß die Wirtschaftsubjekte in der Bundesrepublik in besonderem Maße sensitiv auf monetäre Entwicklungen reagieren. Durch die historische Erfahrung der zwei dramatischen Geldentwertungen 1923/24 und nach dem zweiten Weltkrieg ist der Verlust von Geldillusion in Deutschland sicherlich weiter fortgeschritten als bei anderen Nationen. Diese Aussage läßt sich beispielsweise auch mit der Tatsache begründen, daß die Bundesrepublik das einzige Land unter den zehn wichtigsten westlichen Industriestaaten ist, in dem die reale Rendite von längerfristigen Finanzanlagen (ex-post Realzinsen) seit 1950 durchweg positiv war (vgl. *Atkinson/Chouraqui* [1985]) . Aufkommende Inflationstendenzen zu Beginn der Siebziger und Ende der 70er / Anfang der 80er Jahre wurden am deutschen Kapitalmarkt immer sehr schnell in die Forderung entsprechend höherer Nominalzinsen umgesetzt. Unsere eigenen empirischen Untersuchungen für die Bundesrepublik liefern dann auch in Übereinstimmung mit den obigen Studien kaum mehr Anhaltspunkte dafür, daß für die klassischen Geldmengenaggregate in den achtziger Jahren eine gegenläufige Beeinflussung der Zinsschwankungen gegeben sein könnte. Ganz anders stellt sich das Ergebnis dar, wenn man einen monetären Impuls über die von uns betrachtete latente Geldmenge modelliert. Wie wir sehen werden, läßt sich mittels dieses Konstrukts ein *signifikanter Liquiditätseffekt* in der Periode der monetären Beschleunigung nachweisen. Die in Kapitel 4.2 kommentierten (gegenteiligen) Schätzresultate für die üblichen additiven Geldmengenabgrenzungen könnten demnach auch auf die unzureichende Operationalisierung der monetären Variablen zurückzuführen sein.

In Graphik 5.9 ist das Ergebnis der kausalanalytischen Anpassung für die vermutete Relation zwischen langfristigem Kapitalmarktzins (ROAU) und latenter Geldmenge M wiedergegeben. Die Normierung des monetären Faktors wurde erneut durch die Varianzrestriktion auf den Wert 1.0 vorgenommen. Die Faktorladungen zeigen ein nur wenig geändertes Muster im Vergleich zur rein konfirmatorischen Faktorenanalyse von Graphik 5.2 . Sämtliche Modellparameter werden statistisch signifikant geschätzt. Die Anpassungsgüte des Gesamtmodells ist aber gemessen am χ^2-Wert nicht besonders gut. Das Modell müßte bei strikter Interpretation dieser Statistik auf dem 5%-Niveau abgelehnt werden. Eine vollständige Aufklärung der Struktur zwischen den sechs manifesten Variablen ist mit dem vorgeschlagenen Modell damit nicht möglich. Die deskriptiven Anpas-

Graphik 5.9
Liquiditätseffekt eines monetären Impulses [a]

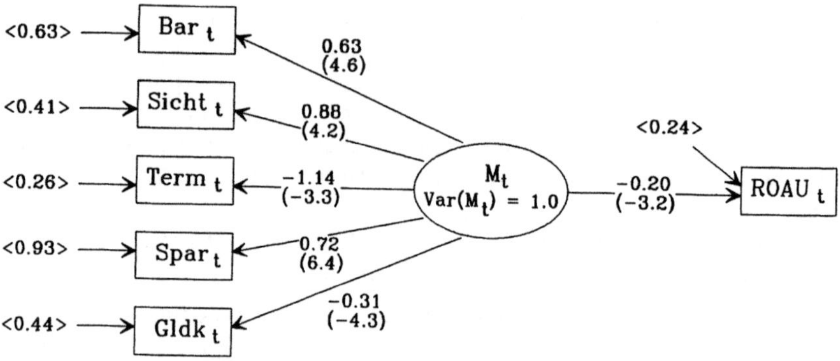

[a] Stichprobengröße N = 40 Beobachtungen; zwei freigesetzte Residualkovarianzen von M analog der konfirmatorischen Faktorenanalyse von Graphik 5.2 ; Testwert der Anpassungsstatistik $\chi^2(7) = 15.73$ (P = 0.03) .

sungsmaße weisen mit GFI = 0.86, AGFI = 0.57, BBN = 0.86 und BBNN = 0.81 aber noch auf eine akzeptable Erklärungsgüte des Modellansatzes hin.

Der Effekt eines monetären Impulses auf die Umlaufrendite öffentlicher Anleihen erweist sich als deutlich signifikant: eine unerwartet beschleunigte monetäre Entwicklung im Ausmaß einer Standardabweichung führt in derselben Periode zu einem nichtantizipierten Absinken der Kapitalmarktrendite um 20 Basispunkte. Die Reliabilität der Strukturgleichung wird auf *Rel* = 0.24 geschätzt, d.h. die latente Geldmenge vermag immerhin 24% der Varianz in den Zinsschwankungen aufzuklären, was einer Korrelation von $\rho = -0.49$ zwischen diesen beiden Größen entspricht. Zum Vergleich führen wir für denselben Zeitraum Regressionen mit den Innovationstermen der klassischen Geldmengenaggregate M1, M2, M3 und der Zentralbankgeldmenge (ZBGM) als exogene Variablen durch. Man erhält folgende Schätzresultate für den langfristigen Zins (in Klammern angegeben sind die jeweiligen *t*-Werte) :

$$\mathrm{ROAU}_t = -\underset{(-1.8)}{0.11}\,\mathrm{M1}_t + \hat{V}_{1t}\,,\quad \mathrm{R}^2 = 0.09 \tag{5.7}$$

$$\mathrm{ROAU}_t = +\underset{(2.3)}{0.20}\,\mathrm{M2}_t + \hat{V}_{2t}\,,\quad \mathrm{R}^2 = 0.13 \tag{5.8}$$

$$\mathrm{ROAU}_t = +\underset{(0.4)}{0.07}\,\mathrm{M3}_t + \hat{V}_{3t}\,,\quad \mathrm{R}^2 = 0.01 \tag{5.9}$$

$$\mathrm{ROAU}_t = -\underset{(-0.9)}{0.14}\,\mathrm{ZBGM}_t + \hat{V}_{4t}\,,\quad \mathrm{R}^2 = 0.02 \tag{5.10}$$

Analog der oben erwähnten Arbeiten gelangt man auch hier zu einem für die Existenz eines Liquiditätseffekts nachteiligen Ergebnis: allenfalls die Geldmenge M1 zeigt für die

Bundesrepublik der achtziger Jahre einen schwach signifikanten negativen Zusammenhang mit der Umlaufrendite (Bestimmtheitsmaß: 0.09). Für M2 wird zwar eine signifikante Beziehung ausgewiesen, allerdings mit dem falschen positiven Vorzeichen; die beiden anderen Geldmengenabgrenzungen scheinen überhaupt keinen Einfluß auf die Zinsvariable auszuüben.

Unser Ergebnis eines für die achtziger Jahre nachzuweisenden Liquiditätseffekts ist natürlich eng mit der besonderen Modellierung von Geldmengenschwankungen verbunden. Wie wir gesehen haben, ist von einer unterschiedlichen Zinsreagibilität der Nachfrage nach den verschiedenen Geldmengenkomponenten auszugehen. Durch die negativen Vorzeichen der Indikatoren Termineinlagen und Geldkapitalbildung ist somit im latenten Geldkonstrukt M sichergestellt, daß es im Unterschied zu Aggregaten wie M2 und M3 zu keiner Verwischung der Zinseffekte kommt. Die Schätzungen (5.8) und (5.9) machen diesen Umstand erneut augenfällig: durch die additive Einbeziehung der aus Nachfrageseite eher positiv zinsabhängigen Termineinlagen in diese Geldaggregate dreht sich das Vorzeichen in den Regressionen um. Zu betonen ist aber an dieser Stelle noch einmal, daß es sich bei der latenten Modellierung der Geldmenge um kein vorgegebenes Aggregationsschema – etwa im Sinne gleichgerichteter Zinsabhängigkeit – handelt: der monetäre Impuls ist vielmehr das Ergebnis der bestmöglichen Reproduktion der Beziehungen zwischen den Geldmengenkomponenten. Das Schätzresultat einer negativen Korrelation zwischen M und der Zinsvariablen ist damit in keiner Weise durch den faktoranalytischen Ansatz vorherbestimmt.

Besonders interessant ist in diesem Zusammenhang das Schätzresultat (5.7) für die Geldmenge M1. In dieses additive Geldmengenaggregat gehen nur die negativ zinselastischen liquiden Komponenten Bargeld und Sichteinlagen ein. Wie wir im vorangegangenen Abschnitt gesehen haben, korreliert M zudem hochgradig mit den unerwarteten Schwankungen dieser Geldmengenabgrenzung. Dennoch zeigt sich für M1 im Unterschied zum latenten Konstrukt nur eine sehr schwach ausgeprägte negative Beziehung mit dem langfristigen Zinssatz. Damit wird deutlich, daß die Verwendung von M1 doch nicht ganz hinreicht, sämtliche Aspekte eines monetären Impulses abzubilden.

Ein gerechtfertigter Einwand bezüglich des vorgestellten Ergebnisses betrifft dagegen die Wirkungsrichtung zwischen Zins und Geldmenge. Da wir in diesem Kapitel immer von einem exogenen monetären Schock ausgehen, ist der ermittelte korrelative Zusammenhang in Richtung auf die Zinsvariable dargestellt. In der Modellform von Graphik 5.9 läßt sich über die Korrektheit dieser Annahme natürlich nichts aussagen. Die Diskussion der theoretischen Grundlagen der Geldpolitik hat deutlich gemacht, daß die Bundesbank die umlaufende Geldmenge nicht allein determinieren kann. Genauso von Bedeutung ist das Portfolioverhalten der Kreditinstitute und der Nichtbanken (Endogenität der Geldmenge). Allein durch die Argumentation über die Zinsabhängigkeit der Geldnachfrage liegt es somit nahe, von einem umgekehrten Wirkungszusammenhang als in Graphik 5.9 angenommen auszugehen. Wir wollen diesen Aspekt hier nicht weiter vertiefen, da wir uns in Kapitel 5.3 erneut ausführlich mit dieser Problematik befassen.

Nicht nur der Zusammenhang zwischen monetärer Innovation und Zinsschwankung in derselben Periode ist von Interesse: genauso bedeutsam für die geldpolitischen Implika–

tionen ist die Wirkungsentwicklung einer beschleunigten Geldmengenexpansion über die Zeit hinweg. Wie die empirische Literatur über Zinswirkungen monetärer Impulse gezeigt hat, ist bereits nach wenigen Perioden mit wieder nachhaltig anziehenden Zinsraten zu rechnen, was auf einen Einkommens- und Preiseffekt bzw. einen Preiserwartungseffekt zurückzuführen sein könnte. Wir haben dieses Resultat auch für unser latentes Geldkonstrukt M und den langfristigen Zinssatz ROAU zu verifizieren versucht. Die folgende Untersuchung erstreckt sich über einen Horizont von acht Perioden, bei Quartalsdaten ein Zeitraum von zwei Jahren. Da es sich bei den Innovationsvariablen um white noise-Zeitreihen handelt, können die verschiedenen, zeitlich versetzten Einflüsse monetärer Impulse als unkorrelierte Regressoren angesehen werden. Die Schätzung des Zusammenhangs zwischen verzögerten Geldmengeninnovationen M_{t-k}, $0 \leq k \leq 8$, und Zinssatz $ROAU_t$ kann demnach für alle Zeitlags k getrennt durchgeführt werden (vgl. Kapitel 3.4 b)). Mittels einfacher Kausalmodelle analog Graphik 5.9 erhält man konsistente Schätzungen für die einzelnen Wirkungskoeffizienten, ohne verzerrende Einflüsse von monetären Impulsen anderer zeitlicher Verzögerung befürchten zu müssen. In der folgenden Tabelle 5.19 geben wir die entsprechenden Ergebnisse der Kovarianzstrukturanalyse wieder.

Zur besseren Vergleichbarkeit sind alle Kausalmodelle in Tabelle 5.19 mit demselben Datenmaterial geschätzt; aufgrund der zeitlichen Verzögerung stehen dafür noch 32 Beobachtungen zur Verfügung. Die Anpassungsgüte der Modelle ist bis auf den Ansatz mit zeitgleicher Geldmengeneinwirkung recht gut. Von den neun Wirkungskoeffizienten verzögerter monetärer Impulse werden vier statistisch signifikant geschätzt. Zum Lag Null ist erneut ein Liquiditätseffekt zu erkennen, die anderen drei signifikanten Strukturparameter zum Lag drei, vier und sieben sind sämtlich positiv. Beginnend mit der um

Tabelle 5.19

Zinswirkungen zurückliegender monetärer Impulse [a]

angepasstes Kausalmodell : $ROAU_t = \gamma_k M_{t-k} + \zeta_t$					
Zeitlag k	$\hat{\gamma}_k$	(t-Wert)	R^2	χ^2-Anpassungsstatistik	
0	-0.13	(-2.4)	0.14	$\chi^2(7) = 18.78$	(P = 0.01)
1	0.07	(1.0)	0.04	$\chi^2(7) = 7.15$	(P = 0.41)
2	-0.06	(-0.8)	0.02	$\chi^2(7) = 10.11$	(P = 0.18)
3	0.17	(2.7)	0.24	$\chi^2(7) = 6.79$	(P = 0.45)
4	0.18	(2.9)	0.26	$\chi^2(7) = 11.65$	(P = 0.11)
5	0.08	(1.3)	0.05	$\chi^2(7) = 8.11$	(P = 0.32)
6	0.05	(0.7)	0.02	$\chi^2(7) = 12.83$	(P = 0.08)
7	0.16	(2.7)	0.20	$\chi^2(7) = 7.70$	(P = 0.36)
8	0.03	(0.5)	0.01	$\chi^2(7) = 5.67$	(P = 0.58)

[a] Das latente Geldkonstrukt M wird über die fünf Indikatoren Bar, Sicht, Term, Spar und Gldk modelliert, Restriktion $Var(M) = 1.0$; das angegebene Bestimmtheitsmaß R^2 entspricht der in (5.3) definierten Reliabilität der Modellgleichungen; Stichprobengröße $N = 32$ Beobachtungen.

Graphik 5.10
Aggregierte Zinswirkungen eines dauerhaften monetären Impulses

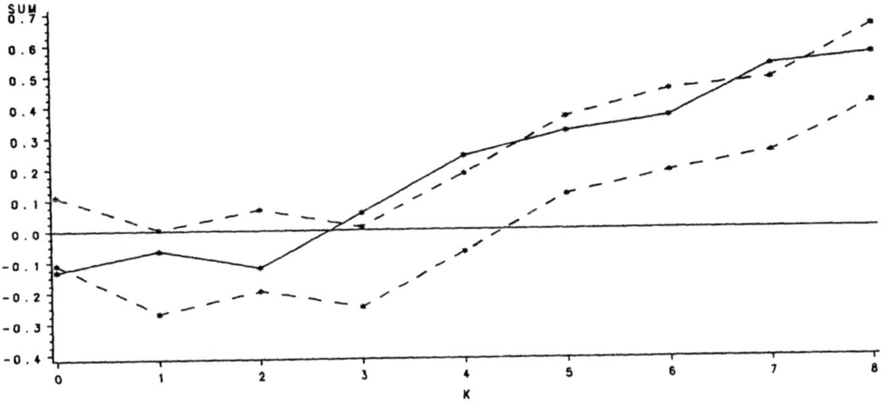

durchgezogene Linie: Aufsummierte Wirkungskoeffizienten $\hat{\gamma}_0 + \hat{\gamma}_1 + .. + \hat{\gamma}_k$ verzögerter Geldmengeninnovationen zurück bis zum Zeitlag k

gestrichelte Linie: ± 2 geschätzte Standardfehler der Parameter $\hat{\gamma}_k$, ausgehend vom jeweils letzten Summationswert

drei Quartale zurückliegenden Geldmengenexpansion weisen alle weiteren monetären Einflüsse dieses Vorzeichen auf. Damit erhalten wir ein ähnliches Resultat wie die empirischen Arbeiten mit verteilten Lagstrukturen für US-amerikanische Daten (*Cagan/ Gandolfi* [1969], *Gibson* [1970a, 1970b], *Melvin* [1983], *Brown/Santoni* [1983], *Reichenstein* [1987]): der negative Zusammenhang zwischen Geldmengenschwankungen und Nominalzinsen ist nur von sehr kurzer Dauer. Bereits nach drei bis vier Quartalen tritt bei uns eine deutliche Gegenreaktion ein.

In der genannten Literatur zur Untersuchung von Wirkungsverzögerungen der Geldpolitik ist es üblich, die geschätzten Wirkungskoeffizienten nicht einzeln, sondern als Partialsumme bis zum jeweiligen Zeitlag, zu betrachten. Hintergrund dieser Vorgehensweise ist, die Auswirkungen einer *dauerhaften* Beschleunigung des Geldmengenwachstums auf die abhängige Variable zu untersuchen. [6] Graphik 5.10 zeigt das entsprechende Resultat für unseren Fall. Man erkennt, daß der negative Einfluß auf die langfristigen Zinsen (Liquiditätseffekt) im dritten Quartal vollständig kompensiert wird: der Gesamteffekt einer erhöhten Geldmengenexpansion führt zu höheren Zinsen als im Ausgangsniveau. Nach Ablauf von zwei Jahren monetärer Stimulierung im Ausmaß einer Standardabweichung liegt die Kapitalmarktrendite um 56 Basispunkte über ihrem antizipierten Niveau.

[6] Sei mit $Y_t = \alpha + \Sigma_{i=0}^{n} \beta_i X_{t-i} + V_t$ ein derartiges *distributed lag*-Modell gegeben. Tritt vor dem Zeitpunkt t für k Perioden ein exogener Schock um ΔX auf den neuen Pfad $\tilde{X}_t = X_t + \Delta X$ auf, so gilt für die endogene Variable: $\tilde{Y}_t = \Sigma_{i=0}^{k} \beta_i \Delta X + Y_t$, $1 \leq k \leq n$, d.h. der Gesamteffekt des zusätzlichen Impulses ist durch die Partialsumme der Wirkungskoeffizienten bis zum Lag k gegeben.

Im Rahmen von Kausalmodellen fällt die quantitative Interpretation der Parameterschätzer allerdings etwas schwer, da die latenten Variablen keine vorgegebenen Maßeinheiten besitzen. Die Strukturkoeffizienten hängen damit von der gewählten Normierung der Faktoren ab. Durch eine geeignete Varianzrestriktion (Standardisierung) ist man zumindest in der Lage, die Auswirkungen einer Änderung von exogenen Einflußfaktoren um eine Standardabweichung auf die abhängigen Variablen abzuschätzen. Es wird an dieser Stelle erneut deutlich, daß es sich bei der Kausalanalyse eher um ein Verfahren der konfirmatorischen Testung von theoretischen Modellvorstellungen handelt. Für quantitative Wirkungsuntersuchungen und Prognosezwecke scheint der Ansatz mit latenten Variablen weniger geeignet zu sein.

Bei unserer Anwendung kommt noch die Schwierigkeit hinzu, daß es sich bei den manifesten Inputvariablen um die Residuenterme von univariaten Zeitreihenmodellen, d.h. um nichtvorhersehbare Schwankungen, handelt. Wie wir aber in Kapitel 5.1 gesehen haben, lassen sich die Zeitreihen-Innovationen als stochastische Impulse interpretieren, welche die aktuelle stationäre Veränderungsentwicklung der makroökonomischen Variablen dominieren (i.a. erste Differenzen der Daten, d.h. Wachstumsraten). Zum einen kann man daher mit Beziehungen zwischen nichtantizipierten Variablenanteilen argumentieren. Zum anderen lassen sich die Schätzresultate aber ohne große Abstriche auf die tatsächlich eingetretenen periodigen Variablenschwankungen übertragen. Wir schließen uns weitgehend dieser weniger dogmatischen Sichtweise an, da wir die Ergebnisse nicht im Sinne etwa der Neuen Klassischen Makroökonomie überstrapazieren wollen. Bei der geringen Erklärungsgüte der univariaten Vorhersagemodelle erscheint uns dies als zu weitgehend. Im Rahmen der Hypothese rationaler Erwartungen ist es auch nicht ohne weiteres einsichtig, warum Geldmengeninnovationen erst mit einer zeitlichen Verzögerung von mehreren Quartalen auf den als effizient vorausgesetzten Kapitalmarkt einwirken sollen.

Unsere Studie legt gerade besonderen Wert auf die Untersuchung der zeitlichen Entwicklung von Einflüssen monetärer Impulse. Aufbauend auf die *post hoc, ergo propter hoc*-Hypothese ist mit der Einbeziehung verzögerter Effekte auch dem Problem der Wirkungsrichtung zwischen den Variablen zu begegnen. Der Vorteil unserer Vorgehensweise, z.B. gegenüber dem Verfahren der Kausalitätstests, ist darin zu sehen, daß nicht nur auf Vorliegen kausaler Einflüsse getestet wird, sondern eine detaillierte Analyse der zeitlichen Wirkungsverzögerungen erfolgt. Dem Kausalitätstest von *Haugh/Pierce*, vgl. Kapitel 3.2 d), liegen wie unserem Verfahren die Zeitreihen-Innovationen der Variablen zugrunde. Es bietet sich aus diesem Grund an, auch diesen Ansatz auf unsere Problemstellung der Kausalanalyse monetärer Impulse anzuwenden, und dabei die latente Geldmenge M einzubeziehen. Tabelle 5.20 gibt die entsprechenden Resultate einer einseitigen Kausalitätsuntersuchung in Richtung auf den langfristigen Zinssatz wieder. DieTeststatistiken S und S^* basieren beide auf den quadradrierten Stichproben-Korrelationen zwischen den zeitlich versetzten Innovationszeitreihen der einbezogenen Variablen.

Für drei der fünf untersuchten Geldmengenabgrenzungen zeigt die monetäre Überraschungsgröße einen signifikanten Vorlauf (incl. gleichzeitiger Wirkungsbeziehungen) vor den Zinsschwankungen. Die deutlichste Ablehnung der Nullhypothese (kein kausaler Einfluß) wird aber erneut für die latente Geldmenge M erzielt, d.h. zeitgleiche und ver-

Tabelle 5.20

Haugh/Pierce–Kausalitätstest zu Zinswirkungen monetärer Impulse [a]

untersuchte Kausalrichtung : $M_{t-k} \longrightarrow ROAU_t$		
Geldmenge	S–Statistik	S^*–Statistik
M	30.94 ***	35.33 ***
M1	21.66 **	25.03 ***
M2	4.81	5.33
M3	1.88	2.12
ZBGM	25.96 ***	29.51 ***

[a] Einbezogen sind die ersten acht verzögerten Einflüsse, d.h. $0 \leq k \leq 8$; M bezeichnet die latente Geldmenge mit fünf Indikatoren; Stichprobengröße N = 32 Beobachtungen; ** / *** steht für Signifikanz der Teststatistiken auf dem 5% / 1% –Niveau gemäß der $\chi^2(9)$ –Verteilung.

zögerte monetäre Impulse definiert nach diesem Geldkonstrukt korrelieren (gemeinsam) betragsmäßig am höchsten mit den Zinsinnovationen. Der Kausalitätstest vermag aber in keiner Weise der charakteristischen Gestalt der Wirkungsentwicklung monetärer Impulse (mit unterschiedlichen Vorzeichen) über die Zeit hinweg Rechnung zu tragen. In den folgenden beiden Abschnitten unternehmen wir zudem den Versuch, die Struktur der monetären Beeinflussung der Umlaufrendite mit dem Instrumentarium der Kausalanalyse weiter aufzuklären (Preis – und Einkommenseffekt).

Zum Abschluß dieses Teils gehen wir noch kurz auf weitere Schätzergebnisse zum Liquiditätseffekt ein, die für Modifikationen des Modellansatzes von Graphik 5.9 zu erzielen sind. Analog zum langfristigen Zins untersuchen wir den Einfluß eines monetären Impulses auf den zeitgleichen kurzfristigen Zinssatz DMG. Wie Graphik 5.11 zu entnehmen ist, erhält man ein ähnliches Resultat: Der Zusammenhang zwischen der latenten Geldmenge und dem Geldmarktzins ist signifikant negativ, gemessen an der Erklärungsgüte der Strukturgleichung (Korrelationsschätzung zwischen den beiden Variablen $\rho = -0.42$) ist er aber weniger stark ausgeprägt als in Graphik 5.9 . Aufgrund der größeren Volatilität am Geldmarkt geht der Dreimonatssatz in Folge einer monetären Beschleunigung von einer Standardabweichung mit 28 Basispunkten deutlicher zurück als die Kapitalmarktrendite. Hinsichtlich der kausalen Wirkung zwischen kurzfristigem Zins und Geldmenge sind die einschränkenden Bemerkungen von oben allerdings in analoger Weise zu machen. Da die Geldpolitik der Bundesbank direkt am Geldmarkt ansetzt, sind hier noch größere Zweifel an der dargestellten Einflußrichtung angebracht, vgl. hierzu Kapitel 5.3 .

Zum zweiten wollen wir das Modell von Graphik 5.9 dahingehend modifizieren, weniger Indikatorvariablen für die latente Geldmenge zu verwenden. Im folgenden geben wir nur die geschätzten Strukturgleichungen dieser Ansätze wieder, die Meßmodelle vermitteln keine zusätzlichen Informationen. Die Bezeichung $M3^*$ steht wieder für den latenten Faktor mit den vier Indikatoren Bar, Sicht, Term und Spar, $M2^*$ für ein monetäres

Graphik 5.11

Zinswirkung eines monetären Impulses am Geldmarkt [a]

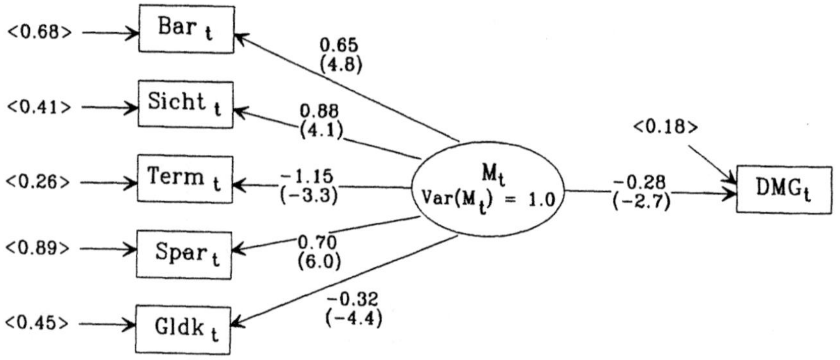

[a] Stichprobengröße N = 40 Beobachtungen; zwei freigesetzte Residualkovarianzen von M analog der konfirmatorischen Faktorenanalyse von Graphik 5.2 ; Testwert der Anpassungsstatistik $\chi^2(7) = 13.66$ (P = 0.06) .

Konstrukt mit den drei Indikatoren der Geldmenge M2 . Zusätzlich notiert ist jeweils die Reliabilität der Gleichungen und die χ^2–Anpassungsstatistik der Kovarianzstrukturanalyse. Zum besseren Vergleich ist erneut das Ergebnis für die latente Geldmenge M angegeben. Besonders aufschlußreich ist außerdem ein Vergleich der Schätzresultate der Kausalanalyse mit einfachen Regressionsansätzen, in welche die Geldmengenkomponenten separat als exogene Variablen einfließen. [7]

$$ROAU_t = -\underset{(-3.2)}{0.20}\, M_t + \hat{V}_{1t}, \quad R^2 = 0.24, \quad \chi^2(7) = 15.73 \quad (P = 0.03) \tag{5.11}$$

$$ROAU_t = -\underset{(-3.9)}{0.26}\, M3^*_t + \hat{V}_{2t}, \quad R^2 = 0.42, \quad \chi^2(4) = 12.94 \quad (P = 0.01) \tag{5.12}$$

$$ROAU_t = -\underset{(-2.2)}{0.16}\, M2^*_t + \hat{V}_{3t}, \quad R^2 = 0.15, \quad \chi^2(1) = 0.18 \quad (P = 0.67) \tag{5.13}$$

$$ROAU_t = \underset{(0.1)}{0.01}\, Bar_t + \underset{(1.1)}{0.08}\, Sich_t + \underset{(1.3)}{0.05}\, Term_t - \underset{(-4.1)}{0.41}\, Spar_t - \underset{(-0.8)}{0.13}\, Gldk_t, \quad R^2 = 0.48 \tag{5.14}$$

$$ROAU_t = \underset{(0.6)}{0.05}\, Bar_t + \underset{(1.3)}{0.09}\, Sich_t + \underset{(1.5)}{0.05}\, Term_t - \underset{(-4.3)}{0.38}\, Spar_t, \quad R^2 = 0.47 \tag{5.15}$$

$$ROAU_t = \underset{(0.4)}{0.04}\, Bar_t - \underset{(-0.2)}{0.01}\, Sich_t + \underset{(1.6)}{0.07}\, Term_t + \hat{V}_{6t}, \quad R^2 = 0.16 \tag{5.16}$$

---

[7] Die Regressionen sind mit der Prozedur PROC REG des Statistik–Pakets **SAS** ausgeführt worden; Stichprobengröße $N = 40$ Beobachtungen; Varianzrestriktion bei den latenten Geldkonstrukten auf den Wert 1.0 ; bei $M3^*$ und $M2^*$ jeweils eine freigesetzte Residualkovarianz.

Die Vorzüge der kausalen Modellierung sind offensichtlich. Bei den Regressionen mit den Innovationen der einzelnen Geldkomponenten treten häufig nichtsignifikante Koeffizienten auf. Die einzige gesicherte Beziehung scheint der negative Einfluß der Spareinlagen auf den langfristigen Zins zu sein. Zudem sind Multikollinearitätsprobleme zu vermuten, da für die Variablen Bargeld und Sichteinlagen im multiplen Ansatz nicht das theoretisch vermutete negative Vorzeichen geschätzt wird. Mittels Reduktion der Relationen zwischen den verschiedenen Erscheinungsformen von Geld auf eindimensionale Faktoren kann dieser Schwierigkeit erfolgreich begegnet werden. Das Konzept der latenten Variablen ist für diesen Fall hochgradig korrelierter Indikatoren sehr gut geeignet: für die monetären Faktoren wird sämtlich ein deutlich siginifikanter Liquiditätseffekt ermittelt. Bei der Verwendung der vier Komponenten der Geldmenge M3 kann mit dem kausalanalytischen Ansatz 42% der Varianz in den Zinsschwankungen aufgeklärt werden. Etwas problematisch an diesem Modell ist allerdings, daß die vorhandene Struktur gemäß der χ^2–Anpassungsstatistik nicht vollständig erfasst wird.

c) Preiswirkungen monetärer Impulse und Preiseffekt der Zinstheorie

Inhalt dieses Abschnittes sind die empirischen Ergebnisse bezüglich Auswirkungen monetärer Schocks auf die zukünftigen Schwankungen des Preisniveaus. In analoger Weise wie bei der Analyse von Zinseffekten schätzen wir den Einfluß zeitlich verzögerter Geldmengeninnovationen auf die Preisvariablen PrQZR und PrJR. Zur Quantifizierung eines exogenen monetären Impulses wird dabei wieder auf die latente Geldmenge von Abschnitt a) mit den fünf Indikatoren Bar, Sicht, Term, Spar und Gldk zurückgegriffen. Im folgenden geben wir nur die Resultate für die Innovationen der Quartalszuwachsrate des Lebenshaltungskostenindices an, da sich diese Variable im Rahmen unserer Untersuchung als besser geeignet herausgestellt hat.

In der Tabelle 5.21 sind die Anpassungsergebnisse für die einzelnen Kausalmodelle angegeben, in welche die latente Geldmenge bis zurück zu einem Zeitlag von acht Quartalen als exogene Erklärungsvariable eingeht. Die Reproduktionsgüte der Kovarianzstrukturmodelle ist erneut recht gut, die Strukturmodelle werden von der χ^2–Statistik in der Regel nicht verworfen. Vier Wirkungskoeffizienten erweisen sich als statistisch signifikant: zum Lag Null mit negativem Vorzeichen sowie nach drei, sieben und acht Quartalen monetärer Expansion mit positiven Vorzeichen. Wir erhalten damit ein Resultat, das dem von Tabelle 5.19 für Zinswirkungen monetärer Impulse sehr ähnlich ist. Nach Ablauf von acht Quartalen dauerhafter Erhöhung des Geldmengenwachstums um eine Standardabweichung sind die Preise ausgedrückt in Quartalszuwächsen um 0.45 Prozentpunkte über ihr erwartetes Niveau hinaus angestiegen.

Die festgestellten Preiserhöhungen könnten im Rahmen des *Keynes*schen Transmissionsmechanismus als Folge einer verstärkten Wirtschaftstätigkeit (höheres Einkommen, steigende Gesamtnachfrage und Produktionsausweitungen) interpretiert werden, welche durch die monetäre Stimulierung in Gang gesetzt wurde. Aus dem Blickwinkel der (Neo–)Quantitätstheorie stellt eine im Vergleich zum gesamtwirtschaftlichen Güteran–

Tabelle 5.21
Preiswirkungen monetärer Impulse [a]

angepasstes Kausalmodell : $PrQZR_t = \gamma_k M_{t-k} + \zeta_t$					
Zeitlag k	$\hat{\gamma}_k$	(t–Wert)	$\sum_{i=0}^{k} \hat{\gamma}_i$	R^2	χ^2–Anpassungsstatistik
0	-0.10	(-2.1)	-0.10	0.09	$\chi^2(7) = 13.23$ (P = 0.07)
1	0.04	(0.7)	-0.06		$\chi^2(7) = 7.98$ (P = 0.33)
2	0.02	(0.2)	-0.04		$\chi^2(7) = 20.31$ (P = 0.01)
3	0.13	(2.3)	0.09	0.15	$\chi^2(7) = 9.03$ (P = 0.25)
4	0.08	(1.3)	0.17	0.06	$\chi^2(7) = 7.22$ (P = 0.41)
5	-0.04	(-0.6)	0.13		$\chi^2(7) = 7.62$ (P = 0.37)
6	0.05	(0.7)	0.18		$\chi^2(7) = 11.96$ (P = 0.10)
7	0.15	(2.5)	0.33	0.19	$\chi^2(7) = 5.68$ (P = 0.58)
8	0.12	(2.1)	0.45	0.12	$\chi^2(7) = 7.58$ (P = 0.37)

[a] Das latente Geldkonstrukt M wird über die fünf Indikatoren Bar, Sicht, Term, Spar Gldk modelliert, Restriktion Var(M) = 1.0 ; Stichprobengröße N = 32 Beobachtungen.

gebot übermäßig ausgedehnte Geldmenge die direkte Ursache von Preissteigerungen dar (monetäre Inflationstheorie). Die Wirkungsverzögerungen von ein bis zwei Jahren bewegen sich außerdem im Rahmen von Ergebnissen, die mit anderen empirischen Studien zur Preiswirkung monetärer Impulse erzielt worden sind, vgl. Kapitel 4.2 .

Zum Vergleich mit den herkömmlichen Geldmengenaggregaten geben wir in Tabelle 5.22 auch wieder die Resultate von *Haugh/Pierce*–Kausalitätstests für die einfache Wirkungsrichtung M ⟶ PrQZR wieder. Unter Einbeziehung der gleichzeitigen Relationen zwischen Geldmenge und Preisgröße erhält man bis auf eine Ausnahme einen signifikanten gemeinsamen Einfluß dauerhafter monetärer Impulse auf die Preisentwicklung in der Zukunft. Wie die Teststatistiken S und S^* zeigen, wird der Zusammenhang für die verschiedenen Geldmengenabgrenzungen über M2 zu M1, der Zentralbankgeldmenge hin zum latenten Geldkonstrukt M immer enger. Für monetäre Impulse operationalisiert mittels der letzten Geldvariablen ist die Nullhypothese keines kausalen Einflusses bereits auf dem 1%–Niveau abzulehnen. Hinsichtlich der Geldmenge M3 lassen sich dagegen auf einen Horizont von zwei Jahren keinerlei Preiswirkungen feststellen. Für die praktische Geldpolitik ist dieses Ergebnis wenig zufriedenstellend, da die Bundesbank im Jahre 1987 gerade zu dieser Geldvolumensgröße als Zwischenziel und Indikator übergegangen ist. Auf der anderen Seite stellt die Beeinflussung des Preisniveaus nach Auffassung der Bundesbank die primäre Aufgabe deutscher Geldpolitik dar.

Der weitgehende Gleichlauf monetärer Einflüsse auf die zukünftige Zins– und Preisentwicklung legt die Vermutung nahe, daß die nach drei Quartalen einsetzenden Zinssteigerungen zumindest zum Teil auf anziehende Teuerungsraten zurückzuführen sein könnten. Ein höheres Preisniveau ist nach *Keynes* mit einer kleineren real verfügbaren Geldmenge verbunden, was im neuen Gleichgewicht zwischen Geldangebot und Geld–

Tabelle 5.22

Haugh/Pierce–Kausalitätstest zu Preiswirkungen monetärer Impulse [a]

untersuchte Kausalrichtung : $M_{t-k} \longrightarrow PrQZR_t$		
Geldmenge	S–Statistik	S^*–Statistik
M	21.36 **(*)	25.37 ***
M1	16.71 *(*)	20.59 **
M2	15.91 *	18.00 **
M3	7.61	8.28
ZBGM	19.01 **	21.95 ***

[a] Einbezogen sind die ersten acht verzögerten Einflüsse, d.h. $0 \leq k \leq 8$; M bezeichnet die latente Geldmenge mit fünf Indikatoren; Stichprobengröße N = 32 Beobachtungen; * / ** / *** steht für Signifikanz der Teststatistiken auf dem 10% / 5% / 1% –Niveau gemäß der $\chi^2(9)$ –Verteilung.

nachfrage zu einer entsprechenden Reaktion des Zinssatzes führt (Preiseffekt der Zinstheorie). Wie die empirische Analyse des letzten Abschnittes gezeigt hat, ist im Quartal der monetären Beschleunigung zwar ein signifikanter Liquiditätseffekt zu beobachten, die Gegenbewegung ab dem dritten Quartal geht aber weit über die ursprüngliche Zinssenkung hinaus. Zusätzlich zum Preiseffekt könnte damit auch ein Einkommenseffekt wirksam werden (siehe Abschnitt d)), oder die Preissteigerungen könnten Erwartungen auf weiter fortschreitenden Geldwertverlust auslösen und damit unmittelbar zu höheren Nominalzinsforderungen führen (Preiserwartungseffekt nach *Fisher*).

Da wir mit unserem kausalanalytischen Ansatz nur Beziehungen zwischen den Innovationen der Variablen betrachten, läßt sich der Preiserwartungseffekt nicht in unsere Analyse einbeziehen. Nach den Ergebnissen von Abschnitt 5.1 d) erscheint uns für eine angemessene Erfassung von Inflationserwartungen außerdem die zeitreihenanalytische Preisvorhersagegleichung als nicht ausreichend. Auch ohne Rückgriff auf die explizite Modellierung von Preissteigerungserwartungen läßt sich aber für die Bundesrepublik Deutschland zeigen, daß zwischen den realisierten Teuerungsraten und dem Zinsniveau ein direkter Zusammenhang besteht. Bei der Anwendung des Instrumentariums der Kointegrationsanalyse (vgl. Kapitel 3.1c)) gelangt man beispielsweise für unsere Datengrundlage der achtziger Jahre zu einer klaren Bestätigung der (Gegen–)Hypothese, daß zwischen den beiden *I(1)*–Zeitreihen Inflationsrate und Nominalzins eine stationäre Langfristrelation gegeben ist. [8] Steigende Preise führen damit auch beim Kapitalzins zu einem entsprechenden Korrekturbedarf, der an effizienten Finanzmärkten schon im sel–

[8] Sei mit x_1, x_2 die Quartals– bzw. Jahresrate des Lebenshaltungskostenindex und mit y die Umlaufsrendite öffentlicher Anleihen im Sinne von Tabelle 5.1 als unbereinigte Niveaudaten bezeichnet. Die Voraussetzung des gleichen Integrationsgrades ist für die Variablen erfüllt, da nach Kapitel 5.1 c) $x_1, x_2, y \sim I(1)$ angenommen werden kann. Die Kointegrationsregressionen im Datenniveau (Q1/1980 – Q4/1989) mit einfacher **KQ**–Methode führen auf folgende Resultate :

Graphik 5.12

Preiseffekt eines monetären Impulses nach drei Quartalen / 1 [a]

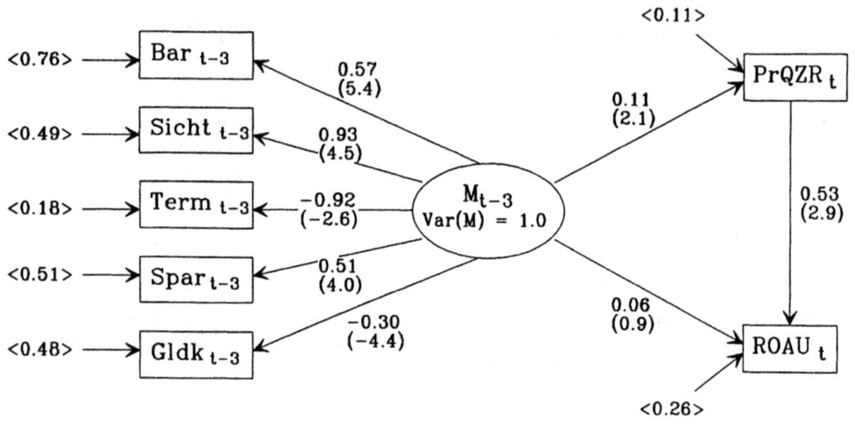

[a] Stichprobengröße N = 36 Beobachtungen; zwei freigesetzte Residualkovarianzen von M analog der konfirmatorischen Faktorenanalyse von Graphik 5.2 ; Testwert der Anpassungs-statistik $\chi^2(11) = 15.68$ (P = 0.15) .

ben Quartal erfolgen dürfte. Vor diesem Hintergrund ist auch zwischen den Variablen $PrQZR_t$ und $ROAU_t$ eine positive Korrelation zu erwarten, da die Innovationsreihen gerade die stochastischen Impulse (neue Informationen) repräsentieren, die über den historischen Verlauf der vorherzusagenden Zeitreihe hinaus auf die realisierten Quartalswerte einwirken.

Die vorstehenden Überlegungen führen uns dazu, Kausalmodelle zu betrachten, die gleichzeitig Wirkungen monetärer Impulse auf den Zins und auf die Preisentwicklung berücksichtigen. In Graphik 5.12 und 5.13 sind die entsprechenden Ansätze für den Zeitlag

---

$$y_t = \underset{(31.4)}{6.07} + \underset{(9.8)}{2.11}\, x_{1t} + \hat{v}_{1t}\,, \qquad R^2 = 0.72\,,\ DW = 0.89^{**}\,,$$
$$ADF(2) = -1.99\,,\ ADF(1) = -3.00^{*}\,,\ DF = -3.25^{*}$$

$$y_t = \underset{(39.5)}{5.71} + \underset{(15.6)}{0.63}\, x_{2t} + \hat{v}_{2t}\,, \qquad R^2 = 0.86\,,\ DW = 0.69^{*}\,,$$
$$ADF(2) = -4.23^{***}\,,\ ADF(1) = -3.14^{*}\,,\ DF = -2.88$$

Zum Test der Residualreihen $\hat{v}_{1t}, \hat{v}_{2t}$ auf Stationarität kann einmal auf die klassische *Durbin–Watson*–Statistik, zum anderen wieder auf den Einheitswurzeltest von *Dickey/Fuller* zurückgegriffen werden, allerdings mit modifizierten kritischen Werten (*Engle/Granger* [1987], *Engle/Yoo* [1987]). Angegeben ist der t–Wert des relevanten Koeffizienten in der **(A)DF**–Regression für die geschätzten Residuen, jeweils ohne (**DF**) und mit (**ADF**) autoregressiven Erweiterungstermen; * / ** / *** bezeichnet Signifikanz auf dem 10% / 5% / 1%–Niveau. In beiden Fällen kann die Nullhypothese einer Einheitswurzel in den Residualreihen zugunsten der stationären Alternative verworfen werden. Die beiden Reihenpaare x_1 / y bzw. x_2 / y sind demnach kointegriert und weisen damit einen gemeinsamen stochastischen Trend auf, vgl. auch *Wolters* [1990b] .

Graphik 5.13

Preiseffekt eines monetären Impulses nach drei Quartalen / 2 [a]

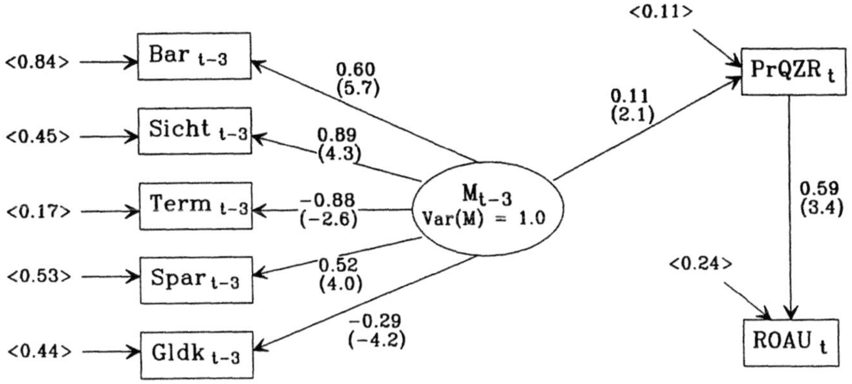

[a] Stichprobengröße N = 36 Beobachtungen; zwei freigesetzte Residualkovarianzen von M analog der konfirmatorischen Faktorenanalyse von Graphik 5.2 ; Testwert der Anpassungs-statistik $\chi^2(12) = 16.31$ (P = 0.18) .

von drei Quartalen wiedergegeben. Beide Modelle genügen den statistischen Voraussetzungen in vollem Maße. Wie den Anpassungen zu entnehmen ist, wird ein deutlicher Einfluß der Preisvariablen auf den langfristigen Zinssatz geschätzt : allein durch die zeitgleichen Preisschwankungen wird eine Varianzaufklärung von 24% erzielt. Es zeigt sich aber, daß der bei univariater Betrachtung nach drei Quartalen auftretende direkte Zinseffekt der latenten Geldinnovation (Tabelle 5.19) bei gleichzeitiger Einbeziehung der entsprechenden Preiswirkung in Graphik 5.12 statistisch nicht mehr signifikant ist. [9]

Eliminiert man den direkten monetären Einfluß auf die Kapitalmarktrendite, so gelangt man zum Modell von Graphik 5.13 . Basierend auf der besseren Anpassungsgüte dieses Strukturansatzes (ein zusätzlicher Freiheitsgrad) kann die Schlußfolgerung gezogen werden, daß die infolge einer monetären Beschleunigung nach drei Quartalen zu beobachtende Zinssteigerung hauptsächlich *indirekt* über die Beeinflussung des Preisniveaus wirksam wird. Bei dem empirisch ermittelten Zinseffekt handelt es sich demnach weitgehend um einen Preiseffekt. Wir haben damit ein Beispiel für eine kausale Modellierung gegeben, mittels der man in der Lage ist, den Wirkungsmechanismus zwischen Variablen aufzuklären: Ein monetärer Impuls führt nach drei Quartalen zu einer Erhöhung des Zinsniveaus, aber die Transmission erfolgt indirekt über monetär induzierte Geldentwertung mit entsprechender Auswirkung auf die Nominalzinsen.

Für den zweiten signifikanten Zinseffekt der latenten Geldmenge nach sieben Quartalen läßt sich das Kausalmodell von Graphik 5.14 anpassen. Im Unterschied zu dem obigen Ergebnis erfolgt die Beeinflussung der langfristigen Zinsen nach dieser Zeitspanne

[9] Die Korrelationen zwischen den drei Variablen ergeben sich bei Einzelschätzung zu : $\hat{\rho}_{M_{t-3},ROAU_t} = 0.33$, $\hat{\rho}_{M_{t-3},PRQZR_t} = 0.34$, $\hat{\rho}_{PRQZR_t,ROAU_t} = 0.49$, $N = 36$.

Graphik 5.14
Preiseffekt eines monetären Impulses nach sieben Quartalen [a]

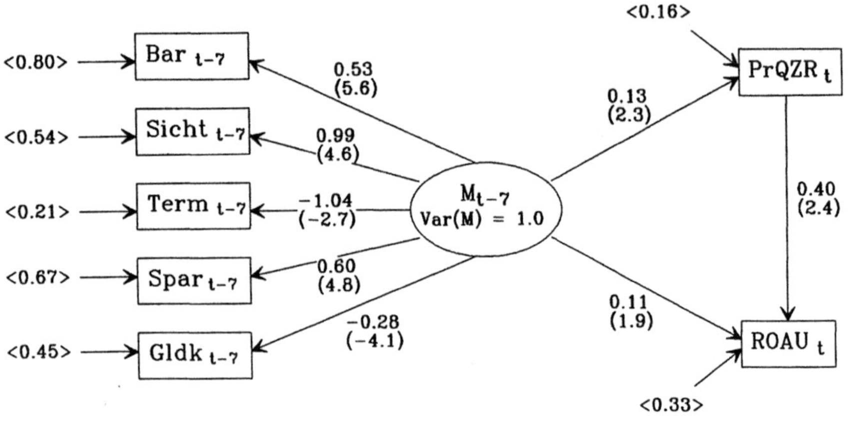

[a] Stichprobengröße N = 32 Beobachtungen; zwei freigesetzte Residualkovarianzen von M analog der konfirmatorischen Faktorenanalyse von Graphik 5.2 ; Testwert der Anpassungs-statistik $\chi^2(11) = 12.82$ (P = 0.31).

offensichtlich nicht hauptsächlich über Preiswirkungen. Der monetäre Impuls schlägt sich zwar auch in Preiserhöhungen nieder, die wiederum auf die Zinsschwankungen einwirken, aber der direkte Effekt von M auf die Variable ROAU ist dominierend. Am gesamtem Zinseffekt einer einmaligen monetären Beschleunigung um eine Standardabweichung von $0.11 + 0.13 \cdot 0.40 = 0.16$ Prozentpunkten, der dem univariat geschätzten Wirkungskoeffizienten der verzögerten Geldmenge von Tabelle 5.19 entspricht, hat der indirekte Effekt über die Preise mit 0.05 Punkten (Produkt der beiden Strukturkoeffizienten) nur einen Anteil von etwa 31% . Zur ökonomischen Erklärung der zinssteigernden Wirkung einer monetären Expansion nach knapp zwei Jahren ist demnach der Preiseffekt nicht hinreichend. Im folgenden Abschnitt versuchen wir aus diesem Grund, auch den Einkommenseffekt in die Analyse einzubeziehen.

d) Konfirmatorische Faktorenanalyse zur realwirtschaftlichen Aktivität

Ein Hauptanliegen unserer Arbeit besteht darin, das Konzept der latenten Variablen der in der Ökonometrie üblichen Verwendung von eindimensionalen Indikatoren für Konstrukte der ökonomischen Theorie gegenüberzusetzen. Empirische Untersuchungen von realen Wirkungen monetärer Impulse, sei es im Rahmen von Strukturmodellen oder von Kausalitätstests, haben sich bislang vornehmlich der Variablen Bruttosozialprodukt oder der gesamtwirtschaftlichen Produktion bedient, vgl. Kapitel 4.2 . Unser Ansatz unternimmt dagegen den Versuch, mehrere Indikatoren der allgemeinen Wirtschaftstätigkeit einzubeziehen und ein entsprechendes latentes Konstrukt zu modellieren. Wir betrachten aus diesem Grund die (Zeitreiheninnovationen der) sechs Konjunkturindikatoren Bruttosozialprodukt (BSP), Auftragseingang im Verarbeitenden Gewerbe aus dem Inland (Auft), Nettoproduktion im Produzierenden Gewerbe (Prod), Abhängig Beschäftigte (Bes), Inlandsumsätze des Produzierenden Gewerbes (Ums) und Kapazitätsauslastung im Verarbeitenden Gewerbe (Kap). Es handelt sich bei diesen Variablen um diejenigen makroökonomischen Größen, welche auch von der Deutschen Bundesbank zur Konjunkturbeurteilung herangezogen und in den Statistischen Beiheften zu den Monatsberichten zusammengestellt werden. Bei den Variablen Auftragseingang und Umsätze haben wir uns auf die inländischen Bestandteile konzentriert, da wir reale Auswirkungen von monetären Maßnahmen untersuchen wollen, die allein von der deutschen Geldpolitik veranlaßt sind.

In diesem Abschnitt beschäftigen wir uns vorbereitend mit der angemessenen Modellierung einer latenten Variablen realwirtschaftliche Aktivität, die möglichst umfassend die realen Impulse wiederspiegeln soll, wie sie von den sechs Variablen gemessen werden. Drei der Indikatoren beziehen sich auf nominelles Volumen (BSP, Auft, Ums), drei sind reale d.h. von Preisbewegungen unabhängige Größen (Prod, Bes, Kap). In einem ersten Schritt untersuchen wir zunächst, ob sich die quartalsweisen Innovationen aller sechs Variablen auf einen einzigen latenten Faktor reduzieren lassen. Die Graphiken 5.15 und 5.16 geben das entsprechende kausalanalytische Resultat wieder. Bei der Einbeziehung sämtlicher Indikatoren derselben Periode zeigt sich, daß die Faktorladung der Variablen Beschäftigung nichtsignifikant geschätzt wird (Reliabilität = 0.012), d.h. keine Indikatorqualität für den ermittelten Faktor aufweist.

Graphik 5.15

Konfirmatorische Faktorenanalyse: Realwirtschaftliche Aktivität / 1 [a]

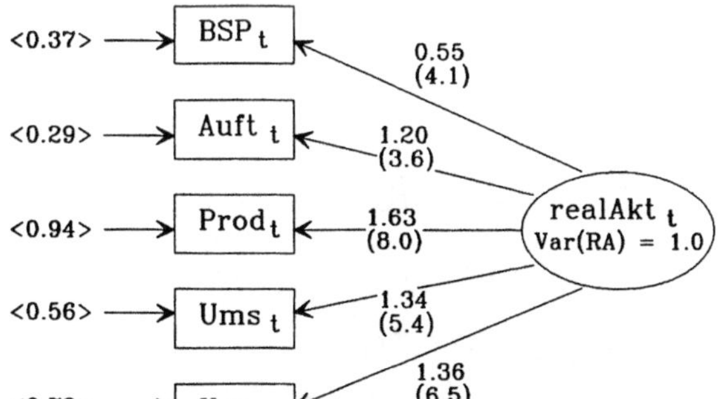

[a] Stichprobengröße N = 40 Beobachtungen, Testwert der Anpassungsstatistik $\chi^2(5) = 6.01$ (entspricht einem P-Wert von P = 0.31), GFI-Index = 0.95 , AGFI = 0.85 , BBN-Index = 0.95 , BBNN = 0.98 .

Ein mögliches Modell für eine latente Variable realwirtschaftliche Aktivität ist damit durch den Ansatz 5.15 gegeben, dem nur noch die verbleibenden fünf Indikatoren zugrunde liegen. Die Anpassungsgüte des Ein-Faktor-Modells ist ausgesprochen gut: Sogar bei Annahme einer diagonalen Kovarianzmatrix der Ladungsfehler (d.h. keinerlei Fehlerkorrelationen zwischen den Gleichungen) können die Beziehungen zwischen den fünf realwirtschaftlichen Größen durch eine einzige latente Variable *RA* derart reproduziert werden, daß die implizierte Kovarianzstruktur statistisch nicht mehr von der frei geschätzten Stichproben-Kovarianzmatrix zu unterscheiden ist: die überidentifizierten Modellrestriktionen sind in der Stichprobe erfüllt. Die Faktorladungen werden alle hoch signifikant geschätzt, der aufgeklärte Anteil an der Varianz des Faktors beträgt wenigstens 29% (Auftragseingang). Bemerkenswert ist außerdem die hohe Korrelation zwischen der Variablen Prod und dem latenten Konstrukt *RA*. Anhand des geschätzten Koeffizienten von $\rho = 0.97$ kann die Schlußfolgerung gezogen werden, daß bereits die Schwankung dieser realwirtschaftlichen Variable einen Großteil der latenten Bewegung widerspiegelt, die hinter den fünf Indikatoren steht. Die Größe BSP vermag dagegen nur 37% dieser Information wiederzugeben.

Bei der Betrachtung der Kreuzkorrelationen zwischen dem sechsten Indikator Bes und den restlichen fünf Variablen fällt auf, daß diese z.T einen Vorlauf von einem Quartal vor der Beschäftigung aufzuweisen scheinen. Dieses ökonomisch plausible Ergebnis kann dahingehend nutzbar gemacht werden, alle sechs Konjunktur-Variablen auf einen einzigen latenten Faktor realwirtschaftliche Aktivität zurückzuführen, der dann allerdings Indikatoren unterschiedlicher Zeitstruktur aufweist. Wie Graphik 5.16 zu entnehmen ist, erhält

Graphik 5.16

Konfirmatorische Faktorenanalyse: Realwirtschaftliche Aktivität / 2 [a]

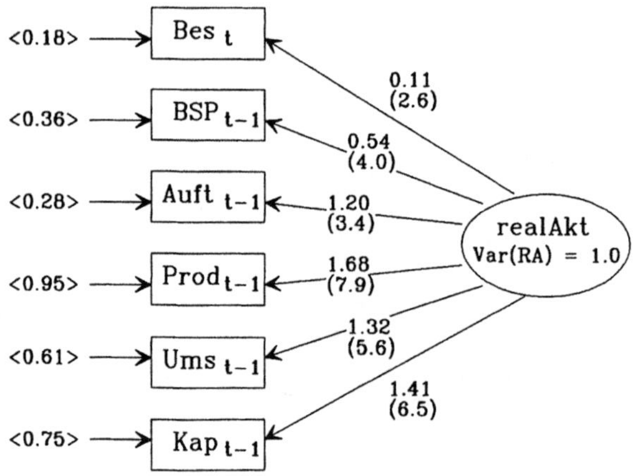

[a] Stichprobengröße N = 38 Beobachtungen, Testwert der Anpassungsstatistik $\chi^2(9) = 6.86$ (P = 0.65), GFI = 0.95, AGFI = 0.87, BBN = 0.94, BBNN = 1.00.

man dadurch ein gleichfalls sehr gut angepasstes Ein–Faktor–Modell. Die neu hinzugekommene Größe Bes vermag allerdings nur 18% der Varianz der latenten Variablen Rechnung zu tragen, die wiederum außerordentlich hoch mit der Produktionsgröße korreliert. Obwohl die Annahme einer derartigen zeitlichen Abfolge der realwirtschaftlichen Zusammenhänge sicherlich Sinn macht, ist die Interpretationsmöglichkeit des resultierenden Faktors damit eingeschränkt. Insbesondere in Hinblick auf die folgenden Wirkungsuntersuchungen ist ein klare Zuordnung der latenten Größe *RA* zu einer bestimmten Periode wünschenswert.

Zu bemerken bleibt noch, daß sich auch bezüglich der Auftragseingänge eine gewisse zeitliche Verschiebung zu den anderen realen Indikatorvariablen feststellen läßt. Neben den oben ausgenutzten periodengleichen Korrelationen zeigt sich in den zeitlich versetzten Kreuzkorrelationen der Größe Auft ein ökonomisch relevanter Vorlauf von vier Quartalen gegenüber den Variablen BSP und Ums, sowie abgeschwächt gegenüber Prod und Bes. Die Schätzung eines Ein–Faktor–Modells mit einem derart vorlaufenden Indikator Auft erbringt aber nur einen schwach signifikanten Ladungskoeffizienten und keine sonstigen neuen Erkenntnisse.

Die vorgestellten Ergebnisse einer faktoranalytischen Modellierung der sechs Indikatoren der allgemeinen Wirtschaftstätigkeit zeigen, daß von der Existenz eines einzigen realwirtschaftlichen Faktors ausgegangen werden kann. Dieses Resultat erscheint etwas überraschend, da wir es sowohl mit realen wie nominalen Variablen zu tun haben. Zur Überprüfung dieser Erkenntnis untersuchen wir im folgenden noch einen Zwei–Faktor–Ansatz, der anhand dieser Kategorie explizit von einer Trennung in zwei disjunkte Indikatorgruppen ausgeht. Versucht man die beiden Faktoren aber in separaten Modellen anzupassen, so sind jeweils nur drei Indikatoren verfügbar. Bei sechs zu schätzenden Modellparametern und einer gleichen Anzahl freier Varianzen/Kovarianzen verbleiben demnach keinerlei Freiheitsgrade: ein konfirmatorischer Test derartiger Ansätze ist nicht mehr möglich. Wir stützen uns aus diesem Grund gleich auf eine gemeinsame Modellierung der beiden realwirtschaftlichen Faktoren, mit dem Ziel, die Korrelation zwischen den beiden latenten Konstrukten zu schätzen. Graphik 5.17 zeigt das entsprechende Anpassungsresultat. Die zwei theoretisch vermuteten Faktoren werden zwar von dem gut angepassten Ansatz unterstützt, die Korrelation zwischen der realen und der nominalen Variablen beträgt aber $\rho = 0.98$. Eine Unterscheidung in diese beiden Kategorien ist damit nicht unbedingt erforderlich. Bezüglich unserer Datengrundlage der Quartals–Innovationen der achtziger Jahre genügt auch die Annahme eines einzigen realwirtschaftlichen Faktors zur Reproduktion der Beziehungen zwischen den verschiedenen Konjunktur–Indikatoren.

Das zweite wichtige Resultat betrifft die hohe Korrelation des extrahierten latenten Konstrukts *RA* mit der Produktionsvariablen. Auch in Graphik 5.17 zeigt sich erneut, daß bereits durch den Einzel–Indikator Prod ein Großteil der realwirtschaftlichen Schwankungen abgedeckt wird. Die alleinige Verwendung dieser Operationalisierung eines realen Impulses erscheint somit angemessen zu sein. Wir wollen uns im folgenden zwar hauptsächlich auf den faktoranalytischen Ansatz stützen, beziehen bei der Wirkungsuntersuchung monetärer Impulse aber bei Bedarf auch einzelne reale Indikator–Variablen mit ein.

Graphik 5.17
Konfirmatorische Faktorenanalyse Realwirtschaftliche Aktivität: 2-Faktor-Modell [a]

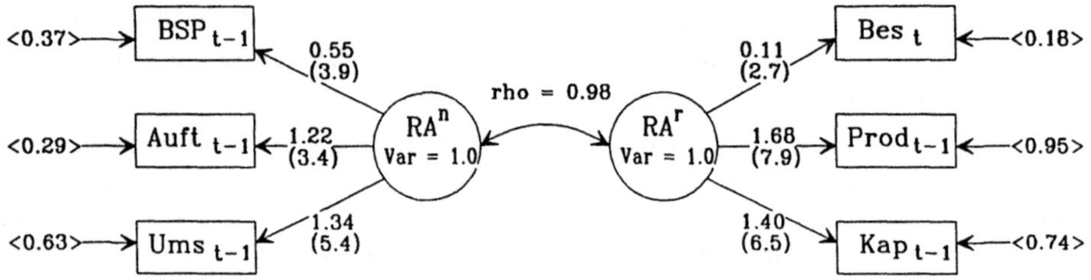

[a] Stichprobengröße N = 38 Beobachtungen, Testwert der Anpassungsstatistik $\chi^2(8) = 6.80$ (entspricht einem P-Wert von P = 0.56).

e) Realwirtschaftliche Wirkungen monetärer Impulse

Zur empirischen Untersuchung möglicher Effekte geldmengenpolitischer Maßnahmen im realwirtschaftlichen Sektor bedienen wir uns der gleichen Methodik wie bei der Analyse der Zins- und Preiswirkungen. Aufbauend auf die Resultate der konfirmatorischen Faktorenanalyse operationalisieren wir einen (exogenen) monetären Impuls nach Graphik 5.2 als latentes Konstrukt der Innovationen in den fünf Geldmengenkomponenten Bargeld, Sicht-, Termin-, Spareinlagen und Geldkapitalbildung. Zeitlich verzögerte Auswirkungen einer monetären Beschleunigung werden über einen Zeitraum von zwei Jahren hinweg geschätzt, wobei die Untersuchung aufgrund der Unkorreliertheit der exogenen Variablen für alle Zeitlags separat durchgeführt werden kann. Als abhängige Größen werden die im Abschnitt d) behandelten Konjunktur-Indikatoren sowie die ermittelte latente Variable Realwirtschaftliche Aktivität (*RA*) betrachtet. Zur besseren Interpretation der Anpassungsresultate geben wir nur standardisierte Wirkungskoeffizienten (β-Koeffizienten) wieder, die durch Normierung der geschätzten Parameter ermittelt werden. [10] Durch diese Vorgehensweise können die Koeffizienten für die verschie-

[10] Seien $\hat{\gamma}_1, .., \hat{\gamma}_k$ geschätzte Wirkungskoeffizienten im linearen Strukturansatz

$$\eta = \gamma_1\xi_1 + .. + \gamma_k\xi_k + \zeta$$

für die endogene Variable η. Dann sind die standardisierten Parameter (β-Koeffizienten) definiert durch die Relation

$$\hat{\gamma}_j^* := \hat{\gamma}_j \frac{s_{\xi_j}}{s_\eta} , \quad 1 \leq j \leq k ,$$

Tabelle 5.23

Realwirtschaftliche Wirkungen monetärer Impulse [a]

angepasstes Kausalmodell : $RA_t = \gamma_k M_{t-k} + \zeta_t$				
Zeitlag k	$\hat{\gamma}_k^*$ (t–Wert)	$\sum_{i=0}^{k} \hat{\gamma}_i^*$	R^2	χ^2–Anpassungsstatistik
0	-0.29 (-1.4)	-0.29	0.08	$\chi^2(32) = 29.80$ (P = 0.58)
1	0.10 (0.5)	-0.18		$\chi^2(32) = 39.59$ (P = 0.17)
2	0.08 (0.4)	-0.10		$\chi^2(32) = 51.54$ (P = 0.02)
3	-0.11 (-0.6)	-0.21		$\chi^2(32) = 68.83$
4	0.27 (1.4)	0.06	0.07	$\chi^2(32) = 35.72$ (P = 0.30)
5	0.03 (0.1)	0.09		$\chi^2(32) = 52.49$ (P = 0.01)
6	0.44 (2.0)	0.52	0.19	$\chi^2(32) = 45.34$ (P = 0.06)
7	0.26 (1.5)	0.78	0.07	$\chi^2(32) = 39.41$ (P = 0.17)
8	-0.08 (-0.4)	0.71		$\chi^2(32) = 31.46$ (P = 0.49)

[a] Das latente Geldkonstrukt M wird über die fünf Indikatoren Bar, Sicht, Term, Spar und Gldk; die realwirtschaftliche Variable RA über die Indikatoren BSP, Auft, Prod, Ums und Kap modelliert. Angegeben ist der standardisierte Wirkungskoeffizient; Stichprobengröße N = 32 .

denen endogenen Variablen auch in ihrer absoluten Höhe direkt miteinander verglichen werden. Wie bereits in den vorangegangenen Untersuchungen beziehen wir neben den einzelnen Wirkungsverzögerungen auch die Summe der Koeffizienten in die Studie ein, d.h. analysieren die realen Auswirkungen einer dauerhaften Beschleunigung des Geldmengenwachstums.

In Tabelle 5.23 sind die Schätzergebnisse der Kausalanalyse monetärer Impulse für die latente realwirtschaftliche Variable *RA* nach Graphik 5.15 wiedergegeben, d.h. die allgemeine Wirtschaftstätigkeit wird über die fünf Indikatoren BSP, Auf, Prod, Ums und Kap zu operationalisieren versucht. Die Anpassungsgüte der neun Modelle ist in der Regel recht gut, so daß der Ansatz nicht verworfen werden kann. Nach sechs Quartalen wird ein signifikanter positiver Wirkungskoeffizient ermittelt, daneben weniger ausgeprägte Effekte in derselben Periode und nach vier bzw. sieben Quartalen. In der Kumulation der Strukturparameter zeigt sich ab einem Jahr zeitlicher Verzögerung ein positiver Gesamteinfluß beschleunigten Geldmengenwachstums. Als Folge dauerhafter monetärer Stimulierungen im Ausmaß von einer Standardabweichung hat sich das realwirtschaftliche Konstrukt nach Ablauf von zwei Jahren um 71% einer Standard–Änderung erhöht. Auch der Kausalitätstest von *Haugh/Pierce* für die einfache Wirkungsrichtung $M \longrightarrow RA$ weist aus, daß die Korrelationen zurückliegender Geldmengeninnovationen mit der latenten Variablen *RA* gemeinsam signifikant sind, vgl. auch Tabelle 5.25 . [11]

---

mit den geschätzten Standardabweichungen s_{ξ_j} und s_η der exogenen und endogenen Variablen. Im einfachen Regressionsmodell mit nur einer exogenen Variablen ($k = 1$) kann gezeigt werden, daß der standardisierte Steigungsparameter gerade der einfachen Korrelation zwischen den beiden Variablen entspricht, vgl. *Aigner* [1971, Seite 72–80] .

Graphik 5.18
Realwirtschaftliche Wirkung eines monetären Impulses nach sechs Quartalen [a]

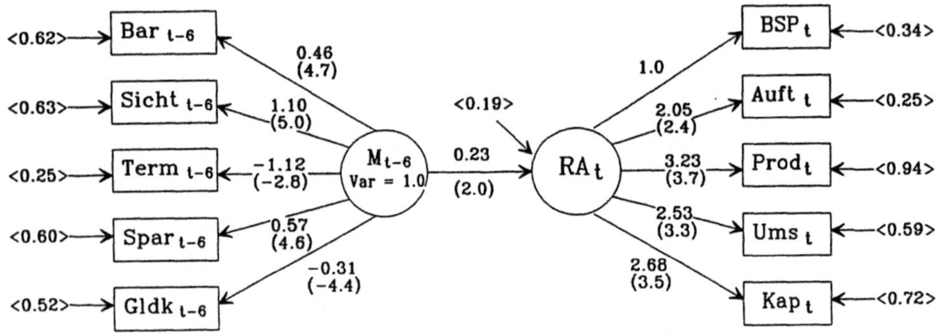

[a] Stichprobengröße N = 32 Beobachtungen, Testwert der Anpassungsstatistik $\chi^2(32) = 45.34$ (entspricht einem P-Wert von P = 0.06).

Einflüsse monetärer Impulse auf den realen Sektor der Wirtschaft sind somit nachzuweisen. Der entscheidende Einzeleffekt tritt dabei nach sechs Quartalen auf. Wir wollen das entsprechende Kausalmodell noch einmal explizit in Graphik 5.18 wiedergeben. Nach eineinhalb Jahren Wirkungsverzögerung vermag die latente Geldmengenvariable immerhin 19% der Schwankungen des realwirtschaftlichen Konstrukts aufzuklären. Mittels des χ^2-Differenzen-Tests (vgl. Kapitel 1.4 d)) können wir die statistische Signifikanz des festgestellten Einflusses zusätzlich untersuchen. Hierzu wird das Kausalmodell von Graphik 5.18 unter Ausschluß der zu testenden Strukturrelation erneut geschätzt, und die Werte der Anpassungsfunktionen mit und ohne Restriktion miteinander verglichen. In unserem Fall erhält man einen Differenzenwert von 4.81, der sich im Vergleich zu den kritischen Werten der $\chi^2(1)$-Verteilung als auf dem 5%-Niveau verschieden von Null herausstellt. Die Einbeziehung des Wirkungskoeffizienten vermag die Erklärungsgüte der Modellierung damit deutlich zu erhöhen: der Effekt des monetären Impulses M_{t-6} auf RA_t ist statistisch relevant.

Neben den Auswirkungen monetärer Impulse auf das latente Konstrukt *RA* betrachten wir im folgenden auch noch ausgewählte eindimensionale Konjunktur-Indikatoren als mögliche Ziel-Variablen, da sich in der verzögerten Beeinflussung einzelner realwirtschaftlicher Größen merkliche Unterschiede feststellen lassen. In Tabelle 5.24 führen wir die entsprechenden Anpassungsresultate für die endogenen Variablen BSP, Auf, Prod und Bes auf, wobei nur diejenigen Strukturparameter angegeben sind, deren t-Werte

[11] Bei Einbeziehung von monetären Impulsen bis zurück zu zwei Jahren ($0 \leq k \leq 8$) werden für die Wirkungsrichtung $M \longrightarrow RA$ folgende Statistiken ermittelt: $S = 14.27$ $^{(*)}$ und $S^* = 16.73$ $^{*(*)}$; die entsprechenden kritischen Werte der $\chi^2(9)$-Verteilung sind $\chi^2 = 14.68$ für das 10%-Niveau und $\chi^2 = 16.92$ für das 5%-Niveau.

Tabelle 5.24
Realwirtschaftliche Wirkungen monetärer Impulse [a]

angepasstes Kausalmodell : $Var_t = \gamma_k M_{t\text{-}k} + \zeta_t$							
Var	*k*	$\hat{\gamma}_k^*$	(*t*–Wert)	$\sum_{i=0}^{k} \hat{\gamma}_i^*$	R^2	χ^2–Anpassungsstatistik	
BSP	4	0.41	(2.3)	0.54	0.17	$\chi^2(7) = 5.87$	(P = 0.55)
Auft	4	0.37	(2.1)	0.40	0.13	$\chi^2(7) = 10.78$	(P = 0.15)
Auft	5	0.22	(1.3)	0.62	0.05	$\chi^2(7) = 22.79$	(P = 0.002)
Prod	0	-0.28	(-1.5)	-0.28	0.08	$\chi^2(7) = 10.69$	(P = 0.15)
Prod	4	0.21	(1.2)	-0.04	0.05	$\chi^2(7) = 3.58$	(P = 0.83)
Prod	6	0.46	(2.6)	0.46	0.21	$\chi^2(7) = 9.95$	(P = 0.19)
Prod	7	0.26	(1.7)	0.73	0.07	$\chi^2(7) = 8.31$	(P = 0.31)
Bes	6	0.23	(1.3)	0.82	0.05	$\chi^2(7) = 3.92$	(P = 0.79)
Bes	7	0.28	(1.7)	1.10	0.08	$\chi^2(7) = 6.35$	(P = 0.50)

[a] Das latente Geldkonstrukt M wird über die fünf Indikatoren Bar, Sicht, Term, Spar und Gldk modelliert. Angegeben ist der standardisierte Wirkungskoeffizient; N = 32 .

betragsmäßig 1.0 übersteigen. Es zeigt sich, daß die monetäre Stimulierung bei den nominellen Größen bereits früher wirksam wird als bei den realen Indikatoren. Hinsichtlich der unerwarteten Schwankungen des BSP wie der Auftragseingänge wird ein signifikanter Einfluß der latenten Geldmenge nach vier Quartalen geschätzt (Varianzaufklärung der Einzelgleichung beim BSP 17% und bei Auft 13%). Wie schon beim multi – indikativen Ansatz von Tabelle 5.23 liegt der Schwerpunkt der monetären Beeinflussung der Produktionsvariablen bei sechs bis sieben Quartalen (enge Beziehung des latenten Faktors *RA* mit dem Indikator Prod!). Ein einzelner monetärer Impuls erklärt nach eineinhalb Jahren Wirkungsverzögerung allein 21% der Varianz von Prod. Für die zweite reale Größe Beschäftigung wird der gleiche Zeitlag ermittelt, wobei ein deutlicher signifikanter Strukturparameter erst nach sieben Quartalen auftritt. Gesicherte Einzeleffekte sind folglich nach vier Quartalen bei den nominellen Variablen BSP und Auft und nach sieben Quartalen beim preisunabhängigen Indikator Prod zu beobachten. Die letzte Variable scheint zudem im engsten Zusammenhang mit zurückliegenden monetären Impulsen zu stehen: der Einzeleffekt ist am deutlichsten ausgeprägt und zudem treten weitere positive Wirkungskoeffizienten mit gewissem Erklärungspotential zum Lag vier und sieben auf.

Bei der Betrachtung der kumulierten Strukturparamter werden die unterschiedlichen Reaktionsweisen der nominellen und realen Größen besonders deutlich. Während für die Produktionsvariable der Gesamteffekt auch nach vier Quartalen dauerhafter monetärer Beschleunigung noch negativ ist, ergibt sich beim BSP bereits eine Stimulierung im Ausmaß von 54% einer Standardschwankung, bei den Auftragseingängen um 40% . Die Summenkoeffizienten bezüglich dieser beiden Indikator–Variablen nehmen zwar noch weiter zu (beim BSP nach acht Quartalen auf 0.96) bzw. bleiben in etwa gleich (bei Auft), die einzelnen Wirkungsparameter sind aber nicht mehr signifikant. Bei der realen Größe

Graphik 5.19
Aggregierte realwirtschaftliche Wirkungen monetärer Impulse

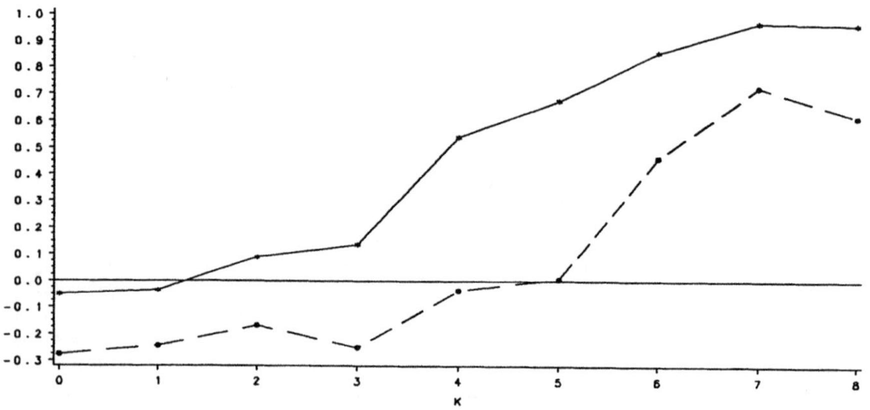

Aufsummierte Wirkungskoeffizienten $\hat{\gamma}_0^* + \hat{\gamma}_1^* + .. + \hat{\gamma}_k^*$ verzögerter Geldmengenvationen zurück bis zum Zeitlag k für Indikator – Variable :
- Bruttosozialprodukt (durchgezogene Linie)
- Nettoproduktion (gestrichelte Linie)

Prod hingegen wird ein merklich positiver Gesamteffekt erst ab einem Zeitlag von sechs Quartalen ermittelt. Das Maximum der kumulierten Koeffizienten wird nach sieben Quartalen monetärer Expansion mit einem Summenwert von 0.73 erreicht. Graphik 5.19 macht die dargestellten Zusammenhänge für die beiden Indikatoren BSP und Prod deutlich.

Auch die Untersuchung der gemeinsamen Signifikanz der geschätzen Wirkungskoeffizienten (*Haugh/Pierce*–Kausalitätstests) bis zurück zu einem zeitlichen Vorlauf der Geldmenge von zwei Jahren unterstützt die gefundenen Ergebnisse. Zu Vergeichszwecken sind wieder die additiven Geldmengenabgrenzungen M1, M2, M3 und die Zentralbankgeldmenge in die Analyse einbezogen. Wie Tabelle 5.25 zeigt, sind bei gemeinsamer Betrachtung nur die Beziehungen von der latenten Geldmenge *M* zur Produktionsvariablen und von M1 zum Bruttosozialprodukt und zur Beschäftigung signifikant auf dem 10%–Niveau. Hinzu kommt noch die Relation zwischen *M* und dem latenten realwirtschaftlichen Konstrukt *RA*, für das erneut die höchsten Werte in der Teststatistik erzielt werden, vgl. Fussnote 11. Am besten abgesichert scheint damit der monetäre Einfluß auf die Variable Prod zu sein, wobei auch zu berücksichtigen ist, daß wir aufgrund der begrenzten Stichprobengröße nicht über einen Zeitlag von acht Quartalen hinaus untersucht haben. Bezüglich der Geldmengenaggregate M2, M3 und ZBGM sind auch im Fall von realwirtschaftlichen Wirkungen keine positiven Resultate zu erzielen.

Nach der Analyse von Einzeleffekten monetärer Impulse auf den realen Sektor kann der Versuch unternommen werden, die gewonnenen Erkenntnisse mit den Ergebnissen von Abschnitt b) und c) bezüglich monetär induzierter Zins– und Preiswirkungen zu

Tabelle 5.25
Haugh/Pierce–Kausalitätstest zu realwirtschaftlichen Wirkungen monetärer Impulse [a]

untersuchte Kausalrichtung und Indikator–Variablen :	$M_{t-k} \longrightarrow BSP_t$		$M_{t-k} \longrightarrow Auft_t$	
Geldmenge	S	S^*	S	S^*
M	7.98	9.24	7.85	9.07
M1	13.11	15.02 *	1.37	1.56
M2	9.06	10.59	8.77	9.98
M3	8.36	9.40	10.36	11.32
ZBGM	6.58	7.39	9.88	11.92
	$M_{t-k} \longrightarrow Prod_t$		$M_{t-k} \longrightarrow Bes_t$	
Geldmenge	S	S^*	S	S^*
M	13.64	16.18 *	10.46	12.07
M1	9.82	12.08	13.48	15.15 *
M2	6.50	7.68	9.89	11.36
M3	10.05	11.15	8.13	9.23
ZBGM	6.14	7.28	5.13	5.75

[a] Einbezogen sind die ersten acht verzögerten Einflüsse, d.h. $0 \leq k \leq 8$; M bezeichnet die latente Geldmenge mit fünf Indikatoren; * steht für Signifikanz der S– bzw. S^*–Teststatistik auf dem 10%–Niveau.

verbinden. Wie wir gesehen haben, treten nach drei bis vier sowie nach sieben bis acht Quartalen beschleunigten Geldmengenwachstums signifikante Zins– und Preiserhöhungen auf. Die Zinswirkung nach drei Quartalen konnte bereits kausalanalytisch als Preiseffekt identifiziert werden. Im folgenden untersuchen wir, ob sich auch Beziehungen mit der monetär angeregten Wirtschaftstätigkeit feststellen lassen. Anhand der zeitlichen Abfolge der Beeinflussung der nominellen Indikatoren (BSP, Auft) nach vier Quartalen auf der einen und der realen Größen (Prod, Bes) nach sechs bis sieben Quartalen auf der anderen Seite kann vermutet werden, daß entsprechende Zusammenhänge mit den Preiswirkungen vorliegen. Von besonderer Bedeutung ist dabei die Frage, ob es sich bei den realwirtschaftlichen Effekten um reine monetäre Phänomene handelt, d.h. ob sie allein durch das höhere gesamtwirtschaftliche Preisniveau bedingt sind, welches durch die expansive Geldmengenpolitik hervorgerufen wurde.

Wie Tabelle 5.26 zu entnehmen ist, läßt sich aber zwischen dem nominellen realwirtschaftlichen Konstrukt RA^n und den Preisschwankungen im selben Quartal überhaupt kein signifikanter Zusammenhang feststellen. Die nach drei bzw. vier Quartalen nach einem monetären Impuls auftretenden Preissteigerungen stehen damit nicht in direkter Beziehung mit der nach einem Jahr angeregten nominalen Wirtschaftstätigkeit. Beide

Tabelle 5.26
Preiswirkungen realwirtschaftlicher Impulse [a]

angepasste Kausalmodelle : $PrQZR_t = \gamma_k RA_{t-k} + \zeta_t$						
realAkt	k	$\hat{\gamma}_k$	(t–Wert)	R^2	χ^2–Anpassungsstatistik	
RA	0	0.00	(0.0)		$\chi^2(9) = 6.59$	(P = 0.68)
RA	1	0.12	(2.0)	0.13	$\chi^2(9) = 14.74$	(P = 0.10)
RA	2	-0.02	(-0.3)		$\chi^2(9) = 6.05$	(P = 0.74)
RA^n	0	0.04	(0.6)		$\chi^2(2) = 0.49$	(P = 0.78)
RA^n	1	0.11	(1.7)	0.10	$\chi^2(2) = 8.95$	(P = 0.01)
RA^n	2	-0.05	(-0.8)		$\chi^2(2) = 1.61$	(P = 0.45)
PROD	0	-0.02	(-0.3)			
RA^r	1	0.13	(2.1)	0.14	$\chi^2(2) = 0.89$	(P = 0.64)
RA^r	2	-0.01	(-0.2)		$\chi^2(2) = 3.79$	(P = 0.15)

[a] Das latente Konstrukt RA wird über die fünf Indikatoren BSP, Auft, Prod, Ums und Kap modelliert, das nominelle Konstrukt RA^n über BSP, Auft und Ums sowie das reale Konstrukt RA^r über $Best_{t+1}$, $Prod_t$ und Kap_t ; Restriktion **Var**(RA) = 1.0 ; N = 32 .

Effekte scheinen unabhängig voneinander zu sein. Zu berücksichtigen ist dabei auch, daß die hauptsächliche Preiswirkung bereits nach drei Quartalen zu verzeichnen ist (vgl. Tabelle 5.21). Bemerkenswert ist dagegen, daß sich nach Tabelle 5.26 infolge eines realwirtschaftlichen Impulses signifikante Preissteigerungen mit einem Quartal Wirkungsverzögerung zeigen. Beim Vergleich des nominellen mit dem realen Konstrukt wird zudem deutlich, daß dieser Preisschub vor allem hinsichtlich der realen Größen (Nettoproduktion und Kapazitätsauslastung eine Periode zurückversetzt sowie zeitgleiche Beschäftigung) zu beobachten ist.

Dieses etwas überraschende Ergebnis versuchen wir in Graphik 5.20 kausalanalytisch zu untersuchen. Hierzu betrachten wir gleichzeitig den monetär induzierten realen Effekt nach sechs Quartalen und den Preiseffekt nach sieben Quartalen. Es zeigt sich, daß der bei univariater Modellierung geschätzte deutliche Zusammenhang zwischen RA^r_{t-1} und $PrQZR_t$ bei Einbeziehung der monetären Variablen statistisch nicht mehr signifikant ist. Anhand des partiellen Korrelationskoeffizienten wird dies augenfällig: [12] Während

[12] Die partielle Korrelation zwischen zwei Zufallsvariablen X und Y, die beide von einer dritten Variable Z beeinflusst werden, ist definiert zu :

$$\rho_{X,Y|Z} := \frac{\rho_{X,Y} - \rho_{X,Z} \cdot \rho_{Y,Z}}{\sqrt{1-\rho_{X,Z}^2}\ \sqrt{1-\rho_{Y,Z}^2}} \quad , \quad \rho_{X,Y} = Kor(X,Y) = \frac{Kov(X,Y)}{\sqrt{Var(X)}\ \sqrt{Var(Y)}} \ .$$

Die partielle Korrelation spiegelt dabei die lineare Beziehung zwischen den beiden Variablen X und Y wider, welche unter Ausschaltung des Einflusses der Größe Z vorhanden ist. Zur Schätzung der partiellen Korrelation kann der einfache Korrelationskoeffizient in die Definition eingesetzt werden. Unter Normalverteilungshypothese kann mittels der in *Hartung* [1982, Seite 562] angegebenen Statistik auf partielle Unkorreliertheit getestet

Graphik 5.20
Preiswirkung eines realwirtschaftlichen Impulses nach einem Quartal [a]

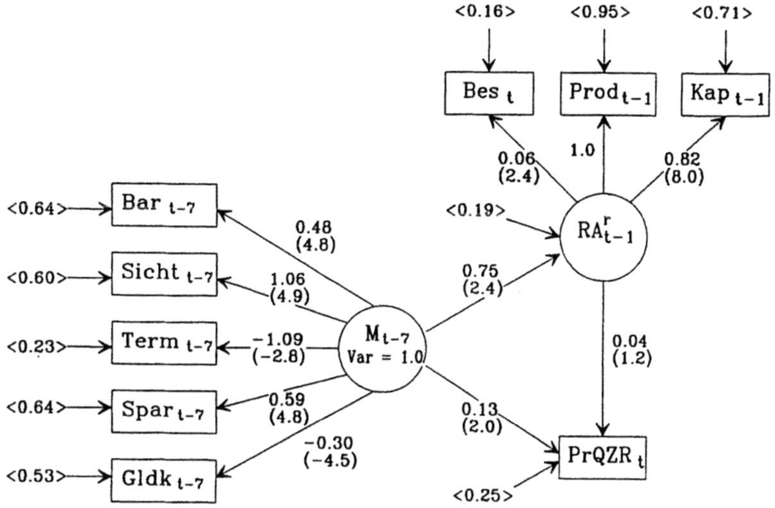

[a] Stichprobengröße N = 32 Beobachtungen, Testwert der Anpassungsstatistik $\chi^2(23) = 26.48$ (entspricht einem P-Wert von P = 0.28).

sich die einfache Korrelation zu $\hat{\rho}_{RA^r_{t-1},PRQZR_t} = 0.38$ ergibt, errechnet sich für den Korrelationskoeffizienten unter Ausschaltung des monetären Einflusses nur noch $\hat{\rho}_{RA^r_{t-1},PRQZR_t|M_{t-7}} = 0.20$, d.h. 46% der Relation zwischen der realen Wirtschaftstätigkeit und der Preisentwicklung im darauffolgenden Quartal ist auf die sieben Quartale zurückliegende Geldmengenexpansion zurückzuführen. Die Nullhypothese, daß die partielle Korrelation in Wirklichkeit Null ist, kann auch auf dem 10%-Niveau nicht abgelehnt werden. Die vermeintliche Preiswirkung einer realwirtschaftlichen Innovation ist damit als weitgehend *monetär induziertes Phänomen* anzusehen: die Preissteigerungen werden nur zu 19% (indirekter Effekt: $0.75 \cdot 0.04 = 0.03$ zu Gesamteffekt: $0.13 + 0.03 = 0.16$) indirekt über den realen Sektor wirksam.

Zum zweiten untersuchen wir in Tabelle 5.27, ob sich die festgestellten Zinswirkungen monetärer Impulse über die gleichzeitige Beeinflussung realwirtschaftlicher Variablen weiter aufklären lassen. Zwischen dem nominalen und realen Konjunktur-Konstrukt ergeben sich auch hier markante Unterschiede. Während die langfristigen Zinsen erst nach zwei Quartalen signifikant durch einen realen Impuls angeregt werden, gilt dies für das nominelle Konstrukt RA^n neben dieser Zeitverzögerung auch schon in derselben Periode. Die zinssteigernde Wirkung einer beschleunigten Geldmengenexpansion nach sieben

---

werden. Die Statistik ist unter der Null t-verteilt mit N-3 Freiheitsgraden. In unserem Fall ergibt sich ein Testwert von $t(29) = 1.12$ (zugehöriger zweiseitiger P-Wert 0.27).

Tabelle 5.27

Zinswirkungen realwirtschaftlicher Impulse [a]

angepasste Kausalmodelle : $ROAU_t = \gamma_k RA_{t-k} + \zeta_t$					
realAkt	k	$\hat{\gamma}_k$ (t-Wert)	R^2	χ^2-Anpassungsstatistik	
RA^n	0	0.15 (2.1)	0.17	$\chi^2(2) = 0.47$	(P = 0.79)
RA^n	1	0.03 (0.4)		$\chi^2(2) = 3.76$	(P = 0.15)
RA^n	2	0.15 (2.0)	0.18	$\chi^2(2) = 2.86$	(P = 0.24)
RA^n	3	-0.00 (-0.0)		$\chi^2(2) = 0.55$	(P = 0.76)
PROD	0	0.01 (0.1)			
RA^r	1	0.10 (1.6)	0.08	$\chi^2(2) = 0.00$	(P = 0.99)
RA^r	2	0.15 (2.4)	0.18	$\chi^2(2) = 2.25$	(P = 0.32)
RA^r	3	-0.08 (-1.1)		$\chi^2(2) = 0.23$	(P = 0.89)

[a] Das nominelle Konstrukt RA^n wird über die drei Indikatoren BSP, Auft und Ums modelliert, das reale Konstrukt RA^r über $Best_{t+1}$, $Prod_t$ und Kap_t ; Restriktion $Var(RA) = 1.0$; Stichprobengröße $N = 32$.

Quartalen ist damit auch über realwirtschaftliche Argumente nicht zufriedenstellend zu begründen, ein Einkommenseffekt somit nicht nachweisbar. Die ermittelten Zinserhöhungen infolge verstärkter Wirtschaftstätigkeit mit einem Zeitlag von einem halben Jahr scheinen vielmehr exogen durch den realwirtschaftlichen Impuls verursacht zu sein – sie sind damit nicht als monetäres Phänomen anzusehen.

Anders die zeitgleichen Zinswirkungen der nominalen Konjunktur-Variablen: Wie sich anhand der kausalanalytischen Modellierung in Graphik 5.21 herausstellt, ist diese Beziehung erneut weitgehend auf den Einfluß eines um vier Quartale verzögerten monetären Inpulses zurückzuführen. Die einfache Korrelation $\hat{\rho}_{RA^n_t, ROAU_t} = 0.40$ zwischen nominellem Konstrukt und Umlaufrendite reduziert sich um 56% zum partiellen Korrelationskoeffizienten von nur noch $\hat{\rho}_{RA^n_t, ROAU_t | M_{t-4}} = 0.18$, falls man die Wirkung der zugrundeliegenden latenten Geldmenge M_{t-4} berücksichtigt. Ein Einkommenseffekt liegt damit auch hier nicht vor: die Relation zwischen RA^n und den Zinsschwankungen ist zwar monetär bedingt, aber der indirekte Effekt über den realwirtschaftlichen Faktor macht mit $0.28 \cdot 0.13 = 0.04$ nur 20% des gesamten Zinseffektes von $0.14 + 0.04 = 0.18$ aus, vgl. auch Tabelle 5.19 .

Die empirischen Ergebnisse zusammenfassend kann für die achtziger Jahre von der gesicherten Existenz realwirtschaftlicher Wirkungen monetärer Impulse gesprochen werden. Während nominelle Konjunkur-Indikatoren wie das Bruttosozialprodukt, die Auftragseingänge und Inlandsumsätze bereits nach einem Jahr monetärer Expansion angeregt werden, trifft dies für die realen Größen Nettoproduktion, Beschäftigung und Kapazitätsauslastung erst mit sechs bis sieben Quartalen Zeitverzögerung zu. Parallel hierzu treten auch Preis- und Zinssteigerungen auf. Diese scheinen aber in keiner direkten Beziehung mit der angeregten Wirtschaftstätigkeit zu stehen, so daß ein Einkommenseffekt

Graphik 5.21
Zinswirkung eines realwirtschaftlichen Impulses [a]

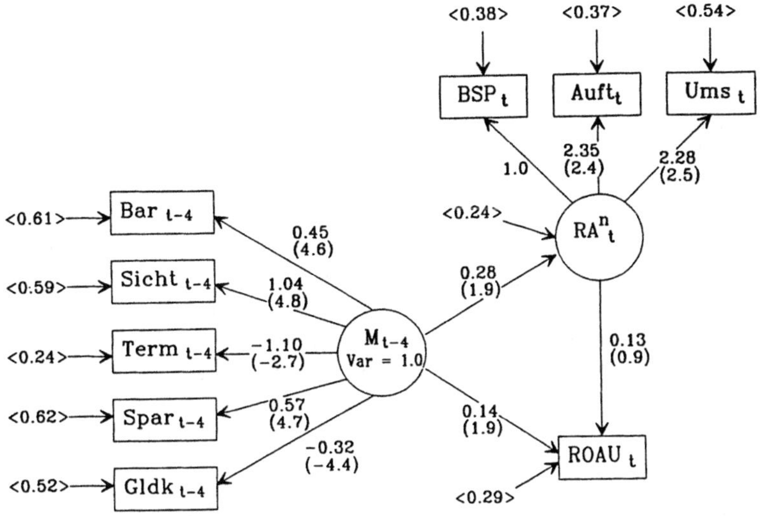

[a] Stichprobengröße N = 32 Beobachtungen, Testwert der Anpassungsstatistik $\chi^2(23) = 30.80$ (entspricht einem P –Wert von P = 0.13).

der Zinstheorie nicht nachgewiesen werden kann. Periodengleiche Zinswirkungen und Preiseffekte nach einem Quartal realwirtschaftlicher Beschleunigung erweisen sich dabei als weitgehend monetär induzierte Phänomene, die somit Scheinkorrelationen darstellen. Allein der zinssteigernde Einfluß einer um ein halbes Jahr zurückliegen Konjunkturbelebung ist nicht monetär verursacht, sondern scheint reale Ursachen zu haben.

Anhand des Instrumentariums der Kausalanalyse konnten damit für den Transmissionsmechanismus monetärer Impulse interessante Erkenntnisse, insbesondere zum zeitlichen Ablauf und den Wirkungsverzögerungen, gewonnen werden. Bis auf den nach drei Quartalen auftretenden Zinseffekt, der als indirekter Impuls weitgehend über die Preise wirksam wird (Preiseffekt), war eine detaillierte Aufklärung der Zusammenhänge aber auch bei Einbeziehung einer Vielzahl von Konjunktur–Indikatoren und entsprechenden latenten Variablen nicht möglich. Insbesondere scheinen die ausgeprägten Preiswirkungen nach drei bzw. sieben bis acht Quartalen Zeitlag nicht mittels der von *Keynes* vermuteten Kausalkette über Anregung der allgemeinen Wirtschaftstätigkeit erklärbar zu sein. Monetäre Inflationstheorien sind hier wahrscheinlich geeigneter. Daneben steht aber auch das Resultat, daß der realwirtschaftliche Sektor durchaus durch geldmengenpolitische Maßnahmen beeinflußt werden kann, und zwar nicht nur auf nominalen Niveau. Überraschenderweise tritt der signifikanteste Einzeleffekt einer monetären Beschleunigung nach eineinhalb Jahren bezüglich der realen Größe Nettoproduktion auf.

5.3 Kausalanalyse der Geldmengenpolitik der Deutschen Bundesbank

Bei der bisherigen Analyse des Transmissionsmechanismus monetärer Impulse sind wir durchweg davon ausgegangen, daß die Bundesbank mittels ihres Instrumentariums die Geldmengenentwicklung exogen steuern kann, um über dieses Zwischenziel stabilitätspolitische Endziele zu verfolgen. Das Hauptaugenmerk war folglich auf die Verknüpfung zwischen dem geldpolitischen Indikator Geldmenge und den realwirtschaftlichen Zielgrößen gerichtet. Wie wir aber in Kapitel 4.1 ausgeführt haben, ist die Bundesbank nicht in der Lage, das umlaufende Geldvolumen allein zu determinieren. Aufgrund der indirekten Geldmengensteuerung über die Beinflussung der Zinsbedingungen und Spannungsverhältnisse am Geldmarkt ist hierfür zuerst einmal der Geldbedarf der Geschäftsbanken entscheidend. Dieser hängt wiederum von der Kreditnachfrage sowie den Gelddispositionen der Nichtbanken ab. Erst als Folge von komplexen Portfolioanpassungen der Banken und Nichtbanken findet eine geldpolitische Maßnahme der Zentralbank ihren Niederschlag in den volkswirtschaftlich verfügbaren Geldbeständen.

Ohne Berücksichtigung dieser institutionellen Gegebenheiten der Geldpolitik in der Bundesrepublik ist die Untersuchung von Auswirkungen monetärer Impulse auf Zinsen, Preise und realwirtschaftliche Variablen unvollständig. Zum einen muß die Frage aufgeworfen werden, ob die Bundesbank mit ihren zins- und liquiditätspolitischen Instrumenten ein Geldvolumenaggregat überhaupt wirksam kontrollieren kann (stabiler Geldmultiplikator, Prognostizierbarkeit der Geldnachfrage), oder ob die realisierte Geldmenge nicht endogen von gesamtwirtschaftlichen Faktoren und dem Portfolioverhalten der Banken und Nichtbanken bestimmt wird. Zum anderen ist zu bedenken, daß die Bundesbank selber Entwicklungen im realwirtschaftlichen Sektor und insbesondere hinsichtlich der Geldentwertung reflektiert, indem sie Zielabweichungen mit geldmengenpolitischen Maßnahmen entgegentritt (Rückkopplungseffekte, Reaktionsfunktion der Geldpoltik).

Wir können diese skizzierten Problemstellungen nur ansatzweise in unsere empirische Analyse integrieren. Wichtigster Ansatzpunkt scheint uns dabei aber die Zinsabhängigkeit der Geldnachfrage zu sein. Wie wir schon bei der Interpretation unseres latenten Geldkonstrukts gesehen haben, ist die Zinselastizität der verschiedenen Geldmengenkomponenten entscheidend für die Schwankungen des Geldvolumens. Außerdem stellt die Steuerung der Geldmarktzinsen das maßgebliche Instrument der Bundesbank dar. Allein über die direkte Beeinflussung der Bedingungen am Geldmarkt ist die Bundesbank in der Lage, auf die Geldschöpfung der Banken und die Geldnachfrage der Nichtbanken einzuwirken. Aus diesen Gründen beschäftigen wir uns im folgenden hauptsächlich mit der Zinsabhängigkeit der Geldmengeninnovationen. Ziel ist es dabei, die im vorangegangen Kapitel gewonnenen Erkenntnisse über Wirkungen monetärer Impulse unter dem Aspekt endogener Geldschwankungen auf ihre Haltbarkeit hin zu überprüfen. Neben einem repräsentativen Geldmarktzins sind dabei vor allem die verschiedenen Notenbankzinsen von Interesse. Daneben beziehen wir auch noch weitere geldpolitische Instrumente wie Refinanzierungslinien und Mindestreservesätze mit ein.

a) Zinsabhängigkeit der Geldmenge und geldpolitischer Impuls

Aus der Darstellung der theoretischen Voraussetzungen einer Geldmengenpolitik in der Bundesrepublik kommt deutlich zum Ausdruck, daß für die wirksame Steuerung einer Geldvolumensgröße nur negativ zinselastische Mengenaggregate in Betracht kommen, da die Bundesbank direkt nur die Zinsen und Spannungsverhältnisse am Geldmarkt beeinflussen kann. Vom Kontrollaspekt her ist also der Zusammenhang zwischen den zins– und liquiditätspolitischen Instrumenten der Bundesbank und der Geldmenge zu untersuchen. Wie den Ausführungen in Kapitel 4.1 über die praktische Geldpoltik der Deutschen Bundesbank in den achtziger Jahren zu entnehmen ist, sind hier vor allem Maßnahmen der Refinanzierungspolitik (Festsetzung von Preisen und Kontingenten für Diskont– und Lombardkredite) und der Offenmarktpolitik (Pensionsgeschäfte sowie weitere Instrumente zur kurzfristigen Steuerung der Bankenliquidität) zu nennen – die Mindestreservepolitik als aktives Instrument hat dagegen an Bedeutung verloren genauso wie das geldpolitische Konzept der freien Liquiditätsreserven. Im Vordergrund stehen heute die flexible Bereitstellung von Liquidität am Interbankengeldmarkt über regelmäßig revolvierte Wertpapierpensionsgeschäfte in zwei Tranchen sowie Refinanzierungskredite. Neben den eher zur Grobsteuerung zu zählenden administrativen Notenbankzinsen Diskont– und Lombardsatz ist dabei der Pensionssatz zum maßgeblichen Zinssatz für Notenbankgeld und zur zentralen Orientierungsgröße am Geldmarkt geworden. Zur Modellierung der Geldpolitik der Bundesbank werden wir uns vor allem auf diese Indikatoren konzentrieren (zinspolitischer Impuls).

Daneben steht uns zur Einbeziehung der Aktivitäten und Verhaltensweisen des entscheidenden monetären Katalysators Kreditinstitute das gesamte Spektrum an Geldmarktzinssätzen zur Verfügung. Als Ausdruck der Liquidität des Geschäftsbankensystems im Ganzen stellen die Interbankenzinsen die aussagekräftigsten Einzelindikatoren für die Geldmarktsteuerung der Bundesbank dar (vgl. auch *Neumann/von Hagen* [1987]). Insbesondere der Tagesgeldsatz läßt sich dabei unmittelbar von der Bundesbank kontrollieren – die Instrumente der Feinsteuerung sind hierfür in den letzten Jahren immer weiter verbessert worden (siehe *Bundesbank* [1985a, Seite 43ff.]). Da wir in unserer Studie mit Quartalsdaten arbeiten und mehr die längerfristigen Auswirkungen der Geldpolitik im Auge haben ist die Orientierung am stark schwankenden Tagesgeldzins, der permanent Sondereinflüssen wie Steuerterminen und Ultimooperationen unterworfen ist, aber weniger ratsam. Wir verwenden daher im folgenden den Dreimonatsgeldsatz am Frankfurter Interbankenmarkt.

Neben dem Aspekt der Geldmarktsteuerung ist auch die Zinsabhängigkeit der Geldnachfrage aus Nichtbankensicht für die Realisierung eines Geldmengenziels von großer Bedeutung. Aus diesem Grund beziehen wir auch die Umlaufrendite als repräsentativen Kapitalmarktzins in die Untersuchung mit ein, da der Geldmarkt für Alternativanlagen gegenüber der Geldhaltung für Nichtbanken nicht direkt zugänglich ist. Es ist dabei nicht unsere Absicht, zu den zahlreichen Studien zum Komplex der Geldnachfrage eine weitere hinzuzufügen. Wir wollen uns auch weniger mit den Voraussetzungen einer rational begründeten Geldmengenpolitik beschäftigen, sondern fragen uns, ob empirisch überhaupt

Graphik 5.22
Geldmarktabhängigkeit der latenten Geldmenge [a]

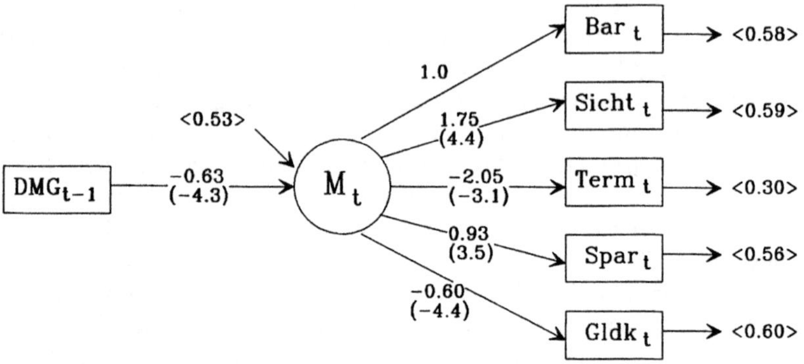

[a] Stichprobengröße N = 36 Beobachtungen; zwei freigesetzte Residualkovarianzen von M analog der konfirmatorischen Faktorenanalyse von Graphik 5.2 ; Testwert der Anpassungs-statistik $\chi^2(7) = 6.76$ (P = 0.45) .

Beziehungen vom Geldvolumen bzw. den Instrumenten der Geldpolitik zu den realwirtschaftlichen Zielgrößen nachweisbar sind oder nicht. Die Konzentration auf den einen nachfragerelevanten Faktor Zins ist daher ausreichend. Zu ökonometrischen Untersuchungen zur Stabilität der Geldnachfragefunktion in der Bundesrepublik siehe z.B. *Bundesbank* [1985b], *Neumann/von Hagen* [1987], *Gaab/Seitz* [1988] .

In Graphik 5.22 ist das Schätzresultat für den um ein Quartal verzögerten Einfluß der Schwankungen des Dreimonatsgeldzinses (DMG) auf die latente Geldmenge von Kapitel 5.2 a) wiedergegeben. Die Überidentifikationsrestriktionen der Modellierung sind nicht zu verwerfen: die Anpassung der Kovarianzstruktur an die empirische Kovarianzmatrix ist als ausgesprochen gut zu bezeichnen. Der ermittelte Strukturparameter weist einen deutlich signifikanten negativen Zusammenhang zwischen der Geldmarktverfassung und den Geldmengeninnovationen in der darauffolgenden Periode aus. Allein durch die Zinsvariable kann 53% der monetären Entwicklung erklärt werden. Die bei der Interpretation der unterschiedlichen Faktorladungen des latenten Konstrukts *M* vermutete Zinsabhängigkeit der Geldnachfrage zeigt sich als eindrucksvoll bestätigt. Der verzögerte Geldmarkteinfluß muß als entscheidende Determinante der Geldmengenschwankungen angesehen werden.

Insofern liegt für die theoretische Möglichkeit einer Geldmengensteuerung seitens der Geldpolitik ein positives Resultat vor. Zu fragen bleibt dabei natürlich, ob dies auch für die praktische Politik der Bundesbank zutreffend ist. Zum einen ist noch die direkte Kontrolle des Geldmarktzinses durch geldpolitische Maßnahmen zu zeigen. Zum anderen aber zielt die operative Politik der Bundesbank sicherlich nicht auf ein monetäres Konstrukt wie die latente Geldmenge *M* , sondern auf die erklärten Zwischenzielaggregate wie M1, M2, M3 oder die Zentralbankgeldmenge. Wir wenden uns zuerst dem zweiten Themen-

Tabelle 5.28

Zinsabhängigkeit verschiedener Geldmengenabgrenzungen [a]

angepasste Kausalmodelle : $M_t = \gamma_k \, Zins_{t-k} + \zeta_t$				
M	$Zins_{t-k}$	$\hat{\gamma}^*_k$ (t–Wert)	R^2	χ^2–Anpassungsstatistik
M	DMGt	-0.63 (-2.8)	0.18	$\chi^2(7) = 13.66$ (P = 0.06)
M	DMGt-1	-1.04 (-4.3)	0.53	$\chi^2(7) = 6.76$ (P = 0.45)
M3*	DMGt-1	-0.97 (-3.2)	0.45	$\chi^2(5) = 4.50$ (P = 0.48)
M2*	DMGt-1	-0.92 (-3.0)	0.42	$\chi^2(2) = 2.29$ (P = 0.32)
MX	DMGt-1	-1.09 (-3.6)	0.58	$\chi^2(2) = 1.21$ (P = 0.55)
M1	DMGt	-0.40 (-1.6)	0.07	
M1	DMGt-1	-0.95 (-5.3)	0.44	
M2	DMGt	0.46 (1.9)	0.09	
M2	DMGt-1	0.26 (1.1)	0.03	
M3	DMGt	0.23 (0.9)	0.02	
M3	DMGt-1	-0.43 (-1.8)	0.09	
ZBGM	DMGt	-0.14 (-0.5)	0.01	
ZBGM	DMGt-1	-0.53 (-2.4)	0.14	
M	ROAUt	-1.23 (-3.1)	0.24	$\chi^2(7) = 15.73$ (P = 0.03)
M	ROAUt-1	-1.44 (-4.0)	0.46	$\chi^2(7) = 13.10$ (P = 0.07)
M1	ROAUt	-0.73 (-1.8)	0.09	
M1	ROAUt-1	-1.47 (-5.6)	0.47	
M3	ROAUt	0.18 (0.4)	0.01	
M3	ROAUt-1	-0.43 (-1.2)	0.04	

[a] Die latente Geldmenge M wird über die fünf Indikatoren Bar, Sicht, Term, Spar und Gldk modelliert, das Konstrukt M2*(M3*) über Bar, Sicht und Term (+Spar) sowie das Geldkonstrukt MX über Bar, Sicht und Spar. Angegeben ist der bezüglich der jeweiligen Geldvariablen standardisierte Wirkungskoeffizient; Stichprobengröße N = 36 Beobachtungen .

kreis zu und untersuchen den Einfluß der Größe DMG_{t-1} auf die Innovationen dieser additiven Geldmengenabgrenzungen und weiterer latenter Geldkonstrukte. Außerdem beziehen wir zeitgleiche Wirkungen mit ein und betrachten daneben die Umlaufrendite als weitere Zinsvariable. Die entsprechenden Ergebisse sind in Tabelle 5.28 zusammengestellt. Zur besseren Vergleichbarkeit geben wir die geschätzten Strukturparameter standardisiert hinsichtlich der verschiedenen Geldmengenvarianzen wieder.

Wie schon bei der Untersuchung von Zinswirkungen monetärer Impulse in Abschnitt 5.2 b) zeigt sich erneut die Überlegenheit der latenten Geldmengenkonstrukte. Allein das Geldvolumen M1 weist vergleichbare Steuerungseigenschaften über den Dreimonatssatz auf wie die latenten Aggregate. Bei der Geldmenge M2 und M3 ist generell an der Beeinflussungsmöglichkeit mittels zinspolitischer Instrumente am Geldmarkt zu zweifeln. In ihnen verwischen sich die Auswirkungen monetärer Maßnahmen, da die positiv zinsabhängigen Termineinlagen additiv den anderen negativ zinselastischen Bestandteilen hinzugefügt werden. Das kausalanalytisch am besten angepasste Modell vermittelt zugleich die höchste Varianzaufklärung bezüglich der Geldmengenvariable: die Korrelation zwi–

schen dem verzögerten Dreimonatssatz und dem latenten Faktor MX mit den Indikatoren Bargeld, Sichteinlagen und Spareinlagen wird auf den Wert $\rho = -0.76$ geschätzt.

Auffallend ist weiterhin, daß die Beziehungen zwischen der Zinsvariablen und den Geldmengenschwankungen durchweg nach einem Quartal deutlich stärker ausgeprägt sind als in derselben Periode. Wir haben es demnach hier mit einer signifikanten Wirkungsverzögerung geldpolitischer Maßnahmen zu tun. Bis sich ein Geldmarktimpuls in den Geldmengenaggregaten niederschlägt, vergeht ca. ein Quartal. Dies dürfte hauptsächlich auf Anpassungsvorgänge innerhalb des Bankensystems zurückzuführen sein, da die Geldmarktverfassung zuvörderst Auswirkungen auf die Kreditinstitute hat und entsprechende Reaktionen beim Kreditgeschäft oder den Passivkonditionen gewisse Zeit in Anspruch nehmen.

Bei der Analyse der Abhängigkeit der monetären Variablen von der Entwicklung des Kapitalmarktzinses ROAU ergibt sich der gleiche Zeitlag. Bei der latenten Geldmenge M ist der Einfluß nach einem Quartal aber weniger deutlich als der bezüglich des Geldmarktsatzes. Dagegen wird die zeitgleiche Beziehung für den langfristigen Zins höher geschätzt als die für den kurzfristigen. Dieses Resultat könnte dahingehend interpretiert werden, daß die Geldnachfrage der Nichtbanken zum Teil schneller auf anziehende Kapitalrenditen mit Portfolioumschichtungen zulasten un- oder niedrigverzinslicher Geldformen reagiert, als das Bankensystem auf steigende Geldzinsen. Entscheidender Punkt in diesem Zusammenhang ist aber die Wirkungsrichtung zwischen Geldmenge und Zinsen und die Frage, mit welcher Intensität und Verzögerung die langfristigen Sätze auf einen zinspolitischen Impuls der Bundesbank reagieren. Die negative Korrelation zwischen ROAU und M haben wir bereits in Abschnitt 5.2 b) ermittelt und dort als Liquiditätseffekt kommentiert, wobei wir von einer exogenen Geldmenge ausgegangen sind. Vor dem Hintergrund der Zinsabhängigkeit der Geldnachfrage ergibt sich dabei natürlich das Problem, ob die Kausalrichtung wirklich von der monetären Variablen zur Zinsgröße verläuft oder nicht vielmehr umgekehrt. Wir versuchen auf diese Frage in Abschnitt b) eine Antwort zu geben.

Zuerst müssen wir noch den Zusammenhang zwischen den geldpolitischen Instrumenten, die der Bundesbank zur Geldmarktsteuerung zur Verfügung stehen, und dem repräsentativen Geldmarktzins DMG empirisch klären. Wie wir oben ausgeführt haben, stützen wir uns dabei vor allem auf die zins- und liquiditätspolitischen Maßnahmen Diskont- und Lombardsatzfestsetzung und Gestaltung der Zinskonditionen für Wertpapierpensionsgeschäfte. Eine konfirmatorische Faktorenanalyse sämtlicher Indikatoren der Geldpolitik, wie sie in Tabelle 5.2 genannt sind, hat ergeben, daß die Extraktion eines einzigen Faktors zur Beschreibung der Beziehungen zwischen den Bundesbankzinssätzen (Disk, Lomb, Pens), den Mindestreservesätzen (MRSicht, MRTerm, MRSpar) und den Änderungen der Refinanzierungslinien (Redisk, DRef) nicht ausreichend ist. Die Reduktion der acht Variablen auf drei latente Faktoren ist zwar möglich, die Korrelationen zwischen den drei geldpolitischen Konstrukten sind aber alle statistisch nicht signifikant von Null verschieden. Allenfalls zwischen den Schwankungen der Bundesbankzinsen und den eingeräumten Refinanzierungslinien scheint ein gewisser positiver Zusammenhang zu bestehen. Die Modellierung einer latenten Variablen Geldpolitik der Deutschen Bundes-

Graphik 5.23
Geldpolitischer Impuls und Geldmarktsatz [a]

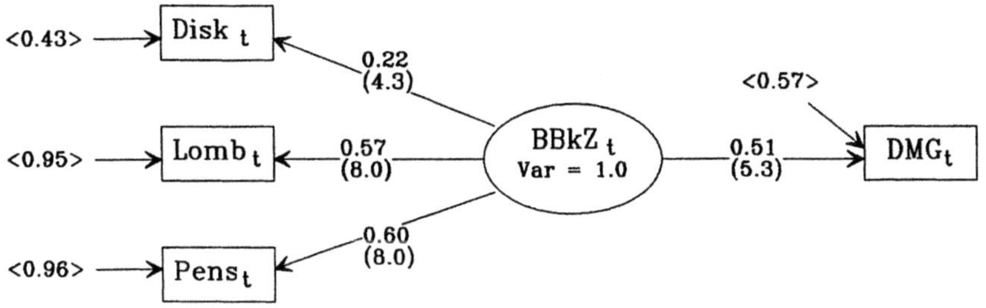

[a] Testwert der Anpassungsstatistik $\chi^2(2) = 3.71$ ($P = 0.16$) ; Stichprobengröße $N = 36$.

bank ist somit nicht möglich. Wir betrachten aus diesem Grund hauptsächlich zinspolitische Impulse mit den drei Indikatoren Diskont–, Lombard– und Pensionssatz.

Bei diesen drei geldpolitischen Indikatoren ist außerdem zu berücksichtigen, daß sie neben Zinssignalen zugleich auch immer liquiditätspolitische Wirkungen entfalten. Durch die Verteuerung der Refinanzierung wird c.p. die Nachfrage nach Notenbankkrediten zurückgehen und damit auch der Geldschöpfungsspielraum des gesamten Bankensystems eingeschränkt. Hinzu kommt die spezielle Ausgestaltung der Pensionsgeschäfte im Ausschreibungsverfahren. Beim Zinstender reichen die Kreditinstitute Gebote mit konkreten Zins– und Mengenangaben bei der Bundesbank ein, welche lediglich einen Mindestbietungssatz fixiert. Die Bundesbank akzeptiert sämtliche Gebote in der Reihenfolge abnehmender Zinssätze, bis das ihr gewünschte Volumen erreicht ist. Zugeteilt wird dann einheitlich zu dem erreichten Marginalzinssatz. Durch dieses Vorgehen schlägt sich im Zinsdatum auch gleichzeitig die Mengenkomponente nieder.

Die Einwirkung eines geldpolitischen Impulses – operationalisiert mittels der Zinsindikatoren Disk, Lomb und Pens – auf die Zinsverfassung am Geldmarkt wird nach Graphik 5.23 auf 57% der Schwankungen des Dreimonatsgeldsatzes geschätzt. Das gut angepasste Modell läßt erkennen, daß der Faktor Bundesbankzinsen am besten durch die beiden Indikatoren Lombardsatz und Pensionssatz repräsentiert wird. Zu beachten ist dabei allerdings, daß für die Variable Pensionssatz bis zum vierten Quartal 1985 als Proxy der Satz für Lombardkredite verwendet wird, da in der ersten Hälfte der achtziger Jahre Pensionsgeschäfte noch nicht regelmäßig genug angeboten wurden, vgl. Kapitel 5.1 a). Bemerkenswert aber ist die hohe Indikatorqualität des Lombardsatzes gegenüber der Variablen Disk, die nur 43% der Variabilität der zinspolitischen Faktors widerspiegelt. Darin kommt zum Ausdruck, daß der Lombard– für die Steuerung der Liquidität am Geldmarkt ein viel höheres Gewicht hat als der Diskontkredit, der aufgrund des günstigen Zinssatzes auch in aller Regel von den Kreditinstituten im Rahmen ihres Rediskontkontingents voll in Anspruch genommen wird. Der Lombardkredit stellt dagegen eine teure Refinanzierungsquelle für den kurzfristigen Spitzenbedarf dar und wird bei ausrei–

chender Liquidität sofort wieder zurückgefahren. Als Ergebnis der Modellierung von Graphik 5.23 bleibt festzuhalten, daß die Bundesbank mittels ihres Instrumentariums der Notenbankzinsfestsetzung einen empirisch gesicherten unmittelbaren Einfluß auf die Geldmarktzinsen ausübt.

Ohne detaillierte Wiedergabe seien noch einige andere Resultate bezüglich Zinswirkungen geldpolitischer Impulse erwähnt, da sie weitere interessante Aspekte vermitteln. Während der Zusammenhang zwischen dem um ein Quartal verzögerten zinspolitischen Faktor $BBkZ_{t-1}$ und dem Dreimonatssatz insignifikant geschätzt wird (Bestimmtheitsmaß $R^2 = 0.03$), erhält man für die Beeinflussung des langfristigen Zinssatzes ROAU folgende Strukturrelationen ($N = 36$) :

$$\mathrm{ROAU}_t \;=\; \underset{(4.1)}{0.25}\, BBkZ_t + \hat{V}_{1t}\,,\quad \mathrm{R}^2 = 0.40\,,\quad \chi^2(2) = 3.74\quad (P = 0.15) \tag{5.17}$$

$$\mathrm{ROAU}_t \;=\; \underset{(2.4)}{0.16}\, BBkZ_{t-1} + \hat{V}_{2t}\,,\quad \mathrm{R}^2 = 0.15\,,\quad \chi^2(2) = 4.01\quad (P = 0.13) \tag{5.18}$$

Der Einfluß der Bundesbankzinsen auf den Kapitalmarkt ist damit zwar weniger stark ausgeprägt als der auf den Geldmarkt, dafür aber auch nach einem Quartal Wirkungsverzögerung noch deutlich nachweisbar. Darin könnte sich der Umstand spiegeln, daß die Portfolioanpassungen auf dem Kapitalmarkt zum Teil etwas langsamer vollzogen werden als die auf dem Geldmarkt. Im Zusammenhang mit den Ergebnissen von Tabelle 5.28 wird damit auch erneut die Frage aufgeworfen, ob es sich bei der Relation $BBkZ \longrightarrow$ ROAU um einen reinen Zinsstruktureffekt über den zwischengeschalteten Geldmarkt handelt, oder ob nicht auch zum Teil eine Wirkungskette über die Beeinflussung der Geldmenge $BBkZ \longrightarrow M$ und einen anschließenden Liquiditätseffekt $M \longrightarrow$ ROAU angenommen werden kann, was insbesondere bei der verzögerten Zinswirkung plausibel ist, vgl. Abschnitt b) .

Als letzten Punkt in diesem Abschnitt untersuchen wir aus diesem Grund den direkten Einfluß eines zinspolitischen Impulses auf die latente Geldmenge M mit den fünf Indikatoren Bar, Sicht, Term, Spar und Gldk. Für den zeitgleichen wie für den um ein Quartal verzögerten monetären Effekt erhält man kausalanalytisch die folgenden Schätzungen bezüglich der interessierenden Strukturrelation, wobei die Identifikationsrestriktionen bei den latenten Variablen entsprechend den Graphiken 5.22 und 5.23 vorgenommen sind, $N = 36$:

$$M_t \;=\; -\underset{(-2.6)}{0.28}\, BBkZ_t + \hat{V}_{3t}\,,\quad \mathrm{R}^2 = 0.17\,,\quad \chi^2(17) = 17.57\quad (P = 0.42) \tag{5.19}$$

$$M_t \;=\; -\underset{(-3.1)}{0.35}\, BBkZ_{t-1} + \hat{V}_{4t}\,,\quad \mathrm{R}^2 = 0.34\,,\quad \chi^2(17) = 18.90\quad (P = 0.33) \tag{5.20}$$

Die Hauptwirkung der Geldpolitik in Bezug auf die Geldmenge tritt somit in Übereinstimmung mit den bisherigen Ergebnissen verzögert nach einem Quartal ein. Nur 17% der monetären Schwankungen sind auf einen Impuls der Bundesbank in derselben Periode zurückzuführen. Dagegen vermögen ein Quartal zurückliegende zinspolitische Maß–

Graphik 5.24

Kausalanalyse der Geldmengensteuerung über den Geldmarkt [a]

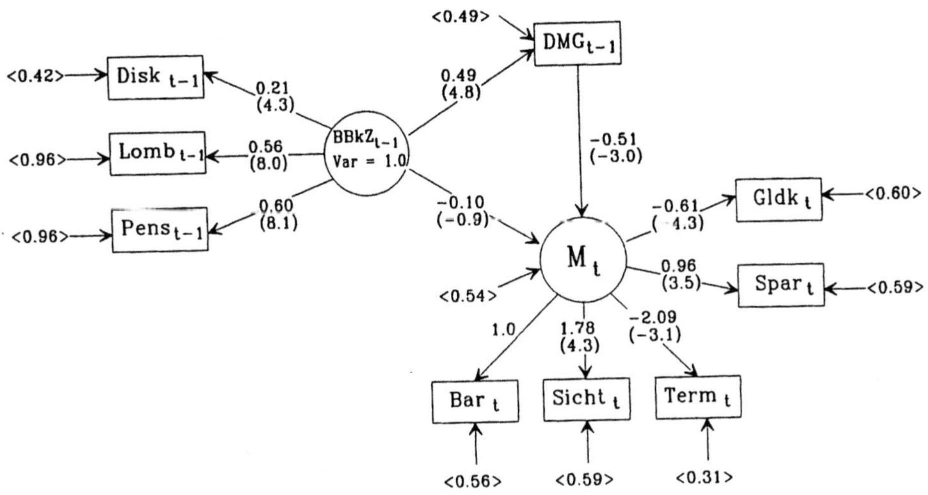

[a] Stichprobengröße N = 36 Beobachtungen ; zwei freigesetzte Residualkovarianzen von M analog Graphik 5.2 ; Anpassungsstatistik $\chi^2(23) = 26.43$ (P = 0.28) .

nahmen 34% der Varianz von M aufzuklären. Noch weiter verzögerte Impulse haben keinen Einfluß mehr auf die latente Geldmenge. Eine Geldpolitik über die Steuerung der Geldmenge als Zwischenziel und Indikator erscheint somit zur Verfolgung stabilitätspolitischer Ziele möglich zu sein. Die Bundesbank ist mittels ihres Instrumentariums in der Lage, einen signifikanten Einfluß auf die Entwicklung der volkswirtschaftlichen Geldbestände auszuüben.

Einschränkend muß in diesem Zusammenhang aber darauf aufmerksam gemacht werden, daß die Beeinflussung der Geldmenge über den Dreimonatsgeldsatz DMG und über die Umlaufrendite ROAU einen höheren Erklärungsgehalt aufweist als die Bundesbankzinsen, vgl. Tabelle 5.28 . Bei der Übertragung zinspolitischer Impulse über das Bankensystem auf den Nichtbankensektor kommen damit immer mehr nachfragerelevante Faktoren zum Tragen. Die Gefahr der Verwischung und Neutralisierung von erhofften Effekten geldpolitischer Maßnahmen tritt somit deutlich zutage. Dieser Umstand kann kausalanalytisch noch einmal explizit verdeutlicht werden, indem die Relationen zwischen geldpolitischem Impuls, Geldmarktverfassung und latenter Geldmenge simultan betrachtet werden. Wie Graphik 5.24 zu entnehmen ist, erweist sich die univariate Beziehung (5.20) $BBkZ_{t-1} \rightarrow M_t$ im Zusammenhang mit der Geldmarktsteuerung der Bundesbank als statistisch nicht mehr signifikant. Das restriktivere Kausalmodell unter Ausschluß dieses Strukturparameters ist mit einem χ^2-Anpassungswert von $\chi^2(24) = 27.26$ ($P = 0.29$) besser mit den Daten vereinbar. Es kann die Schlußfolgerung gezogen werden, daß die Einwirkung auf die Geldmenge weitgehend indirekt (71% des Gesamteffekts) über die

Kontrolle der Geldmarktzinsen erfolgt, ein eigenständiger liquiditätspolitischer Effekt der Geldpolitik ist nicht nachweisbar. Das realisierte Geldvolumen hängt damit stark von den Reaktionsweisen und Anpassungsvorgängen der Kreditinstitute und Nichtbanken ab. Eine allzu enge Kontrolle der Geldmenge durch die Bundesbank erscheint daher nicht möglich zu sein.

b) Kausalanalyse des Liquiditätseffekts monetärer Impulse

Ausgehend von einem als exogen angenommenen monetären Impuls haben wir in Kapitel 5.2 b) eine signifikant negative Beziehung zwischen der latenten Geldmenge M und den Zinsinnovationen, vor allem bezüglich der Kapitalmarktrendite ROAU, ermittelt (Liquiditätseffekt der Zinstheorie). Anhand der Ergebnisse des vorangegangenen Abschnitts sind aber ernsthafte Zweifel an einer derartigen Wirkungsrichtung angebracht. Die praktische Geldpolitik der Deutschen Bundesbank einer nachfrageorientierten Geldmengensteuerung ist an der Beeinflussung der Zinsbedingungen und Spannungsverhältnisse am Geldmarkt ausgerichtet. Die der Geldpolitik zur Verfügung stehenden Instrumente wirken somit vor allem über den Zins bzw. spiegeln sich in den Sätzen am Interbankengeldmarkt wider. Die entsprechenden Zusammenhänge konnten empirisch klar bestätigt werden. So wirkt sich ein geldpolitischer Impuls unmittelbar auf die Geldmarktverfassung aus, wodurch die latente Geldmenge zwar merklich beeinflußt wird, die monetäre Hauptwirkung aber erst mit einem Zeitlag von etwa einem Quartal eintritt.

Aufgrund dieser institutionellen Gegebenheiten der Geldpolitik in der Bundesrepublik ist die Vorstellung, die Bundesbank könne exogen das Geldangebot derart kontrollieren, daß die Nichtbanken auf einen monetären Schock nur passiv durch entsprechende Anpassung ihrer Nachfrage reagieren können, als ausgesprochen theoretisch zu bezeichnen. In Wirklichkeit laufen die Anpassungsvorgänge bedeutend vielschichtiger ab: die Bundesbank setzt mit einem geldpolitischen Impuls am Geldmarkt an, wodurch Portfolioumschichtungen der Geschäftsbanken und Nichtbanken ausgelöst werden, die sich in der Hauptsache erst nach einem Quartal Wirkungsverzögerung in Änderungen der volkswirtschaftlichen Geldbestände niederschlagen. Die Wirtschaftssubjekte auf der Nachfrageseite üben damit ein nicht zu vernachlässigenden Einfluß auf die realisierte Geldmenge aus. Hinzu kommt die Problematik, daß die Bundesbank ihr monetäres Zwischenziel nicht ständig beobachten kann und die Feststellung des monatlichen Geldmengenstandes nur mit einer Zeitverzögerung von mehreren Wochen möglich ist.

Insbesondere die theoretische Fundierung des Liquiditätseffekts (Kapitel 4.1 a)) ist damit als wenig tragfähig anzusehen. Die Geldnachfrage der Banken und Nichtbanken ist in besonderem Maße zinselastisch. Da geldpolitische Maßnahmen aber zuvörderst in Zinskonditionen am Geldmarkt zum Ausdruck kommen und dann erst auf das Geldvolumen einwirken, ist die natürliche Wirkungsrichtung die von den Zinsen zur Geldmenge und nicht umgekehrt. Besonders augenfällig ist dies hinsichtlich der unterschiedlichen Zinsabhängigkeiten der verschiedenen Geldmengenkomponenten. Folgt man dieser Argumentation, so könnte allenfalls zwischen monetären Aggragaten und den langfristigen Zins-

Graphik 5.25
Kurzfristiger Liquiditätseffekt und geldpolitischer Impuls [a]

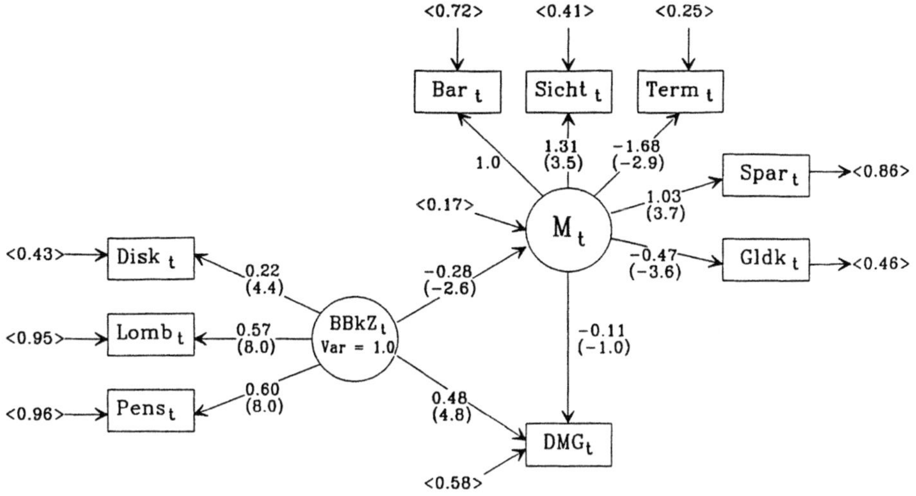

[a] Stichprobengröße N = 36 Beobachtungen ; zwei freigesetzte Residualkovarianzen von M analog Graphik 5.2 ; Anpassungsstatistik $\chi^2(24) = 30.05$ (P = 0.18).

sätzen ein eigenständiger kausaler Zusammenhang bestehen. Wir versuchen dies im folgenden kausalanalytisch zu untersuchen.

Beginnend mit der in Kapitel 5.2 b) festgestellten negativen Relation zwischen periodengleicher latenter Geldmenge M und Geldmarktsatz DMG kann versucht werden, eine dritte Variable zu finden, welche gleichzeitig beide Größen beeinflußt und damit für die korrelative Beziehung verantwortlich sein könnte. Nach den Ergebnissen des vorangegangenen Abschnitts ist mit dem zinspolitischen Impuls *BBkZ* eine derartige Variable gegeben. Die einfachen Korrelationen zwischen diesen drei Größen werden auf $\hat{\rho}_{BBKZ,DMG} = 0.758$, $\hat{\rho}_{BBKZ,M} = -0.413$ und $\hat{\rho}_{M,DMG} = -0.398$ geschätzt ($N = 36$). Bei Ausschaltung des geldpolitischen Einflusses der Bundesbank reduziert sich die Korrelation zwischen der Geldmenge und dem Geldmarktzins auf nur noch $\hat{\rho}_{M,DMG\,|\,BBKZ} = -0.143$, d.h. 64% der negativen Beziehung kann auf diese Weise aufgeklärt werden. Die Hypothese der partiellen Unkorreliertheit ist auf keinem sinnvollen Signifikanzniveau abzulehnen ($t(33) = -0.83$, vgl. Fussnote 5.2/12). Das gleiche Resultat erhält man bei der kausalanlytischen Schätzung der Zusammenhänge zwischen den drei Variablen, die in Graphik 5.25 wiedergegeben ist. Der Strukurkoeffizient zwischen der latenten Geldmenge M und der Zinsvariablen DMG erweist sich als statistisch nicht signifikant. Die Restriktion dieses Parameters auf den Wert Null vermittelt ein Kausalmodell, welches gemäß der χ^2-Statistik besser angepasst ist ($\chi^2(25) = 30.97$, P = 0.19). Die zeitgleiche Relation Geldmenge – Dreimonatszins muß anhand dieser Erkenntnisse als geldpolitisch induziert angesehen werden. Die monetäre Wirkung zinspolitischer Impulse über den Geld–

Graphik 5.26
Langfristiger Liquiditätseffekt und geldpolitischer Impuls [a]

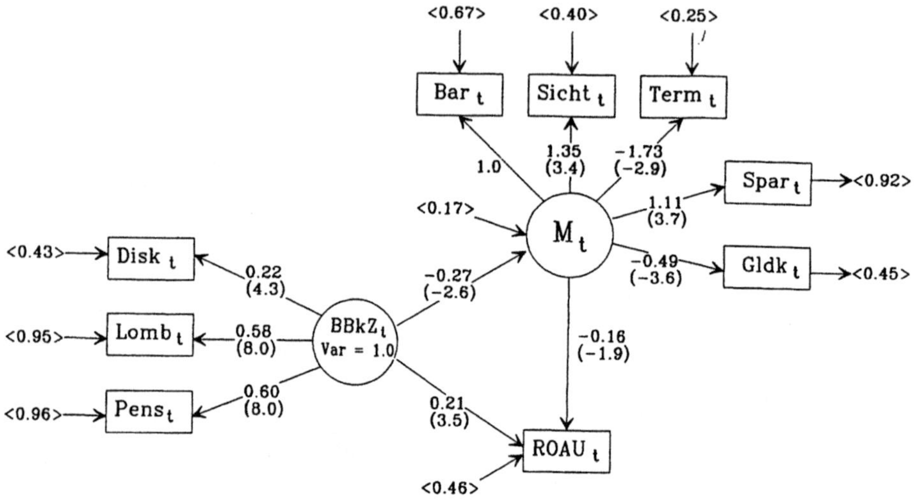

[a] Stichprobengröße N = 36 Beobachtungen ; zwei freigesetzte Residualkovarianzen von M analog Graphik 5.2 ; Anpassungsstatistik $\chi^2(24) = 31.61$ (P = 0.14) .

markt erfolgt damit weitgehend über die enge Beziehung $DMG_{t-1} \longrightarrow M_t$ mit einer Verzögerung von einem Quartal, vgl. Graphik 5.24 .

Bei dem Versuch, die Wirkungrichtung zwischen monetärem Impuls und den Schwankungen des langfristigen Zinssatzes aufzuklären, erhält man kein so eindeutiges Ergebnis wie bezüglich des Geldmarktzinses. Eine vollständige Rückführung der negativen Korrelation von $\hat{\rho}_{M,ROAU} = -0.457$ ($N = 36$) auf den zeitgleichen Einfluß der Geldpolitik ist nicht möglich: der partielle Korrelationskoeffizient beträgt immerhin noch $\hat{\rho}_{M,ROAU|BBKZ} = -0.276$. Die Statistik zum Test der Nullhypothese keiner korrelativen Beziehung kann mit $t(33) = -1.65$ auf dem 6%-Niveau zugunsten der Alternative einer negativen Korrelation abgelehnt werden. Das gleiche Bild zeigt das Kausalmodell von Graphik 5.26 : der interessierende Strukturkoeffizient $M_t \longrightarrow ROAU_t$ ist weiterhin signifikant. Neben der direkten Beeinflussung der Kapitalmarktrendite scheint der zinspolitische Impuls zum Teil auch indirekt über die Geldmenge und einen anschließenden Liquiditätseffekt wirksam zu werden.

Wie wir anhand Gleichung (5.18) in Abschnitt a) feststellen konnten, ist auch zwischen dem um ein Quartal zurückliegenden Zinsimpuls $BBkZ_{t-1}$ und dem langfristigen Zinssatz $ROAU_t$ ein signifikanter Zusammenhang mit einer geschätzten Korrelation von $\rho = 0.391$ vorhanden. Gleichzeitig ist bei dieser Zeitverzögerung der Einfluß der Geldpolitik auf die monetäre Zwischenzielvariable mit $\rho = -0.587$ am stärksten ausgeprägt, vgl. (5.20) . Der vermeintliche Liquiditätseffekt könnte damit auch auf einen zeit–

Graphik 5.27
Langfristiger Liquiditätseffekt und verzögerter geldpolitischer Impuls [a]

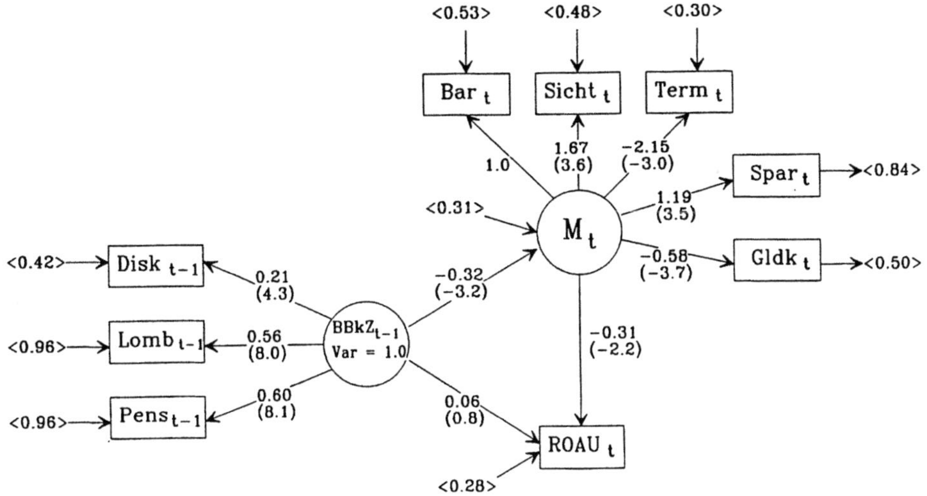

[a] Stichprobengröße N = 36 Beobachtungen ; zwei freigesetzte Residualkovarianzen von M analog Graphik 5.2 ; Anpassungsstatistik $\chi^2(24) = 35.60$ (P = 0.06) .

verzögerten geldpolitschen Impuls zurückzuführen sein. Doch auch diese Vermutung findet keine empirische Bestätigung. Die Korrelation unter Partialisierung der Variablen $BBkZ_{t-1}$ wird mit $\hat{\rho}_{M_t,ROAU_t|BBKZ_{t-1}} = -0.323$ so hoch geschätzt, daß auf dem 3%-Niveau weiterhin von einer negativen Relation ausgegangen werden muß ($t(33) = -1.96$). Mit den bisherigen Analysen haben wir demnach die Existenz einer eigenständigen negativen Beziehung zwischen Geldmenge und Kapitalmarktrendite nicht verwerfen können. Damit ist allerdings noch nicht die Wirkungsrichtung zwischen diesen beiden Variablen geklärt: mit dem Argument der Zinsabhängigkeit der Geldnachfrage könnte weiterhin die Erklärung über einen Liquiditätseffekt abgelehnt werden. Wir sind aber im folgenden anhand der Kausalanalyse – zumindest ansatzweise – in der Lage, hinsichtlich dieser Problemstellung eine Antwort zu geben.

Bei der Schätzung der Beziehungen zwischen den drei Variablen verzögerter geldpolitischer Impuls, latente Geldmenge und langfristiger Zinssatz erhält man das Ergebnis von Graphik 5.27 . Auf den ersten Blick scheint das Problem gelöst zu sein: die statistische Signifikanz des Strukturkoeffizienten zwischen dem Impuls $BBkZ_{t-1}$ und der Rendite $ROAU_t$ geht im Zusammenhang mit den anderen Wirkungsrelationen vollständig verloren – die Kausalrichtung läuft offensichtlich über die Geldmenge zum Zinssatz. Dieses schöne Resultat wird aber weniger eindeutig, sobald man sich der Tatsache bewußt wird, daß die Wirkungsrichtung $M_t \longrightarrow ROAU_t$ bei der Anpassung a-priori vorgegeben wurde. Die Hauptschwierigkeit der Kausalanalyse liegt darin, daß die Richtung der Pfeile im Strukturmodell nicht determiniert ist. Aufgrund der alleinigen Anpassung

Graphik 5.28
Langfristiger Liquiditätseffekt und verzögerter geldpolitischer Impuls : ein äquivalenter Modellansatz [a]

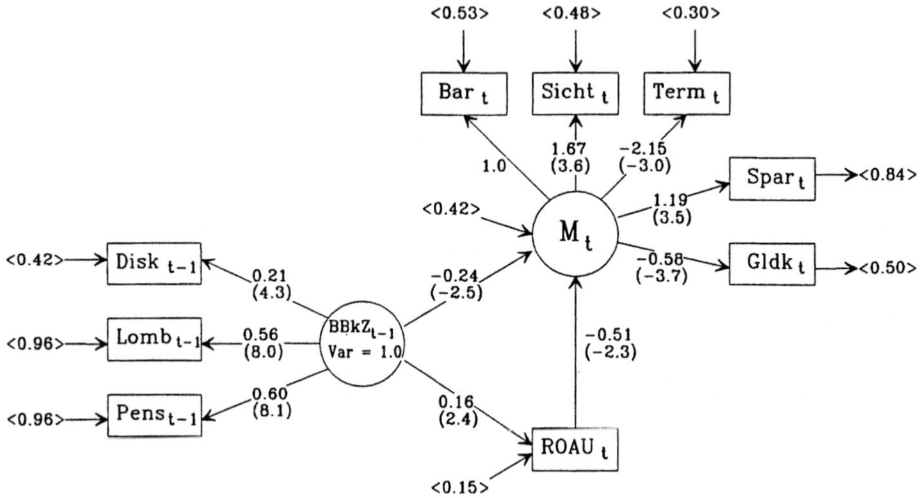

[a] Stichprobengröße N = 36 Beobachtungen ; zwei freigesetzte Residualkovarianzen von M analog Graphik 5.2 ; Anpassungsstatistik $\chi^2(24) = 35.60$ (P = 0.06) .

über die Kovarianzstruktur der manifesten Variablen erhält man ohne Mühe <u>äquivalente Kausalmodelle</u>, welche empirisch nicht voneinander zu unterscheiden sind (Problem der äquivalenten Modelle, siehe Kapitel 1.3 und Kapitel 5.2 a)). Das einfachste Beispiel besteht darin, die Richtung von Strukturrelationen in gesättigten Modellen wie in Graphik 5.27 einfach umzudrehen. In *Stenzl* [1986] wird dieser Punkt ausführlich diskutiert. Wie wir schon mehrfach betont haben, ist der Ansatz der Kausalanalyse damit als konfirmatorisches Verfahren anzusehen: die Modellierung hat anhand theoretisch fundiertem Vorwissen und entsprechenden Hypothesen zu geschehen. Bei zeitverzögerten Zusammenhängen sind wir dabei in der angenehmen Lage, allein durch den Faktor Zeit eine natürliche Wirkungsrichtung zwischen Variablen vorspezifiziert zu haben. Bei der uns hier interessierenden Relation zwischen Geldmenge und Zins hilft uns dies natürlich nicht weiter.

Die aufgeworfene Problematik wird in Graphik 5.28 augenfällig. Nimmt man a-priori die umgekehrte Richtung vom langfristigen Zins zur latenten Geldmenge an, so werden exakt die gleichen Kovarianzrestriktionen wie in Graphik 5.27 zur Schätzung und Testung des Kausalmodells herangezogen: die beiden Ansätze sind äquivalent. Im Unterschied zum ersteren Modell erweisen sich nun aber alle drei Strukturkoeffizienten als signifikant: der Einfluß des zinspolitischen Impulses scheint sich damit in Geldmengenschwankungen zu manifestieren, welche zu einem Anteil von 25% indirekt über den Kapitalmarktzins und die zinsabhängige Geldnachfrage hevorgerufen werden. Da die Ansätze aber empirisch nicht voneinander zu unterscheiden sind, ist anhand der beiden

Graphik 5.29

Kausalanalyse des Liquiditätseffekts monetärer Impulse [a]

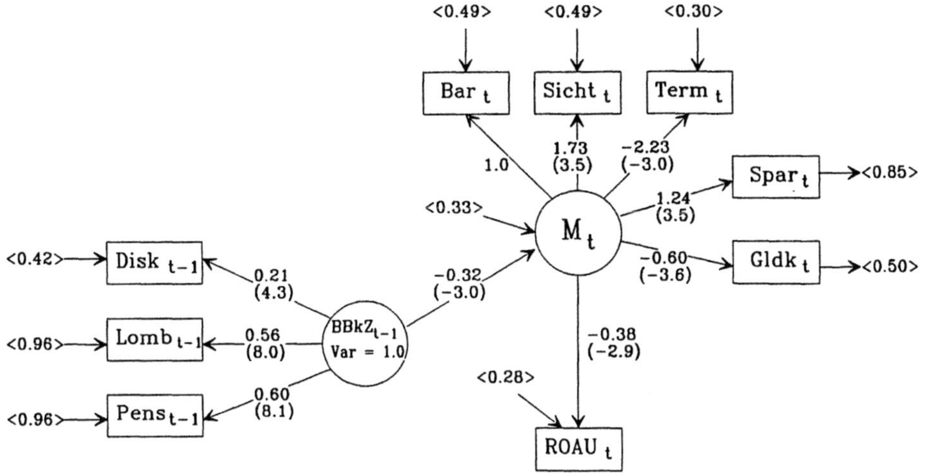

[a] Stichprobengröße N = 36 Beobachtungen ; zwei freigesetzte Residualkovarianzen von M analog Graphik 5.2 ; Anpassungsstatistik $\chi^2(25) = 36.17$ (P = 0.07) .

Kausalmodelle keine Aussage darüber möglich, welches Wirkungsschema in Wirklichkeit vorliegt. Der in Graphik 5.27 ermittelte insignifikante Strukturparameter eröffnet aber auf der anderen Seite die Möglichkeit, zu einem restriktiveren Modell überzugehen und auf diese Weise einer Lösung des Problems näherzukommen.

Eliminiert man den direkten Einfluß des verzögerten Zinsimpulses auf die Umlaufrendite, so gelangt man zu dem in Graphik 5.29 wiedergegebenen Schätzresultat. Wie die χ^2–Statistik ausweist, ist dieses Modell unter Berücksichtigung des gewonnenen Freiheitsgrades besser in der Lage, die Beziehungen zwischen den neun manifesten Variablen wiederzugeben. Vom Gesichtspunkt einer möglichst sparsamen Parametrisierung haben wir damit im Vergleich zu den beiden äquivalenten Strukturen ein besser angepasstes Modell vorliegen. Akzeptiert man, daß dieser Ansatz den Daten der Stichprobe besser entspricht, so kann die inhaltliche Schlußfolgerung gezogen werden, daß die Wirkung des geldpolitischen Impulses doch eher über die latente Geldmenge zur Zinsvariablen verläuft als umgekehrt. Die Existenz eines langfristigen Liquiditätseffekts kann damit empirisch nicht verworfen werden. Bedenkt man, daß wir bei der Analyse dieses Effekts explizit die zinssensitive Nachfrageseite mitberücksichtigt haben, ist dieses Ergebnis als recht aussagekräftig zu bewerten. Auch unter Einbeziehung der Reaktionsweisen der Nichtbanken in der Determinierung der volkswirtschaftlichen Geldbestände scheint der Geldmenge eine besondere Qualität zuzukommen: zumindest in Hinblick auf Zinswirkungen monetärer Entwicklungen geht von der Geldmenge ein eigenständiger Impuls aus. Eine Geldpolitik der Geldmengensteuerung ist vor diesem Hintergrund als empirisch gestützt anzusehen.

c) Zins-, Preis- und realwirtschaftliche Wirkungen geldpolitischer Impulse

Nach der Untersuchung der Wirkungsmechanismen der praktischen Geldpolitik der Deutschen Bundesbank kann der Versuch unternommen werden, die in Kapitel 5.2 behandelten Einflüsse des monetären Zwischenziels auf stabilitätspolitische Endziele einer kritischen Analyse zu unterziehen. Aufbauend auf einen exogenen monetären Impuls haben wir Einzeleffekte von latenten Geldmengenschwankungen auf die langfristigen Zinsen nach drei, vier und sieben, Preiseffekte nach drei, sieben und acht Quartalen sowie realwirtschaftliche Reaktionen mit vier, sechs und sieben Perioden Wirkungsverzögerung ermittelt. Unter Berücksichtigung der Geldmarktsteuerung der Bundesbank werden diese Ergebnisse im folgenden kausalanalytisch überprüft. Hintergrund ist dabei die Fragestellung, ob es sich bei den festgestellten Effekten um stark nachfragebeeinflußte Zusammenhänge handelt (Stichwort: Endogenität der Geldmenge), oder ob sie hauptsächlich von geldpolitschen Maßnahmen ausgelöst werden und damit dem zielgerichteten und autonomen Einsatz der Bundesbank direkt zugänglich sind. Von großer Bedeutung ist dabei auch die Problematik, daß die Bundesbank ihr Zwischenziel Geldmenge nur stark zeitverzögert zu Indikationszwecken beobachten kann (interner Zeitlag, vgl. z.B. *Steeb* [1978]). Nach der Behandlung der beiden Einzelaspekte indirekte Geldmengensteuerung über den Geldmarkt und Zusammenhang zwischen monetären Impulsen und stabilitätspolitischen Endzielen erfolgt damit die Synthese in der Analyse des Transmissionsmechanismus ausgehend vom geldpolitischen Instrumenteneinsatz.

Der Schwerpunkt bei der Operationalisierung eines geldpolitischen Impulses wird dabei auf das Konstrukt *BBkZ* der administrativen Zinsfestsetzung mit liquiditätspolitischen Auswirkungen gelegt. Zum einen sind kaum signifikante Einflüsse der beiden weiteren hier einbezogenen Instrumente Mindestreservesätze und Änderungen der Refinanzierungslinien auf die zu steuernde Geldmengenentwicklung festzustellen (allenfalls mit 'falschem' Vorzeichen!). Zum anderen hat Abschnitt a) gezeigt, daß die praktische Geldpolitik aufgrund der Zinsabhängigkeit der Geldnachfrage hautsächlich über Preisinstrumente wirksam ist. Losgelöst von Geldmengenwirkungen läßt sich von einem restriktiven Impuls der Mindestreservepolitik lediglich ein dämpfender Effekt auf die Preisentwicklung in drei Quartalen ermitteln: eine latente Variable Mindestreserve mit den drei Indikatoren MRSicht, MRTerm, und MRSpar vermag auf diese Weise 14% der Preisschwankungen aufzuklären. Bei Einbeziehung weiterer Zeitlags und Kumulierung der Effekte erweist sich aber auch diese inverse Beziehung als nicht mehr signifikant. Von Änderungen der Refinanzierungslinien (Variablen Redisk und DRef) scheinen gleichfalls keinerlei konsistente Wirkungen auf Zinsen, Preise oder realwirtschaftliche Indikatoren auszugehen (stark schwankende Vorzeichen verschiedener Zeitlags). Es zeigt sich damit erneut, daß allein zinspolitische Maßnahmen und damit zinselastische Geldmengenaggregate für die praktische Geldpolitik in Betracht kommen.

Ausgehend vom exogenen geldpolitischen Impuls einer Notenbankzinsänderung sind in Tabelle 5.29 die geschätzten Auswirkungen auf Zinsen, Preise und realwirtschaftliche Variablen zusammengestellt. Wir beschränken uns dabei auf die Anpassungsresultate,

Tabelle 5.29
Wirkungen zinspolitischer Impulse [a]

angepasste Kausalmodelle : $Var_t = \gamma_k \, BBkZ_{t-k} + \zeta_t$						
Var	*k*	$\hat{\gamma}_k$ (t–Wert)	$\sum_{i=0}^{k} \hat{\gamma}_i$	R^2	χ^2–Anpassungsstatistik	
ROAU	0	0.18 (2.9)	0.18	0.25	$\chi^2(2) = 2.90$	(P = 0.23)
ROAU	1	0.12 (1.9)	0.30	0.11	$\chi^2(2) = 3.58$	(P = 0.17)
ROAU	4	-0.11 (-1.7)	0.24	0.09	$\chi^2(2) = 4.08$	(P = 0.13)
ROAU	7	-0.09 (-1.3)	0.10	0.06	$\chi^2(2) = 7.79$	(P = 0.02)
ROAU	8	-0.09 (-1.4)	0.01	0.06	$\chi^2(2) = 0.91$	(P = 0.63)
PrQZR	0	0.12 (1.9)	0.12	0.12	$\chi^2(2) = 0.87$	(P = 0.65)
PrQZR	1	0.08 (1.4)	0.20	0.06	$\chi^2(2) = 0.79$	(P = 0.67)
PrQZR	2	0.08 (1.2)	0.28	0.05	$\chi^2(2) = 1.35$	(P = 0.51)
PrQZR	3	-0.08 (-1.3)	0.20	0.05	$\chi^2(2) = 6.00$	(P = 0.05)
PrQZR	7	-0.11 (-1.8)	0.18	0.10	$\chi^2(2) = 4.11$	(P = 0.13)
PrQZR	8	-0.15 (-2.6)	0.03	0.20	$\chi^2(2) = 1.89$	(P = 0.39)
BSP	0	0.35 (2.2)	0.35	0.14	$\chi^2(2) = 3.01$	(P = 0.22)
BSP	2	0.22 (1.4)	0.63	0.06	$\chi^2(2) = 1.24$	(P = 0.54)
BSP	5	-0.40 (-2.6)	0.04	0.19	$\chi^2(2) = 2.44$	(P = 0.30)
Prod	0	0.37 (1.2)	0.37	0.04	$\chi^2(2) = 2.13$	(P = 0.34)
Prod	5	-0.63 (-2.0)	0.38	0.13	$\chi^2(2) = 7.58$	(P = 0.02)
Prod	7	-0.77 (-2.5)	-0.24	0.19	$\chi^2(2) = 0.38$	(P = 0.83)

[a] Das latente Zinskonstrukt BBkZ wird über die drei Indikatoren Disk, Lomb und Pens mit der Restriktion **Var**(BBkZ) = 1.0 modelliert; Stichprobengröße N = 32 Beobachtungen.

welche auf Strukturkoeffizienten mit t–Werten betragsmäßig größer als 1.0 führen. Vorgegangen sind wir analog wie bei der Untersuchung monetärer Impulse in den Abschnitten 5.2 b) – e) : die Kausalmodelle sind aufgrund der Unkorreliertheit der zeitverzögerten exogenen Variablen separat geschätzt worden, aber sämtlich mit dem gleichen Stichprobenumfang. Neben der Anpassungsgüte der Modelle und dem Bestimmtheitsmaß sind die Strukturparameter samt t–Werten sowie die kumulierten Wirkungen einer dauerhaften geldpolitischen Stimulierung angegeben. Aufgrund der Standardisierung der Varianz des latenten Zinskonstrukts entsprechen die geschätzten Koeffizienten den Effekten eines geldpolitischen Impulses im Ausmaß von einer Standardabweichung der unerwarteten Zinsschwankungen. Da sich die Geldpolitik dieses Instrumentariums direkt bedienen kann, ist die Interpretation der Schätzresultate im Unterschied zu den Ergebnissen bezüglich des latenten Geldmengenkonstrukts erheblich vereinfacht: sie spiegeln unverzerrt die Auswirkungen zinspolitischer Maßnahmen der Bundesbank im Horizont von zwei Jahren wider. Eine Standardschwankung des Konstrukts *BBkZ* steht dabei für nichtantizipierte Zinsänderungen beim Lombard– und Pensionssatz von 55 bis 60 Basispunkten. Dies sind Impulse, wie sie in der Praxis innerhalb eines Quartals durchaus realistisch sind: die Bundesbank hat ihre Leitzinsen Diskont und Lombard durchweg in den achtziger Jahren entweder um einen halben oder einen ganzen Prozentpunkt angepaßt.

Betrachten wir als erstes die geschätzten Wirkungen eines zinspolitischen Instrumenteneinsatzes auf den langfristigen Zins ROAU. Zunächst ist wie nicht anders zu erwarten ein positiver (Zinsstruktur–)Effekt zu beobachten, dem wir uns bereits im vorangegangenen Abschnitt ausführlich gewidmet haben: mit der Beeinflussung der Geldmarktzinsen reagieren auch die Kapitalzinsen, wobei die Übertragung nach einem Quartal hauptsächlich monetär vermöge eines Liquiditätseffekts erfolgt, vgl. Graphik 5.29 . Beginnend mit einer zeitlichen Verzögerung von drei Quartalen tritt aber eine deutliche Gegenbewegung ein, indem sämtliche weiteren Strukturkoeffizienten mit negativem Vorzeichen geschätzt werden, die einzelnen Parameter sind allerdings nicht besonders signifikant. Geht man von einer im Abschnitt a) ermittelten Einwirkung des zinspolitischen Impulses auf das Geldvolumen mit einem Zeitlag von bis zu einem Quartal aus, so zeigen sich aber Wirkungsverzögerungen, die auffallend im Einklang mit den Resultaten von Tabelle 5.19 bezüglich Zinseffekten monetärer Impulse stehen. Die dynamische Reaktion der Renditen auf Maßnahmen der Bundesbank wird vor diesem Hintergrund erst verständlich: über Geldmengenwirkungen sind steigende Zinsen nach einem Jahr zinspolitischer Lockerung auch von theoretischer Seite zu erklären (Einkommens– und Preiserwartungseffekt). Auf der anderen Seite bewirkt eine restriktive Geldpolitik nur vorübergehend ein höheres Zinsniveau: (erhoffte) Erfolge bei der Inflationsbekämpfung lassen die langfristigen Zinsen wieder sinken.

Bemerkenswert ist in diesem Zusammenhang auch noch, daß sich nach Tabelle 5.29 die Umkehrung des Vorzeichens bei der Zinsbeeinflussung in der Aggregation der geschätzten Strukturkoeffizienten auch nach zwei Jahren geldpolitischer Steuerung noch kaum bemerkbar macht. Die ursprünglichen positiven Effekte werden gerade erst kompensiert, so daß sich die langfristigen Zinsen im Kumulationsergebnis überhaupt nicht verändert haben. Dies im Unterschied zu den Zinswirkungen dauerhafter monetärer Impulse, die nach zwei Jahren Stimulierung zu Renditen führen, die deutlich über dem Ausgangsniveau liegen, vgl. Graphik 5.10.

Wir haben damit erste Anhaltspunkte dafür gewonnen, daß sich die in Kapitel 5.2 b) ermittelten Zinswirkungen monetärer Impulse auf autonome Aktionen der Geldpolitik zurückführen lassen, und nicht allein auf Reaktionen der Nichtbanken im Geldnachfrageverhalten oder anderen Publikumseinflüssen basieren. Zu klären ist dabei allerdings noch, wie stark der monetäre Aspekt im Vergleich zur direkten Zentralbankmaßnahme wirkt, da auf diese Weise negative Einflüsse der Nachfrageseite zum Tragen kommen könnten. Vor der Kommentierung der Ergebnisse bezüglich Preisen und realwirtschaftlichen Variablen wenden wir uns zunächst dieser Frage zu, und versuchen darauf mit einer Kausalanalyse der Beziehungen zwischen zinspolitischem Impuls *BBkZ* , latenter Geldmenge *M* und Umlaufrendite ROAU eine Antwort zu geben. Wie Graphik 5.30 zu entnehmen ist, basiert der zinspolitische Effekt nach vier Quartalen vollkommen auf einem indirekten Wirkungsmechanismus über das latente Geldvolumen, der direkte Einfluß ist nicht mehr nachweisbar. Das Kausalmodell mit dieser Strukturrestriktion weist anhand einer Anpassungstatistik von $\chi^2(25) = 34.73$ ($P = 0.09$) eine deutlich bessere Erklärungsgüte auf. Die einsetzende dynamische Zinsreaktion auf die geldpolitische Maßnahme ist damit als *alleiniger monetärer Effekt* zu identifizieren. Wie wir bereits in Kapitel 5.2 c) gesehen haben, kann dieser monetäre Zinseinfluß weitgehend auf Preiswirkungen zurück-

Graphik 5.30
Kausalanalyse der Zinswirkung eines geldpolitischen Impulses [a]

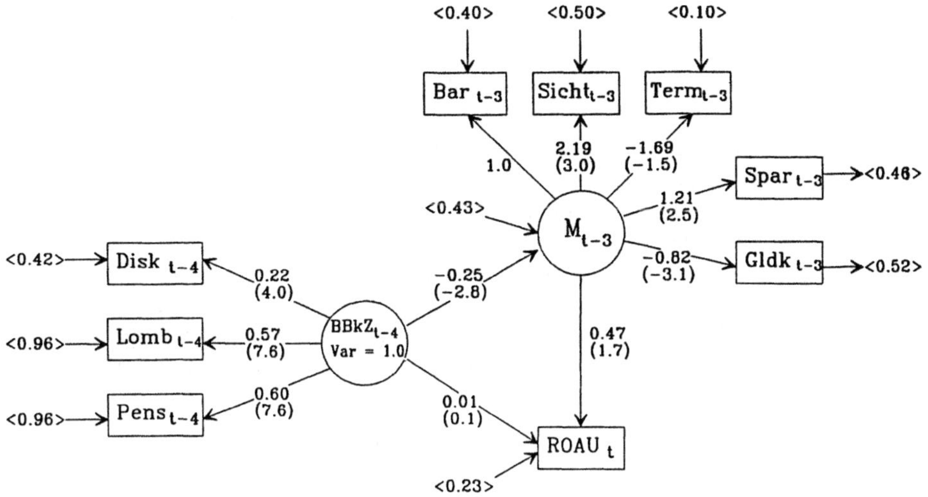

[a] Stichprobengröße N = 32 Beobachtungen ; zwei freigesetzte Residualkovarianzen von M analog Graphik 5.2 ; Anpassungsstatistik $\chi^2(24) = 34.71$ (P = 0.07) .

geführt werden (Preiseffekt). Damit ist der Prozeß der Übertragung einer unerwarteten Notenbankzinssenkung (bzw. –erhöhung) auf die Umlaufrendite nach einem Jahr kausalanalytisch eindeutig aufzuklären: mit einer Verzögerung von etwa einem Quartal weitet sich zuerst die Geldmenge aus, nach drei weiteren Quartalen hat dies aber monetär induzierte Preissteigerungen zur Folge, woraufhin am Kapitalmarkt zum Ausgleich der Inflationsgefahren höhere Renditen durchgesetzt werden.

Analog kann versucht werden, die dynamische Zinsreaktion als Folge einer zwei Jahre zurückliegenden geldpolitischen Maßnahme zu analysieren. Da sich das gleiche Resultat wie in Graphik 5.30 ergibt, verzichten wir auf eine detaillierte Wiedergabe der Anpassung. Der Strukturparamter $BBkZ_{t-8} \longrightarrow ROAU_t$ wird mit einem t–Wert von -0.3 erneut insignifikant geschätzt, wenn man gleichzeitig die indirekte Wirkungsweise über die latente Geldmenge M_{t-7} zuläßt (Anpassungsgüte des Kausalmodells: $\chi^2(24) = 25.81$, $P = 0.36$) . Bei Eliminierung dieses Koeffizienten aus dem Strukturansatz erhält man mit $\chi^2(25) = 25.93$ ($P = 0.41$) ein den Daten besser entsprechendes Modell. Der Einfluß auf die langfristigen Zinsen ist damit auch nach dieser Frist ausschließlich ein monetär wirksamer Effekt. Die Verfolgung einer Geld*mengen*politik ist damit – zumindest im Hinblick auf die Beeinflussung von Kapitalzinsen – empirisch zu untermauern. Auf der anderen Seite ist ein derartiger Übertragungsmechanismus aber auch anfälliger gegenüber Einflüssen, welche die Bundesbank nicht direkt kontrollieren kann. Vermöge ihrer dominierenden Rolle bei der Geldschöpfung haben die Geschäftsbanken sowie die

Nichtbanken mit ihrem Geldnachfrageverhalten die Möglichkeit, geldpolitischen Impulsen der Notenbank entgegenzuwirken.

Die Reaktion der Preise ausgedrückt in Quartalszuwächsen auf eine unerwartete Zinsmaßnahme der Notenbank zeigt ein sehr ähnliches Muster wie die Zinswirkungen. Nach drei (schwach) signifikant positiven Strukturkoeffizienten wird nach Tabelle 5.29 ab einem Zeitlag von drei Quartalen eine gegenläufige Tendenz ermittelt. Ein ausgeprägt negativer Zusammenhang zwischen zinspolitischem Impuls und der Variablen PrQZR zeigt sich aber erst nach sieben bis acht Quartalen Wirkungsverzögerung. In der Kumulierung der Effekte weisen geldpolitisch motivierte Zinserhöhungen allerdings auch nach zwei Jahren noch keine dämpfenden Einflüsse auf das Preisniveau auf: die ursprünglich höher als erwartet ausfallenden Preissteigerungsraten werden durch die später einsetzenden positiven Preisüberraschungen in dieser Frist gerade erst kompensiert. Demgegenüber entfalten aggregierte monetäre Impulse nach Ablauf von zwei Jahren einen deutlichen Gesamteffekt auf die Preisentwicklung, vgl. Tabelle 5.21. Zu berücksichtigen ist dabei allerdings, daß anscheinend mit einer zinspolitischen Restriktion zunächst mehrere Perioden lang Preiserhöhungen verbunden sind. Bei der monetären Variablen ist ein solcher Effekt nur im Quartal der Stimulierung selbst zu beobachten.

Es ist zu vermuten, daß die festgestellte positive Relation $BBkZ_{t-k} \longrightarrow PrQZR_t$, $0 \leq k \leq 2$ keinem kausalen Zusammenhang entspricht. Zum Lag Null kann vielmehr die umgekehrte Wirkungsrichtung von der unerwarteten Teuerungsrate zum Instrumenteneinsatz der Bundesbank angenommen werden: für die Geldpolitik dürfte eine negative Entwicklung bei den Preisen unmittelbaren Handlungsbedarf hervorrufen. Wir werden uns im kommenden Kapitel ausführlicher diesem Reaktionsverhalten der Bundesbank widmen. Für die positiven Strukturkoeffizienten zum Zeitlag Eins und Zwei könnten eventuell auch dritte Variablen verantwortlich sein, die zum einen preissteigernd wirken, zum anderen Gegenmaßnahmen der Geldpolitik stimulieren. Möglich wären zum Beispiel Kostensteigerungen der Unternehmen infolge von massiven Tariflohnerhöhungen, die in der Regel zeitverzögert in den Endverbraucherpreisen ihren Niederschlag finden. So wurde die Leitzinserhöhung im Dezember 1991 von der Deutschen Bundesbank explizit mit überhöhten Lohnforderungen der Gewerkschaften begründet. Daneben ist auch an konjunkturelle Einflüsse zu denken, die in der Boom-Phase aufgrund von Kapazitätsengpässen Spielräume hinsichtlich der Preisgestaltung eröffnen, andererseits die Bundesbank zu dämpfenden Zinserhöhungen veranlassen könnten. Folgt man dieser Argumentation, so wären die anfänglichen Preiswirkungen geldpolitischer Impulse reine *Scheinkorrelationen*. Läßt man daher die ersten drei positiven Koeffizienten außer Betracht, so ergibt sich auch aggregiert nach Ablauf von zwei Jahren ein *preisdämpfender* Einfluß von Leitzinserhöhungen um 0.25 Prozentpunkten in der Quartalszuwachsrate. Es wird hier aber deutlich, daß die inhaltliche Interpretation der kumulierten Wirkungsparameter als Gesamteffekt einer dauerhaften Stimulierung nicht ohne Probleme ist.

Die ermittelten Zeitlags bei den Einzeleffekten stimmen auf der anderen Seite erneut in bemerkenswerter Weise mit den in Tabelle 5.21 wiedergegebenen Schätzungen bezüglich Preiswirkungen monetärer Impulse überein. Auch bei den Preiseffekten handelt es sich daher – zumindest zum Teil – um monetäre Phänomene, die im Einflußbereich der Geldpolitik liegen. Genaueres versuchen wir wieder anhand einer Kausalanalyse festzu-

Graphik 5.31
Kausalanalyse der Preiswirkung eines geldpolitischen Impulses [a]

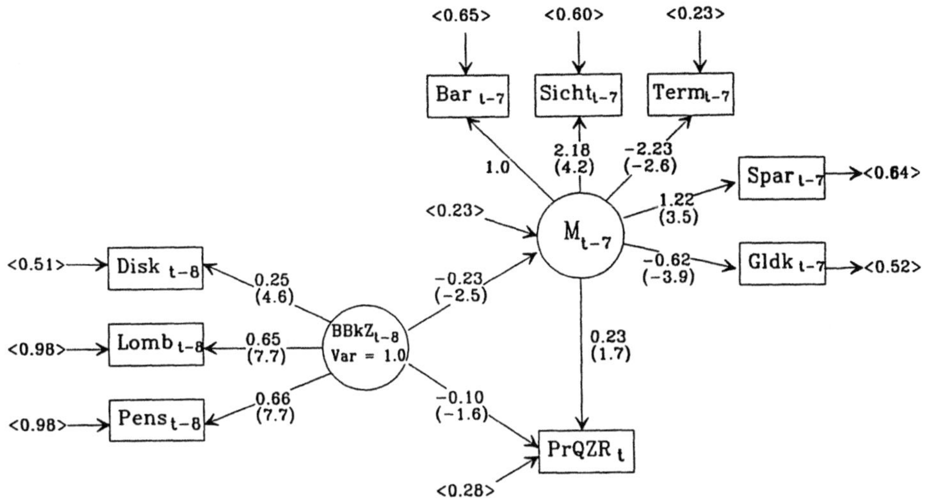

[a] Stichprobengröße N = 32 Beobachtungen ; zwei freigesetzte Residualkovarianzen von M analog Graphik 5.2 ; Anpassungsstatistik $\chi^2(24) = 24.66$ (P = 0.42) .

stellen. Ganz analog zu den obigen Zins–Ergebnissen löst sich die Beziehung $BBkZ_{t\text{-}3} \longrightarrow PrQZR_t$ weitgehend in eine indirekte Wirkungsübertragung vermöge der latenten Geldmenge $M_{t\text{-}3}$ auf, wenn man die Zusammenhänge simultan betrachtet. Der direkte Effekt stellt sich mit einem t–Wert von -0.7 erneut als nur noch schwach ausgeprägt heraus (Anpassungsgüte des Modells: $\chi^2(24) = 35.07$, $P = 0.09$) . Unter Ausschluß dieses Strukturkoeffizienten erhält man ein besser angepasstes Kausalmodell mit einer Gütestatisitk von $\chi^2(25) = 35.63$ ($P = 0.10$) . Die Preisreaktionen sind damit nicht unmittelbar auf Zinsimpulse von der Bundesbank zurückzuführen, sie werden erst über die Beeinflussung des Geldvolumens monetär induziert.

Bei der entsprechenden Untersuchung der längerfristigen Preiseffekte ist das Ergebnis aber nicht mehr so eindeutig. Während sich bezüglich der Wirkung nach sieben Quartalen noch ein ähnliches Bild zeigt (die Relation $BBkZ_{t\text{-}7} \longrightarrow PrQZR_t$ stellt sich weitgehend als monetärer Effekt über die Variable $M_{t\text{-}7}$ heraus), vermag weder die monetäre Zwischengröße mit sieben noch mit acht Quartalen zeitlicher Verzögerung den direkten Einfluß des zwei Jahre zurückliegenden Zinsimpulses vollkommen aufzuklären. Beispielhaft geben wir in Graphik 5.31 das geschätzte Kausalmodell für eine angenommene Übertragung vermöge der latenten Geldmenge $M_{t\text{-}7}$ wieder. Der Strukturparameter für den direkten Preiseffekt nimmt zwar gegenüber der univariaten Schätzung um 33% zugunsten der indirekten Wirkungsweise ab, er ist aber immer noch zur Modellierung der Zusammenhänge vonnöten. Restringiert man den Koeffizienten a–priori auf Null, so zeigt sich die Modellanpassung als deutlich verschlechtert: in dem erzielten Wert von

$\chi^2(25) = 27.07$ ($P = 0.35$) drückt sich eine geringere Erklärungsgüte des Ansatzes aus. Die Transmission des geldpolitischen Impulses auf die Preisentwicklung in acht Quartalen ist damit nicht allein monetär zu begründen, dem Instrumenteneinsatz der Bundesbank kommt weiterhin auch ein direkter Effekt zu. Wie wir schon bei der reinen monetären Analyse in Kapitel 5.2 gesehen haben, sind die Kausalabläufe auf diese längere Frist mit den betrachteten Variaben nicht mehr vollständig zu erfassen: das Beziehungsgeflecht der monetären Anstöße mit Wirkungsverzögerungen und Rückkopplungen ist offensichtlich bereits zu komplex geworden. Für die praktische Geldpolitik der Bundesbank bleibt aber festzuhalten, daß eine autonome Erhöhung der Notenbankzinssätze um ca. 60 Basispunkte empirisch auf Sicht von zwei Jahren einen deutlich preisdämpfenden Einfluß aufweist, die Quartalsrate der Teuerung kann um 0.15 Prozentpunkte unter ihr erwartetes Niveau gedrückt werden.

Als letzten Punkt in diesem Kapitel unternehmen wir noch den Versuch, die in Kapitel 5.2 e) festgestellten realwirtschaftlichen Wirkungen monetärer Impulse auf exogene Maßnahmen der Bundesbank zurückzuführen. In Tabelle 5.29 sind die entsprechenden Einzeleffekte zinspolitischer Maßnahmen anhand der beiden ausgewählten Indikatoren BSP und Prod wiedergegeben. Der positive Zusammenhang zum Lag Null erscheint uns dabei wieder eher in die Kategorie Reaktionsfunktion der Geldpolitik zu gehören als in Richtung auf die Konjunkturgrößen wirksam zu sein. Signifikante negative Koeffizienten werden dagegen für die nominelle Variable BSP nach fünf Quartalen sowie für die Zuwachsrate der Nettoproduktion nach fünf und sieben Quartalen ermittelt. [1] Dabei können bis zu 19% der realwirtschaftlichen Schwankungen aufgeklärt werden. Erneut zeigt sich eine merkliche Übereinstimmung mit den Wirkungsverzögerungen von monetären Überraschungen. Die Ergebnisse von Kapitel 5.2 werden eindrucksvoll bestätigt.

Auch in der Kumulation der Einflüsse zinspolitischer Maßnahmen auf die realwirtschaftlichen Größen ist – im Unterschied zu den obigen Zins– und Preiswirkungen – ein deutlicher Gesamteffekt festzustellen. Nach zwei Jahren positiver Zinsimpulse liegt die Quartalsrate des Bruttosozialprodukts um 0.34 Prozentpunkte über ihrem antizipierten Wert, bei der realen Variablen Prod beträgt die Gesamtanregung 0.44 Punkte, gerechnet jeweils unter Ausschluß des periodengleichen Koeffizienten. Bezüglich der Produktionsgröße fällt der negative Zusammenhang mit der Variablen *BBkZ* allein zum Lag Sieben besonders markant aus: die Quartalsrate der Nettoproduktion erhöht sich infolge einer unerwarteten Senkung der Notenbankzinsen im Umfang von 55 – 60 Basispunkten nach sieben Quartalen um 0.77 Prozentpunkte.

Die kausalanalytische Untersuchung der Wirkungen verdeutlicht, daß die Übertragung der zinspolitischen Impulse in den realwirtschaftlichen Sektor nicht ausschließlich über das Geldvolumen erfolgt. Besonders deutlich wird dies hinsichtlich der Relation $BBkZ_{t-5} \longrightarrow Prod_t$, der nach Tabelle 5.24 nur ein schwacher monetärer Effekt nach einem Jahr entspricht. Schätzt man diesen im Zusammenhang mit dem direkten Effekt, so zeigt sich der geldpolitische Impuls nur zu 9.5% indirekt über die latente Geldmenge

[1] Die erste Differenz des logarithmierten Nettoproduktionsindices stellt nach Kapitel 5.1 d) bereits ein white noise–Prozeß dar. Die Residuenreihe Prod entspricht daher der mittelwertbereinigten Quartalszuwachsrate.

Graphik 5.32

Kausalanalyse der realen Wirkung eines geldpolitischen Impulses [a]

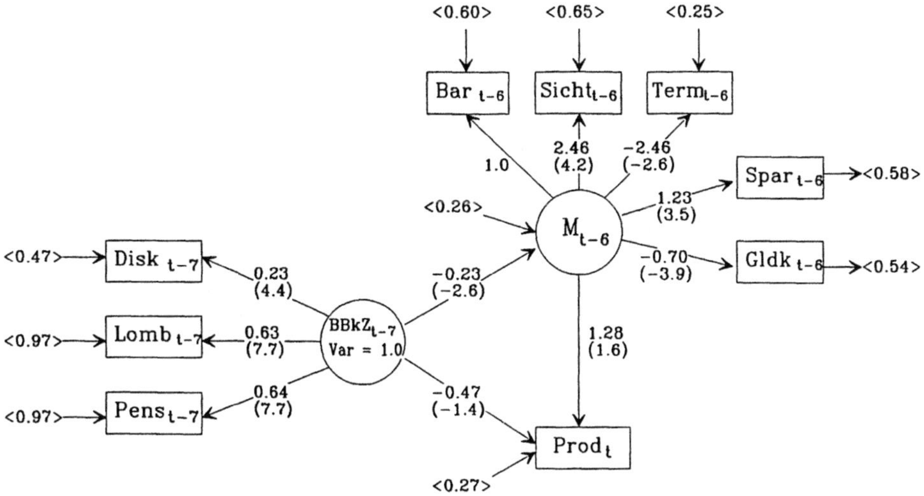

[a] Stichprobengröße N = 32 Beobachtungen ; zwei freigesetzte Residualkovarianzen von M analog Graphik 5.2 ; Anpassungsstatistik $\chi^2(24) = 25.98$ (P = 0.35) .

M_{t-4} wirksam. Doch auch bei den anderen signifikanten Einzeleffekten ($BBkZ_{t-5} \longrightarrow BSP_t$ und $BBkZ_{t-7} \longrightarrow Prod_t$) vermag der monetäre Mechanismus nur zwischen 35% und 38% der Gesamtwirkung aufzuklären. Wir geben in Graphik 5.32 als Beispiel das Anpassungsergebnis bezüglich der Produktionsvariablen wieder. Trotz deutlicher Abnahme des direkten Effektes im Vergleich zur univariaten Schätzung ist dieser Strukturparameter zur bestmöglichen Modellierung der Zusammenhänge erforderlich. Unter der Hypothese einer alleinigen indirekten Wirkungsweise wird mit $\chi^2(25) = 27.88$ ($P = 0.31$) eine schlechtere Anpassungsgüte erzielt. Die Transmission der geldpolitischen Maßnahme ist nur zum Teil auf die Beeinflussung der Geldmenge zurückzuführen. Das *Keynes* sche Argument einer zinsbedingten Wirtschaftsanregung ist damit nicht von der Hand zu weisen.

Die erzielten Resultate in diesem Abschnitt zusammenfassend kann gesagt werden, daß die in Kapitel 5.2 kommentierten Zins–, Preis– und realwirtschaftlichen Wirkungen eines als exogen angenommenen monetären Impulses auch bei Berücksichtigung der Zinsabhängigkeit der Geldmenge vollständig verifiziert werden konnten. Sämtliche festgestellten Effekte sind auf zugrundeliegende geldpolitische Aktionen, operationalisiert durch ein latentes Notenbankzinskonstrukt, zurückzuführen. Von der Geldnachfrageseite scheinen demnach keine eigenständigen Einflüsse auszugehen. Die Bundesbankpolitik einer Geldmengensteuerung zur Erreichung stabilitätspolitischer Ziele kann vor diesem Hintergrund als empirisch fundiert angesehen werden. Dabei ist natürlich nichts darüber auszusagen, ob die Bundesbank in den achtziger Jahren ihr Instrumentarium auch in

Hinblick auf die hier ermittelten Zusammenhänge rational eingesetzt hat. Insbesondere orientiert sie sich sicherlich nicht an dem Zwischenziel einer latenten Geldmenge. Was wir aber zeigen konnten ist die empirische Relevanz der Geldpolitik in der Bundesrepublik – auch in der Erzielung realer Wirkungen der volkswirtschaftlichen Aktivität.

Die Transmission geldpolitischer Impulse konnte dabei in vielen Fällen auf einen monetären Mechanismus zurückgeführt werden: der (latenten) Geldmenge kommt daher zurecht eine zentrale Rolle in der geldpolitischen Debatte zu. Ob es sich dabei aber um kausale Wirkungsketten oder nur auf psychologischen Phänomenen (hohe Reputation und Glaubwürdigkeit der Deutschen Bundesbank) beruhende Korrelationen handelt, ist natürlich auch mit unsere Analyse nicht zu klären. Daneben ist als kritischer Punkt die Geldnachfrageseite mit der festgestellten hohen Zinsabhängigkeit zu erwähnen. Die monetäre Übertragung der ermittelten Effekte beruht im hohen Maße auf der Beeinflussung des volkswirtschaftlichen Geldvolumens über die Zinsseite. Die Bundesbank stützt sich als Zwischenziel und Indikator aber seit 1987 auf das weite Geldaggragat M3. Gerade bei dieser Abgrenzung geht allerdings aufgrund der Zusammenfassung unterschiedlich zinselastischer Komponenten viel von der Steuerungsmöglichkeit über die Notenbank- und Geldmarktzinsen verloren: Zinssignale der Bundesbank – obwohl nach unserer Analyse höchst wirksam – könnten sich daher in der Geldmenge M3 nicht in der erhofften Weise manifestieren und damit Fehldeutungen zur Folge haben. Vor dem Hintergrund der rationalen Erwartungsbildung kommt dieser Umstand der deutschen Geldpolitik aber u.U. gar nicht ungelegen.

5.4 Reaktionsverhalten der Geldpolitik

Die empirische Analyse des Transmissionsmechanismus und der Wirkungen geldpolitischer Impulse abschließend, soll in diesem Kapitel noch kurz auf mögliche Determinanten der Geldpolitik der Deutschen Bundesbank eingegangen werden. In der Verfolgung stabilitätspolitischer Ziele wird die Bundesbank versuchen, Abweichungen von den angestrebten Entwicklungen bei Preisen und konjunkturellen Variablen, aber auch bei ihrem Zwischenziel und Indikator Geldvolumen, mit entsprechenden geldpolitischen Maßnahmen entgegenzuwirken (Rückkopplungseffekte). Insofern ist auch die Geldpolitik nicht als rein exogener Faktor anzusehen, in ihr reflektieren sich die Zeitpfade derjenigen Größen, welche die Bundesbank zu steuern beabsichtigt. Den Versuch, den endogenen Charakter auf diese Weise zu modellieren wird als Reaktionsfunktion der Geldpolitik bezeichnet. Als mögliche Einflußgrößen kann dabei erneut auf die Variablen zurückgegriffen werden, welche als Indikatoren für geldpolitische Ziele in den vorangegangenen Kapiteln verwendet wurden. Neben der unerwarteten Preisentwicklung werden wir uns dabei vor allem auf realwirtschaftliche Überraschungen konzentrieren. Die Einbeziehung des Zwischenziels Geldmenge könnte als etwas problematisch erscheinen, da die von uns verwendeten Zeitreiheninnovationen nicht mit den für die Bundesbank maßgeblichen Residuen zwischen Zielkorridor und tatsächlicher monetärer Entwicklung übereinstimmen müssen. Wir erhalten dennoch in diesem Zusammenhang einige aufschlußreiche Resultate.

Die bisherige Analyse hat gezeigt, daß die Geldpolitik der Deutschen Bundesbank von ihrer Konzeption und ihrer Wirkungsweise im besonderen auf zinspolitischen Impulsen am Geldmarkt beruht. Unser Hauptaugenmerk liegt daher auf der Operationalisierung geldpolitischer Maßnahmen anhand des latenten Konstrukts Notenbankzinsen. Daneben lassen sich aber auch gewisse Einflüsse auf die eingeräumten Refinanzierungslinien und die Mindestreservepolitik feststellen. Von besonderer Bedeutung ist außerdem die Diskriminierung der Einflußgrößen auf die Geldmenge in solche, die allein über die Geldpolitik wirksam werden und geldnachfragerelevante Faktoren. Bei der Interpretation festgestellter Abhängigkeiten der monetären Entwicklung als Reaktionsverhalten der Bundesbank muß ausgeschlossen werden, daß die Zusammenhänge auf Anpassungen der Kreditinstitute und Nichtbanken zurückzuführen sein könnten.

a) Preis- und monetäre Determinanten der Geldpolitik

Da die Deutsche Bundesbank ihren stabilitätspolitischen Auftrag vornehmlich in der Erhaltung des Geldwertes sieht, ist bei der Analyse möglicher Einflußfaktoren auf die praktische Geldpolitik zuerst an die realisierte Preisentwicklung zu denken. In Tabelle 5.30 geben wir die entsprechenden Anpassungsresultate für das latente Zinskonstrukt *BBkZ* als zu erklärende Variable wieder. Preisüberraschungen PrQZR, d.h. über den zeitreihenanalytisch ermittelten Prognosewert hinausgehende Änderungen im Vergleich zum Vorquartal, zeigen danach in derselben Periode einen signifikanten Zusammenhang mit dem zinspolitischen Impuls der Bundesbank. Unerwartet hoch ausfallende Preissteigerungen sind noch im selben Quartal mit einer deutlichen Erhöhung der Notenbankzinssätze verbunden. Eine Periode zurückliegende Preisschocks zeigen daneben noch einen abgeschwächten Einfluß auf die Zinsvariable. Zinspolitische Maßnahmen scheinen nach diesen Ergebnissen recht rasch auf nichtantizipierte Entwicklungen bei der Geldentwertung zu reagieren.

Anders stellt sich die Situation beim Zwischenziel und Indikator Geldvolumen dar. Wie Tabelle 5.30 ausweist, läßt sich ein deutlicher Einfluß der monetären Überraschungen auf das geldpolitische Konstrukt nach einem Jahr feststellen. Dabei wird bezüglich des Geldaggragts ZBGM, welches bis ins Jahr 1987 der Geldmengensteuerung der Bundesbank offiziell zugrundelag, das beste Ergebnis erzielt. Allein die unerwarteten Schwankungen dieser Geldmengenabgrenzung vermögen 24% der zinspolitischen Maßnahmen zu erklären. Abweichungen des Geldmengenwachstums vom Zeitreihenpfad begründen demnach für die Bundesbank offensichtlich einen größeren Handlungsbedarf als unerwartete Preisschwankungen. Zum einen könnten sich darin Glaubwürdigkeitsaspekte manifestieren (Erreichung des bekanntgegebenen Geldmengenziels), zum anderen zum Ausdruck kommen, daß der Steuerung des monetären Zwischenziels bei der operativen Politik Vorrang vor der Kontrolle der Endzieles Geldwertstabilität eingeräumt wird. Da die Bundesbank von einer stabilen längerfristigen Relation zwischen Geldmengenentwicklung und Preisniveau ausgeht, erscheint ihr möglicherweise ein kurzfristiges Reagieren auf Preisüberraschungen als nicht so vordringlich.

Tabelle 5.30
Geldpolitische Maßnahmen und Preis/Geldmengen-Schocks [a]

angepasste Kausalmodelle : $Y_t = \gamma_k X_{t-k} + \zeta_t$				
Y	X_{t-k}	$\hat{\gamma}_k$ (t-Wert)	R^2	χ^2-Anpassungsstatistik
BBkZ	PrQZRt	0.23 (2.0)	0.12	$\chi^2(2) = 0.24$ (P = 0.89)
BBkZ	PrQZRt-1	0.19 (1.6)	0.08	$\chi^2(2) = 0.60$ (P = 0.74)
BBkZ	PrQZRt-2	-0.10 (-0.9)		$\chi^2(2) = 0.88$ (P = 0.64)
BBkZ	ZBGMt-1	0.11 (1.0)	0.03	$\chi^2(2) = 1.01$ (P = 0.60)
BBkZ	ZBGMt-2	0.11 (1.0)	0.03	$\chi^2(2) = 3.52$ (P = 0.17)
BBkZ	ZBGMt-3	0.10 (0.8)	0.02	$\chi^2(2) = 0.08$ (P = 0.96)
BBkZ	ZBGMt-4	0.33 (2.9)	0.24	$\chi^2(2) = 0.35$ (P = 0.84)
BBkZ	ZBGMt-5	0.08 (0.6)		$\chi^2(2) = 2.92$ (P = 0.23)
BBkZ	M1t-4	0.07 (1.6)	0.08	$\chi^2(2) = 4.19$ (P = 0.12)
BBkZ	M2t-4	0.05 (0.8)	0.02	$\chi^2(2) = 2.72$ (P = 0.26)
BBkZ	M3t-4	0.12 (1.0)	0.03	$\chi^2(2) = 4.51$ (P = 0.10)
MR	ZBGMt-4	0.16 (2.6)	0.15	$\chi^2(1) = 0.14$ (P = 0.71)
MR	M3t-4	0.11 (1.9)	0.08	$\chi^2(1) = 0.53$ (P = 0.47)
MR	PrQZRt-3	0.15 (2.2)	0.12	$\chi^2(1) = 0.26$ (P = 0.61)

[a] Das latente Zinskonstrukt BBkZ wird über die drei Indikatoren Disk, Lomb und Pens modelliert, die latente Variable MR über die Indikatoren MRSicht, MRTerm und MRSpar ; Stichprobengröße N = 36 bzw. N = 34 .

Diese Schlußfolgerung findet zusätzlich empirische Bestätigung in der Analyse der Mindestreservepolitik. Die Daten der achtziger Jahre weisen aus, daß von den monetären Schocks des offiziellen Aggregats ZBGM auf die Variable Änderung der Mindestreservesätze *MR* gleichfalls ein signifikanter Einfluß mit einem Jahr Wirkungsverzögerung auszugehen scheint. 15% der Schwankungen der Mindestreservesätz können auf diese Weise erklärt werden. Außerdem sind Reaktionen auf vorhergehende Preisinnovationen mit einem Zeitlag von drei Quartalen festzustellen, wobei der Aufklärungsanteil 12% beträgt. Wir wollen diese Ergebnisse aber nicht überinterpretieren, da die Bedeutung einer aktiven Mindestreservepolitik für die Geldpolitik in den letzten Jahren abgenommen hat (vgl. Kapitel 4.1 b)) und die Häufigkeit von Satzänderungen damit für eine eingehendere Untersuchung nicht mehr ausreicht.

In dieser Deutlichkeit etwas überraschend hat sich aber eine Rückkopplung der Entwicklung des Geldmaßstabes ZBGM auf das Verhalten der Bundesbank gezeigt. Dem monetären Zwischenziel kommt bei der praktischen Ausgestaltung der Geldpolitik anscheinend besondere Bedeutung zu. Nicht zuletzt wird damit augenfällig, daß die Geldpolitik nicht in der Lage ist, die Geldmenge auf Sicht zu steuern. Dem Nachfrageverhalten der Nichtbanken und dem Katalysator Geschäftsbankensystem kommt bei der Determinierung der volkswirtschaftlichen Geldbestände ein so großer eigenständiger Einfluß zu, daß die Bundesbank korrigierend eingreifen muß, um die Erfüllung ihres Geldmengenziels zu gewährleisten.

Graphik 5.33
Kausalanalyse des Zusammenhangs zwischen Preisinnovationen und Geldmenge [a]

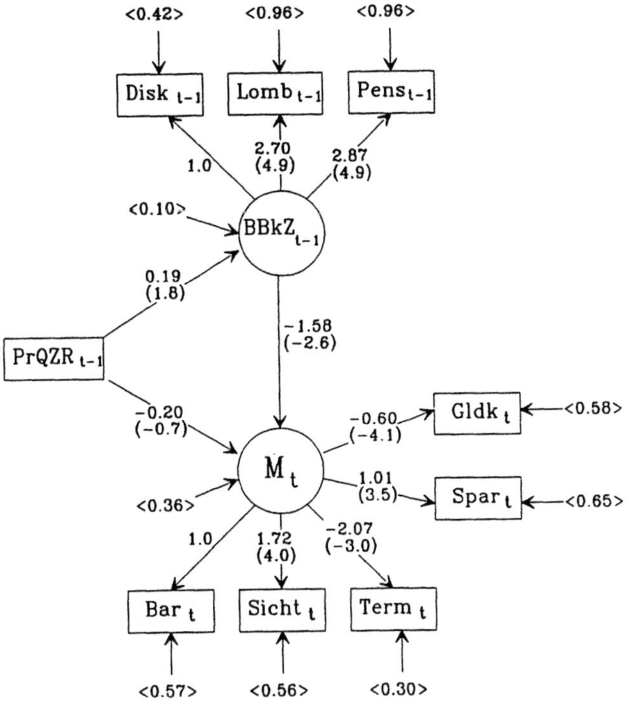

[a] Stichprobengröße N = 36 Beobachtungen ; zwei freigesetzte Residualkovarianzen von M analog Graphik 5.2 ; Anpassungsstatistik $\chi^2(24) = 25.59$ (P = 0.37) .

Zu klären verbleibt damit noch, ob die Preise nicht vielmehr über die Geldnachfrageseite auf das Geldvolumen einwirken als über konkrete Bundesbankmaßnahmen. Aus der Geldnachfragetheorie ist bekannt, daß Inflationserwartungen die gewünschte Kassenhaltung negativ beeinflussen (Umgehung von Kaufkraftverlusten durch Vorziehen von Güterkäufen, vgl. *Friedman* [1959]) . Daneben könnte eine anziehende Teuerungsrate auch mittels eines *Fisher*–Effekts unmittelbar auf die Nominalzinsen durchschlagen und über die Zinsabhängigkeit der Geldnachfrage die realisierten Geldbestände beeinflussen. Den Versuch, die beiden Wirkungsmechanismen geldpolitische Reaktion vs. Beeinflussung der Geldnachfrage in der Übertragung einer Preisüberraschung auf die latente Geldmenge voneinander zu diskriminieren, unternehmen wir in Graphik 5.33 und 5.34 anhand einer Kausalanalyse der entsprechenden Zusammenhänge.

Bei univariater Schätzung der Relation zwischen den Variablen PrQZR und *M* zeigt sich die vermutete negative Wirkung mit einer Verzögerung von einem Quartal als signifikant. Dieses Resultat könnte so interpretiert werden, daß sich angesichts überraschender Preisraten in der Vorperiode entsprechende Preiserwartungen im laufenden Quartal

Graphik 5.34
Zusammenhang zwischen Preisinnovationen und Geldmenge über *Fisher*–Effekt [a]

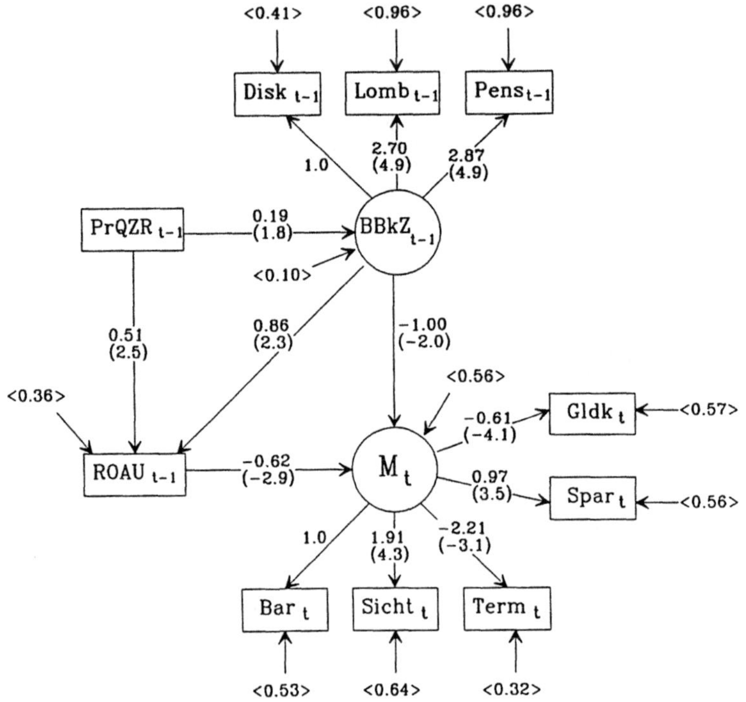

[a] Stichprobengröße N = 36 Beobachtungen ; zwei freigesetzte Residualkovarianzen von M analog Graphik 5.2 ; Anpassungsstatistik $\chi^2(31) = 37.19$ (P = 0.21) .

bilden und die Wirtschaftssubjekte zu einer Gegenreaktion bei der Geldnachfrage veranlassen. Bezieht man aber in die Wirkungskette $\text{PrQZR}_{t-1} \longrightarrow M_t$ das Bundesbankverhalten anhand des zinspolitischen Konstrukts $BBkZ_{t-1}$ mit ein, so geht die Signifikanz des direkten Geldmengeneffekts verloren. Wie Graphik 5.33 ausweist, wird der Preisimpuls zu 61% indirekt über geldpolitische Gegenmaßnahmen übertragen (indirekter Effekt: $0.193 \cdot (-1.584) = -0.31$ zu Gesamteffekt $-0.20 - 0.31 = -0.51$) . Restringiert man den Strukturparameter $\text{PrQZR}_{t-1} \longrightarrow M_t$ a–priori auf Null, so erhält man vermöge der Gütestatistik $\chi^2(25) = 26.10$ ($P = 0.40$) ein deutlich besser angepasstes Modell. Ähnlich stellt sich die Situation bei gleichzeitiger Zulassung eines möglichen *Fisher*–Effekts in Graphik 5.34 dar: der Mechanismus über die Bundesbankzinsen hat mit einem Effekt von $0.19 \cdot (-1.00) + 0.19 \cdot 0.86 \cdot (-0.62) = -0.29$ an der Gesamtwirkung von $-0.29 + 0.505 \cdot (-0.615) = -0.60$ einen Anteil von 48% . Die negative Korrelation zwischen Preisüberraschung der Vorperiode und dem monetären Impuls ist damit nur zum Teil auf die negative Preiselastizität der Geldnachfrage zurückzuführen. Das Reaktionsverhalten der Bundesbank auf einen unerwarteten Inflationsschub stellt einen eigenständigen Einfluß auf die Geldmengenentwicklung des folgenden Quartals dar.

b) Realwirtschaftliche Determinanten der Geldpolitik

Als zweiten Komplex möglicher Einflußfaktoren auf die operationale Geldpolitik der Deutschen Bundesbank betrachten wir im folgenden Indikatoren der allgemeinen Wirtschaftstätigkeit wie Bruttosozialprodukt, Auftragseingänge, Umsätze, Industrieproduktion, Kapazitätsauslastung und Beschäftigung. Bezüglich der Größen Prod, Kap und Bes zeigt sich in Tabelle 5.31, daß zinspolitische Maßnahmen der Bundesbank vom realen Konstrukt RA^r des Vorquartals signifikant beeinflußt werden; 15% der autonomen Notenbankzinsänderungen können anhand unerwarteter Schwankungen dieser realen Konjunkturindikatoren erklärt werden. Bei den nominellen Variablen beträgt die Verzögerung der Hauptwirkung zwei Quartale, wobei der Aufklärungsanteil an der Varianz des Zinskonstrukts *BBkZ* 18% ausmacht. Bei der Ausgestaltung ihrer praktischen Politik scheint die Bundesbank damit den realwirtschaftlichen Zielgrößen doch mehr Aufmerksamkeit zu schenken, als die offizielle Auslegung ihrer Aufgabenstellung mit der alleinigen Betonung des Ziels Geldwertstabilität vermuten läßt. Die Schätzergebnisse lassen sich nur so interpretieren, daß die Geldpolitik realen Schocks mit Zinsmaßnahmen gegenübertritt. Droht die Konjunktur zu überhitzen, so wird die Bundesbank das Geldmengen- und Kreditvolumenwachstum mit Zinserhöhungen einzudämmen versuchen, nicht zuletzt um negative Preisentwicklungen zu verhindern. Fallen die konjunkturellen Indikatoren dagegen unerwartet schlecht aus, so ist die Geldpolitik anscheinend nach ein bis zwei Quartalen bereit, zinspolitisch zu lockern.

Um die Bedeutung der einzelnen Indikatoren für die Geldpolitik zu untersuchen, sind auch noch diesbezügliche Kausalmodelle geschätzt worden. In Tabelle 5.31 wiedergegeben sind jeweils nur die Ergebnisse für zeitliche Verzögerungen, die einen gewissen Erklärungsgehalt aufweisen. Gesicherte Einflüsse auf das Zinskonstrukt *BBkZ* gehen danach vor allem von den Variablen BSP zum Lag Null und Zwei, Auft nach fünf Quartalen sowie Prod und Bes mit einer Periode Verzögerung aus. Diese klassischen Indikatoren der allgemeinen Wirtschaftstätigkeit weisen damit in ihrer Wirkungsweise auch eine zeitliche Abfolge auf, die mit dem üblichen konjunkturellen Schema merklich in Einklang steht. Die Interpretation der ermittelten Relationen als Reaktionsverhalten der Geldpolitik findet dadurch zusätzliche Bestätigung.

Daneben lassen sich realwirtschaftliche Determinanten für die Refinanzierungspolitik der Deutschen Bundesbank auch bezüglich der Mengenvariablen Redisk und DRef feststellen. Nach Tabelle 5.31 wirkt ein nomineller wie realer Impuls mit negativem Vorzeichen auf die von der Bundesbank in der Folgeperiode getätigten Variationen der Refinanzierungslinien ein. Das reale Konstrukt RA^r vermag dabei 13% der Schwankungen der latenten Variablen *Ref* mit den beiden Indikatoren Redisk und DRef aufzuklären. Angesichts einer realwirtschaftlichen Expansion nichtvorhergesehenen Ausmaßes setzt die Bundesbank offensichtlich ihr Instrumentarium der Kontingentskürzung ein. Wie wir aber im Kapitel 5.3 bemerkt haben, scheint diese Politik wirkungslos zu sein: weder auf Geldvolumen und Zinssätze, noch auf Endziele wie Preise und Konjunktur lassen sich irgendwelche signifikanten Einflüsse der Festsetzung von Refinanzierungslinien empirisch bestätigen.

Tabelle 5.31
Geldpolitische Maßnahmen und realwirtschaftliche Schocks [a]

angepasste Kausalmodelle : $Y_t = \gamma_k X_{t-k} + \zeta_t$				
Y	X_{t-k}	$\hat{\gamma}_k$ (t–Wert)	R^2	χ^2–Anpassungsstatistik
BBkZ	RA^r_{t-1}	0.11 (2.1)	0.15	$\chi^2(8) = 11.94$ (P = 0.17)
BBkZ	RA^r_{t-2}	0.08 (1.7)	0.09	$\chi^2(8) = 4.68$ (P = 0.79)
BBkZ	RA^r_{t-3}	0.06 (1.1)	0.04	$\chi^2(8) = 6.09$ (P = 0.65)
BBkZ	RA^n_t	0.10 (1.7)	0.12	$\chi^2(8) = 14.92$ (P = 0.06)
BBkZ	RA^n_{t-1}	0.07 (1.3)	0.07	$\chi^2(8) = 1.16$ (P = 0.99)
BBkZ	RA^n_{t-2}	0.12 (2.0)	0.18	$\chi^2(8) = 8.93$ (P = 0.35)
BBkZ	RA^n_{t-3}	0.08 (1.3)	0.08	$\chi^2(8) = 9.45$ (P = 0.31)
BBkZ	BSP_t	0.11 (2.0)	0.13	$\chi^2(2) = 2.65$ (P = 0.27)
BBkZ	BSP_{t-2}	0.10 (2.0)	0.12	$\chi^2(2) = 1.49$ (P = 0.47)
BBkZ	$Auft_{t-2}$	0.03 (1.5)	0.07	$\chi^2(2) = 0.90$ (P = 0.64)
BBkZ	$Auft_{t-4}$	0.03 (1.5)	0.07	$\chi^2(2) = 1.78$ (P = 0.41)
BBkZ	$Auft_{t-5}$	0.04 (1.9)	0.11	$\chi^2(2) = 1.59$ (P = 0.45)
BBkZ	$Prod_{t-1}$	0.07 (2.4)	0.17	$\chi^2(2) = 4.39$ (P = 0.11)
BBkZ	$Prod_{t-2}$	0.05 (1.6)	0.08	$\chi^2(2) = 0.30$ (P = 0.86)
BBkZ	$Best_{t-1}$	0.36 (2.0)	0.13	$\chi^2(2) = 0.46$ (P = 0.80)
BBkZ	Ums_t	0.05 (1.7)	0.09	$\chi^2(2) = 7.45$ (P = 0.02)
BBkZ	Kap_{t-2}	0.04 (1.5)	0.07	$\chi^2(2) = 1.41$ (P = 0.49)
Ref	RA^n_{t-1}	-1.20 (-1.7)	0.11	$\chi^2(4) = 4.52$ (P = 0.34)
Ref	RA^r_{t-1}	-1.28 (-2.0)	0.13	$\chi^2(4) = 4.35$ (P = 0.36)

[a] Das latente Zinskonstrukt BBkZ wird über die drei Indikatoren Disk, Lomb und Pens modelliert, die latente Variable Ref über die Indikatoren Redisk und DRef ; RA^n steht für das nominale realwirtschaftliche und RA^r für das reale Konstrukt; Stichprobengröße N = 36 / 34 .

Es bleibt festzuhalten, daß den Indikatoren der allgemeinen Wirtschaftstätigkeit eine unerwartet hohe Bedeutung bei der Stimulierung geldpolitischer Maßnahmen zukommt. Auch hinsichtlich des Zwischenziels Geldmenge zeigt sich dieser Einfluß sehr deutlich. So wird für die Beziehung $RA^n_{t-k} \longrightarrow M_t$ durchweg für $0 \leq k \leq 3$ ein negativer Strukturparameter geschätzt. Die signifikanteste Wirkung tritt dabei nach drei Quartalen Verzögerung auf (t–Wert = -2.6), das Erklärungspotential dieser einzelnen exogenen Größe beträgt $R^2 = 0.24$. Da dieser ausgeprägt negative Einfluß aus ökonomischen Gründen kaum auf das Geldnachfrageverhalten der Nichtbanken zurückzuführen sein kann, ist der Zusammenhang zwischen realwirtschaftlichem Impuls und Kontraktion des Geldvolumens allein mit Reaktionen der Geldpolitik zu begründen. Als Anmerkung sei in diesem Zusammenhang noch erwähnt, daß die Argumente zur Begründung einer Kausalrichtung von der Wirtschaftstätigkeit (BSP) zur Geldmenge (vgl. Kapitel 4.2 b)) anhand dieser Ergebnisse stark in Zweifel gezogen werden müssen: der Einfluß der Konjunktur auf die monetäre Entwicklung ist weniger als Nachfrageaspekt als über geldpolitische Gegensteuerung zu interpretieren. Das Problem der Diskriminierung zwischen gewünschten Geldmengeneffekten und störenden Nachfrageimpulsen im realisierten Geldvolumen verliert dadurch merklich an Schärfe.

c) Reaktionsfunktion der Bundesbankpolitik

Im abschließenden Abschnitt versuchen wir noch, die gewonnenen Erkenntnisse in die Spezifikation einer Verhaltensfunktion der Bundesbank einzubringen. Zur Modellierung der Reaktionsmechanismen der Geldpolitik wird auf das latente Konstrukt der Notenbankzinsfestsetzung zurückgegriffen. Bezüglich der Mindestreservepolitik haben wir nur Einflüsse der Preisentwicklung und des offiziellen Geldmengenaggregats feststellen können, und auf die Mengenvariablen der Refinanzierungspolitik wirken ausschließlich realwirtschaftliche Indikatoren ein. Die im Konstrukt *BBkZ* operationalisierten zins- und liquiditätspolitischen Maßnahmen stehen dagegen im Zentrum der praktischen Geldpolitik der Bundesbank. Wie wir aufgezeigt haben, gehen von diesen deutliche Impulse auf das zu steuernde Geldvolumen und die stabilitätspolitischen Endziele aus. Auf der anderen Seite wird das Zinskonstrukt merklich von unerwarteten Schwankungen dieser Variablen beeinflußt, was auf Gegenmaßnahmen der Geldpolitik schließen läßt. Durch Zusammenfassung dieser Determinanten zu einer Reaktionsfunktion wollen wir untersuchen, welcher Anteil der geldpolitischen Variation sich insgesamt auf diese Weise aufklären läßt.

Ziel ist es dabei nicht, eine vollständige Verhaltensgleichung aufzustellen. Wir beschränken uns auf die Variablen, welche wir zur Analyse der Wirkungsmacht monetärer und geldpolitischer Impulse herangezogen haben. Insofern stellen die Ergebnisse eher ein Nebenprodukt unserer Studie dar. Zu einer angemessenen Modellierung der Geldpolitik fehlt uns zumindest der außenwirtschaftliche Aspekt (vgl. z.B. *Kröger* [1983]). Die Bundesbank ist gezwungen, im besonderen auf Einflußfaktoren aus dem Ausland Rücksicht zu nehmen. So ist z.B. eine ausgeprägte Schwäche des Außenwertes der D-Mark mit steigenden Importpreisen und damit Gefahren bezüglich des Geldwertes verbunden (importierte Inflation). Daneben ist an interventionsbedingte Käufe und Verkäufe von Devisen zu denken, welche die Wechselkurse gegenüber anderen Währungen stabilisieren oder beeinflussen sollen, aber Probleme bei der Geldmengensteuerung mit sich bringen. Wichtige Variablen wie Importpreise, der DM/US-Dollarwechselkurs und die Zahlungsbilanzsalden fehlen damit in unserer Analyse.

Den höchsten univariaten Erklärungsbeitrag für die Schwankungen der Notenbankzinsen in Periode t liefern nach Tabelle 5.30 und 5.31 die Größen ZBGM_{t-4} (24%), RA^{n}_{t-2} (18%), Prod_{t-1} (17%), RA^{r}_{t-1} (15%), Bes_{t-1} und BSP_t (13%), PrQZR_t und BSP_{t-2} (12%) sowie Auft_{t-5} (11%); in Klammern angegeben ist jeweils das Bestimmtheitsmaß in Prozent. Der für die Bundesbank maßgeblichen Variable Preisentwicklung kommt damit bei der Implementation der kurzfristigen Notenbankmaßnahmen nicht die Hauptrolle zu. Das größte Gewicht scheint der monetäre Indikator ZBGM zu haben, daneben sind realwirtschaftliche Überraschungen von großer Bedeutung. Bei der Kombination der Preisvariablen mit anderen Einzelfaktoren zeigt sich außerdem, daß die Preisinnovationen kaum noch einen eigenständigen Einfluß auf das Konstrukt *BBkZ* ausüben. Wir geben im folgenden einige diesbezügliche Schätzungen wieder, Stichprobenumfang $N = 34$.

$$BBkZ_t = \underset{(1.2)}{0.15}\, \text{PrQZR}_t + \underset{(2.7)}{0.30}\, \text{ZBGM}_{t-4} + \hat{V}_{1t} \;,$$
$$R^2 = 0.23\;,\quad \chi^2(5) = 2.90\;\; (P = 0.72) \qquad (5.21)$$

$$BBkZ_t = \underset{(3.4)}{0.08}\, \text{Prod}_{t-1} + \underset{(1.8)}{0.25}\, \text{Bes}_{t-1} + \underset{(2.9)}{0.13}\, \text{BSP}_{t-2} + \underset{(0.6)}{0.01}\, \text{Auft}_{t-5} + \hat{V}_{2t} \;,$$
$$\text{R}^2 = 0.48\;,\quad \chi^2(14) = 17.85\;\; (P = 0.21) \qquad (5.22)$$

$$BBkZ_t = \underset{(0.6)}{0.07}\, \text{PrQZR}_t + \underset{(1.9)}{0.08}\, RA^{r}_{t-1} + \underset{(2.5)}{0.27}\, \text{ZBGM}_{t-4} + \hat{V}_{3t} \;,$$
$$\text{R}^2 = 0.27\;,\quad \chi^2(19) = 24.47\;\; (P = 0.18) \qquad (5.23)$$

$$BBkZ_t = \underset{(1.6)}{0.19}\, \text{PrQZR}_t + \underset{(2.5)}{0.13}\, RA^{n}_{t-2} + \underset{(2.8)}{0.29}\, \text{ZBGM}_{t-4} + \hat{V}_{4t} \;,$$
$$\text{R}^2 = 0.46\;,\quad \chi^2(19) = 15.67\;\; (P = 0.68) \qquad (5.24)$$

$$BBkZ_t = \underset{(1.0)}{0.10}\, \text{PrQZR}_t + \underset{(3.1)}{0.06}\, \text{PROD}_{t-1} + \underset{(3.4)}{0.14}\, \text{BSP}_{t-2} + \underset{(2.8)}{0.26}\, \text{ZBGM}_{t-4} + \hat{V}_{5t} \;,$$
$$\text{R}^2 = 0.54\;,\quad \chi^2(14) = 17.20\;\; (P = 0.25)\;. \qquad (5.25)$$

Bereits bei multipler Betrachtung mit der monetären Steuerungsgröße ZBGM geht die Signifikanz der Preisvariable PrQZR verloren. Allein durch die vier realwirtschaftlichen Indikatoren, welche univariat den größten Einfluß auf die Notenbankzinsen zeigen, sind dagegen 48% der Varianz des Konstrukts *BBkZ* zu erklären. Dabei kann anhand Gleichung (5.22) auch noch auf die Variable Auftragseingang verzichtet werden. Bei Einbeziehung von latenten Erklärungsfaktoren sind darüberhinaus mögliche Multikollinearitätspobleme zu vermeiden. Unter Zurückführung der drei realen Variablen auf ein latentes Konstrukt können zusammen mit den monetären Abweichungen 27% der Leitzinsschwankungen aufgeklärt werden. Einen größeren Erklärungsbeitrag liefert nach Relation (5.24) aber die zwei Quartale zurückliegenden nominalen Konjunkturindikatoren.

Als Reaktionsfunktion mit dem höchsten Bestimmtheitsmaß erweist sich das in Graphik 5.35 wiedergegebene Kausalmodell: 60% der zinspolitischen Maßnahmen der Bundesbank lassen sich allein auf die drei Einflußfaktoren nichterwartete nominelle Wirtschaftsimpulse (latente Variable RA^n), Produktionswachstum und Überraschungen beim monetären Zwischenziel Zentralbankgeldmenge zurückführen. Zu beachten ist dabei auch noch, daß es sich bei der Variablen *BBkZ* um die zeitreihenanalytisch nicht vorhersehbaren Zinsänderungen handelt. Zur realisierten Zinsänderung kommt damit auch noch der Erklärungsbeitrag der schwach rationalen Vorhersage hinzu. Beim Indikator Lombardsatz macht dies z.B. zusätzlich 8% aus. Die dargestellten Ergebnisse bezüglich des Reaktionsverhaltens der Bundesbank sind damit nicht nur aus geldtheoretischer Sicht von Interesse. Bei derart ausgeprägten Zusammenhängen erscheint die Verwendung der obigen Einflußfaktoren auch für eine Prognose der zukünftigen Notenbankpolitik als erfolgversprechend. In Hinblick auf den bereits erreichten Umfang der empirischen Auswertungen soll auf diesen Punkt aber nicht weiter eingegangen werden.

Graphik 5.35
Reaktionsfunktion der Zinspolitik der Deutschen Bundesbank [a]

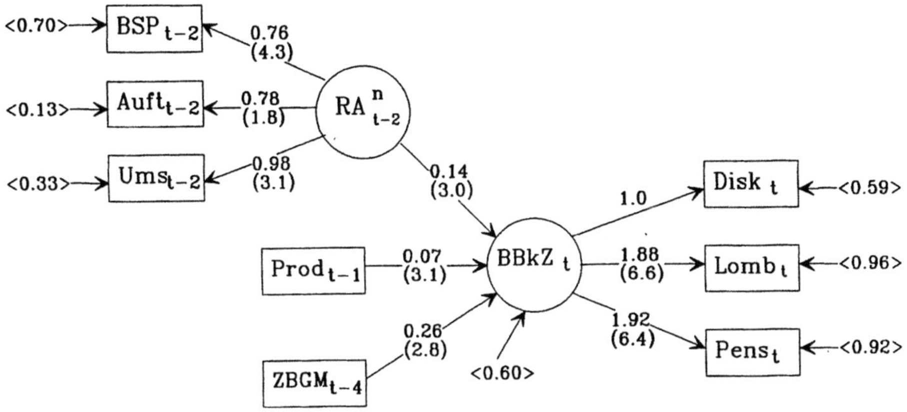

[a] Stichprobengröße N = 34 ; Anpassungsstatistik $\chi^2(19) = 24.97$ (P = 0.16) .

Das abschließende Kapitel 5.5 ist einer Zusammenfassung des zweiten Teils der vorliegenden Arbeit gewidmet und behandelt die untersuchten geldtheoretischen Zusammenhänge und die erhaltenen empirischen Resultate zum Transmissionsmechanismus monetärer Impulse wie zur Geldmengenpolitik der Bundesbank im Überblick.

5.5 Zusammenfassung
Die Geldmenge als latente Variable: Kausalanalyse des Transmissionsmechanismus monetärer Impulse

Der empirische Teil dieser Arbeit beschäftigt sich mit der Anwendung des vorgeschlagenen Ansatzes zur Kausalanalyse makroökonomischer Zusammenhänge unter Einbeziehung des Konzepts der latenten Variablen auf Problemstellungen der Geldtheorie und –politik. In umfangreichen empirischen Untersuchungen wird der Frage nach der Wirkungsweise der Geldpolitik, insbesondere der zeitverzögerten Beziehungen zwischen monetären Impulsen einerseits und dem realwirtschaftlichen Sektor der Volkswirtschaft andererseits nachgegangen, wobei explizit den institutionellen Gegebenheiten in der Bundesrepublik und damit dem endogenen Charakter der Geldmenge Rechnung getragen wird. Ausgangspunkt unserer Studie ist der Versuch, die zentrale geldpolitische Größe Geldmenge nicht über die üblichen additiven Geldmengenaggregate, sondern über eine latente Variable als faktoranalytisches Konstrukt der einzelnen Geldmengenkomponenten zu modellieren. Zum Transmissionsmechanismus monetärer Impulse liegen zwar eine

Vielzahl theoretischer und empirischer Arbeiten vor. Die entsprechenden Aussagen und Resultate sind aber höchst widersprüchlich und vermitteln wenig gesicherte Erkenntnisse über den Übertragungsweg und die zeitliche Abfolge der Transmission geldpolitischer Impulse in die Realwirtschaft.

Zum einen sind in diesem Zusammenhang Schwierigkeiten mit der angemessenen Berücksichtigung der rein zeitbedingten univariaten Abhängigkeitsstrukturen in den makroökonomischen Variablen zu nennen. Statistische Verfahren, welche den besonderen Eigenschaften von Zeitreihen nicht Rechnung tragen, laufen Gefahr, verzerrte oder sogar zufällige Schätzresultate zu produzieren. Neben dem Problem der Multikollinearität bei der Untersuchung auf Wirkungsverzögerungen und der Autokorrelation von Regressionsresiduen ist hier die geeignete Behandlung trendbehafteter Größen (stochastische vs. deterministische Trendeigenschaften) und die Bestimmung des Integrationsgrades von Zeitreihen von besonderer Bedeutung, um Scheinkorrelationen wie dem '*spurious regression*'-Phänomen zu begegnen. Die entsprechenden negativen Auswirkungen auf die statistische Inferenz sind an zahlreichen Stellen der Arbeit behandelt worden.

Als zweiten Grund für die mangelnde Überzeugungskraft der bisherigen empirischen Studien verweisen wir auf das in der monetären Makroökonomie besonders ausgeprägte Operationalisierungsproblem. Da es keine allgemein anerkannte Definition von Geld und damit keinen einheitlichen Geldvolumensbegriff gibt, muß man sich in herkömmlichen empirischen Untersuchungen für eines der zahlreichen Geldaggregate entscheiden oder mehrere Konzepte gleichzeitig verwenden (Fehler-in-den-Variablen-Problem). Solange nicht geklärt ist, welche die für geldpolitische Zwecke am besten geeignete Abgrenzung ist, sind auch keine konsistenten Ergebnisse zum Geldwirkungsprozeß zu erwarten.

Mit unserem empirischen Ansatz unternehmen wir dagegen den Versuch, anhand des Instrumentariums der Kovarianzstrukturanalyse unter schwach rationalen Erwartungen unverzerrt auf zeitverzögerte Wirkungen monetärer Impulse zu untersuchen, indem im ersten Schritt sorgfältig die Zeitreihen-Charakteristika der einzelnen Inputvariablen analysiert und eliminiert werden, und im zweiten Schritt durch die Einbeziehung von latenten Variablen in die Strukturmodellierung das Operationalisierungsproblem gelöst und eine konfirmatorische Überprüfung theoretisch postulierter Zusammenhänge unter Ausschluß von Scheinkorrelationen ermöglicht wird (Kausalanalyse).

Zur Bildung von Hypothesen über monetäre Wirkungszusammenhänge werden hierfür in Kapitel 4.1 zunächst die <u>theoretischen Grundlagen der Geldpolitik</u> und die <u>institutionellen Gegebenheiten</u> in der Bundesrepublik behandelt. Der Schwerpunkt der Darstellung liegt dabei auf den Voraussetzungen und Bedingungen einer zielgerichteten Geldmengenpolitik und den Theorien zum Geldwirkungsprozeß. Der Deutschen Bundesbank ist gesetzlich eine besondere stabilitätspolitische Verantwortung übertragen und die Geldpolitik in der Bundesrepublik damit letztendlich auf Ziele im realwirtschaftlichen Sektor der Volkswirtschaft ausgerichtet (Geldwertstabilität, Vollbeschäftigung, außenwirtschaftliches Gleichgewicht, stetiges und angemessenes Wirtschaftswachstum). Das der Geldpolitik zur Verfügung stehende zins- und liquiditätspolitische Instrumentarium (Mindestreservepolitik, Refinanzierungspolitik, Offenmarktpolitik) vermag aber unmittelbar nur die Zinsbedingungen und Spannungsverhältnisse am Geldmarkt zu beeinflussen. Erst mittels eines komplexen und zeitlich nur verzögert wirksamen Übertragungsmechanismus werden geldpolitische Impulse über Portfolioanpassungen des Geschäftsbankensektors und der Nichtbanken im güterwirtschaftlichen Bereich wirksam (Transmissionsmechanismus monetärer Impulse). Aufgrund der indirekten Wirkungsweise orientiert sich die praktische Geldpolitik seit dem Jahre 1974 an der Entwicklung der volkswirtschaftlichen Geldbestände als Zwischenziel und Indikator ihrer Politik. Über vorangekündigte Geldmengenziele und einer (nachfrageorientierten) Steuerung des Geldvolumens auf Sicht, hofft die Bundesbank einen bestimmenden Einfluß auf die eigentlichen Endziele der Geldpolitik auszuüben. Bis ins Jahr 1987 hinein wurde dabei dem Konstrukt Zentralbankgeldmenge der Vorzug gegeben, seither dient die Geldmenge M3 (Bargeld, Sichteinlagen, Termineinlagen und Spareinlagen inländischer Nichtbanken) als zentrale Orientierungsgröße der Geldpolitik.

Die Verfolgung stabilitätspolitischer Ziele über die Beeinflussung der volkswirtschaftlichen Geldbestände ist damit an zwei wichtige Voraussetzungen gebunden. Zum einen muß die Geldmenge wirksam von geldpolitischen Maßnahmen kontrolliert werden können, was aufgrund der Geldschöpfungsmöglichkeit des monetären Katalysators Geschäftsbankensystem und der Bedeutung der Geldnachfrage der Nichtbanken a-priori nicht gesichert ist (Endogenität der Geldmenge). Zum anderen muß zwischen der Geldmenge und den realwirtschaftlichen Endzielen eine systematische und stabile Relation gegeben sein. Die meisten theoretischen und empirischen Arbeiten beschäftigen sich allerdings nur mit einem der beiden Teilaspekte des geldpolitischen Wirkungsprozesses. So wird in Ansätzen zum Transmissionsmechanismus monetärer Impulse in der Regel von einer exogenen Geldmenge ausgegangen. Auf diese Weise lassen sich dann über quantitätstheoretische Überlegungen und Theorien der Geldnachfrage Aussagen zur Übertragung monetärer Maßnahmen auf realwirtschaftliche Größen ableiten.

Im klassischen Denkgebäude sowie den Weiterentwicklungen zur Neoquantitätstheorie und dem Monetarismus kommt der Geldmenge die entscheidende Rolle in der Determinierung der absoluten Preise zu. Ohne eine entsprechende Ausweitung der volkswirtschaftlichen Geldbestände ist eine Erhöhung des Preisniveaus nicht möglich. Auswirkungen auf realwirtschaftliche Größen wie Produktion und Beschäftigung werden dagegen verneint oder nur als kurzfristig wirksam angesehen (Neutralität der Geldmenge), da sich ein expansiver monetärer Impuls unmittelbar in kompensierenden Preissteigerungen niederschlägt. Im Unterschied zum Transmissionskanal über Preisanpassungen rücken bei *Keynes* die Zinsen und zinsinduzierte Investitions- und Nachfragewirkungen ins Zentrum des monetären Übertragungsmechanismus. Durch die Einbeziehung des Zinses als Determinante der Geldnachfrage zu Spekulationszwecken (Liquiditätspräferenztheorie) werden Zinswirkungen monetärer Impulse theoretisch begründet. Eine exogene Erhöhung des Geldangebots führt bei *Keynes* im neuen Gleichgewicht auf dem Geldmarkt zu einem niedrigeren Zinssatz (Liquiditätseffekt). Im Zuge eines dynamischen Anpassungsprozesses wirkt der geldpolitisch induzierten Zinssenkung allerdings der Einkommens- und Preiseffekt entgegen (Investitionsanregung ⟶ Nachfrage- und Produktionsausweitung ⟶ höheres Volkseinkommen, anziehende Preise ⟶ erneute Zinssteigerungen). Außerdem können Erwartungen auf sich weiter beschleunigende Inflationstendenzen geweckt werden, wodurch die Zinssätze zusätzlich Auftrieb erhalten (*Fisher*-

Effekt). Ob im Endergebnis noch reale Nettowirkungen zu verzeichnen sind, hängt von Annahmen über die Arbeitsmarktsituation und dem Vorliegen von Geldillusion ab. Die Neue Klassische Makroökonomie kommt schließlich bei Annahme rationaler Erwartungsbildung zu der Schlußfolgerung, daß eine systematisch betriebene Geldpolitik überhaupt keine Effekte mehr auf Beschäftigung und das reale Sozialprodukt auszuüben imstande ist.

Da die theoretischen Ansätze zum Transmissionsmechanismus kaum etwas über die genaue Übertragung und insbesondere die zeitliche Abfolge und relative Stärke der einzelnen Effekte monetärer Impulse aussagen, hat sich das wissenschaftliche Interesse früh auf das empirische Gebiet verlagert. In Kapitel 4.2 haben wir aus diesem Grund einen umfassenden Überblick über verschiedene Studien zum Geldwirkungsprozeß gegeben. Entsprechende Versuche mit traditionellen Verfahren wie z.B. verteilten Lagstrukturen sind vielfach in den sechziger und frühen siebziger, sowie erneut in den achtziger Jahren unternommen worden (*Cagan/Gandolfi* [1969], *Gibson* [1970a, 1970b], *Siebke/Willms* [1972], *Gebauer* [1973], *Melvin* [1983], *Brown/Santoni* [1983], *Reichenstein* [1987]). In diesen Arbeiten mit US-amerikanischen Daten wird durchaus für Untersuchungszeiträume bis Mitte der siebziger Jahre ein Liquiditätseffekt mit Wirkungsdauer zwischen fünf und zwölf Monaten gefunden. Seitdem scheint sich die entsprechende Zeit aber merklich verkürzt zu haben, bzw. eine negative Relation zwischen Geldmengenwachstum und Zinssätzen überhaupt nicht mehr vorhanden zu sein. Allerdings sind mit diesen statistischen Ansätzen, inbesondere dem *Almon*-Lag Verfahren, gravierende Nachteile und Schwierigkeiten verbunden, auf die ebenfalls eingegangen wird. Daneben werden drei Arbeiten für die Bundesrepublik Deutschland behandelt, welche mit klassischen ökonometrischen Methoden den Einfluß von Geldmengenschwankungen auf realwirtschaftliche Endziele untersuchen.

Der zweite Komplex empirischer Arbeiten verwendet das Instrumentarium der Kausalitätstests zur Analyse der Beziehungen zwischen Geldmenge, Sozialprodukt und auch der Preisentwicklung. Vor dem Hintergrund der Auseinandersetzung über die kausale Richtung zwischen Geldvolumen und Wirtschaftsaktivität sind diese Testverfahren vielfach auf die uns hier interessierende Problematik angewendet worden. Anhand eines Überblicks über entsprechende Resultate, insbesondere für die Bundesrepublik (*Walter* [1979], *Weissenberger/Thomas* [1983], *Scheide* [1984], *von Hagen* [1984], *Kirchgässner* [1985], *Geisler* [1986], *Karmann et al.* [1987], *Schöler* [1988], *Smeets* [1988]) wird deutlich, daß keine eindeutigen Schlußfolgerungen für die Relation zwischen Geldmenge und realwirtschaftlichen Endzielen der Geldpolitik zu ziehen sind. Zu methodischen Schwierigkeiten kommt die Erkenntnis, daß die Testverfahren äußerst sensitiv auf geringfügige Spezifikationsänderungen reagieren. Im besonderen zeigt sich auch eine Abhängigkeit von der Variablenauswahl (Geldmengenabgrenzung!) und von der untersuchten Zeitperiode. In den sechziger Jahren scheint eher die umgekehrte Wirkungsrichtung vom Sozialprodukt zur Geldmenge oder eine zweiseitige Kausalität vorgelegen zu haben. Neuere Untersuchungen zeigen dagegen, daß zumindest für jeweils einige der Geldvolumensbegriffe ein kausaler Einfluß auf das volkswirtschaftliche Ausgabenwachstum gegeben sein könnte. Generell kommen die Studien aber zu recht unterschiedlichen Ergebnissen bezüglich der Eignung der verschiedenen Geldmengendefinitionen für geldpolitische Zwecke.

Als letzte Gruppe empirischer Ansätze zum Transmissionsmechanismus wird auf Untersuchungen unter rationalen Erwartungen eingegangen. In den letzten Jahren werden Studien vielfach unter der Annahme konzipiert, daß nur noch nichtantizipierte Änderungen von Variablen Einfluß auf abhängige Größen entfalten, da die vorhersehbaren Auswirkungen bereits antizipiert wurden. Neben einigen gesamtwirtschaftlichen Arbeiten (*Barro* [1977, 1978], *Barro/Rush* [1976], *Attfield/Demery/Duck* [1980a, 1980b], *Demery/ Duck/Musgrave* [1984], *Hansen* [1986]), die dem Zusammenhang zwischen Geldmenge, Realeinkommen, Preisniveau und Arbeitslosenquote gewidmet sind, befassen wir uns hauptsächlich mit Zinswirkungen monetärer Impulse. Insbesondere zum Liquiditätseffekt liegen eine Reihe von neueren Studien für US-amerikanische Daten vor (*Peek* [1982], *Wilcox* [1983], *Makin* [1983], *Hoffman/Schlagenhauf* [1985], *Mehra* [1985], *Mishkin* [1981, 1982b], *Grier* [1986], *Reichenstein* [1987], *Robinson* [1988]). Je nach Modellierung der Reaktionsfunktion der Notenbank und der Untersuchungsperiode gelangen diese Autoren zu unterschiedlichen Ergebnissen. Zumeist wird für Zeiträume, die nicht allzuweit in die siebziger Jahre hineinreichen, ein signifikant negativer Liquiditätseffekt gefunden. In den letzten Jahren scheint dieser Zusammenhang dagegen nicht mehr wirksam gewesen zu sein, in vielen Fällen wird sogar eine positive Abhängigkeit der Zinsen von unerwarteten Geldmengenschwankungen geschätzt. Zur Interpretation dieser Resultate wird zum einen auf den fortschreitenden Verlust von Geldillusion verwiesen, der die Wirtschaftssubjekte sensibler auf beschleunigte monetäre Entwicklungen reagieren läßt (Preiserwartungseffekt). Zum anderen wird die verstetigte Geldpolitik einer Geldmengenzielfestlegung mit einem sog. *announcement-effect* in Verbindung gebracht, indem bereits frühzeitig Korrekturmaßnahmen der Geldpolitik antizipiert werden können.

Die dargestellten Ergebnisse der verschiedenen statistischen Ansätz zeigen, daß kaum gesicherte Erkenntnisse über die Wirkungsweise der Geldpolitik und die Transmission monetärer Impulse vorliegen. Zum einen ergeben sich methodische Schwierigkeiten hinsichtlich der angemessenen Modellierung von Wirkungsverzögerungen zwischen Zeitreihen-Variablen. Das Hauptproblem der empirischen Studien stellt aber die geeignete Operationalisierung eines monetären Impulses in Gestalt eines Geldmengenaggregats dar. Entsprechend widersprüchlich zeigen sich die Schätzresultate: zum Teil deuten sie auf einen gesicherten Zusammenhang zwischen der Geldpolitik und den monetären Zielvariablen hin, zum anderen Teil lassen geldpolitische Maßnahmen aber keinerlei systematische reale Auswirkungen erkennen. Außerdem wird in den meisten Arbeiten nicht auf die institutionellen Gegebenheiten der Geldpolitik (indirekte Geldmengensteuerung über induzierte Anpassungsreaktionen der Geschäftsbanken und der Nichtbanken) und damit auf den endogenen Charakter der umlaufenden Geldbestände eingegangen.

Den bisherigen statistischen Ansätzen zur Untersuchung des Geldwirkungsprozesses wird in Kapitel 5 die Analyse des Transmissionsmechanismus in der Bundesrepublik mit dem zweistufigen Verfahren der Kausalanalyse unter schwach rationalen Erwartungen gegenübergestellt. Aus Gründen einer möglichst homogenen Datengrundlage wird der Untersuchungszeitraum auf die achtziger Jahre beschränkt und auf Quartalsdaten abgestellt, da der Einfluß der Geldpolitik auf den realwirtschaftlichen Sektor erst auf längere Sicht als wirksam angesehen wird (Stützbereich Q3/1979 – Q4/1989). Grundgedanke der gesamten empirischen Studie ist die Operationalisierung des theoretischen Konstrukts 'monetärer Impuls' über eine latente Variable als Faktor der üblichen Geldmengenkomponenten. Zielsetzung der Kausalanalyse ist damit aber nicht die Bereitstellung eines neuen, 'optimalen' Geldmengenaggregats, sondern die unverzerrte Untersuchung der zeitverzögerten Wirkungen geldpolitischer Maßnahmen unter expliziter Einbeziehung der praktischen Politik der Deutschen Bundesbank und der Endogenität des Zwischenziels Geldmenge.

Der empirischen Studie liegen siebenundzwanzig saisonbereinigte Zeitreihen zugrunde. Um die Beschränkung auf eindimensionale reale Indikatorvariablen herkömmlicher Ansätze zur monetären Wirkungsanalyse aufzuheben, werden eine Reihe von Variablen der allgemeinen Wirtschaftstätigkeit (Bruttosozialprodukt, Auftragseingang, Industrieproduktion, Beschäftigung, Umsatz, Kapazitätsauslastung) verwendet, die gleichfalls auf Reduktionsmöglichkeit auf ein latentes Konstrukt – realwirtschaftliche Aktivität – getestet werden. Neben den einzelnen Geldkomponenten (Bargeld, Sichteinlagen, Spareinlagen, Termineinlagen und ggf. Geldkapitalbildung) fließen an monetären Variablen zu Vergleichszwecken auch die üblichen Geldaggregate M1, M2, M3 und die Zentralbankgeldmenge ein. Als kurzfristige Zinsvariable wird der Dreimonatsgeldmarktsatz und als langfristige die Umlaufrendite öffentlicher Anleihen betrachtet. Die Preisgröße wird über den privaten Lebenshaltungskostenindex operationalisiert. Die letzte Gruppe von untersuchten Zeitreihen besteht aus den wichtigsten zins– und liquiditätspolitischen Instrumenten der Bundesbank wie Diskont–, Lombard– und Wertpapierpensionssatz, verschiedene Mindestreservesätze und den festgesetzten Rediskontkontingenten bzw. Änderungen der Refinanzierungslinien.

Der erste Schritt unseres Ansatzes besteht aus der sorgfältigen univariaten Analyse der Trendeigenschaften und zeitlichen Abhängigkeitsstrukturen der Variablen, um durch Anpassung von Zeitreihenmodellen unkorrelierte stochastische Innovationsreihen gewinnen zu können. Das von uns in Kapitel 2.4 vorgeschlagene Verfahren der Untersuchung auf Anwesenheit deterministischer Trendeigenschaften und Bestimmung des Integrationsgrades mittels des *Dickey/Fuller*–Einheitswurzeltests wird für sämtliche Variablen unserer Studie angewendet und ist ausführlich in Kapitel 5.1 dokumentiert. Es zeigt sich, daß für sämtliche Zeitreihen von der Existenz einer autoregressiven Einheitswurzel (z.T. überlagert durch deterministische Elemente) ausgegangen werden muß, d.h. zur Erzielung der Stationaritätseingenschaft die Differenzenbildung der Trendbereinigung vorzuziehen ist. Bei den Größen Beschäftigung, Bargeld, Spareinlagen und Geldkapitalbildung erhält man sogar gewisse Hinweise auf stochastisches Trendverhalten gemäß einem zweifach integrierten $I(2)$–Prozeß.

Aufbauend auf die Voruntersuchungen ist die Anpassung von Zeitreihenmodellen für stationäre stochastische Prozesse leicht vorzunehmen. Mit Ausnahme der Variablen Industrieproduktion und Umsatz, die bereits random walks mit drift darstellen, lassen sich **ARIMA**–Modelle mit signifikanten autoregressiven und moving average–Parametern finden, welche die zeitlichen Abhängigkeitsstrukturen unter Erzeugung eines unkorrelierten Input–Prozesses hinreichend gut zu erklären vermögen. Auf diese Weise sind Innovationswerte zu gewinnen, welche die Zeitreihendynamik der stochastischen Prozesse bestimmen und zugleich als sukzessive Prognosefehler optimaler linearer Vorhersagen unter schwach rationalen Erwartungen zu interpretieren sind. Interessante Aufschlüsse zeigt die Untersuchung der Beziehungen zwischen den abgeleiteten Residuen–Zeitreihen und den ersten bzw. zweiten Differenzen der einzelnen Original–Variablen. Die entsprechenden Korrelationen erweisen sich als ausgesprochen hoch (durchweg größer als 0.78), durch das "*prewhitening*" scheint kaum relevante Information verlorenzugehen. Bei den Zeitreihen mit gewissen *I(2)*–Charakteristiken korrelieren die Modellresiduen und die zweimal diffenzierten Daten außerdem noch viel höher miteinander als die Innovationen mit den angepassten ersten Differenzen. Die white noise–Inputreihen spiegeln damit einen Großteil der ***stationären Änderungsimpulse der Periode*** wider, mit dem Vorteil, als unkorrelierte Zufallsvariable nicht durch zeitliche Abhängigkeiten überlagert zu sein.

Zwei für die weitere Analyse wichtige Schlußfolgerungen sind zu ziehen. Einmal sind die folgenden Resultate der Kausalanalyse ohne große Abstriche auf die Beziehungen zwischen den tatsächlich realisierten Variablenänderungen zu übertragen. Zum anderen sind aufgrund der schlechten Vorhersagegüte der Zeitreihenmodelle ernsthafte Zweifel angebracht, die Residuen aus derartigen Ansätzen als im strengen Sinne nichtantizipierte Schwankungen unter (schwach) rationalen Erwartungen anzusehen. Eine ausschließliche Interpretation unserer Ergebnisse im Sinne der Neuen Makroökonomie (nur nichtvorhersehbare Variablenänderungen haben Auswirkung auf andere Variablen) erscheint uns daher als zu weitgehend. Der Schätzansatz unter Verwendung von Innovationstermen ist bei uns weniger theoretisch motiviert. Er soll hauptsächlich dazu dienen, die von univariater zeitlicher Dynamik losgelösten Wirkungsbeziehungen zwischen Zeitreihen konsistent wiederzugeben. Eine strenge Diskriminierung zwischen Einflüssen antizipierter und nichterwarteter Variablenanteile ist nicht Ziel unserer Arbeit.

In diesem Sinne werden im folgenden die Ergebnisse des zweiten Schrittes unseres Ansatzes kommentiert. Die Schätzungen sind zwar ausschließlich zwischen den Innovationsreihen der untersuchten Variablen vorgenommen worden. Sie beziehen sich damit aber auf die entscheidenden stochastischen Impulse der unvariaten Zeitreihen und sind demnach nicht nur im Sinne von Relationen zwischen nichtantizipierten Schwankungen zu interpretieren. Sämtliche Anpassungen basieren auf der **ML**–Methode zur Kovarianzstrukturanalyse. Der Untersuchungshorizont bezüglich zeitverzögerter Wirkungen beträgt zwei Jahre.

Die Kausalanalyse wurde in drei Teilschritten vorgenommen. Als erstes wurde der monetäre Impuls über ein latentes Konstrukt operationalisiert und Auswirkungen dieses Impulses auf Zinsen, Preise und konjunkturelle Indikatorvariablen untersucht, wobei das Hauptaugenmerk auf Zeitverzögerungen gerichtet wurde. Wie bei den kommentierten Studien mit traditionellen statistischen Varfahren wird bei einer derartigen Vorgehensweise die Geldmenge als exogene Politikvariable angenommen. Da dies hinsichtlich der praktischen Geldpolitik der Deutschen Bundesbank (Geldmarktsteuerung) höchst fraglich ist, wurden in einem zweiten Schritt explizit die institutionellen Gegebenheiten und damit der endogene Charkater der Geldmenge einbezogen. Ausgehend von konkreten geldpolitischen Maßnahmen konnten so die gewonnenen Erkenntnisse über Wirkungen monetärer Impulse auf ihre Haltbarkeit hin überprüft und die Bedeutung des monetären Zwischenziels im Transmissionsmechanismus kausalanalytisch geklärt werden. Zuletzt wurde auch noch das Verhalten der Bundesbank endogenisiert, indem Reaktionen der

Geldpolitik auf (Fehl-)Entwicklungen bei den realwirtschaftlichen Zielgrößen untersucht wurden. Aus der Vielzahl von Einzelergebnissen greifen wir im folgenden die entscheidenden heraus.

1. Geldmenge als latente Variable

Die Relationen zwischen den fünf Geldmengenkomponenten Bargeld, Sicht-, Termin-, Spareinlagen und Geldkapitalbildung lassen sich kausalanalytisch auf einen *einzigen* zugrundeliegenden Faktor reduzieren. Die Existenz einer latenten Geldmenge bzw. eines eindimensionalen monetären Impulses ist damit gesichert und das entsprechende theoretische Konstrukt operationalisierbar, ohne sich der Beliebigkeit und Schwierigkeiten der herkömmlichen additiven Abgrenzungen auszusetzen.
Sämtliche Faktorladungen sind hoch signifikant, die Perioden-Innovationen der Termineinlagen und der Geldkapitalbildung verhalten sich aber *invers* zu den stochastischen Impulsen der Variablen Bargeld, Sicht- und Spareinlagen. Darin kommt die Endogenität der Geldmenge und insbesondere die Zinsabhängigkeit der Geldnachfrage deutlich zum Ausdruck. Spareinlagen fallen dabei in der Bundesrepublik anscheinend eher in die Kategorie einer Liquiditätsreserve und dienen weniger als rentierliche Anlageform, sie sind damit geldnäher als die Termineinlagen, welche zusammen mit der Geldkapitalbildung ein Gegengewicht zur monetären Entwicklung darstellen. Aufgrund der unterschiedlichen Zinselastizitäten ist die einfache additive Verknüpfung zur Bildung von Geldaggregaten wie z.B. in M2 und M3 kritisch zu hinterfragen.
Die Ergebnisse werden nicht davon beeinflußt, daß zusätzlich zu den klassischen Komponenten der Indikator Geldkapitalbildung verwendet wurde. Sie sind desweiteren kein Artefakt der speziellen Transformation des ursprünglichen Datenmaterials.

2. Zins-, Preis- und realwirtschaftliche Wirkungen monetärer Impulse

Von monetären Impulsen, operationalisiert über die latente Geldmenge, gehen signifikante zeitverzögerte Wirkungen auf die Zielvariablen der Geldpolitik aus. Der Zusammenhang zwischen dem monetären Zwischenziel und den stabilitätspolitischen Endzielen ist damit als empirisch gesichert anzusehen. Die latente Geldmenge ist dabei den klassischen Geldmengenaggregaten überlegen. Diese sind weniger als unverzerrte Indikatoren monetärer Schwankungen geeignet, da es zu einer Verwischung der Effekte geldpolitischer Maßnahmen kommt (Vergleich auch mittels des Kausalitätstests von *Haugh/Pierce*).

Im Unterschied zu den zahlreichen empirischen Studien für US-amerikanische Daten läßt sich mit unserem Verfahren in der Periode der monetären Beschleunigung ein deutlicher Liquiditätseffekt nachweisen. Die zeitgleiche latente Geldmenge vermag dabei immerhin 24% der Schwankungen des langfristigen Zinssatzes aufzuklären. Zum Vergleich durchgeführte Regressionen mit den klassischen Geldmengenaggregaten als exogene Variable zeigen, daß das Resultat eines *vanishing liquidity effect* auf die unzureichende Operationalisierung der monetären Variablen zurückzuführen ist.

Der Schwerpunkt der empirischen Ergebnisse liegt auf der Wirkungsentwicklung eines monetären Inpulses über die Zeit hinweg (Horizont zwei Jahre). Bezüglich Zinseffekten läßt sich das typische dynamische Reaktionsmuster ermitteln. Ausgehend vom Liquiditätseffekt zum Lag Null mit negativem Strukturparameter zwischen latenter Geldmenge und Kapitalmarktzins, kommt es beginnend mit einer Zeitverzögerung von drei Quartalen zu einer ausgeprägten Gegenbewegung in Form wieder anziehender Zinsraten (signifikante Koeffizienten zum Lag Drei, Vier und Sieben). Die ursprüngliche Zinssenkung wird dabei bereits nach drei Quartalen vollständig kompensiert, und nach zwei Jahren dauerhafter monetärer Beschleunigung im Ausmaß von einer Standardabweichung liegt der langfristige Zins um 56 Basispunkten über seinem zeitreihenanalytisch antizipierten Niveau.

Ein recht ähnliches Verhalten als Folge monetärer Schocks zeigen die zukünftigen Preisschwankungen: signifikant positive Wirkungskoeffizienten treten nach drei, sieben und acht Quartalen auf. Nach Ablauf von zwei Jahren dauerhafter Erhöhungen des Geldmengenwachstums um eine Standardabweichung sind die Preise (in Quartalszuwächsen) um merkliche 0.45 Prozentpunkte über ihr erwartetes Niveau hinaus angestiegen. Die besonderen Möglichkeiten der Kausalanalyse werden bei der Untersuchung möglicher Zusammenhänge zwischen den Zins- und Preiswirkungen monetärer Schocks deutlich. Bei dem nach drei Quartalen auftretenden Zinseffekt handelt es sich um einen reinen Preiseffekt: die Transmission des monetären Impulses erfolgt hauptsächlich *indirekt* über monetär induzierte Geldentwertung mit entsprechender Auswirkung auf die Nominalzinsen.

Um das Operationalisierungsproblem zu lösen, wird bei der Untersuchung realwirtschaftlicher Effekte einer monetären Stimulierung auf sechs verschiedene reale und nominelle Indikatoren der allgemeinen Wirtschaftstätigkeit, sowie auf mehrere latente Konstrukte der realwirtschaftlichen Aktivität zurückgegriffen. Wie eine konfirmatorische Faktorenanalyse der sechs Konjunkturgrößen zeigt, ist auch hier – mit Ausnahme der Variablen Beschäftigung, die ein Nachlauf von einem Quartal zu den restlichen Indikatoren aufzuweisen scheint – von der Existenz eines eindimensionalen theoretischen Faktors auszugehen, der zudem hochgradig mit dem Einzelindikator Industrieproduktion korreliert ist.

Signifikante realwirtschaftliche Wirkungen eines monetären Impulses zeigen sich nach vier, sechs und sieben Quartalen Zeitverzögerung. Bereits nach einem Jahr wird ein positiver Gesamteffekt einer dauerhaften Beschleunigung des Geldmengenwachstums ermittelt und nach Ablauf von zwei Jahren hat sich das realwirtschaftliche Konstrukt um 71% einer Standard-Änderung erhöht. Dabei werden die nominellen Konjunkturindikatoren (Bruttosozialprodukt, Auftragseingang, Umsatz) in der Hauptsache schon nach einem Jahr, die realen (Produktion, Beschäftigung, Kapazitätsauslastung) dagegen erst nach sechs bis sieben Quartalen merklich angeregt. Bei der Produktionsvariablen können z.B. immerhin 21% der Varianz auf einen eineinhalb Jahre zurückliegenen monetären Impuls zurückgeführt werden. Überraschenderweise scheint dies gleichzeitig der am besten gesicherte Einfluß der latenten Geldmenge zu sein.

Realwirtschaftliche Wirkungen monetärer Impulse lassen sich damit für die achtziger Jahre empirisch gut fundieren. Parallel dazu auftretende Preis- und Zinssteigerungen scheinen aber in keiner direkten Beziehung mit der angeregten Wirtschaftstätigkeit zu stehen, so daß ein Einkommenseffekt der Zinstheorie nicht nachgewiesen werden kann (entsprechende Wirkungen erweisen sich als weitgehend monetär induzierte Phänomene und damit als Scheinkorrelationen, zu Einzelheiten vgl. Kapitel 5.2 c)). Insbesondere sind die ausgeprägten Preiswirkungen nicht mittels der von *Keynes* vermuteten Kausalkette über Anregung der allgemeinen Wirtschaftstätigkeit zu erklären, monetäre Inflationstheorien sind hier wahrscheinlich geeigneter.

3. Geldmarktsteuerung und Zinsabhängigkeit der Geldmenge

Die Politik der Deutschen Bundesbank einer Geldmengensteuerung auf Sicht beruht von ihrer Konzeption und Wirkungsweise im besonderen auf zinspolitischen Impulsen am Geldmarkt. Die Bundesbank ist mit ihrem Instrumentarium in der Lage, die Zinsbedingungen und Spannungsverhältnisse am Geldmarkt direkt zu kontrollieren. Ein geldpolitischer Impuls, operationalisiert über die drei Indikatoren Diskont-, Lombard- und Wertpapierpensionssatz, zeichnet für 57% der Schwankungen des repräsentativen Geldmarktzinses für Dreimonatsgeld verantwortlich.

Ausgehend von der unmittelbaren Beeinflussungsmöglichkeit der Liquiditätsverfassung des Bankensystems im Ganzen zeigt sich – in der Hauptsache mit einer Wirkungsverzögerung von einem Quartal – ein deutlich signifikanter Einfluß auf die Entwicklung der volkswirtschaftlichen Geldbestände. Allein durch die um ein Quartal zurückliegende kurzfristige Zinsvariable kann 53% der Bewegungen der latenten Geldmenge erklärt werden. Darin kommt erneut die besondere Zinsabhängigkeit der Geldnachfrage zum Ausdruck. Der zeitverzögerte Geldmarkteinfluß muß als entscheidende Determinate der latenten Geldmengenschwankungen angesehen werden. Dagegen ist an der Steuerbarkeit der klassischen monetären Aggregate, insbesondere der Abgrenzungen nach M2 und M3, stark zu zweifeln. Sie scheinen in keinerlei systematischer Beziehung zu vorausgehenden zinspolitischen Maßnahmen der Bundesbank zu stehen.

Bei der simultanen Betrachtung der Relationen zwischen geldpolitischem Impuls der Bundesbank, Geldmarktverfassung und latenter Geldmenge kommt deutlich zum Ausdruck, daß die beabsichtigte Einwirkung auf das Zwischenziel Geldvolumen weitgehend *indirekt* über die Kontrolle der Geldmarktzinsen erfolgt, ein eigenständiger liquiditätspolitischer Effekt der Geldpolitik ist nicht nachweisbar. Dabei haben wir es mit einer ausgeprägten Wirkungsverzögerung zu tun: bis sich die geldpolitische Maßnahme über Anpassungsvorgänge im Geschäftsbankensystem und der Geldnachfrage im Geldaggregat niederschlägt, vergeht ca. ein Quartal. Insgesamt erweist sich damit die realisierte Geldmenge als im besonderen zinsabhängig und folglich stark von nachfragerelevanten Faktoren beeinflußt. Über zinspolitische Instrumente ist die Bundesbank aber in der Lage, einen signifikanten Einfluß auf die Entwicklung der volkswirtschaftlichen Geldbestände auszuüben.

4. Kausalanalyse der Geldmengenpolitik der Deutschen Bundesbank

Anhand der festgestellten Zusammenhänge zwischen ursprünglichem geldpolitischen Impuls, Reaktion der Geldmarktzinsen und Beeinflussung der Geldmenge können die unter 2. dargestellten Einflüsse monetärer Impulse auf die stabilitätspolitischen Endziele einer kritischen Analyse unterzogen werden, indem explizit der endogene Charakter des monetären Zwischenziels einbezogen wird. Nach der Behandlung der beiden Einzelaspekte indirekte Geldmengensteuerung über den Geldmarkt und Beziehung zwischen monetärem Impuls und Zielgrößen der Geldpolitik erfolgt damit die Synthese in der Analyse des Transmissionsmechanismus ausgehend vom geldpolitischen Instrumenteneinsatz.

Die Erkenntnisse über Wirkungen monetärer Impulse werden dabei eindrucksvoll bestätigt, insbesondere zeigen sich Wirkungsverzögerungen, die auffallend im Einklang mit den Resultaten unter 2. stehen. Dynamische Zinseffekte treten beginnend mit einer zeitlichen Verzögerung von drei Quartalen auf: in Folge einer autonomen *Erhöhung* der Bundesbankzinssätze um eine Standardabweichung (entspricht unerwarteten Zinsänderungen beim Lombard- und Pensionssatz von 55 bis 60 Basispunkten) *sinkt* der langfristige Zins nach drei, sieben und acht Quartalen um jeweils nichtantizipierte 10 Basispunkte. Die mit der Beeinflussung der Geldmarktzinsen ursprünglich ausgelösten Zinssteigerungen am Kapitalmarkt werden durch diese Gegenreaktionen nach zwei Jahren gerade kompensiert, so daß sich das Zinsniveau durch die geldpolitische Maßnahme im Endergebnis überhaupt nicht berührt zeigt.

Ein ähnliches Verhaltensmuster auf einen zinspolitischen Impuls weist die zukünftige Preisentwicklung auf. Mit sieben und acht Quartalen Wirkungsverzögerung zeigt sich ein ausgeprägt negativer Zusammenhang zwischen Zinsmaßnahme der Bundesbank und den Quartalszuwächsen der Lebenshaltungskosten im Ausmaß von 0.10 – 0.15 Prozentpunkten. Mit dem Instrument einer zinspolitischen Restriktion sind damit auf diese Frist Erfolge bei der Bekämpfung der Geldentwertung nachweisbar. Je nach Interpretation der ersten Reaktionskoeffizienten ist nach Ablauf von zwei Jahren in der Aggregation der Wirkungen von Leitzinserhöhungen um eine Standardabweichung ein preisdämpfender Einfluß festzustellen, der die Quartalsrate der Teuerung um bis zu 0.25 Prozentpunkte unter ihr erwartetes Niveau zu drücken vermag.

Gleichfalls sind realwirtschaftliche Effekte geldpolitischer Impulse statistisch signifikant, beim nominellen Bruttosozialprodukt nach fünf Quartalen und bei der Nettoproduktion nach fünf und sieben Quartalen. Die zinspolitische Maßnahme kann dabei bis zu 19% der realwirtschaftlichen Schwankungen aufklären, indem eine Standard-Zinssenkung z.B. bei der Produktionsvariablen zu einer um 0.65 – 0.75 Prozentpunkten höheren Quartalszuwachsrate führt. Nach zwei Jahren positiver Zinsimpulse liegt die Quartalsrate des Bruttosozialprodukts um insgesamt 0.35 Prozentpunkte über ihrem antizipierten Wert, bei der realen Konjunkturvariablen beträgt die Gesamtanregung 0.45 Prozentpunkte.

Ausgehend vom konkreten zinspolitischen Instrumenteneinsatz sind damit die gleichen Wirkungen auf die Zielvariablen der Geldpolitik festzustellen wie bezüglich eines als exogen angenommenen monetären Impulses. Zum einen sind damit die unter 2. dargestellten Effekte vollständig verifiziert, da sie auf zugrundeliegende autonome Maßnahmen der Bundesbank zurückzuführen sind und somit nicht allein auf Nachfrageimpulse der Kreditinstitute und Nichtbanken beruhen. Zum anderen scheint das monetäre Zwischenziel bei der Übertragung geldpolitischer Impulse eine zentrale Rolle zu spielen. Das Ausmaß dieser Bedeutung ist erneut kausalanalytisch zu klären.

Bezüglich des Liquiditätseffektes von Geldmengenschwankungen ergeben sich Anhaltspunkte dafür, daß die zinspolitische Beeinflussung des langfristigen Zinssatzes nicht nur über den Geldmarkt und einen anschließenden Zinsstruktureffekt wirksam wird, sondern zum Teil auch über das Geldvolumen. Auch bei expliziter Einbeziehung der zinssensitiven Geldnachfrageseite wird eine Wirkungsrichtung von der Geldmenge hin zum Zinssatz empirisch unterstützt, die Existenz eines eigenständigen Liquiditätseffektes bezüglich der Kapitalmarktrendite ist damit nicht zu verwerfen. Der Zusammenhang zwischen Geldmenge und kurzfristigem Zins erweist sich dagegen als gänzlich geldpolitisch induziert und damit als reine Scheinkorrelation.

Auch bezüglich der zeitlich verzögerten Wirkungen geldpolitischer Impulse sind aufschlußreiche Resultate zu erzielen. Die Mehrzahl der festgestellten Effekte basieren auf einem indirekten Transmissionsmechanismus über das latente Geldvolumen. So handelt es sich bei den Zinswirkungen nach drei und acht sowie den Preiswirkungen nach drei und sieben Quartalen um *ausschließlich monetäre Effekte*, die direkten Einflüsse sind nicht mehr nachweisbar, wenn man die Zusammenhänge simultan betrachtet. Bei den realwirtschaftlichen Effekten erfolgt die Übertragung immer noch zu 35% – 37% über die monetäre Zwischenzielvariable. Dem Konstrukt Geldmenge scheint damit in der Tat bezüglich geldpolitischer Wirkungen eine besondere Qualität zuzukommen. Die Bundesbankpolitik einer Geldmengensteuerung zur Erreichung stabilitätspolitischer Ziele kann vor diesem Hintergrund als empirisch fundiert angesehen werden.

5. Reaktionsfunktion der Geldpolitik

Als mögliche Determinanten der Geldpolitik der Deutschen Bundesbank wurden schließlich die Variablen untersucht, die als Zielgrößen und Zwischenziele der Notenbankpolitik angesehen werden können und auch bei der Wirkungsanalyse der Geldpolitik betrachtet wurden. In der Verfolgung stabilitätspolitischer Ziele versucht die Bundesbank, Abweichungen von den angestrebten Entwicklungen bei Preisen und konjunkturellen Variablen, inbesondere aber auch bei ihrem Zwischenziel und Indikator Geldvolumen, mit entsprechenden geldpolitischen Maßnahmen entgegenzuwirken. Insofern ist auch die Geldpolitik nicht vollkommen exogen.

Als *kurzfristig* relevante Faktoren für die praktische Politik der Bundesbank haben sich vor allem Preisüberraschungen erwiesen. Unerwartet hoch ausfallende Preissteigerungen sind noch im selben Quartal mit einer signifikanten Erhöhung der Notenbankzinssätze verbunden (Varianzaufklärung 12%). Daneben läßt sich ein überraschend deutlicher zeitverzögerter Einfluß der monetären Innovationen des bis ins Jahr 1987 verwendeten Zwischenziels Zentralbankgeldmenge auf das Verhalten der Bundesbank feststellen. So vermögen allein die unerwarteten Schwankungen des offiziellen Geldmengenaggregats mit vier Quartalen Wirkungsverzögerung 24% der zinspolitischen Maßnahmen und 15% der autonomen Mindestreservessatzänderungen zu erklären. Dem monetären Zwischenziel kommt bei der Ausgestaltung der Geldpolitik in der Bundesrepublik damit anscheinend eine besondere Bedeutung zu. Zum einen könnten sich darin Glaubwürdigkeitsaspekte manifestieren (Erreichung des bekanntgegebenen Geldmengenziels), zum anderen zum Ausdruck kommen, daß der Steuerung des Zwischenziels bei der operativen Politik Vorrang vor der Kontrolle von Endzielen wie z.B. der Geldwertstabilität eingeräumt wird. Da die Bundesbank von einer stabilen längerfristigen Relation zwischen Geldmengenentwicklung und Preisniveau ausgeht, erscheint ihr möglicherweise ein diskretionäres Reagieren auf kurzfristige Preisüberraschungen als nicht so vordringlich.

Als zweiten Komplex wichtiger Einflußfaktoren auf die praktische Politik der Bundesbank stellen sich die Indikatoren der allgemeinen Wirtschaftstätigkeit heraus. Unerwarteten Schwankungen der konjunkturellen Situation wird mit Zeitverzögerungen bis zu drei Quartalen durch den Einsatz des zinspolitischen Instrumentariums begegnet. Bezüglich nomineller Indikatoren und Konstrukte wird dabei ein Aufklärungsanteil von bis zu 18% der autonomen Zinssatzänderungen erzielt (Hauptlag zwei Quartale), bei den realen Variablen beträgt die Varianzaufklärung bei einem Zeitlag von nur einem Quartal bis zu 17% . Die Bundesbank scheint damit den realwirtschaftlichen Zielgrößen doch mehr Aufmerksamkeit zu schenken, als die offizielle Auslegung ihrer Aufgabenstellung mit der alleinigen Betonung des Ziels Geldwertstabilität vermuten läßt. Droht die Konjunktur zu überhitzen, so versucht die Bundesbank gemäß den Schätzergebnissen das Geldmengen- und Kreditvolumenwachstum mit Zinserhöhungen einzudämmen – nicht zuletzt um negative Preisentwicklungen zu verhindern. Fallen die konjunkturellen Indikatoren dagegen unerwartet schlecht aus, so ist die Geldpolitik offensichtlich nach ein bis zwei Quartalen bereit, zinspolitisch zu lockern. Auch bezüglich mengenmäßiger Reaktionen (Kontingentsänderungen und Variationen der Refinanzierungslinien) und hinsichtlich des Zwischenziels Geldmenge lassen sich diese realwirtschaftlichen Einflüsse auf die Politik der Deutschen Bundesbank deutlich nachweisen.

Anhand der gewonnenen Erkenntnisse wird die Spezifikation einer Verhaltensfunktion der Geldpolitik für das latente Konstrukt der Notenbankzinsfestsetzung vorgenommen. Bei der Kombination der Preisvariablen mit anderen Einzelfaktoren zeigt sich, daß die Preisüberraschungen kaum noch einen eigenständigen Einfluß auf zinspolitische Maßnahmen der Bundesbank ausüben. Die Hauptrolle bei der Determinierung der Geldpolitik kommt den zurückliegenden Entwicklungen des monetären Zwischenziels und den realwirtschaftlichen Impulsen zu. Bei Einbeziehung von latenten Erklärungsfaktoren zur Vermeidung möglicher Multikollinearitätsprobleme bei den Konjunkturindikatoren können damit bis zu 60% der zukünftigen Zinspolitik der Bundesbank aufgeklärt werden.

Insgesamt betrachtet vermitteln die Anwendungsbeispiele aus dem Bereich der monetären Makroökonomie einen überaus positiven Eindruck von den Eigenschaften und Möglichkeiten unseres Ansatzes zur Kausalanalyse komplexer Wirkungszusammenhänge in den Wirtschaftswissenschaften. Zwei wichtige Schlußfolgerungen sind zu ziehen. Zum einen ist die Analyse von Beziehungen zwischen Zeitreiheninnovationen sehr sinnvoll und hilfreich. Durch die Eliminierung der überlagerten univariaten Dynamik aus den einzelnen Variablen im ersten Analyseschritt bleibt sämtliche relevante Struktur erhalten. Der Blick wird frei für die wesentliche Information bezüglich der Wirkungen zwischen verschiedenen ökonomischen Größen und die Vorteile einer unkorrelierten Datengrundlage kommen voll zum Tragen. Insbesondere werden dabei die besonderen Charakteristika der Untersuchungsvariablen als Zeitreihen angemessen berücksichtigt und damit Scheinkorrelationen vermieden, die ausschließlich auf den Einfluß des Faktors Zeit zurückzuführen sind. Zum zweiten erweist sich das Konzept der latenten Variablen als geeignetes Instrument zur Operationalisierung theoretischer Konstrukte in empirischen Wirkungsuntersuchungen. Meßfehlerbehaftete Variablen können einbezogen und durch die Gewinnung von Freiheitsgraden konfirmatorische Überprüfungen bezüglich der Existenz und Dimensionalität von Variablenkonzepten sowie vermuteter Kausalbeziehungen vorgenommen werden. Die speziellen Vorzüge treten im besonderen bei der Modellierung der Geldmenge als latenter Variable deutlich zutage.

Mit unserem Ansatz können neuartige Einblicke in die Wirkungsweise der monetären Transmission auf stabilitätspolitische Endziele, ausgehend vom Instrumenteneinsatz der Bundesbank, gewonnen werden. Angesichts des komplexen Übertragungsmechanismus, basierend auf Reaktionen und Anpassungen der Wirtschaftssubjekte mit erheblichen und vermutlich stark schwankenden Zeitverzögerungen, lassen sich erstaunlich deutliche und konsistente Einflüsse der Geldpolitik und monetärer Impulse auf Zinsen, Preise und realwirtschaftliche Zielgrößen ermitteln. Dabei ist die zeitliche Abfolge der einzelnen Effekte gut aufeinander abgestellt und ökonomisch plausibel. Detaillierte Aufschlüsse über Wirkungszusammenhänge lassen sich insbesondere zum Liquiditäts- und Preiseffekt der Zinstheorie, zur Geldmarkt- und Geldmengensteuerung der Bundesbank sowie zur Bedeutung des monetären Zwischenziels bei der Übertragung geldpolitischer Impulse in den realwirtschaftlichen Sektor der Volkswirtschaft gewinnen. Die gesamten empirischen Ergebnisse verdeutlichen die Bedeutung und die Wirkungsmacht der Geldpolitik in der Bundesrepublik Deutschland. Von einer 'Neutralität der Geldmenge' kann nicht die Rede sein.

Selbstverständlich ist es auch mit unserem Ansatz nicht möglich, auf dem empirischen Wege abschließende und allgemeingültige Aussagen zum Transmissionsmechanismus monetärer und geldpolitischer Impulse zu erhalten. Weitere Untersuchungen für andere Politikregime und Datenfrequenzen wie z.B. Monatsdaten sind erforderlich. Wir denken aber, einen neuen Beitrag in der wissenschaftlichen Auseinandersetzung über geldpolitische Problemstellungen geleistet zu haben und damit die Diskussion über dieses theoretisch wie empirisch überaus spannende Thema anregen zu können.

ANHANG:
Graphische Darstellung ausgewählter Zeitreihen

Wiedergegeben sind die entsprechend der Tabelle 5.1 logarithmierten Zeitreihen im Datenniveau bzw. in ersten Differenzen, welche als Quartalswachstumsraten interpretiert werden können.

Graphik 1
Realwirtschaftliche Indikatorvariablen

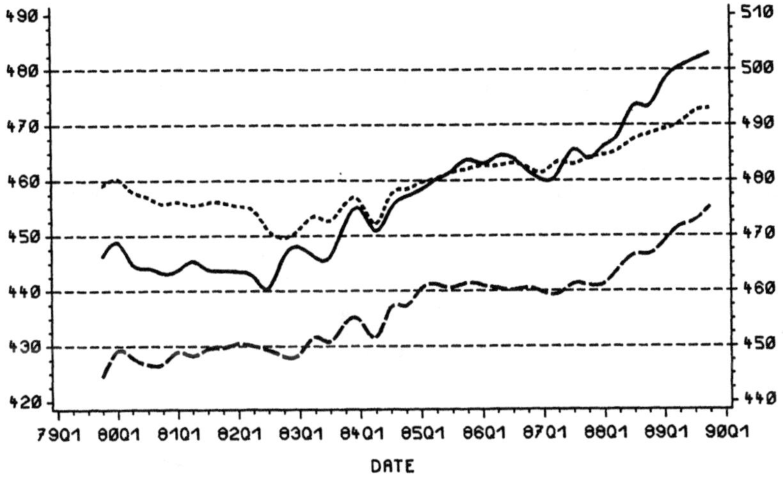

Nettoproduktionindex (PROD) : gepunktelte Linie [2]
Auftragseingang aus dem Inland (AUFT) : durchgezogene Linie [1 2]
Inlandsumsatz (UMS) : gestrichelte Linie, rechte Achse [2]

---

[1] Q4/82 : Sondereinfluß Ablauf der Investitionszulage zum 31.12.1982

[2] Q2/84 : durch Arbeitskämpfe beeinflußt

Graphik 2
Realwirtschaftliche Indikatorvariablen

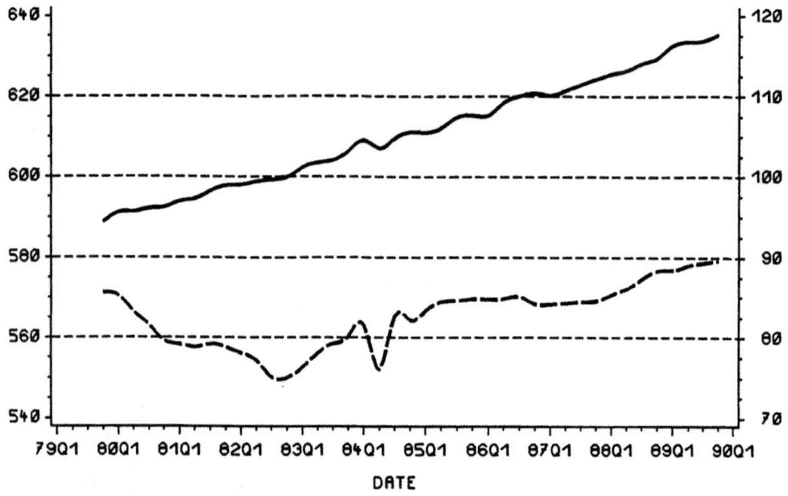

Bruttosozialprodukt, nominal (BSP) :	durchgezogene Linie
Kapazitätsauslastung in Prozent (KAP) :	gestrichelte Linie, rechte Achse

Graphik 3
Realwirtschaftliche Indikatorvariablen

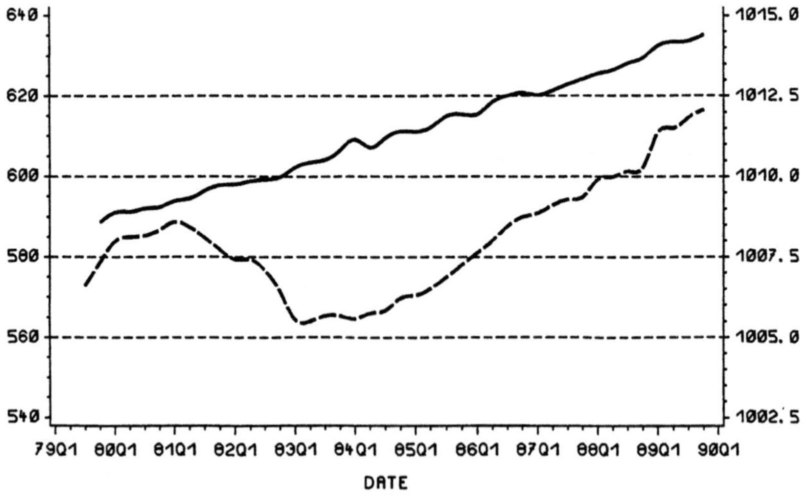

Bruttosozialprodukt, nominal (BSP) :	durchgezogene Linie
Abhängig Beschäftigte (BES) :	gestrichelte Linie, rechte Achse

Graphik 4
Realwirtschaftliche Indikatorvariablen

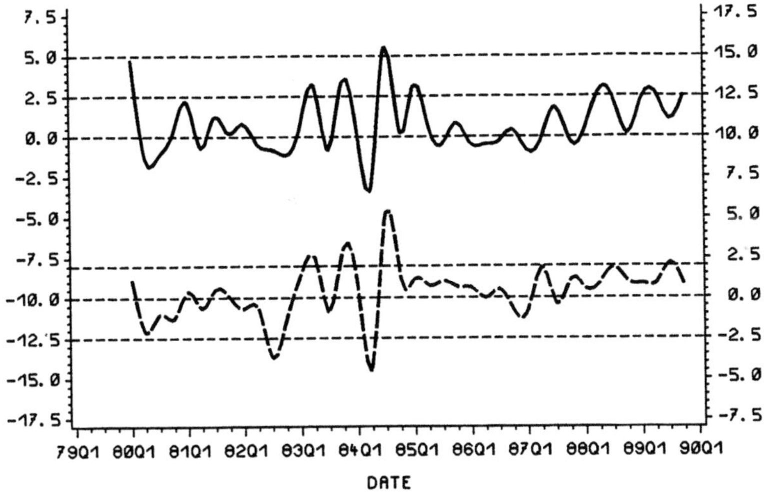

1. Differenz Inlandsumsatz (UMS) : durchgezogene Linie
1. Differenz Nettoproduktion (PROD) : gestrichelte Linie, rechte Achse

Graphik 5
Realwirtschaftliche Indikatorvariablen

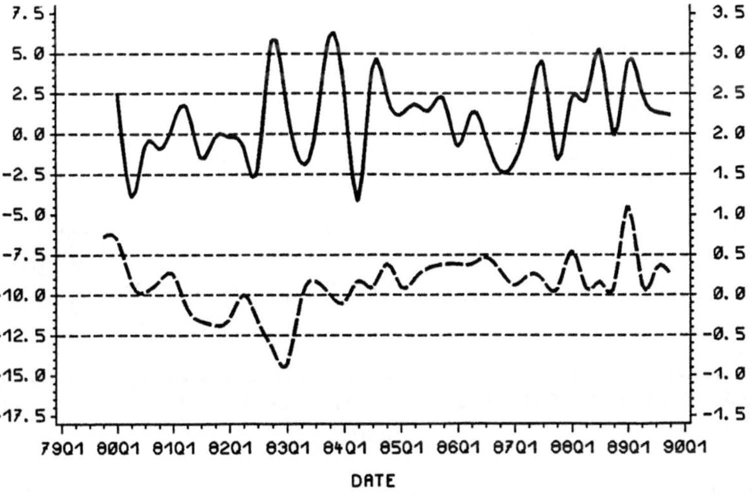

1. Differenz Auftragseingang (AUFT) : durchgezogene Linie
1. Differenz Abhängig Beschäftigte (BES) : gestrichelte Linie, rechte Achse

Graphik 6
Geld – und Kapitalmarktzinsen

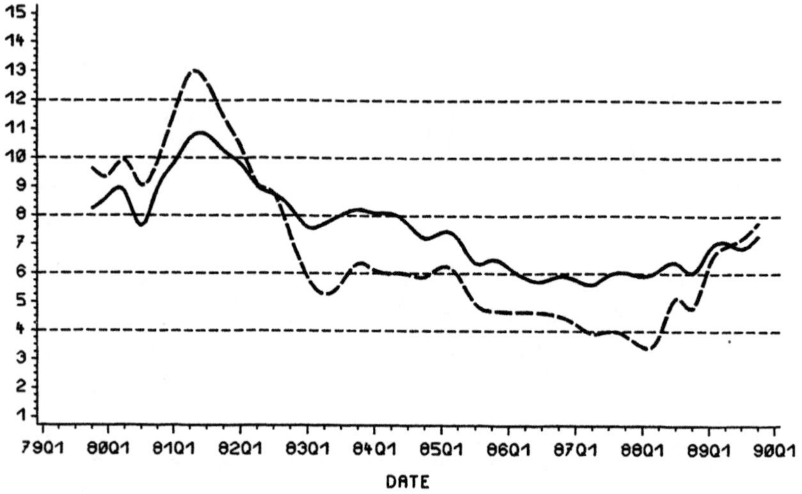

Umlaufsrendite öffentlicher Anleihen (ROAU) : durchgezogene Linie
Dreimonatsgeldmarktsatz (DMG) : gestrichelte Linie

Graphik 7
Bundesbankzinsen

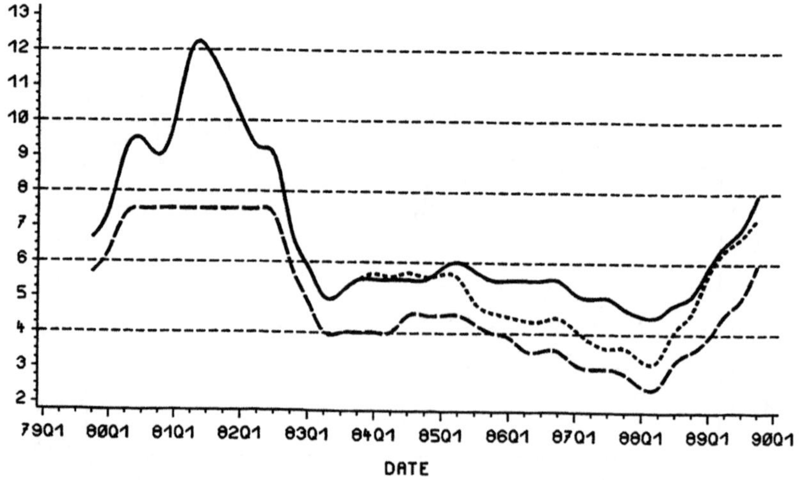

Lombardsatz (LOMB) : durchgezogene Linie
Diskontsatz (DISK) : gestrichelte Linie
Pensionssatz (PENS) : gepunktelte Linie

Graphik 8
Lebenshaltungskostenpreise

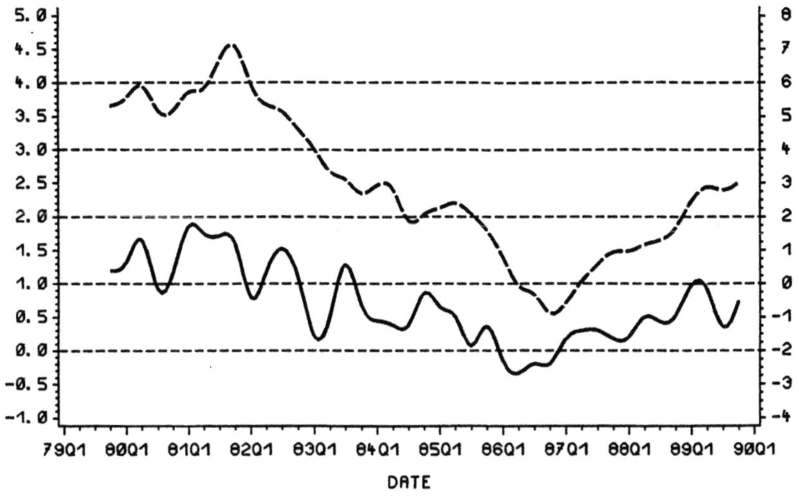

Quartalszuwachsraten Preisindex (RrQZR) : durchgezogene Linie
Jahresraten Preisindex (PrJR) : gestrichelte Linie, rechte Achse

Graphik 9
Refinanzierungskontingente

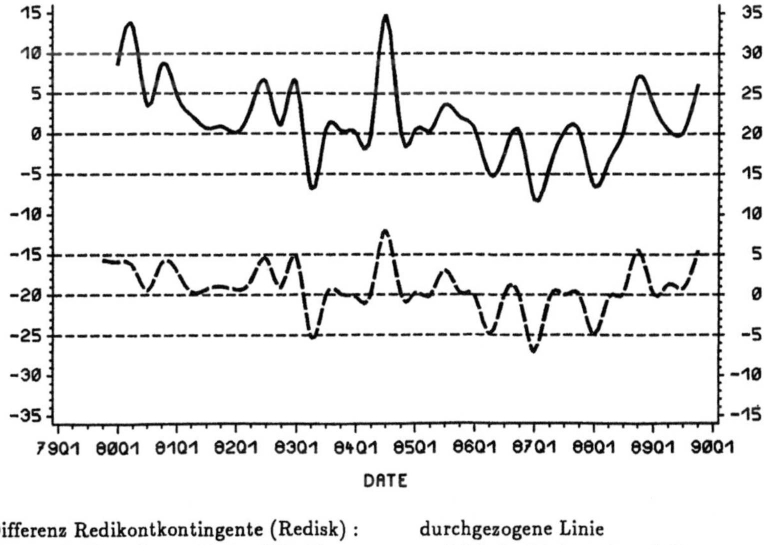

1. Differenz Redikontkontingente (Redisk) : durchgezogene Linie
Änderung Refinanzierungslinien (DRef) : gestrichelte Linie, rechte Achse

LITERATURVERZEICHNIS

Abel, A.B. / *Mishkin*, F.S. [1983], An integrated view of tests of rationality, market efficiency and short-run neutrality of monetary policy, Journal of Monetary Economics, 11, Seite 3–24.

Aigner, Dennis J. [1971], Basic Econometrics, Englewood Cliffs.

Aigner, D.J. / *Goldberger*, A.S. [1977] (Eds), Latent Variables in Socioeconomic Models, Amsterdam.

Aigner, D. / *Hsiao*, Ch. / *Kapteyn*, A. / *Wandsbeeck*, T. [1984], Latent variable models in econometrics, in: Z. *Griliches* / M.D. *Intriligator* (eds), Handbook of Econometrics, Vol II, Seite 1321–1393.

Aigner, Dennis J. / *Schneider*, Friedrich / *Ghosh*, Damayanti [1986], Me and my shadow: estimating the size of the U.S. underground economy from time series data, Working Paper, University of Southern California, Los Angeles.

Akaike, H. [1974], A new look at the statistical model identification, IEEE Transactions on Automatic Control, AC–19, Seite 716–23.

Almon, S. [1965], The distributed lag between capital appropriations and expenditures, Econometrika, 33, Seite 178–196.

Anderson, O.D. [1976], Time Series Analysis and Forecasting, London.

Anderson, T.W. [1958], Introduction to Multivariate Statistical Analysis, New York.

Anderson, T.W. [1971], The Statistical Analysis of Time Series, New York.

Anderson, T.W. / *Amemiya*, Y. [1988], The asymptotic normal distribution of estimators in factor analysis under general conditions, The Annals of Statistics, 16, 759–771.

Anderson, T.W. / *Rubin*, H. [1956], Statistical inference in factor analysis, in: Proceedings of the Third Berkely Symposium on Mathematical Statistics and Probability, Vol. V, Seite 111–150.

Andres, J. [1990], Grundlagen linearer Strukturgleichungsmodelle, Frankfurt a.M.

Ansley, Craig F. [1979], An algorithm for the exact likelihood of a mixed autoregressive moving average process, Biometrika, 66, Seite 59–65.

Ansley, Craig F. / *Newbold*, Paul [1980], Finite sample properties of estimators for autoregressive moving average models, Journal of Econometrics, 13, Seite 159–183.

Arminger, G. [1979], Faktorenanalyse, Stuttgart.

Arminger, G. / *Schoenberg*, R. [1989], Pseudo maximum likelihood estimation and a test for misspecification in mean and covariance structure models, Psychometrika, 54, Seite 409–425.

Ashley, R. / *Granger*, C.W.J. / *Schmalensee*, R. [1980], Advertising and aggregate consumption: An analysis of causality, Econometrica, 48, Seite 1149–1167.

Assenmacher, Walter [1984], Einführung in die Ökonometrie, München.

Atkinson, P. / *Chouraqui*, J.-Cl. [1985], The origins of high real interest rates, OECD Economic Studies, 5, Seite 7–55.

Attfield, C.L.F. / *Demery*, D. / *Duck*, N.W. [1981a], Unanticipated monetary growth, output and the price level: U.K. 1946–77, European Economic Review, 16, 367–85.

Attfield, C.L.F. / *Demery*, D. / *Duck*, N.W. [1981b], A quarterly model of unanticipated monetary growth, output and the price level in the U.K. 1963–78, Journal of Monetary Economics, 8, Seite 331–350.

Attfield, C.L.F. / *Demery*, D. / *Duck*, N.W. [1985], Rational Expectations in Macro–economics. An Introduction to Theory and Evidence, Oxford.

Avery, Robert B. [1979], Modeling monetary policy as an unobserved variable, Journal of Econometrics, 10, Seite 291–311.

Backhaus, K. / *Erichson*, B. / *Plinke*, W. / *Schuchard–Ficher*, Chr. / *Weiber*, R. [1989], Multivariate Analysemethoden, Berlin.

Bagozzi, Richard P. [1980], Causal Models in Marketing, New York.

Barnett, W.A. [1980], Economic monetary aggregates: an application of aggregation and index number theory, Journal of Econometrics, 14, Seite 11–48.

Barnett, W.A. [1987], The microeconomic theory of monetary aggregation, in: *Barnett* / K. *Singleton* (Eds.), New Approaches to Monetary Economics, Cambridge.

Barro, R.J. [1976], Rational expectations and the role of monetary policy, Journal of Monetary Economics, 2, Seite 1–32.

Barro, R.J. [1977], Unanticipated money growth and unemployment in the United States, American Economic Review, 67, Seite 101–115.

Barro, R.J. [1978], Unanticipated money, output, and the price level in the United States, Jornal of Political Economy, 86, Seite 549–580.

Barro, Robert J. / *Rush*, Mark [1980], Unanticipated money and economic activity, in: Stanley *Fischer* (ed.), Rational Expectations and Economic Policy, Chicago, 23–48.

Bartlett, M.S. [1935], Some aspects of the time–correlation problem in regard to tests of significance, Journal of the Royal Statistical Society, 5, S. 536–543.

Bartlett, M.S. [1938], Methods for estimating mental factors, Nature, 141, 609–610.

Bartlett, M.S. [1946], On the theoretical specification of sampling properties of auto–correlated time series, Journal of the Royal Statistical Society, B, 8, Seite 27–41.

Bartlett, M.S. [1955], An Intoduction to Stochastic Processes, Cambridge.

Basmann, R.L. [1963], The causal interpretation of non–triangular systems in economic relations, Econometrica, 31, Seite 439–448.

Basmann, R.L. [1988], Causality tests and observationally equivalent representations of econometric models, Journal of Econometrics, 39, Seite 69–104.

Battaglia, F. / *Carlucci*, F. [1982], A simulation study of causality tests, in: O.D. *Anderson* (ed.), Time Series Analysis, Theory and Prictice, 1, Amsterdam, 655–69.

Begg, D.K.H. [1982], The Rational Expectations Revolution in Macroeconomics, Oxford.

Bekker, P.A. / *Pollock*, D.S.G. [1986], Identification of linear stochastic models with covariance restrictions, Journal of Econometrics, 31, Seite 179–208.

Bentler, P.M. [1980], Multivariate analysis with latent variables: causal modeling, Annual Review of Psychology, 31, Seite 419–456.

Bentler, P.M. [1982], Linear systems with multiple levels and types of latent variables, in: *Jöreskog/Wold* [1982], Seite 101–130.

Bentler, P.M. [1983a], Simultaneous equation systems sa moment structure models, Journal of Econometrics, 22, Seite 13–42.

Bentler, P.M. [1983b], Some contributions to efficient statistics in structural models: specification and estimation of moment structures, Psychometrika, 48, 493–517.

Bentler, P.M. [1985], Theory and Implementation of EQS, a structural equations program, BMDP Statistical Software, Los Angeles.

Bentler, P.M. [1986], Structural modeling and psychometrika: an historical perspective on growth and achievements, Psychometrika, 51, Seite 35–51.

Bentler, P.M. / *Bonett*, D.G. [1980], Significance tests and goodness of fit in the analysis of covariance structures, Psychological Bulletin, 88, Seite 588–606.

Bentler, P.M. / *Weeks*, D.G. [1980], Linear structural equations with latent variables, Psychometrika, 45, Seite 289–308.

Bernanke, Ben S. [1986], Alternative explanation of money–income correlation, Carnegie–Rochester Conference Series on Public Policies, 2, Seite 49–100.

Beveridge, Stephen / *Nelson*, Charles R. [1981], A new approach to decomposition of economic time series into permanent and transitory components with particular attention to measurement of the business cycle, J. of Monetary Econom., 7, 151–74.

Bielby, W.T. / *Hauser*, R.M. [1977], Structural equations models, Annual Reviews of Sociology, 3, Seite 137–161.

Blalock, H.M. [1971], Causal Models in the Social Sciences, Chicago.

Blejer, M. [1978], Money and the nominal interest rate in an inflationary economy: an empirical test, Journal of Political Economy, Seite 529–34.

Bock, R.D. / *Bargmann*, R.E. [1966], Analysis of covariance structures, Psychometrika, 31, Seite 507–534.

Bollen, K.A. [1989], Structural Equations with Latent Variables, New York.

Borchert, Manfred [1978], Zwischenziele und Indikatoren der Geldpolitik in einer offenen Volkswirtschaft, Kredit und Kapital, Seite 465–479.

Box, George E.P. / *Cox*, David R. [1964], An analysis of transformations, Journal of the Royal Statistical Society, Series B, Seite 211–252.

Box, George E.P. / *Jenkins*, Gwilym M. [1970], Time Series Analysis, forecasting and control, San Francisco; *Box/Jenkins* [1976], 2nd edition.

Box, George E.P. / *Newbold*, Paul [1971], Somme comments on a paper of Coen, Gomme and Kendall, Journal of the Royal Statistical Society, Series A, 134, Seite 229–240.

Box, George E.P. / *Pierce*, David A. [1970], Distribution of residual autocorrelations in autoregressive integrated moving average time series models, JASA, 65, 1509–1526.

Brase, M. [1988], Sind die Zinsprognosen von Finanzexperten rational?, Kredit und Kapital, Seite 288–302.

Brockwell, Peter J. / *Davis*, Richard A. [1987], Time Series: Theory and Methods, New York; *Brockwell/Davis* [1991], 2nd edition.

Brockwell, Peter J. / *Davis*, Richard A. [1988], Applications of innovation representa– tions in time series analysis, in: J.N. *Srivastava* (ed.), Probability and Statistics, Essays in Honor of Franklin A. Graybill, Seite 61–84.

Brown, B.W. / *Maital*, S. [1981], What do economists know? An empirical study of experts' expectations, Econometrica, 49, Seite 491–504.

Brown, W.W. / *Santoni*, G.J. [1983], Monetary growth and the timing of interest rate movements, Federal Reserve Bank of St. Louis Review, August/September, 16–25.

Browne, M.W. [1974], Generalized least squares estimators in the analysis of covariance structures, South African Statistical Journal, 8, Seite 1–24.

Browne, M.W. [1982], Covariance structures, in: D.M. *Hawkins* (ed.), Topics in Applied Multivariate Analysis, London, Seite 72–141.

Browne, M.W. [1984], Asymptotic distribution free methods for the analysis of covariance structures, British Journal of Math. and Stat. Psychology, 37, 62–83.

Buiter, W.H. [1980], The macroeconomics of Dr. Pangloss, Economic Journal, 90, 34–50.

Buiter, W.H. [1983], Real effects of anticipated money: some problems of estimating and hypothesis testing, Journal of Monetary Economics, 11, Seite 207–24.

Bunch, M. [1963], Causality, Cleveland.

Bundesbank (Hrsg.) [1985a], Sonderdrucke der Deutschen Bundesbank Nr. 7: Die Deutsche Bundesbank, Geldpolitische Aufgaben und Instrumente, 3. Auflage.

Bundesbank (Hrsg.) [1985b], Zur längerfristigen Entwicklung und Kontrolle des Geld–volumens, Monatsberichte der Deutschen Bundesbank, 37 Nr.1, Seite 14–28.

Bundesbank (Hrsg.) [1987], Die Saisonbereinigung als Hilfsmittel der Wirtschafts–betrachtung, Monatsberichte der Deutschen Bundesbank, 39 Nr.10, Seite 30–40.

Bundesbank (Hrsg.) [1988], Methodische Anmerkungen zur geldpolitischen Zielgröße M3, Monatsberichte der Deutschen Bundesbank, 40 Nr.1, Seite 18–21.

Bunge, M. [1963], Causality: The Place of the Causal Principle in Modern Science, Cleveland.

Buscher, Herbert S. [1986], Modelle der Neuen Klassischen Makroökonomie, München.

Cagan, P.D. [1956], The monetary dynamics of hyper inflation, in: M. *Friedman*, Studies in Quantitative Theory of Money, Chicago.

Cagan, P.D. / *Gandolfi*, A. [1969], The lag in monetary policy as implied by the time pattern of monetary effects on interest rates, American Economic Review, 277–284.

Caines, P.E. / *Chan*, C.W. [1975], Feedback between stationary stochastic processes, IEEE Transactions on Automatic Control, 20, Seite 498–508.

McCallum, B.T. [1979], On the observational inequivalence of classical and Keynesian models, Journal of Political Economy, 87, Seite 393–402.

McCallum, B.T. [1980], Rational expectations and macroeconomic stabilization policy: an overview, Journal of Money, Credit and Banking, 12, Seite 716–46.

Campbell, J.Y. / *Mankiw*, N.G. [1987], Are output fluctuations transitory?, Quarterly Journal of Economics, 102, Seite 857–880.

Chan–Lee, J.H. [1980], A review of recent work in the area of inflationary expectations, Weltwirtschaftliches Archiv, 116, Seite 45–86.

Chan, W.Y.T. / *Wallis*, K.F. [1978], Multiple time series modelling: another look *at the minsk*–muskrat interaction, Applied Statistics, 27, Seite 168–175.

Chatfield, C. [1979], Inverse autocorrelations, Journal of the Royal Statistical Society, A, 142, Seite 363–377.

Chow, G.C. [1983], Econometrics, Tokio.

Christiano, Lawrence J. / *Ljungqvist*, Lars [1988], Money does Granger–cause output in the bivariate money–output relation, Journal of Monetary Economics, 22, 217–236.

Claassen, Emil–Maria [1974], Die Definitionskriterien der Geldmenge: M1, M2, ... oder Mx?, Kredit und Kapital, Seite 273–291.

Cleveland, William S. [1972], The inverse autocorrelations of a time series and their applications, Technimetrics, 14, Seite 277–293.

Cochrane, John H. [1988], How big is the random walk in GNP?, Journal of Political Economy, 96, Seite 893–920.

Cooley, T.F. / *LeRoy*, S.F. [1985], Atheoretical macroeconometrics: a critique, Journal of Monetary Economics, 16, Seite 283–308.

Cooper, J.R. / *Nelson*, C.R. [1975], The ex ante prediction performance of the St. Louis and F.R.B.-M.I.T.-Penn. econometric models and some results on composite predictors, Journal of Money, Credit and Banking, 7, Seite 1–32.

Cooper, R.L. [1972], The predicitive performance of quarterly econometric models of the United States, in: B.G. *Hickman* (ed.): Econometric Models of Cyclical Behavior, New York.

Cornell, B. [1983], The money supply announcements puzzle: review and interpretation, American Economic Review, Seite 644–75.

Cramer, R.H. / *Miller*, R.B. [1976], Dynamic modeling of multivariate time series for use in bank analysis, Journal of Money, Credit, and Banking, 8, Seite 85–96.

Culbertson, John M. [1960], Friedman on the lag in effect of monetary policy, Journal of Political Economy, 68, Seite 617–621.

Darby, M.R. [1976], Rational expectations under conditions of costly information, Journal of Finance, 31, Seite 889–895.

Davidson, James E.H. [1981], Problems with the estimation of moving average processes, Journal of Econometrics, 16, Seite 295–310.

Davidson, J. / *Hendry*, D.F. / *Srba*, F. / *Yeo*, S. [1978], Econometric modelling of the aggregate time-series relationship between consumers expenditure and income in the United Kingdom, Economic Journal, 88, Seite 661–692.

Davies, N. / *Newbold*, P. [1979], Some power studies of a portmanteau test of time series model specification, Biometrika, 66, Seite 153–155.

Davies, N. / *Triggs*, C.M. / *Newbold*, P. [1977], Significance level of the Box-Pierce portmanteau statistic in finite samples, Biometrika, 64, Seite 517–522.

Deistler, M. [1985], General strucure and parameterization of ARMA and state-space systems and its relations to statistical problems, in: E.J. *Hannan* et al. (eds.), Handbook of Statistics, 5, Time Series in the Time Domain, Amsterdam, 257–278.

Demery, D. / *Duck*, N.W. / *Musgrave*, S.W. [1984], Unanticipated money growth, output and unemployment in West Germany, 1964–1981, Weltwirtschaftliches Archiv, 120, Seite 244–255.

Dickey, David A. [1984], Powers of unit root tests, American Statistical Association/ Business and Economic Statistics Section, Seite 489–493.

Dickey, David A. / *Bell*, William R. / *Miller*, Robert B. [1986], Unit roots in time series models: tests and implications, American Statistician, 40, Seite 12–26.

Dickey, David A. / *Fuller*, Wayne A. [1979], Distribution of the estimators for autoregressive time series with a unit root, JASA, 74, Seite 427–431.

Dickey, David A. / *Fuller*, Wayne A. [1981], Likelihood ratio statistics for autoregressive time series with a unit root, Econometrica, 49, Seite 1057–1072.

Dhrymes, P.J. [1971], Distributed Lags: Problems of Estimation and Formulation, San Francisco.

Dhrymes, P.J. [1978], Introductory Econometrics, New York.

Doan, T.A. / *Litterman*, R.B. / *Sims*, C.A. [1984], Forecasting and conditional projection using realistic prior distributions, Economic Review, 3, Seite 1–100.

Duggal, V.G. / *Klein*, L.R. / *McCarthy*, M.D. [1974], The Wharton Model Mark III: a modern IS-LM construct, International Economic Review, 15, Seite 572–594.

Duncan, O.D. [1966], Path analysis: Sociological examples, American Journal of Sociology, 72, Seite 1–16.

Duncan, O.D. [1975], Introduction to Structural Equation Models, New York.

Dunn, J.E. [1973], A note on a sufficient condition for uniqueness of a restricted factor matrix, Psychometrika, 38, Seite 141–143.

Durbin, J. [1970], Testing for serial correlation in least squares regression when some of the regressions are lagged dependent variables, Econometrica, 38, Seite 410–421.

Durlauf, Steven N. / *Phillips*, Peter C.B. [1988], Trends versus random walks in time series analysis, Econometrica, 56, Seite 1333–1354.

Duwendag, Dieter [1988], Geldmengenpolitik: Eine schwierige Gratwanderung, Wirtschaftsdienst, 88/2, Seite 79–85.

Duwendag, Dieter [1989], Inflationsgefahren durch Geldüberhang?, Wirtschaftsdienst, 89/1, Seite 21–27.

Duwendag, Dieter / *Ketterer*, Karl-Heinz (et al.) [1985], Geldtheorie und Geldpolitik, 3. überarb. u. erw. Auflage, Köln.

Eckstein, O. / *Green*, E.W. / *Sinai*, A. [1974], The Data Resources model: uses, structure and analysis of the U.S. economy, International Economic Review, 15, 595–615.

Ehrlicher, Werner / *Simmert*, Diethard B. [1988], Wandlungen des geldpolitischen Instrumentariums der Deutschen Bundesbank, Beihefte zu Kredit und Kapital, 10.

Eichenbaum, Martin / *Singleton*, Kenneth J. [1986], Do equilibrium real business cycle theories explain postwar U.S. business cycles?, Macroeconomics annual, NBER, Cambridge.

Engle, Robert F. / *Granger*, C.W.J. [1987], Co-Integration and error correction: representation, estimation, and testing, Econometrica, 55, Seite 251–276.

Engle, R.F. / *Hendry*, D.F. / *Richard*, J.F. [1983], Exogenity, Econometr., 50, 227–304.

Engle, Robert F. / *Lilien*, David / *Watson*, Mark W. [1985], A DYMIMIC model of housing price determination, Journal of Econometrics, 28, Seite 307–326.

Engle, Robert F. / *Watson*, Mark W. [1981], A one-factor multivariate time series model of metropolitan wage rates, JASA, 76, Seite 774–781.

Engle, Robert F. / *Yoo*, Byung Sam [1987], Forecasting and testing in cointegrated systems, Journal of Econometrics, 35, Seite 143–159.

Evans, G.B.A. / *Savin*, N.E. [1984], Testing for unit roots: 2, Econometrica, 52, Seite 1241–1269.

Fair, R.C. [1971], A Short-Run Forecasting Model of the United States Economy, Lexington.

Fama, Eugene F. [1970], Efficient capital markets: a review of theory and empirical work, Journal of Finance, 25, Seite 383–417.

Fama, Eugene F. [1975], Short-term interest rates as predictors of inflation, American Economic Review, 65, Seite 269–282.

Fama, Eugene F. [1976a], Foundations of Finance, New York.

Fama, Eugene F. [1976b], Forward rates as predictors of future spot rates, Journal of Financial Economics, 3, Seite 361–377.

Fama, Eugene F. [1984], The information in the term structure, Journal of Financial Economics, Seite 509–28.

Fama, E.F. / *Gibbons*, M.R. [1984], A comparison of inflation forecasts, Journal of Monetary Economics, 13, Seite 327–348.

Feige, Edgar L. / *Pearce*, Douglas K. [1976], Economically rational expectations: are innovations in the rate of inflation independent of innovations in measures of monetary and fiscal policy?, Journal of Political Economy, 84, Seite 499–522.

Feige, Edgar L. / *Pearce*, Douglas K. [1979], The casual causal relationship between money and income: some caveats for time series analysis, Journal of Economics and Statistics, 61, Seite 521–533.

Feigl, H. [1953], Notes on causality, in: H. *Feigl* / M. *Brodbeck* (eds), Readings in the Philosophy of Science, New York.

Felderer, B. / *Homburg*, St. [1985], Makroökonomik und neue Makroökonomik, 2. Auf– lage, Berlin Heidelberg.

Findley, D.F. [1980], Large sample behavior of the S–array of seasonally non–stationary ARMA series, in: O.D. *Anderson* / M.R. *Perryman* (Hrsg.), Time Series Analysis, Amsterdam, Seite 163–170.

Fischer, St. [1977], Long term contracts, rational expectations, and the optimal money supply rule, Journal of Political Economy, 85, Seite 191–206.

Folmer, Henk / *Karmann*, Alexander [1991], The permanent income hypothesis revisted: a dynamic LISREL approach, in: G. *Feichtinger*, Operations Research 1990, Methods of Operations Research, 64.

Folmer, Henk / *Nijkamp*, Peter [1987], Investment premiums: expensive but hardly effective, KYKLOS, 40, Seite 43–72.

Fomby, Th.B. / *Hill*, R.C. / *Johnson*, S.R. [1984], Advanced Econometric Methods, New York.

Förster, F. / *Fritz*, W. / *Silberer*, G. / *Raffee*, H. [1984], Der LISREL–Ansatz der Kausalanalyse und seine Bedeutung für die Marketing–Forschung, Zeitschrift für Betriebswirtschaft, 54, Seite 346–367.

Francke, Hans–Hermann [1988], Der Einfluß von Finanzinnovationen auf die Effizienz der Geldangebotskontrolle und des geldpolitischen Instrumentariums, in *Ehrlicher/ Simmert* [1988], Seite 263–276.

Frey, B. / *Weck–Hannemann*, H. [1984], The hidden economy as an 'unobserved variable', European Economic Review, 26, Seite 55–71.

Friedman, Benjamin M. [1979], Optimal expecations and the extreme information assumptions of rational expectations macromodels, Journal of Monetary Economics, 5, Seite 23–41.

Friedman, M. [1957], A Theory of the Consumption Function, Princeton.

Friedman, M. [1959], The demand for money – some theoretical and empirical results, Journal of Political Economy, 67, Seite 327–351.

Friedman, M. [1961], The lag in effect of monetary policy, Journal of Political Economy, 69, Seite 447–466; sowie in: *Friedman* [1969].

Friedman, M. [1968], The role of monetary policy, American Economic Review, 58, 1–17.

Friedman, M. [1969], The Optimum Quantity of Money and Other Essays, Chicago.

Friedman, M. [1970], Reply, Money and income: post hoc ergo proper hoc? Quarterly Journal of Economics, 84, Seite 318–317.

Friedmann, Willy [1988], Die Mindestreserve im deutschen Finanzsystem, in: *Ehrlicher/ Simmert* [1988], Seite 79–91.

Fromm, Gary [1975], Survey of United States Models, in: G. *Fromm* / L.R. *Klein*: The Brookings Model, Perspective and recent Developments, Amsterdam.

Fromm, G. / *Klein*, L.R. / *Schink*, G.R. [1972], Short – and long –term simulations with the Brookings model, in: B.G. *Hickman* (ed.): Econometric Models of Cyclical Behavior, New York.

Fuller, Wayne A. [1976], Introduction to Statistical Time Series, New York.

Fuller, Wayne A. [1985], Nonstationary autoregressive time series, in: E.J. *Hannan*, P.R. *Krishnaiah* and M.M. *Rao* (Eds.), Handbook of Statistiks, Vol. 5 : Time Series in the Time Domain, Amsterdam, Seite 1–14.

Gaab, Werner [1987], Diskussion des Beitrags von M.J.M. Neumann und J. von Hagen: Theoretische und empirische Grundlagen von Geldmengenzielen und ihre Realisierung, in A. *Gutowski* (Hrsg.), Geldpolitische Regelbindung: Theoretische Entwicklungen und empirische Befunde, Berlin, Seite 113–121.

Gaab, Werner / *Seitz*, Helmut [1988], Zur Frage der Stabilität der Geldnachfrage M1 in der Bundesrepublik Deutschland, in: W. *Franz* u.a. (Hrsg.), Theoretische und angewandte Wirtschaftsforschung, Seite 93–121.

Gaul, W. / *Homburg*, C. [1986], The use of data analysis techniques by german research agencies: A causal analysis, Diskussionspapier Nr. 101, Institut für Entscheidungstheorie und Unternehmensforschung, Universität Karlsruhe.

Gebauer, Wolfgang [1973], Die Determinanten des Zinsniveaus in der Bundesrepublik Deutschland: Ein Kommentar, Kredit und Kapital, 6, Seite 187–202.

Gebauer, Wolfgang [1975], Die Kausalitätsbeziehung zwischen Geldmenge, Preisen und Produktion, Zeitschrift für die gesamte Staatswissenschaft, 131, Seite 603ff.

Geiger, Helmut [1988], Das Verhältnis von Refinanzierungs – und Offenmarktpolitik, in: *Ehrlicher/Simmert* [1988], Seite 129–143.

Geisler, Klaus –Dieter [1982], Bundesbankpolitik: Eine Analyse unter Verwendung von Reaktionsfunktionen, Göttingen.

Geisler, Klaus –Dieter [1986], Zur "Kausalität" von Geldmenge und Sozialprodukt, Kredit und Kapital, 19, Seite 325–338.

Geraci, V.J. [1976], Identification of simultaneous models with measurement errors, Journal of Econometrics, 4, Seite 263–283.

Geweke, John [1978], Testing the exogenity specification in the complete dynamic simultaneous equation model, Journal of Econometrics, 7, Seite 163–185.

Geweke, John [1982], Measurement of linear dependence and feedback between multiple time series, Journal of the American Statistical Association, 77, Seite 304–313.

Geweke, John [1984], Inference and causality in economic time series models, in Z. *Griliches* / M.D. *Intriligator* (eds), Handbook of Econometrics, Vol II, Amsterdam, Seite 1101–1144.

Geweke, John / *Meese*, R. / *Dent*, W. [1983], Comparing alternative tests of causality in temporal systems, Journal of Econometrics, 21, Seite 161–194.

Geweke, John F. / *Singleton*, Kenneth J. [1981], Maximum likelihood 'confirmatory' factor analysis of economic time series, International Economic Review, 22, 37–54.

Gibson, W.E. [1970a], Interest rates and monetary policy, Journal of Political Economy, 78, Seite 431–455.

Gibson, W.E. [1970b], The lag in the effect of monetary policy on income and interest rates, Quarterly Journal of Economics, 84, Seite 288–300.

Glymour, C. / *Spirtes*, P. [1988], Latent variables, causal models and overidentifying constraints, Journal of Econometrics, 39, Seite 175–198

Goldberger, Arthur S. [1971], Econometrics and psychometrics: a survey of communa-lities, Psychometrika, 36, Seite 83–107.

Goldberger, Arthur. S. [1973], Structural equation models: an overview, in: *Goldberger/ Duncan* [1973], Seite 1–18.

Goldberger, Arthur S. [1972a], Structural equation models in the social sciences, Econometrica, 40, Seite 979–1001.

Goldberger, Arthur S. [1972b], Maximum-Likelihood estimation of regressions containing unobservable independent variables, International Economic Review, 13, Seite 1–15.

Goldberger, Arthur S. [1974], Unobservable variables in econometrics, in: P. *Zarembka* (ed.), Frontiers of Econometrics, New York, Seite 193–219.

Goldberger, A.S. / *Duncan*, O.D. (Eds.) [1973], Structural Equation Models in the Social Sciences, New York.

Good, I.J. [1961/62], A causal calculus I/II, British Journal of The Philosophical Society, 11/12.

Gourieroux, G. / *Monfort*, A. / *Trognon*, A. [1984], Pseudo maximum likelihood methods: Theory, Econometrica, 52, Seite 684–700.

Granger, C.W.J. [1969], Investigating causal relations by econometric models and cross-spectral methods, Econometrika, 37, Seite 424–438.

Granger, C.W.J. [1980], Testing for causality: A personal viewpoint, Journal of Economic Dynamics and Control, 2, Seite 329–352.

Granger, C.W.J. [1981], Some properties of time series data and their use in econometric model specification, Journal of Econometrics, 16, Seite 121–130.

Granger; C.W.J. [1983], Cointegrated variables and error correcting models, UCSD Discussion Paper, 83–13a.

Granger, C.W.J. [1986], Comment, Journal of the American Statistical Association, 81, Seite 967–968.

Granger, C.W.J. [1988], Some recent developments in a concept of causality, Journal of Econometrics, 39, Seite 199–211.

Granger, C.W.J. / *Joyeux*, R. [1980], An introduction to long-memory time series models and fractional differencing, Journal of Time Series Analysis, 4, Seite 15–29.

Granger, C.W.J. / *Newbold*, Paul [1974], Spurious regressions in econometrics, Journal of Econometrics, 2, Seite 111–120.

Granger, C.W.J. / *Newbold*, Paul [1977], Identification of two-way causal systems, in M.D. *Intriligator* (ed), Frontiers of Quantitative Economics, Amsterdam, 337–59.

Granger, C.W.J. / *Newbold*, Paul [1986], Forecasting Economic Time Series, 2nd ed., Orlando; *Granger/Newbold* [1977], 1st edition.

Granger, C.W.J. / *Weiss*, A.A. [1983], Time series analysis of error correction models, in: S. *Karlin* et al. (eds.): Studies in Econometrics, New York, Seite 255–278.

Grether, D.M. / *Maddala*, G.S. [1973], Errors in variables and serially correlated disturbances in distributed lag models, Econometrica, 41, Seite 255–262.

Griliches, Zvi, [1974], Errors in variables and other unobservables, Econometrica, 42, Seite 971–98.

Gier, K.B. [1986], A note on unanticipated money growth and interest rate surprises: Mishkin and Makin revisted, Journal of Finance, 41, Seite 981–985.

Grossman, S.J. [1979], Nominal demand policy and short-run fluctuations in unemployment and prices in the United States, Journal of Political Economy, 87, 1063–1085.

Grossman, S.J. / *Stiglitz*, J.E. [1980], On the impossibility of informationally efficient markets, American Economic Review, 70, Seite 393–407.

Guilkey, David K. / *Salemi*, Michael K. [1982], Small sample properties of three tests for Granger-causal ordering in a bivariate stochastic system, Review of Economics and Statistics, Seite 668–680.

Haavelmo, T. [1943], The statistical implications of a system of simultaneous equations, Econometrika, 11, Seite 1–12.

Haavelmo, T. [1944], The probability approach in econometics, Econometrika, 12, suppl.

von *Hagen*, J. [1984], The causal role of money in West Germany – some contradicting comments and evidence, Weltwirtschaftliches Archiv, 120, 558–571.

Haldrup, Niels / *Hylleberg*, Svend [1989], Unit roots and deterministic trends, with yet another comment on the existence and interpretation of a unit root in U.S. GNP, Memo 1989–3, Institute of Economics, University of Aarhus.

Hall, R.E. [1978], Stochastic implications of the life cycle-permanent income hypothesis: theory and evidence, Journal of Political Economy, 86, Seite 971–987.

Hamburger, M. / *Platt*, E. [1975], The expectations hypothesis and the efficiency of treasury bill market, Review of Economics and Statistics, 47, 190–199.

Hannan, Edward J. [1970], Multiple Time Series, New York.

Hannan, Edward J. [1971], The identification problem for multiple equation systems with moving average errors, Econometrica, 39, Seite 751–767.

Hansen, Gerd [1986], Der konjunkturelle Einfluß der Geld- und Fiskalpolitik in der Bundesrepublik 1972–1982. Eine ökonometrische Analyse unter rationalen Erwartungen, KYKLOS, 39, Seite 180–208.

Harman, H.H. [1976], Modern Factor Analysis, 3rd ed., Chicago.

Hartung, Joachim [1982], Statistik, München.

Harvey, A.C. [1981], Finite sample prediction and overdifferencing, Journal of Time Series Analysis, 2, Seite 221–232.

Hatanaka, M. [1975], On the global identification of the dynamic simultaneous equation model with stationary disturbances, International Economic Review, 16, 545–554.

Haugh, Larry D. [1972], The Identification of Time Series Interrelationships with special reference to dynamic regression models, Ph.D.dissertation, Departement of Statistics, University of Wisconsin, Madison.

Haugh, Larry D. [1976], Checking the independence of two covariance-stationary time series: a univariate residual cross-correlation approach, JASA, 71, Seite 378–385.

Haugh, Larry D. / *Box*, G.E.P. [1977], Identification of dynamic regression (distributed lag) models connecting two time series, JASA, 72, Seite 121–130.

Hauschild, Holger [1991], Mathematische Grundlagen des Identifikationsproblems unter spezieller Berücksichtigung des LISREL-Ansatzes zur Kausalanalyse, Diplomarbeit, Universität Karlsruhe.

Hausman, J.A. / *Newey*, W.K. / *Taylor*, W.E. [1987], Efficient estimation and identification of simultaneous equation models with covariance restrictions, Econometrica, 55, Seite 849–74.

Hendry, David F. [1980], Econometrics-alchemy or science?, Economica, 47, 387–406.

Hendry, David F. [1986], Econometric modelling with cointegrated variables: an overview, Oxford Bulletin of Economics and Statistics, 48, Seite 201–212.

Hendry, D.F. / *Mizon*, G.E. [1978], Serial correlation as a convenient simplification, not a nuisance: a comment on a study of the demand for money by the Bank of England, Economic Journal, 88, Seite 549–563.

Hendry, D.F. / *Pagan*, A.R. / *Sargan*, J.D. [1984], Dynamic specification, in: Z. *Griliches* / M.D. *Intriligator* (eds), Handbook of Econometrics, Vol II, Amsterdam, Seite 1023–1100.

Hendry, D.F. / *Richard*, J.F. [1982], On the formulation of empirical models in dynamic econometrics, Journal of Econometrics, 20, Seite 3–33.

Hendry, D.F. / *Richard*, J.F. [1983], The econometric analysis of economic time series, International Statistical Review, 51, Seite 111–163.

Hernandez–Iglesias, C. / *Hernandez–Iglesias*, F. [1981], Causality and the independence phenomenon, Journal of Econometrics, 15, Seite 247–263.

Herz, Bernhard / *Röger*, Werner [1988], Wechsel des monetären Zwischenziels, Wirtschaftsdienst, 88/3, Seite 163–168.

Heyse, J.F. / *Wei*, W.W.S. [1986], Modelling the advertising–sales relationship through use of multiple time series techniques, Journal of Forecasting, 4, Seite 165–182.

Hicks, J. [1979], Causality in Economics, Oxford.

Hildebrandt, Lutz [1983], Konfirmatorische Analysen von Modellen des Konsumenten–verhaltens, Berlin.

Hillmer, Matthias [1988], Schätz– und Testprobleme der Kovarianzstrukturanalyse, Diplomarbeit, Universität Karlsruhe.

Hillmer, Matthias [1990], Der Zusammenhang zwischen klassischen multivariaten Ver–fahren und der Kovarianzstrukturanalyse, in: G. *Nakhaeizadeh* / K.–H. *Vollmer*, Neuere Entwicklungen in der Angewandten Ökonometrie, Heidelberg, Seite 20–40.

Hoffman, D.L. / *Low*, S.A. / *Schlagenhauf*, D.E. [1984], Tests of rationality, neutrality and market efficiency: A Monte Carlo analysis of alternative tests statistics, Journal of Monetary Economics, 14, Seite 339–363.

Hoffman, D.L. / *Schlagenhauf*, D.E. [1982], An econometric investigation of the monetary neutrality and rationality propositions from an international perspective, Review of Economics and Statistics, 64, Seite 562–571.

Hoffman, D.L. / *Schlagenhauf*, D.E. [1985], Real interest rates, anticipated inflation, and unanticipated money: a multi–country study, Review of Economics and Statistics, 67, Seite 284–296.

Hoffman, D.L. / *Schmidt*, P. [1981], Testing the restrictions imposed by the rational expectations hypothesis, Journal of Econometrics, 15, 265–287.

Holland, P.W. [1986], Statistics and causal inference (with discussion), Journal of the American Statistical Association, 81, Seite 945–970.

Holt, C.C. [1957], Forecasting seasonals and trends by exponentially weighted moving averages, Carnegie Institute of Technology, Pittsburgh.

Homburg, Chr. [1989], Exploratorische Ansätze der Kausalanalyse als Instrument der Marketingsplanung, Frankfurt/Main.

Hosoya, Y. [1977], On the Granger condition for non–causality, Econometrica, 45, Seite 1735–1736.

Howe, W.G. [1955], Some contributions to factor analysis, Report No. 1919, Oak Ridge National Laboratory.

Hsiao, C. [1976], Identification and estimation of simultaneous equation models with measurement errors, International Economic Review, 17, Seite 319–339.

Hsiao, C. [1979], Autoregressive modeling of canadian money and income data, Journal of the American Statistical Association, 74, Seite 553–560.

Hsiao, C. [1981], Autoregressive modeling and money income causality detection, Journal of Monetary Economics, 7, Seite 85–106.

Hsiao, C. [1982], Autoregressive modeling and causal ordering of economic variables, Journal of Economic Dynamics and Control, 4, Seite 243–259.

Hübler, Olaf [1989], Ökonometrie, Stuttgart.

Hujer, R. / *Knepel*, H. [1982], "Unbeobachtbare" Variablen in ökonometrischen Modellen, Das Wirtschaftsstudium, 11, Seite 188–195.

Hume, D. [1972], A Treatise of Human Nature (1739/40), Fontana.

Hylleberg, Svend / *Mizon*, Grayham E. [1989], A note on the distribution of the least squares estimator of a random walk with drift, Economics Letters, 29, 225–230.

Jagodzinski, W. [1986], Pfadmodelle mit latenten Variablen, Eine Einführung in das allgemeine Modell LISREL, in: J. von *Koodwijk* / M. *Wieken–Mayser*, Techniken der empirischen Sozialforschung, Band 8, München, Seite 77–121.

Jansen, D. [1991], Geld– und Fiskalpolitik und ihre konjunkturelle Wirkung, ein empirischer Vergleich verschiedener Theorien, Frankfurt/Main.

Jarchow, Hans–Joachim [1983], Theorie und Politik des Geldes: II. Geldmarkt und geldpolitische Instrumente, 4. Aufl., Göttingen.

Jenkins, G.M. / *Alavi*, A.S. [1981], Some aspects of modeling and forecasting multi–variate time series, Journal of Time Series Analysis, 2, Seite 1–47.

Jennrich, R.I. [1978], Rotational equivalence of factor loading matrices with specified values, Psychometrika, 43, Seite 421–26.

Jeon, T.J. / *Park*, S.J. [1988], Multiple time series model identification using concatenated sample cross–correlations, Communications in Statistics, 17, 1–16.

Jöreskog, K.G. [1969], A general approach to confirmatory maximum likelihood factor analysis, Psychometrika, 34, Seite 183–202.

Jöreskog, K.G. [1970], A general method for analysis of covariance structures, Biometrika, 57, Seite 239–251.

Jöreskog, K.G. [1973], A general method for estimation a linear structural equation system, in: *Goldberger/Duncan* [1973], Seite 85–112.

Jöreskog, K.G. [1977], Structural equation models in the social sciences, in: P.R. *Krishnaiah* (ed), Applications of Statistics, Amsterdam, Seite 265–287.

Jöreskog, K.G. [1978a], Structural analysis of covariance and correlation matrices, Psychometrika, 43, Seite 443–477.

Jöreskog, K.G. [1978b], An econometric model for multivariate panel data, Annales de l'INSEE, 30–31, Seite 355–366.

Jöreskog, K.G. [1982], The LISREL approach to causal model–building in the social sciences, in: *Jöreskog/Wold* [1982], Seite 81–99.

Jöreskog, K.G. / *Goldberger*, A.S. [1972], Factor analysis by generalized least squares, Psychometrika, 37, Seite 243–260.

Jöreskog, K.G. / *Goldberger*, A.S. [1975], Estimation of a model with multiple indicators and multiple causes of a single latent variable, JASA, 70, Seite 631–639

Jöreskog, K.G. / *Sörbom*, D. [1984], LISREL VI, Analysis of Linear Structural Relationships by Maximum Likelihood, Instrumental Variables and Least Squares Methods, Uppsala.

Jöreskog, K.G. / *Wold*, H. (Eds.) [1982], Systems under indirect Observation: Causality–Stucture–Predicton, Part I, Amsterdam.

Johansen, S. [1988], Statistical analysis of cointegration vectors, Journal of Economic Dynamics and Control, 12, Seite 231–254.

Johansen, S. [1991], Estimation and hypothesis testing of cointegration vectors in Gaussian Vector Autoregressive Models, to appear in Econometrica.

Johnson, H.G. [1974], Major issues in monetary economics, Oxford Economic Papers, 26, Seite 212ff.

Jones, J.D. [1989], A comparison of lag–length selection techniques in test of Granger causality between money growth and inflation: Evidence for the US, 1957–86, Applied Economics, 21, Seite 809–822.

Johnston, J. [1972], Econometric Methods, Tokio.

Judge, G.G. / *Griffiths*, W.E. / *Hill*, R.C. / *Lütkepohl*, H. / *Lee*, T.–C. [1985], The Theory and Practice of Econometrics, 2nd ed., New York.

Kaldor, Nicholas [1970], Die neue Geldlehre, Ifo–Studien, 16, Seite 41–66.

Kaldor, Nicholas [1985], How Monetarism Failed, Challenge, 28/2.

Karmann, A. / *Ketterer*, K.–H. / *Nakhaeizadeh*, G. [1987], Zu den Beziehungen zwischen Geldmenge und Gesamtnachfrage – Einige Ergebnisse einer Kausalitäts–untersuchung, in: O. *Opitz* / B. *Rauhut* (Hrsg.), Ökonomie und Mathematik, Rudolf Henn zum 65. Geburtstag, Berlin.

Kath, Dietmar [1972], Die verschiedenen Ansätze der Zinsstrukturtheorie, Kredit und Kapital, 5, Seite 28–69.

Keesling, W. [1972], Maximul likelihood approaches to causal flow analysis, PhDthesis, University of Chicago.

Kendall, M.G. / *Stuart*, A. [1973], The Advanced Theory of Statistics, London.

Kenny, D.A. [1985], Quantitative methods for social psychology, in: S. *Lindzey* / E. *Aronson* (eds), Handbook of Social Psychology, 1, New York, S. 487–508.

Keynes, J.M. [1936], The General Theory of Employment, Interest and Money, London.

Kinal, K. / *Lahiri*, K. [1988], A model for ex ante real interest rates and derived inflation forecasts, Journal of the American Statistical Association,83, Seite 665–73.

Kirchgässner, Gebhard [1981], Einige neuere statistische Verfahren zur Erfassung kausaler Beziehungen, Göttingen.

Kirchgässner, Gebhard [1985], Zum Kausalzusammenhang zwischen Geldmenge und Sozialprodukt. Übersicht über neuere Arbeiten und empirische Ergebnisse für die Bundesrepublik Deutschland, 1960–1979, Europäische Zeitschrift für Politische Ökonomie, 1, Seite 399–456.

Kirchgässner, Gebhard / *Wolters*, Jürgen [1989], Granger causality and temporal aggre–gation, Paper presented at the Econometric Society European Meeting, München.

Kiviet, Jan F. [1980], Effects of ARMA errors on tests for regression coefficients: Comments in Vinod's article, Improved and additional results, Journal of the American Statistical Association, 75, Seite 353–358.

Kiviet, Jan F. / *Ridder*, Geert [1987], On the rationale for and scope of regression models in econometrics, in: R.D.H. *Heijmans* / H. *Neudecker* (eds.), The Practice of Econometrics, Dordrecht.

Kleidon, Allan W. [1986], Variance bounds tests and stock price valuation models, Journal of Political Economiy, 94, Seite 953–1001.

Klein, L.R. / *Goldberger*, A.S. [1955], An Econometric Model of the United States 1929–1952, Amsterdam.

Kmenta, J. [1986], Elements of Econometrics, New York.

Knepel, Helmut [1981], Sozioökonomische Indikatormodelle zur Arbeitsmarktanalyse, Frankfurt/Main.

Koehler, Anne B. / *Murphree*, Emily S. [1988], A comparison of the Akaike and Schwarz criteria for selecting model order, Applied Statistics, 37, 187–195.

Koopmans, T.C. [1937], Linear Regression Analysis of Economic Time Series, Haarlem.

Koopmans, T.C. (ed.) [1950], Statistical Inference in Dynamic Economic Models, Vol. 10, Cowles Commission Monograph, New York.

Koopmans, T.C. / *Rubin*, H. / *Leipnik*, R.B. [1950], Measuring the equation systems of dynamic economics, in: T.C. *Koopmans* [1950].

Koreisha, Sergio G. [1982], Relationships between transfer functions, causal implications, and econometric modeling specification, in: O.D. *Anderson* / M.R. *Perryman* (eds), Applied Time Series Analysis, Seite 139–165.

Krämer, Walter [1991], So lügt man mit Statistik, Frankfurt/Main.

Kröger, Jürgen [1983], Zentralbankreaktionen auf binnen– und außenwirtschaftliche Entwicklungen, Baden–Baden.

Krol, Robert / *Ohanian*, Lee E. [1990], The impact of stochastic and deterministic trends on money–output causality, Journal of Econometrics, 45, S. 291–308.

Laidler, D.E.W. [1978], Money and money income: an essay on the transmission mechanism, Journal of Monetary Economics, 4, Seite 151–191.

Lawley, D.N. / *Maxwell*, A.E. [1971], Factor Analysis as a Statistical Method, London.

Leamer, E.E. [1985], Vector autoregressions for causal inference?, in: K. *Brunner*/ A.H. *Meltzer* (eds), Understanding Monetary Regimes, Carnegie–Rochester Conference Series on Public Policy, 22, Seite 255–304.

McLeod, A.I. [1978], On the distribution and application of residual autocorrelations in Box–Jenkins models, Journal of the Royal Statistical Society, B, 40, Seite 296–302.

Leiderman, L. [1980], Macroeconometric testing of the rational expectations and structural neutrality hypotheses for the United States, Journal of Monetary Economics, 6, Seite 69–82.

Litterman, R.B. [1986], Forecasting with Bayesian vector autoregressions: Five years of experience, Journal of Business and Economic Statistics, 4, Seite 25–38.

Ljung, G.M. / *Box*, G.E.P. [1978], On a measure of lack of fit in time series models, Biometrika, 65, Seite 297–303.

Long, J.S. [1983], Covariance Structure Models, An Introduction to LISREL, Beverly Hills.

Lovell, M.C. [1986], Tests of the rational expectations hypothesis, American Economic Review, 76, Seite 110–124.

Lucas, Robert E. [1975], An equilibrium model of the business cycle, Journal of Political Economy, 83, Seite 1113–1144.

Lucas, Robert E. [1976], Macro-economic policy evaluation: a critique, in: K. *Brunner* / A.H. *Meltzer* (eds.): The Phillips Curve and Labor Markets, Carnegie-Rochester Conference Series on Public Policy, Amsterdam, Seite 19–46.

Lütkepohl, Helmut [1985], Comparison of criteria for estimationg the order of a Vector Autoregressive Process, Journal of Time Series Analysis, 6, 35–52.

Lütkepohl, Helmut [1991], Prognose und Interpretation cointegrierter Systeme, in: G. *Nakhaeizadeh* / K.-H. *Vollmer* (Hrsg.), Anwendungsaspekte von Prognoseverfahren, Heidelberg.

Maddala, G.S. [1977], Econometrics, New York.

Magnus, Jan R. / *Pesaran*, Bahram [1989], Forecasting, misspecification and unit roots: the case of AR(1) versus ARMA(1,1), Mimeo 2nd version, 8/1989.

Makin, J.H. [1982], Anticipated money, inflation uncertainty and real economic activity, Review of Economics and Statistics, 64, Seite 126–134.

Makin, J.H. [1983], Real interest, money surprises, anticipated inflation and fiscal deficits, Review of Economics and Statistics, Seite 374–384.

Mandansky, A. [1976], Foundations of Econometrics, Amsterdam.

Mankiw, N.G. [1986], The term structure of interest rates revisted, Brookings Papers on Economic Activity, Seite 61–96.

Mankiw, N.G. / *Miron*, J.A. [1986], The changing behavior of the term structure of interest rates, Quarterly Journal of Economics, 101, Seite 211–228.

Mankiw, N. Gregory / *Shapiro*, Matthew D. [1985], Trends, random walks, and tests of the permanent income hypothesis, Journal of Monetary Economics, 16, 165–174.

Maravall, Agustin [1981], A note on identification of multivariate time-series models, Journal of Econometrics, 32, Seite 237–247.

Mardia, K.V. [1970], Measures of multivariate skewness and kurtosis with applications, Biometrika, 57, Seite 519–30.

Mattey, Joe / *Meese*, Richard [1986], Empirical assessment of present value models, Econometric Reviews, 5, Seite 171–234.

Meese, R.A. / *Singleton*, K.J. [1982], On unit roots and the empirical modeling of exchange rates, Journal of Finance, 37, Seite 1029–35.

Mehra, Yash [1985], Inflationary expectations, money growth, and the vanishing liquidity effect of money on interest: a further investigation, Federal Reserve Bank of Richmond Economic Review, March/April, Seite 23–35.

Melvin, Michael [1983], The vanishing liquidity effect of money on interest: analysis and implications for policy, Economic Inquiry, 21, Seite 188–202.

Menges, G. [1975], Weiche Modelle in Ökonometrie und Statistik, Statistische Hefte, 16, Seite 144–155.

Mishkin, F.S. [1981], Monetary Policy and long-term interest rates: an efficient markets approach, Journal of Monetary Economics, 7, Seite 29–55.

Mishkin, F.S. [1982a], Does anticipated monetary policy matter? An econometric investigation, Journal of Political Economy, 90, Seite 22–51.

Mishkin, F.S. [1982b], Monetary Policy and short-term interest rates: an efficient markets–rational expectations approach, Journal of Finance, 37, Seite 63–72.

Mishkin, F.S. [1988], The information in the term structure: some further results, Journal of Applied Econometrics, 3, Seite 307–314.

Mishkin, F.S. [1990], What does the term structure tell us about future inflation?, Journal of Monetary Economics, 25, Seite 77–95.

Molenaar, Peter C.M. [1985], A dynamic factor model for the analysis of multivariate time series, Psychometrika, 50, Seite 181–202.

Muirhead, R.J. [1982], Aspects of Multivariate Statistical Theory, New York.

Muth, John F. [1960], Optimal properties of exponentially weighted forecasts, Journal of the American Statistical Association, 55, Seite 299–306.

Muth, John F. [1961], Rational expectations and the theory of price movements, Econometrika, 29, Seite 315–335.

Nakhaeizadeh, Gholamreza [1989], Neuklassische und Keynesianische Modelle, Theoretische Analyse und Empirischer Vergleich, Berlin Heidelberg.

Naylor, T.H. / *Seaks*, T.G. / *Wichern*, D.W. [1972], Box–Jenkins method: an alternative to econometric models, International Statistical Review, 40, Seite 123–137.

McNees, S.K. [1986], Forecasting accuracy of alternative techniques: A comparison of U.S. macroeconomic forecasts, Journal of Business and Economic Statistics 4, 5–23.

Nelson, Charles R. [1972a], The prediction performance of the F.R.B.–M.I.T.–PENN model of the U.S. economy, American Economic Review, 62, Seite 902–917.

Nelson, Charles R. [1972b], The Term Structure of Interest Rates, New York.

Nelson, Charles R. [1979], Discussion of the Zellner and Schwert papers, in: K. *Brunner* / A.H. *Meltzer* (eds.), Three Aspects of Policy and Policy–making: Knowledge, Data and Institutions, Carnegie–Rochester Conference Series on Public Policy, 10, Amsterdam, Seite 97–108.

Nelson, Charles R. / *Kang*, Heejoon [1981], Spurious periodicity in inapropriately detrended time series, Econometrica, 49, Seite 741–751.

Nelson, Charles R. / *Kang*, Heejoon [1984], Pitfalls in the use of time as an explanatory variable in regression, Journal of Business and Economic Statistics, 2, Seite 73–82.

Nelson, Charles R. / *Plosser*, Charles I. [1982], Trends and random walks in macro–economic time series: Some evidence and implications, Journal of Monetary Economics, 10, Seite 139–162.

Nelson, Charles R. / *Schwert*, G. William [1977], Short–term interest rates as predictors of inflation: On testing the hypothesis that the real rate of interest is constant, American Economic Review, 67, Seite 478–486.

Nelson, Charles R. / *Schwert*, G. William [1982], Tests for predictive relationships between time series variables: A Monte Carlo investigation, Journal of the American Statistical Association, 77, Seite 11–18.

Nelson, H.L. / *Granger*, C.W.J. [1979], Experience with using the Box–Cox Trans–formation when forecasting economic time series, J. of Econometrics, 10, 57–69.

Nerlove, M. [1956], Estimates of the elasticities of supply of selected agricultural commodities, Journal of Farm Economics, 39, Seite 496–509.

Nerlove, M. [1972], On lags in economic behaviour, Econometrika, 40, 221–252.

Nerlove, M. / *Grether*, D.M. / *Carvalho*, J.L. [1979], Analysis of Economic Time Series, A Synthesis, New York.

Neubauer, Werner [1977], Über die Unmöglichkeit einer monetaristischen Geldpolitik, Kredit und Kapital, Seite 65–90.

Neumann, Manfred J.M. [1977], Inflationserwartungen und andere Determinanten des Zinsniveaus, Konjunkturpolitik, 23, Seite 216–241.

Neumann, Manfred J.M. [1979], Rationale Erwartungen in Makromodellen. Ein kritischer Überblick, Zeitschrift für Wirtschafts– und Sozialwissenschaften, 371–401.

Neumann, Manfred J.M. [1981], der Beitrag der Geldpolitik zur konjunkturellen Entwicklung in der Bundesrepublik Deutschland, 1973–1980, KYKLOS, 34, 405–31.

Neumann, Manfred J.M. [1983], Stabilität von Geldnachfrage und Geldpolitik, Wirtschaftsdienst, 83/8, Seite 415ff.

Neumann, Manfred J.M. [1988], Geldpolitik: Nichtneutralität als Problem, in: *Ehrlicher/ Simmert* [1988], Seite 61–76.

Neumann, Manfred J.M./ *Buscher*, Herbert S. [1980], Die Inflationsprognosen der Arbeitsgemeinschaft deutscher wirtschaftswissenschaftlicher Forschungsinstitute: Sind sie "rational"?, Weltwirtschaftliches Archiv, 116, S.533–550.

Neumann, Manfred J.M./ *Buscher*, Herbert S. [1985], Wirtschaftsprognosen im Vergleich: Eine Untersuchung anhand von Rationalitätstests, ifo–Studien 31, 183–201.

Neumann, Manfred J.M./ *Klein*, Martin [1982], Probleme der Theorie effizienter Märkte und ihrer empirischen Überprüfung, Kredit und Kapital 10, 165–187

Neumann, Manfred J.M./ *von Hagen*, Jürgen [1987], Theoretische und empirische Grundlagen von Geldmengenzielen und ihre Realisierung, in: A. *Gutowski* (Hrsg.), Geldpolitische Regelbindung: Theoretische Entwicklungen und empirische Befunde, Berlin, Seite 63–111.

Newbold, Paul [1974], The exact likelihood function for a mixed autoregressive moving average process, Biometrika, 61, Seite 423–426.

Newbold, Paul [1978], Feedback induced by measurement errors, International Economic Review, 19, Seite 787–791.

Newton, H.J. / *Pagano*, M. [1983], The finite memory prediction of covarinance–stationary time series, SIMA Journal of Sci. Stat. Comput., 4, Seite 330–339.

Otter, Pieter W. [1986], Dynamic structural systems under indirect observation: identifiability and estimation aspects from a system theoretic perspective, Psychometrika, 51, Seite 415–428.

Otter, Pieter W. [1988], Structural, dynamic modelling in unobservable spaces of covariance–stationary stochastic processes, J. of Time Series Analysis, 9, 59–72.

Pagan, A. [1984]. Econometric issues in the analysis of regressions with generated regressors, International Economic Review, 25, Seite 221–247.

Palm, Franz [1977], On univariate time series methods and simultaneous equation econometric models, Journal of Econometrics, 5, Seite 379–388.

Palm, F. / *Zellner*, A. [1980], Large sample estimation and testing procedures for dynamic equation systems, Journal of Econometrics, 12, Seite 251–283.

Peek, Joe [1982], Interest rates, income taxes, and anticipated inflation, American Economic Review, 72, Seite 980–991.

Peek, Joe / *Wilcox*, James A. [1987], Monetary policy regimes and the reduced form for interest rates, Journal of Money, Credit, and Banking, 19, Seite 273–291.

Perron, Pierre / *Phillips*, Peter C.B. [1987], Does GNP have a unit root? A reevaluation, Economics Letters, 23, Seite 139–145.

Pesaran, M.H. [1981], Identification of rational expectations models, Journal of Econometrics, 16, Seite 375–398.

Pesaran, M.H. [1982], A ctritique of the proposed tests of the natural rate–rational expectations hypothesis, Economic Journal, 92, Seite 529–554.

Pesaran, M.H. [1987], The Limits to Rational Expectations, Oxford.

Pfeifer, A. / *Schmidt*, P. [1987], LISREL: Die Analyse komplexer Strukturgleichungs–modelle, Stuttgart.

Phelps, E.S. [1967], Phillips curves, expectations of inflation, and optimal unemployment over time, Economica, 34, Seite 254–281.

Phelps, E.S. / *Taylor*, J.B. [1977], Stabilizing powers of monetary policy under rational expectations, Journal of Political Economy, 85, Seite 165–190.

Phillips, A.W. [1957], Stabilization policy and the time forms of lagged responses, Economic Journal, 65, Seite 265–277.

Phillips, Peter C.B. [1986], Understanding spurious regressions in econometrics, Journal of Econometrics, 33, Seite 311–340.

Phillips, Peter C.B. [1987], Time series regression with a unit root, Econometrica, 55, Seite 277–301

Phillips, Peter C.B. / *Perron*, Pierre [1988], Testing for a unit root in time series regressions, Biometrika, 75, Seite 335–346.

Pierce, David A. [1975], On Trend and autocorrelation, Communications in Statistics, 4, Seite 163–175.

Pierce, David A. [1977], Relationships – and the lack of thereof – between economic time series, with special reference to money and interest rates, JASA, 72, Seite 11–22.

Pierce, David A. / *Haugh*, Larry D. [1977], Causality in temporal systems: characterizations and a survey, Journal of Econometrics, 5, Seite 265–293.

Pierce, David A. / *Haugh*, Larry D. [1979], The characterization of instantaneous causality: A comment, Journal of Econometrics, 10, Seite 257–259.

Pindyck, Robert S. / *Rubinfeld*, Daniel L. [1981], Econometric Models and Economic Forecasts, Singapore.

Plosser, Charles, I. / *Schwert*, William G. [1977], Estimation of a non–invertible moving average process, The case of overdifferencing, Journal of Econometrics, 6, 199–224.

Plosser, Charles, I. / *Schwert*, William G. [1978], Money, income, and sunspots: measuring economic relationships and the effects of differencing, Journal of Monetary Economics, 4, Seite 637–660.

Price, J.M. [1979], The characterization of instantaneous causality: A correction, Journal of Econometrics, 10, Seite 253–256.

Prothero, David / *Wallis*, Kenneth F. [1976], Modelling macroeconomic time series, Journal of the Royal Statistical Society, Series A, 139, Seite 468–486.

Pohl, Rüdiger [1976], Die Transmissionsmechanismen der Geldpolitik, Jahrbücher für Nationalökonomie und Statistik, 190, Seite 1–27.

Quenouille, M.H. [1957], The Analysis of Multiple Time Series, London.

Rao, C.R. [1965], Linear Statistical Inference and Its Applications, New York.

Reichenstein, W. [1987], The impact of money on short–term interest rates, Economic Inquiry, 25, Seite 67–82.

Reiersol, O. [1945], Confluence analysis by means of instrumental sets of variables, Arkiv for Matematik, Astronomi och Fysik, Uppsala, 1–119.

Reimers, Hans-Eggert [1992], Einige empirische Befunde zur kausalen Richtung des Geldes für die Bundesrepublik Deutschland, in: G.*Bol*/G.*Nakhaeizadeh*/K.-H. *Vollmer* (Hrsg.), Ökonometrie und Monetärer Sektor, Heidelberg.

Reis, H.T. [1982], An introduction to the use of structural equations: prospects and problems, in: L. *Wheeler* (ed), Review of Personality and Social Psychology, Vol. 3, Beverly Hills, Seite 255–287.

Revankar, N.S. [1980], Testing of the rational expectations hypothesis, Econometrica, 48, Seite 1347–1363.

Richmond, J. [1974], Identifiability in linear models, Econometrica, 42, S. 731–36.

Robinson, Kenneth J. [1988], The effect of monetary policy on long-term interest rates: further evidence from an efficient-markets approach, Federal Reserve Bank of Dallas Economic Review, March, Seite 10-16.

Röger, Werner [1987], Alternative geldpolitische Modelle und ökonometrische Tests für die Bundesrepublik Deutschland, Tübingen.

Rohde, Armin [1985], Mengensteuerung und Zinssteuerung. Eine Analyse monetärer Steuerungsstrategien, Berlin.

Rohde, Armin [1990], Deutsche Bundesbank: Abschied vom Geldmengenziel?, Wirtschaftsdienst, 90/7, Seite 368–371.

Rommelfanger, Heinrich [1977], Differenzen- und Differentialgleichungen, Mannheim.

Rosenbaum, P.R. [1984], From association to causation on observational studies: The role of tests of strongly ignorable treatment assignments, JASA, 79, Seite 41–48.

Rothenberg, T.J. [1971], Identification in parametric models, Econometrica, 39, 577–592.

Rüdel, Thomas [1989], Kointegration und Fehlerkorrekturmodelle, Heidelberg.

Rudinger, G. [1985], Strukturanalysen / Prozeßanalysen, in: T. *Herrmann*, / E.T. *Lantermann* (Hrsg.), Persönlichkeitspsychologie: Ein Handbuch in Schlüsselbegriffen, München, Seite 191–202 / 202–214.

Rubin, D.B. [1974], Estimating causal effects of treatments in randomized and non-randomized studies, Journal of Educational Psychology, 66, Seite 688–701.

Rubin, D.B. [1978], Bayesian inference for causal effects: The role of randomization, The Annals of Statistics, 6, Seite 34–58.

Runkle, D.E. [1987], Vector autoregressions and reality, Journal of Business and Economic Statistics, 5, Seite 437–442.

Said, Said E. / *Dickey*, David A. [1984], Testing for unit roots in autoregressive–moving average models of unknown order, Biometrika, 71, Seite 599–607.

Said, Said E. / *Dickey*, David A. [1985], Hypothesis testing in ARIMA*(p*,1,*q)* models, Journal of the American Statistical Association, 80, S. 369–374.

Samuelson, P.A. [1973], Proof that properly discounted present values of assets vibrate randomly, Bell Journal of Economic Management Sciences, 4, Seite 369–374.

Samuelson, P.A. / *Koopmans*, T.C. / *Stone*, J.R.N. [1954], Report of the Evaluative Committee for Econometrics, Econometrica, 22, Seite 141–146.

Sargan, J.D. [1964], Wages and prices in the United Kingdom: A study in econometric methodology, in: P.E. *Hart* et al. (eds), Econometric Analysis for National Economic Planning, London.

Sargan, J.D. [1975], A suggested technique for computing approximations to the Wald Criteria with applications to testing dynamic specifications, Discussion Paper, LSE.

Sargent, Thomas J. [1976a], A classical marcoeconometric model for the United States, Journal of Political Economy, 84, Seite 207–237.

Sargent, Thomas J. [1976b], The observational equivalence of natural and unnatural rate theories of macroeconomics, Journal of Political Economy, 84, Seite 631–640.

Sargent, Thomas J. / *Wallace*, Neil [1975], 'Rational' expectations, the optimal monetary instrument, and the optimal money supply rule, Journal of Political Economy, 83, Seite 241–254.

Satorra, A. / *Bentler*, P.M. [1986], Robustness properties of ML statistics in covariance structure analysis, University of California, Los Angeles.

Scheide, J. [1984], Geldpolitik, Konjunktur und rationale Erwartungen, Tübingen.

Schlesinger, Helmut [1988], Das Konzept der Deutschen Bundesbank, in: *Ehrlicher/ Simmert* [1988], Seite 3–20.

Schlesinger, Helmut / *Jahnke*, Wilfried [1987], Geldmenge, Preise und Sozialprodukt: Interdependenzzusammenhänge im Lichte ökonometrischer Forschungsergebnisse für die Bundesrepublik Deutschland, Jahrbücher für Nationalökonomie und Statistik, 203, Seite 576–590.

Schlotthauer, Karl-Heinz [1981], Inflationserwartungen, Hamburg.

Schmidt, P. / *Waud*, R.N. [1973], The Almon lag technique and the monetary versus fiscal policy debate, Journal of the American Statistical Association, 68, 11–19.

Schneeweiß, Hans [1978], Ökonometrie, 3. Auflage, Würzburg.

Schneeweiß, Hans / *Mittag*, Hans-Joachim [1986], Lineare Modelle mit fehlerbehafteten Daten, Heidelberg.

Schöler, Klaus [1988], Zu den Kausalitätsbeziehungen zwischen Geldmenge, Sozial-produkt und Preisniveau, Zeitschrift für Wirtschafts- und Sozialwissenschaften, 109, Seite 287–301.

Schoenberg, R.J. [1989], LINCS: Linear Covariance Structure Analysis User's Guide, Kensington.

Schönfeld, Peter [1969], Methoden der Ökonometrie, Band I: Lineare Regresssions-modelle, Berlin.

Schwarz, Gideon [1978], Estimationg the dimension of a model, The Annals of Statistics, 6, Seite 461–464.

Schwert, G. William [1979], Tests of causality: The message in the innovations, in: K. *Brunner* / A.H. *Meltzer* (eds.), Three Aspects of Policy and Policy-making: Knowledge, Data and Institutions, Carnegie-Rochester Conference Series on Public Policy, 10, Amsterdam, Seite 55–96.

Schwert, G. William [1987], Effects of model specification on tests for unit roots in macroeconomic data, Journal of Monetary Economics, 20, Seite 73–103.

Schwert, G. William [1989], Tests for unit roots: a Monte Carlo investigation, Journal of Business and Economic Statistics, 7, Seite 147–159.

Seber, G.A.F. [1984], Multivariate Observations, New York.

Seidel, G. / *Eicheler*, C. [1990], Identification structure of linear structural models, Quality and Quantity, 24, Seite 345–65.

Serletis, Apostolos / *Atkins*, Frank [1988], The low-frequency relationship between money, prices and income, Applied Economics, 20, Seite 877–887.

Shapiro, A. [1984], A note on the consistency of estimators in the analysis of moment structures, British Journal of Mathematical and Statistical Psychology, 37, 84–88.

Sheffrin, S.M. [1979], Unanticipated money growth and output fluctuations, Economic Inquiry, 17, Seite 1–13.

Sheffrin, S.M. [1983], Rational Expectations, Cambridge.

Shiller, R.J. [1978], Rational expectations and the dynamic structure of macro-economic models, Journal of Monetary Economics, 4, Seite 1–44.

Shiller, R.J. [1979], The volatility of long-term interest rates and expectations models of the term structure, Journal of Political Economy, 87, 1190–1219.

Shiller, R.J. [1980], Can the Fed control real interest rates?, in: St. *Fischer* (ed.), Rational Expectations and Economic Policy, Chicago, Seite 117–156.

Shiller, R.J. / *Campbell*, J.Y. / *Schoenholtz*, K.L. [1983], Foreward rates and future policy: Interpreting the term structure of interest rates, Brookings Papers on Economic Activity, Seite 173–217.

Shiller, Robert J. / *Perron*, Pierre [1985], Testing the random walk hypothesis, Powers versus frequency of observation, Economics Letters, 18, S. 381–386.

Siebke, Jürgen / *Willms*, Manfred [1972], Zinsniveau, Geldpolitik und Inflation, Kredit und Kapital, 5, Seite 171–205.

Simon, H.A. [1952], On the definition of the causal relation, Journal of Philosophy, 49, Seite 507–28.

Simon, H.A. [1953], Causal ordering and identifiability, in: W.C. *Hood* / T.C. *Koopmans* Studies in Econometric Method, Cowles Commission Monograph, 14, New York.

Sims, Christopher A. [1972], Money, income, and causality, American Economic Review, 62, Seite 540–552.

Sims, Christopher A. [1974], Distributed lags, in: M.D. *Intriligator* / D.A. *Kendrick* (eds): Frontiers of Quantitative Economics, Vol. 2, Amsterdam

Sims, C.A. [1977a], Exogenity and causal ordering in macroeconomic models, in: C.A. *Sims* (ed), New Methods in Business Cycle Research: Proceedings from a Conference, Minneapolis, Seite 23–43.

Sims, C.A. [1977b], Comment, JASA, 72, Seite 23–24.

Sims, C.A. [1980], Macroeconomics and reality, Econometrika, 48, Seite 1–48.

Sims, C.A. [1982], Policy Analysis with Econometric Models, Brookings Paper on Economic Activity, 1, Seite 107–164.

Sims, C.A. [1988], Bayesian skepticism on unit root econometrics, Journal of Economic Dynamics and Control, 12, Seite 463–474.

Skoog, G.R. [1976], Causality characterizations: Bivariate, trivariate, and multi-variate propositions, Staff Report, 14, Federal Reserve Bank of Minneapolis.

Skotnicky, J. [1976], Über Kausalität, Philos.Nat., 16.

Skryms, B. [1988], Probability and causation, Journal of Econometrics, 39, Seite 53–68.

Slutsky, E. [1937], The summation of random causes as a source of cyclic processes, Econometrika, 5, Seite 105–146.

Smeets, Heinz-Dieter [1988], Zur Wahl eines geldpolitischen Indikators für die Bundesrepublik Deutschland, Jahrbücher für Nationalökonomie und Statistik, 205/5, Seite 410–426.

Smithies, A. [1942], The stability of competitive equilibrium, Econometrica, 10, 258–274.

Sörbom, D. [1982], Structural equation models with structured means, in: *Jöreskog/ Wold* [1982], Seite 183–195.

Solo, Victor [1984], The order of differencing in ARIMA models, JASA, 79, 916–921.

Spanos, Aris [1986], Statistical Foundations of Econometric Modeling, Cambridge.

Spearman, C. [1904], "General intelligence" objectively determined and measured, American Journal of Psychology, 15, Seite 201–292.

Steeb, Guido [1978], Time lags der Geldpolitik, Frankfurt a.M.

Steeb, Karl-Rüdiger [1976], Ein Überblick über Time-Lag-Strukturen in der Ökonomie, Jahrbücher für Nationalökonomie und Statistik, 191, Seite 353–372.

Stein, J.L. [1982], Monetarist, Keynesian and New Classical Economics, Oxford.

Stelzl, Ingeborg [1986], Changing a causal hypothesis without changing the fit: some rules for generating equivalent path models, Multiv. Behavioral Research, 21, 309–331.

Stier, W. [1985], Saisonbereinigungsverfahren, Ein Überblick, OR Spektrum, 7, 63–79.

Stock, James H. [1987], Asymptotic properties of least squares estimators of cointegrating vectors, Econometrica, 55, Seite 1035–1056.

Stock, James H. / *Watson*, Mark W. [1986], Does GNP have a unit root?, Economic Letters, 22, Seite 147–151.

Stock, James H. / *Watson*, Mark W. [1988], Testing for common trends, Journal of the American Statistical Association, 83, Seite 1097–1107.

Stock, James H. / *Watson*, Mark W. [1989], Interpreting the evidence on money–income causality, Journal of Econometrics, 40, Seite 161–181.

Strotz, R.H. [1960], Interdependence as a specification error, Econometrica, 28, 428–42.

Strotz, R.H. / *Wold*, H.O.A. [1960], Recursive vs. nonrecursive systems: An attempt at synthesis, Econometrica, 28, Seite 417–27.

Stulz, R. / *Wasserfallen*, W. [1985], Macroeconomic time-series, business cycles and macroeconomic policies, Carnegie-Rochester Conference Series on Public Policy, 22, Seite 9–53.

Suppes, P. [1970], A probabilistic theory of causality, Amsterdam.

Swamy, P.A.V.B. / von zur *Muehlen*, P. [1988], Further thoughts on testing for causality with econometric models, Journal of Econometrics, 39, Seite 105–147.

Taylor, J.B. [1975], Monetary policy during a transition to rational expectations, Journal of Political Economy, 83, Seite 1009–1022.

Taylor, J.B. [1979], Stagged wage setting in macroeconomic models, American Economic Review, 69, Seite 108–113.

Theil, Henri [1971], Principles of Econometrics, Amsterdam.

Thieme, H.-Jörg / *Vollmer*, Uwe [1987], Theorien des Geldwirkungsprozesses, in H.-J. *Thieme* (Hrsg.): Geldtheorie, Baden-Baden, Seite 73–109.

Thomas, Karl [1988], Das Verhältnis von Refinanzierungs– und Offenmarktpolitik, in: *Ehrlicher/Simmert* [1988], Seite 109–127.

Thomson, G.H. [1951], The Factorial Analysis of Human Ability, London.

Thornton, Daniel L. [1988], The effect of monetary policy on short-term interest rates, Federal Reserve Bank of St. Louis Review, Seite 53–72.

Thornton, Daniel L. / *Batten*, Dallas S. [1985], Lag-length selection and tests of Granger-causality between money and income, Journal of Money, Credit, and Banking, 17, Seite 164–178.

Tiao, G.C. / *Box*, G.E.P. [1981], Modelling multiple time series with applications, Journal of the American Statistical Association, 76, Seite 802–816.

Tiao, G.C. / *Tsay*, R.S. [1983a], Multiple time series modelling and extended sample cross-correlations, Journal of Business and Economic Statistics, 1, Seite 43–56.

Tiao, G.C. / *Tsay*, R.S. [1983b], Consistency properties of least squares estimates of autoregressive parameters in ARMA models, Annals of Statistics, 11, 856–871.

Tiao, G.C. / *Wei*, W.W.S. [1976], Effect of temporal aggregation on the dynamic relationship of two time series variables, Biometrika, 63, Seite 513–523.

Tinbergen, J. [1939], Statistical Testing of Business Cycle Thoeries, Vol II, Business Cycles in the United States of America 1919–1932, Genf.

Tobin, James [1970], Money and income: post hoc ergo propter hoc?, Quarterly Journal of Economics, 84, Seite 301–317.

Vinod, Hirshikesh D. [1976], Effect of ARMA errors on the significance tests for regression coefficients, JASA, 71, Seite 929–933.

Wallis, K.F. [1977], Multiple time series analysis and the final form of econometric models, Econometrica, 45, Seite 1481–1497.

Wallis, K.F. [1980], Econometric implications of the rational expectations hypothesis, Econometrica, 48, Seite 49–73.

Walter, I.A. [1979], Empirische Überprüfung monetaristischer Hypothesen mit spektralanalytischen Methoden, Frankfurt.

Wasserfallen, Walter [1986], Nonstationarities in macoreconomic time series – further evidence and implications, Canadian Journal of Economics, 19, Seite 498–510.

Wasserfallen, Walter [1988], Trends, random walks, and the expectations–augmented Phillips curve: Evidence from six countries, Journal of Money, Credit, and Banking, 20, Seite 306–318.

Watson, Mark W. / *Engle*, Robert F. [1983], Alternative algorithmus for the estimation of dynamic factor, MIMIC and varying coefficient regression models, Jornal of Econometrics, 23, Seite 385–400.

Weber, Axel A. [1988], Neue klassische Makroökonomie, rationale Erwartungen und kontemporäre Information, Frankfurt/Main.

Wegge, L.L. / *Feldman*, M. [1983], Identifiability criteria for Muth-rational expectations models, Journal of Econometrics, 21, Seite 245–254.

Wei, W.W.S. [1982], The Effect of systematic sampling and temporal aggregation on causality: A cautionary note, JASA, 77, Seite 316–319.

Weissenberger, E. / *Thomas*, J.J. [1983], The causal role of money in West Germany, Weltwirtschaftliches Archiv, 119, Seite 64–83.

West, Kenneth D. [1987], A note on the power of least squares tests for a unit root, Economics Letters, 24, Seite 249–252.

West, Kenneth D. [1988], Asymptotic normality, when regressors have a unit root, Econometrica, 56, Seite 1397–1417.

White, H. [1982], Maximum likelihood estimation of misspecified models, Econometrica, 50, Seite 1–25.

Whittle, P. [1953], The analysis of multiple stationary time series, Journal of the Royal Statistical Society.

Wiener, N. [1956], The theory of prediction, in: E.F. *Beckenbach* (ed.), Modern Mathematics for Engineers, New York, Seite 165–190.

Wilcox, James A. [1983], Why real interest were so low in the 1970's, American Economic Review, 73, Seite 44–53.

Wiley, D.E. [1973], The identification problem for structural equation models with unmeasured variables, in: *Goldberger/Duncan* [1973], Seite 69–83.

Winters, P.R. [1960], Forecasting sales by exponentially weighted moving averages, Management Science, 6, Seite 324–342.

Wold, Herman [1954], A Study in the Analysis of Stationary Time Series, 2nd ed., Uppsala; *Wold* [1938], 1st ed., Stockholm.

Wold, H.O.A. [1960], A Generalization of causal chain models, Econometrica, 28, Seite 443–63.

Wolters, Jürgen [1984], Ökonometrische Analyse von Inflationserwartungen, Allgemeines Statistisches Archiv, 68, Seite 307–331.

Wolters, Jürgen [1990a], Stochastische Eigenschaften von Bruttosozialprodukt und Preisniveau, in: J. *Wolters* / P. *Kuhbier* / H.S. *Buscher*, Die konjunkturelle Entwicklung in der Bundesrepublik, Frankfurt a.M., Seite 43–79.

Wolters, Jürgen [1990b], Zur ökonometrischen Modellierung kurz– und langfristiger Abhängigkeiten; dargestellt am Beispiel der Zinsstruktur, in: G. *Nahaeizadeh* / K.–H. *Vollmer* (Hrsg.), Neuere Entwicklungen in der Angewandten Ökonometrie, Heidelberg.

Wright, S. [1934], The method of path coefficients, The Annals of Mathematical Statistics, 5, Seite 161–215.

Wright, S. [1960], Path coefficients and path regressions: Alternative or complementary concepts?, Biometrics, 16, Seite 189–202.

Young, J.Z. [1978], Programs of the brain: Based on the Gifford lectures, Oxford.

Yule, G. Udny [1926], Why do we sometimes get nonsense correlations between time series? A study in sampling and the nature of time series, Journal of the Royal Statistical Society, 89, S. 1–64.

Yule, G. Udny [1927], On a method of investigating periodicities in disturbed series, with special reference to Wolfer's sunspot numbers, Philosophical Transactions of the Royal Society, Series A, 226, Seite 267–298.

Zellner, Arnold [1970], Estimation of regression relationships containing unobservable independent variables, International Economic Review, 11, 441–54.

Zellner, Arnold [1979a], Causality and econometrics, in: K. *Brunner* / A.H. *Meltzer* (eds.), Three Aspects of Policy and Policymaking: Knowledge, Data and Institutions, Carnegie–Rochester Conference Series on Public Policy, 10, Amsterdam, Seite 9–54.

Zellner, Arnold [1979b], Statistical analysis of econometric models, Journal of the American Statistical Association, 74, Seite 682–643.

Zellner, Arnold [1984], Basic Issues in Econometrics, Chicago.

Zellner, Arnold [1988], Causality and causal laws in economics, Journal of Econometrics, 39, Seite 7–21.

Zellner, Arnold / *Palm*, Franz [1974], Time series analysis and simultaneous equation econometric models, Journal of Econometrics, 2, Seite 17–54.

Wirtschaftswissenschaftliche Beiträge

Band 55: P.-U. Paulsen, Sichtweisen der Wechselkursbestimmung, VI/264 Seiten, 1991

Band 56: B. Sporn, Universitätskultur, IX/213 Seiten, 1992

Band 57: A. Vilks, Neoklassik, Gleichgewicht und Realität, IX/112 Seiten, 1991

Band 58: M. Erlei, Unvollkommene Märkte in der keynesianischen Theorie, XII/267 Seiten, 1991

Band 59: D. Ostrusska, Systemdynamik nichtlinearer Marktreaktionsmodelle, VII/178 Seiten, 1992

Band 60: G. Bol, G. Nakhaeizadeh, K.-H. Vollmer (Hrsg.), Ökonometrie und Monetärer Sektor, VII/238 Seiten, 1992

Band 61: S. Feuerstein, Studien zur Wechselkursunion, VIII/132 Seiten, 1992

Band 62: H. Fratzl, Ein- und mehrstufige Lagerhaltung, VIII/190 Seiten, 1992

Band 63: P. Heimerl-Wagner, Strategische Organisations-Entwicklung, VIII/231 Seiten, 1992

Band 64: G. Untiedt, Das Erwerbsverhalten verheirateter Frauen in der Bundesrepublik Deutschland, XVIII/197 Seiten, 1992

Band 65: R. Herden, Technologieorientierte Außenbeziehungen im betrieblichen Innovationsmanagement, XVIII/265 Seiten, 1992

Band 66: P. B. Spahn, H. P. Galler, H. Kaiser, T. Kassella, J. Merz, Mikrosimulation in der Steuerpolitik, XVI/279 Seiten, 1992

Band 67: M. Kessler, Internationaler Technologiewettbewerb, X/232 Seiten, 1992

Band 68: J. Hertel, Design mehrstufiger Warenwirtschaftssysteme, XIII/319 Seiten, 1992

Band 69: H. Grupp/U. Schmoch, Wissenschaftsbindung der Technik, XIII/152 Seiten, 1992

Band 70: H. Legler/H. Grupp/B. Gehrke/U. Schasse, Innovationspotential und Hochtechnologie, XV/164 Seiten, 1992

Band 71: R. Schmidt, Modelle der Informationsvermittlung, 320 Seiten, 1992

Band 72: M. Kaiser, Konsumorientierte Reform der Unternehmensbesteuerung, XI/412 Seiten, 1992

Band 73: K. Meier, Modellbildung bei Mehrfachzielen, XVI/251 Seiten, 1992

Band 74: J. Thiele, Kombination von Prognosen, X/135 Seiten, 1993

Band 75: W. Sesselmeier, Gewerkschaften und Lohnfindung, XII/222 Seiten, 1993

Band 76: R. Frensch, Produktdifferenzierung und Arbeitsteilung, VIII/176 Seiten, 1993

Band 77: K. Kraft, Arbeitsmarktflexibilität, X/186 Seiten, 1993

Band 78: R. P. Hellbrück, Synergetik und Marktprozesse, XIV/190 Seiten, 1993

Band 79: L. Linnemann, Multinationale Unternehmungen und internationale Wirtschaftspolitik, X/207 Seiten, 1993

Band 80: K. Cuhls, Qualitätszirkel in japanischen und deutschen Unternehmen, XIV/215 Seiten, 1993

Band 81: B. Erke, Arbeitslosigkeit und Konjunktur auf segmentierten Arbeitsmärkten, X/228 Seiten, 1993

GPSR Compliance

The European Union's (EU) General Product Safety Regulation (GPSR) is a set of rules that requires consumer products to be safe and our obligations to ensure this.

If you have any concerns about our products, you can contact us on ProductSafety@springernature.com

In case Publisher is established outside the EU, the EU authorized representative is:

Springer Nature Customer Service Center GmbH
Europaplatz 3
69115 Heidelberg, Germany

Batch number: 10815974

Printed by Printforce, the Netherlands